国家出版基金项目
NATIONAL PUBLICATION FOUNDATION

效率与公平

高等教育资源区域分布与协调发展研究

谢维和
史静寰
李锋亮
钟周
罗燕
王晓阳
等著

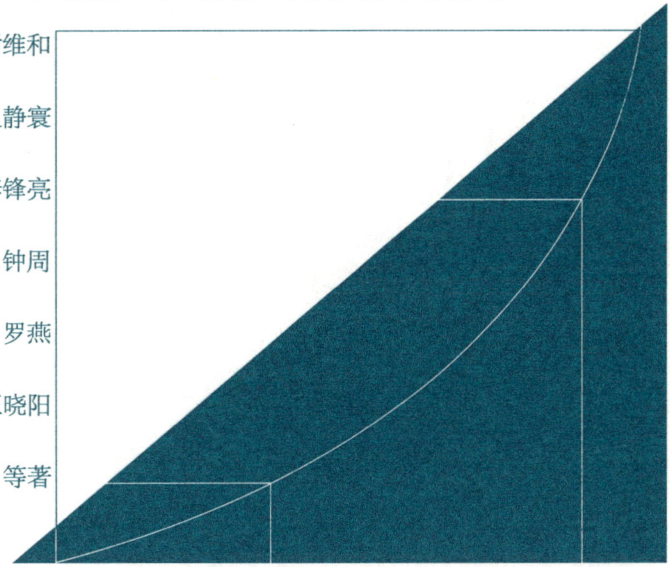

浙江教育出版社·杭州

代序

高等教育：区域发展的新地标

近年来，有一个非常值得关注的现象：在国家推动高等教育发展，包括“211工程”“985工程”“双一流”等一系列重大项目的实施过程中，越来越多地方政府的主要领导直接或间接地参与其中，有的到教育部或有关部门表达地方政府的支持和决心，有的参与有关大学项目的申请与建设方案，等等。地方政府积极参与的目的基本相同：努力争取本地的大学进入这些国家工程或项目的名单，获得国家重点大学的名号。这些为地方争取发展高等教育机会与资源的做法，无疑是值得充分肯定的。这种现象的普遍性传达了一个非常特别的信息：过去人们常常把一个地方的国内生产总值（GDP）、财政收入、人们的收入水平等经济指标作为一个地方发展水平与官员政绩的标志，一些地方政府领导也把吸引外资、增加GDP作为自己的主要任务，某些财税大户企业成为显示地方发展水平的地标；而如今，区域或地方高等教育的发展，尤其是地方重点大学的建设与发展，已经逐渐成为中国不同地方展现改革发展成果、社会经济发展状况、科技文化发展水平，以及人民群众生活质量内涵的一个新地标。

由清华大学教育研究院的学者们共同完成的《效率与公平——高等教育资源区域分布与协调发展研究》一书，正是从历史和现实的角度、宏观与微观的全方位视角，通过对国内外高等教育资源分布的结构性研究与分析，深入系统地对中国高等教育的分布结构进行了非常有创新性的研究，为不同区域和地方的政府与人民群众认识和了解中国高等教育的资源分布结构与发展变化，以及地方政府制定有利于高等教育发展的政策，提供了第一手的材料和研究成果。该书既是对近年来中国高等教育改革发展中效率与公平、资源分布以及结构优化的实证性研究，也是高等教育改革发展理论与思想中的一次重要拓展和创新。在我看来，该研究具有非常严谨的研究方法与逻辑、丰富和有效的数据及文献材料，研究者也具有宽阔的学术视野与踏实的学风。我相信，无论是中央和地方的政府部门、高等教育的管理机构，还是高等学校的领导者以及高等教育的研究者等，都能够从不同角度在本书中有所发现和感悟。可以说，高等教育资源的区域分布与协调发展已经成为现代社会和高等教育改革发展的一个重要趋势与发展方向，成为高等教育改革发展的一种新的定位和评价模式。

显然，随着国家治理体系的现代化、信息化建设的进步及改革开放的不断深入，区域或地方的发展在新的发展格局中具有了越来越重要的独特地位，不同区域和地方之间的竞争也越来越激烈。正是在这种新的治理格局中，学校，尤其是高等学校悄然地从边缘走向了中心，逐渐从潜在的层面浮出水面，成为区域和地方发展的新地标。这种变化的原因以及这种新地标的内涵主要有两个方面：

第一，国家发展战略的调整使高等教育与人民群众的生活具有了更加密切的关系，并且使高等教育的发展成为影响地方社会发展水平与人们幸福感的一个重要变量。

随着社会经济的发展，以及人们收入的不断提高、生活条件的逐渐改善，大多数地区的老百姓开始过上了比较体面的生活。在新的发展阶段，物质条件的增加和变化对人们生活质量与幸福感的影响的边际效用正在逐步减小，而生存环境的好坏、社会保障制度的完善与否、医疗卫生服务的条件如何等，日渐成为人们最关心、最直接、最现实的问题。其中，教育是最受关注的因素。在党的十八届三中全会的决定中，在诸多社会改革中，教育被放在了第一位。这充分表明了教育的重要性，这也是中央对教育改革发展的新定位。这种新定位与人民群众的愿望是一致的，反映了老百姓对幸福生活的向往与追求。对大多数家庭而言，经济收入、就业、医疗卫生与社会保障等方面的因素当然会影响人们的生活质量与幸福感，但是，如果一个家庭中孩子的教育出现了某些问题，由此给家庭带来的苦恼、折磨和痛苦往往会超过其他因素的影响。从某种意义上说，如果家里的孩子在学习和发展的各个方面都比较令人满意，考上了一所理想的大学，那么，哪怕其他因素不尽如人意，这个家庭仍然是充满希望的。有些人甚至认为，如果孩子能够获得称心如意的教育，那么自己在其他方面多受点苦也愿意。

在基础教育的发展达到较高的水平以后，高等教育越来越成为普遍性的公众话题，社会对高考的持续关注就体现了这种现象。一个区域或地方的高等教育发展水平常常也是这个地方老百姓评价政府的一个非常重要的依据。如果高等教育的某些政策影响了老百姓的利益，由此产生的反响常常是非常强烈的，甚至会导致社会问题；而如果某地有一所国家重点大学，它往往能够成为这个地方政府和老百姓的骄傲。

第二，高等教育正在逐渐成为区域和地方经济发展的新动能和地方核心竞争力的重要支撑。尤其是在经济发展进入新常态，国家实施供给侧结构性改革的过程中，高等教育，包括科学知识的产生与卓越人才的培养，已经成为创新驱动发展战略实施的重要基础。

中国经济已经进入一个新发展阶段，它的持续稳定发展不能单纯依靠传统资本的投入，也不能通过消耗大量资源与破坏环境，以及低价的劳动力等生产要素的增加等，而必须依靠创新。实施国家创新驱动发展战略，高等教育无疑是一种不可或缺的力量。作为创新驱动发展战略的新动能，高等教育与地方经济发展之间正在形成一种协调、开放和共享的交集。这种新动能和交集突出表现为高等教育在四个方面的贡献：第一是人才贡献，即不同层次与类型的大学对地方各行各业所需要的人才的培养与输送，特别是能够适应和促进相关行业创新发展的各类人才的培养，正在成为地方经济发展的新支撑。第二是知识贡献，即大学对地方经济社会文化发展中的若干重大问题的研究成果，以及对地方经济发展瓶颈的突破，进而成为地方经济转型和产业升级的可靠的力量。第三是文化贡献，即大学在弘扬地方优秀传统文化，建设当地良好社会风气，以及促进社会主义核心价值观的宣传与践行等方面发挥重要作用，进而成为优秀文化和价值观的倡导者，以及庸俗与落后文化的抵制力量。第四是政策贡献，即大学对地方公共政策的制定与实施所发挥的积极作用。特别是大学智库的建设，通过有效的机制，将大学的研究成果有效地转化为政府的决策，使公共政策能够更好地符合最大多数的人民群众的利益，维护社会的稳定。显然，这样的新动能是其他生产要素所不能替代的，也是促进和维护地方经济持续发展的最可靠的动能。

正是由于高等教育与区域经济社会发展的这种新关系，高等教育资源的分布与调整便显得越来越重要，并且逐渐成为影响社会经济长远发展及公平与效率的重大政策课题。各个国家的政府都非常重视高等教育资源的配置，通过不同的措施来促进不同区域高等教育的协调发展。国际上的各种区域发展评价体系中，高等教育正在成为一个越来越有分量的因素。比如，在人类发展指数（HDI，即 Human Development Index）的评价指标体系里，“教育获得”是一个非常关键的指标。它指的是用成人识字率（$\frac{2}{3}$权重）及小学、中学、大学综合入学率（$\frac{1}{3}$权重）共同衡量的社会发展水平。随着社会和教育的发展，为了更加准确和方便统计，联合国开发计划署（UNDP）用平均受教育年限取代了识字率，用预期受教育年限（即预期中儿童现有入学率下可得到的受教育时间）取代了毛入学率，并成为国际认可的评价发展水平的指标体系。

需要进一步指出的是，区域高等教育发展的这种新地位进一步加强了高等教育与区域或地方社会经济发展的深度融合与合作，进而推动了高等教育的理论形态变革与实践创新。其中，比较典型的就是“地方教育学”，或者说是“地方本位教育”与“地方意识教育”(Place-Based Education: Connecting Classrooms and Communities)。根据有关学者的看法，这种地方本位教育旨在“将学习植根于在地现象与学生的生活经验”，并且将杜威的经验教育作为这种学说的理论渊源。还有的学者认为，地方本位教育是“以在地社区与环境作为起点，教导跨领域的语言、艺术、数学、社会学、科学与其他科目的过程”。总之，它强调的是教育与区域或地方的结合。按照有关学者的观点，这种教育与区域或地方的结合包括五个方面，即在地文化研究、在地自然研究、真实生活问题解决、工作现场实习、结合学校与社区。

也有学者（Gruenewald）试图用比较严谨的方式描述这种“地方”概念的内涵，并且融合其他学者的观点，从下面五个方面进一步丰富了“地方教育学”的概念。

第一，地方的知觉面向。意味着通过身体各种感觉经验所掌握的地方意义，这也是一种现象学的观点，即地方并不是一种抽象的意义，而在于个体与周围环境或空间的真实具体的互动。

第二，地方的社会学面向。地方并不是被动的地理或空间名词，而是一种动态的文化与社会建构，个体的自我认同与对地方的认同有相互影响作用。

第三，地方的意识形态面向。这个面向与前面的社会学面向比较相似，但社会学面向比较关注对实质地方的认识、记忆与认同，而这种意识形态面向则偏向抽象层次的记忆、历史、思想与论述。

第四，地方的政治面向。关注地方的权力与资源分配，以及对正义与公平的理解，牵涉既得利益集团与弱势群体的利益、权力、权利与责任等议题，也涉及多元文化、性别、族群、阶级等议题。这种面向与批判教育学存在关联。

第五，地方的生态面向。关注地方的非人类存在与自然环境，以及地方上人与自然的关系，关注区域的文化、自然、环境、政治与经济等条件，维护区域性的自然与文化的持续性与多样性。

这里，我并不想深入分析和评价这些看法和观点，但毋庸置疑，它们也从一种理论的角度反映了高等教育与地方高校的关系，而且试图对这种新关系进行系统化的梳理与说明。而我相信，这种强调高等教育与区域或地方相结合的取向，同样也是本书一个十分重要的内涵，即通过对高等教育资源分布的分析与研究，促进不同区域和地方高等教育的发展，从而进一步加强教育与地方社会经济发展的联系与融合，切实地提升人们的生活质量和幸福感，使地方高等教育真正成为地方社会、经济、科技、文化发展的新动能。

其实，高等教育资源的分布与协调，不仅是一个区域经济与社会发展的重要指标，而且是一个国家和社会高等教育的结构性指标，是一个国家高等教育综合实力最根本的体现之一。当前，在建设世界一流大学和参与全球高等教育的竞争中，我们非常关注中国的大学在某些国际高等教育排行榜中的名次。虽然这种排行榜中的名次也是一个国家综合实力与地位的重要指标，但是，它并不能够真正全面地反映一个国家高等教育的质量与水平，因为许多专门性和不同层次的一流大学与学院，并没有包括在这些排行榜的指标体系中。如果说中国的高等教育与世界某些发达国家的高等教育仍然存在一定的差距，我认为，这种差距与其说是某些排行榜中名次的差距，不如说是高等教育结构的差距，即中国高等教育的现有结构模式极大地束缚了中国高等教育的发展,并且成为与发达国家高等教育产生差距的主要因素之一。其中，高等教育的分布结构就是一个十分关键的指标。以美国为例，美国的许多一流大学，并不集中在大城市，而常常分布在一些小城镇，甚至乡村；它的某些高水平的学科、专业与实验室等，也并非集中在某几所著名大学里面，而是分布在若干大学中；它除了有一批具有国际影响力的研究型大学之外，还有若干深受年轻人和社会认可，且录取分数甚至不低于那些一流的研究型大学的本科层次的学院；等等。而这种比较协调和合理的分布正是美国高等教育的结构性优势，从某种意义上说，这也是中国高等教育需要进行结构性调整的方面。结构不仅仅是评价高等教育的一个外部性指标，更是体现高等教育发展质量与水平内涵性的指标。换句话说，结构本身就是一个质量概念。本书对高等教育资源分布结构以及公平与效率的研究，实际上也是对中国高等教育质量的研究，是关于深化高等教育体制改革的研究，是对中国高等教育进行“结构性整容”的研究。我相信，本书的相关研究与观点，能够为国家高等教育结构性改革政策的制定与实施，提供必要的支撑与理论基础。

感谢所有为本书付出心血的学者与研究人员，感谢所有为本书的出版做出贡献的同事与朋友，还要感谢那些默默地工作的无名英雄。当然，我们也清楚地知道，中国高等教育的改革发展是一项重大的理论与实践创新工程，理论建设更是需要长期的积累与思考，本书的研究仍然存在需要进一步完善的方面。为此，我们十分期待读者们能够对本书提出宝贵的意见。我们盼望本书及其研究观点能够为国家高等教育的改革发展和从事高等教育研究的学者们，提供些许帮助和参考。

谢维和

2018 年 3 月

目录

导言

导言

现代高等教育是一项公共事业，是国家发展的重要基石、社会文明的凝聚平台，全球共同利益所在，也是实现人类可持续发展的关键要素。①

“中国高等教育资源的区域分布特点与协调发展对策研究”是清华大学研究团队承担的教育部哲学社会科学研究重大课题攻关项目。本研究报告是课题组全面利用清华大学相关学科在这一问题上的研究积累，系统整合近年来清华大学，特别是教育研究院基于文献分析、实地调查、实证数据采集等方式获得的第一手资料，进行深入研究的心得与成果。为使读者更全面了解这一课题的主要研究思路和特点，下面分四个方面对课题研究进行整体介绍。

一、研究背景与意义概述

中国国土辽阔，人口众多。半个多世纪以来，特别是改革开放 40 多年来，全世界见证了中国这一世界人口大国经济的高速增长。在改革开放以后长达 30 年的时间里，中国的 GDP 年均增长率超过 9%②，人均 GDP 年均增长率超过 8%；进入经济软着陆时期之后，全国 GDP 和人均 GDP 年均增长率仍然保持在 6% 以上，可以说是世界现代史上前所未有的现象。

中国半个多世纪发展的最大成就之一是人口现代化要素不断提高，并形成了大规模人力资本变化：中华人民共和国成立初期，中国人口的平均受教育程度很低，全国 80% 的人口是文盲、半文盲，大学文化程度的人口只占总人口的 0.03%，15 岁以上人口的平均受教育年限仅为 1 年左右。2010 年全国“六普”数据显示：截至 2010 年底，我国“基本普及九年义务教育、基本扫除青壮年文盲”的人口覆

① 中国高等教育学会专题研究组 . 走向 2030：中国高等教育现代化建设之路 [J]. 中国高教研究 , 2017(5).

② 未包括我国香港特别行政区、澳门特别行政区、台湾省数据；本书中数据如未特别注明，均不包含香港特区、澳门特区、台湾省数据，下不另注。

盖率达到 100%，中国 15 岁以上人口的平均受教育年限达到 9.0 年；具有大学（大专以上）文化程度人口达到 11964 万人，与世界人口排名第十位的国家日本的总人口（2010 年为 12737 万人）接近。2000—2010 年，中国不仅 GDP 年均增长率超过 10%（10.46%），而且大学文化程度人数年均增长率也超过了 10%（10.12%）。可以说，中国通过世界上最大规模的社会改革开放和教育发展实践，不仅创造了世界经济增长率最高的历史纪录，也创造了人力资本增长最高的历史纪录。①

然而，中国也是世界上区域资源分布不均衡、经济社会发展差距较大的国家之一。由自然条件所形成的东南、西北地理分隔②，由社会经济发展水平所区别出的“一个中国，四个世界”③等，显现出我国在区域资源分布和协调发展上面临的严峻挑战。改革开放早期阶段中国实行的非均衡发展战略——通过集聚社会资源，让一部分地区、一部分群体率先富起来，在创造出世界经济发展史上“中国奇迹”的同时，也在一定程度上加剧了原已存在的城乡、区域、阶层等方面的发展水平差距。近年来，政府大力推进“西部大开发”战略，西部地区 GDP 年均增长率高于全国平均水平，一些西部省区居民收入年均增长率也超过全国增速的平均值。④西部地区经济社会发展虽然取得长足进步，但与东部地区发展的绝对差距仍在扩大。

目前，我国正处在全面建设小康社会的关键时期，也是深化改革开放、加快经济发展方式转变的攻坚时期。国家已开始全面调整发展战略：由注重经济总量增长到关注经济结构及质量问题，强调软实力与硬实力相匹配，宣传“正义性增长”“普惠式发展”理念，走共同富裕、协调发展之路，使所有人民能够有尊严地共享改革发展的成果。

在这一背景之下，如何缩小东西部及城乡发展的差距，促进区域协调发展，成为政府关注的热点问题之一。2010 年底，国务院发布《全国主体功能区规划》，全面推进主体功能区建设，要求“根据不同区域的资源环境承载能力、现有开发强度和发展潜力，统筹谋划人口分布、经济布局、国土利用和城镇化格局，确定不同区域的主体功能，并据此明确开发方向，完善开发政策，控制开发强度，规范开发

① 胡鞍钢. 从“六普”看中国人力资源变化：从人口红利到人力资源红利 [J]. 清华大学教育研究，2011(5).

② 胡焕庸. 中国人口之分布 [J]. 地理学报 ,1935(2).

③ 杨永恒，胡鞍钢，张宁. 中国人类发展的地区差距和不协调：历史视角下的“一个中国，四个世界”[J]. 经济学，2005(3).

④ 中华人民共和国国民经济和社会发展第十三个五年规划纲要 [DB/OL]. http://news.xinhuanet.com/politics/2016lh/2016-03/17/c_1118366322.htm,2016-03-17.

秩序，逐步形成人口、经济、资源环境相协调的国土空间开发格局”。2016年3月，《中华人民共和国国民经济和社会发展第十三个五年规划纲要》列专篇论述“推进新型城镇化建设”“推动区域协调发展”问题，要求“以区域发展总体战略为基础，以‘一带一路’建设、京津冀协同发展、长江经济带发展为引领，形成沿海沿江沿线经济带为主的纵向横向经济轴带，塑造要素有序自由流动、主体功能约束有效、基本公共服务均等、资源环境可承载的区域协调发展新格局”。2011年底，《中国农村扶贫开发纲要（2011—2020年）》提出，要“加快区域性重要基础设施建设步伐，加强生态建设和环境保护，着力解决制约发展的瓶颈问题，促进基本公共服务均等化，从根本上改变这些地区的落后面貌”。2017年1月，国务院正式批复了《西部大开发“十三五”规划》，提出：“十三五”时期，是西部地区进入爬坡过坎、转型升级的关键阶段，必须深入实施西部大开发战略，坚持发展第一要务，全面深化改革和扩大开放，以提高发展质量和效益为中心。①《西部大开发“十三五”规划》突出体现了创新、协调、绿色、开放、共享的发展理念，明确提出要统筹推进“五位一体”总体布局和协调推进“四个全面”战略布局。近年来，中央连续发布多个“一号文件”强调农村发展和农民增收，农村经济结构调整、城乡统筹、区域协调发展成为举国上下共同关心的问题。

党的十八大明确提出中国要走新型城镇化之路，新型城镇化不仅是中国最大的内需载体，还是推动中国系列改革的“抓手”。李克强总理在讲话中多次提到，中国未来最大的发展潜力在城镇化，协调推进城镇化是实现现代化的重大战略选择。在联合国关于世界城市化发展的最新研究报告中，预计中国城镇化从现在到2030年还会保持一个较快的速度，届时中国城镇化率将提高到65%左右。目前，我国每年从农村转移到城镇的人口有1000多万，相当于欧洲一个中等国家的人口总量。预计到2020年，将有近3亿人口从农村转移到城市，相当于美国的人口总量。这是人类历史上最大规模的人口转移过程。中国的国情决定了中国的城镇化不能照搬任何其他国家的已有做法，必须实现产业结构、就业方式、人居环境、社会保障等一系列由“乡”到“城”的重要转变，这种转变是复杂系统的社会改革发展过程。

党的十九大明确提出：“以城市群为主体构建大中小城市和小城镇协调发展的城镇格局，加快农业转移人口市民化。”推进城镇化，核心是人的城镇化，关键是提高城镇化质量，目的是造福百姓。

---

① 中华人民共和国国家发展和改革委员会．西部大开发“十三五”规划 [EB/OL].http://www.ndrc.gov.cn/gzdt/201701/W020170123333995396194.pdf.

2017年，国务院发布《国家教育事业发展“十三五”规划》，明确提出要“推进区域教育协调发展，优化教育资源区域布局。科学规划、分类指导、统筹推进东部、中部、西部和东北地区教育发展”，“支持国家重大区域发展战略实施。推动‘一带一路’建设相关省区市教育合作。加大对‘一带一路’建设核心区高等教育和职业教育发展的支持力度”。[①] 这说明党和政府已经将高等教育资源分布和协调发展的问题与国家经济社会发展战略结合起来。

国内外大量研究已经证明，高等教育资源的分布深刻地影响着一个国家和地区的经济发展水平，对于促进这一国家和地区的社会发展与公平也具有重要作用。因此，研究中国高等教育资源的区域分布特点，根据中国国情实际和发展需要，通过政策介入与干预，促进不同区域高等教育的协调发展，进而提高区域和国家整体的经济社会发展水平变得非常重要。

本课题研究的重要社会意义和理论价值体现在：

1. 有利于发展西部地区高等教育，实现区域协调发展、创新和稳定

高等教育是实施西部大开发战略、实现区域和谐发展的重要支撑。本研究的一项重要目标是探索我国西部地区高等教育的发展特征和战略。只有尽快帮助西部地区高校提高人才培养、学科建设、产学研结合等方面的综合办学能力，才能推动西部地区科教进步，从而增强国家整体创新实力。发展中西部高等教育，对缩小西部地区与全国其他地区的教育差距，保持西部地区的政治和社会稳定，促进民族团结，保障边疆安全，捍卫国家统一和增强中华民族的凝聚力具有极为重要的意义。

2. 有利于正确理解和处理高等教育的公平与效率问题

高等教育与义务教育不同，其基本发展原则是“效率优先，兼顾公平”。没有效率的公平是低层次的公平；但没有基本的公平，也没有真正的效率。从高等教育资源区域分布的角度分析国家与地区高等教育的公平与效率问题，对更全面地理解中国现阶段高等教育的发展特点，更稳妥有效地处理高等教育的区域协调发展问题，具有重要的现实意义。

3. 有利于继续推进和深化中国高等教育体制改革的进程

改革开放40多年来，影响高等教育体制核心特征的资源配置方式已发生很大变化，除政府力量主导的资源外，还“有来自原有体制资源结构中不存在的增量因素，有来自制度转换中政府不断让渡所出现的新生因素，更有因市场力量的介入而

---

① 中华人民共和国国家发展和改革委员会. 国家教育事业发展“十三五”规划 [EB/OL].http://www.ndrc.gov.cn/fzgggz/fzgh/ghwb/gjjgh/201705/t20170511_847116.html.

不断重组的资源配置新动力因素”[①]，这些因素在区域和院校层面更为活跃，它们既是高等教育体制改革的结果，也是推动高等教育乃至社会体制改革不断深化的力量。在这一背景下，研究高等教育资源的区域分布，不仅可以为中央政府更合理配置高等教育资源提供政策参考，也可以为地区和大学更有效地挖掘和利用资源，特别是通过深化体制改革为自身发展创造更好的政策空间和资源条件提供建议。

4. 有利于推进高等教育研究和学科建设

教育学，尤其是高等教育学并不是一门完全成熟的学科。目前，对如何促进高等教育的协调发展尚缺乏理论指导，构建高等教育协调发展的理论体系也是国内外高等教育学术界尚未解决的重大问题。本研究试图通过历史与现实、实践和理论、定性和定量的研究，揭示和发现我国高等教育资源分布的规律、高等教育协调发展的基本原理，推动我们对这一问题的认识达到新的高度和水平。这对高等教育学的理论体系建设及学科发展具有重要价值。

二、研究思路与特色定位

关于高等教育资源区域分布特点及协调发展问题的研究并不是一个新课题，相关研究课题和成果已经很多。如由高文兵、郝书辰等人完成的“中国高等教育资源的区域分布特点和协调发展对策研究”，不仅是教育部哲学社会科学重大委托项目，而且获得了 2010 年的科学技术进步奖一等奖。类似的研究题目如何做出新意和特色，是我们设计这一课题时重点讨论的问题。

通过多次讨论，我们基本明确了研究所不可缺少的全球意识、历史视角、发展观点和比较方法；同时，也确定了走综合协同研究之路，注重数据和实证分析，将系统理论研究与实践案例探索有机结合在一起，依托清华大学校内外的多种研究力量和资源，借助清华大学多学科协作平台，抓住几个核心研究问题，重点突破。

本研究的整体分析框架参见下页图导言 –1。高等教育资源的区域分布现状是多方面因素作用和影响的结果。其中，全球化发展和中国社会改革是重要背景，这一宏观环境用圆形框来表现。四周边框环绕中心圆的图形试图表现出对“高等教育资源区域分布状况”（中心圆）起支撑和约束作用的几种因素：高等教育的历史条件和文化传统、国家和地方政府的政策干预、特定区域的经济发达程度和社会发展

---

① 康宁 . 转型期我国高等教育资源配置制度变迁的基本特征 [J]. 复旦教育论坛 , 2004(6).

水平等。虽然这一框架图可以表现高等教育资源区域分布状况受多种因素影响的现实，但还不足以回答影响途径和方式问题。如：为什么某些区域高等教育发展的外部环境和条件差不多，但高等教育资源的分布状况和发展水平却大相径庭？要回答这样的问题，就必须关注不同因素影响高等教育发展的方式。图中用“路径依赖”来解释特定区域高等教育的发展现状与历史传统的密切联系，所谓“存量决定增量”的发展模式也体现出不同区域高等教育的历史积累对其发展现状及未来的影响；用“政策导向”来标识各级政府对高等教育的发展目标和功能的影响，同时表明不同阶段、不同区域、不同层级的政府实施政策干预的方式和力度并不相同；用“匹配和适应程度”来表现特定区域高等教育资源与区域经济发达程度及社会发展水平的关系。当然，为更加深入地分析宏观环境与条件如何影响高等教育资源的区域分布特点及发展趋势，我们还有必要从中提取出具体影响要素，分析各要素与高等教育资源分布现状的关联程度及具体作用方式。本研究主要用案例研究的方式进行这样的分析。

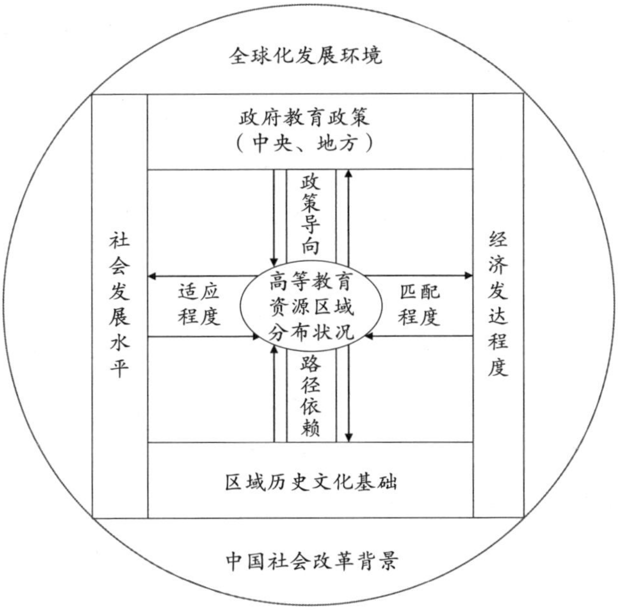

图导言 –1　课题研究的整体分析框架

本课题研究具有全球化的大视野。现代社会，包括高等教育在内的资源流动早已跨越国界。随着中国经济社会的快速发展和日益融入世界，中国拥有更多发展机会，也肩负更大责任。全球化对中国发展的直接和潜在影响、中国如何利用全球化的发展机会并为全球化的健康发展做出贡献，是我们必须思考和回答的新问题，也正因为如此，我们研究中国高等教育资源区域分布特点，特别是制定高等教育区域协调发展政策时必须具有全球意识和国际视野。

中国社会改革发展是本研究基本的背景条件。中国已进入中等收入国家行列，但区域发展的不平衡性，尤其是城乡差距较大的问题未得到根本解决。高等教育资源的区域分布状况与社会经济文化发展水平、国家 / 区域发展目标、政府政策调控走向及力度都有关系。因此，将高等教育资源的区域分布放在国家整体改革发展背景中研究非常有必要。

历史视角反映了本课题研究的根基与基础。任何资源的分布和配置都是内力和外力共同作用的结果。现代中国高等教育资源的分布状况是自然条件、历史积累和政策调整共同作用的结果。运用历史视角和历史分析的方法，将中国高等教育资源的区域分布特点放在特定历史条件的基础之上进行分析，不仅可以更好地揭示现状，也可以使我们更深刻地理解超越表层的长时段稳定性特质和支撑这种特质的自然历史文化基础。

发展的观点包括两层含义：一是理念上强调科学发展观的指导作用，将以人为本，全面、协调、可持续发展作为基本原则；二是分析中注重社会的动态变化，突出中国近代以后，特别是中华人民共和国成立半个多世纪和改革开放 40 年来，中国社会改革和制度变迁在高等教育发展中的巨大作用与影响，将中国高等教育资源区域分布上存在的问题作为发展中的问题来看待，以发展为第一要义，在发展的过程中寻找解决问题的思路和方法。

比较是为了更好地认识和定位自身。本课题针对不同研究问题，选择不同但可比较的参照系，为更深入分析中国高等教育资源区域分布特点，特别是为协调发展政策的制定提供可借鉴的经验教训。总括世界不同国家在促进高等教育区域协调发展方面所采取的策略体系，大致可以分为两种情况：一种是建立区域一体化的发展目标，通过打破不同地区教育体系之间的障碍实现资源共享，同时建立机会流动的制度体系来推进区域的整体性发展；另外一种则是通过政府的资源调控政策来改变城乡或不同地区之间教育资源配置不均衡的状况，以打破原有的地区差异，实现各地区齐头并进的发展目标。这两种看似不同的发展路径，体现了一个共同的发展逻辑：实现区域教育协调发展并不是局限于国家内部的教育策略，而与教育全球化的趋势相联系。实现高等教育区域协调发展的本质在于缩小地区差距，实现教育资源的流通共享，更好地融入全球的教育发展，提高教育的整体适应性与竞争力。

三、核心概念与框架简介

从学术研究的角度来说，研究问题是“思想作用于环境的产物，是通过分析从问题情境中提取的要素”①。因此，研究者可以用界定核心概念的方式来说明研究的问题，确定研究的边界，把握研究的内涵，突出研究的特点。本研究的核心概念主要有以下几个。

（一）区域

“区域”的概念内涵丰富，既可以是地理学上的地域空间，也可以指代行政区划，还可以是特定经济形态和社会文化结构的表征。严格说来，教育并不具有形成或划分区域的独特力量，反而受到区域条件和特征的制约与影响，但教育资源却能综合显示区域所具有的整体性、结构性、层次性及差异性特征。本研究所涉及的“区域”有几个层次的内涵：第一，采用我国现行行政区划所形成的 31 个省、区、市（不包括港、澳、台）作为基本区域单位；第二，运用聚类方法形成的大区域概念，如东部、西部、中部等；第三，关注随改革开放深化而出现的新型区域形态，如主体功能区、区域一体化、城乡联动等；第四，结合教育的本质特性及事业发展需要，形成新的区域概念，如高等教育的“空间区域”（space of places）概念来表现高等教育的知识网络特性及流动特征。本研究将根据不同专题的研究需要确定相应的区域概念内涵，以更好地揭示高等教育资源所具有的多重含义。

（二）高等教育资源

资源是人类生存、活动和发展的基础。教育资源从广义上讲，是指人类从事教育活动所需要的条件，包括与教育相关的人力、物力、财力、信息、政策等投入和支撑教育发展的各种必要付出；而狭义的教育资源更多的是在教育经济学和管理学范畴内使用，指教育的经济条件或人力、物力、财力基础。现代高等教育是包括所有中学后教育形式的第三级教育，这个庞大复杂的系统对资源的需求和依赖性很大。同样，其在人才培养、科学研究和社会服务方面所创造的显性和隐性效益也十分明显。这些不仅是高等教育价值的体现，也是高等教育获取资源的基础。

---

① 威廉·N. 邓恩，著. 公共政策分析导论（第二版）[M]. 谢明，等，译 . 北京：中国人民大学出版社 ,2002:158.

高等教育的发展除需要一般性资源以外，还依赖非物化的社会性资源（如政策、社会支持），以及无法计算的精神性资源（如文化传承、舆论声誉）的支持。因此，本研究将综合考虑高等教育资源的复杂特性，运用不同方法尽可能地全面揭示不同资源要素在高等教育事业发展中所具有的性质，分析其对高等教育事业发展所起的作用。

（三）协调发展

关于高等教育资源区域分布与地区发展之间的关系问题，以往研究的逻辑起点为“均衡发展”或者“互动发展”，本研究将澄清上述概念，并强调“协调发展”。教育协调发展是一种新的指导性价值观，主要是指政府在教育的公共政策层面所采取的基本态度和方式，包括宏观的统筹规划、调动配置资源、协调平衡关系等。这一概念与“教育公平”“教育均衡”等词语既高度关联，又有区别。“教育公平”是教育的价值基础和目标指向；“教育均衡”是教育政策实施过程中阶段性目标的达成度；“教育协调发展”则是动态的、由不均衡到阶段性均衡再到新的不均衡的持续发展演进过程。本研究探讨了“协调”与“协调发展”的具体内涵、实施基础，以及如何通过“协调发展”的政策手段，使我国高等教育资源的区域分布有助于满足特定区域及国家整体发展的需要，有助于实现社会公平正义、教育效率与效益的综合目标。

要在明晰核心概念的基础上，确定研究的基本理论和方法。在理论基础上，我们借鉴人力资本理论、区域竞争理论、均衡与非均衡发展理论、教育地理学理论、空间区域理论等，描述并分析我国高等教育资源区域分布的状况，揭示高等教育资源区域分布不合理现象的存在基础和影响因素，探讨评价高等教育资源区域分布及协调发展的指标体系，提出对我国区域高等教育资源配置及协调发展有新意和实施基础的政策建议。

本课题在研究过程中，坚持以问题为导向，开展跨学科的综合研究。研究中采用的方法包括文献分析、案例分析、问卷调查、深度访谈、实地考察、专家咨询等；涉及的研究类型呈现出定性研究与定量研究相结合、理论研究与实证研究相结合、宏观研究与微观研究相结合、历史研究与比较研究相结合、追踪研究与预测研究相结合等特点。

本书的内容包括导言、16 章正文和尾声，内容结构分为五大模块：“高等教育资源核心概念与整体研究设计”“高等教育资源分布的历史与现状”“高等教育核心资源要素区域协调分析”“高等教育资源与区域空间互动关系分析”“高等教育资源评价指标体系和对策”。第16章是对促进高等教育资源区域分布及协调发展的政策建议，尾声是基于本书的研究对全球化版图中的国家发展和高等教育发展进行回顾和展望。具体章节框架结构参见图导言-2。

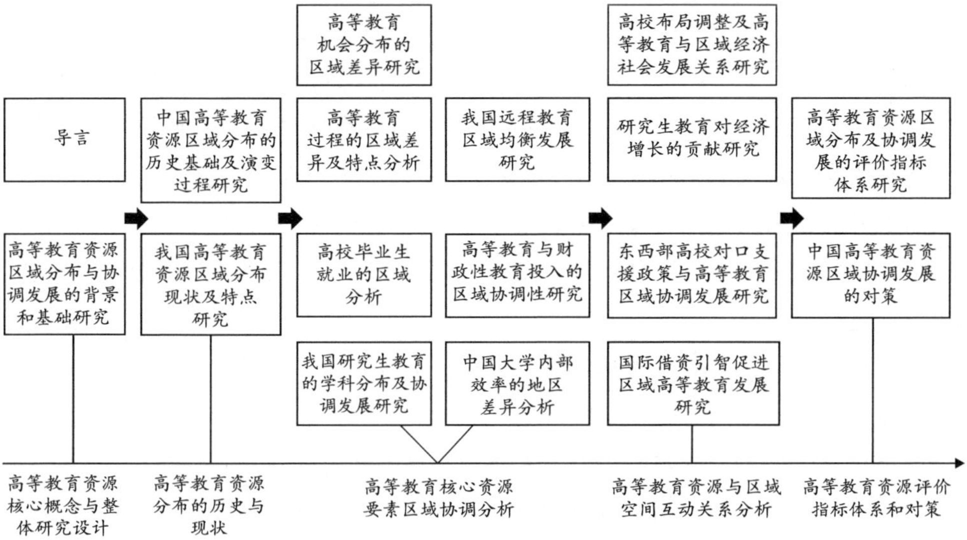

图导言-2 全书章节内容结构框架

采用模块与章节相结合的方式是为了突出高等教育资源区域分布问题的复杂性，以及解释和解决这一问题所需要的整体多元视角。

四、主要研究发现与观点概要

在第一模块（导言和第1章）中，我们全面介绍了本课题的研究背景、目的和新意，明确了核心概念、主题与思路，构建起分析框架、结构和逻辑。本课题重在强调影响高等教育资源区域分布的多种因素和综合作用，如自然地理、人口分布、文化传统、政治制度、行政区划、产业结构、经济模式、基础教育、国家及地区发展政策等。明确中国高等教育资源的区域分布状况不仅仅是当代经济和社会发展的需要，高等教育资源区域分布特点和发展差距不是最近几十年才形成的，它受久远深厚的自然历史文化基础影响，特别受历史惯性延续和自然条件约束的影响。

第二模块（第2、3章）分别从历史和现状描述了高等教育资源的区域分布特点，将高等教育资源的区域分布放在历史积累和社会变迁的动态过程中进行分析，揭示出高等教育资源的区域分布状况是高等教育系统内部自主成长与外部力量干预共同作用的结果。由于历史是解释现实的基础，是认识社会的钥匙，本研究在描述高等教育资源区域分布变迁的历史时，特别注意关键历史事件和时间节点对高等教育资源区域分布现状形成的作用（强调历史节点作用的分期方法与描述历史进程的分期方法有所不同），并借用计量史学的研究方法，对影响我国高等教育资源区域分布的多种要素及要素的相互关系、作用原理与机制等进行基于数据和实证的研究，揭示出高等教育发展的“路径依赖”特性，以及这种特性对解释高等教育资源区域分布现状的意义。例如，我们发现人口数对高等教育资源区域分布的平衡度具有影响，人口流动与高等教育扩招相互影响：高等教育带来的人口流动会促进某地人口增加，而人口上升反过来又推动高校招生数量的增加。另外，高等教育资源区域间分布的差距很大固然值得关注，而高等教育资源在同一省份内的分布不均衡性更为严重，也更应该进行干预。

第三模块（第4—10章）从学生、学科、远程教育、财政、办学效率等多个方面系统分析目前我国高等教育资源区域分布的状况。学生、学科、远程教育和财政之所以被称为“核心资源要素”，首先是因为高等教育的本质特性决定了学生和学科的重要地位，没有学生和学科就没有高等教育。学生和学科既是高等教育的价值所在，也是需要持续不断投入资源（特别是财政资源）的理由，是高等教育资源最重要和宝贵的组成部分。随着教育信息化的快速发展，“MOOC”等大规模在线教育课程引发了高等教育的“大地震”。未来，远程教育将成为促进高等教育均衡发展的重要力量。高等教育核心资源的均衡性不仅在于分布情况，还在于使用情况，第10章集中对大学使用核心资源的效率进行实证分析。为突出重点，本课题对学生的研究包括高等教育入学机会、在校学习经历和求职就业的全过程；对学科的研究则和研究生教育结合起来。研究发现：我国高等教育入学机会存在总量和结构的地区差异。在入学机会总量上，虽然近年来各区域都呈现不断增加的趋势，但西部的入学率相对较低，中部的入学率与全国平均水平相当，东部绝大部分省份的入学率高于全国平均水平；在入学机会的结构上，高等教育的层级越高，入学机会越是稀缺，区域间的差异就越大，中央政府对招生计划的干预空间也越大。关于学生在校学习经历，本研究以清华大学负责的“中国大学生学习性投入（student engagement）调查”为工具，通过探讨大学生的学习投入、学习行为、大学教育环境与实践的互动和增值关系来考查高等教育质量。研究发现：从大学生学习性投入来看，区域与院校类型（如“985工程”院校、“211工程”院校、一般地方本科院校等）间存在显著交互作用，不同区域同一类型院校的学生的学习性投入表现存在明显差异；高等教育资源优势与教育质量（学生学习性投入）和学生收获的满意度并成非线性关系，前者并不能直接决定后者。因此，要提高人才培养质量，就必须关注教育过程，研究学习者的学习行为与投入。关于学生求职就业状况的研究发现：毕业生就业目的地集中在北京、广东、上海和浙江等东部省市，区域人才聚集的不均衡现象相当严重。关于学科区域分布状况的研究发现：我国一些地区高等教育存在盲目发展甚至过度发展的问题,高等学校学科设置自主权与政府行政管理存在矛盾;研究生教育在各省、市、自治区的分布是非均衡、分层次的，且与区域内教育、经济、科技和社会发展存在不协调和匹配度不高等问题。关于远程教育的区域分布研究发现：随着远程高等教育规模的扩展，中国远程高等教育省际的教育公平有了一定的改善，然而改善的幅度并不大。关于教育财政的区域分布研究发现：我国财政性高等教育经费在各地区之间的分布不均衡，不均衡的资源配置影响了高等教育资源区域分配的公平与效率。有关大学内部效率的研究发现：西部地区的高校不但在高等教育资源的占有上存在劣势，而且在运行效率上也与东部地区存在明显的差距。

第四模块（第 11—14 章）主要分析高等教育资源与区域间的互动关系、空间流动和优化问题，从三大视角（高等教育体制改革、院校对口支援、国际借资引智）进行分析，充分展现了影响高等教育资源流动和优化的巨大政策空间与前景。第 11 章主要研究高等教育体制改革与高校布局调整对高等教育资源空间流动和优化的影响，采用事件史分析方法，对医学院校、高等师范院校、理工院校、农林院校四类高校的合并、升格、转型等进行系统分析，重点剖析区域作为一种推动或阻碍力量如何影响高校合并的改革策略，以及地方高校在体制调整后与地方社会进行深入互动的成功案例。第 12 章在整体上度量研究生教育系统对全国和不同地区经济增长的贡献率。第 13 章聚焦于东西部高校对口支援政策及其实施十年来的效果与影响分析。不仅对东西部高校“一对一”对口支援的成功案例进行了深度分析，还依据国际教育借鉴理论，构建起分析高校对口支援现象的理论模型。第 14 章用全景式素描和案例式研究相结合的方式，梳理了中国自改革开放以来，利用国际组织支持，借助国际资源流动，促进区域高等教育发展的问题。课题组实地考察了全国 21 个省 133 所接受日本国际协办机构日元贷款人才培养项目的地方院校，运用大量第一手材料，揭示出不同地区、高校在国际借资引智、促进区域高等教育发展方面的经验教训。

第五模块（第 15、16 章）是建构评价体系和提出政策建议部分。在第 15 章中，课题组在整合国内外有关高等教育资源分布状况评价体系的基础上，选取生均教育经费、师生比、专任教师中级以上职称率、生均校舍面积、生均图书馆藏量五项内生性资源指标，构建起评价高等教育资源区域分布的指标体系，采用主成分分析法来研究高等教育资源分布的区域差异及其与区域经济社会科技发展水平的协调性，并提出优化高等教育资源配置的方案。第 16 章是促进高等教育资源区域协调发展的政策建议，分别从高等教育资源的配置机制、区域学科发展、区域高等教育过程性质量监控、高校毕业生就业四个方面，提出中国高等教育资源区域协调发展的对策与建议。

尾声部分是本研究的一个亮点，研究将中国高等教育的区域发展问题放在全球化的大背景下进行分析，不仅强调高等教育与中国社会发展的关系，还将完善高等教育资源配置与全球化版图中的中国发展有机联系在一起。

五大模块（导言和 16 章）的内容安排体现了课题组以专题研究为主、不求全面但求突破的设计思路。每一章即一个专题，具有相对完整的问题分析和政策建议；相关章节构成模块，使专题研究得以延伸和拓展。

总之，本课题研究中国高等教育资源区域分布特点、历史演变过程、协调发展对策，涉及的内容丰富，是一项集理论研究、政策分析与实践探索为一体的综合性研究。本课题通过研究思路的拓展、研究视角的转变及新研究工具的使用，在研究的深度、广度和新意上均有所突破。

本课题是集体研究的结果，课题主持人谢维和负责课题总体设计和协调，史静寰具体负责课题的组织和实施。参与课题研究的人员超过百人。本书各章的主要执笔人如下：导言，史静寰；第 1 章，叶富贵、王敏、王铭、柳亮；第 2 章，叶富贵、王敏、许甜；第 3 章，王敏、胡光宇；第 4 章，张燕燕、陈彬莉；第 5 章，史静寰、赵琳、王鹏、许甜、李一飞；第 6 章，李锋亮、陈鑫磊、刘帆；第 7 章，袁本涛、赵琳、李雪、刘帆；第 8 章，李锋亮、周孟颖、范宝龙；第 9 章，董银玉、胡光宇；第 10 章，李锋亮、邹凯、付新宇；第 11 章，王晓阳、杨曦、许甜、刘丽芳；第 12 章，李锋亮、袁本涛；第 13 章，李越、钟周；第 14 章，史静寰、王晓阳、许甜、刘丽芳；第 15 章，张燕燕；第 16 章，史静寰、胡茂波；尾声，罗燕。全书由史静寰负责统稿，黄雨恒协助。

在课题即将结题之时，我们衷心感谢清华大学，特别是清华教育研究院所有参加研究工作的教师、研究生及博士后研究人员，感谢为课题研究提供支持的教育部社科司及清华大学科研管理部门人员，感谢以各种形式为课题调查、收集资料等工作提供方便和帮助的所有人员。

如何在这样的大棋局中落好子，资源的配置无疑是关键，而这正是本书的主要视角。相信读者能从本书对我国高等教育体系资源配置的比较分析中，了解全球化新时期我国高等教育的新格局。

1

高等教育资源区域分布与协调发展的背景和基础研究

第 1 章

高等教育资源区域分布与协调发展的背景和基础研究

高等教育资源区域分布的不均衡是一种普遍现象，无论是中国还是世界其他国家都不同程度地存在。但存在的未必就是合理的，高等教育资源区域分布问题引起如此广泛和持续的关注，说明不均衡的高等教育资源分布是有问题的，或者说不均衡到某种程度就会影响高等教育发展，危害经济和社会的健康发展。另外，关于高等教育资源分布的课题、研究和成果不断涌现，表明对这一问题的认识在不断深化中，但同时也说明已有的研究仍然不足，我们还远没有理解这一问题的关键，以至于在实践和政策上没有信心和措施来应对，因此对政策效应也没有把握。

在高等教育全球化和国际化的时代，讨论一国高等教育资源的区域分布和协调似乎有些“走调”，但一旦深入中国高等教育的实际，我们又不禁深感讨论此问题的必要性。中国一些地区的一些人已经享受着全球最好的高等教育资源，而一些地区的不少人却只是高等教育大发展的旁观者。一些地区街头拥有学士、硕士和博士学位的人比比皆是，而有些地区不知要跨过几条河、翻过几座山才能碰到一个大学毕业生。中国高等教育资源分布的不均衡，影响的绝不仅仅是教育的格局和资源配置，而是从根本上关系到国家的稳定和发展以及民族的文化和文明。

现有关于高等教育资源区域分布的研究大多具有两个特点，一是数量化，二是经济学化。数量化即搜罗了大量的数据，或三年，或五年，图表丰富，看起来很实证、科学，但细细研读之后却发现只是将不均衡再度描述了一番，并没有什么新的东西。经济学化即纯粹从经济的角度来看高等教育的资源区域分布，简单地借用经济学的概念和理论来分析高等教育的资源分布。的确，经济会影响高等教育，但经济从来都不是影响高等教育的唯一因素，也从来不是影响高等教育资源区域分布的最主要因素。因此，这样的研究只能是隔靴搔痒，很难抓住和揭示问题的实质。

有鉴于此，本课题努力从更广阔的视野、用更长远的眼光，利用多学科的手段，整体地把握、认识和理解高等教育资源的区域分布问题。高等教育资源区域分布绝不是单一因素作用的结果，而是受多种因素影响的。自然地理、人口分布、政治制度、行政区划、产业结构、经济模式、基础教育、教育政策、历史惯性、文化传统等都是影响高等教育资源的要素，也是对高等教育资源区域分布产生作用的动因。

本研究不排除对高等教育资源区域分布进行经济的解读，但更多的是对高等教育资源分布进行历史和社会的理解。具体说来，我们将从历史文化、人口和经济等几个方面来分析高等教育资源区域分布的基础和成因。我们希望通过本课题的研究，增进对高等教育资源区域分布新知识的了解，寻找解决高等教育资源分布问题的新思路和策略。

一、历史文化基础

在讨论高等教育资源区域分布问题时，学者们一般很少考虑历史文化的因素，但实际上，高等教育资源的分布与其说是当代经济和社会发展的结果，不如说是历史文化的惯性延续。人口的地理分布在各个时代都会有变化，但也有长期的稳定性和连续性，教育和高等教育同样如此，而且较之经济的区域变化，文化教育的传承性更强，变化更小。文化教育发达的地区受政治和经济变革的影响不那么显著，会长期保持较高的水平，而文化教育不发达的地区要想在短期内发生巨大改变，也绝不是容易的事。不同区域因地形、气候、物产、经济、习俗、传统而表现出不同的文化特性和文化模式，由此形成不同层次的区域文化。中国南方文化与北方文化有差异，沿海文化与内地文化也不一样，中原文化、江南文化、岭南文化、巴蜀文化等展示出色彩各异的风景。这些区域文化在教育的态度、方式、取向等方面是有所差别的，虽然它们对高等教育的资源分布没有明显、直接、即时的影响，但实际上产生着深远、稳定而持久的作用。通过历史文化的研究，我们会发现，中国高等教育区域分布的表现不是当今经济发展的结果，也不是最近几十年才形成的，而是有着更为久远深厚的历史文化背景。

从历史发展来看，我国高等教育资源分布大致可以分为以下几个阶段：

（一）19 世纪中期—19 世纪末的前大学时期

研究中国高等教育资源分布的学者很少注意到这一时期，但这恰恰是中国近现代高等教育的起点，正是这一起点在很大程度上决定了中国近代高等教育的性质、演变特点和制度环境。

中国近代高等教育主要是在西方殖民主义的影响下出现的。教会大学是中国近代高等教育的最初形态，主要是西方教会为了传教、影响中国的上层精英而设置的。

这一时期我国高等教育的分布是与教会和列强在中国的扩展路径相一致的。可以说殖民主义的特性决定了这一时期中国高等教育的资源分布。

清政府为了应对西方列强在军事、政治、经济、文化上的侵略，不得不学习西方，因此建立了高等教育层次的近代学校。这些学校的分布与中国的政治权力格局密切相关。

前大学时期的高等学校分布不仅形成了这一时期高等教育资源配置的格局，而且构建起中国高等教育的存量（物质资源、人才资源、文化和教育传统），并历史性地决定了此后中国高等教育资源配置和分布的基础构架。

（二）19 世纪末—1912 年：晚清新政时期

自 1895 年创办大学堂开始，中国人自己办的大学正式产生。此后，除了大学堂，各省还创办了高等学堂。到 1911 年，全国共有 3 所大学、24 所高等学堂。

这些高等学校的分布明显受到政治的影响。大学受历史因素等的影响，分布于北京、天津、山西，而各省高等学堂则完全根据国家政策，设于省城。需要特别指出的是，虽然清政府明令各省创设高等学堂，但西部有的省份并未设立，而南北直隶高校最多。

政治影响之外，经济的因素开始显现。上海、江浙、广东等地，因为对外贸易发达，出现了一批富有的商人、实业家，他们有办学的实力，也需要新型人才，因此创办了很多近代高等教育机构。此外，地方绅士受传统文化影响，办学热情也很高。这两方面主要体现在私立高等教育和高等专科教育上。教会大学在此时期也呈现快速发展的趋势。教会大学一般都是在此前教会学校的基础上发展起来的，所以大多集中在口岸城市。

（三）1912—1927 年：北洋政府时期

1912 年后，中国高等教育发展加快，特别是 1922 年新学制颁布后，高等学校、师范学校纷纷升格为大学，高等教育迅速发展。

这一时期，教育资源区域不平衡的趋势加大，高等教育资源向政治和经济中心聚集。北京集中了全国最丰富的高等教育资源，特别是优质高端的高等教育资源。1926 年，高等学校密集的地区有：北京（21 所），上海（10 所），江苏（8 所），湖北（8 所）。即使是私立大学也紧靠政治中心：1916 年全国有 7 所私立大学，北京有 3 所；1922 年全国有 13 所私立大学，北京有 4 所。其他大学也基本设在省城。

这一时期所有的大学都在东部和中部，西部地区一所也没有，中部地区由于历史的惯性，只有湖北、山西等少数地区设有大学。

这一时期私立高等学校的兴起和快速成长，为高等教育资源的分布增添了新的影响因素，市场的力量第一次在中国高等教育资源配置中产生作用。

殖民主义的影响仍在延续，1922 年全国有 13 所教会大学，主要分布在东部沿海，单上海一地就有 5 所，西部和北方基本没有教会大学，中部仅湖北、湖南有教会大学。

对这一时期高等教育分布进行解读时需要注意的是：虽然高等教育资源集中于政治中心，但这不是政治作用的结果，与当时的政府关系不大，政府对教育无心、无力、无暇顾及，高等学校分布在很大程度上是自然发展的（更依赖经济、市场、人才、传统）。然而，我们也看到，政府的政策对高等学校的发展也产生了巨大的影响：1912 年颁行的《大学令》从学科上分出大学的类型和层次（大学院、大学、专业学院、专科学校），1922 年的新学制放宽了设立大学的条件（大学设数科或一科均可，单设一科的称某科大学），这是此后大学数量快速增长的原因之一，自然也影响到高校的区域分布格局。政策对学校的性质也产生了影响，1912 年颁行的《大学令》准许创办私立大学，1913 年《私立大学规程》发布，推动了中国私立大学的起步。

从高等教育分布来看，这一时期的大趋势是集中，而且从沿海和东部向北京、上海集中，地区不平衡加剧。这与缺乏中央集权有关，军阀割据，全国不统一，自然不会有产生实际效应的全国高等教育规划。但政府官员和学者已经开始意识到这一问题，因此有大学区制之提议。但在没有中央集权、财政性教育经费支持的情况下，只能是纸上空文。①

（四）1927—1937 年：抗日战争全面爆发前的快速发展时期

这是中国高等教育发展的一个黄金时段，高等教育数量和质量同时实现高速发展。1927 年全国高校共 44 所，到 1936 年全国高校共 108 所，其中大学和独立学院 78 所，专科学校 30 所。

国民政府意识到高等教育资源分布过于集中的严重性，并着手解决高等教育资源分布不均衡问题。蔡元培于 1927 年提出大学区制，将全国划分为若干学区，每学区设若干高校。但大学在此前已经拥有了相当大的自治权，不愿服从中央政府的规划。结果大学分布不均衡的问题没有得到解决。1931 年全国共有高等学校 103 所，

---

① 许美德 . 中国大学 1895—1995：一个文化冲突的世纪 [M]. 北京：教育科学出版社 , 2000:72.

其中上海22所，北京15所，江苏（含首都南京3所）、广东、河北各8所，湖北、山西各6所，浙江、江西、福建各4所，湖南、广西、云南、河南、山东、辽宁各2所，安徽、四川、新疆、甘肃、吉林、察哈尔各1所，而热河、绥远、陕西、贵州、青海、西康、黑龙江、蒙古、宁夏、西藏十省一所都没有。很明显，高校集中在上海、北京等东部省份，而西部较少，很多省份一所都没有。这里值得注意的动向是：（1）上海取代北京成为高校最集中的地区，但深入分析，大学特别是公立大学，仍以北京为重，私立大学则上海居多，名校数也是北京居首，这表明北京文化教育的历史厚重，上海则展示了市场的力量。（2）广东高校数量增长很快，清末民初名不见经传，到1931年已拥有8所高等学校；而西部的陕西在清末曾有一两所高校，但至1931年则一所也没有。这种发展态势应该有经济的因素，但主要可能是因为国民党的势力偏于东南，以及政治中心的南移。

较之高等学校的分布，大学生的籍贯分布可能更能说明问题。1930年，全国高校学生总数30384人，生源籍贯分布是：江苏5000人，广东3763人，河北3035人，四川2712人，浙江2654人，辽宁1774人，安徽1529人，山西1403人，福建1283人，湖南1197人，山东1097人，河南926人，湖北794人，江西780人，广西674人，吉林633人，黑龙江301人，陕西212人，甘肃151人，贵州135人，云南121人，察哈尔82人，绥远60人，热河32人，蒙古5人，青海4人，西藏3人，新疆2人，宁夏1人。江苏、广东、河北学生最多，占全国的近40%。高等学校数与学生数反差较大的有四川、安徽，但若衡量百万人口中的大学生数，似乎又没有那么大的反差，这是值得注意的。

总的来看，这一时期，高等教育资源分布不均衡问题突出，主要影响因素是市场的力量、政治中心的转移，以及教育的历史文化根基。

（五）1937—1949年：全面抗战和解放战争时期

随着抗战的全面爆发，中国高等教育发展的正常进程被打断，国家和人民全力抵御外侮，对高等教育的投入和关注被迫减弱。更严重的是，日军大肆破坏高等学校，对我国高等教育进行了极端的摧残，东部和中部高等学校不得不大量内迁。

外敌入侵和高等学校迁徙改变了中国高等学校的分布，导致中国高等教育资源格局的突变。四川、云南、贵州、陕西等地成为中国高等学校最多的地区，四川更成为高等教育的中心。不过，西部高等教育落后的局面并没有彻底改变，青海、新疆、宁夏等地依然没有一所大学。

抗战胜利后，原来从东部西迁的高校纷纷回迁，国民党政府计划趁此机会调整全国高校布局，特别是设立西安、成都、昆明、兰州的教育机关，建立西南、西北文化中心据点。这确实取得了一定的成效，但高等教育资源区域不均衡的态势没有根本改变，随着国民党公然违背“双十协定”，撕毁政协协定，内战全面爆发，高校又失去了和平办学的环境。

总的来看，战争是影响这一时期高等教育分布的最大因素，不过，外敌入侵和内战对高等教育资源分布的影响效应不尽相同。外敌入侵导致高等学校受到大规模破坏，被迫迁徙；内战则影响了高等学校的调整，更影响了学生的入学和学习。

革命也对中国近代高等教育资源的分布产生了影响。无论在辛亥革命时期，还是抗日战争和解放战争时期，革命党都创建了自己的高等教育机构，特别是中国共产党在延安、东北、华北创办的高等教育机构，对 1949 年后的高等教育资源配置和分布产生了积极而深远的影响。

（六）1949—1965 年：现代高等教育体制的探索时期

中华人民共和国成立后，为满足经济建设的需要，中央政府迅速建立起社会主义高等教育体制。新体制废除了私立高等学校和教会学校，所有高等学校都由国家投资和管理，高校成为政府的从属机构（事业单位），一切物力、人力、制度、知识资源都归政府所有和调配，建立起高度统一的中央集权的高等教育体制。此后，影响中国高等教育资源配置和分布的决定性力量是政治、政府和政策。当然，具体到不同的阶段，面对社会、经济、政治发展的实际情况，政治、政府和政策考量的重点是不同的。

1952 年，国家对高等教育布局进行调整，到 1953 年基本完成。这次调整与其说是推进高等教育布局的合理化，不如说是集中高等教育资源重点建设，调整的思路是“整顿与加强综合大学，发展专门学院，首先是工学院”。很明显，高等学校的学科格局由此发生了很大变化。这一方面是从国家建设的需要出发，另一方面也是效仿苏联，与国民政府时期相比，中国高等学校的组织形式和学科形态自此发生了根本性的转变。

此次调整的结果，最突出表现在：（1）高等教育资源向核心城市集中，北京再次成为高等教育资源最集中的地区，高等学校从 13 所增加到 25 所，这与政治中心转移和高度统一的中央集权体制有关。从地区分布来看，华北 40 所（包括内蒙古 2 所），东北 26 所，华东 50 所，中南 33 所，西南 19 所，西北 14 所，可见华东地区高等教育资源最丰富，西部地区高等教育资源依然贫乏。而且，区域内高校多集中在核心城市。（2）学科结构与1949年前相比有了巨大的变化。1953年全国高等学校共有182所：综合院校14所，工业院校39所，师范院校31所，农林院校29所，医药类院校29所，财经类院校6所，政法类院校4所，艺术类院校15所，语文类院校8所，体育类院校5所，少数民族院校2所。可以看出，工程技术类院校急剧发展，人文社科类院校则大幅缩减。

有鉴于高等学校布局的不合理，1955年，政府对高等院校进行了第二次调整。这次调整的原则是“高等教育建设必须符合社会主义建设及国防建设的要求，必须和国民经济发展计划相配合；学校设置分布应避免过分集中，学校的发展规模一般不宜过大；高等工业学校应逐步地和工业基地相结合”，意在使高等学校布局适应经济发展特别是工业化的要求，同时注重全国高等教育的均衡，因此在内陆地区以新建或内迁的方式增加了不少高校。西安是这次调整的最大受益者，其高校由1951年的8所，猛增到1957年的22所。武汉也同样受益。此次调整奠定了此后西安、武汉在中国高等教育格局中的重要地位。经此调整，全国高等学校区域分布较此前趋于平衡。但学科的差别仍继续扩大，到1959年，工科招生数占39%，师范类占30%，二者相加占了全部招生数的近70%，人文社科招生数（不含师范类）则不到7%。

此后，从1958年至1960年，高等学校开始了“大跃进”，省、市、县甚至公社都办起大学，导致高等学校和学生数激增。1957年有229所高校，招生10.6万人；1958年有791所高校，招生26.5万人；1960年有1289所高校，招生32.3万人。

1961年后高等教育进行调整，高等学校由1960年的1289所调整合并为1963年的407所（本科院校359所），在校学生由1960年的96万人减为75万人。此后高校数量又有所增加，1965年有高等学校434所，在校学生67.4万人。①

总的来看，中华人民共和国成立后的这十七年中，高等教育资源分布调整持续不断，但都是在探索现代高等教育体制，其间也取得了一定的成绩。院系调整时期，影响高等教育资源分布的最重要因素除了1949年以后普遍起决定性作用的政治、政府和政策外，经济建设和工业化也是基本的出发点。值得关注的是，1958年高等教育管理权下放，实行中央和地方两级管理。这种新体制使全国高等教育资源的配置发生很大变化，极大地促进了高等教育的均衡发展，其影响是深远的。各省都以省会为基地建立区域高等教育中心，综合大学、专门大学或学院的高等教育层次

---

① 郝维谦．高等教育史 [M]．海口：海南出版社，2000:160.

结构也按行政建制布局，构成了较为完善的区域高等教育体系。就全国而言，青海、内蒙古、宁夏等从未有高校的省和自治区也都有了自己的大学。而且，在计划经济体制下，大学毕业生在全国范围分配，甚至名校的毕业生覆盖到了全国各个区域。

（七）1966—1976 年："文化大革命"时期

事实上，"教育革命"从 1958 年左右就开始了，但到 1966 年"文化大革命"开始后，教育界才真正刮起了"大革命"之风，高等教育受到严重破坏。到 1971 年全国教育工作会议前，高校已减少到 417 所。这次会议再次调整高等学校，保留工科、农科、医科、师范院校，撤销多数政法、财经、民族院校，结果全国高校仅有 328 所。1972 年后，高等学校又有适当的增加。①

在这样的剧变中，高等学校、学科的分布几乎没有规律可循。然而，拂去尘沙，我们看到，除了"文化大革命"中的一段时期外，20 世纪 50 年代所确立的高等教育的基础架构并没有发生根本性的改变，基本维持 50 年代末的格局。

（八）1977—1998 年：改革开放时期

1977 年恢复高考，1978 年党的十一届三中全会召开，1979 年后实行改革开放，此后开始以经济建设为中心，整个国家经济体制逐步转向市场经济。改革的出发点和价值是追求效率，这一时期所有的高等教育改革特别是体制改革都是为了实现资源配置的最大效率，这在一定程度上会加大高等教育资源分布的不均衡。影响较大的政策主要有：高等教育体制改革，招生制度改革，学费制度改革，分配制度改革，民办教育政策。政策因素之外，经济和市场的力量进一步加剧了高等教育资源分布的不均衡。由于待遇、工作环境、个人发展等因素，西部地区人才流失，高校教师、毕业生大批流向东部特别是华南地区。

二、人口基础

人类文明和文化在起源上可以说是一定地理条件的产物，在发展中也始终受制于地理环境因素。即使在科技发达的今天，人类的生存和发展依然依赖地理环境，受地理环境的制约。地理在很大程度上决定了人口分布，也不同程度地决定了经济

① 郝维谦 . 高等教育史 [M]. 海口：海南出版社 , 2000:319.

生产方式和经济模式。而人口的地理分布与高等教育的关系是十分密切的。人口本身就是高等教育资源的一部分，高等教育资源不均衡是人口不均衡的重要表现；而高等教育的资源状况对人口的数量和质量、分布与流动也会产生相当大的影响。中国高等教育资源区域分布的人口基础将在下文展开阐述。

（一）我国人口区域分布的客观不平衡性

开创我国人口地理学的著名地理学家胡焕庸先生在其成名作《中国人口之分布》中，详尽阐述了我国人口区域分布的不平衡特征。这一特征在各层级行政划分的区域中皆有显现，“一国一省一县等皆是”[①]。

我国幅员辽阔，各地自然情况颇多差异，如京津冀地区、长江三角洲地区、珠江三角洲地区，都是极为肥沃的平原，而内蒙古、新疆、西藏等地，多为高原、沙漠，气候异常多变，二者比较，人口分布密度极为悬殊。以一省为例，四川省的成都平原与邛崃山地相距咫尺，而其人口密度却相差百倍；安徽省的沿江冲积地与皖南黄山各地的情况对比亦然。以一县为例，位于苏南的句容市北的邻江冲积地与东部茅山区域的人口差异达数百倍。此种例证，不胜枚举，由此可以得出，我国人口区域分布的不平衡性，是由自然环境、经济发展水平及社会历史文化等原因共同造就的普遍的客观事实。

这种人口分布不平衡的事实，具有客观性、长久性和稳定性的特征。人为地大量迁移人口密集地区的人口补充到较稀少地区的行为，短期内会在一定程度上改变人口分布，但是从长远来看，由于自然承载力等种种原因，随着被迁移人口的不断回迁，人口总体分布又会恢复到非均衡的稳定状态。例如，清朝以及之前的历朝历代，都有过大规模的戍边举动，中华人民共和国成立后推行的内地“三线”建设、知识青年上山下乡等政策，皆在短时间内使人口稀疏地区人口激增，但是由于资源环境、历史文化等方面原因，这些举措都无法长久改变人口分布与地域条件之间存在的牢固内在联系。

（二）胡焕庸线与八大人口区划

胡焕庸线（Hu Line），或称黑河（原称瑷珲）—腾冲线，是一条贯穿中国版图的假想直线段。该线从中国东北边境的黑龙江省黑河市，经大兴安岭、张家口、

---

① 胡焕庸 . 中国人口之分布 [J]. 地理学报 , 1935(2).

榆林、兰州、昌都，一直延伸到中国西南边境的云南省腾冲市，大致地划分出了中国人口在区域上的分布，体现了中国人口东南和西北悬殊的区域分布差异。

胡焕庸线揭示了我国总体人口区域分布的不平衡性特征。1933 年，胡焕庸线东南部的面积约占全国总面积的 36%，西北部的面积约占全国总面积的 64%；而东南部人口约占全国总人口的 96%，西北部人口约占全国总人口的 4%。1982 年，根据第三次全国人口普查数据得出："……东半部面积占全国的 42.9%，西半部面积占全国的 57.1%……在这条分界线以东，居住着全国人口的 94.4%，而西部人口仅占全国人口的 5.6%。"①

根据 2000 年第五次全国人口普查资料，利用 ArcGIS 进行精确计算发现，胡焕庸线的东南半壁占全国国土面积的 43.8%、总人口的 94.1%, 西北半壁占全国国土面积的 56.2%、总人口的 5.9%。东南半壁与西北半壁人口之比为 94 ∶ 6。② 经过 60 多年发展，胡焕庸线两侧的人口分布比重依然相对稳定，只发生了 1.9% 的变化。

1990 年，胡焕庸先生在其代表作《中国人口的分布、区划和展望》中，使用 1987 年统计数据，一方面继续验证了黑河—腾冲线的正确性，另一方面，根据我国各地自然、经济生产、社会、民族和文化状况的复杂性，从人口的角度出发，将我国（不含港澳台）划分为八个人口大区。分别是：辽吉黑区，包括东北三省；黄河下游区，包括北京、天津两市及河北、河南、山东三省；长江中下游区，包括上海、江苏、安徽、江西、湖南和湖北六省市；东南沿海区，包括浙江、福建、广东、广西四省区；晋陕甘宁区，包括山西、陕西、甘肃和宁夏四省区；川黔滇区，包括四川、贵州、云南三省；蒙新区，包括内蒙古和新疆两个自治区；青藏区，包括青海省和西藏自治区。我们亦采用此观点展开了研究。1988 年设立的海南省、1997 年设立的重庆直辖市，原分别隶属于广东省和四川省，现分别归入东南沿海区、川黔滇区计算。详见表 1–1。

表 1–1　1987 年与 2015 年八大区域人口分布比较

区域	1987 年末		2015 年末		2015 年较 1987 年变化
	万人	%	万人	%	%
辽吉黑区	9547	8.84	10947	7.99	–0.85
黄河下游区	23535	21.78	30426	22.20	0.42
长江中下游区	27349	25.31	33736	24.62	–0.69

① 胡焕庸 . 中国人口的分布、区划和展望 [J]. 地理学报 , 1990(2).

② 单之蔷 . 中国的突变线——胡焕庸线 [J]. 中国国家地理 , 2009(10).

续表

区域	1987 年末		2015 年末		2015 年较 1987 年变化
	万人	%	万人	%	%
东南沿海区	17394	16.09	25934	18.92	2.83
晋陕甘宁区	8357	7.74	10725	7.83	0.09
川黔滇区	17111	15.83	19493	14.22	−1.61
蒙新区	3490	3.23	4871	3.55	0.32
青藏区	636	0.59	912	0.67	0.08
全国	**108073**	**100.00**	**137044**	**100.00**	**0.00**

注：1987 年末全国总人口数包括服兵役人数，八大区域人口数不包括服兵役人数，因此 1987 年八大区域人口比例略有出入。

数据来源：《中国人口的分布、区划和展望》《中国统计年鉴》（2016）。

从表 1–1 中可以看出，较 1987 年，2015 年东南沿海区人口分布增加 2.83 个百分点，为增幅最大地区，包括西部部分地区在内的一些区域有小幅增长；而川黔滇区人口分布下降 1.61 个百分点，属于降幅最大地区；长江中下游区和辽吉黑区也有一定幅度的下降。

（三）人口与高等教育

人口与高等教育有着密切的联系。人口是教育发展的前提条件之一。人口作为教育的对象，对教育事业的发展提出一系列要求：要根据人口所在的区域范围设定学校的规模和分布，要依据人口年龄结构设置教育结构及学校的比例关系。作为基础条件的人口因素，如人口分布、年龄结构、性别比、总和生育率、出生率等等，都影响着高等教育发展的规模、速度、内部结构。同时，教育对人口具有积极的提升作用，它将人口中可能的生产力转化为现实的生产力，实现劳动力的再生产，并且使新一代人口接受社会的思想意识和道德规范，逐渐适应社会关系并积极加入社会结构体系中，成为社会体系中的一员。教育是提高全社会人口素质和开发人力资源的重要手段。

人口分布是决定高等教育资源区域分布特点及未来协调发展的重要条件之一。人口分布是指在一定时间、地域内的实际居住人口总量、密度和人口增长状况。人口分布是自然、社会、经济和政治等多种因素作用的结果。其中，自然环境条件，如纬度、海拔、气候、距海远近等，对人口分布起重要作用。我国人口分布具有不平衡性，黄河下游区、长江中下游区、东南沿海区及川黔滇区，人口密度大、数量多，对各级教育资源的需求大；而中西部地区虽然人口密度小、数量少，但是由于历史投入缺乏等原因，对高等教育资源的需求同样旺盛。

高等教育对人口的影响体现在以下方面：①高等教育有助于降低人口出生率和死亡率。国内外的大量研究表明，高等教育能够提高人民的生活水平，增强人民的文化思想意识，改变传统观念，提高生活的现代文明程度。②高等教育有助于提高人力资本，通过教育、培训、健康保障、促进迁移等方式，提高人的劳动生产率，增强生产、消费、面对不确定性等方面的能力。③高等教育有助于提高人口质量。人口质量是指人们认识自然和社会的综合能力，在遗传的条件下，由环境和教育决定，体现在人的品德、智力、体质及人口再生产等诸多方面。比如，人们通过接受高等教育，能在认识自然环境的基础上，知道尊重、爱护环境的重要性，主动投入环境友好型社会的建设和发展中去。高等教育能从生理、文化、就业等方面提高区域社会的人口质量。

因此，对于高等教育资源的分布，一方面，既要依据不同区域适龄人口分布比重合理分配；另一方面，又要根据国家规划、区域未来发展的前瞻性等，确定高等教育资源较长时期的供给。对于人口密度大的地区，如果不能充足地供给教育资源，就可能出现影响教育质量和公平的问题，类似大班教学、对优质高等教育过度竞争等问题；而对于地广人稀、人口密度小的地区，高等教育布局会影响到区域发展的人才和科技的支持力度、社会公平和谐等方面的问题，应得到更大的重视。

三、经济基础

经济发展是与人口、地理等要素密切相关的，现代经济也日益显著地影响到现代高等教育的发展，特别是经济和产业结构的变化会更深刻地影响高等教育资源分布状况。

（一）经济发展的区域现状

根据 2005 年、2009 年及 2015 年资料统计分析，辽吉黑区、黄河下游区、长江中下游区、东南沿海区、川黔滇区等胡焕庸线以东地区，共集聚了全国 90.96%、90.20%、90.16% 的 GDP，显示出高密度的经济实力和功能。近年来，中西部地区的生产总值比重发生了变化，出现了较大幅度的增长。这表明，我国总体经济正在向着更加协调的方向发展。详见表 1–2。

表 1-2　2005 年、2009 年与 2015 年八大区域 GDP 比较

区域	2005 年		2009 年		2015 年		2015 年较 2005 年变化
	亿元	%	亿元	%	亿元	%	%
辽吉黑区	17181.23	8.62	31078.24	8.51	57815.82	8.00	-0.62
黄河下游区	49841.56	25.02	90287.47	24.72	169363.40	23.43	-1.59
长江中下游区	50439.57	25.32	93242.54	25.52	192421.60	26.62	1.30
东南沿海区	47411.83	23.80	84122.81	23.03	162184.70	22.44	-1.36
晋陕甘宁区	10710.84	5.38	20268.98	5.55	40490.44	5.60	0.22
川黔滇区	16319.97	8.19	30763.72	8.42	69892.10	9.67	1.48
蒙新区	6509.22	3.27	14017.30	3.84	27156.31	3.76	0.49
青藏区	792.12	0.40	1522.63	0.42	3443.44	0.48	0.08
全国	**199206.34**	**100.00**	**365303.69**	**100.00**	**722767.81**	**100.00**	**0.00**

数据来源：《中国统计年鉴》（2006、2010、2016）。

2015 年较 2005 年，辽吉黑区、黄河下游区及东南沿海区 GDP 占全国比例降幅较大，而长江中下游区、川黔滇区及蒙新区有较大增幅，其他地区皆为小幅变化。川黔滇区和蒙新区的经济数据表明，只要结合本地区的优势和特色，中西部地区同样能够成为我国经济多极化发展中的重要组成部分。

（二）经济结构与就业的关系

经济总量与自然条件、城市交通、人力资源、技术资本等因素有着密切的联系。经济发展带来就业的繁荣，在某种程度上决定着就业数量及结构。近年来，由于我国经济、科学技术的迅速发展，经济结构发生了显著变化，人口就业结构随之改变。变化的趋势主要表现为：从农业、工业向服务行业转移，从体力劳动向智力劳动转移，从一般技术向高精尖技术行业转移，从东部地区产业向中西部地区转移。就业结构发生变化，导致高等教育人口结构发生变化，相应地也应对高等教育结构进行调整。

人口、就业、资源乃至产业的聚集、规模效应的产生，都按照一定的规律进行，表 1-3 显示了 2000 年、2010 年我国八大区域的就业情况。

表 1-3　2000 年、2010 年八大区域就业情况

区域	2000 年				2010 年			
	总人数（万人）	第三产业（万人）	第三产业占比（%）	总占比（%）	总人数（万人）	第三产业（万人）	第三产业占比（%）	总占比（%）
辽吉黑区	4526.40	1462.30	32.31	7.19	5230.15	2040.18	39.01	6.87

续表

区域	2000 年				2010 年			
	总人数（万人）	第三产业（万人）	第三产业占比（%）	总占比（%）	总人数（万人）	第三产业（万人）	第三产业占比（%）	总占比（%）
黄河下游区	14703.60	3507.60	23.86	23.35	17324.86	5654.57	32.64	22.76
长江中下游区	15510.10	4463.60	28.78	24.63	18933.57	6741.05	35.60	24.88
东南沿海区	11085.70	3377.50	30.47	17.60	15338.49	5370.55	35.01	20.15
晋陕甘宁区	4688.40	1285.30	27.41	7.44	5374.95	1790.42	33.31	7.06
川黔滇区	10413.60	2478.50	23.80	16.54	12126.01	4110.66	33.90	15.93
蒙新区	1689.10	487.40	28.86	2.68	2037.27	704.11	34.56	2.68
青藏区	361.90	86.60	23.93	0.57	469.13	166.97	35.59	0.62
全国	**62978.80**	**17148.80**	**27.23**	**100.00**	**76105.00**	**26332.33**	**34.60**	**100.00**

注：表中数据来源于《中国统计年鉴》（2001、2011）。根据《中国统计年鉴》（2011）的说明，2010 年全国就业人员总计资料是根据第六次全国人口普查资料及历年劳动力调查资料推算的，因此分地区与总计略有出入。

通过计算得出，2000 年、2010 年，胡焕庸线以东地区就业人数分别占全国就业人数的 89.30%、90.59%，也就是说，全国 90% 左右的就业都是在胡焕庸线以东地区实现的，这与经济总量的区域分布相互印证。但随着中西部地区经济的发展，就业总量及分布的比重会发生一定程度的改变和倾斜。

表 1–4　2010 年与 2000 年就业情况比较

区域	就业人数增加量（万人）	就业人数增长率（%）	第三产业占比增长（%）	2010 年较 2000 年就业分布比例变化率（%）
辽吉黑区	703.75	16	6.70	–0.32
黄河下游区	2621.26	18	8.78	–0.59
长江中下游区	3423.47	22	6.82	0.25
东南沿海区	4252.79	38	4.54	2.55
晋陕甘宁区	686.55	15	5.90	–0.38

续表

区域	就业人数增加量（万人）	就业人数增长率（%）	第三产业占比增长（%）	2010 年较 2000 年就业分布比例变化率（%）
川黔滇区	1712.41	16	10.10	–0.61
蒙新区	348.17	21	5.70	0.00
青藏区	107.23	30	11.66	0.05

数据来源：《中国统计年鉴》（2001、2011）。

从表 1–4 中可以看出，2010 年较 2000 年，地区就业总人口增加量排名前三位的是东南沿海区、长江中下游区及黄河下游区；而增长速度列前三位的是东南沿海区、青藏区及长江中下游区；第三产业增长幅度最大的是青藏区，其次是川黔滇区；就业分布变化方面，东南沿海区一枝独秀，长江中下游区也有小幅上升，青藏区和蒙新区几乎无变化，其他地区皆有小幅下降。综合以上指标发现，2000 年到 2010 年十年间，东南沿海区表现出极强的就业创造力和吸纳能力，同时，我们也看到了中西部地区就业人口及结构出现的一定幅度的改善。

（三）区域经济发展规划与高等教育

我国主体功能区划是根据不同区域的资源环境承载能力、现有开发强度和发展潜力而设置的，旨在统筹谋划人口分布、经济布局、国土利用和城镇化格局，以此确定不同区域的主体功能，并据此形成人口、经济、资源环境相协调的国土空间开发格局。它将我国国土空间分为以下主体功能区：按开发方式，分为优化开发区域、重点开发区域、限制开发区域和禁止开发区域；按开发内容，分为城市化区域、农产品主产区和重点生态功能区。其中，“开发”特指大规模高强度的工业化城镇化开发。而确定限制开发区域，是为了更好地保护这类区域的农业生产力和生态产品生产力，实现科学发展。

主体功能区划是根据全国不同地区的实际条件，确定不同区域的发展目标，打破以经济生产总量为单一发展宗旨和考核指标的模式和思维，使得各地区能够因地制宜地提高经济社会发展水平和选择发展路径，创造出与自然环境友好共荣的发展背景，在保护环境、恢复环境，将环境承载力纳入考虑范围的基础上，实现人与环境及未来的和谐、可持续发展。

我国涉及中西部地区的区划主要有：甘肃新疆农产品主产区，优质专用小麦和优质棉花产业带；青藏高原生态屏障，黄土高原—川滇生态屏障；呼包鄂榆地区，全国重要的能源、煤化工基地，农畜产品加工基地和稀土新材料产业基地，北方地区重要的冶金和装备制造业基地；黔中地区，全国重要的能源原材料基地、以航天航空为重点的装备制造基地、烟草工业基地、绿色食品基地和旅游目的地，区域性商贸物流中心；滇中地区，我国陆路交通枢纽，面向东南亚、南亚对外开放的重要门户，全国重要的烟草、旅游、文化、能源和商贸物流基地，以化工、冶金、生物为重点的区域性资源精深加工基地；藏中南地区，全国重要的农林畜产品生产加工、藏药产业、旅游、文化和矿产资源基地，水电后备基地。国家重点生态功能区占全国陆地面积的 40.2%，其中绝大部分位于中西部地区；国家禁止开发区域是我国保护自然文化资源的重要区域，珍稀动植物基因资源的保护地，占全国陆地面积的 12.5%，同样大部分位于中西部地区。

“十二五”时期，中西部地区在经济发展、基础设施建设、生态环境保护、产业社会事业等方面都取得了长足的进步。“十三五”时期，中西部地区将力争实现以下目标：区域经济产业保持又好又快发展，经济增速高于全国平均水平；完善和加强道路交通、通信、水利等基础设施建设；改善生态环境，减少污染；提升公共服务能力，逐步缩小教育、医疗卫生、公共文化、社会保障等方面与全国平均水平的差距。这些都离不开科技和人才的支持。现代社会将科学技术发展和人才培养任务，赋予了以高等教育为首的教育体系，高等教育已经成为世界大多数国家经济社会发展的不竭动力。以美国高等教育为例，威斯康星大学积极帮助州政府，在全州各个领域开展技术推广，并开展函授教育以提高本州公民素质技能，使得威斯康星州的经济得到了迅速发展，特别是以牛奶业为代表的农业发展极为迅速；斯坦福大学成就了硅谷科技神话；麻省理工学院实行为企业提供咨询服务及科研创新成果的办学理念，催生了区域内高新制造业的蓬勃发展。因此，主体功能区的经济、产业、社会、人口、环境等的发展，都需要高等教育的直接、间接支持，发挥保障作用。

四、研究基础

在过去二十多年间，中国教育学界怀着深切的责任感，对如何为这样一个庞大的高等教育体系提供充足的资源，以及如何确保每个地区、每所高等学校都能够有序和高效地使用这些资源等问题进行了大量研究，既有理论建构又有实证分析，取得了丰硕成果。此外，近十年来，随着区域和高等教育在全球知识经济中的作用不断提高，国际学术界也对高等教育与区域协调发展进行了大量研究。这些国内外研究深化了对高等教育内在发展规律的认识，拓展和深化了我们对高等教育体系、整体教育体系和区域体系的认识，以及对公平和效率两大核心发展问题的认识。

（一）国内研究

1. 研究概况

近年来，有关我国高等教育资源区域分布的研究文章数量较多，包括大量学术期刊论文和多篇博士论文。总体而言，在概念定义上，现有研究对区域的定义主要是以省（直辖市和自治区）为单位的单一行政区域或相邻几个省的区域集合，少数也包括地市和县级行政单位以及城乡区域。对教育资源的定义主要是人（学生和师资）、财（经费）、物（校舍和设施设备）等。在数据类型上，主要包括教育资源区域分布差异的截面数据和历史变迁数据；对资源的计算方法主要为绝对值和单位人口下的相对值，主要数据来源为教育性和综合性官方统计年鉴。在分析方法上，主要包括：①按大小排序比较绝对值或距平值差异；②聚类分组分析组内、组间差异和特色；③教育指标与经济、人口等指标的相关性分析；④使用极差、极差率、调整极差率、标准差、变异系数、基尼系数、塞尔系数和泰尔系数等方法来分析区域差异的构成和特点。在研究趋向上，近年来数据指标逐渐走向多样化，从单一指标走向复合指标，同时研究理论和方法也向多学科综合发展。

从整体上看，我国对高等教育资源区域分布与协调发展的探讨，体现出的是一种以区域为参照的高等教育资源分布与协调发展的研究思路。其基本特点是以“区域”作为研究范围的划分依据，或者以“区域”经济发展状况作为对比高等教育资源分布及其发展是否合理或协调的衡量尺度；高等教育及其自身发展状况在研究中居主导地位，“区域”只是一种“消极”的背景性因素；关注层面处于高位，一般是全国性或省域的视野，同时研究对象一般以高等院校群体或高等教育系统为主；分布与协调是研究关注的核心问题。从理论意义的完整性上讲，研究的主要内容包括：①某一区域内的高等教育资源的结构性特征及其适配状况（区域分布问题与区域高等教育系统的内部协调问题）；②不同区域之间高等教育资源的结构性特征及其适配状况（跨区域分布问题与跨区域高等教育系统的内部协调问题）；③某一区域内高等教育资源分布与该区域经济发展的适配状况（区域分布问题与区域高等教育系统的外部协调问题）；④不同区域之间高等教育资源分布与各自所在区域经济发展的适配状况（跨区域分布问题与跨区域高等教育系统的外部协调问题）。这一研究分类可见下页表 1–5。

表 1-5　研究内容分类

	高等教育机构与系统（封闭）	高等教育机构与系统（开放）
区域（封闭）	某一区域内的高等教育资源分布及其协调（2 区）	某一区域内高等教育资源分布与该区域经济发展的协调（1 区）
区域（开放）	不同区域之间高等教育资源分布及其协调（3 区）	不同区域之间高等教育资源分布与各自所在区域经济发展的协调（4 区）

从国内的研究现状来看，目前研究的重点主要集中于 3 区。随着有关我国高等教育区域发展不均衡性的描述性研究不断走向系统深入以及对教育公平与效率的关注，研究的视野逐渐深入不同区域之间高等教育资源的协调方面。此外，近年来随着高等教育管理和财政改革的深化，1 区中高等教育资源配置与区域发展的协调问题日益受到社会和学术界的广泛关注。同时，国内学者对 2 区的内容也有所涉及，但对 4 区中的相关内容的研究则显得十分欠缺，而这正是本研究试图着力探讨的高等教育协调发展的重要问题之一。

2. 主要内容

（1）高等教育资源区域分布研究

截至目前，主要的研究成果都肯定了我国高等教育体系持续存在着显著的区域差异，对其中代表性文献的综述如下。

杜育红的《地区间教育发展差异的实证分析》① 提出将高等教育发展水平分为地域型和受益型两个类型，从规模和质量两个方面考察了我国高等教育的区域特点。地域型指不论高等学校的隶属关系，分布在某一省内的高校即代表该地区高等教育现有规模，因而测量指标为该省在校大学生数占总人口的比例。受益型考察各省人口中大学毕业生占总人口的比例，这一指标反映的是该省区能从现有的高等教育办学体制中获得多少毕业生，即该省区能从现行高等教育办学体制中受益的水平。杜育红综合了 1978—1995 年共 18 年的数据，用每万人口中在校大学生数与每万人口中大学毕业生数来测量地域型高等教育的发展水平与受益型高等教育的发展水平，进而测量两种类型高等教育发展水平的差异变动情况，最后分析两种高等教育发展水平的关系。清华大学刘见芳的《我国高等教育发展水平地区差异研究》② 沿用杜育红的分析方法，分析了 1996—2002 年 7 年间我国地域型和受益型高等教育的区域特点。

① 杜育红 . 地区间教育发展差异的实证分析 [D]. 北京 : 北京师范大学 , 1999.
② 刘见芳 . 我国高等教育发展水平地区差异研究 [D]. 北京 : 清华大学 , 2004.

清华大学薛澜等人[①]运用地理信息系统（GIS）研究了中国高等教育空间分布的特点。该研究主要结论如下：第一，相对于西部的人口与经济来说，西部高等教育并不处于劣势；从全国范围来看，高等教育并不存在东西部分布的严重不均衡。第二，从全国各个行政区划角度分析，各区高等教育的分布则存在较大的不平衡，高等学校几乎都集中在中心城市或者省会城市，西部地区省会城市的资源集中程度较高。第三，高等教育资源空间分布与各地区的人口分布和经济发展水平相适应，高等教育资源空间分布呈均衡化发展态势。第四，由东北往西南，高等教育规模扩张对经济增长的影响越来越大。朱雪文的《中国高等教育区域分布研究》[②]从历史和现状的角度描述了 1949 年至 2001 年我国高等教育资源在东部、中部、西部三大区域的分布状况，并分析了形成这种区域不平衡状况的经济和非经济因素。贺祖斌的《中国高等教育系统的生态学分析》[③]也使用类似的分析方法，考察了 1990 年至 2001 年高等教育资源在省和三大地区的分布特征，并进一步讨论了高校所在地区即高等教育生态系统的特征及其与境内高校的互动关系。宋争辉基于各地区公私立综合性大学数目、部属高校数及“985”“211”院校数的变化，从历史角度考察了我国优质高等教育资源的空间分布，指出我国高等教育资源中的优质教育资源的空间分布经历了“东强西弱，呈阶梯状分布”到“东西强中部弱”的演变过程。[④]

清华大学谢维和等人在《中国高等教育大众化进程中的结构分析：1998—2004 的实证分析》[⑤]中以我国高等教育结构为研究对象，按照 10 个学科门类、本专科两个层次，通过多种方法对 1998—2004 年 31 个省（自治区、直辖市）的高等教育在校生和招生数进行了多维度分析，系统描述了中国高等教育走向大众化的历史进程。该研究也对高等教育学科、层次和布局的区域结构特点做了系统分析。

下列研究则体现了高教资源描述指标的多样化发展。谈松华等人编写的《中

① 薛澜，侯龙龙 . 我国高等教育地区差距的实证分析 [A] //2006 年中国教育经济学年会会议论文集 [C]；薛颖慧，薛澜 . 试析我国高等教育的空间分布特点 [J]. 高等教育研究，2002(4)；劳昕，薛澜 . 我国高等教育资源的空间分布及其对地区经济增长的影响 [J]. 高等教育研究，2016(6).

② 朱雪文 . 中国高等教育区域分布研究 [D]. 上海：华东师范大学，2002.

③ 贺祖斌 . 中国高等教育系统的生态学分析 [D]. 武汉：华中科技大学，2004.

④ 宋争辉 . 中国优质高等教育资源区域分布非均衡化的历史演变与现实思考 [J]. 高等教育研究，2012(5).

⑤ 谢维和，等 . 中国高等教育大众化进程中的结构分析——1998—2004 年的实证分析 [M]. 北京：教育科学出版社，2007.

国教育地图集》①，首次用地理信息系统制作的彩色主题地图描述了我国各级各类教育在全国各省、县和城市多个区域级别的分布状况。李文胜和黄潞的《中国高等教育资源分布研究》②考察了每百万人口拥有的普通高等教育学校数、高考升学率、高考最低录取分数线等指标的区域分布特征。黄栋的《中国高等院校区位问题研究》③从院校和专业区域分布的视角考察了我国高等教育的区位特征，并应用地理信息系统软件制作相关主题地图辅助对区域差异性的分析。刘华军等人使用1978—2010 年的高校在校学生和专任教师与 1995—2010 年高校生均教育经费数据，创造了 ER、EGR 和 LU 指数，对中国高等教育资源空间分布的极化程度进行实证研究，发现总量指标和相对指标所测算的极化指数在样本期内均具有明显的上升趋势，说明高等教育资源的两极分化程度具有逐步加强的趋势。④

除了对高等教育资源区域分布的状况进行描述，一些研究者也尝试对其成因进行分析。邱均平、温芳芳基于中国科学评价研究中心 2010 年发布的《中国大学及学科专业评价报告》的相关资料，从高校数量和教育质量两个方面对我国高等教育资源的分布现状进行量化说明和实证分析，认为我国高等教育资源空间分布非均衡是由于历史、经济、政治等因素长期作用形成的。⑤赵春雷也提出，高等教育资源的配置受到区域经济、文化、科技发展水平的制约和引导，东部、中部、西部三大地带经济发展的梯度差，使得高等教育资源各要素的经济属性明显，非均衡性成为中国高等教育发展的一个重要特征。⑥

关于整体教育资源区域分布的研究也部分涉及了高等教育，包括傅维利

① 谈松华，等．中国教育地图集 [M]. 上海：上海科学技术出版社，1995.

② 李文胜，黄潞．中国高等教育资源分布研究 [J]. 首都经济贸易大学学报，2002(4).

③ 黄栋．中国高等院校区位问题研究 [D]. 上海：上海师范大学，2005.

④ 刘华军，张权，杨骞．中国高等教育资源空间分布的非均衡与极化研究 [J]. 教育发展研究，2013(9).

⑤ 邱均平，温芳芳．我国高等教育资源区域分布问题研究——基于 2010 年中国大学及学科专业评价结果的实证分析 [J]. 中国高教研究，2010(7).

⑥ 赵春雷．区域经济视阈下高等教育资源非均衡性特征评析 [J]. 东北师大学报 (哲学社会科学版)，2011(6).

（1995）[①]、蒋鸣和等（1997）[②]、王善迈（1998）[③]、钟宇平和雷万鹏（2002）[④]、杨东平（2006）[⑤]等。

（2）高等教育资源配置与教育效率和公平的关系研究

资源配置是经济学研究的核心问题。近年来，资源配置问题日益成为我国高等教育发展所面临的热点和难点问题。教育资源，特别是高等教育资源属于稀缺资源，配置的关键在于如何在多个地区、多项用途、多类人群之间进行合理的分配和使用，以解决如何满足何种需求（即生产什么、如何生产、为谁生产）这类基础性问题。随着我国区域发展差异（特别是经济、社会和教育区域差异）不断扩大，社会和学术界对高等教育资源区域配置效益和公平的讨论日益激烈，关于高等教育资源配置效益和公平的理论与实证研究也快速发展起来。

"九五"期间，全国教育科学规划立项课题中关于资源配置的研究还限于理论探讨和高等教育局部体系的专题探讨阶段，立项课题名称如"教育资源配置理论与制度研究"和"中国高等财经教育资源配置研究"，课题等级分别为教育部课题和社科一般类课题。"十五"期间，关于高等教育资源配置的研究范围和深度迅速扩大，例如"我国高等教育资源配置转型程度指标体系研究""区域教育资源配置研究""构建我国的社区终身教育体系：理念更新与资源配置""人才资源配置及高等教育发展研究""高校后勤资源配置研究""提高工科院校教学设备资源配置效益的研究""现代信息技术条件下我国高等教育资源配置结构变动研究"等，课题等级也持续升级，涉及国家课题、教育部重点课题和规划课题等多种类型。此外，关于高等教育资源配置的研究在理论讨论和定量描述的基础上，增加了建模评估和预测等较为复杂的量化研究方法。例如，邵争艳的《中国区域高等教育资源优化配置评价与对策研究》[⑥]通过国际比较研究讨论了我国区域高等教育资源优化配置的目标、环境、动力和机制，进而利用 DEA（数据包络分析）相关理论和方法，从效率、质量、规模和结构等方面建立了我国区域高等教育资

① 傅维利 . 论区域经济发展的不平衡与欠发达地区的教育抉择 [J]. 教育研究 , 1995(4).

② 蒋鸣和 , 等 . 中国贫困县教育财政与初等教育成本——491 个国家级贫困县的分析 [J]. 教育与经济 , 1997(4).

③ 王善迈 , 等 . 我国教育发展不平衡的实证分析 [J]. 教育研究 , 1998(6).

④ 钟宇平 , 雷万鹏 . 公平视野下中国基础教育财政政策 [J]. 教育与经济 , 2002(1).

⑤ 杨东平 . 中国教育公平的理想与现实 [M]. 北京 : 北京大学出版社 , 2006.

⑥ 邵争艳 . 中国区域高等教育资源优化配置评价与对策研究 [D]. 哈尔滨 : 哈尔滨工程大学 , 2006.

源优化配置的评价模型，并对 2002 年我国高等教育资源的区域分布状况做了系统评价。

“十一五”期间，构建和谐社会成为教育研究在新时期的核心主题，公平问题成为和谐社会的重要原则。[①] 教育资源配置研究逐步聚焦在和谐社会的视野下，如何理解教育公平，以及如何在公平理论的架构下认识和解决公共高等教育的资源配置问题、公平和效率统筹兼顾的问题、高等教育快速发展与科学协调发展之间的关系问题。

近年来，高考改革和高等教育入学机会均衡问题等成为教育公平和效益研究的重点和热点。从区域的角度讨论高等教育入学机会资源的博士论文主要包括：颜莉冰的《高等教育资源的区域公平性研究》[②] 从高校招生考试中的区域公平的视角，用各省高校招生数计算的基尼系数分析了 2000 年我国高等教育入学机会资源的区域分布；李立峰的《我国高校招生考试中的区域公平问题研究》[③] 进一步扩大和深化了高等教育入学机会这一视角，考察了我国入学机会资源区域分布状况的历史变迁以及当前的重点和热点问题。此外，相关的期刊论文还包括琚四化的《教育机会均等下的我国高考招生的地区差异》[④]、乔锦忠的《优质高等教育入学机会分布的区域差异》[⑤] 等。

此外，金子元久和窦心浩[⑥] 还就高等教育大众化与机会均等状况进行了中日比较研究。该研究通过标准差、变异系数、基尼系数分析发现，日本在 20 世纪 60 年代至 70 年代中期，依托市场机制，高等教育获得了迅速发展。与此同时，升学率的地区差也迅速扩大了。20 世纪 70 年代中期以后，日本政府通过限制私立大学的数量增加和规模扩大等举措减缓高等教育的规模扩张，在其影响下，升学率的地区差也有所缓和。日本经验的启示是，除非发挥政府的力量，否则仅依靠市场所获得的高等教育规模的扩大，必然导致机会不均等。

---

① 周建明，等. 和谐社会构建——欧洲的经验与中国的探索 [M]. 北京：清华大学出版社，2007.

② 颜莉冰. 高等教育资源的区域公平性研究 [D]. 厦门：厦门大学，2005.

③ 李立峰. 我国高校招生考试中的区域公平问题研究 [D]. 厦门：厦门大学，2007.

④ 琚四化. 教育机会均等下的我国高考招生的地区差异 [J]. 青年研究，2005(1).

⑤ 乔锦忠. 优质高等教育入学机会分布的区域差异 [J]. 北京师范大学学报（社会科学版），2007(1).

⑥ 金子元久，窦心浩. 高等教育大众化与机会均等——理论分析与中日比较 [A] //2006 年中国教育经济学年会会议论文 [C].

“十二五”期间，学界更加注重采用多元指标对高等教育资源分布的公平与效率问题进行研究。李春玲对中国高校扩招政策、不同年代教育机会的分析发现，大学扩招导致了城乡之间的教育不平等上升；尽管随着高校扩招，教育机会数量增长明显，但城乡教育差距加剧、优质教育资源分配不均衡等问题依然存在；通过考察1940—2010年各教育阶段城乡教育机会不平等的变化趋势发现，中等教育的城乡不平等是教育分层的关键所在，初中升入高级中学教育阶段的城乡机会不平等持续扩大，而这是导致农村子弟上大学相对机会下降的重要原因。[①] 王少义等人采用极差率、变异系数、基尼系数对高等教育机会不均衡程度进行测算，其中前两者证明高等教育层次越高，入学机会地域不公平越大；而后者相反，高等教育层次越高，入学机会地域不公平越小，但基尼系数对高等教育入学机会地域不公平程度的测量更加准确。专科和普通本科的入学差异是高等教育入学机会地域不公平的主要表现。[②] 曹妍等人通过构建一流大学入学机会指数，对2008年至2015年间31个省、区、市一流大学入学机会分析发现，西部地区获得了较多的一流大学入学机会，但入学机会的实际增长幅度并不大；受各地区适龄人口数和高考报名人数差异扩大的影响，地区间入学机会的差异呈现出逐年扩大的趋势。[③]

一些研究认为，制度特别是财政制度是影响高等教育资源配置效益和公平的重要原因（丁小浩[④]，2006；叶欣茹[⑤]，2006）。在经济全球化的进程中，由于发展经济的需求、近乎普及的义务教育以及对高等教育日益增长的社会需求，全世界高等教育的规模迅速扩大，但是，生均经费占公共财政资源的比例急剧下降，反而产生了高等教育的“危机”时代。在过去的20年中，发展中国家的高等教育入学率增长了2倍，而公共教育资源仅增加15%—20%，生均教育支出下降了50%以上，仅有很少的证据能够证明高等教育的效率得到了相应的提高。随着高等教育规模的

---

① 李春玲．高等教育扩张与教育机会不平等——高校扩招的平等化效应考查[J]. 社会学研究，2010(3); 李春玲．“80后”的教育经历与机会不平等——兼评《无声的革命》[J]. 中国社会科学，2014(4); 李春玲．教育不平等的年代变化趋势（1940—2010）——对城乡教育机会不平等的再考察[J]. 社会学研究，2014(2).

② 王少义，杜育红．高等教育入学机会地域不公平研究[J]. 国家教育行政学院学报，2013(5).

③ 曹妍，张瑞娟．我国一流大学的入学机会及其地区差异:2008—2015[J]. 华东师范大学学报(教育科学版)，2016(4).

④ 丁小浩．对中国高等院校不同家庭收入学生群体的调查报告[J]. 清华大学教育研究，2000(2); 丁小浩．规模扩大与高等教育入学机会均等化[J]. 北京大学教育评论，2006(2).

⑤ 叶欣茹．中国高等教育社会投入需求预测[D]. 武汉：华中科技大学，2006.

扩大，处于不利地位的学生群体在发展中国家每年 4%—6% 的入学增长率下，不仅获益并不明显，而且大大低于处于有利地位的学生群体。这些研究更多的是从社会学角度探讨高等教育的资源分布和协调发展问题的。①

公平与效率密切相关，但并非一定矛盾。为实现公平原则而置效率于不顾，或为追求效率达标而置公平于不顾，均不足取。理论研究者、政策研究者的任务就是在公平与效率之间寻求平衡点。② 特别值得关注的是，2001 年 6 月以来实施的东西部高校对口支援政策是我国高等教育体制在统筹效率和公平问题上的重大创新。数年来，对口支援工作成效显著。受援高校于 2007 年已覆盖西部全部 12 个地区的 28 所高校，支援高校则有来自全国 12 个地区的 38 所高校。受援高校在人才培养、学科建设、科研合作、校园文化建设等方面取得了突出的进步，对口支援推动了我国高等教育的区域协调发展，提升了西部地区高校办学质量，为西部地区培养人才做出了很大贡献。③ 进一步的研究有必要从高等教育资源区域配置的视角和东西部地区协调发展的视角考察对口支援政策的成效、经验、前景和政策建议。

（3）高等教育与区域互动和协调发展研究

胡鞍钢曾提出，中国地区发展差距巨大，可以说是“一个中国，四个世界”。④ 中国东西部之间存在经济发展、人类发展和知识发展三大差距，其中知识发展差距明显高于经济发展差距。知识是当今世界经济发展和社会转型中最重要的因素，知识资源是一个国家或地区经济发展的最大优势资源，而西部地区是中国知识资源相对十分贫乏的地区。高等教育是其所在区域竞争力的重要知识资源，是国家和区域创新体系的重要支撑力量。缩短知识和教育资源的区域差距成为我国区域协调发展的重要措施，同时高等教育也需要依靠所在区域提供的资源进行发展。

发展可被视为一种空间过程 ⑤，教育发展亦是如此。谈松华关于教育竞争力的研究突破了传统上仅从现实差异来认识区域教育状况的视角，把现状和未来潜力相结合，对多种指标体系进行收集、整理和分析，将一个地区或一个国家的比较发展优势结合起来研究教育问题。在上述框架下，谈松华的《中国教育现代化的

① Postiglione, G. China’s Educational Inequality, in Educational and Social Change in China:Inequality in a Market Economy[M]. New York: M. E. Sharpe, 2006.

② 潘懋元，等．浙江万里学院——一种第三部门高等学校 [J]. 高等教育研究，2002(4).

③ 清华大学课题研究组．东西部高校对口支援的实践与经验 [J]. 清华大学教育研究，2007(2).

④ 胡鞍钢．地区与发展：西部开发新战略 [M]. 北京：中国计划出版社，2001.

⑤ Mabogunje,A. L. The Development Process: A Spatial Perspective[M]. London: Routledge, 2015.

区域发展》① 分析我国整体及各区域教育现代化所面临的不同进程、相关社会条件和教育资源分布状况，通过区域案例讨论了不同地区、不同层次类型教育的改革和发展问题及策略。张振助的《高等教育与区域互动发展研究》② 研究了高等教育与区域互动发展理论、国内外研究现状，以及高等教育与区域互动发展现状的宏观模式、特点和问题。贺祖斌提出，高等教育系统除了具有一般系统所具有的整体性、层次性、结构性、功能性、变异性和相对稳定性等共同特征，还具有生态演替、生态区域等特征。高等教育生态系统结构与功能统一，制约着高等教育的发生与发展，体现着高等教育系统与周围环境的适应能力。③

在国家层面即区域间层面，专论高等教育与区域互动发展的主要研究包括：李萍的《高等教育与区域经济互动发展研究》④ 分析了 1999 年以来高等教育与区域经济协调发展的诸多方面的相互关系，包括高等教育与区域经济发展的高度相关性，高等教育对区域经济的推动作用，经济发展水平对高等教育投入、规模、结构与速度、制度、体制、专业设置、人才培养方案等方面的影响，进而总结出区域经济发展对高等教育发展的影响模型，以及测算高等教育发展适度规模的模型。王守法的《高等教育对经济发展的贡献研究》⑤ 考察了我国高等教育与经济整体和区域经济之间的相互影响和互动机制，并进一步分析了高等教育在区域间的差异及其成因。刘红垒的《基于主体功能区理论的我国高等教育布局结构调整》⑥ 对主体功能区理论与高等教育布局结构之间的逻辑关系进行梳理，初步提出在主体功能区理论视角下高等教育布局结构调整的思路。朱耘婵等人利用我国 2003—2013 年 31 个省、区、市地区经验数据进行实证研究发现，财政教育投入对地区经济增长具有显著促进作用，且贡献率高于物质资本投资；初等、中等、高等教育财政投入对经济增长的贡献率存在递减趋势；各区域财政教育投入对经济增长贡献率由东部到西部递增；财政教育投入贡献率受经济基础、产业结构等因素影响。⑦闫超栋等人分析发现，1999—2013 年中国高等教育效率呈现“先小幅上升，后保

① 谈松华 . 中国教育现代化的区域发展 [M]. 广州 : 广东教育出版社 , 2003.
② 张振助 . 高等教育与区域互动发展研究 [D]. 上海 : 华东师范大学 , 2001.
③ 贺祖斌 . 高等教育系统的生态学阐释 [J]. 黑龙江高教研究 , 2012(12).
④ 李萍 . 高等教育与区域经济互动发展研究 [D]. 西安 : 西北大学 , 2006.
⑤ 王守法 . 高等教育对经济发展的贡献研究 [D]. 长沙 : 湖南大学 , 2005.
⑥ 刘红垒 . 基于主体功能区理论的我国高等教育布局结构调整 [J]. 黑龙江高教研究 , 2017(5).
⑦ 朱耘婵 , 王银梅 . 财政教育投入对地区经济增长的贡献分析——基于 2003—2013 年省际经验数据 [J]. 湖北社会科学 , 2017(4).

持平稳，再小幅上升”的变化趋势，整体效率在 71.6% 至 76.5% 之间；中国高等教育效率存在 β 收敛特征，地理因素和社会特征对高等教育效率具有显著的空间溢出效应；地区开放程度、高等教育管理水平与高等教育效率收敛性正相关，高等教育平均规模对高等教育效率收敛性有负向影响，地区经济发展水平对高等教育效率收敛性影响不显著。[①] 王永杰等人的《我国高等教育与区域经济发展的协调性研究》[②] 通过分析 2000—2009 年的数据发现，西部地区高等教育协调值最高，东部次之，中部最低；但西部地区的协调质量较低，东部地区的协调质量较高，中部地区的协调质量居中。李勇刚等人基于 2000—2011 年的统计数据分析发现，人口总量是我国高校集聚发展的重要因素，经济发展水平和教育支出亦对高校区域分布具有显著的正向影响，高等教育质量对高校区域布局的影响程度最大，经济发展水平的影响次之。[③]

在区域内层面，主要的研究成果包括：耿涓涓的《西部省区基于提升竞争力的高等教育发展研究》[④]、李培春的《西南民族地区高等医学教育发展研究》[⑤]、范明的《江苏省高等教育与经济协调发展研究》[⑥]、伊继东的《云南高等师范教育发展战略研究》[⑦]、郝瑜的《论陕西高等教育大众化及其实现途径》[⑧]、黄裕钊的《广东省高等教育与区域协调发展研究》[⑨]、孙希波的《黑龙江省高等教育与经济协调发展研究》[⑩]、姚辉等人的《中国省域高等教育结构演进及其类型差异评价》[⑪] 等。

（4）讨论

值得注意的是，关于高等教育资源区域分布与协调发展的研究尚未形成成熟的

① 闫超栋，马静．中国高等教育效率的区域差异及空间收敛性研究 [J]. 湖北社会科学，2017(4).
② 王永杰，黄政，王振辉．我国高等教育与区域经济发展的协调性研究 [J]. 西南交通大学学报(社会科学版)，2016(2).
③ 李勇刚，罗海艳，任志安．中国高校区域布局空间计量分析 [J]. 统计与决策，2016(9).
④ 耿涓涓．西部省区基于提升竞争力的高等教育发展研究 [D]. 上海：华东师范大学，2002.
⑤ 李培春．西南民族地区高等医学教育发展研究 [D]. 武汉：华中科技大学，2004.
⑥ 范明．江苏省高等教育与经济协调发展研究 [D]. 南京：河海大学，2003.
⑦ 伊继东．云南高等师范教育发展战略研究 [D]. 武汉：华中科技大学，2004.
⑧ 郝瑜．论陕西高等教育大众化及其实现途径 [D]. 武汉：华中科技大学，2004.
⑨ 黄裕钊．广东省高等教育与区域协调发展研究 [D]. 武汉：华中师范大学，2005.
⑩ 孙希波．黑龙江省高等教育与经济协调发展研究 [D]. 哈尔滨：哈尔滨工程大学，2006.
⑪ 姚辉，温爱花，潘玉君．中国省域高等教育结构演进及其类型差异评价 [J]. 云南师范大学学报(哲学社会科学版)，2016(6).

理论和概念框架。尽管有关“高等教育区域协调性”的定量研究不时出现，然而，这些研究常常因为没有明确的价值指涉而难以对资源分布的现象进行合理的解释与评价。

例如，一些研究考察了区域层面上高等教育资源之于人口和经济资源的分布合理性，或称协调性。在梁志、曾冬梅①的研究中，经济指标与高等教育资源区域分布合理性被定义为一地区发展高等教育的经济负担状况。研究结果显示，东北、西北、华北地区为高等教育所承受的经济负担过重，因为经济实力有限，人口不多，高等教育规模偏大；华南、华东地区则过轻，因为经济实力有限，然而人口众多，高等教育规模偏小；华中、西南地区高等教育规模适中。值得推敲的是，该研究结论与常识出入较大。按该研究结论，全国各地均为“经济实力有限”，这与全国各地经济差异显著的事实不符。此外，华中和西南地区教育部门和公众也许很难接受本省高等教育“适中”或“已经合理”的说法。产生此种结论的一个可能原因，是高等教育资源存量指标，如地区总人口中受过高等教育的人群规模，在多大程度上能反映本区域高等教育资源规模和使用效果的当前状况。毕竟上述高等教育人才存量的规模受历史积累和跨区域人才流动影响很大。

赵宏斌等人的《我国高校的区域分布研究：基于人口和 GDP 的视角》②在两个空间维度的区域（省级和地市级）上，分别从人口和 GDP 的角度分析我国高校的分布与区域经济和社会发展的均衡性和差异性，并与美国高校的区域分布状况进行对比。结果表明：我国高校在省级区域维度上分布相对比较均衡，但在省会城市、地级市的分布不均衡，省会城市密度过大，尤其是经济发展相对滞后的省会，高校过度集中，而在地级城市的分布密度较低，与区域经济发展不协调；研究型大学的区域分布极不均衡，40% 的省级区域没有研究型大学，而部分省、直辖市的密度过大。值得推敲的是，从研究结论中可以看出，该研究假设高校应该按照院校绝对数量计算，而没有考虑院校类型和规模差异；假设高校在省区内的城市间均衡分布，而没有考虑省会城市和地级市综合实力和功能的差异，特别是人口规模差异。省会城市高校密度较大、研究型大学聚集在个别城市的现象是理性选择的合理结果，还是高等教育资源分布不均的证明？这些问题都是值得商榷的。

---

① 梁志，曾冬梅．从经济和人口的区域分布看我国高等教育的布局调整 [J]. 广西大学学报（哲学社会科学版），2000(5).

② 赵宏斌，等．我国高校的区域分布研究：基于人口和 GDP 的视角 [J]. 高等教育研究，2007(1).

由此可见，从实现协调的视角评价高等教育资源的区域分布状况，取决于观测指标设置的合理性，更取决于对高等教育和区域协调发展这一核心价值的理解和阐释。这既需要理论研究，也需要实证研究；既需要定量分析，也需要定性分析；既需要对全国状况的整体调查，也需要突破国家和区域的行政边界，对大至国际和全球层面、小至城市和院校层面的情况进行专题和案例分析。

（二）国外研究

1. 研究概况

在经济合作与发展组织（简称“经合组织”）国家，特别是英国、欧洲大陆国家和澳大利亚，高等教育—区域协调发展的理念主要是指高等教育机构与所在地区的互惠互利、紧密合作，特别是高校参与所在地区的区域发展活动，与区域内其他机构共同致力于实现区域发展规划的目标。这种协调发展理念的逻辑，是个体构成部分的协调意味着整体的协调，即高校个体和整体与所在地区的协调，意味着区域高等教育体系发展与区域发展的协调，意味着国家高等教育体系与国家和各地区发展的协调。

从整体上看，国外对高等教育—区域协调发展的探讨，体现出的是一种以区域为主体的高等教育协调发展的研究思路。其基本特点是，“区域”既是高等教育活动的框架结构，也是与高等教育相互促进、相互建构的行动主体；高等教育—区域协调发展的维度，不仅体现在经济协调发展方面，也体现在社会、文化、环境、管理的可持续性上，体现在国家—区域—本地的空间发展与高等教育教学—科研—社会服务的功能发展两者在发展目标和发展努力的整合和协调上；研究方法与关注层次逐步由个体学者对个别高校和个别地区的小型案例研究，发展到大型国际研究团队对多个国家的大量高校进行的大型、长期的跨国比较研究，并且相关研究得到从国际、国家到地区高校、高等教育发展和研究机构以及公共管理和区域发展机构的共同关注和支持；贡献与合作是研究关注的核心问题，研究的主要任务是回答“是什么”和“如何做”的问题，即什么是高校的区域贡献，高校参与区域合作的动力和阻力有哪些，这对高等教育机构、地区和国家的治理意味着什么，如何发展建设性的政策和操作性的行动以密切高校—区域之间的合作，加强高校的区域贡献等。

2. 主要内容

（1）英国高等教育—区域协调发展研究

1994 年英国出版的研究报告《大学与社区》（CVCP, 1994）[①] 是英国探索大学与所在地区互动合作发展的一份重要文献，它分析了经济发展、建筑环境以及社会和社区发展三个方面。该研究对大学、区域机构和中央政府形成三类建议。①大学：全面深入地考察大学与本地社区的关联；关注这些关联，并设法整合和进一步开发这些关联；大学制定一套社区发展战略；通过各类数据识别本地社区的需求。②区域机构：提高合作意识，与本地关注大学—区域合作的重要利益相关者和机构建立有组织的合作。③中央政府和大学拨款委员会：通过多种政策和项目，进一步认可大学贡献区域发展的需要和能力。

在上述研究的基础上，1996 年英国发布了后续研究报告《大学与经济发展》（*Newcastle School of Management*）[②]。该研究考察了英格兰东北部地区内的一系列地方政府和社会机构与区域内 6 所大学的互动合作关系。研究建议通过主流的政府政策和项目来推动大学—区域互动，并识别出三个层次上的阻碍因素：政府政策和项目管理的空间敏感度、大学对于本地利益相关群体的行为模式以及区域社会和社区的领导力及组织特点。此外，该研究还识别出三种类别的阻碍因素：①外在的经费评价体制通常引导大学更关注区域之外的事务；②地方政府和社会机构还未就本地的经济发展目标和大学应为此发挥的作用达成共识；③大学和区域内的机构还没有明确合作意愿以促成大学—区域互动机制。

2000—2001 年，英格兰高等教育拨款委员会和英国大学联合会共同资助了“高等教育的区域贡献”研究项目。该研究的成果是《区域使命：高等教育的区域贡献（国家报告和七份地区分报告）》。[③] 该研究的目标是：①提高社会对大学区域经济和社会发展贡献的认可和关注；②发展一套方法来统一评价某一地区内高等教育机构的整体区域贡献；③帮助高校和区域组织识别它们在区域发展中的人物和合作

---

① CVCP (Committee of Vice Chancellor and Principals of the Universities of the UK). Universities and Communities: A Report by the Centre for Urban and Regional Development Studies[R]. London, 1994.

② Newcastle School of Management, University of Newcastle upon Tyne (NSM). Universities and Economic Development, Report to the Department for Education and Employment[R]. Sheffield, 1996.

③ Universities UK & HEFCE. The Regional Mission: The Regional Contribution of Higher Education [R]. HEFCE, London, 2003.

潜力；④建设区域高校联盟评估自身活动的能力；⑤设计一套指标框架，帮助区域高校联盟对比与评估各高校的区域贡献活动和影响；⑥为英格兰高等教育拨款委员会、英国大学联合会和英国大学校长联合会提供高等教育发展的政策建议。

该项目的国家和地区调查均采用主要研究者查尔斯和班纳沃斯（Charles & Benneworth）① 新创建的一套评价指标体系。该指标体系共分 7 项一级指标和 33 项二级指标（见表 1–6）。每项二级指标都带有一个 1—5 分的评分表，可以帮助分析院校的区域贡献。

每份地区分报告均对该地区的政府部门和高校提出具体的政策建议，全国总报告中也提出一系列政策建议。①中央政府：更为细致地考察在更为广泛的政策领域下，高等教育如何通过一种整体性的方式发挥更为积极的区域作用；提供永久性专项经费支持大学的对外合作活动，推动高校制定服务区域的长远规划；整合不同类型的城市社区振兴政策，设法克服高校与偏远社区的距离阻隔。②区域机构：与当地高校建立更为密切的、非契约性质的战略合作关系，努力了解和开发高校积累的区域性信息和知识；建立区域研究中心，促进高校与区域机构形成对区域发展需求的共识，并合作制定解决问题的方案；考虑不同类型高校参与区域合作的意愿和能力差异，联合多个高等教育机构，综合利用其优势共同参与区域发展。

表 1–6　查尔斯和班纳沃斯设计的高校区域贡献评价指标

一级指标	二级指标
1. 改善区域基础设施条件	1.1 参与区域基础设施规划和评估
	1.2 投资高质量校园
	1.3 借助高校需求升级本地基础设施
2. 人力资本发展	2.1 弱势群体学生的入学机会
	2.2 本地高校毕业生在本地区就业的情况
	2.3 对区域技能战略的参与
	2.4 对区域劳动力市场需求的响应
	2.5 本地雇主对高校课程设置的参与
	2.6 为本地雇主和雇员提供的课程项目

① Charles, D.R., Benneworth, P. Evaluating the Regional Contribution of an HEI: A Benchmarking Approach[R]. HEFCE & Bristol, 2000.

续表

一级指标	二级指标
3. 商业发展	3.1 支持本地商业发展的战略规划 3.2 高校和高校员工创办的企业 3.3 参与内向投资 3.4 提倡毕业生的创业精神 3.5 毕业生的创业实践 3.6 提供的创业服务 3.7 学生在本地机构的实习机会 3.8 对高校员工参与商业活动的激励机制
4. 互动学习和社会资本发展	4.1 对区域治理的参与 4.2 对区域经济分析的贡献 4.3 对区域未来发展的分析 4.4 高校与区域组织之间的人才交流项目
5. 社会再分配	5.1 对城市健康和居民健康的贡献 5.2 对社区振兴的参与 5.3 学生的社区活动
6. 区域文化发展	6.1 文化战略 6.2 文化设施的提供 6.3 对本地旅游业的影响 6.4 对本地社区的参与 6.5 对塑造区域文化形象的贡献 6.6 学校兴办的文化产业
7. 可持续性	7.1 高校管理的可持续性 7.2 通过课程推广可持续发展的理念 7.3 环境管理体系的运行表现

2009 年，两位学者与其团队在纽卡斯尔大学的赞助下，又发表了报告《大学与更广泛社会接触的模式特征：文献综述与最佳实践综述》，对不同大学与国家、区域、社区在历史传统、创新发展等方面的互动模式进行了研究。报告强调了一个事实，即大学与外界的“接触”不是单纯地从大学核心活动如教学和研究中溢出，而是越来越多地成为一种任务，在某种程度上已经成为机构的重点。一些观点认为，这种“接触”可能与某些特殊大学的“体制粮食”更为密切。此种看法部分是因为大学与外界太多的接触主要发生在周围的自然区域，知识交流会在自然的交换空间

或地区发生。现在，人们日益认识到区域层面的创新，这导致了大学与社会的接触被视为“区域性”，而不是“全球性”，从而导致了全球和区域的错误二分法。报告提出，大学与更广泛社会的接触不仅仅是一种区域现象，也不仅仅发生在脱离机构的慈善事业上，已经出现了许多支持大学参与的全球网络。这些网络可分为全球性的、国家间的、国家和地区的三个层次，在每一个层次都有不同组织机构为大学提供与社区、社会接触的渠道和平台。①

（2）欧洲高等教育—区域协调发展研究

1998 年，英国学者戴维斯（J. L. Davies）的研究《大学与其利益相关者的对话：欧洲不同地区案例的比较研究》② 考察评估了欧洲 5 个核心地区、8 个边远地区和 6 个经济快速发展地区的大学—区域互动情况。评估使用了七条指标，即宗旨、人力资源、文化发展、经济发展、地区经济影响、有关变化和发展的交流沟通、战略。该研究识别出能够解释大学—区域合作性质和程度的地区因素和大学因素。①地区因素：地区利益相关机构的组织特征，区域内机构合作与发展的程度，区域内企业对其研发需求的沟通能力，地区领导层驱动实现本地发展目标的成功程度，解决问题的速度，以及推动区域合作的财政资源是否存在等。②大学因素：大学的宗旨和战略与区域利益相关者需求的关联程度，大学领导层是否关注与所在区域的互动合作，大学的国际视野、创业精神和管理模式，以及大学的重要人物是否在区域层面拥有话语权。

对北欧高校的案例研究也不断开展。达勒夫（U. Dahllöf）等人的研究《迈向责任型大学：芬兰东部大学的区域职能》③ 分析了芬兰东部三所大学的区域功能，评估指标包括芬兰高等教育政策、三所大学与该地区的学术联系以及三所大学的内部管理方式。在上述研究的基础上，豪塔（S. Holtta）的研究《大学的区域职能：

① Conway, C., Humphrey, L., Benneworth, P., Charles, D., Younger, P. Characterising Modes of University Engagement with Wider Society: A Literature Review and Survey of Best Practice[R], 2009.

② Davies, J.L. The Dialogue of Universities with Their Stakeholders: Comparisons between Different Regions of Europe: Analysis of Case Studies[R]. A Project of the Association of European Universities, the European Commission and the European Roundtable of Industrialists, Anglia Polytechnic University, UK, 1998.

③ Dahllöf, U., Goddard, J., Huttunen, J., et al. Towards the Responsive University: The Regional Role of Eastern Finland Universities[J]. Publications of Higher Education Evaluation Council, 1998(8).

以约恩苏大学为例》[①] 发现了芬兰约恩苏大学与其所在地区密切合作的原因。①院校自治：高度的大学自治以及大学内部各院系的高度自治；②财政独立：中央政府为大学划拨整体经费，大学对经费的支配享有高度灵活性；③学科契合：大学的学科设置与本地经济结构对应良好；④政策整合：芬兰国家高等教育计划成为国家发展计划的有机组成部分；⑤良性机制：大学与区域通过科技园和对口联络办公室推动区域性的知识转移，并整合区域发展目标与大学的服务方向。

2000 年，瑞典学者哈德森（C. Hudson）的研究《大学和区域的互利性》[②] 对比了两所瑞典大学和两所英国大学与所在区域互利合作的情况。该研究将“互利合作”定义为：高校和其他区域机构的合作伙伴关系和对话，区域政策和区域行动的整合与协调，以及区域组织间共同努力的效果大于个体组织的行动效果。该研究的评估指标包括高校参与区域发展的目标，与当地工商业和社区的联系，以及区域发展目标在高校教学和研究活动中的贯彻程度。但 2016 年，博南德（C. Bonander）等人采用系统控制方法对瑞典不同地区的研究发现，研究型大学对所在地区经济发展影响很小或几乎没有影响。[③]

皮涅罗（R. E. Pinheiro）等人提出，大学面临着越来越大的促进区域创新、创业、经济增长和福利的压力，面临的主要问题是学术自治、学院管理、等级制度以及内部研究，这些都减少了其对外部区域的影响。由于欧洲联盟和其他组织为应用研究和发展提供资金，各区域应用科学大学的研究核心能力变得更加强大。预算削减迫使区域大学加强与区域经济合作的战略，这导致了应用技术大学的立法发生了变化。特别是芬兰在2003年将支持区域发展的应用研究纳入应用技术大学的目标任务中。通过研究型大学和区域大学的立法协调以及为区域大学分配更多的研究经费促进区域嵌入式研究与开发，将是提升应用技术大学薄弱的区域核心的有效途径。应用技术大学响应区域的学科发展需求，具有较强的应用学术性，与地区的学术研究、经济活动、行政管理等有更密切的关系，因而从区域发展的角度来看，它们比研究型

---

① Holtta, S. The Regional Role of a University: The Case of the University of Joensuu[R]. Finnish Higher Education Council Conference on the Response of Higher Education Institutions to Regional Needs, Helsinki, 1999.

② Hudson, C. The University and Regional Reciprocity: Umeå University, Sweden[Z]. CERUM Working Paper, 2000, No. 18.

③ Bonander, C., Jakobsson, N., Podestà, F., et al. Universities as Engines for Regional Growth? Using the Synthetic Control Method to Analyze the Effects of Research Universities[J]. Regional Science and Urban Economics, 2016 (60): 198-207.

大学更具价值。①

皮涅罗等人组织来自欧洲、美洲、非洲和亚洲国家的学者对高等教育与区域发展的关系问题进行研究，其专著《大学与区域发展：对张力和矛盾的批判性评估》于 2012 年出版。他们致力于了解不同国家和地区高等教育系统如何应对广泛的变化压力，探索政策、组织、个体因素以揭示高等教育在寻求参与地区发展过程中遇到的挑战。

克威克（M. Kwiek）在《大学、区域发展与经济竞争力：波兰案例》报告中指出，虽然区域层面的知识生产在波兰国家政策中得到了高度重视，但在大学实践中，这种角色仍然是边缘化的。在有区域参与的教学层面上，大学和地区之间的联系最为密切，而区域参与科学研究则是一个遥不可及的目标。对不同国家的大学区域参与程度进行比较，需要考虑该国是知识驱动型经济，还是仍然处于渴望成为知识驱动的经济体阶段，这两者之间的差异十分重要。因为它们对区域发展的贡献完全不同，这种差异还反映在政策话语和政策文件中。由于存在许多直接或间接的影响因素，因此对波兰大学促进区域经济发展、促进就业等预期将是不确定的。②

（3）澳大利亚高等教育—区域协调发展研究

1998 年，澳大利亚教育、培训和青年事务部发布的研究报告《“特殊地方的创造性关联”：增强大学对提高区域竞争力的参与》③从经济发展的角度探究澳大利亚大学与其所在区域之间的关系。该研究得出的主要结论是：①大学及其所在地区相互都有意愿建立更为密切的经济合作关系，大学贡献区域发展的方式包括教学、研究、领导力、信息和社会网络等。②大学在国家、区域和机构层面都将发挥更切实、更深远的影响，这需要大学更积极主动地参与所在地区的经济建设。③从成功经验上看，尽管不少大学在个体项目层面建立了与所在区域的经济联系，但在大学整体机构层面以及地区整体组织层面，还没有形成协调统一的大学—区域关联。④在政府政策、大学管理和当地社区层面，还有大量因素阻碍着大学—区域的合作和互动。

---

① Pinheiro, R., Benneworth, P., Jones, G. A., eds. Universities and Regional Development: A Critical Assessment of Tensions and Contradictions[C]. New York: Routledge, 2012.

② Kwiek, M. Universities, Regional Development and Economic Competitiveness: The Polish Case[A] //Pinheiro, R., Benneworth, P., Jones, G. A., eds. Universities and Regional Development: A Critical Assessment of Tensions and Contradictions[C]. New York: Routledge, 2012.

③ Garlick, S. Creative Associations in Special Places: Enhancing the Partnership Role of Universities in Building Competitive Regional Economies[R]. Canberra: Department of Employment, Education, Training and Youth Affairs, Australia, 1998.

由此，报告给出了如下主要政策建议：①政府：改变大学经费提供的方式与结构，增设贡献区域经济发展目标的专项经费，并在问责体制中考察大学及其所在区域如何为实现政府的区域经济政策而共同努力；继续支持和扩大对大学—区域关联的研究，继续通过工作坊会议的形式在全国层面推广成功案例的经验和模式。②大学管理层：整合学校各方面管理力量，进一步参与所在区域的经济发展。③地区社会和社区：进一步明确本地的经济发展需求以及与本地所在大学的合作需求。④进一步研究大学对区域的贡献方式，以及大学如何能从更密切的大学—区域经济合作中受益。

在上述研究的基础上，澳大利亚教育、培训和青年事务部于2000年发布了新的报告《推动大学与区域互动：知识对澳大利亚区域经济发展的贡献》。[①] 该项研究有两项创新之处：一是设置了人力资本、社会资本、就业和经济项目四项评价大学对区域贡献的观测指标；二是提出了一套统一的结构和运作指标来评估多种类型大学的区域贡献。研究选取了澳大利亚150多所院校中的16所，以及它们所在的15个地区，以此代表各种类型的院校和区域，并提出了大学—区域的四种类型：①高增长地区和强贡献院校；②高增长地区和弱贡献院校；③低增长地区和强贡献院校；④低增长地区和弱贡献院校。

对于大学在人力资本产出方面的区域贡献，该研究通过邮政编码数据识别出了本科生和研究生的招生来源与毕业流向之间的四类关联。①强院校和封闭性地区：无论高增长或低增长地区，都存在大量的本地生源和本地就业。②强院校和开放性地区：有大量的本地生源，但本地区（均为高增长地区）还吸引了大量外地区大学的毕业生。③弱院校和封闭性地区：本地生源比例较小，但留在本地就业的毕业生比例较高，这类地区包括一些高增长地区。④弱院校和开放性地区：本地生源比例较小，留在本地就业的本地毕业生比例也很小，这些地区均为低增长地区。该研究分析指出，拥有强院校的高增长地区显示出大学对区域在人力资本发展方面的显著贡献。同时，研究也列举了大学与区域共同努力的成功经验，例如增加本地生源和吸引毕业生留在本地就业的多种举措。

对于大学在满足地区经济发展优先需求方面的贡献，该研究考察了就业、出口和投资增长三项指标，识别出三种程度的大学—区域关联。①高度关联：大学在战

---

① Garlick, S. Engaging Universities and Regions: Knowledge Contribution to Regional Economic Development in Australia[R].Evaluations and Investigations Programme, Higher Education Division, 2000.

略和全校层面为本地区服务，提供针对本地经济发展优先需求的，从领导力到基础设施、合作、多学科研究、教学的一整套服务，这些服务的目标与该院校（大学分校）的发展目标相一致。②中度关联：大学—区域的合作主要存在于具体的项目层面，由特定的人员负责实施，通常对应着特定的企业和机构。③低度关联：大学的教学和科研项目、基础设施或领导意识，都与所在区域提出的优先发展目标没有直接的联系。该研究分析指出，除了一所学校及其所在地区，其他全部抽样院校均属于中度和低度关联。造成这种形势的主要原因是区域没有形成并交流明确的经济发展优先目标，同时大学领导没有在院校层面全盘考虑如何回应区域的优先发展需求。

对于大学对社会资本的区域贡献，该研究考察了院校在技能、信息、领导力、公共意识等方面的区域特色，并识别出四类指标和三种关联程度。①领导力和战略重点：大学和分校的政策文件中是否包含空间方面的考虑，例如在战略规划、分校布点、院校管理机制等方面是否有意识要加强大学与区域的联系。②知识发展项目：院校是否有针对本地教学和研究需求的项目。③信息和宣传：院校是否有针对本地社区进行校园推广和宣传方面的项目，是否有为本地社区公众利益服务的项目，是否有“本地采购”的项目，是否有本地调研的项目。④基础设施：院校是否通过工业发展中心、科技园区和孵化器、实验室、医院和诊所、网络服务等设施支持区域经济发展。高度关联表示院校实现了上述全部四类指标，中度关联表示院校实现了大多数指标，低度关联表示院校只实现了个别几项指标。该研究分析指出，实现上述大学对社会资本的区域贡献主要取决于大学的努力，特别是大学内部的结构性因素。

（4）高等教育—区域协调发展的大型跨国比较研究

1999—2000 年，欧盟资助开展了“区域发展中的大学”（Universities in Regional Development, UNIREG）跨国比较研究项目。参与研究的 8 所大学分别来自英国、荷兰、希腊、德国、爱尔兰、芬兰、西班牙和澳大利亚 8 国。该研究的总体目标是：大学被期望在区域经济和社会发展中发挥先导作用，大学如何回应这种新的需求，以及帮助创造就业岗位、鼓励实现个人潜力、构建学习文化和灵活发展的文化以及推动区域创新。该研究的其他项目是：①在大学承受财政、技术、管理和政治方面压力的背景下分析大学职能的变化；②考察大学—区域合作的政策背景，即分析国家和区域政策与欧盟科技、创新、结构发展等政策领域之间的关联和交融；③通过推广成功案例和对现有欧洲实践的比较研究，来帮助不同空间层面上的政策制定者、大学管理者和实践者更好地制定政策和规划行动。

该项目的研究案例覆盖了上述 8 国的 16 个地区和 50 所大学，使用的大学—区域合作指标包括学生流动、文化发展、区域治理、创新目标、信息社会目标、大学管理、知识工人和可持续发展 8 项指标。在该项目的众多产出中，影响较大的研究成果包括《大学对伦敦治理体系变化的贡献》（Charles & Benneworth, 2000）①《芬兰高等教育机构对国家信息社会项目的回应》（Holtta & Malkki, 2000）②以及《全球经济中的空间管理》（Garlick, 2000）③。该项目的成果还包括一份较为详细的参考文献列表，收录了截止到 2000 年欧美和澳洲地区有关大学—区域研究的核心文献。

2000 年，经合组织的高等教育机构管理项目（The OECD Programme for Institutional Management in Higher Education, IMHE）资助开展了有关高等教育机构对区域需求的回应的研究项目。④ 通过对英国苏格兰地区、澳大利亚、法国、立陶宛和美国五个国家和地区的案例研究，分析和解释了高等教育机构与所在区域的互动合作状况，并提出了实现大学—区域有效合作的五条要求：①国家政策应整合高等教育目标和区域发展目标（经济、社会、环境和文化），应鼓励高校的自治和创业活动。②明确高校特色与区域特色的关联和对应情况。③高等教育项目能够通过灵活的方式满足不同地区劳动力市场的多样化需求，特别是对本地劳动力市场信号有所回应。④大学有能力针对地方需求开发研究项目、使知识产业化，从而使所在地区受益。⑤大学有能力为地方治理提供支持，提供本地化的资源，并为本地的文化环境增值。

该研究还分析了影响大学—区域合作的因素：①大学层面的管理（人力资源、战略和财政管理）和组织结构等指标。②区域社会和社区层面的领导力、组织安排、战略规划过程和项目成功等指标。③政府层面的空间意识，以及知识发展的总体背景下区域发展这种明确的、综合性的空间政策如何引导高等教育的发展和贡献。

---

① Charles, D. R., Benneworth, P. Universities' Contributions to Changing the London Governance System [A] //Baldock, R. and Syrett, S. (eds.). Governing London: Competitiveness and Regeneration for a Global City[C]. London: Middlesex University Press, 2000.

② Holtta, S., Malkki, P. Response of Finnish Higher Education Institutions to the National Information Society Programme[J]. Higher Education Policy , 2000(13): 231-243.

③ Garlick, S. Managing Space in the Global Economy[A] //Halligan, J., Wettenhall, R. (eds.). A Decade of Self Government in the Australian Capital Territory, Forthcoming[C].

④ OECD. The Response of Higher Education Institutions to Regional Needs: A Report to the Centre for Educational Research and Innovation Programme on Institutional Management in Higher Education[R] .OECD, Paris, 2000.

④高校和区域的管理者以及政策和项目的决策者在设计和实施大学—区域的经济发展合作时应当综合考虑大学和区域的运行和结构特点。

为了更好地理解和推动高校的区域合作与区域贡献，2004 年至 2007 年，经合组织的高等教育机构管理项目与公共管理和区域发展委员会（The OECD Directorate for Public Governance and Territorial Development, GOV）联合实施了一项大型国际比较案例研究项目，并于 2007 年底发布了题目为“高等教育和区域：立足本地，竞争全球”[①]的研究报告。该研究是区域发展与高等教育发展结合的综合研究，旨在从院校、地区和国家的战略、政策及活动的角度来理解高校—区域合作的原因、发展状况以及影响因素。研究的目标并不是要提供一个放之四海而皆准的解决方案，而是通过总结和提炼已有的政策和实践经验，引导高校、地区机构和政府关注高等教育与区域发展所共同面临的重要问题，促进高等教育与区域发展、区域治理和发展与高校定位和管理等方面的对话，明确高校和区域双方在共同发展中的作用和责任。

该研究的主要策略是定性的发展性评估研究。研究考察了 12 个国家的 14 个地区的大学—区域合作状况（表 1–7）。其中欧洲地区 9 个，拉美和亚太地区各 2 个，北美地区 1 个。案例地区覆盖从农村到大都市、从边缘到核心多种区域类型；案例大学包括从研究密集型大学到职业高校的多种机构类型；案例国家既包括地方分权治理模式，也包括中央集权治理模式。研究数据还包括经合组织对上述案例地区和案例国家的一系列区域研究（OECD Territorial Reviews）和高等教育研究（OECD Thematic Review of Tertiary Education）。

表 1–7　《高等教育和区域：立足本地，竞争全球》（2007 年）的地区案例

所在区域	案例地区
欧洲（9 个）	Canary Islands（西班牙），Justland–Funen（丹麦），the Jyväskylä Region（芬兰），the North East of England（英国），the Öresund Region（瑞典 – 丹麦），the Mid–Norwegian Region（挪威），Trondelag Twente（荷兰），Valecia Region（西班牙），Värmland（瑞典）
亚太（2 个）	釜山（韩国），Sunshine–Fraser Coast（澳大利亚）
拉美（2 个）	The State of Nuévo León（墨西哥），Northern Paranά（巴西）
北美（1 个）	加拿大东部大西洋沿海地区

① OECD. Higher Education and Region: Globally Competitive and Locally Engaged[R]. OECD, Paris, 2007.

该研究所识别的高校区域贡献包括四种类型，即研究对区域创新的贡献，教学对区域人力资本发展的贡献，高校对社会、文化和环境发展的贡献，高校对构建区域在全球经济中的竞争能力的贡献。研究的重点是高校与区域内及区域间伙伴的合作关系，以此探索区域学习和能力建设的过程，并推动高校加强区域合作伙伴关系的发展。

由经合组织研究小组对个案区域案例的自评报告和专家报告进行汇总比较分析，形成最终报告《高等教育和区域：立足本地，竞争全球》。该研究总报告的主要观点如下：①高校—区域合作的动力。对于区域和城市发展机构而言，高校能够支持本地区知识产业和人力资源的发展，帮助开发新的经济模式，贡献税收，提供文化项目的内容和参与者。对于高校而言，区域合作也为院校带来诸如生源、研究经费以及咨询和培训业务等收益。此外，繁荣的地区也能帮助院校吸引和保留师资和学生。②高校—区域合作的阻力。公共政策对大学—区域合作的导向作用不强，国家高等教育政策没有明确的区域性发展目标。受国家高等教育体系的限制，高校没有足够的自治权和灵活性去决策它们对区域事务的参与。现有拨款和机制的限制，导致经费和激励不足。高校领导不认同，使得区域和当地机构没有与高校合作的充分意愿或能力。高校的管理和问责模式以及传统的学术价值限制了高校参与区域合作的积极性和资源基础等。③克服阻力的成功经验。一是区域创新。赋予高校更大自治权，鼓励高校与私立部门合作；增强高校在区域创新体系中的地位和作用。二是人力资本建设。扩大入学机会，保障教育公平；建设终身教育体系，为各类技能水平的人群提供技能提高培训；提高高校对本地劳动力市场信号的敏感度，加强高校与社会机构在人才培养方面的合作。三是社会、文化和环境发展。高校文体和医疗卫生部门为本地居民提供直接服务；高校承担分析本地发展需求的研究课题；高校通过在校园内外举行文化活动丰富当地文化，并借助人才与活动的国际化及文化多元化推动所在地区的文化繁荣。

基于上述分析，该研究报告提出了发展高校—区域合作的政策建议。①中央政府：充分认识高校在区域发展中的重要地位，认可高校在推动一系列区域发展政策中的贡献潜力；理性选择高等教育的拨款模式，通过积极的、多样化的经费模式引导不同区域环境中的高校参与区域合作。②地区：地方政府与本地高等教育机构、社区和商业组织建立对话交流渠道；动员高校参与区域和城市的经济、社会、文化和环境发展策略的制定和实施；与高校一起投资对区域商业和社区发展有益的产学研项目和设施；支持本地高校参与区域性和全国性资源的竞争；开发本地高校已有资源为本地服务；确保本地教育体系各级各类之间相互衔接，相辅相成。③高校：发挥高校的领导力和创业精神，主动参与区域发展；建立现代管理体系，注重对外交流与合作；与区域内多个部门和机构建立长期的伙伴关系与长效的合作机制。

2012 年，经合组织又在原有的关于城市和地区高等教育工作基础上，对职业教育问题进行了调查，并发表报告《高等职业教育和技能培训：途径与合作》。报告提出，高等教育的快速增长，部分原因是高等职业教育与培训的扩张。一个完善的高等职业教育系统以及高等教育部门、大学和高等职业教育机构不同组成部分之间的有效联系，有助于建立一个运作良好的人力资本和技能发展系统，并改善劳动力的培训和就业机会。在对 30 多个城市和地区的调查之后发现，高等职业教育大学之间是否存在联系是影响高等教育在各国社会经济发展中参与度的共同问题之一。报告利用了三次经合组织调查：对“学习就业”的中等职业教育和培训的调查、对“学校以外的技能”的高等职业教育的调查，以及对区域和城市发展中高等教育参与的调查。报告指出，高等职业教育面临的挑战是劳动力市场和全球化的变化。

报告在意大利的案例分析中指出，在全球经济中，学习区域的概念解释了区域发展和增长的显著差异。在这种模式下，区域被视为一个动态的互动空间，应该为个人、企业和当地社区提供学习机会。在过去十年中，意大利逐渐发展起来的新兴“非大学高等教育系统”满足了劳动力市场和当地社区的需要。政府主导的培训部门（由国家区域委员会牵头，旨在逐步克服由不同区域政府推动的培训系统的不稳定和分离）和高等技术学院通过教育和劳动力市场之间的紧密联系，成为区域发展的重要资源。人力资本开发和区域经济增长能够形成良性循环的关键是：公共部门的积极作用、企业建立网络的能力、中小企业吸收技术熟练毕业生的能力，以及研究和创新中心的存在。对意大利“非大学高等教育”的初步评价结果表明，区域政府的政治稳定性或政策目标连续性有利于高等职业教育的积极发展。①

五、小结

本课题组认为，关于区域高等教育的研究对于加强高校与区域间的沟通与合作以及理解和发展高等教育具有重要意义。清华大学课题组对“中国高等教育资源的

---

① Puukka, J, (ed.). Post-secondary Vocational Education and Training: Pathways and Partnerships, OECD Reviews of Higher Education in Regional and City Development[EB/OL]. http://www.oecd-ilibrary.org/education/post-secondary-vocational-education-and-training_9789264097551-en, 2012.

区域分布特点与协调发展对策研究”提出以下新的研究目标：

第一，我国高等教育的发展面临需求总量的压力，而且未来需求的流动性将增强，这要求对高等教育的资源配置战略做出新的调整。

第二，我国转型时期高等教育中资源配置方式面临挑战，需要应对计划体制下教育资源包括优质教育资源的供给与市场体制下教育需求之间的矛盾。

第三，必须更加重视高等教育资源的区域布局、发展效益和效率关系问题研究。

第四，在研究中贯彻“以人为本”“以学生为中心”的高等教育协调发展价值观。

本课题试图在对变量选择及变量计算进行更全面分析的基础上，着重考察不同区域间高等教育资源分布及其与各自区域之间的发展“协调程度”。

首先，课题组将对我国高等教育资源的区域分布特征进行全面、准确、客观的描述。我们拟沿用以往较多使用的高等学校数、在校生数、百万人口大学生数、人均 GDP、高中毛入学率等常用指标，同时根据目前国际学术界对高等教育研究的趋势，引入表征高等教育质量和水平的新变量，例如大学招生、就业状况，大学生在教育过程中的学习性投入水平，高校的人力资本存量、人力资本流量等，以更全面地反映高等教育的资源及其区域分布的差异性。

其次，课题组在理论上努力对“协调发展”的理解有所贡献。关于高等教育资源区域分布与地区发展之间的关系问题，以往研究的逻辑起点为“均衡发展”或者“互动发展”，本研究将澄清上述概念，并着力强调“协调发展”。协调发展是一种新的指导性价值观，它在教育问题中实施的内涵与原则需要在理论上进行澄清，其框架体系需要在技术上加以明确，因此本课题组也力图在计量方法和评价体系上实现新的突破。

2

中国高等教育资源区域分布的历史基础及演变过程研究

第2章

中国高等教育资源区域分布的历史基础及演变过程研究

我国现代高等教育体系建立至今已有百余年，高等教育机构在不同区域的发展并不同步。一方面，高等教育发展较强的路径依赖特性使得梳理、研究高等教育资源分布的历史变迁过程显得尤为重要。另一方面，历史研究可以很好地揭示高等教育资源区域分布的复杂基础、变化过程、影响要素及其作用方式。这是更深刻认识高等教育资源配置和分布现状的基础，也是加强不同区域高等教育资源合理配置、推进高等教育事业协调发展的前提。

为此，本章充分利用现有数据和资料，对我国高等教育资源区域分布状况的形成基础与过程，对影响高等教育资源区域分布的多种要素及要素间的相互关系、作用原理与机制等进行深入研究，揭示我国高等教育资源配置和分布的基本规律和历史经验。

一、我国高等教育资源区域分布演变的基本历史与阶段特点

我国近代高等教育诞生于风雨飘摇的清末。1862 年总理各国事务衙门在北京设立以培养翻译人才为旨的京师同文馆，开启我国新式教育的先河；1895 年，盛宣怀在天津创设北洋西学学堂，可谓我国真正“大学堂”的开端；1898 年，京师大学堂开始筹办，为我国民众所公认的“真正大学教育的发轫”。1900 年，清政府发布首个学校系统设置令[①]，各省政府纷纷改设、增设本省大学堂，后在《奏定学堂章程》及《学务纲要》规定下，各省大学堂又纷纷改为高等学堂。1912 年，民国成立后，京师大学堂改名为北京大学，中国高等教育迈入民国时代。

清末是我国近代高等教育的萌芽阶段，高校数量很少，几乎都集中在沿海省份或内陆省会城市，如北京、天津、上海、广东、福建以及山西、湖北等省的省会等

① “著将各省所有书院，于省城均改设大学堂，各府厅直隶州均设中学堂，各州县均设小学堂，并多设蒙养学堂……”

地。此后在政府的强制下，各省基本都在省会城市设立了自己的高等学堂。即便如此，一些西部偏远省份仍没有能力设置本省的高校，高等教育资源的分布已显示出不均衡的迹象。

民国成立后，先后公布学制系统及大学规程，1924 年颁行《国立大学校条例》，放宽了设大学限制，各专门学校多升格为大学。此时期我国高等教育逐步兴起，虽学制频更、发展迹象扑朔迷离，但高等教育总体在上升中向前发展。不过，由于缺乏统一规划，高等教育的发展带有很大的自发性与随意性，日益向北京、上海等沿海城市集中，地域分布的不平衡性日益突出。

1927 年国民政府定都南京，中央教育行政机关屡次变更，大学院与大学区制昙花一现，但《大学组织法》《大学规程》及《专科学校规程》的相继颁布又给高等教育带来了一段平稳发展的"黄金时代"①，对高校的地理布局开始有了热烈讨论。国民政府也针对相关问题提出了一定的规划，如 1930 年教育部拟定的《整理扩充国内各省立大学的办法》中提出：除已设有国立省立大学或学院的各地外，将来大学设立地点应按各地财力环境与需要情形由教育部决定；凡境内或邻近设有大学的省份不必再设省立大学等。

1937 年全面抗战爆发，我国高等院校向内地进行了史无前例的大迁移。在艰危的时局下，各高等院校弦歌不辍，高等教育在困苦中进步：八九年间，专科以上学校在校学生，由四万余人增至十万余人。高校布局由此次内迁发生了根本性的变化，西部地区高校数量有了突飞猛进的增长，在我国高等院校地域分布发展史上画上了最为浓墨重彩的一笔。

抗战胜利以后，国民政府教育部曾试图对国立高校重新布局，明确提出高校留设西部的意见，但由于各校归心似箭，最终的调控效果不佳。尽管如此，当内迁高校均回到原地时，内地边远省份的高校数目相比战前仍有较大增加。

历经抗战，我国高等院校的地区分布不均衡状况确有较大改观。

1949 年中华人民共和国成立，我国的高等教育进入了一个全新的历史时期。1949—1965 年，我国在摸索中有秩序地开展各项大学改革与建设活动，收回教育权、取消教会学校、接收接办国民党遗校、高校公立化、全面学习苏联、院系调整、反

① 李华兴 . 民国教育史 . 转引自王凤玉 . 借鉴与创新——中国近现代高等教育的成长历程 [M]. 哈尔滨 : 黑龙江人民出版社 , 2002:79.

右扩大化、专业设置调整、管理体制改革①……社会主义高等教育在曲折中向前迈进。

在高等学校的区域结构调整上，最为突出的事件是20世纪50年代的院系调整。此次院系调整并非完全针对地区结构，1952—1953年的调整其实是针对学科布局，1955—1957年则着重进行了地区分布的调整，提出沿海高校搬迁或部分搬迁到内地，武汉、兰州、西安、成都等城市新设了一批高等学校。②经过两次院系调整，全国高校由调整前的210所增至1957年的229所，与1949年相比，西北、华北、东北和中南地区学校数增加，而华东和西南地区则有所减少。

1966年到1976年，受“文化大革命”影响，高等教育系统的既有体制被彻底推翻，高等院校受到强烈冲击。1965年全国有高等学校434所，1971年减为328所，图书资料等遭受严重损失，高考被废除，高校停止招生6年，停止派出和接收留学生达六七年，停止招收研究生达12年。③据统计，1966—1976年至少少培养了100万名合格的大专毕业生和200万名中专毕业生。④这一时期，高等教育入学机会、高校内部权力关系、高等教育系统内的等级差别、专业的分化与整合、课程与教学方式、对人才的定义及相应的培养理念等统统受到“文化大革命”影响，也有知识本质出于实践的认识论根源。

1976年以后，教育战线开始了全面的恢复与重建。1977年高考制度恢复，高等教育逐步转入正轨，投资逐年增加，并于1985年启动高等教育全面体制改革。⑤20世纪90年代提出了“建设世界一流大学和高水平大学”的战略，1995年实施“211工程”，1999年启动“985工程”，⑥我国高等教育从逆境中迅速迈入跨越发展阶段。到2000年，基本形成了中央和省两级管理、以省级政府管理为主的高等教育新体制，鼓励大学提高办学自主性、加强办学特色，全国高校的合并、组建如火如荼。据统计，

---

① 《中国教育年鉴》编辑部．中国教育年鉴（1949—1981）[M]. 北京：中国大百科全书出版社，1984.

② 《中国教育年鉴》编辑部．中国教育年鉴（1949—1981）[M]. 北京：中国大百科全书出版社，1984:233-234.

③ 中华人民共和国教育部．共和国教育50年[M]. 北京：北京师范大学出版社，1999:355；《中国教育年鉴》编辑部．中国教育年鉴（1949—1981）[M]. 北京：中国大百科全书出版社，1984:235.

④ 《中国教育年鉴》编辑部．中国教育年鉴（1949—1981）[M]. 北京：中国大百科全书出版社，1984:83.

⑤ 《中共中央关于教育体制改革的决定》，见《中国教育年鉴》编辑部．中国教育年鉴（1985—1986）[M]. 长沙：湖南教育出版社，1988:992.

⑥ 何东昌．中华人民共和国教育史（下卷）[M]. 海口：海南出版社，2007:946-950.

从 1992 年到 2002 年，全国共有 708 所高校合并组建为 302 所高校。[①] 各类民办高校、独立学院、二级学院、大学分校、教育集团等也开始发展起来，对原先分布不均的高等教育资源起到了很大的补充作用。

1998 年，我国的社会主义现代化建设进入了一个全新的阶段，高等教育也在稳步前行中迎来新的发展。从这一年开始，国家做出了扩大高校招生规模、解决高等教育市场供需矛盾的决定。从 1998 年到 1999 年，普通高等教育与成人高等教育招生分别增加 51.32 万人和 15.63 万人，增幅达 47.37% 和 15.61%，1999 年全国普通高考录取率比 1998 年提高了 13 个百分点，全国当年高等教育毛入学率达 10.5%。[②] 从 1998 年至今，我国的高等教育一直处在稳步提升的状态，各类民办高校、地方院校蓬勃发展，建设高水平世界一流大学也被提上日程。高等教育步入大众化阶段，有的地区甚至向普及化发展。但同时，高等教育资源供求状况也发生了巨大的变化，高等教育的内外部均面临新的问题和矛盾，相应领域也随之进行了大量的改革探索。

迅速扩张的高等教育体系对高校区域布局调整带来了机遇，也带来了挑战。同时由于高校管理权下放，高等教育资源整合、合作办学等形式相继出现，不少高校由单科学院合并为多科性综合性大学，对我国高等教育的区域格局产生了很大的影响。另外，随着国家西部大开发战略的推进实施，国家对高等教育中存在已久的东部、中部、西部发展不均衡问题进行积极干预，支援西部计划、对口支援西部地区高等学校等项目有序开展，直接针对我国高等教育的地区分布进行政策引导，取得了一定的成效。

由上述我国高等教育资源地区分布的发展简史可以看出，抗战时期、院系调整时期、改革开放之后、扩招时期是我国高等教育地区分布的几段关键时期。综合考虑数据资料的可得性，在此选取 1931 年、1949 年、1957 年、1978 年、1998 年、2009 年六个关键时间点，以一张高校数量的变化图概览我国高等教育地域分布变化情况（见图 2–1）。

---

① 何东昌 . 中华人民共和国教育史（下卷）[M]. 海口：海南出版社，2007:895-905.

② 《中国教育年鉴》编辑部 . 中国教育年鉴（2000）[M]. 北京：人民教育出版社，2000:182.

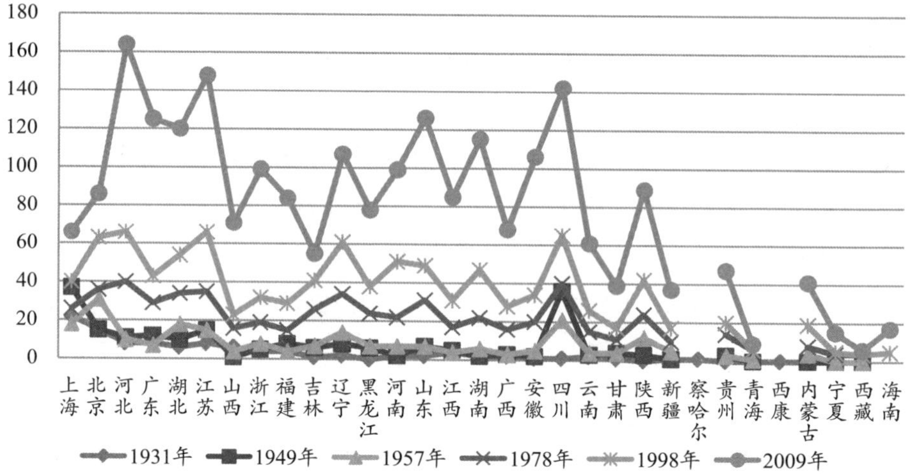

图 2–1 1931—2009 年我国高等院校地域分布变化情况（单位：所）

注：由于年代跨度较大，有些行政区划经历了较大变迁，为方便比较，此处采用整合的方式加以处理，比如天津、重庆两个直辖市，都是一定时期才出现，统一都归入河北省、四川省。

数据来源：数据分别取自《第一次中国教育年鉴》《第二次中国教育年鉴》《中国教育年鉴》（1949—1981）、《中国教育年鉴》（1999）、《中国教育统计年鉴》（2009）。

（一）1949 年前：自然成序与动荡调整

我国真正意义上的现代高等教育始创于 19 世纪中后期，初在京畿、沿海等经济文化重地萌芽，以清末的各类新政学堂为主要形式，但性质及层次模糊。1895 年创办于天津的西学学堂、1896 年创办于上海的南洋公学、1898 年创办于北京的京师大学堂为我国最早的“大学”。1902—1903 年，《钦定学堂章程》颁布后，全国共有大学 3 所：京师大学堂、山西大学堂、天津北洋大学堂（原西学学堂）。① 各省还有其他一些公立或私立的“高等学堂”。后经清廷垮台、中华民国成立、国民政府定都南京，高等学校的形式多有变迁，但地域分布的“东中部集中”倾向一直未能有所改观②，直至抗战爆发。1931 年，国内专科以上学校共有 103 所，学校数排名前十的省份为：上海 22 所、北京 15 所、广东 8 所、河北 8 所、江苏 8 所、湖北 6 所、山西 6 所、浙江 4 所、江西 4 所、福建 4 所，基本为沿海省份；湖南、河南、山东、辽宁、安徽、吉林、四川、察哈尔等各只有一两所；热河、绥远、贵州、

① 蒋致远 . 中国年鉴集成之中华民国教育年鉴（第一次第一册）[M]. 台北：宗青图书公司 ,1991:10-14.

② 许甜 . 中国高等院校的地理变迁 :1862—1949 年 [J]. 河北师范大学学报（教育科学版），2011(3).

青海、黑龙江、宁夏、西藏等西部偏远省份则一所都无。[①] 在 103 所学校中，上海、北平、广州、南京四市就有 53 所，集中了超过总数一半的高等院校，高等院校布局不均衡程度惊人。

抗战期间，我国高校在动荡局势下选择了西迁，采取师生人员、图书资料、设备仪器共同转移的做法，在抗战后方的西北、西南地区开辟了学术精进与社会服务的另一片天。1945 年抗战胜利后，大部分内迁高校选择了迁回原地办学，但在国民政府教育部的引导下，也有一些高校以留守原地、部分保留、开办分校等形式辅助西部地区高等教育发展。到 1947 年时，我国高等院校地域分布的情形已经有了很大的变化。统计显示，1947 年全国专科以上学校共 207 所：上海 36 所，江苏 21 所（含南京 11 所），四川 21 所，广东 16 所，北平 13 所，河北 11 所，湖北 10 所，福建 9 所，陕西 8 所，江西 8 所，广西 6 所，湖南 6 所，辽宁 5 所，浙江 5 所，山东、甘肃各 4 所，吉林、山西、贵州、云南各 3 所，河南、安徽、西康、新疆等地只有一两所，黑龙江、察哈尔、热河、绥远、青海、宁夏、西藏等地则一所都没。可以看到，四川、陕西、广西、贵州等地高等院校数明显增加，尤其是四川，1931 年时仅有 1 所高校，1947 年竟达 21 所之多。但总体来看，国内高等院校仍集中在战前高校密集的省市，如上海、北京、广州、南京、天津五市集中了 82 所高校，占全国高校总数的 39.6%。特别是国立大学，战时内迁西部的北京大学、清华大学、浙江大学等高校几乎全部回迁，1947 年全国 31 所国立大学中，位于西部省份的仅西北大学（西安）、重庆大学（重庆）、四川大学（成都）、兰州大学（兰州）、广西大学（桂林）、贵州大学（贵阳）、云南大学（昆明）7 所，仅占国立大学总数的 22.6%。[②] 经过抗战，国内各地区间的高等院校分配格局有了很大的变化，见图 2–2。

① （民国）教育部 . 第一次中国教育年鉴 [M]. 上海：开明书局 , 1934:40-41.

② （民国）教育部教育年鉴编纂委员会 . 第二次中国教育年鉴（第十四编《教育统计》）[M]. 上海 : 商务印书馆 , 1948:1400.

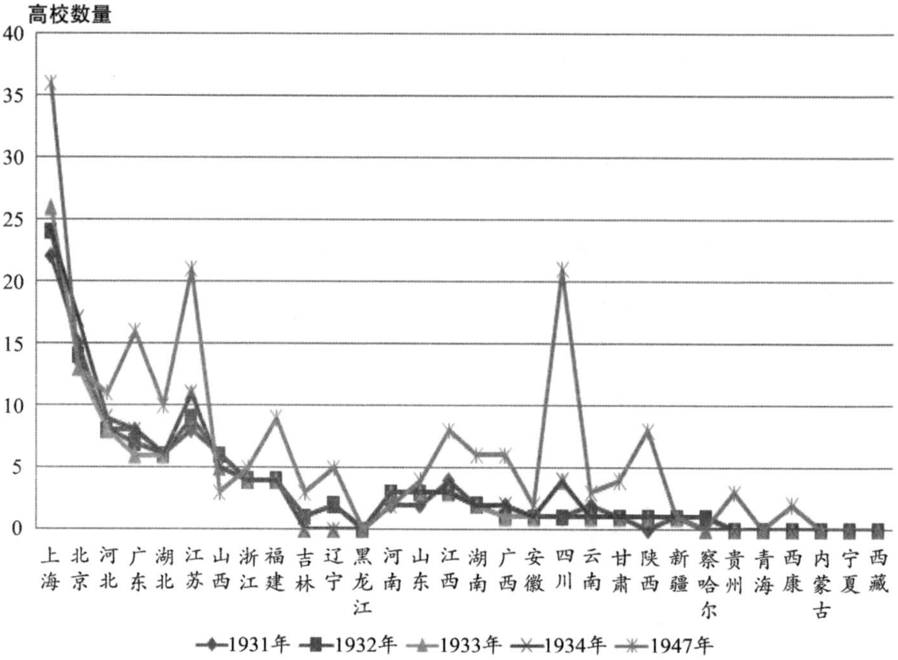

图 2-2 1931—1934 年、1947 年我国专科以上学校数分布变化趋势图

数据来源：（民国）教育部编《第一次中国教育年鉴》《二十一年度全国高等教育统计》，教育部统计室编《二十二年度全国高等教育统计》《二十三年度全国高等教育统计》，教育部教育年鉴编纂委员会编《第二次中国教育年鉴》。由于 1931 年后东北地区受日寇控制，日伪政权下的高等学校不被国民政府承认，故图中有些年份东三省高校数显示为 0，实际并非没有高校。

到 1949 年，我国共有各类高等院校 205 所，仍呈现出显著的东部、中部、西部差异。[①] 有近 59% 的高校集中在东部地区；中部地区拥有高校数量最少，仅占 14.63%；西部地区以四川拥有高校数最多，达到 36 所（包括重庆地区高校数）。四川之所以在西部地区一枝独秀，与抗战时期高校的西迁有很大关系，而中部地区长期作为主战场，其高等教育发展自然要受到相当程度的抑制。

（二）1949—1965 年：院系调整与均衡发展

1949 年到 1965 年间（尤其是 1950—1957 年），在“全国一盘棋”理念的指导下，我国强调“均衡化”的高等教育发展理念，推行了高等教育的院系与专业调整。经过调整，我国高等教育的地域结构有了很大改观。

① 东部、中部、西部地区划分依据国发〔2000〕33 号文件《国务院关于实施西部大开发若干政策措施的通知》，东部地区包括北京、天津、河北、辽宁、上海、江苏、浙江、福建、山东、广东和海南；中部地区包括山西、吉林、黑龙江、安徽、江西、河南、湖北和湖南；西部地区包括重庆、四川、贵州、云南、西藏、陕西、甘肃、青海、宁夏、新疆、广西和内蒙古，下同。

1950年6月，第一次全国高等教育会议提出，高等教育“必须密切配合国家经济、政治、文化、国防建设的需要，而首先要为经济建设服务”①。为统筹全国高等院校、专业、学科，使高等教育更好地为社会主义政治和经济建设服务，中华人民共和国成立后我国仿照苏联经验有组织地开展了学科分布、地域分布两个层面的全国范围内的院系调整。

从 1952 年到 1953 年，中国进行了大规模的院系调整，重在调整华东和西南地区，加强华北、西北和华中地区，其目的是使高等教育的区域布局适应新的工业布局，引导高等教育重心随经济向北偏移。同时新建大量单科性的工学院，以便更好地为经济建设服务。②（见图 2–3）

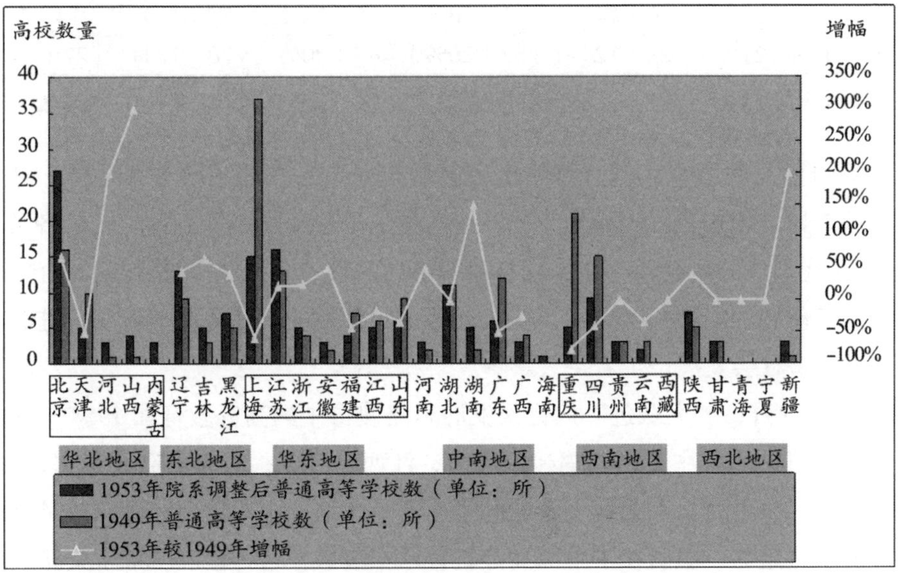

图 2–3　1953 年较 1949 年高校区域分布变化

注：图中内蒙古和海南没有增幅数据，因 1949 年内蒙古和海南的高校数为 0，1953 年分别增加到 3 所和 1 所，无法用数据计算增幅。

数据来源：刘英杰 . 中国教育大事典（1949—1990）. 杭州：浙江教育出版社，1993.

根据统计，截至 1953 年，高校数量增幅最大的是华北和东北地区，降幅最大的是西南和华东地区。从东部、中部、西部看，中部增幅最明显，达到 34.34%；

① 教育部马叙伦部长在全国高等教育会议上的开幕词 [N]. 人民日报，1950-06-14.

② “一五”期间 (1953—1957 年), 全国经济格局做了重大调整：加强东北、西北和华中地区，削弱华东地区，从而促进经济重心向西北方向偏移。在沿海地区，重点建设以改建、扩建鞍钢为中心的东北工业基地；在内地，重点建设以武钢为中心的华中工业基地和以包钢为中心的华北工业基地。

东部和西部都有所降低，西部降幅最大，达到30.91%。但从东部、中部、西部高校占比来看，依然是东部占有绝对优势，中部高校占比超过西部地区。

从1955年开始，为改变高校过于集中在少数大城市、沿海地区的状况，国家决定加强内地高等教育，提出沿海高校搬迁或部分搬迁到内地的做法。经过这些调整，到1957年，全国高校增至229所，与1949年比较，西北、华北、东北和中南地区学校数增加，原来学校较多的华东和西南地区相应有所减少（见表2–1）。

表2–1 20世纪50年代院系调整前后高校在各大行政区间的分布

年份	华北	东北	华东	中南	西南	西北
1949	27（13%）	20（10%）	74（36%）	34（17%）	42（20%）	8（4%）
1953	41（23%）	26（14%）	48（26%）	33（18%）	20（11%）	14（8%）
1957	49（21%）	28（12%）	57（25%）	45（20%）	28（12%）	22（10%）

数据来源：沈鸿敏，刘求实.我国高校地区分布非均衡问题及其影响分析[J].教育发展研究，2008(1).

院系调整是我国在高等教育结构和区域布局上采取的一项重大举措，对高等教育区域差异的影响是巨大而长久的，基本奠定了共和国高等教育的区域格局。20世纪50年代形成的高等教育地区分布基本格局一直延续到90年代初期，直接影响着我国高等教育的地域招生结构，从长远看也对各地的人才分布与流动，进而对各个地域的经济社会发展产生着持久影响。

1958年5月，“大跃进”的错误发展思路使得中国高等教育在1958—1960年也出现“跃进”。其中山西、福建、河南、江西、广西、甘肃的高校数都以10倍的规模增长，只有北京、上海、新疆的增加不足3倍。中部地区在高校数量上呈现出明显的跃进趋势，主要在于中部高等教育原本落后，这种落后增加了其跃进的紧迫感。“大跃进”的教育发展方式，违反了高等教育发展规律，超过了国民经济的负担能力，严重影响了教育质量。1962年5月，中央决定对“大跃进”中盲目上马的学校，采取有步骤的撤销。1961—1963年，中国高等教育出现了连续三年的调整，高校数和在校大学生数骤减。（见图2–4）

到1965年，我国高校共434所，除西藏外的省（自治区、直辖市）都有了高等学校，其中，北京、四川和江苏的高等院校数量达到了60—100所，辽宁、天津、河北、陕西、湖北、广东（包括海南）也达到30—60所。

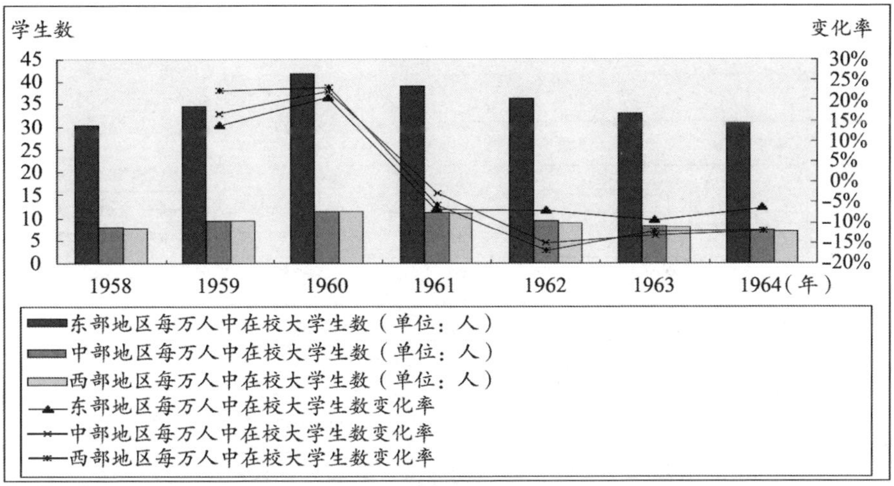

图 2-4　1958—1964 年东部、中部、西部每万人口中在校大学生数变化

这段时期国家采取的是区域经济均衡发展战略，因此体现在高等教育发展上就是区域分布均衡化趋向比较明显，但高等教育东部发达、中西部相对较弱的整体格局并未改变。

（三）1966—1976 年：全面破坏与缓慢恢复

1966 年“文化大革命”开始，中国的高等教育事业遭受了空前的浩劫。1966 年到 1969 年，高等学校停止招生达 4 年之久。到 1970 年，全国高校在校大学生只剩 4.8 万人。[①] 1971 年 4 月，国家提出“要逐步改变院校布局不合理的状况”，对原有高等学校采取搬、并、迁、散等方法，砍掉了 108 所高等学校。高校数锐减，数目最少的 1971 年仅有 328 所，且多数高校不能正常教学。可以说，“文化大革命”中高等教育几乎到了中断的边缘。

20 世纪 60 年代末 70 年代初，经济形势好转，高等教育逐渐转入恢复期。从 1970 年开始，东部、中部、西部三大区域每万人中在校大学生数都呈现明显的增长趋势。东部地区 1976 年约是 1970 年的 5.8 倍，中部地区和西部地区该数字分别是 5.7 倍和 9 倍，以西部地区恢复得最快。总体上看，高等教育欠发达地区的恢复相对快些，可能是因为这些地区原本高等教育基数较小，也可能与知识青年上山下乡有关。

这一时期先破坏、后恢复，但中国高等学校的区域分布格局与第一阶段相比变

① 刘英杰 . 中国教育大事典（1949—1990）[M]. 杭州：浙江教育出版社 , 1993.

化不大，高校数方面，东部、中部、西部各自占全国的比重几乎无变化。

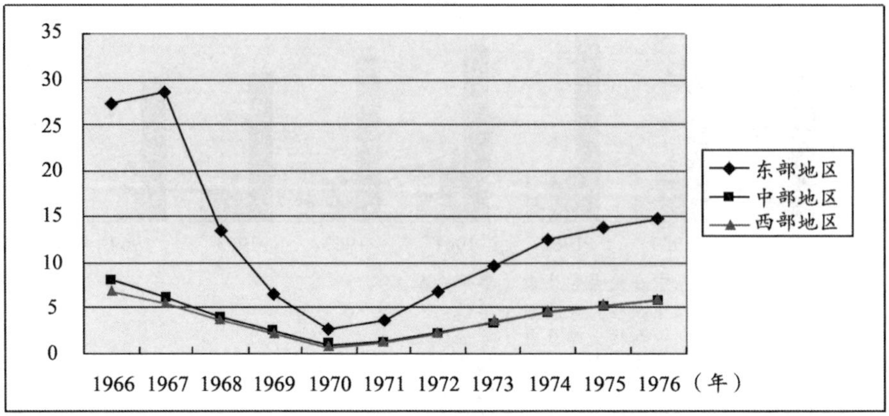

图 2-5 1966—1976 年东部、中部、西部每万人在校大学生数变化（单位：人）

注：有些省份因“文化大革命”，数据缺失，但因为我们采取的是简单平均值法，因此个别数据的缺乏不影响对整体趋势的判断。

数据来源：根据《新中国五十五年统计资料汇编（1949—2004）》（国家统计局国民经济综合统计司编，中国统计出版社，2005 年）相关数据计算整理绘制。

（四）1977—1988 年：全面恢复与重点推进

1977 年冬，以高校恢复招生考试为标志，高等教育开始了全面恢复，高校在校学生数出现大幅度增长。和 1977 年相比，1981 年全国大学生人数从 62.5 万人增至 102 万人，增长近 70%。到 1983 年，高校数在 1977 年的基础上翻了一番。

从高校数量看，其增长幅度呈现出由东向西微量递减的状态。20 世纪 80 年代，东部、中部、西部高等学校区域分布的格局变化不大，依旧呈现东强西弱的格局。（见表 2-2）

表 2-2 20 世纪 80 年代全国各地高校数量分布变化（单位：所）

地区	1980 年	1985 年	1989 年	1985 年较 1980 年变化	1989 年较 1985 年变化
北京	50	62	67	+12	+5
天津	17	21	22	+4	+1
河北	27	46	50	+19	+4
辽宁	36	62	62	+26	0
上海	32	45	50	+13	+5
江苏	42	70	70	+28	0
浙江	22	35	37	+13	+2

续表

地区	1980 年	1985 年	1989 年	1985 年较 1980 年变化	1989 年较 1985 年变化
福建	16	36	36	+20	0
山东	34	49	49	+15	0
广东	30	44	45	+14	+1
海南	——	——	4	——	+4
东部地区	**306**	**470**	**492**	**+164**	**+22**
东部数量占全国比例	45.33%	46.26%	45.77%	48.09%	37.29%
山西	16	22	26	+6	+4
吉林	25	44	42	+19	−2
黑龙江	28	40	42	+12	+2
安徽	22	36	37	+14	+1
江西	17	26	30	+9	+4
河南	25	43	47	+18	+4
湖北	36	56	58	+20	+2
湖南	22	43	47	+21	+4
中部地区	**191**	**310**	**329**	**+119**	**+19**
中部数量占全国比例	28.30%	30.51%	30.60%	34.90%	32.20%
四川	43	56	60	+13	+4
贵州	15	22	24	+7	+2
云南	17	26	26	+9	0
西藏	4	3	3	−1	0
陕西	33	44	47	+11	+3
甘肃	12	17	18	+5	+1
青海	6	6	7	0	+1
宁夏	4	6	6	+2	0
新疆	12	15	21	+3	+6
广西	18	23	23	+5	0
内蒙古	14	18	19	+4	+1
西部地区	**178**	**236**	**254**	**+58**	**+18**
西部数量占全国比例	26.37%	23.23%	23.63%	17.01%	30.51%
全国	675	1016	1075	+341	+59

注：1989 年高校数量采用的是 1988 年数据，因为 1989 年与 1988 年高校总数未发生变化。

数据来源：根据《中国教育大事典（1949—1990）》（刘英杰主编，浙江教育出版社，1993 年）的资料统计整理。

从各省每万人口中在校大学生数的变化趋势看，这一时期我国高等教育区域分布的差异总体上呈扩大趋势。（见图 2–6）

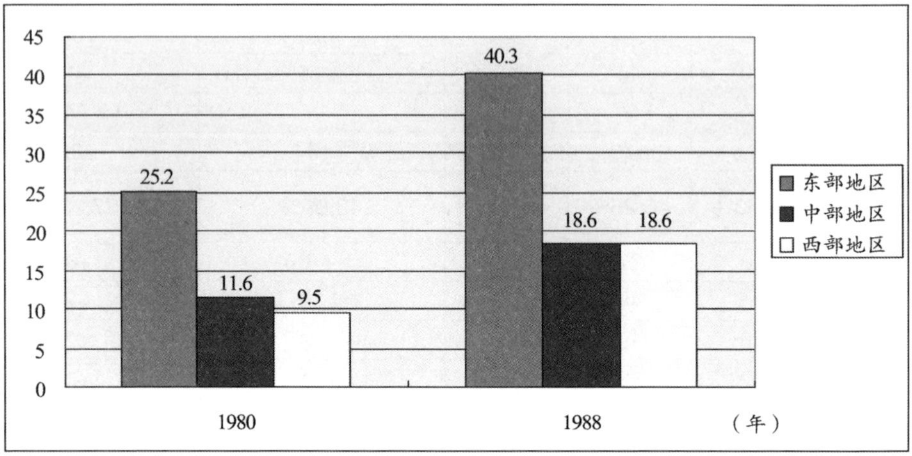

图 2–6　1980—1988 年我国各地每万人中在校大学生数变化（单位：人）

数据来源：根据《新中国五十五年统计资料汇编（1949—2004）》（国家统计局国民经济综合统计司编，中国统计出版社，2005 年）相关数据计算整理绘制。

从各地区高等学校学生数的增长情况来看，1977 年到 1988 年各地区高等教育均有一定发展，但发展程度不一。（见图 2–7）

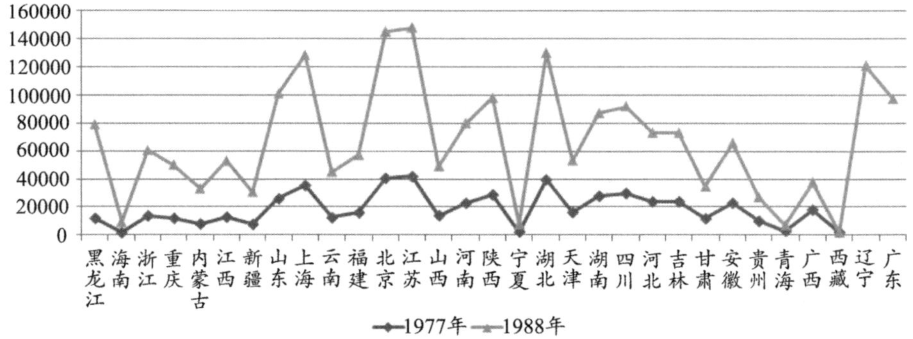

图 2–7　1977—1988 年我国各地高等学校学生数变化（单位：人）

数据来源：《中国教育统计年鉴》。以增长率降序排列，即，黑龙江 1977—1988 年学生数增长率全国第一，海南次之，依次排列。辽宁、广东无 1977 年数据。

以具体的增长数字来看：

表 2–3　1977—1988 年我国各地高等学校学生数及增长率情况

序号	地区	区域类别	1977 年学生数（人）	1988 年学生数（人）	增长率
1	黑龙江	中部	12000	79000	558.3%

续表

序号	地区	区域类别	1977 年学生数（人）	1988 年学生数（人）	增长率
2	海南	东部	1700	9100	435.3%
3	浙江	东部	13800	60400	337.7%
4	重庆	西部	12000	50000	316.7%
5	内蒙古	西部	8000	33000	312.5%
6	江西	中部	12900	52800	309.3%
7	新疆	西部	7700	30700	298.7%
8	山东	东部	26000	101000	288.5%
9	上海	东部	35600	128200	260.1%
10	云南	西部	12500	45000	260.0%
11	福建	东部	16000	57000	256.3%
12	北京	东部	40800	145100	255.6%
13	江苏	东部	42000	148000	252.4%
14	山西	中部	14000	49000	250.0%
15	河南	中部	23000	80000	247.8%
16	陕西	西部	29000	98000	237.9%
17	宁夏	西部	2289	7673	235.2%
18	湖北	中部	39700	130000	227.5%
19	天津	东部	16300	53100	225.8%
20	湖南	中部	28000	87000	210.7%
21	四川	西部	30000	92000	206.7%
22	河北	东部	24000	73000	204.2%
23	吉林	中部	24000	73000	204.2%
24	甘肃	西部	11800	34400	191.5%
25	安徽	中部	23000	66000	187.0%
26	贵州	西部	10000	27000	170.0%
27	青海	西部	3000	7000	133.3%
28	广西	西部	18200	37500	106.0%
29	西藏	西部	2233	1736	–22.3%
30	辽宁	东部	——	121000	——
31	广东	东部	——	97200	——

数据来源：《中国教育统计年鉴》。以增长率降序排列。辽宁、广东无 1977 年数据。

由表 2–3 可见，除辽宁、广东外，1977—1988 年我国高等学校学生数增长速度前十位的省份中，4 个为东部省份、2 个为中部省份、4 个为西部省份；中间十位中，4 个为东部省份、4 个为中部省份、2 个为西部省份；最后九位中，1 个为东部省份、2 个为中部省份、6 个为西部省份。中西部地区的发展滞后性较突出。

从各地高等学校专任教师数的增长情况来看：教师数的增长速率明显低于学生数的增长。由表 2–4 可知，除广东外，1977—1988 年我国高等学校专任教师数增长速度前十位的省份中，3 个为东部省份、3 个为中部省份、4 个为西部省份；中间十位的省份中，4 个为东部省份、1 个为中部省份、5 个为西部省份；最后十位中，3 个为东部省份、4 个为中部省份、3 个为西部省份。在教师数的增长上中西部地区的发展情况稍好,但由于基数的原因,中西部地区教师的数量仍然普遍远少于东部地区。

表 2–4　1977—1988 年我国各地高等学校专任教师数及增长率情况

序号	地区	区域类别	1977 年专任教师数（人）	1988 年专任教师数（人）	增长率
1	新疆	西部	2226	6822	206.5%
2	河南	中部	4583	13846	202.1%
3	宁夏	西部	580	1565	169.8%
4	福建	东部	3428	9059	164.3%
5	江西	中部	3500	9200	162.9%
6	内蒙古	西部	2520	6437	155.4%
7	山西	中部	3354	8443	151.7%
8	浙江	东部	4625	11578	150.3%
9	山东	东部	7028	17585	150.2%
10	云南	西部	3270	7991	144.4%
11	吉林	中部	6182	14707	137.9%
12	贵州	西部	2356	5588	137.2%
13	江苏	东部	11744	27800	136.7%
14	辽宁	东部	9919	22640	128.2%
15	青海	西部	665	1504	126.2%
16	广西	西部	3030	6687	120.7%
17	重庆	西部	4032	8823	118.8%
18	河北	东部	6400	13300	107.8%
19	陕西	西部	9583	19326	101.7%
20	海南	东部	609	1222	100.7%
21	黑龙江	中部	7857	15754	100.5%
22	湖南	中部	7300	14500	98.6%
23	天津	东部	5829	11143	91.2%
24	湖北	中部	13007	24566	88.9%
25	甘肃	西部	3055	5660	85.3%
26	安徽	中部	6257	11520	84.1%
27	北京	东部	20021	36731	83.5%

续表

序号	地区	区域类别	1977 年专任教师数（人）	1988 年专任教师数（人）	增长率
28	四川	西部	9192	16208	76.3%
29	西藏	西部	411	723	75.9%
30	上海	东部	15454	26603	72.1%
31	广东	东部	——	15700	——

数据来源：《中国教育统计年鉴》。以增长率降序排列。广东无 1977 年数据。

这一时期，国家侧重东部沿海的区域经济发展策略，使得东部沿海地区的高等教育也获得了较为快速的发展，为东部经济发展提供了坚实的教育服务。表 2–4 的数据反映出经济欠发达地区的高等教育发展势头减弱，或者说客观上受到了政策、经济等因素的影响，而经济发展较快地区的高等教育发展则得到了加强。这一时期，经济对高等教育的拉动作用有所显现，但尚不明显。

这一时期，国家把教育作为经济发展的战略重点之一，提出要千方百计克服困难加速发展高等教育。1986 年 12 月，国务院发布《普通高等学校设置暂行条例》，规定，“国家教育委员会应当根据学校的人才培养目标、招生及分配面向地区以及现有普通高等学校的分布状况等，统筹规划普通高等学校的布局，并注意在高等教育事业需要加强的省、自治区有计划地设置普通高等学校”。至 80 年代末期，高等学校在数量上的扩张趋于缓和，高等教育发展的重点转向优化结构、提高水平上，对于增设新的高等学校进行严格控制，国家教委原则上不再批准增设新的高等学校。高等教育的这种稳步发展对区域教育差异的影响只是增长比例略有不同，而比例强弱与地区经济发展密切相关。

（五）1989—1998 年：短暂萎缩与突破式发展

1989 年的政治风波使高等教育受到了冲击。从全国在校大学生数看，1990 年和 1991 年出现负增长，东部、中部、西部每万人口中在校大学生数都有些许下降。可以说，20 世纪 90 年代初全国高等教育在数量上呈短暂萎缩。（见表 2–5）

表 2–5　1989—1991 年各地区本专科在校生数变化情况（单位：人）

地区	1989 年在校生数	1990 年在校生数	1990 年较 1989 年变化	1991 年在校生数	1991 年较 1990 年变化
北京	141562	139914	–1648	136940	–2974
天津	52804	51039	–1765	49898	–1141
河北	75051	76018	967	74349	–1669
山西	51203	51309	106	51516	207

续表

地区	1989 年在校生数	1990 年在校生数	1990 年较 1989 年变化	1991 年在校生数	1991 年较 1990 年变化
内蒙古	33112	32175	−937	31107	−1068
辽宁	122543	123314	771	124777	1463
吉林	73125	72806	−319	72536	−270
黑龙江	79224	79908	684	79340	−568
上海	126091	121251	−4840	116925	−4326
江苏	147915	146894	−1021	144734	−2160
浙江	61045	60327	−718	59822	−505
安徽	64492	62448	−2044	61986	−462
福建	56787	55624	−1163	54243	−1381
江西	53402	56608	3206	56383	−225
山东	103928	105822	1894	107093	1271
河南	80119	80372	253	81790	1418
湖北	130386	130355	−31	129889	−466
湖南	88833	88210	−623	88626	416
广东	100393	95929	−4464	92655	−3274
广西	37757	37762	5	36868	−894
海南	9475	7652	−1823	7631	−21
四川	140361	141007	646	141329	322
贵州	27636	26970	−666	25741	−1229
云南	45114	43525	−1589	43095	−430
西藏	1973	2025	52	1961	−64
陕西	98647	95417	−3230	94300	−1117
甘肃	33186	32805	−381	33048	243
青海	6408	6202	−206	6037	−165
宁夏	7878	7992	114	7898	−94
新疆	31661	31015	−646	31145	130
总计	**2082111**	**2062695**	**−19416**	**2043662**	**−19033**

数据来源：《中国教育统计年鉴》（1989、1990、1991）。

1992 年党的十四大的召开，使中国的高等教育走出了 90 年代初的低谷徘徊期，步入新的发展阶段。1994 年全国高校开始招生并轨改革，1997 年完成改革。1998 年 8 月 29 日，《中华人民共和国高等教育法》正式颁布，对高等教育的政治和经济功能都有所规定，相对而言偏重后者。

20 世纪 90 年代中后期是高等教育发展的一个“黄金时代”，经济对高等教育的作用逐渐显现。高校数量因并校有所下降，1997 年高校数已减至 1020 所。从各地每万人口中在校大学生数看，1998 年较 1989 年，东部和西部的增幅分别为

42.96% 和 37.10%。东部增幅明显高于西部，这说明经济发达地区高等教育发展总体上更快一些。这一时期以广东、浙江为代表的经济发达地区的高等教育在全国排名有所上升，但与其经济发展仍不协调。这说明以经济来带动高等教育发展需要一个过程，非经济因素的作用（地方政府缺乏发展高等教育的自主权、计划经济的管理模式等）仍然十分明显。

这一时期，高等教育与区域经济发展的不协调性比较明显，见表 2–6。

表 2–6　1993 年全国各省、区、市按 GDP 配置高校分析

地区	高校数量			
	实有高校数（所）	GDP（亿元）	按 GDP 配置高校数（所）	应增减高校数（所）
北京	——	——	——	——
天津	——	——	——	——
河北	51	1567	49	–2
辽宁	58	1808	56.5	–1.5
上海	——	——	——	——
江苏	65	2854	86.1	+21.1
浙江	36	1698	53.1	+17.1
福建	32	1028	32.1	+0.1
山东	46	2702	84.5	+38.5
广东	43	3225	100.8	+57.8
海南	5	225	7	+2
山西	26	646	20.2	–5.8
吉林	41	672	21	–20
黑龙江	42	1077	33.7	–8.3
安徽	35	980	30.6	–4.4
江西	31	702	21.9	–9.1
河南	50	1583	49.5	–0.5
湖北	57	1298	40.6	–16.4
湖南	47	1192	37.3	–9.7
四川	60	1959	61.2	+1.2
贵州	21	408	12.8	–8.2
云南	25	662	20.7	–4.3
西藏	——	——	——	——
陕西	44	615	19.2	–24.8
甘肃	17	358	11.2	–5.8
青海	7	106	3.3	–3.7

续表

地区	高校数量			
	实有高校数（所）	GDP（亿元）	按 GDP 配置高校数（所）	应增减高校数（所）
宁夏	7	98	3.1	–3.9
新疆	20	482	15.1	–4.9
广西	25	788	24.6	–0.4
内蒙古	19	486	15.2	–3.8
合计	**910**	**29120**	**910**	**0**

数据来源：邓晓春．关于 21 世纪中国高等教育发展战略与结构布局的思考［J］．辽宁高等教育研究，1997（3）．未包含北京、天津、上海、西藏的数据。

由表 2–6 可以看出，只有福建、河南、广西的高校数与其经济水平相当；广东、山东、江苏、浙江等经济发达地区高校严重偏少（尤以广东为甚），急需增设；而陕西、吉林、湖北则相对偏多（以陕西为甚）。这种高校区域布局与 20 世纪 50 年代初的院系调整和大区行政有密切关系，主要是因为这次院系调整后，我国一直未再对全国高校的地区分布做重大调整。而 20 世纪 50 年代在特定的政治、经济环境下所形成的高校地区分布格局，已越来越不适应新时代经济发展的新形势和新需要。

（六）1999 年至今：高校扩招与跨越式发展

20 世纪 90 年代，我国高等教育虽经历了 20 多年的平稳发展，但其规模和人才培养速度越来越跟不上经济与其他各项事业的发展速度，越来越难以适应社会的需求，高等教育的供求矛盾越来越突出。在这样的形势下，国家做出了加快高等教育发展、扩大高校招生规模的重大决策。1999 年教育部公布的《面向 21 世纪教育振兴行动计划》中提出，力求到 2010 年实现大学毛入学率 15%。[①]“十五”计划中，又提出 2005 年使“各类高等教育在学人数增加到 1600 万人左右，其中在学研究生规模达到 60 万人左右，高等教育毛入学率达到 15% 左右”，2010 年使“各类高等教育在学人数达到 2300 万人左右，其中研究生在学人数接近 100 万人，高等教育毛入学率争取达到 20% 左右”。[②] 2010 年，教育部发布《国家中长期教育改革和发展规划纲要（2010—2020 年）》，提出到 2020 年，“高等教育大众化水平进一步

① 《面向 21 世纪教育振兴行动计划》（教育部 1998 年 12 月 24 日制定，国务院 1999 年 1 月 13 日转批），见《中国教育年鉴》编辑部．中国教育年鉴（1999）[M]. 北京：人民教育出版社，1999:107.

② 全国教育事业第十个五年计划（2002 年 6 月 6 日）[EB/OL]. 教育部门户网站：http://www.moe.gov.cn/edoas/website18/36/info3336.htm.

提高，毛入学率达到 40%”。高校扩招迅速开展起来，我国高等教育的又一个“黄金时代”来临。（见图 2–8、图 2–9）

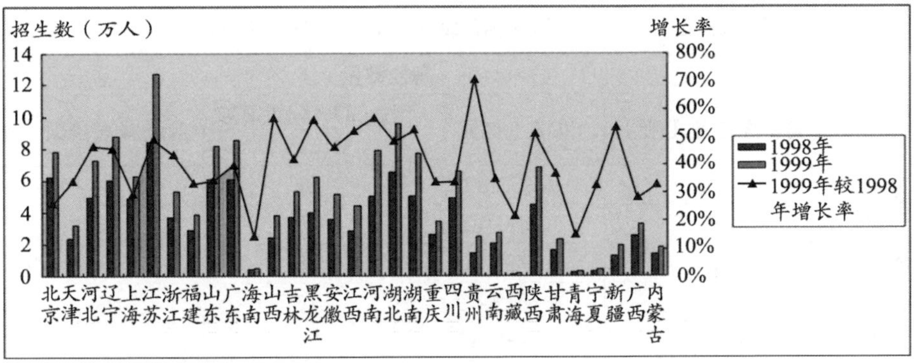

图 2–8　1999 年各省（区、市）高校招生增长变化

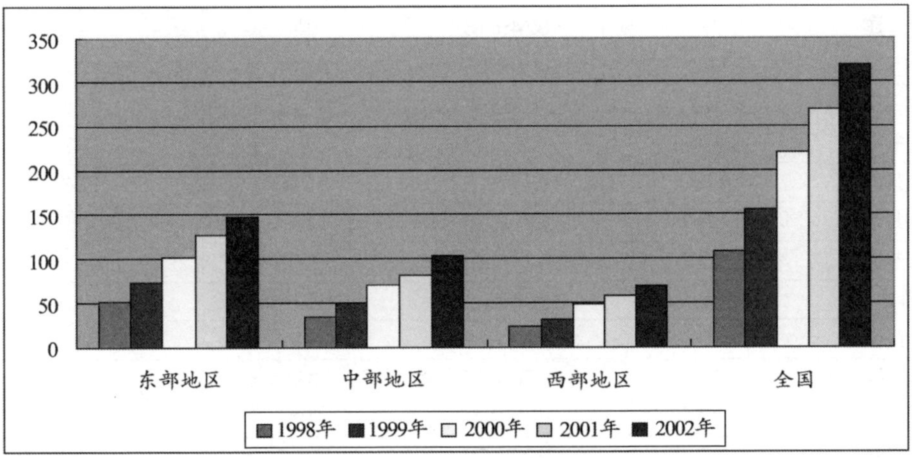

图 2–9　1998—2002 年东部、中部、西部地区高校招生增长变化（单位：万人）

数据来源：《中国教育统计年鉴》（1998、1999），《中国教育事业统计年鉴》（2000、2001、2002）。

1999—2002 年短短四年，全国高校招生规模增长了 196%。其中，东部、中部、西部地区分别增长 183.12%、213.21% 和 199.18%，以中部扩招幅度最大。扩招还导致了高等学校数目的显著变化。国家自 1999 开始升格和增设了一批普通高校，中止了 20 世纪 90 年代中后期因合并而导致的高校数量下降势头，高校数量出现了快速回升。2007 年，全国有普通高校 1908 所，比 1999 年增加了 837 所。这一时期，经济较发达地区高校数增加较多。一方面是因为经济发展导致对高等教育的需求量增加，另一方面是因为这些地区高等教育发展水平原本就不高，与其经济发展水平不相称。这说明经济发展水平对高等教育发展有较强的支撑作用。但这一时期东部

沿海经济发达地区高等教育水平与经济失衡的状况仍十分明显，东部高校仍显不足，而中西部则略有余。（见表 2–7）

表 2–7 2007 年全国各地按 GDP 配置高校分析

地区	高校数量			
	实有高校数（所）	GDP（亿元）	按 GDP 配置高校数（所）	应增减高校数（所）
北京	79	9353.32	65	–14
天津	46	5050.40	35	–11
河北	88	13709.50	95	7
辽宁	79	11023.49	76	–3
上海	60	12188.85	84	24
江苏	118	25741.15	178	60
浙江	73	18780.44	130	57
福建	72	9249.13	64	–8
山东	110	25965.91	180	70
广东	109	31084.40	215	106
海南	14	1223.28	8	–6
东部地区	**848**	**163369.87**	**1131**	**283**
山西	59	5733.35	40	–19
吉林	44	5284.69	37	–7
黑龙江	68	7065.00	49	–19
安徽	89	7364.18	51	–38
江西	66	5500.25	38	–28
河南	82	15012.46	104	22
湖北	86	9230.68	64	–22
湖南	99	9200.00	64	–35
中部地区	**593**	**64390.61**	**446**	**–147**
重庆	38	4122.51	29	–9
四川	76	10505.30	73	–3
贵州	37	2741.90	19	–18
云南	51	4741.31	33	–18
西藏	6	342.19	2	–4
陕西	76	5465.79	38	–38
甘肃	34	2702.40	19	–15
青海	11	783.61	5	–6
宁夏	13	889.20	6	–7
新疆	32	3523.16	24	–8

续表

地区	高校数量			
	实有高校数（所）	GDP（亿元）	按 GDP 配置高校数（所）	应增减高校数（所）
广西	56	5955.65	41	–15
内蒙古	37	6091.12	42	5
西部地区	**467**	**47864.14**	**331**	**–136**
全国	**1908**	**275624.62**	**1908**	**0**

数据来源：根据《中国教育统计年鉴》(2007)和《中国统计年鉴》(2008)(国家统计局网站)相关数据计算整理。

在高校不断扩招的背景下，高校数量不断增加，截至 2015 年 5 月，全国有普通高校 2553 所，比 2007 年又增加了 645 所①，其中东部地区增加了 256 所，中部地区增加了 217 所，西部地区增加了 172 所。由于东部地区经济总量仍然保持快速增长，因此，东部地区高校数量相比之下显得更加不足，而中部、西部地区高校数量则相对盈余。如表 2–8 所示。

表 2–8　2015 年全国各地按 GDP 配置高校分析

地区	高校数量			
	实有高校数（所）	GDP（亿元）	按 GDP 配置高校数（所）	应增减高校数（所）
北京	91	23014.59	81	–10
天津	55	16538.19	58	3
河北	118	29806.11	105	–13
辽宁	116	28669.02	101	–15
上海	67	25123.45	89	22
江苏	162	70116.38	248	86
浙江	105	42886.49	151	46
福建	88	25979.82	92	4
山东	143	63002.33	223	80
广东	142	72812.55	257	115
海南	17	3702.76	13	–4
东部地区	**1104**	**401651.69**	**1419**	**315**
山西	79	12766.49	45	–34
吉林	58	14063.13	50	–8
黑龙江	81	15083.67	53	–28

① 2015 年全国高等学校名单 [DB/OL]. 教育部门户网站：http://old.moe.gov.cn/publicfiles/business/htmlfiles/moe/moe_634/201505/187754.html.

续表

地区	高校数量			
	实有高校数（所）	GDP（亿元）	按 GDP 配置高校数（所）	应增减高校数（所）
安徽	119	22005.63	78	−41
江西	97	16723.78	59	−38
河南	129	37002.16	131	2
湖北	123	29550.19	104	−19
湖南	124	28902.21	102	−22
中部地区	**810**	**176097.26**	**622**	**−188**
重庆	63	15717.27	56	−7
四川	109	30053.1	106	−3
贵州	57	10502.56	37	−20
云南	69	13619.17	48	−21
西藏	6	1026.39	4	−2
陕西	92	18021.86	64	−28
甘肃	45	6790.32	24	−21
青海	12	2417.05	9	−3
宁夏	18	2911.77	10	−8
新疆	44	9324.8	33	−11
广西	71	16803.12	59	−12
内蒙古	53	17831.51	63	10
西部地区	**639**	**145018.92**	**512**	**−127**
全国	**2553**	**722767.87**	**2553**	**0**

数据来源：根据《中国教育统计年鉴》（2015）和《中国统计年鉴》（2016）（国家统计局网站）相关数据计算整理。

二、我国高等教育资源区域分布变化关键历史时段的案例研究

前面以高等教育资源分布为中心，考察和梳理了中国高等教育发展的历史，概述了我国高等教育资源区域分布变迁的历史脉络，分析了我国高等教育资源分布变化的基本态势。可以看到，我国高等教育资源区域分布的变化与整个高等教育的发展历程密切相关，政治、经济、文化等因素作用于各个区域，构成了我国一百余年来高等教育的“区域图景”。

但是，仅以此历史梳理的方式仍不足以深入洞察我国高等教育资源区域分布变迁的内在机制。要分析和归纳影响中国高等教育资源分布的主要因素和动力，揭示中国高等教育资源分布的基本规律，需要进行特定时段的历史比较分析。为此，本

研究选取中国高等教育资源分布变化的关键历史时段，对其变化过程、变化内容、变化效果等进行数据、文献等方面的专门研究，以深入分析并揭示中国高等教育资源分布的基本规律。

综合考虑各历史阶段的重要性、代表性、数据全面性、史鉴性（如抗战时期属于“非自然状态”，可能对当时及未来一段时间不具有重大借鉴意义），在此选取 1949—1957 年（院系调整期）和 1998—2009 年（新世纪大发展期）两个阶段，分别代表两种类型的高等教育区域调整手段（政府引导；自然发展），分析其变化模式、影响因素，为未来我国高等教育区域布局结构的调整提供经验借鉴。

（一）1949—1957 年

1. 区域分布变化的过程

中华人民共和国成立以后，中央人民政府有秩序地开展起各类高等教育改革。

首先，陆续接收和接办国民党遗留下来的各级公立学校，接管接受外国津贴的各类学校，完成对高等教育的社会主义改造。[①]1952 年开始，又陆续将全国各类学校，包括原有的 65 所私立高等学校统一改为公立。逐步对高等学校进行改革，比如确立中国共产党的领导地位，开设马列课程，向工农开放等。[②]

其次，确立了高等教育的基本方向、体制和规程。1950 年 6 月 1 日至 9 日，教育部召开了第一次全国高等教育会议，通过了一系列关于高等教育改革的政策、章程。[③]

再次，延续并确立了教育为工农大众服务、与生产劳动相结合的方针，并致力于构建高等教育与国民经济建设的对应关系，在设立专科（修）学院、调整高等院校科类结构上下了很大功夫。

最后，在实践摸索中逐步开展全面学习苏联模式的高等教育改革，在院系调整、教学组织、课程教材等方面向苏联看齐，并派遣大量留学生赴苏学习。[④]

---

① 《中国教育年鉴》编辑部 . 中国教育年鉴（1949—1981）[M]. 北京 : 中国大百科全书出版社 , 1984:354.

② 《中国教育年鉴》编辑部 . 中国教育年鉴（1949—1981）[M]. 北京 : 中国大百科全书出版社 , 1984:233.

③ 《各大行政区高等学校管理暂行办法》《教育部关于实施高等学校课程改革的决定》《高等学校暂行规程》《专科学校暂行规程》等 , 见《中国教育年鉴》编辑部 . 中国教育年鉴（1949—1981）[M]. 北京 : 中国大百科全书出版社 , 1984:776.

④ 中国教育成就（1949—1983）[M]. 北京 : 人民教育出版社 , 1985:126.

在政权基本稳固、国家社会基本稳定的情况下，高等教育事业迅速开始了全面的改革与重建。高等教育资源得以在全国范围内进行调配，学科专业、内外部管理、人才培养工作均在摸索中启动。

为统筹全国高等院校、专业、学科，使高等教育更好地为社会主义政治和经济建设服务，我国仿照苏联经验有组织地开展了两个阶段的全国范围的院系调整。第一阶段是 1952—1953 年，调整的重点是学科的分布；第二阶段为 1955—1957 年，调整的重点是地区间的分布。①

1951 年 11 月召开的全国工学院院长会议率先提出工科院校的调整方案②：将北京大学、燕京大学工科并入清华大学，使之成为多科性工业高等学校；清华的文、理、法科，燕京大学的文、理、法科并入北京大学，使之成为综合性大学；其他地方高校采用类似做法，分别成立或合并成立了工科性质的天津大学、浙江大学、南京工学院、华南工学院等，将工学院或工学学科从综合性大学中分离出来，合并或新成立独立的多科性工科院校，或合并几个大学的相同领域的系科，成立单科性工科院校，大力调整与加强工科教育。

1952 年下半年开始，教育部根据“以培养工业建设人才和师资为重点，发展专门学院，整顿和加强综合性大学”的方针，以华北、东北、华东为重点，对国内四分之三的高校进行了院系调整，特别巩固与加强了高等工业学校。1953 年，又以中南地区为重点，并对西北、西南两区的高校进行了局部调整。经过此次调整，全国共有高校 182 所，其中综合大学 14 所、工业院校 39 所、师范院校 31 所、农林院校 29 所、医药类院校 29 所、财经类院校 6 所、政法类院校 4 所、语文类院校 8 所、艺术院校 15 所、体育院校 4 所、少数民族院校 2 所。据统计，到 1953 年底，华北、东北和西北地区高校数量大量增加，华东和西南地区大量减少，中南地区没有大的变化。

1955 年开始，为改变高校过于集中在少数大城市、沿海地区的状况，国家决定加强内地高等教育建设，提出沿海高校搬迁或部分搬迁到内地的做法。武汉、兰州、西安、成都等城市重点新设了一批高等学校。如交通大学大部分专业及师生迁

① 《中国教育年鉴》编辑部 . 中国教育年鉴（1949—1981）[M]. 北京 : 中国大百科全书出版社 , 1984:233；沈鸿敏 , 刘求实 . 我国高校地区分布非均衡问题及其影响分析 [J]. 教育发展研究 , 2008(1).

② 《中国教育年鉴》编辑部 . 中国教育年鉴（1949—1981）[M]. 北京 : 中国大百科全书出版社 , 1984:233.

往西安，于 1959 年分别独立为上海交通大学和西安交通大学；又如 1957 年 10 月成立了内蒙古大学等。①

经过两次院系调整，全国高校由调整前的 210 所增至 1957 年的 229 所，与 1949 年比较，西北、华北、东北和中南地区学校数增加，原来学校较多的华东和西南地区相应有所减少。

此次院系调整也着重对高等教育的专业设置、学科布局、管理体制等方面进行了相应改革，以“培养工业建设人才和师资为重点，发展专门学院，整顿和加强综合大学”②为方针，实行“全国一盘棋”，确保绝大多数省份都有一所综合大学和工、农、医、师等专门学院，特别加强和发展了工科，对哲学、政法、财经等文科专业进行了大规模削减和改造，严重削弱了人文与社会学科。1947 年全国文法商科在校学生在大学生总数中占 47.6%，1952 年降到 22.5%，1957 年又降到 9.6%。③

2. 影响因素及效果

这一时期的院系调整基本是在政府的推动下进行的，过程与结果都相当高效。但长期来看，它并未很好地促进我国高等教育的发展，20 世纪 90 年代时出现了大量的自发的院系调整，对 20 世纪 50 年代的高等教育调控举措进行修正。到底该如何评价这次调整？下面尝试从高等教育资源中的“内部生成性资源”（学生数、教师数）的布局结构的变化对这一阶段高校布局变化的直接效果进行分析。

20 世纪 50 年代的院系调整不是一次单独的高校布局结构调整，也涉及高等教育的教学与管理。总的来看，尽管在过度学习苏联、拆散统合知识、管理制度缺乏灵活性等方面受到很多的诟病④，但学界对其正面效应也做过很多正面评价，集中在显现了高等教育的规模效应、优化了高等院校的地理分布上。从直观上看，这一时期院系调整对高校分布的影响尤为明显，如日本学者大塚丰认为，“通过院系调

① 《中国教育年鉴》编辑部 . 中国教育年鉴（1949—1981）[M]. 北京 : 中国大百科全书出版社 , 1984:233-234.

② 《中国教育年鉴》编辑部 . 中国教育年鉴（1949—1981）[M]. 北京 : 中国大百科全书出版社 , 1984:80.

③ 《中国教育年鉴》编辑部 . 中国教育年鉴（1949—1981）[M]. 北京 : 中国大百科全书出版社 , 1984:239.

④ 许美德 . 中国大学 1895—1995：一个文化冲突的世纪 [M]. 北京 : 教育科学出版社 , 2000:120；R. 麦克法夸尔 , 费正清 , 编 . 剑桥中华人民共和国史——革命的中国的兴起 (1949—1965 年)[M]. 谢亮生 , 等 , 译 . 北京 : 中国社会科学出版社 , 1998:205-212.

整，中国高校分布不合理的状况得到很大改善”[①]。可以用各地1949年、1957年两年的高校数分布情况图示如图2–10：

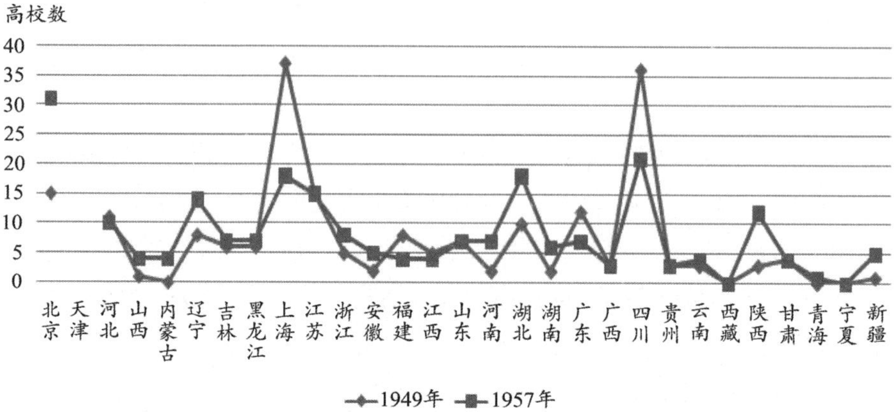

图2–10　1949—1957年全国高校数分布情况变化图（单位：所）

数据来源：《中国教育年鉴》（1949—1981）。

可以看到，1957年相较1949年，高校的分布曲线明显趋于平稳，峰值挫低、谷底上拔，全国高校数量的分布呈现出前所未有的“均衡”状态。

但跳出这个直观感受，从学生数与专任教师数来看，效果并不理想。将1957年院系调整后全国高校学生数与专任教师数的分布情况与之前进行对比（见图2–11、图2–12），可以发现，虽然经过了院校的大力变更，学生数与专任教师数的走势并未如高校分布般出现大的波动，学生数与专任教师数的图线走势与高校数的图线走势相比没有大的起伏，几乎与调整前的图线走势完全重合。高校数量削减的地区，如上海、广东、四川，学生数与专任教师数并没有减少，反而上升，高校的人才培养规模与能力呈现出极大的“黏性”，滞后或者说独立于强力推行的高等院校地域调整。也就是说，经过高等院校的急剧调整，我国高等教育的区域均衡状态从现象上看似乎均衡不少，但在实质上变化不大。

① 大塚丰，著. 现代中国高等教育的形成[M]. 黄福涛，译. 北京：北京师范大学出版社，1998:112.

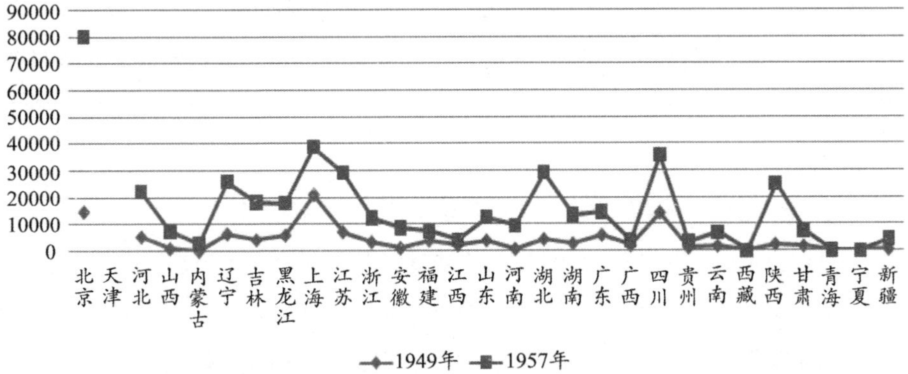

图 2–11　1949—1957 年全国高校学生数分布图（单位：人）

数据来源：《中国教育年鉴》（1949—1981）。

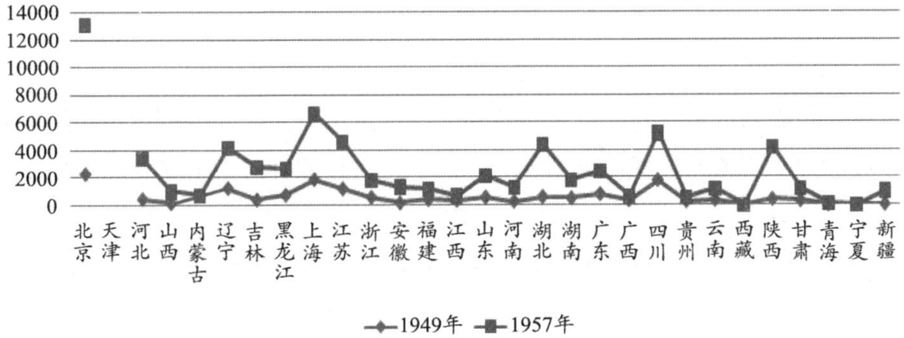

图 2–12　1949—1957 年全国专任教师数分布图（单位：人）

数据来源：《中国教育年鉴》（1949—1981）。

深入分析 1949 年、1957 年我国高等教育资源区域间均衡度的数值表现，结果印证了上述看法：

表 2–9　1949 年 24 省区描述统计结果

	数量	最小值	最大值	平均数	标准差
高校数	24	1	37	8.54	9.542
学生数	24	363	20900	4854	5031.728
专任教师数	24	32	2270	669	580.785

数据来源：《中国教育年鉴》编辑部 . 中国教育年鉴（1949—1981）[M]. 北京：中国大百科全书出版社，1984. 无天津、重庆、海南、内蒙古、西藏、青海、宁夏数据。

表 2-10 1957 年 26 省区描述统计结果

	数量	最小值	最大值	平均数	标准差
高校数	26	1	31	8.81	6.951
学生数	26	178	79650	17001	16646.439
专任教师数	26	55	13064	2693	2706.303

注：无天津、重庆、海南、西藏、宁夏数据。

可以看到，1949—1957年，全国各省区间高校数的标准差缩小(从9.542到6.951)。即高校数量分布的地域均衡状况有所改善；但是，学生数与专任教师数的标准差却急速扩大，各省区间学生数与教师数的不均衡状况有愈演愈烈的趋势。

整体来看，我国大学经过院系调整，院校分布的不均衡状态有所改善，但并未达至深度均衡。

（二）1998—2009 年

此阶段各类指标的统计数据最为全面，以定量手段分析高等教育资源区域分布的变迁特征、变迁诱因、变迁机制等最有说服力，且最有对未来政策的指导意义。下面以 1998—2009 年的变迁情况为研究蓝本，以若干指标反映高等教育内生性资源、外部获得性资源在区域分布上的作用力，探索高等教育区域分布的深层诱因。

1. 基本变化

首先，1998—2009 年我国高等教育区域分布变化概况如下（以高校数、在校生数、专任教师数为例）：

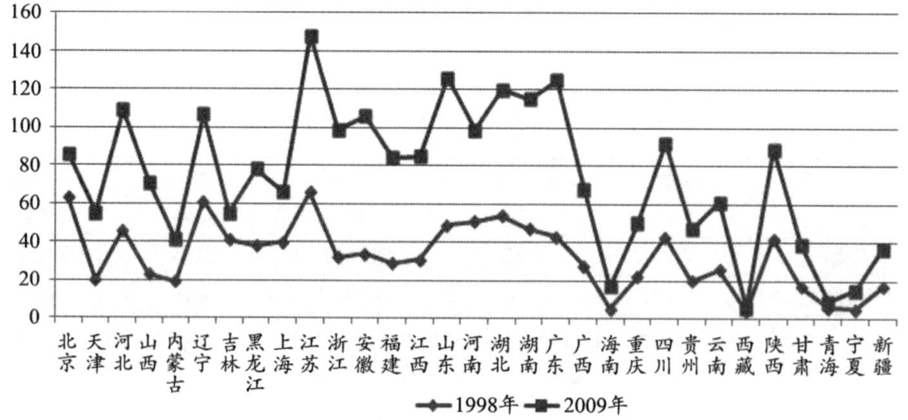

图 2-13 1998—2009 年我国高等院校数分布变化趋势图（单位：所）

数据来源：《中国教育统计年鉴》（1998、2009）。

如图 2-13，1998 年之后的十余年间高校数的发展大有“风云变幻”之象，安徽、浙江等地增幅巨大，西藏、青海、吉林、北京则变化很小，其余各省都有不同程度的数量增长。

学生数的增幅也非常可观。其中增幅最大的几个省份，如海南、河南、山东、西藏、江西、安徽、内蒙古，增幅都超过了 700%。而这些省份中不乏人口大省，可见扩招后各地高等学校对当地适龄人口的吸纳力有所提升。而增幅最小的省区为北京和上海，分别增长 175% 和 211%。

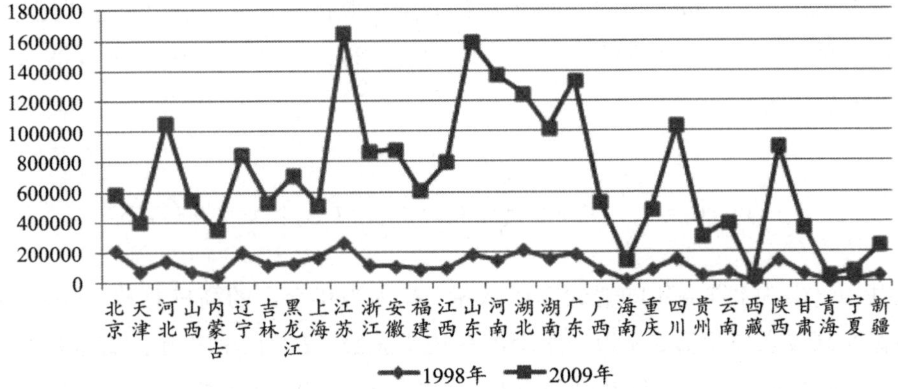

图 2–14　1998—2009 年我国普通高校本、专科在校生数分布变化趋势图（单位：人）

数据来源：《中国教育统计年鉴》（1998、2009）。

专任教师数的增幅虽不及学生数，但也相当惊人，海南、江西、山东、福建、广东、浙江、河南、山西、安徽的教师数增幅在 300% 以上；北京、上海的增长率最低，分别为 58% 和 90%。

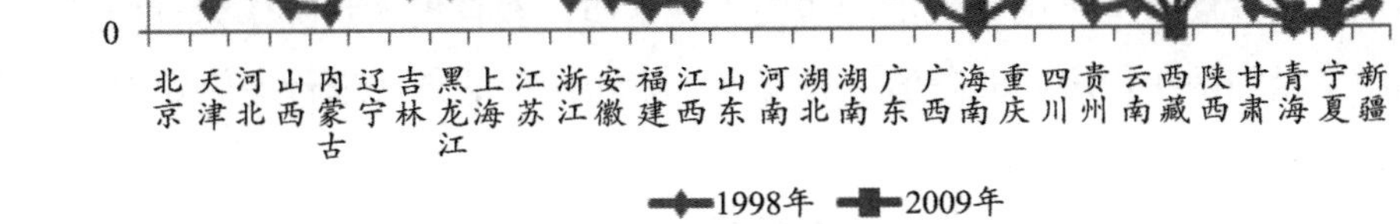

图 2–15　1998—2009 年我国普通高校专任教师数分布变化趋势图（单位：人）

数据来源：《中国教育统计年鉴》（1998、2009）。

通过上述图表可以直观地看到，十多年间我国高等教育发展迅猛，北京、上海等传统高等教育优势地区的地位似乎有所降低。下面以若干指标为自变量和因变量，量化考察 1998—2009 年十多年间我国高等教育资源区域分布变迁的特征与机制。

2. 定量分析

（1）因变量

选取“高等教育资源丰富指数”（Abundance Index，Ai）作为测算高等教育资源这一概念的可操作性指标。Ai 具体由“普通高等学校数”（College，C）、“普通高校在校生数”（Student，S）、“普通高校专任教师数”（Faculty，F）、“高等教育经费投入”（Input，I）① 四个直接数据来源指标测算而成，通过“打分制”给各指标的权重水平进行赋值（$c\%$，$s\%$，$f\%$，$i\%$），构建 1998 年和 2009 年各地 Ai。具体公式为：

$$\text{j 省：} Ai_j = \frac{C_j}{C} \cdot c\% + \frac{S_j}{S} \cdot s\% + \frac{F_j}{F} \cdot f\% + \frac{I_j}{I} \cdot i\% \quad (2.1)$$

其中，C_j 为 j 省当年的普通高校数量，C 为当年全国的高校总数；S_j 为 j 省当年的普通高校在校生数，S 为当年全国在校生总数；F_j 为 j 省当年的普通高校专任教师数，F 为全国当年专任教师数总和；I_j 为 j 省当年的高等教育经费数量，I 为全国当年的高等教育经费总额。

高等教育资源区域分布变迁：时间段两端的比较，以各地“高等教育资源变动指数”（Abundance Alteration Index，AAi）来表达，并以此“变动指数”作为最终的因变量。本研究中，AAi 的具体测算为 1998 年的 Ai 与 2009 年的 Ai’之差。

$$\text{j 省：} AAi_j = Ai'_j — Ai_j \quad (2.2)$$

（2）自变量

考察 1998—2009 年的变迁历程中对高等教育发展有明显影响的因子，最终锁定各地经济发展水平、国家政策、居民文化素质、教育投入状况作为自变量 X。考虑到因变量为两年份之间的差值，自变量也采用相应的方式进行差值处理，用“变动指数”表达。

各地经济发展水平：测算经济发展的数据指标可谓海量，此处根据解释力与易

① 为避免首字母重复，选取 College、Student、Faculty、Input 四个单词来分别代表机构数、学生数、教师数、经费数，缩写为 C、S、F、I。

得性，选取各地人均 GDP（经济总量）、三大产业的比重（经济结构）、居民消费水平（消费状况）三个指标的变动情况。

国家政策：此处考虑可以量化的国家优质高等教育工程——“985 工程”“211 工程”。

社会文化素质：以各地区人口数量、居民受教育程度来测算，具体为各地人口占全国总人口的比例的变动情况、高中及以上学历程度的人口占当地总人口的比重情况、文盲半文盲率的变动情况。

地方政府教育投入：以各地的教育经费总额为测算指标。

（3）因变量变化：1998—2009 年高等教育资源的区域变动状况

在对因变量四个指标进行赋值的过程中，按照因变量的计算公式，如高校数、学生数、教师数、经费数同等赋值，则各占 25%，考虑到高校数量、专任教师数量、高等教育经费值指标对各省的高等教育资源总量具有更直接的影响力，而学生数时常被视为高等教育的一种“产出”，此处作为各地区高等教育资源丰富程度的一个参考指标。故将 $c\%$、$f\%$、$i\%$ 各设为 30%，将表达学生数的 $s\%$ 设为 10%。C 表示“普通高校数”，S 表示“普高本专科在校生数”，F 表示“普通高校专任教师数”，I 表示“普通高等学校教育经费收入（单位：千元）”。经过计算，1998 年与 2009 年各省的“高等教育资源丰富指数”结果如下：

表 2-11　1998 年各省、区、市高等教育资源丰富指数计算结果

地区	C	占比	加权后	S	占比	加权后	F	占比	加权后	I	占比	加权后	Ai
北京	63	0.0616	0.0185	212984	0.0625	0.0062	36559	0.0891	0.0267	7465257	0.1272	0.038	0.0896
天津	20	0.0196	0.0059	78651	0.0231	0.0023	9496	0.0231	0.0069	1742539	0.0297	0.009	0.0240
河北	46	0.0450	0.0135	144383	0.0424	0.0042	16622	0.0405	0.0122	1676744	0.0286	0.009	0.0385
山西	23	0.0225	0.0068	76128	0.0223	0.0022	8798	0.0214	0.0064	729529	0.0124	0.004	0.0191
内蒙古	19	0.0186	0.0056	42470	0.0125	0.0012	7258	0.0177	0.0053	481782	0.0082	0.002	0.0146
辽宁	61	0.0597	0.0179	199223	0.0584	0.0058	23394	0.0570	0.0171	2912065	0.0496	0.015	0.0557
吉林	41	0.0401	0.0120	117892	0.0346	0.0035	15531	0.0379	0.0114	1703897	0.0290	0.009	0.0356
黑龙江	38	0.0372	0.0112	125140	0.0367	0.0037	18505	0.0451	0.0135	2050774	0.0349	0.010	0.0388

续表

地区	C	占比	加权后	S	占比	加权后	F	占比	加权后	I	占比	加权后	Ai
上海	40	0.0391	0.0117	165123	0.0484	0.0048	20071	0.0489	0.0147	4969058	0.0846	0.025	0.0567
江苏	66	0.0646	0.0194	265953	0.0780	0.0078	28690	0.0699	0.0210	5031801	0.0857	0.026	0.0739
浙江	32	0.0313	0.0094	113543	0.0333	0.0033	11816	0.0288	0.0086	2153740	0.0367	0.011	0.0324
安徽	34	0.0333	0.0100	104944	0.0308	0.0031	11573	0.0282	0.0085	1200639	0.0205	0.006	0.0277
福建	29	0.0284	0.0085	85147	0.0250	0.0025	8279	0.0202	0.0061	1219249	0.0208	0.006	0.0233
江西	31	0.0303	0.0091	94103	0.0276	0.0028	9577	0.0233	0.0070	861351	0.0147	0.004	0.0233
山东	49	0.0479	0.0144	180795	0.0530	0.0053	19660	0.0479	0.0144	2598207	0.0443	0.013	0.0473
河南	51	0.0499	0.0150	146365	0.0429	0.0043	16963	0.0413	0.0124	1714780	0.0292	0.009	0.0404
湖北	54	0.0528	0.0159	210119	0.0616	0.0062	26148	0.0637	0.0191	3425086	0.0583	0.018	0.0586
湖南	47	0.0460	0.0138	156665	0.0460	0.0046	16475	0.0402	0.0120	2105573	0.0359	0.011	0.0412
广东	43	0.0421	0.0126	185047	0.0543	0.0054	17053	0.0416	0.0125	4911249	0.0837	0.025	0.0556
广西	28	0.0274	0.0082	77483	0.0227	0.0023	8043	0.0196	0.0059	712480	0.0121	0.004	0.0200
海南	5	0.0049	0.0015	13532	0.0040	0.0004	1362	0.0033	0.0010	194894	0.0033	0.001	0.0039
重庆	22	0.0215	0.0065	83187	0.0244	0.0024	9498	0.0232	0.0069	1205687	0.0205	0.006	0.0220
四川	43	0.0421	0.0126	151905	0.0446	0.0045	17228	0.0420	0.0126	2336186	0.0398	0.012	0.0416
贵州	20	0.0196	0.0059	42554	0.0125	0.0012	5929	0.0145	0.0043	379391	0.0065	0.002	0.0134
云南	26	0.0254	0.0076	62368	0.0183	0.0018	8143	0.0198	0.0060	919349	0.0157	0.005	0.0201
西藏	4	0.0039	0.0012	3447	0.0010	0.0001	834	0.0020	0.0006	66420	0.0011	0.000	0.0022
陕西	42	0.0411	0.0123	148879	0.0437	0.0044	19250	0.0469	0.0141	2357631	0.0402	0.012	0.0428
甘肃	17	0.0166	0.0050	54014	0.0158	0.0016	6505	0.0159	0.0048	686420	0.0117	0.004	0.0148
青海	6	0.0059	0.0018	8691	0.0025	0.0003	1678	0.0041	0.0012	97384	0.0017	0.000	0.0037
宁夏	5	0.0049	0.0015	11312	0.0033	0.0003	1728	0.0042	0.0013	132566	0.0023	0.001	0.0037

续表

地区	C	占比	加权后	S	占比	加权后	F	占比	加权后	I	占比	加权后	Ai
新疆	17	0.0166	0.0050	46717	0.0137	0.0014	7587	0.0185	0.0055	662114	0.0113	0.003	0.0153

数据来源：《中国教育年鉴》（1999），《中国教育统计年鉴》（1998），《中国教育经费统计年鉴》（1999）。

Ai 为“高等教育资源丰富指数”，表达的含义为 1998 年各地高等教育资源量占全国高等教育资源量的百分比。如以北京 Ai=0.0896 为例，表示 1998 年北京地区高等教育资源量占全国高等教育资源总量的 8.96%。

表 2-12　2009 年各省、区、市高等教育资源丰富指数计算结果

地区	C	占比	加权后	S	占比	加权后	F	占比	加权后	I	占比	加权后	Ai
北京	86	0.0373	0.0112	586685	0.0274	0.0027	58007	0.0448	0.0134	50235459	0.1081	0.0324	0.0598
天津	55	0.0239	0.0072	405968	0.0189	0.0019	27118	0.0209	0.0063	10474301	0.0225	0.0068	0.0221
河北	109	0.0473	0.0142	1060450	0.0494	0.0049	58394	0.0451	0.0135	14016327	0.0302	0.0091	0.0417
山西	71	0.0308	0.0092	547391	0.0255	0.0026	35863	0.0277	0.0083	6829917	0.0147	0.0044	0.0245
内蒙古	41	0.0178	0.0053	351928	0.0164	0.0016	22327	0.0172	0.0052	6075693	0.0131	0.0039	0.0161
辽宁	107	0.0464	0.0139	852467	0.0397	0.0040	55835	0.0431	0.0129	19221473	0.0414	0.0124	0.0432
吉林	55	0.0239	0.0072	530975	0.0248	0.0025	33239	0.0257	0.0077	11432528	0.0246	0.0074	0.0247
黑龙江	78	0.0338	0.0102	708935	0.0331	0.0033	43057	0.0332	0.0100	15110274	0.0325	0.0098	0.0332
上海	66	0.0286	0.0086	512809	0.0239	0.0024	38134	0.0294	0.0088	26377672	0.0568	0.0170	0.0368
江苏	148	0.0642	0.0193	1653427	0.0771	0.0077	99912	0.0771	0.0231	39465656	0.0850	0.0255	0.0756
浙江	99	0.0430	0.0129	866496	0.0404	0.0040	49516	0.0382	0.0115	25048483	0.0539	0.0162	0.0446
安徽	106	0.0460	0.0138	877782	0.0409	0.0041	46374	0.0358	0.0107	11571076	0.0249	0.0075	0.0361
福建	84	0.0364	0.0109	606284	0.0283	0.0028	35841	0.0277	0.0083	13002841	0.0280	0.0084	0.0305
江西	85	0.0369	0.0111	793488	0.0370	0.0037	48637	0.0376	0.0113	10537807	0.0227	0.0068	0.0328
山东	126	0.0547	0.0164	1592974	0.0743	0.0074	89734	0.0693	0.0208	21627671	0.0466	0.0140	0.0586

续表

地区	C	占比	加权后	S	占比	加权后	F	占比	加权后	I	占比	加权后	Ai
河南	99	0.0430	0.0129	1368813	0.0638	0.0064	71472	0.0552	0.0166	16025669	0.0345	0.0104	0.0462
湖北	120	0.0521	0.0156	1249061	0.0582	0.0058	73159	0.0565	0.0169	27873495	0.0600	0.0180	0.0564
湖南	115	0.0499	0.0150	1016833	0.0474	0.0047	58846	0.0454	0.0136	16561730	0.0357	0.0107	0.044
广东	125	0.0542	0.0163	1334089	0.0622	0.0062	73943	0.0571	0.0171	34656520	0.0746	0.0224	0.062
广西	68	0.0295	0.0089	528342	0.0246	0.0025	29459	0.0227	0.0068	7093390	0.0153	0.0046	0.0227
海南	17	0.0074	0.0022	142082	0.0066	0.0007	7303	0.0056	0.0017	2216379	0.0048	0.0014	0.006
重庆	50	0.0217	0.0065	484199	0.0226	0.0023	29883	0.0231	0.0069	11959454	0.0257	0.0077	0.0234
四川	92	0.0399	0.0120	1035934	0.0483	0.0048	61772	0.0477	0.0143	21881483	0.0471	0.0141	0.0452
贵州	47	0.0204	0.0061	299072	0.0139	0.0014	19634	0.0152	0.0045	4487811	0.0097	0.0029	0.015
云南	61	0.0265	0.0079	393601	0.0184	0.0018	24893	0.0192	0.0058	7183054	0.0155	0.0046	0.0202
西藏	6	0.0026	0.0008	30264	0.0014	0.0001	1969	0.0015	0.0005	641746	0.0014	0.0004	0.0018
陕西	89	0.0386	0.0116	893748	0.0417	0.0042	56171	0.0434	0.0130	20183082	0.0435	0.0130	0.0418
甘肃	39	0.0169	0.0051	361490	0.0169	0.0017	19629	0.0152	0.0045	5913530	0.0127	0.0038	0.0151
青海	9	0.0039	0.0012	43782	0.0020	0.0002	3757	0.0029	0.0009	868987	0.0019	0.0006	0.0028
宁夏	15	0.0065	0.0020	75564	0.0035	0.0004	5136	0.0040	0.0012	1476213	0.0032	0.0010	0.0044
新疆	37	0.0161	0.0048	241637	0.0113	0.0011	16234	0.0125	0.0038	4451173	0.0096	0.0029	0.0126

数据来源：《中国教育统计年鉴》（2009），《中国教育经费统计年鉴》（2010）。

上表为 2009 年各地 Ai 的计算结果，表示 2009 年各地高等教育资源量占全国高等教育资源总量的百分比。如北京地区 2009 年 Ai 值为 0.0598，表示 2009 年北京高等教育资源量占全国高等教育资源总量的 5.98%。

表 2–13　1998—2009 年各省、区、市高等教育资源变动指数计算结果

地区	1998 年 Ai	2009 年 Ai	AAi	AAi 百分数
北京	0.089626	0.059809	–0.0298	–2.982
天津	0.024027	0.022097	–0.0019	–0.193
河北	0.038462	0.041709	0.0032	0.325
山西	0.019147	0.024511	0.0054	0.536

续表

地区	1998 年 Ai	2009 年 Ai	AAi	AAi 百分数
内蒙古	0.014593	0.016072	0.0015	0.148
辽宁	0.055739	0.043248	−0.0125	−1.249
吉林	0.035558	0.024717	−0.0108	−1.084
黑龙江	0.038838	0.033189	−0.0056	−0.565
上海	0.056657	0.03685	−0.0198	−1.981
江苏	0.07387	0.075602	0.0017	0.173
浙江	0.032371	0.044572	0.0122	1.220
安徽	0.027658	0.036103	0.0084	0.845
福建	0.023296	0.030459	0.0072	0.716
江西	0.023266	0.032834	0.0096	0.957
山东	0.047342	0.058579	0.0112	1.124
河南	0.040432	0.046172	0.0057	0.574
湖北	0.05864	0.056389	−0.0023	−0.225
湖南	0.0412	0.044035	0.0028	0.283
广东	0.055619	0.061999	0.0064	0.638
广西	0.020015	0.022718	0.0027	0.270
海南	0.003857	0.005998	0.0021	0.214
重庆	0.022005	0.023411	0.0014	0.141
四川	0.041616	0.045244	0.0036	0.363
贵州	0.013394	0.014958	0.0016	0.156
云南	0.020115	0.020179	0.0001	0.006
西藏	0.002225	0.001793	−0.0004	−0.043
陕西	0.042821	0.041796	−0.0010	−0.103
甘肃	0.014839	0.015127	0.0003	0.029
青海	0.003741	0.002807	−0.0009	−0.093
宁夏	0.003741	0.004448	0.0007	0.071
新疆	0.015292	0.012577	−0.0027	−0.272

上表中，AAi 表达的是“高等教育资源变动指数”，指标内涵为 1998 年到 2009 年各地高等教育资源量占全国高等教育资源总量的百分比的变化值，由 2009 年的 Ai 减去 1998 年的 Ai 得来。“AAi 百分数”则为 AAi 的百分比表达。以北京为例，1998 年北京地区的高等教育资源丰富指数为 0.0896，2009 年则为 0.0598，两者的差值为 −0.0298，百分数表达为 −2.98，表示与 1998 年相比，2009 年北京地区的高等教育资源量占全国高等教育资源总量的百分比下降了 2.98%。AAi 为正值表示从 1998 年到 2009 年该地区高等教育资源量占全国高等教育资源总量的百分比升高，AAi 为负值则表示该地区高等教育资源量占全国高等教育资源总量的百分比从 1998

年到 2009 年下降了。

从表 2-13 可以直观地看出十余年间我国各区域高等教育资源量分布的基本变化。AAi 为负值的地区，按绝对值从高至低排列为北京、上海、辽宁、吉林、黑龙江、新疆、湖北、天津、陕西、青海、西藏。这些地区的高等教育资源量占全国的比重由 1998 年到 2009 年有所下降，且下降比例较大的为北京、上海、辽宁等原来高等教育资源比较集中的地区，这在一定程度上表明全国高等教育资源的分布不均有趋于缓和的趋势；但同时，新疆、青海、西藏等传统高等教育弱区在全国高等教育资源布局调整的过程中也未能受益，Ai 仍呈减少趋势。从 AAi 为正值的省份和地区来看，绝对值由高至低为：浙江、山东、江西、安徽、福建、广东、河南、山西、四川、河北、湖南、广西、海南、江苏、贵州、内蒙古、重庆、宁夏、甘肃、云南。很明显，东部沿海各省的高等教育资源量占全国的比重上升较快，中部省份所占比重也有一定程度的增长。

为进一步说明 1998 年到 2009 年间我国高等教育资源分布均衡程度的变动情况，运用单因素方差分析法，检验 1998 年与 2009 年两组数据之间的均值是否有显著差异。结果如下：

表 2-14　1998 年与 2009 年描述统计

Ai	样本量	均值	标准差	标准误	95% 置信区间		最小值	最大值
					下限	上限		
1998 年	31	0.0322581	0.02121001	0.00380943	0.0244782	0.0400380	0.00222	0.08963
2009 年	31	0.0322581	0.01899756	0.00341206	0.0252897	0.0392264	0.00179	0.07560
合计	62	0.0322581	0.01996848	0.00253600	0.0271870	0.0373292	0.00179	0.08963

可以看到，1998 年、2009 年两个年份全国高等教育的区域均衡程度没有太大的改善，两个年份的标准差分别为 0.02121001、0.01899756，2009 年相比 1998 年略有下降。

（4）自变量与因变量综合分析：1998—2009 年高等教育资源区域变动的影响因素

采用《中国统计年鉴》《中国区域经济统计年鉴》的数据，对以下十个自变量的变动情况进行计算（计算过程及结果略）：

表 2-15　自变量一览表

类别	子类别	变量（1998—2009 年）
经济因素	经济总量	各地人均 GDP 与全国人均 GDP 之比的变化
	经济结构	各地第三产业在生产总值中的比重的变化
		各地第三产业从业人员占全体从业人员的比重的变化
	居民购买力	各地居民平均消费水平的变化
政策因素	“211”“985”工程高校数量	各地两个工程高校数的变动情况[a]
社会文化因素	人口	各地人口占全国总人口的比例的变动
	文化素质	各地高中及以上学历程度的人口占当地总人口的比重的变化
		各地文盲半文盲占 15 岁及以上人口的比例的变化
教育投入因素	教育经费	各地 1998—2009 年教育经费的增长率
		各地 1998 年、2009 年教育经费占全国教育经费的比重的变化情况

注：a 实际计算方法：将当年有“985 工程”或“211 工程”高校的省份分别计数并加和，有一所计 1，有两所计 2，以此类推，再将 2009 年的数值减去 1998 年的数值，以考察资源的变化情况。如有高校既是“211”，又是“985”，则重复计算。

将上述自变量的计算结果与因变量进行交叉统计，利用统计软件进行主成分分析和因子分析后提取关键自变量，进行相关分析和回归分析，结果如下：

表 2-16　变量间相关分析结果

		人均 GDP 的变动情况	居民消费水平增长率	“211”/“985”工程高校数量变化	高中以上受教育程度人口占总人口比重的变化	教育经费增长率	教育经费占全国教育经费比重的变化	Aii
人均 GDP 的变动情况	皮尔逊相关	1	0.611**	0.052	−0.043	0.321	0.400*	0.127
	显著性（双侧）		0.000	0.782	0.820	0.079	0.026	0.497
居民消费水平的增长率	皮尔逊相关	0.611**	1	0.294	0.219	0.181	0.289	0.029
	显著性（双侧）	0.000		0.108	0.236	0.330	0.115	0.876
“211”/“985”工程高校数量变化	皮尔逊相关	0.052	0.294	1	0.622**	−0.129	0.031	−0.665**
	显著性（双侧）	0.782	0.108		0.000	0.488	0.870	0.000
高中以上受教育程度人口占总人口比重的变化	皮尔逊相关	−0.043	0.219	0.622**	1	−0.361*	−0.181	−0.488**
	显著性（双侧）	0.820	0.236	0.000		0.046	0.331	0.005

续表

		人均GDP的变动情况	居民消费水平增长率	“211”/“985”工程高校数量变化	高中以上受教育程度人口占总人口比重的变化	教育经费增长率	教育经费占全国教育经费比重的变化	Aii
教育经费增长率	皮尔逊相关	0.321	0.181	−0.129	−0.361*	1	0.704**	0.089
	显著性（双侧）	0.079	0.330	0.488	0.046		0.000	0.635
教育经费占全国教育经费的比重的变化	皮尔逊相关	0.400*	0.289	0.031	−0.181	0.704**	1	0.017
	显著性（双侧）	0.026	0.115	0.870	0.331	0.000		0.929
Aii	皮尔逊相关	0.127	0.029	−0.665**	−0.488**	0.089	0.017	1
	显著性（双侧）	0.497	0.876	0.000	0.005	0.635	0.929	

注：“**”表示相关性在0.01水平上显著（双侧）；“*”表示相关性在0.05水平上显著（双侧）。

可以看出，经济、政策和社会文化因素三者之间有显著相关关系，而两个教育经费变量“教育经费增长率”“教育经费占全国教育经费比重的变化”之间成显著相关。

使用回归分析进一步考察“‘211’/‘985’工程高校数量变化”“教育经费增长率”“人均GDP的变动情况”“居民消费水平增长率”四个因素与高等教育资源丰富程度的变动关系。采用“强行进入法”后统计结果如下：

表2-17　四变量回归模型

相关	R^2	调整后 R^2	估计的标准误差	变异统计量				
				R^2 的变异	组织方差的变异	自由度1	自由度2	显著性变化
0.708[a]	0.502	0.425	0.656842	0.502	6.544	4	26	0.001

注：a 预测：（常数）教育经费增长率，“211”/“985”工程高校数量变化，人均GDP的变动情况，居民消费水平的增长率。

表2-18　四变量回归方差分析[a]

	平方和	自由度	均方	组间差异	显著性
回归	11.293	4	2.823	6.544	0.001[b]
残差	11.217	26	0.431		
合计	22.510	30			

注：a 因变量：Aii；b 预测：（常数）教育经费增长率，“211”/“985”工程高校数量变化，人均GDP的变动情况，居民消费水平的增长率。

表 2–19　四变量回归系数 [a]

	非标准系数		标准系数	T 值	显著性	共线性统计	
	B	标准误	Beta			公差	VIP
截距	–0.232	0.782		–0.297	0.769		
人均 GDP 的变动情况	0.151	0.648	0.043	0.234	0.817	0.572	1.749
居民消费水平增长率	0.368	0.292	0.234	1.260	0.219	0.557	1.797
"211" / "985" 工程高校数量变化	–0.273	0.055	–0.744	–5.002	0.000	0.865	1.156
教育经费增长率	–0.040	0.094	–0.064	–0.430	0.671	0.875	1.143

注：a 因变量：Aii。

如表 2–17、表 2–18 和表 2–19，四个变量共可解释 50.2% 的因变量变化。在四个变量中，"'211' / '985' 工程高校数量变化"对因变量有显著的预测力，而其他三个变量的预测性不明显。

（5）小结

由上述统计分析结果可以推知，1998—2009 年我国高等教育资源地区分布变化的几个要点：

首先，1998 年到 2009 年，我国高等教育资源区域间分布的均衡度略有提高。由描述统计及方差分析的结果来看，两个年份的差异性不显著，但 2009 年 31 个省、市、自治区之间的高等教育资源丰富指数的标准差相比 1998 年略有下降。

其次，在对自变量进行的主成分分析及多重变量之间的相关分析中看到，内涵有联系的几个变量之间有很强的关联关系，并可归类为几个有特定代表性的成分 / 因子。其中，"教育经费增长率""教育经费占全国教育经费比重的变化"有显著相关，可视为"教育投入因素"；"高中以上受教育程度人口占总人口比重的变化""'211' / '985' 工程高校数量变化"有显著相关，可视为"教育基础因素"；"人均 GDP 的变动情况""第三产业从业人员数的变动情况""居民消费水平增长率"几个变量之间虽没有在相关分析中呈现出显著关系，但在主成分与因子分析中表现出了共同支持某一因子的现象，可视为"教育支持因素"。

再次，在对区域高等教育资源占有度的变化的影响程度上，"教育投入因素""教育基础因素""教育支持因素"三者递减。而在具体的指标上，当地教育基础、重大教育政策、经济发展水平对高等教育资源区域分布的变动指数有显著影响。从本研究设定的十个自变量与因变量的相关分析与回归分析结果来看，对高等教育资源变动指数的影响程度由高到低分别为"'211' / '985' 工程高校数量变化""高中以上受教育程度人口占总人口比重的变化”“人均GDP的变动情况”。可见教育基础因素对各区域高等教育资源丰富程度的变化作用最为明显。

最后，在选取的十个自变量中，人口因素对区域高等教育资源分布的变动情况的作用最弱，“各地人口占全国总人口的比例的变动值”指标在多种统计方法下均无突出表现。

三、我国高等教育资源分布的主要规律

我国在不同时期，依据不同的国际、国内环境，先后采取了不同的区域发展战略，对我国高等教育的区域布局产生了深刻影响。改革开放前区域经济均衡发展战略时期对内陆地区高等教育的倾斜政策、改革开放后区域经济非均衡发展战略时期对东部沿海地区的特殊政策、20世纪90年代中期以后区域经济非均衡协调发展战略时期的协调发展政策，都使我国高等教育的区域分布发生了相应的变化，反映了不同时期政治、经济、文化等因素对高等教育区域分布的影响。

从我国高等教育区域分布发展历程看，中国高等教育区域分布格局的调整和变化具有三个显著的特点：一是深受政府政策变化的影响，除宏观的区域发展战略、国家发展战略外，直接针对高等教育的一些政策的影响力也很大（从文中对“211工程”“985工程”的分析可以看出）；二是高等教育区域分布的整体格局在长期的历史惯性下没有发生根本性改变，长期以来形成的东西部差距仍然比较明显，东部高等教育水平明显高于西部地区，这与高等教育发展的路径依赖有关，也与各地区的经济发展状况、社会文化环境、基础教育水平等因素显著相关；三是改革开放后，国家以经济建设为中心，高等教育的经济功能被强化，地方也逐渐为高等教育发展提供动力，从而使高等教育的区域差异与经济的区域差异表现出越来越强的相关性（各地的经济实力、地方政府的财政投入极大地影响了高等教育的资源分配）。总体来看，由于社会的发展，本文所考察的各项指标的绝对数近年来都有较大增长，但是中华人民共和国成立至今高等教育的区域差异程度不是缩小，而是扩大了，尤其是京沪两地，远远地走在全国前列，因此我国高等教育资源的区域协调配置仍有很长的路要走。

3

我国高等教育资源区域分布现状及特点研究

第3章

我国高等教育资源区域分布现状及特点研究

1998年以来，我国高等教育规模快速扩张，全国范围内高等教育资源的总量迅速增加。与此同时，我国实行了高等教育管理体制改革，增强了地方政府高等教育决策权和向区域内高校提供经费的责任。《中国教育改革与发展纲要》（1993年）指出，“高等教育逐步实行中央和省、自治区、直辖市两级管理，以省级政府为主的管理体制”。1997年，我国中央部门所属高校为345所，2002年减少到111所，2014增加到118所，但中央部门所属高校总体比例不断下降。管理权限下放后，中央政府直接投资给省属高校的资金急剧减少，而改之以项目竞争和政策支持方式来支持区域高等教育发展。资源配置方式的转变是否引起高等教育资源区域分布及其特点变化，这是本章试图回答的问题。问题研究始于高等教育资源概念的澄清和分类。传统上，高等教育资源通常分为人力资源、物力资源和财力资源，还有学者将其分为机构资源、人才资源和财政资源[①]。就机构资源而言，“211工程”和“985工程”院校通常被誉为优质高教资源。本章主要分析机构资源、人力资源和财力资源三个部分，从分布的差异性和集中度两个角度，以美国作为参照对象，来探析我国高等教育资源区域分布现状及特点。

一、机构资源区域分布现状及特点

高校数量是衡量高等教育规模的重要指标。由于历史原因和过去计划经济体制的影响，我国高等教育资源分布呈现出明显的地区差异，主要分布在华北、华东、华南、西南、西北、东北六大区域的中心城市，且主要集中在东部沿海一带的中心城市。20世纪末，我国高等教育开始实行中央与地方两级办学、以地方政府统筹管理为主的体制，由省级政府对设在本地区的中央各部委所属高等院校与本地院校进行统筹规划、统一安排，一定程度上克服了过去“条块分割”所带来的学科单一、

① 谢维和，王孙禺，袁本涛.学位与研究生教育：战略与规划[M].北京：教育科学出版社，2011.

重复设置、规模过小、效益过低等弊端。经过 1998 年、1999 年、2000 年三年的调整，除少数教育部直属院校外，绝大多数高校都划归地方政府管理。一般来说，经济发达地区能够提供较多的经费和吸纳较多的大学毕业生，这些地区高校数量也多，而欠发达地区高校数量相对较少。

（一）普通高校和重点高校分布总体情况

1. 普通高校区域分布

表 3–1 和表 3–2 展示了全国 31 个省、市、自治区普通高校的区域分布情况。

表 3–1　2009 年全国 31 个省、市、自治区普通高等学校分布

地区	高校数		隶属			
			中央部委		地方	
	数量（所）	占全国比例（%）	数量（所）	占该地区高校比例（%）	数量（所）	占该地区高校比例（%）
北京	86	3.73	34	39.53	52	60.47
天津	55	2.39	3	5.45	52	94.55
河北	109	4.73	4	3.67	105	96.33
山西	71	3.08	0	0.00	71	100.00
内蒙古	41	1.78	0	0.00	41	100.00
辽宁	107	4.64	5	4.67	102	95.33
吉林	55	2.39	2	3.64	53	96.36
黑龙江	78	3.38	3	3.85	75	96.15
上海	66	2.86	9	13.64	57	86.36
江苏	148	6.42	10	6.76	138	93.24
浙江	99	4.30	2	2.02	97	97.98
安徽	106	4.60	2	1.89	104	98.11
福建	84	3.64	2	2.38	82	97.62
江西	85	3.69	0	0.00	85	100.00
山东	126	5.47	2	1.59	124	98.41
河南	99	4.30	1	1.01	98	98.99
湖北	120	5.21	8	6.67	112	93.33
湖南	115	4.99	3	2.61	112	97.39
广东	125	5.42	4	3.20	121	96.80

续表

地区	高校数		隶属			
			中央部委		地方	
	数量（所）	占全国比例（%）	数量（所）	占该地区高校比例（%）	数量（所）	占该地区高校比例（%）
广西	68	2.95	0	0.00	68	100.00
海南	17	0.74	0	0.00	17	100.00
重庆	50	2.17	2	4.00	48	96.00
四川	92	3.99	6	6.52	86	93.48
贵州	47	2.04	0	0.00	47	100.00
云南	61	2.65	0	0.00	61	100.00
西藏	6	0.26	0	0.00	6	100.00
陕西	89	3.86	6	6.74	83	93.26
甘肃	39	1.69	2	5.13	37	94.87
青海	9	0.39	0	0.00	9	100.00
宁夏	15	0.65	1	6.67	14	93.33
新疆	37	1.61	0	0.00	37	100.00
合计	**2305**	**100**	**111**	**4.82**	**2194**	**95.18**

数据来源：《中国教育统计年鉴》（2009）。

表 3-2　2014 年全国 31 个省、市、自治区普通高等学校分布

地区	高校数		隶属			
			中央部委		地方	
	数量（所）	占全国比例（%）	数量（所）	占该地区高校比例（%）	数量（所）	占该地区高校比例（%）
北京	91	3.55	37	40.66	54	59.34
天津	55	2.15	3	5.45	52	94.55
河北	118	4.61	4	3.39	114	96.61
山西	79	3.09	0	0.00	79	100.00
内蒙古	53	2.07	0	0.00	53	100.00
辽宁	116	4.53	5	4.31	111	95.69
吉林	58	2.27	2	3.45	56	96.55
黑龙江	81	3.16	3	3.70	78	96.30
上海	67	2.62	10	14.93	57	85.07
江苏	162	6.33	10	6.17	152	93.83
浙江	105	4.10	2	1.90	103	98.10

续表

地区	高校数		隶属			
			中央部委		地方	
	数量（所）	占全国比例（%）	数量（所）	占该地区高校比例（%）	数量（所）	占该地区高校比例（%）
安徽	119	4.65	2	1.68	117	98.32
福建	88	3.44	2	2.27	86	97.73
江西	97	3.79	0	0.00	97	100.00
山东	143	5.59	3	2.10	140	97.90
河南	129	5.04	1	0.78	128	99.22
湖北	126	4.92	8	6.35	118	93.65
湖南	124	4.84	3	2.42	121	97.58
广东	143	5.59	5	3.50	138	96.50
广西	71	2.77	0	0.00	71	100.00
海南	17	0.66	0	0.00	17	100.00
重庆	64	2.50	2	3.13	62	96.88
四川	109	4.26	6	5.50	103	94.50
贵州	59	2.30	0	0.00	59	100.00
云南	69	2.70	1	1.45	68	98.55
西藏	6	0.23	0	0.00	6	100.00
陕西	92	3.59	6	6.52	86	93.48
甘肃	45	1.76	2	4.44	43	95.56
青海	12	0.47	0	0.00	12	100.00
宁夏	18	0.70	1	5.56	17	94.44
新疆	44	1.72	0	0.00	44	100.00
合计	**2560**	**100**	**118**	**4.61**	**2442**	**95.39**

数据来源：《中国教育统计年鉴》（2014）。

从 31 个省、市、自治区的情况看，2009 年，各省、市、自治区高校数量差异显著。首先，高校总数超过 100 所的有河北（109 所）、辽宁（107 所）、江苏（148 所）、安徽（106 所）、山东（126 所）、湖北（120 所）、湖南（115 所）和广东（125 所）8 省，均位于东部、中部地区；西藏地区普通高校最少，仅有 6 所。2015 年，全国普通高校数量比 2009 年增加了 255 所，百所高校大省增加了浙江（105 所）、河南（129 所）、四川（109 所）三省。

2009 年，中央部委院校共有 111 所，仅占全国普通高校的 4.82%，中央部委院校资源严重不足。从区域分布来看，北京的中央部委院校占其高校总数比重最大，达到 39.53%；其次是上海，为 13.64%，但远低于北京水平。山西、内蒙古、江西、广西、海南、贵州、云南、西藏、青海和新疆 10 个省份无一所部属院校。这 10 个省份中，除了海南属于东部地区外，其余均位于中西部地区，其中 7 个省份在西部地区。2015 年，中央部委院校比例进一步下降到 4.61%，北京的中央部委院校比例仍然远远高于其他省份，西部地区多个省份仍然没有部委院校。

东部地区高校占全国高校的近 45%，西部地区最低，占比不到四分之一。东部地区中央部委院校占比远远超过中西部地区和全国平均水平，达到 10% 左右，中部地区最低。可见，东部地区占据了我国大部分高校资源尤其是优质高校资源，西部地区高等教育基础薄弱，中部地区优质高等教育资源相对贫乏。

2. 重点高校区域分布

表 3–3 展示了我国重点高校的区域分布情况。

表 3–3　我国 31 个省、市、自治区“211 工程”学校分布

地区	“211 工程”高校数（所）	占全国比例（%）	2009 年每百万人“211 工程”高校数（所）	2014 年每百万人“211 工程”高校数（所）
北京	23	20.54	1.45	1.08
天津	3	2.68	0.28	0.19
河北	1	0.89	0.01	0.01
辽宁	4	3.57	0.09	0.09
上海	10	8.93	0.55	0.41
江苏	11	9.82	0.15	0.14
浙江	1	0.89	0.02	0.02
福建	2	1.79	0.06	0.05
山东	3	2.68	0.03	0.03
广东	4	3.57	0.04	0.04
海南	1	0.89	0.12	0.11
山西	1	0.89	0.03	0.03
吉林	3	2.68	0.11	0.11
黑龙江	4	3.57	0.10	0.10
安徽	3	2.68	0.05	0.05
江西	1	0.89	0.02	0.02
河南	1	0.89	0.01	0.01
湖北	7	6.25	0.12	0.12
湖南	4	3.57	0.06	0.06
重庆	2	1.79	0.07	0.07
四川	5	4.46	0.06	0.06
贵州	1	0.89	0.03	0.03

续表

地区	"211 工程"高校数（所）	占全国比例（%）	2009 年每百万人"211 工程"高校数（所）	2014 年每百万人"211 工程"高校数（所）
云南	1	0.89	0.02	0.02
西藏	1	0.89	0.36	0.31
陕西	8	7.14	0.21	0.21
甘肃	1	0.89	0.04	0.04
青海	1	0.89	0.18	0.17
宁夏	1	0.89	0.17	0.15
新疆	2	1.79	0.10	0.08
广西	1	0.89	0.02	0.02
内蒙古	1	0.89	0.04	0.04
全国	**112**	**100**	**0.09**	**0.08**

数据来源：根据教育部网站公布的"211 工程"学校名单及《中国统计年鉴》（2010、2015）。

北京占据了全国约五分之一的"211 工程"高校，江苏、上海"211 工程"高校也较多，但除了北京，其余 30 个省、市、自治区该数据都低于 10%。尤其是西部地区，除了四川、重庆、陕西、新疆，其余地区"211 工程"高校占比都低于 1%。这表明我国稀缺的优质高等教育资源在区域间分配不均衡。从东部、中部、西部三大地区看，东部地区拥有我国一半以上的重点高校，每百万人拥有的重点高校约是中部、西部地区的 2 倍。优质高等教育资源的区域失衡极为明显。

（二）高等教育机构资源区域分布的发展演变

前面我们总体描述了高等教育机构在全国不同省、区、市分布的状况。下面以美国为对照，分析中国高等教育机构发展中的区域差异变化。

1. 中国

如图 3-1 和表 3-4。

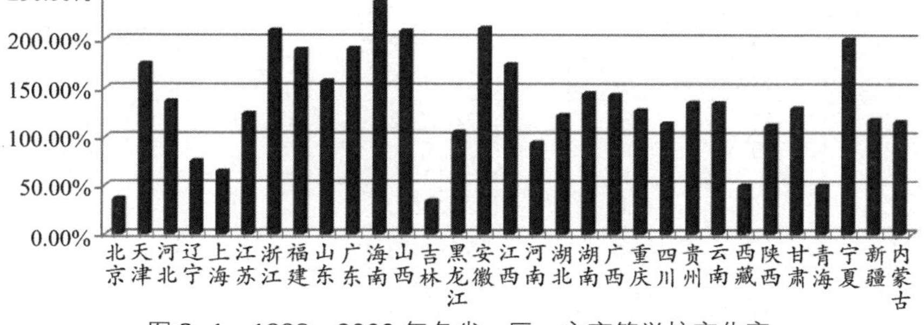

图 3-1　1998—2009 年各省、区、市高等学校变化率

表 3-4　1998 年、2009 年、2014 年全国 31 个省、市、自治区高等学校数变化情况

地区	1998 年（所）	2009 年（所）	1998—2009 年变化率	2014 年（所）	2009—2014 年变化率
北京	63	86	36.51%	91	5.81%
天津	20	55	175.00%	55	0.00%
河北	46	109	136.96%	118	8.26%
辽宁	61	107	75.41%	116	8.41%
上海	40	66	65.00%	67	1.52%
江苏	66	148	124.24%	162	9.46%
浙江	32	99	209.38%	105	6.06%
福建	29	84	189.66%	88	4.76%
山东	49	126	157.14%	143	13.49%
广东	43	125	190.70%	143	14.40%
海南	5	17	240.00%	17	0.00%
东部地区	**454**	**1022**	**125.11%**	**1105**	**8.12%**
广西	28	68	142.86%	71	4.41%
重庆	22	50	127.27%	64	28.00%
四川	43	92	113.95%	109	18.48%
贵州	20	47	135.00%	59	25.53%
云南	26	61	134.62%	69	13.11%
西藏	4	6	50.00%	6	0.00%
陕西	42	89	111.90%	92	3.37%
甘肃	17	39	129.41%	45	15.38%
青海	6	9	50.00%	12	33.33%
宁夏	5	15	200.00%	18	20.00%
新疆	17	37	117.65%	44	18.92%
内蒙古	19	41	115.79%	53	29.27%
西部地区	**249**	**554**	**122.49%**	**642**	**15.88%**
山西	23	71	208.70%	79	11.27%
吉林	41	55	34.15%	58	5.45%
黑龙江	38	78	105.26%	81	3.85%
安徽	34	106	211.76%	119	12.26%
江西	31	85	174.19%	97	14.12%
河南	51	99	94.12%	129	30.30%
湖北	54	120	122.22%	126	5.00%
湖南	47	115	144.68%	124	7.83%
中部地区	**319**	**729**	**128.53%**	**813**	**11.52%**

数据来源：根据《中国教育统计年鉴》（1998、2009、2014）数据计算。

图 3–1 描绘了 2009 年全国高校数相对于 1998 年的变化率。可以看出，全国的高校数呈上升趋势，其中东部地区变化最为明显，海南省的变化率达到了 240%，出现了较为明显的增长，而北京基本上保持平稳。造成这一变化率区别的主要原因是 1998 年海南省高等学校仅有 5 所，基数比较低，因此变化率较大；而北京一直处于全国教育的领头地位，教育和经济相对发达，高校的发展趋于饱和，所以变化率不大。就西部地区而言，宁夏的变化最为明显，其高校的变化率约为青海的 4 倍，充分说明宁夏的高校数在十余年间发生了显著变化，得到大幅度提升。有 10 个省份的发展相对平衡，变化率保持在 100% 左右。

表 3–4 表示了相对于 1998 年、2009 年和 2014 年全国各省区高等学校的增长数和增长率。与前十余年相比，2009 年至 2014 年 5 年间，全国高等学校增长数和增长率相对较低，说明在经过数量上的快速扩张之后，我国高等教育开始迈入数量相对稳定而重视质量提升的阶段。

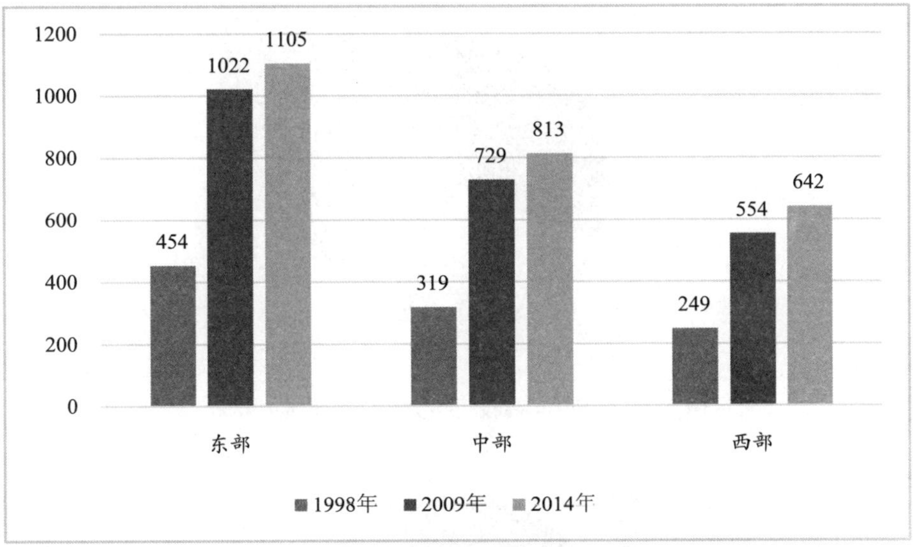

图 3–2　中国三大区域 1998 年、2009 年、2014 年高校机构数变化情况（单位：所）

图 3–2 显示的是东、中、西三大区域 1998—2014 年高校机构数绝对值的变化，其中东部地区从 454 所增加到 1105 所，增长率为 143%；西部地区从 249 所增加到 642 所，增长率为 158%；中部地区从 319 所扩张到 813 所，增长率为 155%。从增长率来看，三大区域增幅差别不大。

1998—2009 年是高校机构数的快速增长时期，中部各省份的差别最大，从吉林的 34% 到安徽的 212%。吉林的变化率较小的主要原因是 2000 年前后，吉林省进行了一轮高校大合并，高等教育规模扩张的同时合并了一些高校，从而使得高校机构数的变化率较小。而安徽省的高校合并比较少，招生规模扩张的同时增设了不少新的高等学校，导致高校绝对数量的增加。

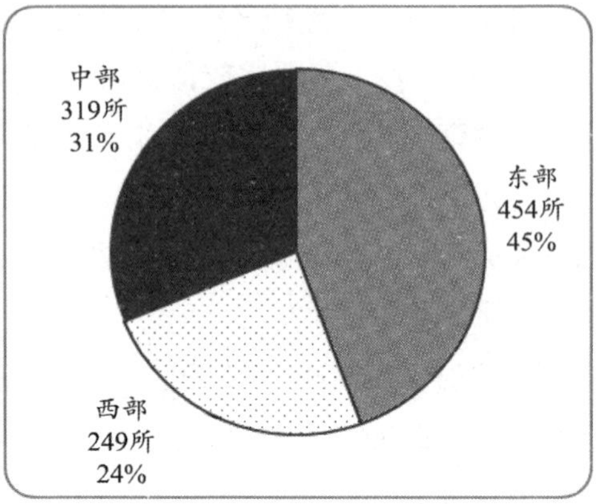

图 3-3 1998 年高校机构数在三大区域的分布

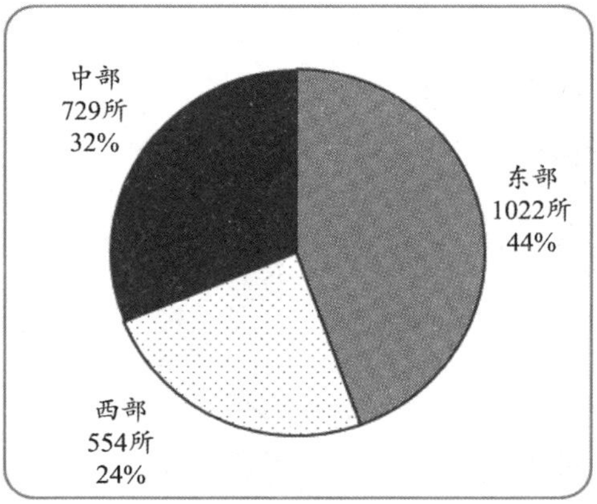

图 3-4 2009 年高校机构数在三大区域的分布

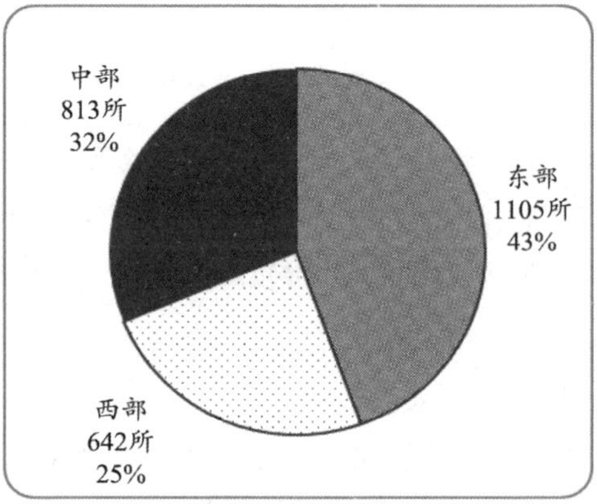

图 3-5 2014 年高校机构数在三大区域的分布

从图 3–3、图 3–4、图 3–5 可以看出，东部地区高校较多，这里同时也是经济相对发达地区，而西部 12 个省份 2009 年高校机构数只占全国的 24%。这说明地区经济的发展不平衡会导致高等教育发展的不平衡，要促进高等教育实现均衡化发展，首先要将地区间的经济差距缩小。

2. 美国

表 3–5 以及图 3–6、图 3–7、图 3–8、图 3–9 显示了美国高等教育机构数的变化情况。

从 1999 年到 2008 年十年间，美国四大区域高等教育机构数呈整体增长趋势，特别是南部地区增速最快，达到 13.36%，比最慢的东北部地区（0.22%）快了 13.14%，处于两者之间的中西部和西部增幅接近，分别为 8.76% 和 8.74%。但美国高等教育机构数增长最快的南部地区也出现了个别负增长的区域，如哥伦比亚特区（–5.88%）、马里兰州（–3.39%）、亚拉巴马州（–7.69%）、密西西比州（–13.04%）。可见，美国高等教育机构在蓬勃发展后正经历优胜劣汰的过程，一些质量较差的机构正逐渐退出市场。美国高等教育发展较快的地区，有西弗吉尼亚州、佐治亚州和佛罗里达州，增长率分别为 33.33%、31.07%、27.89%。还有两个没有发生变化的州，分别是特拉华州和路易斯安那州。

1999 年到 2008 年，美国高等教育机构数增长最慢的东北部地区，增长率仅为 0.223%。从东北部地区内部看，增长较快的是康涅狄格州、新泽西州和罗得岛州，增幅依次为 12.195%、8.621% 和 8.333%。东北部地区也有高等教育机构数减少的州，分别是缅因州、纽约州和马萨诸塞州，分别减少了 11.77%、4.06% 和 3.88%。

美国高等教育发展相对较快的中西部地区也有高等教育机构负增长的州，如密歇根州（–5.36%）、明尼苏达州（–1.72%）和南达科他州（–4.00%）。增长较快的是俄亥俄州和密苏里州，分别增长了 20.81% 和 15.93%。艾奥瓦州和堪萨斯州都增长了 11.86%。在西部地区，也有高等教育机构数负增长的州，分别是蒙大拿州（–17.86%）、爱达荷州（–6.67%）、新墨西哥州（–4.55%）、阿拉斯加州（–12.50%）。有的州增速较快，比如犹他州达到了 80.95%，内华达州也有不俗的增长，为 40.00%。

总体而言，美国的高等教育机构数这十年增长不是特别快，除南部地区有超过 100 个机构的增长，其余三个区增长都没达到 100 个。可见，在我们考察的这十年间，美国高等教育不太关注量的发展，而注重质的飞跃。

在 2008 年到 2016 年近十年间，美国四大区域高等教育机构数与上一个十年相比增速明显下降，且呈现出两极分化的趋势，东北部和中西部地区出现不同程度下降，而南部和西部保持增长。南部地区增速最快，达到 8.92%，西部地区其次，为 6.58%，东北部和中西部分别出现 –0.45% 和 –1.05% 的负增长。在高等教育机构数增长最快的南部和西部地区，也出现了不少负增长的例子，如特拉华州（–10.00%）、佐治亚州（–3.70%）、肯塔基州（–1.37%）、路易斯安那州（–24.71%）、蒙大拿州（–4.35%）、怀俄明州（–9.09%）、犹他州（–5.26%）和夏威夷州（–4.76%）。这说明美国高等教育机构优胜劣汰的程度正在加剧，地区经济发展状况的变化也与高等教育机构的增减存在关系。

2008 年到 2016 年间，美国东北部地区和中西部地区出现负增长。从东北部地区内部看，增长较快的是新泽西州（14.29%），负增长最为严重的是康涅狄格州（–6.52%）。从中西部地区内部看，增长较快的是堪萨斯州（13.64%），负增长最为严重的是印第安纳州（–21.50%）。

这一时期，高等教育机构基数较大且发展较快的地区有新泽西州（14.29%）、弗吉尼亚州（14.91%）、佛罗里达州（21.81%）、得克萨斯州（24.77%）。这四个州全部位于美国东北部和南部地区。

表 3–5 美国高等教育机构数增长情况

地区	1999 年（所）	2008 年（所）	1999—2008 年增长率	2016 年（所）	2008—2016 年增长率
东北部	**896**	**898**	**0.22%**	**894**	**–0.45%**
缅因	34	30	–11.77%	31	3.33%
佛蒙特	25	25	0.00%	24	–4.00%
新罕布什尔	27	28	3.70%	27	–3.57%
马萨诸塞	129	124	–3.88%	124	0.00%
康涅狄格	41	46	12.20%	43	–6.52%
罗得岛	12	13	8.33%	13	0.00%
纽约	320	307	–4.06%	304	–0.98%
宾夕法尼亚	250	262	4.80%	256	–2.29%
新泽西	58	63	8.62%	72	14.29%
南部	**1295**	**1468**	**13.36%**	**1599**	**8.92%**
哥伦比亚特区	17	16	–5.88%	20	25.00%
马里兰	59	57	–3.39%	58	1.75%
特拉华	10	10	0.00%	9	–10.00%
西弗吉尼亚	33	44	33.33%	44	0.00%

续表

地区	1999 年（所）	2008 年（所）	1999—2008 年增长率	2016 年（所）	2008—2016 年增长率
弗吉尼亚	92	114	23.91%	131	14.91%
北卡罗来纳	120	133	10.83%	150	12.78%
南卡罗来纳	62	69	11.29%	77	11.59%
佐治亚	103	135	31.07%	130	–3.70%
佛罗里达	147	188	27.89%	229	21.81%
肯塔基	67	73	8.96%	72	–1.37%
田纳西	84	105	25.00%	105	0.00%
亚拉巴马	78	72	–7.69%	77	6.94%
密西西比	46	40	–13.04%	41	2.50%
阿肯色	45	50	11.11%	53	6.00%
俄克拉何马	48	59	22.92%	67	13.56%
路易斯安那	85	85	0.00%	64	–24.71%
得克萨斯	199	218	9.55%	272	24.77%
中西部	**1050**	**1142**	**8.76%**	**1130**	**–1.05%**
密歇根	112	106	–5.36%	103	–2.83%
威斯康星	66	75	13.64%	84	12.00%
俄亥俄	173	209	20.81%	208	–0.48%
印第安纳	94	107	13.83%	84	–21.50%
伊利诺伊	175	180	2.86%	185	2.78%
明尼苏达	116	114	–1.72%	115	0.88%
北达科他	21	22	4.76%	20	–9.09%
南达科他	25	24	–4.00%	25	4.17%
艾奥瓦	59	66	11.86%	64	–3.03%
内布拉斯加	37	42	13.51%	42	0.00%
密苏里	113	131	15.93%	125	–4.58%
堪萨斯	59	66	11.86%	75	13.64%
西部	**824**	**896**	**8.74%**	**955**	**6.58%**
蒙大拿	28	23	–17.86%	22	–4.35%
爱达荷	15	14	–6.67%	19	35.71%
怀俄明	9	11	22.22%	10	–9.09%
内华达	15	21	40.00%	26	23.81%
科罗拉多	71	80	12.68%	87	8.75%
犹他	21	38	80.95%	36	–5.26%
新墨西哥	44	42	–4.55%	43	2.38%
亚利桑那	65	75	15.39%	86	14.67%

续表

地区	1999 年（所）	2008 年（所）	1999—2008 年增长率	2016 年（所）	2008—2016 年增长率
华盛顿	71	78	9.86%	86	10.26%
俄勒冈	54	60	11.11%	63	5.00%
加利福尼亚	403	426	5.71%	448	5.16%
夏威夷	20	21	5.00%	20	-4.76%
阿拉斯加	8	7	-12.50%	9	28.57%
全美总和	**4065**	**4404**	**8.34%**	**4583**	**4.06%**

数据来源：美国教育部教育统计中心网站。

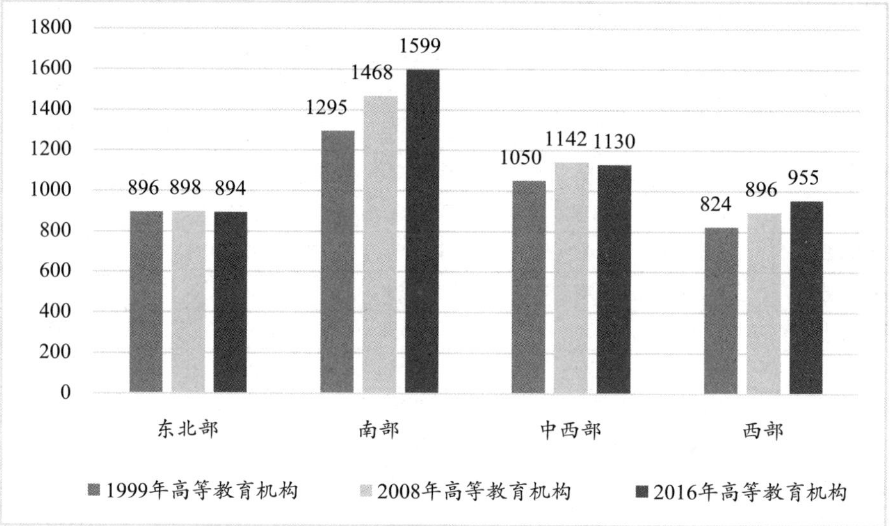

图 3-6　1999 年、2008 年、2016 年美国四大区域高等教育机构数（单位：所）

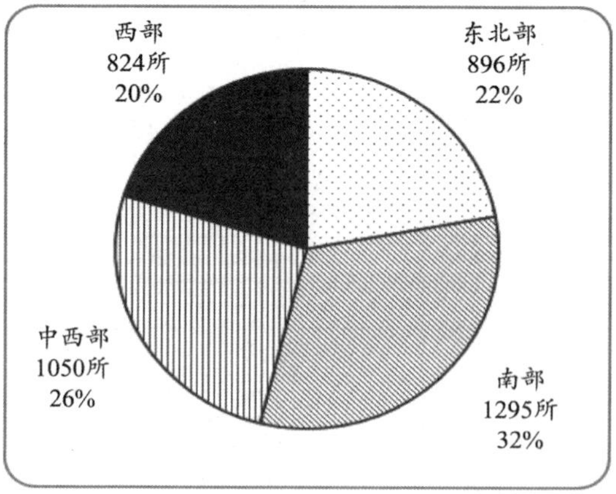

图 3-7　1999 年美国四大区域高等教育机构所占比例

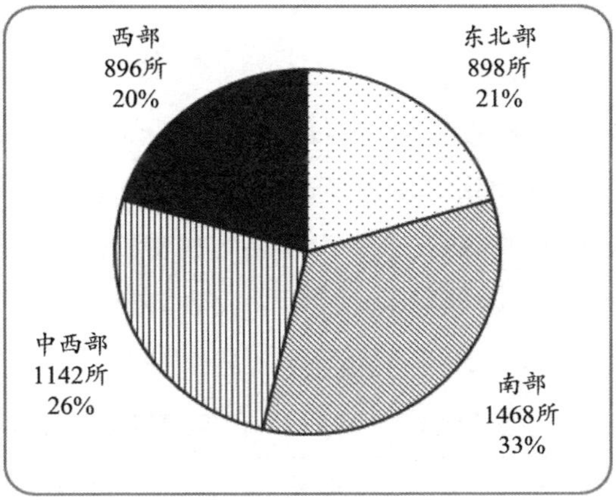

图 3-8　2008 年美国四大区域高等教育机构数所占比例

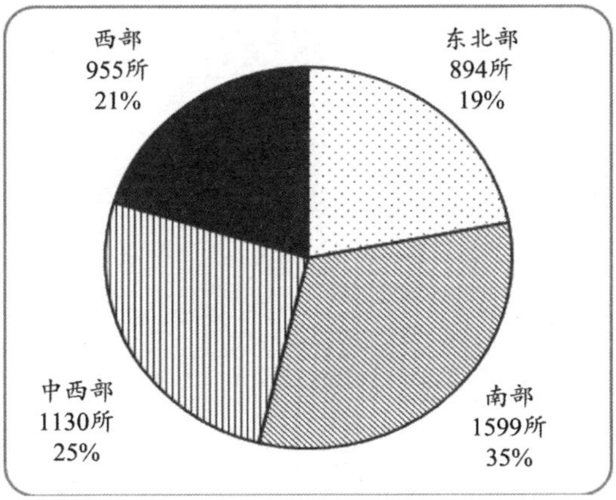

图 3-9　2016 年美国四大区域高等教育机构数所占比例

（三）高等教育资源区域分布差异性和集中度

差异性和集中度是衡量不同省区高等教育资源分布的两个方面。其中，差异性用标准差、变异系数、基尼系数和泰尔指数来衡量。集中度用来描绘资源的集中分布程度，用集中指数、阿鲁瓦指数和库涅兹指数来度量。在地域单元上，我们选择省际差距来研究，以省际行政区划为依据，将全国以省、市、自治区为单位划分为不同区域。在数据选择上，我们选取了 1998—2015 年的分省区（分州）的数据。对不同类型的高等教育资源运用相同的统计量进行比较，以全面、客观、发展地反映中国高等教育资源的区域分布特点。

1. 分布差异性

（1）中国 2008 年分省区高等学校分布

2008 年，我国高等学校数呈现出西部少、东部和中部多的局面。高校较为集中的两个中心，一是位于东部沿海的江苏、山东、浙江省，二是位于中部的湖北、湖南等省份。位于这两个中心的几个省份，高等教育机构数都达到 87—120 所。而地域广阔的新疆、青海、甘肃等省区，高等学校数量较少。

（2）中国分省区 1998—2015 年高等学校数差异度

表 3-6　中国分省区 1998—2015 年高等学校数的差异

年份	平均数	极差率	标准差	变异系数
1998	32.97	16.50	17.11	0.52
1999	34.55	18.00	18.39	0.53
2000	33.58	17.25	17.48	0.52
2001	39.52	24.33	19.36	0.49
2002	45.03	31.00	22.35	0.50
2003	50.07	23.50	23.89	0.48
2004	55.84	28.00	27.27	0.49
2005	57.81	28.50	28.22	0.49
2006	60.23	19.33	28.92	0.48
2007	61.58	19.67	29.70	0.48
2008	62.10	20.00	30.16	0.49
2009	74.35	27.00	33.23	0.45
2010	76.06	26.50	31.82	0.42
2011	77.71	26.00	33.94	0.44
2012	78.77	25.50	39.65	0.50
2013	80.35	25.17	39.24	0.49
2014	81.58	25.00	35.36	0.43
2015	82.58	24.67	34.65	0.42

表 3-6 描述了分省区高等学校数的平均数、极差率、标准差和变异系数。从平均数来看，1998—2015 年，高校数在逐年增加。与此同时，数量最多的省份和最少省份间的差距呈现先增大后减少再增大的局面，极差率从 1998 年的 16.50 上升到 2002 年的 31.00，然后下降到 2015 年的 24.67。从分省区教育机构数的标准差和变异系数可以看出，1998 年到 2015 年，标准差一直呈上升趋势，而变异系数则稍有下降。教育机构数的标准差从 1998 年的 17.11 上升到 2015 年的 34.65，而变异系数从 1998 年的 0.52 下降到 2015 年的 0.42。标准差的上升表明各个省份间教育

机构数的离散程度正逐渐增大，而变异系数的稍微下降表明了单位均值上教育机构数的离散程度在逐渐缩小。

（3）美国高等教育机构分布区域差异性

表 3-7　美国分州 2001—2015 年高等教育机构数的差异

年份	平均数	极差率	标准差	变异系数
2001	81.92	46.56	80.08	0.98
2002	82.26	51.63	78.62	0.96
2003	81.63	50.00	77.35	0.95
2004	82.57	49.88	77.77	0.94
2005	83.71	51.00	78.93	0.94
2006	84.49	51.50	79.74	0.94
2007	85.24	59.43	80.38	0.94
2008	86.35	60.86	81.56	0.94
2009	88.04	62.29	84.19	0.96
2010	90.08	64.86	86.65	0.96
2011	92.18	51.11	88.36	0.96
2012	92.57	50.78	88.76	0.96
2013	92.53	42.64	89.46	0.97
2014	90.63	45.80	87.49	0.97
2015	89.76	49.78	86.90	0.97

数据来源：根据 Digest of Education 历年统计数据计算而得。

选取 2001—2015 年的数据，用平均数、极差率、标准差、变异系数四个指标来衡量。从平均数来看，2001—2015 年，美国高等学校数总体趋势是逐年增加，仅 2014 年以后有轻微下降。与此同时，数量最多的州和最少州间的差距呈现上升又下降的趋势。从分州高等学校数的标准差和变异系数可以看出，2001 年到 2015 年，标准差先增后减，而变异系数却是先减后增。分州高等学校数的标准差从 2001 年的 80.08 上升到 2013 年的 89.46，再下降到 2015 年的 86.90。而变异系数先从 2001 年的 0.98 下降到 2004 年的 0.94，再上升到 2015 年的 0.97。标准差和变异系数的上升趋势，表明分州高等教育机构数的离散程度正逐渐增大，和高等学校在校生数在各州分布的差异相比，机构数分布差异性更大。

2. 分布集中度

（1）中国分省区 1998—2015 年高等学校集中度

表 3-8　中国分省区 1998—2015 年高等学校数 CR 值

年份	CR1	CR2	CR4	CR8	排名最后四位的省区
1998	0.0646	0.1262	0.2388	0.4276	青海、宁夏、海南、西藏
1999	0.0672	0.1270	0.2400	0.4351	同上
2000	0.0663	0.1278	0.2354	0.4342	同上
2001	0.0596	0.1135	0.2188	0.4204	同上
2002	0.0666	0.1203	0.2264	0.4162	同上
2003	0.0606	0.1153	0.2184	0.4079	同上
2004	0.0647	0.1207	0.2253	0.4154	同上
2005	0.0636	0.1205	0.2277	0.4146	同上
2006	0.0621	0.1200	0.2276	0.4103	同上
2007	0.0618	0.1194	0.2284	0.4091	同上
2008	0.0623	0.1216	0.2275	0.4088	同上
2009	0.0642	0.1189	0.2252	0.4148	同上
2010	0.0636	0.1196	0.2260	0.4169	同上
2011	0.0627	0.1200	0.2262	0.4176	同上
2012	0.0627	0.1188	0.2244	0.4152	同上
2013	0.0626	0.1184	0.2232	0.4167	同上
2014	0.0629	0.1186	0.2234	0.4156	同上
2015	0.0633	0.1191	0.2242	0.4145	同上

表 3–8 描述了分省区高等学校数的集中度。CR 值反映了集中度，CR 指数越高，说明集中度越高。我们选取了 1998—2015 年的数据，用 CR1、CR2、CR4、CR8 四个指标来衡量。CR1 是指高等教育机构数最多的省区占全国所有高等教育机构数的比例。相应的，CR2 是指高等教育机构数排名前两位的省区占全国所有高等教育机构数的比例，依此类推。从 CR1、CR2、CR4 和 CR8 的数据来看，分别从 1998 年 0.0646，0.1262、0.2388、0.4276 下降到 2015 年的 0.0633、0.1191、0.2242、0.4145，但是下降的幅度很小。这说明，从整体上看，分省区高等学校数的集中度基本不变。上表同时还列出了机构数排名最后四位的省区，1998—2015 年的 18 年中，青海、宁夏、海南、西藏四个省区始终排在最后。

（2）中国高等学校数排名前八位的省区

表 3-9　中国 1998 年、2002 年、2008 年、2015 年高等学校数排名前八位的省区

排名	1998 年	2002 年	2008 年	2015 年
1	江苏	江苏	江苏	江苏
2	北京	山东	山东	广东
3	辽宁	河北	广东	山东
4	湖北	湖北	湖南	河南
5	河南	广东	安徽	湖北
6	山东	辽宁	湖北	湖南
7	湖南	河南	河北	安徽
8	河北	北京	河南	河北

表 3-9 列出了 1998 年、2002 年、2008 年、2015 年四个年份中，高等学校数排名最前的八个省区。集中度高的省区是江苏、山东、湖北、河南、河北。在高等教育规模扩张的进程中，北京市的高等学校数从 1998 年的排名第二下降到 2002 年的排名第八，2008 年和 2015 年不再属于排名前八的省区。山东和广东省的排名都有所上升，其中广东省的上升幅度最为明显。1998 年，广东省高等教育机构数不在前八之列，2002 年排名第五，2008 年跃升到第三，2015 年已经排到第二。2015 年，经济较为发达的江苏省、广东省、山东省高等学校比较集中。

（3）美国分州 2000—2015 年高等教育机构集中度

表 3-10　美国分州 2000—2015 年高等学校数 CR 值

年份	CR1	CR2	CR4	CR8	排名最后四位的州
2000	0.1003	0.1781	0.2891	0.4435	罗得岛州，特拉华州，阿拉斯加州，怀俄明州
2001	0.0985	0.1721	0.2813	0.4377	同上
2002	0.0961	0.1706	0.2803	0.4343	同上
2003	0.0948	0.1677	0.2788	0.4348	同上
2005	0.0956	0.1677	0.2783	0.4359	同上
2006	0.0956	0.1669	0.2776	0.4372	同上
2007	0.0957	0.1663	0.2761	0.4378	同上
2008	0.0967	0.1664	0.2754	0.4371	同上
2009	0.0971	0.1650	0.2757	0.4401	同上
2010	0.0987	0.1644	0.2761	0.4410	同上
2011	0.0977	0.1621	0.2737	0.4420	同上
2012	0.0967	0.1608	0.2747	0.4437	同上

续表

年份	CR1	CR2	CR4	CR8	排名最后四位的州
2013	0.0993	0.1636	0.2775	0.4448	同上
2014	0.0990	0.1643	0.2775	0.4450	同上
2015	0.0978	0.1641	0.2793	0.4477	同上

数据来源：根据 Digest of Education 历年统计数据计算而得。

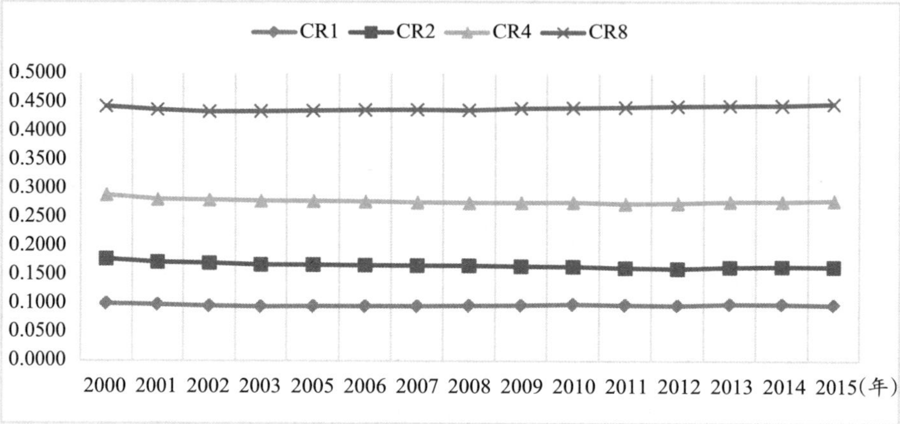

图 3-10 美国各州历年高等学校数 CR 值

就美国分州高等学校数的集中度而言，从 2000—2015 年的 CR1、CR2、CR4 和 CR8 的数据来看，变化不是很明显。这说明，从整体上看，美国分州高等学校数的集中度较为平稳，排名后四位的州，始终是阿拉斯加州、罗得岛州、特拉华州和怀俄明州。

（4）美国高等学校数排名前八位的州名

表 3-11 显示的是 2001 年、2002 年、2009 年和 2015 年美国高等学校数在各州分布的集中度。结果显示，在 15 年中，排名前八的州基本稳定，分别是加利福尼亚州、纽约州、宾夕法尼亚州、得克萨斯州、俄亥俄州、伊利诺伊州、佛罗里达州和佐治亚州。但 2009 年以后，北卡罗来纳州取代佐治亚州进入前八位。说明美国高等学校数在各州分布的集中度基本稳定，但随着高等教育机构的优胜劣汰，高校在各州的集中度也会发生变化。

表 3-11 美国 2001 年、2002 年、2009 年和 2015 年高等学校数排名前八位的州

排名	2001 年	2002 年	2009 年	2015 年
1	加利福尼亚州	加利福尼亚州	加利福尼亚州	加利福尼亚州
2	纽约州	纽约州	纽约州	纽约州
3	宾夕法尼亚州	宾夕法尼亚州	宾夕法尼亚州	得克萨斯州
4	得克萨斯州	得克萨斯州	得克萨斯州	宾夕法尼亚

续表

排名	2001 年	2002 年	2009 年	2015 年
5	伊利诺伊州	伊利诺伊州	俄亥俄州	佛罗里达州
6	俄亥俄州	俄亥俄州	佛罗里达州	俄亥俄州
7	佛罗里达州	佛罗里达州	伊利诺伊州	伊利诺伊州
8	佐治亚州	佐治亚州	佐治亚州	北卡罗来纳州

数据来源：根据 Digest of Education 历年统计数据计算而得。

上述分析表明，经过多年发展，我国基本形成了学科门类齐全、层次分明的高等教育组织资源体系。这一体系的中心仍然是以北京、上海、山东、湖北、陕西、辽宁、江苏为主的主干网络。省域内的高等教育资源分布不均衡性仍然较为突出，特别是重点高校分布不均衡。然而，与美国相比，我国高等教育机构数的变异系数低于美国，而两国高等教育机构区域分布的集中度则较为接近。这表明，高等教育机构分布本身与特定的自然历史条件、地理位置和人口分布有必然联系，高等教育资源区域分布的不均衡性具有必然性。

二、人力资源区域分布现状及特点

人力资源是高等教育资源的重要组成部分。下面主要以在校生数和高校专任教师数两个指标来分析人力资源的区域分布特点。

（一）在校生数的区域分布

1. 普通高校在校生区域分布

表 3-12　2010 年各地区普通高校在校本、专科生所占比例

地区	在校本、专科生总数（人）	本科生（人）	本科生所占比例	专科生（人）	专科生所占比例
北京	587106	467973	79.71%	119133	20.29%
天津	428572	273616	63.84%	154956	36.16%
河北	1075505	552202	51.34%	523303	48.66%
山西	548029	292607	53.39%	255422	46.61%
内蒙古	371388	197649	53.22%	173739	46.78%
辽宁	876411	602201	68.71%	274210	31.29%
吉林	537080	404872	75.38%	132208	24.62%
黑龙江	712804	474038	66.50%	238766	33.50%
上海	515661	354940	68.83%	160721	31.17%

续表

地区	在校本、专科生总数（人）	本科生（人）	本科生所占比例	专科生（人）	专科生所占比例
江苏	1626396	936933	57.61%	689463	42.39%
浙江	881942	522172	59.21%	359770	40.79%
安徽	931377	482387	51.79%	448990	48.21%
福建	643077	365516	56.84%	277561	43.16%
江西	807394	398888	49.40%	408506	50.60%
山东	1593973	807484	50.66%	786489	49.34%
河南	1432139	687181	47.98%	744958	52.02%
湖北	1290243	716184	55.51%	574059	44.49%
湖南	1044310	557232	53.36%	487078	46.64%
广东	1426624	778595	54.58%	648029	45.42%
广西	553563	261369	47.22%	292194	52.78%
海南	150806	80296	53.24%	70510	46.76%
重庆	515330	328741	63.79%	186589	36.21%
四川	1072843	643225	59.96%	429618	40.04%
贵州	323293	184389	57.03%	138904	42.97%
云南	436862	255788	58.55%	181074	41.45%
西藏	31109	19681	63.26%	11428	36.74%
陕西	912362	545712	59.81%	366650	40.19%
甘肃	379512	238412	62.82%	141100	37.18%
青海	44994	28119	62.49%	16875	37.51%
宁夏	80206	51219	63.86%	28987	36.14%
新疆	246959	139354	56.43%	107605	43.57%
合计	**22077870**	**12648975**	**57.29%**	**9428895**	**42.71%**

数据来源：教育部发展规划司提供的数据。

表 3-12 显示出，2010 年，全国本、专科生的比例约为 57∶43，但各地区这一比例呈现较大差异。北京和吉林两省市的本科生比例超过了 75%，遥遥领先于全国其他地区；本科生比例最低的是河南、江西和广西三省区，比例低于 50%；其他地区本科生比例大多位于 50% 至 70% 之间。总体来看，东部发达地区，如黑龙江、天津、辽宁、上海等教育基础较好的省市本科生比例较高，而人口较多或教育基础较薄弱的地区，如河北、陕西、内蒙古、安徽、湖北、湖南、广东等省区的本科生比例较低。

表 3-13　2015 年各地区普通高校在校本、专科生占该地区比例

地区	在校本、专科生总数（人）	本科生（人）	本科生所占比例	专科生（人）	专科生所占比例
北京	603557	505674	83.78%	97883	16.22%

续表

地区	在校本、专科生总数（人）	本科生（人）	本科生所占比例	专科生（人）	专科生所占比例
天津	512854	334106	65.15%	178748	34.85%
河北	1179172	682562	57.88%	496610	42.12%
山西	740245	451952	61.05%	288293	38.95%
内蒙古	420807	239344	56.88%	181463	43.12%
辽宁	1005650	710863	70.69%	294787	29.31%
吉林	632723	471344	74.49%	161379	25.51%
黑龙江	735151	513966	69.91%	221185	30.09%
上海	511623	367233	71.78%	144390	28.22%
江苏	1715749	1032506	60.18%	683243	39.82%
浙江	991149	608378	61.38%	382771	38.62%
安徽	1130748	623547	55.14%	507201	44.86%
福建	758452	491779	64.84%	266673	35.16%
江西	984489	506759	51.47%	477730	48.53%
山东	1900612	975856	51.34%	924756	48.66%
河南	1766869	995493	56.34%	771376	43.66%
湖北	1410567	863760	61.23%	546807	38.77%
湖南	1180643	678314	57.45%	502329	42.55%
广东	1856355	1040784	56.07%	815571	43.93%
广西	751181	387593	51.60%	363588	48.40%
海南	182944	105955	57.92%	76989	42.08%
重庆	716580	443402	61.88%	273178	38.12%
四川	1387889	783639	56.46%	604250	43.54%
贵州	500882	281700	56.24%	219182	43.76%
云南	614569	385948	62.80%	228621	37.20%
西藏	34203	23186	67.79%	11017	32.21%
陕西	1099693	698475	63.52%	401218	36.48%
甘肃	450463	290834	64.56%	159629	35.44%
青海	57460	35436	61.67%	22024	38.33%
宁夏	115007	74582	64.85%	40425	35.15%
新疆	304682	161878	53.13%	142804	46.87%
合计	**26252968**	**15766848**	**60.06%**	**10486120**	**39.94%**

数据来源：《中国教育统计年鉴》（2015）。

与 2010 年相比，2015 年全国本、专科生的数量增长了 400 多万人，本科生比例上升到 60%，各地区本、专科生的数量和本科生比例也相应上升，但人口较多或教育基础较薄弱地区的本科生比例仍然较低。而北京的本科生比例已经超过 80%，在全国各地区中一枝独秀。

2. 区域各类学生占全国比例

表 3-14、表 3-15 展示了各地区各类学生占全国比例的情况。

表 3-14　2010 年各地区普通高校在校本、专科生占全国比例

地区	在校本、专科生总数（人）	本科生（人）	本科生占全国比例	专科生（人）	专科生占全国比例
北京	587106	467973	3.70%	119133	1.26%
天津	428572	273616	2.16%	154956	1.64%
河北	1075505	552202	4.37%	523303	5.55%
山西	548029	292607	2.31%	255422	2.71%
内蒙古	371388	197649	1.56%	173739	1.84%
辽宁	876411	602201	4.76%	274210	2.91%
吉林	537080	404872	3.20%	132208	1.40%
黑龙江	712804	474038	3.75%	238766	2.53%
上海	515661	354940	2.81%	160721	1.70%
江苏	1626396	936933	7.41%	689463	7.31%
浙江	881942	522172	4.13%	359770	3.82%
安徽	931377	482387	3.81%	448990	4.76%
福建	643077	365516	2.89%	277561	2.94%
江西	807394	398888	3.15%	408506	4.33%
山东	1593973	807484	6.38%	786489	8.34%
河南	1432139	687181	5.43%	744958	7.90%
湖北	1290243	716184	5.66%	574059	6.09%
湖南	1044310	557232	4.41%	487078	5.17%
广东	1426624	778595	6.16%	648029	6.87%
广西	553563	261369	2.07%	292194	3.10%
海南	150806	80296	0.63%	70510	0.75%
重庆	515330	328741	2.60%	186589	1.98%
四川	1072843	643225	5.09%	429618	4.56%
贵州	323293	184389	1.46%	138904	1.47%
云南	436862	255788	2.02%	181074	1.92%
西藏	31109	19681	0.16%	11428	0.12%
陕西	912362	545712	4.31%	366650	3.89%
甘肃	379512	238412	1.88%	141100	1.50%
青海	44994	28119	0.22%	16875	0.18%
宁夏	80206	51219	0.40%	28987	0.31%

续表

地区	在校本、专科生总数（人）	本科生（人）	本科生占全国比例	专科生（人）	专科生占全国比例
新疆	246959	139354	1.10%	107605	1.14%
合计	**22077870**	**12648975**	**100.00%**	**9428895**	**100.00%**

数据来源：教育部发展规划司提供的数据。

某地区在校生总数占全国在校生总数的比例，是反映该地区高等教育规模的重要指标之一。如表 3–14 所示，在校本科生占全国比例超过 5% 的区域依次是江苏（7.41%）、山东（6.38%）、广东（6.16%）、湖北（5.66%）、河南（5.43%）和四川（5.09%）。对照同期人口比例，不难发现，这 6 个省既是人口大省，又是教育大省。相比之下，海南、宁夏、青海和西藏在校生总数占比均不到 1%，其中有三个省区位于西部地区。这些地区恶劣的自然环境和相对落后的经济发展水平，在很大程度上决定了这些地区难以大量集聚高素质人才。总体来看，东部地区学生规模最大，西部地区高等教育学生规模较小，仅为东部地区的约二分之一。总体来说，各地本科在校生占全国比例差距较大。就专科生数占全国比例来看，超过 5% 的有河北、江苏、山东、河南、湖北、湖南、广东等省区。

表 3–15　2015 年各地区普通高校在校本、专科生占全国比例

地区	在校本、专科生总数（人）	本科生（人）	本科生占全国比例	专科生（人）	专科生占全国比例
北京	603557	505674	3.21%	97883	0.93%
天津	512854	334106	2.12%	178748	1.70%
河北	1179172	682562	4.33%	496610	4.74%
山西	740245	451952	2.87%	288293	2.75%
内蒙古	420807	239344	1.52%	181463	1.73%
辽宁	1005650	710863	4.51%	294787	2.81%
吉林	632723	471344	2.99%	161379	1.54%
黑龙江	735151	513966	3.26%	221185	2.11%
上海	511623	367233	2.33%	144390	1.38%
江苏	1715749	1032506	6.55%	683243	6.52%
浙江	991149	608378	3.86%	382771	3.65%
安徽	1130748	623547	3.95%	507201	4.84%
福建	758452	491779	3.12%	266673	2.54%
江西	984489	506759	3.21%	477730	4.56%
山东	1900612	975856	6.19%	924756	8.82%
河南	1766869	995493	6.31%	771376	7.36%
湖北	1410567	863760	5.48%	546807	5.21%

续表

地区	在校本、专科生总数（人）	本科生（人）	本科生占全国比例	专科生（人）	专科生占全国比例
湖南	1180643	678314	4.30%	502329	4.79%
广东	1856355	1040784	6.60%	815571	7.78%
广西	751181	387593	2.46%	363588	3.47%
海南	182944	105955	0.67%	76989	0.73%
重庆	716580	443402	2.81%	273178	2.61%
四川	1387889	783639	4.97%	604250	5.76%
贵州	500882	281700	1.79%	219182	2.09%
云南	614569	385948	2.45%	228621	2.18%
西藏	34203	23186	0.15%	11017	0.11%
陕西	1099693	698475	4.43%	401218	3.83%
甘肃	450463	290834	1.84%	159629	1.52%
青海	57460	35436	0.22%	22024	0.21%
宁夏	115007	74582	0.47%	40425	0.39%
新疆	304682	161878	1.03%	142804	1.36%
合计	**26252968**	**15766848**	**100.00%**	**10486120**	**100.00%**

数据来源：《中国教育统计年鉴》（2015）。

2015 年，各地区本、专科生占全国比例变化不大，江苏（6.55%，6.52%）、山东（6.19%，8.82%）、河南（6.31%，7.36%）、广东（6.60%，7.78%）仍然是高等教育规模最大的几个地区，西藏（0.15%，0.11%）、青海（0.22%，0.21%）和宁夏（0.47%，0.39%）仍然是高等教育规模最小的几个地区。相比于 2010 年，本科生规模占全国比例提升最快的是河南省和山西省，专科生规模占全国比例提升最快的是四川省、广东省和贵州省。说明这几个省区的高等教育规模有明显提升。

表 3-16 2010 年各地区在校博士研究生和硕士研究生占全国比例

地区	在校博士、硕士生总数（人）	在校博士生数（人）	在校硕士生数（人）	在校博士生数占全国比例	在校硕士生数占全国比例
北京	196262	48930	147332	20.70%	11.82%
天津	41022	7523	33499	3.18%	2.69%
河北	31363	1950	29413	0.83%	2.36%
山西	23419	1839	21580	0.78%	1.73%
内蒙古	13947	900	13047	0.38%	1.05%
辽宁	79684	11223	68461	4.75%	5.49%
吉林	50187	8176	42011	3.46%	3.37%
黑龙江	53857	9311	44546	3.94%	3.57%
上海	105711	21913	83798	9.27%	6.72%

续表

地区	在校博士、硕士生总数（人）	在校博士生数（人）	在校硕士生数（人）	在校博士生数占全国比例	在校硕士生数占全国比例
江苏	124209	21715	102494	9.19%	8.22%
浙江	47771	8323	39448	3.52%	3.17%
安徽	37936	3911	34025	1.65%	2.73%
福建	30551	4289	26262	1.81%	2.11%
江西	21313	677	20636	0.29%	1.66%
山东	64381	7275	57106	3.08%	4.58%
河南	28812	1130	27682	0.48%	2.22%
湖北	100841	19232	81609	8.14%	6.55%
湖南	56026	9207	46819	3.90%	3.76%
广东	70865	11706	59159	4.95%	4.75%
广西	20823	661	20162	0.28%	1.62%
海南	3002	123	2879	0.05%	0.23%
重庆	43087	5024	38063	2.13%	3.05%
四川	75685	11626	64059	4.92%	5.14%
贵州	11257	244	11013	0.10%	0.88%
云南	24436	1739	22697	0.74%	1.82%
西藏	718	8	710	0.00%	0.06%
陕西	83818	14289	69529	6.05%	5.58%
甘肃	24406	2739	21667	1.16%	1.74%
青海	1893	17	1876	0.01%	0.15%
宁夏	3209	57	3152	0.02%	0.25%
新疆	12189	571	11618	0.24%	0.93%
合计	**1482680**	**236328**	**1246352**	**100.00%**	**100.00%**

数据来源：教育部发展规划司提供的数据。

根据表 3-16 可以看出在校博士研究生和在校硕士研究生具有极大的区域分布集中度。说明人才越高级，其区域集聚性越高。北京地区研究生的比例遥遥领先于其他地区，其中博士研究生在校生数占全国比例高达约 20.70%，也就是说，北京聚集了全国近五分之一的博士研究生。处于第二层级的是上海市、江苏省、湖北省，均超过 8%。处于第三层级的是东北地区的辽宁省（4.75%）、华南地区的广东省（4.95%）、西北地区的陕西省（6.05%）以及西南地区的四川省（4.92%）。整体上，东部地区的研究生比例占全国一半以上，充分说明经济发展状况与高层次人才的集聚具有极强的正相关关系：经济越发达，就越容易吸引高层次人才。而这也容易造成一种经济越贫乏、人才越缺乏，人才越缺乏、经济越贫乏的恶性循环。

表 3-17 2015 年各地区在校博士研究生和硕士研究生占全国比例

地区	在校博士、硕士生总数（人）	在校博士生数（人）	在校硕士生数（人）	在校博士生数占全国比例	在校硕士生数占全国比例
北京	309960	91686	218274	28.07%	13.77%
天津	53002	8691	44311	2.66%	2.80%
河北	40046	2719	37327	0.83%	2.36%
山西	28668	2543	26125	0.78%	1.65%
内蒙古	17962	1292	16670	0.40%	1.05%
辽宁	94387	13748	80639	4.21%	5.09%
吉林	58087	9786	48301	3.00%	3.05%
黑龙江	62044	11872	50172	3.63%	3.17%
上海	138287	28610	109677	8.76%	6.92%
江苏	155560	26896	128664	8.23%	8.12%
浙江	63528	10863	52665	3.33%	3.32%
安徽	50410	5893	44517	1.80%	2.81%
福建	41338	5479	35859	1.68%	2.26%
江西	28868	1127	27741	0.34%	1.75%
山东	77630	8913	68717	2.73%	4.34%
河南	37559	1792	35767	0.55%	2.26%
湖北	117934	22093	95841	6.76%	6.05%
湖南	68870	11633	57237	3.56%	3.61%
广东	89404	14474	74930	4.43%	4.73%
广西	26731	1047	25684	0.32%	1.62%
海南	4519	218	4301	0.07%	0.27%
重庆	50534	5658	44876	1.73%	2.83%
四川	89858	14057	75801	4.30%	4.78%
贵州	15484	496	14988	0.15%	0.95%
云南	32005	2333	29672	0.71%	1.87%
西藏	1476	43	1433	0.01%	0.09%
陕西	101962	17934	84028	5.49%	5.30%
甘肃	29637	3516	26121	1.08%	1.65%
青海	3222	87	3135	0.03%	0.20%
宁夏	4403	138	4265	0.04%	0.27%
新疆	18031	1050	16981	0.32%	1.07%
合计	**1911406**	**326687**	**1584719**	**100.00%**	**100.00%**

数据来源：《中国教育统计年鉴》（2015）。

与 2010 年相比，2015 年全国各地区在校博士、硕士生研究生比例仍然呈现出较大的不平衡性，且不平衡趋势更加严重。短短五年间，北京的在校博士研究生比例从 20.70% 上升到了 28.07%，而其他地区的在校博士研究生占全国比例则普遍呈下降或大致不变的趋势，说明全国顶尖人才培养的地区分布更加不均衡。

（二）专任教师数的区域分布

2011 年 4 月，胡锦涛同志在庆祝清华大学建校一百周年大会上的讲话中指出："要把加强教师队伍建设作为教育事业发展最重要的基础工作来抓……提升教师素质，提高教师地位，改善教师待遇，关心教师健康……努力造就一支师德高尚、业务精湛、结构合理、充满活力的高素质专业化教师队伍。"这段话表明教师在教育事业发展中的重要地位。

表 3-18　2010 年各地区高校专任教师数在全国的分布

地区	专任教师数（人）	专任教师数占全国比例	正高级职称专任教师数（人）	副高级职称专任教师数（人）	高级职称教师总数（人）	高级职称专任教师数占全国比例
北京	59248	4.41%	11869	19663	31532	6.00%
天津	28094	2.09%	3990	9190	13180	2.51%
河北	60769	4.52%	7383	16970	24353	4.63%
山西	36492	2.72%	2635	9387	12022	2.29%
内蒙古	23332	1.74%	1983	7012	8995	1.71%
辽宁	57404	4.27%	7412	17754	25166	4.79%
吉林	33982	2.53%	4861	10463	15324	2.91%
黑龙江	44198	3.29%	6256	13056	19312	3.67%
上海	39170	2.92%	6191	11479	17670	3.36%
江苏	102010	7.59%	10420	29297	39717	7.55%
浙江	50969	3.79%	6219	14831	21050	4.00%
安徽	49298	3.67%	3562	12708	16270	3.09%
福建	37733	2.81%	3571	9683	13254	2.52%
江西	49028	3.65%	4587	13124	17711	3.37%
山东	91413	6.81%	9206	24924	34130	6.49%
河南	77471	5.77%	5830	19737	25567	4.86%
湖北	74685	5.56%	8674	22047	30721	5.84%
湖南	59557	4.43%	6320	16943	23263	4.42%
广东	78569	5.85%	8787	20585	29372	5.59%
广西	31650	2.36%	2736	8077	10813	2.06%
海南	7798	0.58%	729	1680	2409	0.46%

续表

地区	专任教师数（人）	专任教师数占全国比例	正高级职称专任教师数（人）	副高级职称专任教师数（人）	高级职称教师总数（人）	高级职称专任教师数占全国比例
重庆	31070	2.31%	3217	8933	12150	2.31%
四川	64991	4.84%	6311	16872	23183	4.41%
贵州	20351	1.52%	1785	5835	7620	1.45%
云南	26498	1.97%	2729	7391	10120	1.92%
西藏	2195	0.16%	88	535	623	0.12%
陕西	58288	4.34%	6907	15534	22441	4.27%
甘肃	20761	1.55%	1956	5856	7812	1.49%
青海	3731	0.28%	566	1336	1902	0.36%
宁夏	5866	0.44%	761	1681	2442	0.46%
新疆	16506	1.23%	1011	4642	5653	1.08%
合计	**1343127**	**100.00%**	**148552**	**377225**	**525777**	**100.00%**

数据来源：教育部发展规划司提供的数据。

从上表可以看出，各地区专任教师数占全国的比例差异较大，与本、专科在校生数的分布有一定相关性。从各地区比较看，江苏、山东、湖北、广东、河南五省比例较高，而地处偏远的西藏、宁夏、海南、青海均不足1%。另外，我们还统计了各省份高级职称专任教师数占全国的比例，高级职称比例较高的省区基本上专任教师数占全国的比例也较高。

表3-19　2015年各地区高校专任教师数在全国的分布

地区	专任教师数（人）	专任教师数占全国比例	正高级职称专任教师数（人）	副高级职称专任教师数（人）	高级职称教师总数（人）	高级职称教师数占全国比例
北京	68739	4.37%	17915	24699	42614	6.47%
天津	31128	1.98%	4762	10059	14821	2.25%
河北	69397	4.41%	9863	20865	30728	4.66%
山西	40406	2.57%	2838	10476	13314	2.02%
内蒙古	25523	1.62%	2684	7958	10642	1.62%
辽宁	65179	4.14%	9209	20267	29476	4.47%
吉林	39152	2.49%	6089	12407	18496	2.81%
黑龙江	46806	2.98%	7388	15490	22878	3.47%
上海	41570	2.64%	7541	13541	21082	3.20%
江苏	107154	6.81%	14127	36044	50171	7.61%
浙江	59472	3.78%	8463	18310	26773	4.06%
安徽	58113	3.70%	4862	15736	20598	3.13%
福建	44791	2.85%	5068	12511	17579	2.67%

续表

地区	专任教师数（人）	专任教师数占全国比例	正高级职称专任教师数（人）	副高级职称专任教师数（人）	高级职称教师总数（人）	高级职称教师数占全国比例
江西	57271	3.64%	5799	15098	20897	3.17%
山东	104724	6.66%	10559	29824	40383	6.13%
河南	98010	6.23%	8416	25460	33876	5.14%
湖北	83444	5.31%	10901	26572	37473	5.69%
湖南	66615	4.24%	7149	19269	26418	4.01%
广东	98897	6.29%	12267	25824	38091	5.78%
广西	38625	2.46%	4100	10401	14501	2.20%
海南	9028	0.57%	980	2343	3323	0.50%
重庆	39891	2.54%	4450	11409	15859	2.41%
四川	84430	5.37%	8876	22004	30880	4.69%
贵州	30515	1.94%	2930	9500	12430	1.89%
云南	36940	2.35%	3906	10033	13939	2.12%
西藏	2619	0.17%	187	779	966	0.15%
陕西	66506	4.23%	8246	18521	26767	4.06%
甘肃	26132	1.66%	3065	8178	11243	1.71%
青海	4127	0.26%	796	1426	2222	0.34%
宁夏	7987	0.51%	1269	2219	3488	0.53%
新疆	19374	1.23%	1333	5602	6935	1.05%
合计	**1572565**	**100.00%**	**196038**	**462825**	**658863**	**100.00%**

数据来源：《中国教育统计年鉴》（2015）。

与 2010 年相比，2015 年全国高校专任教师总数增加了约 23 万人，高级职称教师总数上升了约 13 万人，但各省份专任教师比例和高级职称教师比例的变化不大。在所有地区中，河南、广东和四川的专任教师总数上升幅度最大，占全国比例也有所提高。从各个地区的增长率来看，贵州、云南和宁夏的专任教师总数分别增长了 149.94%、139.41% 和 136.16%，在全国所有地区中增长速度最快，说明这几个省区的高校专任教师人数增长明显。

（三）工科专任教师的区域分布

表 3-20　2010 年各地区工科专任教师数在全国的分布

地区	工科专任教师数（人）	工科专任教师数占全国比例	正高级职称专任教师数（人）	副高级职称专任教师数（人）	高级职称教师总数（人）	工科高级职称教师数占全国比例
北京	18056	4.95%	3889	6417	10306	6.85%

续表

地区	工科专任教师数（人）	工科专任教师数占全国比例	正高级职称专任教师数(人)	副高级职称专任教师数(人)	高级职称教师总数（人）	工科高级职称教师数占全国比例
天津	9422	2.58%	1234	3239	4473	2.97%
河北	14947	4.10%	1891	4183	6074	4.04%
山西	8451	2.32%	710	2195	2905	1.93%
内蒙古	5673	1.56%	392	1631	2023	1.34%
辽宁	17581	4.82%	2630	5443	8073	5.37%
吉林	8344	2.29%	1254	2659	3913	2.60%
黑龙江	13340	3.66%	2345	4187	6532	4.34%
上海	11414	3.13%	2202	3947	6149	4.09%
江苏	34654	9.50%	3949	10253	14202	9.44%
浙江	13823	3.79%	1755	4352	6107	4.06%
安徽	12093	3.32%	944	3293	4237	2.82%
福建	9360	2.57%	801	2351	3152	2.10%
江西	12987	3.56%	1132	3515	4647	3.09%
山东	24706	6.78%	2528	6913	9441	6.28%
河南	20691	5.67%	1594	5441	7035	4.68%
湖北	21385	5.86%	2768	6707	9475	6.30%
湖南	16566	4.54%	1849	4821	6670	4.43%
广东	18141	4.97%	1884	5071	6955	4.62%
广西	7129	1.96%	526	1892	2418	1.61%
海南	1293	0.35%	122	297	419	0.28%
重庆	8338	2.29%	929	2542	3471	2.31%
四川	17785	4.88%	1938	4660	6598	4.39%
贵州	3714	1.02%	279	985	1264	0.84%
云南	4743	1.30%	472	1297	1769	1.18%
西藏	272	0.07%	6	34	40	0.03%
陕西	19314	5.30%	2845	5614	8459	5.62%
甘肃	5073	1.39%	451	1399	1850	1.23%
青海	726	0.20%	49	215	264	0.18%
宁夏	1307	0.36%	129	359	488	0.32%
新疆	3318	0.91%	133	876	1009	0.67%
合计	**364646**	**100.00%**	**43630**	**106788**	**150418**	**100.00%**

数据来源：教育部发展规划司提供的数据。

工科专任教师担负着工科教育的任务。李冀在《教育管理辞典》里对工科教育做了详细的说明，“工科教育也称工程教育，是以培养各级工程技术人才和管理人才为目标的专业教育”①。工科教师资源丰富程度直接影响区域的经济建设和科技发展等各个方面。表 3–20 分析了我国普通高等学校工科专任教师数在全国分布的情况。总体来看，江苏占有明显的优势。总体专任教师数中，有 9.50% 位于江苏省普通高校；具有高级职务的教师，江苏省占有 9.44%。工科教师资源的集中程度高于总体教师的集中程度。

（四）高校专任教师数发展的区域差异性

1. 中国

表 3–21　1998 年、2008 年、2015 年各地区专任教师数变化情况

地区	1998 年（人）	2008 年（人）	1998—2008 年变化率	2015 年（人）	2008—2015 年变化率
北京	36559	55909	52.93%	68739	22.95%
天津	9496	26121	175.07%	31128	19.17%
河北	16622	55125	231.64%	69397	25.89%
辽宁	23394	53495	128.67%	65179	21.84%
上海	20071	36854	83.62%	41570	12.80%
江苏	28690	96267	235.54%	107154	11.31%
浙江	11816	47795	304.49%	59472	24.43%
福建	8279	33637	306.29%	44791	33.16%
山东	19660	87432	344.72%	104724	19.78%
广东	17053	69223	305.93%	98897	42.87%
海南	1362	6653	388.47%	9028	35.70%
东部地区	**193002**	**568511**	**194.56%**	**702094**	**23.50%**
内蒙古	7258	20946	188.59%	25523	21.85%
广西	8043	27545	242.47%	38625	40.23%
重庆	9498	28398	198.99%	39891	40.47%
四川	17228	59174	243.48%	84430	42.68%
贵州	5929	18037	204.22%	30515	69.18%
云南	8143	23276	185.84%	36940	58.70%
西藏	834	1877	125.06%	2619	39.53%
陕西	19250	53740	179.17%	66506	23.76%
甘肃	6505	18581	185.64%	26132	40.64%
青海	1678	3368	100.72%	4127	22.54%
宁夏	1728	4915	184.43%	7987	62.50%

① 李冀 . 教育管理辞典 [M]. 海口 : 海南人民出版社 ,1989:121.

续表

地区	1998 年（人）	2008 年（人）	1998—2008 年变化率	2015 年（人）	2008—2015 年变化率
新疆	7587	15755	107.66%	19374	22.97%
西部地区	**93681**	**275612**	**194.20%**	**382669**	**38.84%**
山西	8798	34885	296.51%	40406	15.83%
吉林	15531	32539	109.51%	39152	20.32%
黑龙江	15505	41613	168.38%	46806	12.48%
安徽	11573	43624	276.95%	58113	33.21%
江西	9577	47510	396.08%	57271	20.55%
河南	16963	64889	282.53%	98010	51.04%
湖北	26148	70617	170.07%	83444	18.16%
湖南	16475	57651	249.93%	66615	15.55%
中部地区	**120570**	**393328**	**226.22%**	**489817**	**24.53%**

数据来源：根据 1998 年、2008 年的《中国教育事业统计年鉴》和 2015 年的《中国教育统计年鉴》公布的数据计算。

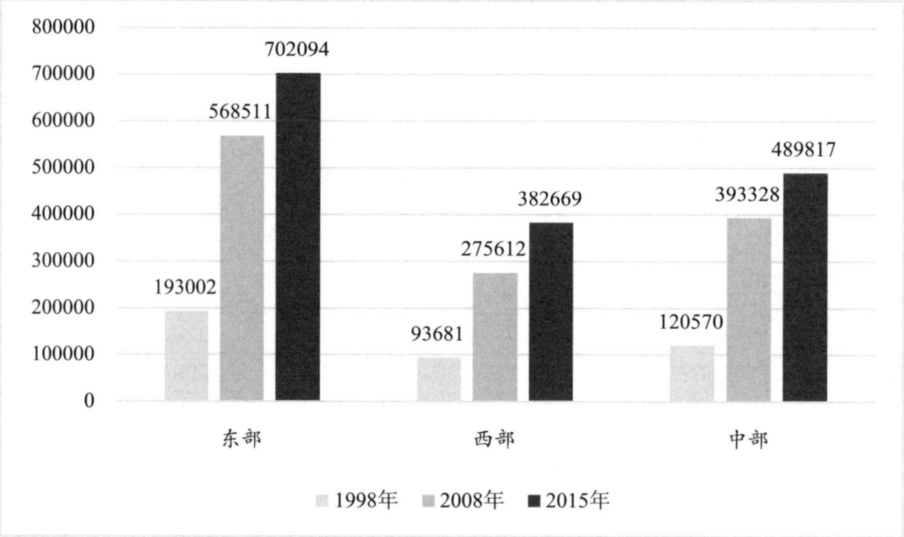

图 3-11　中国三大区域 1998 年、2008 年、2015 年专任教师数（单位：人）

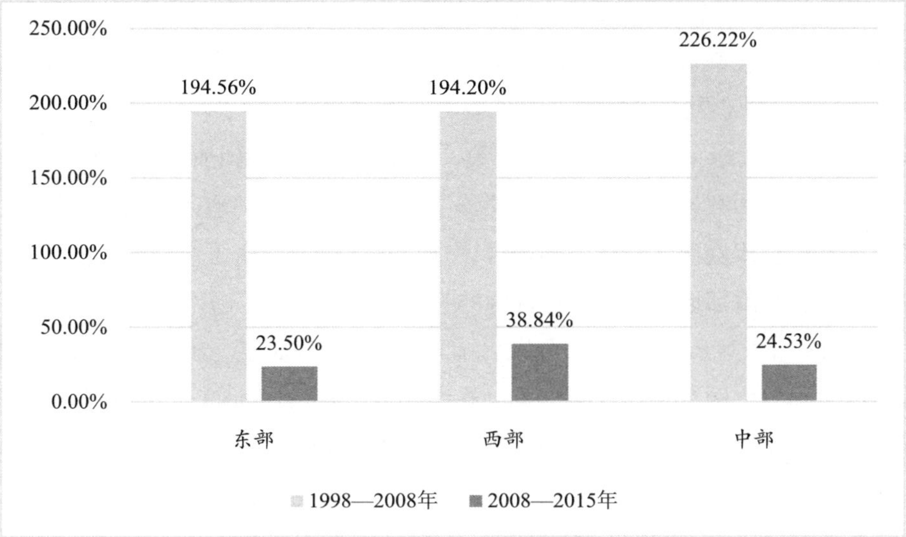

图 3–12　中国三大区域专任教师数相对变化情况

表 3–21 表示全国高校专任教师区域分布情况。从中可以看出，从 1998 年至 2008 年间，专任教师绝对数量增长较快，其中位于前三位的省份是江苏、山东和湖北，江苏省的专任教师数量达到了 9.6 万人。教师数量增加最少的地区是西藏地区，主要是其高校数量和在校生数相对偏少以及地理位置等因素造成的。从 2008 年到 2015 年，专任教师数量增长最快的地区是河南、广东和四川，但增长数量比上一个阶段减少了很多。西藏和青海仍然是教师增加数最少的省区。可以看出，各个省份的高等学校专任教师数都有大幅度的增长，其中变化率最大的是江西省。从整体上看，中部的相对变化率大于东西部地区的相对变化率，这说明已经有越来越多的教师进入中部地区任教。

图 3–11 所示是 1998 年、2008 年、2015 年东部、中部、西部地区高校专任教师的绝对数量。从图中可以看出，1998—2008 年，东部地区高校教师的绝对数量增加了 37.6 万人，西部地区增加了 18.2 万人，中部地区增加了 27.3 万人。可见，全国高校教师的数量在这十年中有显著增长，总共增加了 83.1 万人，平均每年增加 8.3 万人。如此多的新教师进入高等学校教师队伍，这对教师队伍建设提出了挑战。2008—2015 年，全国高校教师数量增长速度显著下降，东部地区增加了 13.4 万人，西部地区增加了 10.7 万人，中部地区增加了 9.6 万人。全国共增加了 33.7 万名专任教师，平均每年增加 4.8 万名。说明这一时期专任教师数量仍然呈现较大幅度增长。

图 3-12 所示为东部、中部、西部地区专任教师的相对变化率。1998—2008 年，东部和西部地区在教师增长比例上基本上处于同类水平，接近 200%。增幅最大的是中部地区，达到了 226%。1998 年高等教育管理体制改革后，中部省份纷纷制定“教育强省”的发展战略，出台人才引进政策，因而师资队伍得到加强。2008—2015 年，各个地区专任教师数量增长的速度都明显下降，东部和中部地区增长速度接近，而西部地区的增长比例明显快于上述地区，这一现象可能是由于西部地区基数较小，且近年来国家对西部地区高等教育资源的投入力度较大。

图 3-13、图 3-14、图 3-15 分别表示 1998 年、2008 年、2015 年东部、中部、西部地区教师的比例情况。从图中可以看出，全国高校教师在三大区域的分布基本持平。1998 年到 2015 年，东部专任教师比例呈现轻微下降，而西部地区的专任教师比例呈现轻微上升，但总体变化很小，处于相对稳定的状态。

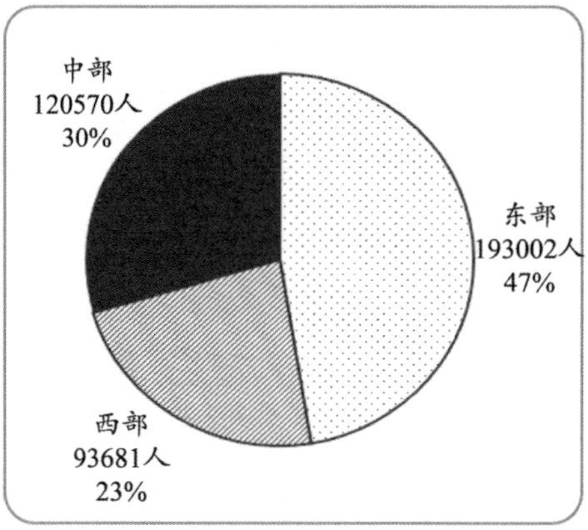

图 3-13 1998 年东部、中部、西部地区教师数所占比例

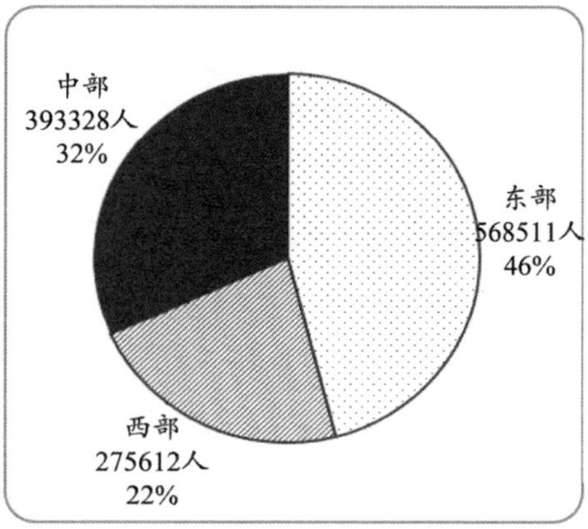

图 3-14 2008 年东部、中部、西部地区教师数所占比例

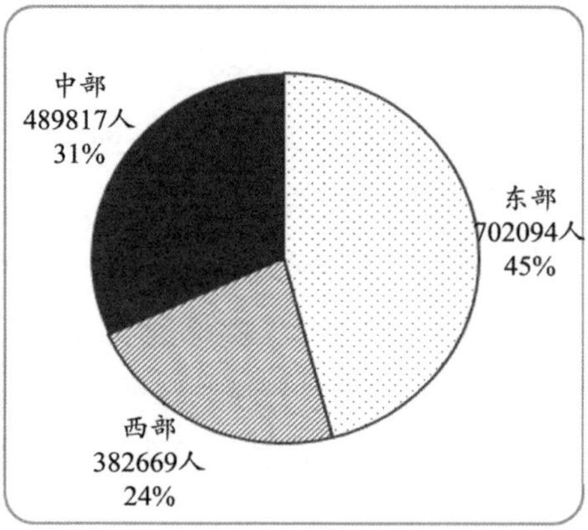

图 3-15 2015 年东部、中部、西部地区教师数所占比例

2. 美国

表 3-22 显示了美国 1997—2009 年、2009—2015 年各州专任教师数和变化率。

从美国 1997—2009 年各州专任教师数的变化来看，各地区专任教师数基本上都处于上升趋势，其中尤以南部地区增速最快，由 1997 年的 227301 人上升到 2009 年的 322459 人，增长了 41.86%，它比增速最慢的中西部地区快了 10.77%，比东北部快 5.53%，比西部快 6.06%。在南部地区又以佛罗里达州、弗吉尼亚州、马里兰州和佐治亚州增长最快，都达到了 50% 以上的速度，分别为 59.51%、53.83%、51.72%、50.29%。在快速增长的南部地区，也有缓慢增长的例子，如哥伦比亚特区仅为 14.40%，路易斯安那州只有 14.75%。因此，在南部地区内部各州高校专任教师数的增长是不均衡的。

表 3-22　1997 年、2009 年、2015 年美国各州高校专任教师数变化情况

地区	1997 年（人）	2009 年（人）	1997—2009 年变化率	2015 年（人）	2009—2015 年变化率
东北部	**157059**	**214114**	**36.33%**	**232973**	**8.81%**
缅因	2696	3547	31.57%	3688	3.97%
佛蒙特	2533	3167	25.03%	3451	8.96%
新罕布什尔	3531	4499	27.41%	5813	29.21%
马萨诸塞	23397	35511	51.78%	41510	16.89%
康涅狄格	9352	13212	41.27%	15344	16.14%
罗得岛	3248	4655	43.32%	5006	7.53%
纽约	57224	77278	35.04%	84341	9.14%
宾夕法尼亚	37903	49916	31.69%	52448	5.07%
新泽西	15178	20320	33.88%	21373	5.18%
南部	**227301**	**322459**	**41.86%**	**355818**	**10.35%**
哥伦比亚特区	6680	7642	14.40%	8114	6.18%
马里兰	14675	22265	51.72%	23840	7.07%
特拉华	2044	2518	23.19%	2820	11.98%
西弗吉尼亚	4557	6181	35.64%	7110	15.02%
弗吉尼亚	15981	24584	53.83%	29244	18.96%
北卡罗来纳	23519	34675	47.43%	38559	11.20%
南卡罗来纳	9422	11847	25.74%	13412	13.21%
佐治亚	17084	25675	50.29%	28723	11.87%
佛罗里达	25262	40295	59.51%	42812	6.25%
肯塔基	9278	13212	42.40%	13478	2.01%
田纳西	13535	18888	39.55%	21079	11.60%

续表

地区	1997 年（人）	2009 年（人）	1997—2009 年变化率	2015 年（人）	2009—2015 年变化率
亚拉巴马	11046	13713	24.14%	14662	6.92%
密西西比	6155	8703	41.40%	9235	6.12%
阿肯色	6146	7825	27.32%	8108	3.62%
俄克拉何马	8331	10272	23.30%	11213	9.16%
路易斯安那	11261	12922	14.75%	12533	-3.01%
得克萨斯	42325	61242	44.69%	70876	15.73%
中西部	**174250**	**228421**	**31.09%**	**237557**	**4.00%**
密歇根	23254	30742	32.20%	32940	7.15%
威斯康星	17643	20182	14.39%	21972	8.87%
俄亥俄	26627	34676	30.23%	34257	-1.21%
印第安纳	14764	21609	46.36%	22828	5.64%
伊利诺伊	34148	42121	23.35%	42457	0.80%
明尼苏达	12492	18378	47.12%	19731	7.36%
北达科他	2415	2947	22.03%	3195	8.40%
南达科他	2042	2709	32.66%	2973	9.76%
艾奥瓦	8918	13816	54.92%	14262	3.23%
内布拉斯加	6097	7534	23.57%	8119	7.76%
密苏里	17576	23242	32.24%	22959	-1.22%
堪萨斯	8274	10465	26.48%	11864	13.37%
西部	**149434**	**202928**	**35.80%**	**227683**	**12.20%**
蒙大拿	2311	2805	21.38%	2884	2.83%
爱达荷	2875	3843	33.67%	4767	24.04%
怀俄明	1608	2114	31.47%	2060	-2.54%
内华达	2844	4042	42.12%	4486	10.99%
科罗拉多	12494	17832	42.72%	20229	13.44%
犹他	5929	9617	62.20%	12486	29.84%
新墨西哥	4976	6468	29.98%	6956	7.55%
亚利桑那	9693	21307	119.82%	20938	-1.73%
华盛顿	16665	17224	3.35%	20517	19.12%
俄勒冈	9616	12652	31.57%	14347	13.40%
加利福尼亚	75245	99117	31.73%	111374	12.37%
夏威夷	3769	4009	6.37%	3677	-8.28%
阿拉斯加	1409	1898	34.71%	2959	55.92%
全美总和	**708044**	**967922**	**36.70%**	**1054030**	**8.90%**

数据来源：美国教育部教育统计中心网站。

这一阶段，美国专任教师净增人数最多的要数加利福尼亚州，由 1997 年的 75245 人增长到 2009 年的 99117 人，净增 23872 人；净增人数最少的要数夏威夷州，从 1997 年的 3769 人增长到 2009 年的 4009 人，只增长了 240 人；阿拉斯加州从 1997 年的 1409 人增长到 2009 年的 1898 人，也只增长了 489 人；另外，特拉华州也只增长了 474 人。

从美国其他几大区的数据来看，各区增长速度较为接近，都达到 30% 以上，分别是东北部地区 36.33%、中西部地区 31.09%、西部地区 35.80%。东北部各区增速都比较接近，增速较快的马萨诸塞州为 51.78%，较慢的佛蒙特州和新罕布什尔州也达到 25.03% 和 27.41% 的增速。

值得一提的是，相比较东北部各州增速比较平均，西部各州之间增幅很不均衡，既有快速增长的亚利桑那州，有 119.82% 的增幅，也有增速较慢的，如华盛顿州和夏威夷州，分别为 3.35% 和 6.37%。从 1997 年到 2009 年，中西部地区增速相对缓慢，平均只有 31.09%，中西部地区增速最快要数艾奥瓦州（54.92%），比较慢的有威斯康星州（14.39%）、北达科他州（22.03%）、伊利诺伊州（23.35%）。

与上一个阶段不同，从 2009 年到 2015 年，美国各地区专任教师数增长大幅下降，与各地区高等教育机构的增长幅度比较类似。

这一阶段，美国各州高校专任教师数平均增速从 1997—2009 年的 36.70% 骤降到 8.90%，各地区的增速也显著下降。西部取代南部成为增速最高的地区，增长率为 12.20%。西部地区中最为抢眼的是阿拉斯加州，增长率为 55.92%，犹他州和爱达荷州也有 29.84% 和 24.04% 的增长率。加利福尼亚州仍然是专任教师净增长数最高的州，增加了 12257 名专任教师。而夏威夷州是全国增长率最低的州，为 –8.28%。说明西部地区各州的增长情况十分不均衡。

南部是美国各州高校专任教师数增长率排第二的地区，区内各州的增长速度基本接近。增长最快的是弗吉尼亚州，为 18.96%；净增长数最高的是得克萨斯州，增加了 9634 名专任教师。

东北部平均增速排第三，但它是唯一一个没有负增长州的地区，且区内的新罕布什尔州有 29.21% 的增速。

中西部地区的增长率最低，仅有 4.00%。区内的俄亥俄州（–1.21%）和密苏里州（–1.22%）都出现负增长。

综上所述，美国高校专任教师的增长速度也与高校机构数增速类似，从一个高速增长的阶段发展到缓慢增长的阶段，甚至在路易斯安那州、俄亥俄州、密苏里州、怀俄明州、亚利桑那州和夏威夷州还出现了不同程度的负增长。高校专任教师的区域分布格局在发生变化。

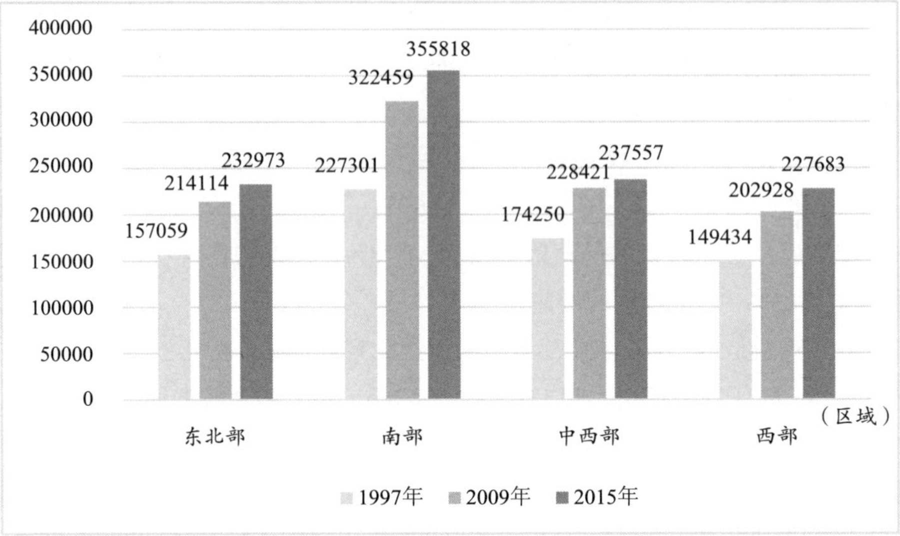

图 3–16　美国高校 1997 年、2009 年、2015 年高校专任教师数（单位：人）

如图 3–17、图 3–18、图 3–19 显示，以 1997 年、2009 年和 2015 年三个时间节点来看，美国各地区高校专任教师比例变化不大，比较明显的是中西部地区下降了 3%，而南部地区上升了 2%，南部地区占据最大比重，但其他各个地区都相差不大，各个地区之间比较均衡、稳定。

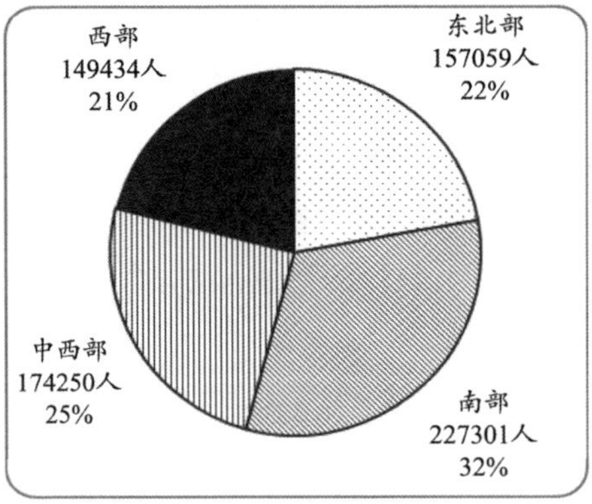

图 3–17　美国 1997 年四大区域高校专任教师数所占比例

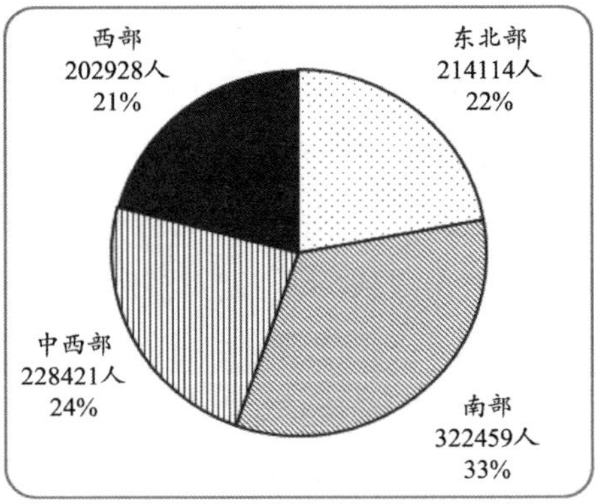

图 3–18　美国 2009 年四大区域高校专任教师数所占比例

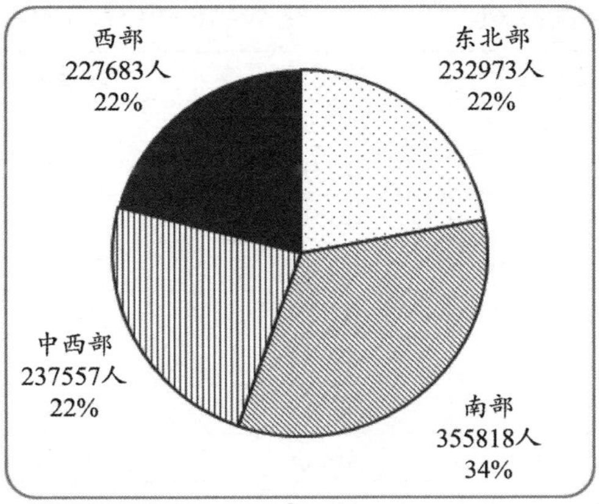

图 3–19　美国 2015 年四大区域高校专任教师数所占比例

（五）高等教育人力资源分布特点

1. 中美高校专任教师数区域分布差异性

（1）中国分省区 2008 年高等学校专任教师数分布情况

由表 3–21 可知，2008 年，高等学校教师数呈现西部少、中东部多的局面。其中，山东、河南、江苏、湖北和广东的高等学校教师数都在 6 万—10 万人，辽宁、北京、河北、安徽、黑龙江、陕西、湖南、四川和浙江的高等学校教师数也在 4 万—6 万人。相比之下，西藏、新疆、青海等地区教师数较少。

（2）中国分省区高校专任教师数差异性

表 3–23 显示的是中国分省区高校专任教师数的差异度，我们选取了 1998 年、2002 年、2006—2015 年的数据，用平均数、极差率、标准差、变异系数四个指标来衡量。从平均数来看，1998—2015 年，高等学校教师数在逐年增加，其中 2002 年到 2010 年期间增长速度较快，2010 年之后增长速度有所下降，但仍然保持每年超过 1 万名专任教师的净增长。与此同时，教师数量最多的省份和最少省份间的差距呈现先上升后下降的趋势，极差率从 1998 年的 43.84 上升到 2008 年的 51.29，然后下降到 2015 年的 40.91。从各省区高等学校教师数的标准差和变异系数可以看出，从 1998 年到 2010 年，标准差一直呈上升趋势，而变异系数却稍有下降。高等学校教师数的标准差从 1998 年的 8277 上升到 2015 年的 29617，而变异系数却从 1998 年的 0.6301 下降到 2015 年的 0.5838。

表 3-23　中国各省区 1998—2015 年高等学校专任教师数差异情况

年份	平均数（人）	极差率	标准差	变异系数
1998	13137	43.84	8277	0.6301
2002	19949	49.94	11590	0.5810
2006	34709	46.84	20345	0.5862
2007	37687	50.47	22336	0.5927
2008	39918	51.29	23702	0.5938
2009	41782	50.74	24671	0.5905
2010	43327	46.47	25434	0.5870
2011	44925	45.43	26670	0.5937
2012	46461	44.75	27495	0.5918
2013	48286	43.80	28388	0.5879
2014	49500	40.20	28829	0.5824
2015	50728	40.91	29617	0.5838

（3）美国高校专任教师数区域分布差异性

表 3-24 显示了美国各州高等学校教师数的差异度，我们选取 1997 年到 2015 年间多个年度的数据，用总和、平均数、极差率、标准差、变异系数等指标来衡量。从总和和平均数来看，美国高等学校教师数在逐年增加。与此同时，教师数量最多的州和最少的州间的差距相对稳定，极差率维持在 50 左右。从分州高等学校教师数的标准差和变异系数可以看出，美国高等学校教师数的标准差一直呈递增趋势，从 1997 年的 14275 上升到 2015 年的 21597，而变异系数相对稳定，说明美国各州之间高校教师数的不均衡呈扩大趋势。

表 3-24　美国各州 1997—2015 年高等学校专任教师数差异情况

年份	总和（人）	平均数（人）	极差率	标准差	变异系数
1997	706047	13844	53	14275	1.03
1999	735657	14425	59	15190	1.05
2001	782441	15342	57	16311	1.06
2003	812115	15924	49	16085	1.01
2005	863106	16924	56	18125	1.07
2007	926338	18163	55	19011	1.05
2009	965913	18939	52	19346	1.02
2011	1016082	19923	50	20464	1.03
2013	1041641	20424	46	20799	1.02
2015	1054030	20667	54	21597	1.04

2. 中美高校专任教师数区域分布集中度

（1）中国分省区高校专任教师数集中度分析

表 3-25 显示了中国分省区高等学校教师数的集中度，我们选取了 1998 年、2002 年、2006—2015 年的数据，用 CR1、CR2、CR4、CR8 四个指标来衡量。从 CR1、CR2、CR4 和 CR8 的数据来看，从 2002 年到 2015 年，CR1 和 CR2 的数值都呈缓慢下降的趋向，而 CR4 和 CR8 也都在一段时间的上升后再次下降，说明分省区高校教师的集中程度有所降低。从排名后四位的省区来看，1998—2015 年，位于最后的始终是宁夏、青海、海南和西藏。四个省区的高校教师数量最少，这与地区人口、经济发展水平、高校数量等有关。

表 3-25　中国分省区高等学校专任教师数 CR 值

年份	CR1	CR2	CR4	CR8	排名最后四位省区
1998	0.0898	0.1602	0.2819	0.4690	宁夏、青海、海南、西藏
2002	0.0715	0.1355	0.2521	0.4516	同上
2006	0.0728	0.1422	0.2596	0.4512	同上
2007	0.0758	0.1459	0.2616	0.4534	同上
2008	0.0778	0.1485	0.2615	0.4535	同上
2009	0.0771	0.1464	0.2600	0.4534	同上
2010	0.0760	0.1440	0.2602	0.4538	同上
2011	0.0746	0.1426	0.2610	0.4551	同上
2012	0.0736	0.1403	0.2607	0.4561	同上
2013	0.0723	0.1383	0.2599	0.4551	同上
2014	0.0681	0.1342	0.2582	0.4545	同上
2015	0.0681	0.1347	0.2599	0.4545	同上

（2）中国高等学校专任教师数排名前八位的省区

从 CR 前八位排名可以看出，高等学校专任教师 1998 年、2002 年、2008 年、2015 年在各省区的集中情况有所变化。扩招初期，北京居首位，2002 年下降到第四位，2008 年下降到第八位。辽宁省也从 1998 年的第四位下降到 2002 年的第五位，2008 年之后就不再在前八名之内。上升的省份有：江苏省，从 1998 年的第二位跃居 2002 年的第一位；山东省，从 1998 年的第六位跃居 2008 年的第二位；广东省，从 1998 年未在八名之列跃居 2015 年的第三位；河南省和四川省的上升幅度也很大。总体来看，新兴经济大省的上升比较快，而传统的经济和教育大省则失去了前几名的位置。

表 3-26　中国高等学校专任教师数排名前八位的省区

排名	1998 年	2002 年	2008 年	2015 年
1	北京	江苏	江苏	江苏
2	江苏	湖北	山东	山东
3	湖北	山东	湖北	广东
4	辽宁	北京	广东	河南
5	上海	辽宁	河南	四川
6	山东	广东	四川	湖北
7	陕西	河南	湖南	河北
8	四川	河北	北京	北京

（3）美国分州高校专任教师数集中度分析

表 3-27　全美分州高等学校专任教师数 CR 值

年份	CR1	CR2	CR4	CR8	排名最后的四个州
1997	0.1066	0.1876	0.3013	0.4564	特拉华州、南达科他州、怀俄明州、阿拉斯加州
1999	0.1111	0.1909	0.3071	0.4705	同上
2001	0.1026	0.1826	0.2977	0.4557	同上
2003	0.1066	0.1876	0.3013	0.4564	同上
2005	0.1100	0.1927	0.3078	0.4644	同上
2009	0.1145	0.1951	0.3082	0.4621	同上
2011	0.1023	0.1801	0.2952	0.4533	同上
2013	0.1003	0.1800	0.2947	0.4514	南达科他州、特拉华州、怀俄明州、蒙大拿州
2015	0.1055	0.1853	0.3021	0.4587	特拉华州、怀俄明州、阿拉斯加州、蒙大拿州

如前所述，CR 值反映了高等学校教师数在美国各州的集中度，我们选取了 1997 年到 2015 年间多个年份的数据，用 CR1、CR2、CR4、CR8 四个指标来衡量。总体来看，不同年份的 CR 值基本上保持稳定。从 CR1 来看，基本为 0.10，CR2 大致保持在 0.19，而 CR4 约为 0.30，CR8 约为 0.45。从排名后四位的州来看，1997 年到 2011 年没有任何变化，一直是特拉华州、南达科他州、怀俄明州和阿拉斯加州。2013 年，蒙大拿州取代阿拉斯加州排名后四名；2015 年，阿拉斯加州又取代南达科他州排名后四名，说明近些年来美国各州高等教育专任教师的分布有所变化。

（4）高等学校专任教师数排名前八位的州在全美的分布集中度

专任教师数排名前八位的州的排名情况基本稳定。在考察的四个年份中，前四位顺序完全一致，分别是加利福尼亚州、纽约州、得克萨斯州、宾夕法尼亚州。另外，伊利诺伊州一直位列五到六名，佛罗里达州则从第七位上升到第五位，俄亥俄州在 2009 年之前位列后几名，但 2015 年之后不在排名中。

表 3-28　美国高等学校专任教师排名前八位的州

排名	1997 年	2003 年	2009 年	2015 年
1	加利福尼亚州	加利福尼亚州	加利福尼亚州	加利福尼亚州
2	纽约州	纽约州	纽约州	纽约州
3	得克萨斯州	得克萨斯州	得克萨斯州	得克萨斯州
4	宾夕法尼亚州	宾夕法尼亚州	宾夕法尼亚州	宾夕法尼亚州
5	伊利诺伊州	伊利诺伊州	伊利诺伊州	佛罗里达州
6	俄亥俄州	佛罗里达州	佛罗里达州	伊利诺伊州
7	佛罗里达州	北卡罗来纳州	马萨诸塞州	马萨诸塞州
8	北卡罗来纳州	俄亥俄州	俄亥俄州	北卡罗来纳州

综上所述，以专任教师数为主要指标的高校人力资源区域分布的特点表明，从差异性来看，中国专任教师区域分布的变异系数（0.5870）小于美国（1.02）。从集中度来看，两国基本相似，分别为 0.4538 和 0.4621。从变化趋势来看，美国高校人力资源规模基本稳定，在各州间的分布数量也趋于稳定，而中国在过去十年中变化较大。高校专任教师数位于全国名次较后的省 / 州具有稳定性，美国分别是特拉华州、南达科他州、怀俄明州、阿拉斯加州和蒙大拿州，中国分别是宁夏、青海、海南和西藏，这些省区专任教师数的落后状况在过去十年中基本未变。可见，专任教师数在空间地理上的分布具有历史沿袭性。有必要采用对口支援、建立跨省区的区域合作组织等措施，要加强对落后地区的人力资源分布的调节。

三、财政资源区域分布现状及特点

本书中,财政资源是指高校得到中央政府或地方政府财政性资助而形成的资源，本文采用生均教育经费支出指标来衡量。

教育经费是为教育提供物质条件的货币表现，是国家各级政府部门对教育的财政性拨款，以及社会各种力量和个人直接用于教育的投入。教育是一项需要巨大资金投入的事业，教育经费是教育事业赖以发展的必要的物质保障。在我国，一直以来，都实行以国家对教育的财政性拨款为主、其他多渠道筹资为辅的教育经费筹措方式。表 3-29 列出了分省区生均教育经费支出数额，并与平均数进行比较，计算距平均值。其中，生均教育经费支出位于第一位的是北京市，为 56995.01 元，高于平均值 31560.57 元。最低值为河南省，生均教育经费仅为 16697.85 元，几乎为北京的四分之一，距离平均值差 8736.59 元，地区差异非常明显。

表 3-29　2014 年 31 个省、市、自治区生均教育经费支出（单位：元）

地区	生均教育经费支出	距平均值
北京	56995.01	31560.57
天津	34731.50	9297.06
河北	18731.26	−6703.18
山西	19268.91	−6165.53
内蒙古	22680.70	−2753.74
辽宁	26582.50	1148.06
吉林	20818.16	−4616.28
黑龙江	23476.22	−1958.22
上海	51269.14	25834.7
江苏	29566.75	4132.31
浙江	31708.56	6274.12
安徽	19106.87	−6327.57
福建	21761.33	−3673.11
江西	17043.17	−8391.27
山东	19376.33	−6058.11
河南	16697.85	−8736.59
湖北	25149.81	−284.63
湖南	20166.49	−5267.95
广东	24224.83	−1209.61
广西	18587.17	−6847.27
海南	22117.28	−3317.16
重庆	25360.39	−74.05
四川	23369.47	−2064.97
贵州	19400.82	−6033.62
云南	18923.34	−6511.1
西藏	36836.72	11402.28
陕西	25826.10	391.66
甘肃	19474.05	−5960.39
青海	22802.98	−2631.46
宁夏	25084.21	−350.23
新疆	21918.29	−3516.15

数据来源：根据《中国教育经费统计年鉴》（2015）公布的数据计算。

（一）普通高校生均经费支出发展变化的区域差异

表 3-30　1998 年、2008 年和 2014 年 31 个省、市、自治区高等教育生均经费支出增长率

地区	1998 年（元）	2008 年（元）	1998—2008 年增长率	2014 年（元）	2008—2014 年增长率
北京	24775	34656	39.88%	58674	69.30%
天津	16181	16869	4.25%	34611	105.17%
河北	9973	11166	11.96%	19195	71.90%
辽宁	12824	16382	27.74%	26724	63.13%
上海	21330	26680	25.08%	52417	96.47%
江苏	16136	17903	10.95%	29995	67.54%
浙江	15561	24781	59.25%	33282	34.30%
福建	12115	15782	30.27%	23660	49.92%
山东	12438	12691	2.03%	19950	57.20%
广东	17791	27755	56.01%	24970	-10.03%
海南	11902	13991	17.55%	22743	62.55%
东部平均	**15548**	**19878**	**27.85%**	**31475**	**58.34%**
内蒙古	8994	9843	9.44%	22742	131.05%
广西	8087	11162	38.02%	19313	73.02%
重庆	9704	15147	56.09%	25422	67.83%
四川	12545	13684	9.08%	23934	74.90%
贵州	7145	9427	31.94%	21295	125.90%
云南	11314	12474	10.25%	20429	63.77%
西藏	16438	23079	40.40%	36837	59.61%
陕西	12634	15975	26.44%	26491	65.83%
甘肃	11291	10985	-2.71%	19828	80.50%
青海	10198	13637	33.37%	24260	77.90%
宁夏	7758	13713	76.76%	25084	82.92%
新疆	9388	10373	10.49%	22316	115.14%
西部平均	**10458**	**13292**	**27.10%**	**23996**	**80.53%**
山西	8400	11041	31.44%	19630	77.79%
吉林	11905	12543	5.36%	21082	68.08%
黑龙江	12253	16981	38.59%	23961	41.10%
安徽	11712	11632	-0.68%	19442	67.15%
江西	7842	10746	37.03%	17393	61.86%
河南	12412	9764	-21.33%	17094	75.07%
湖北	13413	14685	9.48%	25387	72.87%
湖南	11957	11531	-3.56%	20654	79.12%

续表

地区	1998 年（元）	2008 年（元）	1998—2008 年增长率	2014 年（元）	2008—2014 年增长率
中部平均	11237	12365	10.04%	20580	66.44%

数据来源：根据 1998 和 2008 年的《中国教育事业统计年鉴》、2015 年的《中国教育经费统计年鉴》公布的数据计算。

1998—2008 年，从东部、中、西部三大区域生均教育经费支出的变化幅度来看，东部和西部地区的平均增幅都超过 27%，中部变化最小，仅为 10%。河南省、安徽省、湖南省、甘肃省的生均教育经费出现下降。中部地区由于高校招生人数的显著增加，生均教育经费支出增加不如东部和西部明显，这可能与经济发展状况有关。2008—2014 年，相比于上一个阶段，这一时期各省区的生均教育经费支出增长率比较高，增长最快的西部地区达到 80.53%，最慢的东部地区也有 58.34%，说明这一阶段国家和各省区在高等教育中的投入大幅提高。这一阶段全国只有广东省的生均教育经费出现下降，结合上一部分高校机构和专任教师增长的情况来分析，可能与广东省高等教育机构较快增长尤其是在校生数急剧增长有关。

（二）高等教育财政资源区域分布特点

1. 中国各省区 2008 年高等教育生均经费支出分布情况

2008 年，生均教育经费在东部、中部、西部三个地区具有相对平衡性。生均经费超过 1.8 万元的共 5 个省区（北京、浙江、广东、西藏、上海），在 1.1 万至 1.8 万元之间的有 20 个省区（江苏、天津、黑龙江、吉林、辽宁、河北、山西、山东、陕西、宁夏、青海、四川、重庆、湖北、安徽、福建、湖南、广西、海南、云南），在 1.1 万以下的省区有 6 个（内蒙古、新疆、甘肃、河南、贵州、江西）。

2. 全国各省区生均经费支出差异性

表 3–31　全国 31 个省、市、自治区 1998—2014 年高等教育生均经费支出差异性

年份	平均数（元）	极差率	标准差	变异系数
1998	12465	3.47	3871	0.3106
1999	13825	3.42	4337	0.3137
2000	14509	4.89	5186	0.3574
2001	14504	7.33	5247	0.3617
2002	14195	4.46	4970	0.3502
2003	14084	4.06	5504	0.3908
2004	14137	3.78	5358	0.3790
2005	14578	4.51	6791	0.4659

续表

年份	平均数（元）	极差率	标准差	变异系数
2006	14748	4.01	6231	0.4225
2007	14779	4.01	6256	0.4233
2008	15390	3.68	5942	0.3861
2009	16944	4.16	6564	0.3874
2010	17644	3.94	6608	0.3745
2011	20498	4.40	8042	0.3923
2012	24753	4.87	10602	0.4283
2014	26086	3.43	9288	0.3561

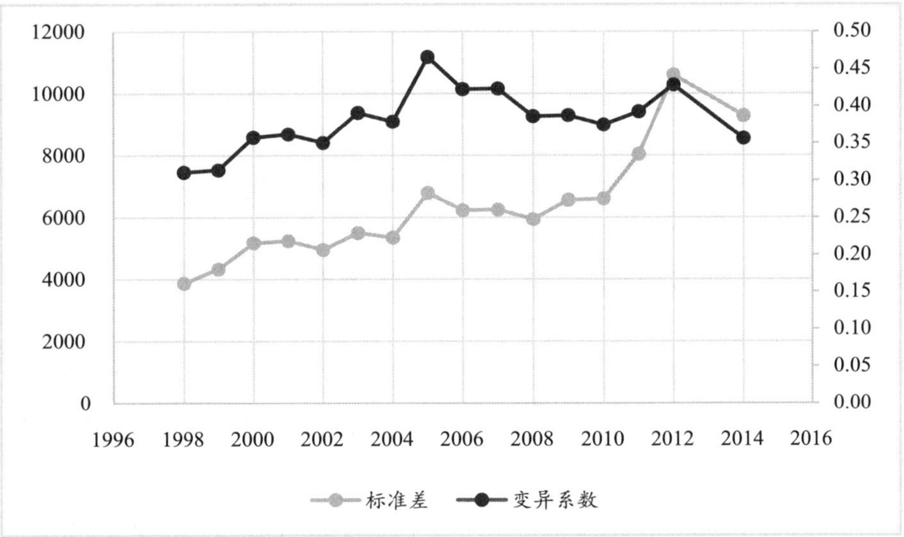

图 3-20　1998—2014 年全国 31 个省、市、自治区高等教育生均经费支出的平均数和变异系数

表 3-31 和图 3-20 显示了分省区高等教育生均经费支出的平均数、极差率、标准差、变异系数四个指标。从平均数来看，1998—2014 年，高等教育生均经费支出总体呈增加趋势，且从 2008 年开始，经费增长速度明显加快。这一时期，数量最多的省份和最少的省份间的差距呈现波浪线的现象。从分省区高等教育生均经费支出的标准差和变异系数可以看出，1998 年到 2014 年，标准差一直呈上升趋势，而变异系数是先增后减。高等教育生均经费支出的标准差从 1998 年的 3871 上升到 2014 年的 9288，而变异系数先从 1998 年的 0.3106 上升到 2005 年的 0.4659，又下降到 2014 年的 0.3561。

3. 高等教育生均经费支出排名前八位的省区

表 3-32　全国高等教育生均经费支出排名前八位的省区

排名	1998 年	2002 年	2008 年	2014 年
1	北京	北京	北京	北京
2	上海	上海	广东	上海
3	广东	广东	上海	西藏
4	西藏	西藏	浙江	天津
5	天津	浙江	西藏	浙江
6	江苏	天津	江苏	江苏
7	浙江	福建	黑龙江	辽宁
8	湖北	重庆	天津	陕西

上述关于生均经费的分析表明，高等教育生均经费的投入基本上集中在经济比较发达的东部省区，如北京、上海、天津、广东、浙江、江苏等。西部地区的西藏自治区由于国家扶持力度较大，生均经费支出也保持在前八名。

四、部分主要城市高等教育资源分布特点

（一）部分主要城市高等教育资源分布特点

这里主要列举北京、上海、西安、杭州、南京、武汉和广州 7 个城市 2016 年的情况，见表 3-33 及图 3-21 至图 3-24。

表 3-33　2016 年部分主要城市间高等教育资源分配及与地区人均 GDP 的对比

地区	普通高校数（所）	专任教师数（人）	普通高等学校学生数（人）	人均 GDP（元）
北京	90	65230	593448	106497
上海	67	41570	511623	103796
西安	63（陕西 91）	47768 （陕西 64087）	848958 （陕西 1155434）	66938
杭州	39（浙江 93）	28868 （浙江 56871）	475558 （浙江 1027164）	112230
南京	44（江苏 137）	47979 （江苏 107154）	812619 （江苏 1871309）	118171
武汉	82（湖北 142）	57205 （湖北 81414）	956789 （湖北 1417890）	104132
广州	81（广东 144）	59088 （广东 95325）	1043221 （广东 1813813）	136188

数据来源：《中国城市统计年鉴》（2017）。

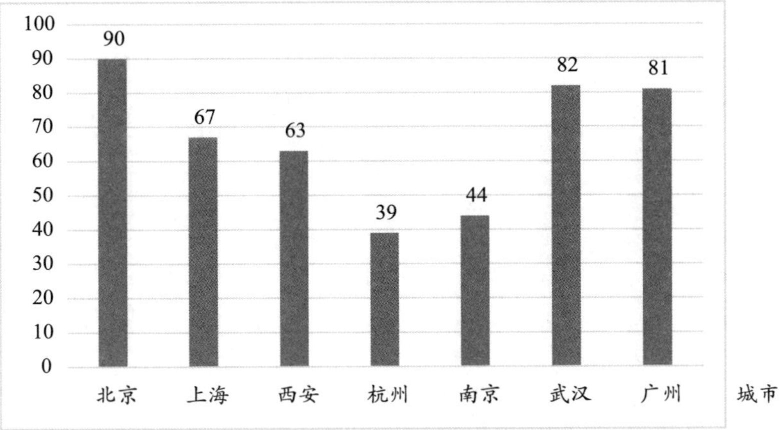

图3-21 2016年七城市高校数量比较（单位：所）

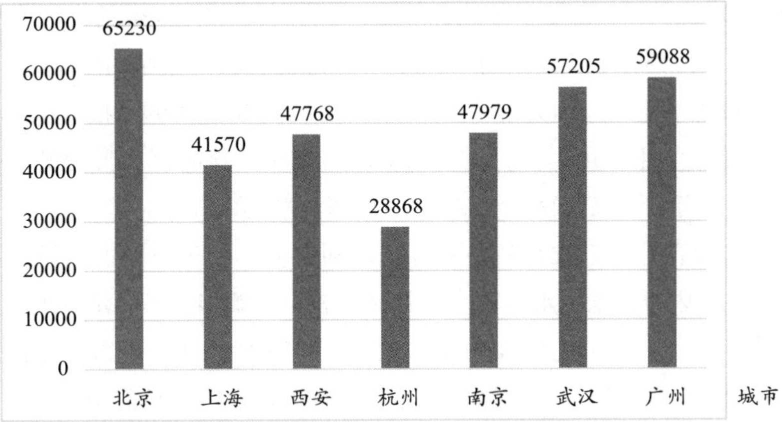

图3-22 2016年七城市普通高校专任教师数量比较（单位：人）

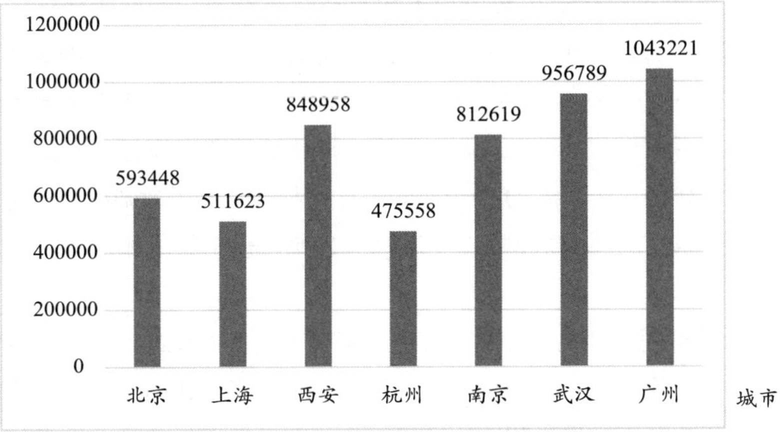

图3-23 2016年七城市普通高校在校学生数量比较（单位：人）

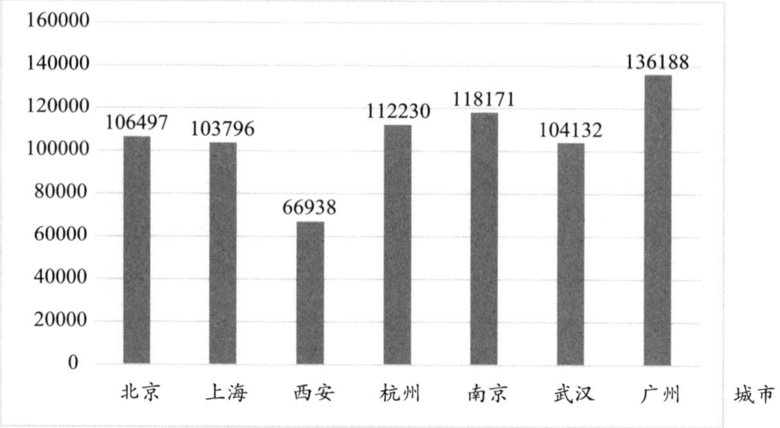

图 3–24　2016 年七城市人均 GDP 比较（单位：元）

从省会城市看，西安集中了陕西 69.23% 的高校、74.54% 的高校专任教师、73.48% 的高校大学生，武汉集中了湖北 57.75% 的高校、70.26% 的高校专任教师、67.48% 的高校大学生，广州集中了广东 56.25% 的高校、61.99% 的高校专任教师、57.52% 的高校大学生。可以说，这些省会城市集中了该省区大部分甚至是绝大部分的高等教育资源，尤其是西安和武汉，集中程度很高。

从城市之间看，北京在高校数和专任教师数上都处于第一位，但其人均 GDP 仅处于第四，意味着从全国水平而言，其高等教育资源相对于经济发展程度是超前的，资源过于丰富。武汉人均 GDP 倒数第三，但在高校在校生数上却位居第二，在专任教师数上也排名第三，总体来说其高等教育资源也是超前于其经济发展程度的。广州在人均 GDP 上遥遥领先，但高校数排第三，专任教师数居第二。杭州在高校数、专任教师数和在校生数上均不如其他几个城市，均位于最末，但其人均 GDP 却处于第三。也就是说，广州和杭州这两个城市的高等教育资源无法满足其经济发展需求。上海的人均 GDP 列倒数第二，其高校数量、专任教师数和在校学生数的排名与 GDP 排名基本一致，从总体看，其高等教育资源是丰富的，是基本符合其经济发展需要的。西安人均 GDP 最末，在高校数、专任教师数上也排名靠后。南京人均 GDP 排第二，但高校数、专任教师数和在校生数上相对较少，还有提升的空间。

从总体看，不同地区之间存在高等教育资源不均衡的情况，北京、武汉的高等教育资源是比较丰富的，杭州、广州相对缺乏，可以考虑进行高等学校之间、区域间的高等教育资源共享，最大程度提高现有高等教育资源的公平、效率和效益。

（二）同城高等教育资源区域分布分析——以北京为例

从重点学科分布看，2007 年，北京的重点学科数有 216 个，清华大学、北京大学、中国人民大学和中国航空航天大学分别有 37 个、43 个、16 个和 10 个，占重点学科总数的近 50%，尤其是清华大学和北京大学，占到重点学科总数的 37%。2007 年北京共有普通高校 82 所，北京 2.4% 的高校（清华、北大）就占了 37% 的重点学科，北京 4.9% 的高校（清华、北大、北航、人大）就占去了 50% 的重点学科，可见北京内部高等教育资源分布也极不平衡，优质高等教育资源基本集中在清华大学、北京大学等全国名牌高校。

从北京高校两院院士的分布看，据《2008 年中国两院院士调查报告》中的统计数据，在全国高校中，北京大学毕业的两院院士最多，有 131 人，清华大学（含中国协和医科大学）毕业的院士有 118 人，北京大学和清华大学毕业的两院院士人数遥遥领先于其他高校。由于优质高等教育资源基本集中在清华大学、北京大学这些名牌高校，使得这些高校产生的两院院士也最多。2008 年，全国有中国工程院院士 708 名、中国科学院院士 679 名。清华大学有中国科学院院士 35 名、中国工程院院士 32 名；北京大学有中国科学院院士 57 名、中国工程院院士 7 名；北京航空航天大学有中国科学院院士 2 名、中国工程院院士 11 名。这三所大学拥有的两院院士占到全国院士总数的 10.4%。

从高校类型看，北京有很多同类型、同性质的大学。如北京理工大学、北京工业大学、北方工业大学、北京电子科技学院；再比如，中央音乐学院和中国音乐学院、中央戏剧学院和中国戏曲学院。同城高校重复建设严重，势必会产生同城高等教育资源竞争，还可能出现恶性竞争，如学术腐败等，也就无法实现高等教育资源使用的高效率。

从学科建设看，学科建设缺规划，专业设置趋同化。如一所工科院校称，学校除了与其他工科院校相同的专业外，还设了国际经济与贸易、会计学、法学、汉语言文学、英语、播音与主持艺术、美术、经济法、工商管理、电视节目制作和影视表演等专业，看起来似乎是一所综合性大学。然而，当人们知道这所学校的前身时，纷纷对这所学校的某些专业的办学水平表示怀疑。目前北京有多所以工科为特色的学院都声称自己是一所以“工科为主，兼有理、文、管、法、经、教育等多学科”的学校。由于学科、专业的趋同化，高校之间争生源、争师资在所难免，一些学校缺少资金、缺少教师、缺少实验设备、缺少实习基地等，导致毕业生质量下滑。全国大多数高校都有法学、财会、经济管理、计算机、通信工程等专业，高校教育结构趋同化现象不容忽视。

以上种种问题，导致一些地区高等教育资源虽丰富，但存在分配不均、资源竞争激烈、使用效率不高等情况。高等教育资源紧缺与浪费并存，久而久之，逐渐形成了“你有我也有”“你缺我也缺”的局面，一些优质的有价值的教育资源存在缺失，能够参与共享的资源贫乏。目前高校间合作大多是自发组成，在行政、资金等方面无法对成员校进行有效的约束，容易使各校产生短期行为或各取所需，而缺乏长远考虑和合理规划，阻碍了资源共享活动向更高层次发展。

高等教育的主要功能是满足经济建设和社会发展对各类高层次人才的需求，专业设置就是实现这一功能的基本措施。专业设置重复、长线专业过多、专业面偏窄、课程内容陈旧，人才供给不合要求以及结构失衡等是目前北京高校办学中的主要问题，不但分散了高校办学的精力，而且会浪费教育资源。在专业布点上，要减少重复设置，实现资源共享，提高规模效益，改变学校专业设置同构化发展的倾向，以适应未来的发展。

五、小结

本章选用机构资源、人力资源和财政资源等指标，以变异系数来考察高等教育资源的区域分布，结果表明，高等教育资源区域间存在一定差异，且呈扩大趋势。当考虑相对于人口数的高校在校生数分布，区域分布的均衡度有所提高。就人口数与高等教育分布作用来看，两者似乎是互为因果的。人口密集的地方，往往高校较多。

另外，学生毕业后往往选择经济较发达地区或就读城市工作，人们通过教育获得流动的机会，从而促进某些地区人口数增加。人口数的上升反过来又会推动高校招生扩张。而高等教育布局较少的省区的居住人口数是否会逐年减少，值得关注，尤其是高等教育扩张对人口分布及其变化的影响，需要进一步研究。高等教育资源在省内和同一城市内的分布不均衡性比省区间的更为严重，这在对北京市的分析中可见一斑。

4

高等教育机会分布的区域差异研究

第4章

高等教育机会分布的区域差异研究

高等教育的关键在于人，因此高等教育的发展水平在一定程度上取决于教育主体的质量，而教育主体的选择则受制于高等教育机会与相应的教育资源的配置。高等教育机会的平等，尤其是入学机会的平等，是社会公平价值在教育领域的延伸和体现，也是实现教育现代化的基本价值。改革开放以来的经济发展以及多年的高校扩招，使得中国高等教育的入学机会大幅度增加，然而，我国人口众多、地域广阔，各地区经济文化发展极不平衡，目前的高等教育入学机会仍存在显著的区域差异。本章旨在探索我国高等教育入学机会在总量与结构上的区域差异，并对区域差异的影响因素进行理论分析，以期对高等教育资源的优化配置提供理论参考。

一、高等教育机会

（一）高等教育机会的内涵

高等教育机会是一种重要的资源，影响的是个人的生活机遇。世界银行在《2006年发展报告：公平与效率》中提出两个基本原则：公平的机会和避免绝对的剥夺。就高等教育机会而言，高等教育机会均等是指个体能否接受高等教育、接受何种质量的高等教育与其出生背景无关，而只与学术能力和个人意愿有关。

它包含两个方面的含义：首先是高等教育入学机会，其次是享受各种教育资源并取得学业成就的机会。入学机会是基础，接受教育过程和取得学业成就的机会建立在入学基础之上。

高等教育入学机会涉及两个问题：其一，是否有接受高等教育的机会；其二，具有接受什么样的高等教育的机会，即“量和质的概念”。根据高等教育入学机会的“量和质的概念”，可以将高等教育入学机会分为机会总量和机会结构两个方面。

所谓机会总量，就是指适龄人口有多大机会能接受高等教育，它反映了高等教育的普及程度。机会总量的区域差异反映了不同区域适龄人口接受高等教育的机会差异，它是高等教育普及程度的一个衡量指标。

机会结构指接受高等教育的人接受不同类型、不同层次高等教育的机会。机会结构的区域差异实际上是区域教育资源差异的一个表现形式。入学时进入不同高校导致的这种教育资源差异会表现为接受教育过程和取得学业成就的机会差异。

（二）高等教育机会平等的含义

新平等主义理论更加重视机会平等，他们认为机会平等与结果平等相比更加具有可持续性、公正性和可行性。新平等主义特别突出了结构性因素，如经济结构、就业结构等对不平等的影响，以及消除这些结构性因素影响的途径。

美国著名教育社会学家、加利福尼亚大学伯克利分校公共政策研究生院教授马丁·特罗（Martin Trow），在其高等教育发展阶段划分理论中提出：当一个国家大学适龄青年中接受高等教育者的比例在 15% 以下时，属于精英（elite，也译为英才）高等教育阶段，15%—30% 为大众化（mass）高等教育阶段，50% 以上为普及化（universal）高等教育阶段。特罗还发现，高等教育入学机会的增加与人们接受高等教育的观念密切相关。在高等教育发展的不同阶段，人们对高等教育入学机会的认识不同。当入学人数极为有限时，接受高等教育普遍被认为是出身好或天赋高或者两者兼备的人的特权；当入学率达到适龄人口的 15% 时，人们开始逐渐把接受高等教育看作是实现特定需求的一种权利，意识到高等教育与人们的生活水平紧密相连，送子女入学逐渐成为生活的需要而不是上层社会和能力较强的少数人的特权；当入学率达到总人口的 50% 时，接受高等教育越来越被看成是一种义务。这种从特权到权利的入学观念的转变是随着选拔原则和过程的变化而变化的。精英高等教育阶段的入学机会是以出身和地位为依据，在资产阶级民主化运动和平等主义价值观的影响下，被特定的考试成绩和在中学表现出来的“英才成就”所代替；在大众化高等教育阶段，“英才标准”虽然仍为人们所普遍接受，但是教育机会均等的观念冲淡了其影响，人们试图通过各种补偿措施来减少处境不利的社会群体和阶层的入学机会的“不平等”；在普及化高等教育阶段，教育机构向所有希望入学的人开放，其标准主要是个人是否愿意进入大学，接受高等教育的目的是实现成就平等而不是个体机会的平等。

美国著名教育社会学家詹姆斯·科尔曼（James S. Coleman）认为，由于存在差别性校外影响，机会均等只可能是一种接近，永远也不可能完全实现。这样教育机会均等的观念就演变为一种近似的机会均等观念。这种近似性不仅是由教育投入的均等决定的，而且还是由学校的影响与校外的差别性影响的相对强度决定的。换言之，产出的均等不完全由资源投入的均等决定，还由这些资源对学生成就产生的效力决定。这就是现在的教育机会均等观念的立足点。教育机会均等观念从学校资源投入的均等演变为学校教学效果的均等，使学校的责任也发生了转变。学校的责任从公平地增加与分配它的“均等”，转变为增加学生学业成就的均等。

瑞典教育社会学家托尔斯顿·胡森（Torsten Husén）认为，分析教育机会均等这一概念，不仅要界定“平等”，还要界定“机会”。就个体而言，“平等”可以有下述三个含义：①“平等”首先对应的是起点。所谓“平等”，首先是指每个人都有不受任何歧视开始学习生涯的机会，至少是在政府所办的教育中开始其学习生涯的机会。我们至少可以从理论上设想，使所有儿童从出生起都能真正地享有同样的生活条件。②“平等”可以是一个中介性的阶段。换言之，“平等”这一主张还可以适用于如何对待。也就是说，可以考虑各种不同但都以平等为基础的方式对待每一个人——不论其人种和社会出身情况。在这方面，首先要使每个人在法律面前一律平等。此外，也可以制定相应的社会政策，以确保每个人都有收入或者有最低限额的生活补助。还可以建立统一的学前教育系统或学校教育系统，以便不加歧视和没有其他限制地对所有儿童一视同仁。③“平等”可以是一个总目标。教育面前机会平等可以被视为一项目标，或者被看作一组指导原则。在制定和施行教育政策时应列出一些措施，以使教育机会更加平等。

借鉴前人的研究成果，笔者认为高等教育机会平等涉及下列内容：

（1）入学机会平等。即进入高等院校、接受高等教育的机会平等。它不限于机会总量，还包括机会结构，即接受不同类型高等教育的机会平等。考虑到个人的能力、意愿及外部影响，这种平等不是绝对的，而是相对的、近似的平等。

（2）在教育过程中得到平等的对待，平等地享有教学资源、平等自由地取得学业成就的机会。

本章旨在研究我国高等教育入学机会的区域差异，分析产生这种区域差异的原因，并力求在实现高等教育入学机会平等方面做出探索。

（三）高等教育机会在我国的配置方式

在我国，高等教育入学机会的具体表现形式为，分省区制定高等教育招生计划，这一招生计划主要考虑该地区的高等教育资源。高等教育入学机会主要取决于各种高等教育资源的提供和配置，因此，高等教育机会的分布与高等教育资源的分布密切相关。高等教育资源的配置方式决定了高等教育机会的配置方式。

高等教育资源的配置方式，是指与高等教育有关的各种人力、物力、财力等配置的方式、方法。我国高等教育的资源配置模式是以政府为主导的计划模式为主，市场模式为辅。

改革开放以前，我国的计划经济体制对教育资源采用统一计划和分配使用的方式。这种模式强调计划性、整体性和统一性，有利于高等教育资源配置的公平，也有利于高等教育机会的公平。但是这种“一刀切”的计划模式会导致高等教育资源配置效率较低。

随着我国经济体制的转变，高等教育资源的配置模式也发生了转变，引入了市场模式，高等教育资源向能够产生最大利益的地方流动，达到教育资源的充分利用和价值的最大限度发挥。但市场模式导致高等教育资源配置地区差异扩大，进而使得高等教育机会的区域差异扩大。

因此，高等教育不能单纯依靠政府或者市场来进行资源配置，教育作为公共事业还是需要在政府的主导下引入市场机制，使得高等教育资源得到公平有效的配置，进而使高等教育机会在区域间合理分布。

二、高等教育入学机会总量的区域差异

（一）高等教育入学机会总量的变化

改革开放以来，中国高等教育的入学机会大体上呈现不断增加的趋势，尤其是近七八年，中国高等教育迅速扩张，使得人们接受高等教育的机会大幅度增加。从毛入学率来看，从 1990 年的 3.4% 到 2015 年的 40%（如表 4–1、图 4–1 所示），增长了约 10 倍。从 1992 年到 2005 年，每年毛入学率的增长率都超过 6%，2002 年毛入学率便突破了高等教育大众化的下限（15%）。2002 年到 2005 年，以及 2012 和 2013 年六年中，高等教育毛入学率的增长率超过 10%。2015 年，高等教育毛入学率突破了 40% 大关，正向高等教育普及化阶段迈进。从高中升学率来看，从 1990—2015 年总体上呈上升趋势，尤其是 1999 年国家实施高等教育扩招以来，高中升学率跃升至 60% 以上。

表 4-1　我国 1990—2015 年高等教育毛入学率、高中升学率一览表

年份	毛入学率 (%)	高中升学率 (%)	年份	毛入学率 (%)	高中升学率 (%)
1990	3.4	27.3	2003	17	83.4
1991	3.5	28.7	2004	19	82.5
1992	3.9	34.9	2005	21	76.3
1993	5	43.3	2006	22	75.1
1994	6	46.7	2007	23	71.8
1995	7.2	49.9	2008	23.3	72.7
1996	8.3	51	2009	24.2	77.6
1997	9.1	48.6	2010	26.5	83.3
1998	9.8	46.1	2011	26.9	86.5
1999	10.5	63.8	2012	30	87
2000	12.5	73.2	2013	34.5	87.6
2001	13.3	78.8	2014	37.5	90.2
2002	15	83.5	2015	40	92.5

数据来源：教育部网站。

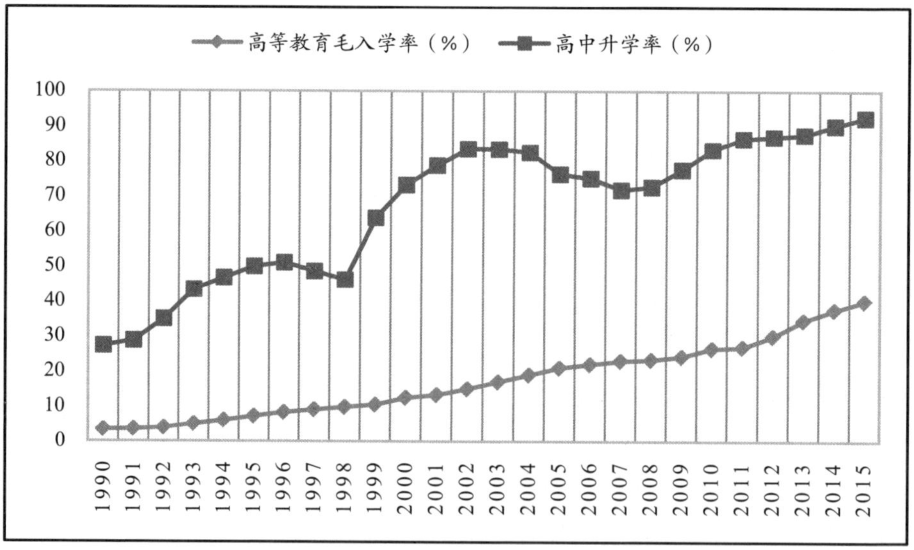

图 4-1　我国 1990—2015 年高等教育毛入学率和高中升学率变化图

我国高等教育机会总量的不断增加与我国的经济发展密不可分。关于经济增长与高等教育毛入学率之间的关系，国外学者早有研究。谭鹏吉和阿兰·明盖特（Alain Mingat）的研究表明：人均国民生产总值（GNP）与高等教育毛入学率存在一定程度的正相关关系；法国学者伯努瓦、未约等人研究后认为，经济增长与高等教育毛入学率之间存在显著的相关关系，但不能得出二者存在因果关系的结论。中国学者也对

经济增长与高等教育毛入学率之间的关系进行了定量研究，并建立了多个模型。研究的共同结论是，一个国家的高等教育发展程度与经济发展水平存在很强的关联。

我国 1990—2015 年人均 GDP 和高等教育毛入学率如表 4–2 所示，从机会总量上来看，随着人均 GDP 的增长，我国的高等教育毛入学率也相应增加，通过计算可以得到人均 GDP 与毛入学率的相关系数为 0.963，毛入学率与人均 GDP 高度相关。这表明我国经济的发展促使了高等教育入学机会总量的增加。

表 4–2　我国 1990—2015 年人均 GDP 和高等教育毛入学率一览表

年份	毛入学率 (%)	人均 GDP(元)	年份	毛入学率 (%)	人均 GDP(元)
1990	3.4	1644	2003	17	10542
1991	3.5	1893	2004	19	12336
1992	3.9	2311	2005	21	14053
1993	5	2998	2006	22	16165
1994	6	4044	2007	23	18934
1995	7.2	5046	2008	23.3	24121
1996	8.3	5846	2009	24.2	26222
1997	9.1	6420	2010	26.5	30876
1998	9.8	6796	2011	26.9	36403
1999	10.5	7159	2012	30	40007
2000	12.5	7858	2013	34.5	43852
2001	13.3	8622	2014	37.5	47203
2002	15	9398	2015	40	49992

数据来源：毛入学率数据全部来自教育部网站，人均 GDP 数据来自《中国统计年鉴》。

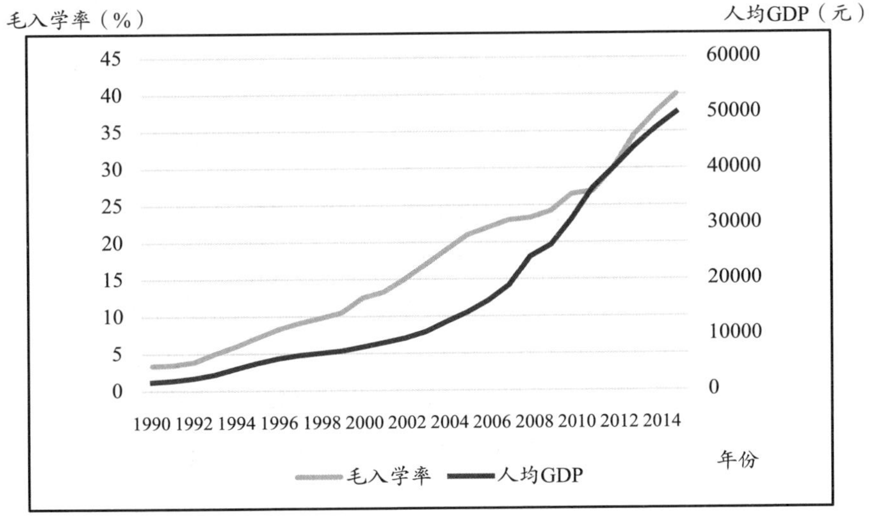

图 4–2　我国 1990—2014 年人均 GDP 和毛入学率增长趋势

（二）高等教育毛入学率的区域差异

高等教育入学机会总量与经济发展水平表现出了高度相关性，因此不同的省份、不同的区域，高等教育的入学机会并不是完全相同的，高等教育的入学机会呈现出较为明显的地区差异。

表 4–3　我国各省、区、市毛入学率一览表

区域	地区	毛入学率（%）	区域	地区	毛入学率（%）
全国	全国	40.00	西部	陕西	47.15
东部	上海	86.70		四川	34.34
	北京	60.00		重庆	40.50
	天津	55.00		青海	38.33
	浙江	56.00		宁夏	41.63
	江苏	52.30		内蒙古	33.70
	辽宁	52.00		新疆	33.55
	广东	33.02		西藏	27.76
	山东	48.06		广西	33.00
	海南	36.40		甘肃	32.00
	福建	42.80		云南	30.20
	河北	42.50		贵州	31.20
中部	黑龙江	50.01	中部	安徽	40.60
	湖北	52.90		湖南	40.21
	吉林	52.00		山西	40.00
	河南	36.50		江西	36.50

注：上海市和天津市是 2013 年数据，广西是 2016 年数据，内蒙古是 2014 年数据，其他省份均为 2015 年数据。

数据来源：毛入学率数据主要来源于各省统计年鉴、教育事业发展统计公报、各省教育发展“十三五”规划；广西，《广西教育》2017（16）；河北，《河北教育综合版》2017（2）；上海和天津，《地方高校应对高等教育普及化的策略》，湖北工程学院学报 2015，35（5）；吉林，吉林省人民政府网，吉林概况。

根据表 4–3，从 2015 年左右高等教育毛入学率来看，总体上，西部的高等教育入学机会较低，中部和东部大部分省市的高等教育入学机会高于全国平均水平。全国毛入学率最高的是上海，其毛入学率是毛入学率最低省区西藏的 3 倍。经统计，毛入学率标准差为 0.117，毛入学率的地区差异非常显著。

在各个区域（东部、西部、中部）内部，不同省份的高等教育毛入学率也有较大差别。西部 12 个省份中只有陕西省、重庆市和宁夏回族自治区的毛入学率超过或相当于 2015 年全国平均毛入学率，其余省区的毛入学率均低于全国平均水平。内蒙古、新疆、西藏、广西、甘肃、云南和贵州的毛入学率低于全国平均水平约

10 个百分点，与东部省份的高等教育毛入学率存在巨大差距。

中部 8 个省份的高等教育毛入学率均已经接近或超过全国平均水平，其中黑龙江、湖北、吉林三省的毛入学率超过 50%，超过其余 5 省约 10 个百分点。

东部各省的毛入学率差距较大，上海市的毛入学率超过 80%，遥遥领先于全国各省市，已经实现高等教育普及；北京、天津、浙江、江苏、辽宁五个省市的毛入学率高过 50%，山东达到 48% 以上，远超过全国平均水平，高等教育的普及程度较高；福建、河北的毛入学率与全国平均水平相当；而广东、海南的毛入学率较低，离全国平均值较远，还有很大提升空间。

（三）高考录取率的区域差异

根据表 4–4，从高考录取率来看，由于各年份的统计数据来源不同，统计方法也不相同，因此不单独对某一省的数据进行各年份纵向比较，重点对某一年份各省高考录取率进行横向比较。

表 4–4　我国各省、区、市高考录取率一览表

区域	地区	高考录取率			区域	地区	高考录取率		
		2000 年	2004 年	2007 年			2000 年	2004 年	2007 年
全国	全国	56.80%	61.90%	75.10%	西部	陕西	——	60.91%	58.96%
东部	上海	67.40%	85.49%	84.10%		四川	——	70.27%	57.76%
	北京	——	75.42%	73.60%		重庆	70.90%	79.30%	69.60%
	天津	——	82.00%	71.78%		青海	53.70%	81.77%	64.30%
	浙江	63.00%	76.60%	72.50%		宁夏	42.90%	50.70%	64.00%
	江苏	68.90%	76.50%	70.71%		内蒙古	39.00%	70.00%	57.90%
	辽宁	——	80.98%	75. 00%		新疆	67.00%	64.80%	56.60%
	广东	——	83.44%	69.30%		西藏	70.11%	79.10%	65.10%
	山东	——	58.12%	61.50%		广西	63.58%	68.53%	54.20%
	海南	——	87.00%	85.10%		甘肃	——	58.46%	43.00%
	福建	30.00%	75.50%	59.60%		云南	50.67%	61.22%	48.62%
	河北	——	75.10%	53.20%		贵州	——	51.90%	43.00%
中部	黑龙江	——	78.00%	73.00%	中部	安徽	47.20%	60.10%	51.40%
	湖北	——	68.80%	59.44%		湖南	——	66.00%	54.90%
	吉林	71.49%	51.40%	68.70%		山西	——	55.32%	44.10%
	河南	40.00%	69.46%	52.30%		江西	52.50%	66.05%	57.50%

数据来源：2007 年高考录取率来源于中国高等教育学生信息网（http://www.chsi.com.cn/）。2000 年和 2004 年数据来源于《中国教育不平等问题的研究》（李海涛，浙江工商大学出版社，2008 年）。

2000 年全国高考录取率为 56.8%，各省的高考录取率差别较大，根据现有的数据可以得到极差为 41.49。2004 年的全国高考录取率为 61.9%，较 2000 年显著增加，从各省之间的差异来看，极差为 36.3，根据计算可得标准差为 10.43，标准差系数为 14.91。2007 年各省份高考录取率的极差为 41.1，标准差为 10.89，标准差系数为 17.73。从整体上看，2007 年各省份之间高考录取率的差异跟 2004 年相比略有增加。考虑到表 4–4 中上海、海南、贵州、甘肃四个省市的高考录取率与全国平均水平相差过大，将这四省的数据排除在外再次进行标准差计算，得到 2004 年的标准差为 9.39，标准差系数为 13.45；2007 年的标准差为 8.21，标准差系数为 13.45。这说明从 2004 年到 2007 年，除去少数省份外，高考入学率的地区差异状况没有显著变化。2007 年全国各省最高录取率为 85.1%，最低为 43.0%，高考录取率的区域差异远远小于毛入学率的区域差异。

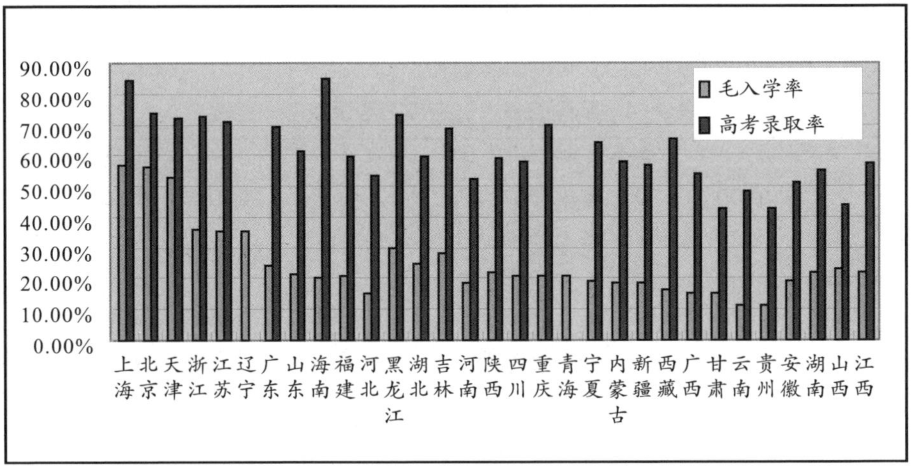

图 4–3　我国各省、区、市 2007 年毛入学率与高考录取率柱状图

根据高考录取率可以将各个省份分为四类：第一类是高考录取率高于 70% 的省份，包括上海、北京、天津、浙江、江苏、辽宁、海南、黑龙江，其中七个位于东部，一个位于中部；第二类是高考录取率在 60% 至 70% 之间的省份，包括广东、山东、吉林、重庆、青海、宁夏、西藏七个省份，其中两个为东部省份，一个为中部省份，四个为西部省份；第三类是高考录取率在 50%—60% 的省份，包括福建、河北、湖北、河南、安徽、湖南、江西、陕西、四川、内蒙古、新疆、广西十二个省份，其中两个为东部省份，五个为中部省份，五个为西部省份；最后一类是高考录取率在 50% 以下的省份，包括甘肃、云南、贵州、山西四个省份，其中没有东部省份，三个为西部省份，一个为中部省份。

多数东部省份 2007 年的高考录取率超过 70%，中部和西部地区的高考录取率基本相当，在录取率最低的四个省份中，西部占了三个。

综上所述，我国高等教育入学机会总量存在明显的地区差异，东部地区的高等教育毛入学率高于西部绝大多数地区。但是单纯从高考的录取率来看，地区差异并没有毛入学率那么显著，除了少数几个省份外，全国大多数省份的高考录取率差异并不大。这说明我国采取的全国统一高考的高等教育录取制度和各省份定额分配入学名额的制度，在一定程度上使得全国范围内高中（包括中专等）毕业生进入大学的机会较为均等。但是由于经济、政策、自然环境等多种差异因素的存在，各个地区中等教育发展程度不同，使得各个地区的高等教育毛入学率差异较大。换而言之，我国的高等教育招生制度从一定程度上保证了从下一级教育进入高等教育机会总量的平等，但是从接受高等教育的人数占总适龄人口的比例来看，总体机会还是存在明显的区域不平等。

三、高等教育入学机会结构的区域差异

（一）精英高等教育机会和大众高等教育机会的区域差异

本研究将高等教育机会区分为精英高等教育机会和大众高等教育机会，精英高等教育机会通过“985”院校和“211”院校的录取率来测量，大众高等教育机会主要通过一般性本科院校招生录取率来测量。本研究近似采用二本、三本以及一本和提前录取中非精英高等教育机会三者的总量来测量大众化高等教育机会。从推动机会不断扩大的力量构成上来说，一本、二本和三本招生计划基本能够覆盖所有。

相对于机会总量的省际差异而言，精英高等教育机会的省际差异更大。基尼系数和变异系数的结果都证明了这一点（见表 4–5）。高等教育机会的层级越高，其省际差异越大。

全国有 16 个省的“985”院校录取率低于全国平均水平，15 个省的“211”院校录取率低于全国平均水平，17 个省的本科院校录取率低于全国平均水平。在两类高等教育机会的占有中均处于强优势地位的省份有北京、上海、天津、海南；在两类高等教育机会的占有中具有一定优势地位的省份有辽宁、吉林、江苏、湖北、重庆；二者均处于相对不利地位的省份有河南、江西、山东、河北、安徽、内蒙古、甘肃、广西等，这些地区的高等教育资源相对比较薄弱；青海、宁夏、新疆等人口较少省份、少数民族人口较多的省份在精英高等教育机会的分配中处于相对优势地

位，但在大众高等教育机会的分配中却处于相对不利地位；黑龙江、广东、福建、浙江等省在优质高等教育机会的分配中处于相对劣势地位，但在大众高等教育机会分配中却具有一定优势（见表 4-5）。

表 4-5 2008 年各省、区、市高考录取率

	"985"院校录取率（%）	"211"院校录取率（%）	本科录取率（%）	报考人数（万人）
全国平均	**1.5**	**3.7**	**24.1**	**1036.7**
天津	4.6	10.2	48.67	8.9
黑龙江	1.8	4.3	43.28	22.8
北京	4.4	13.3	40.77	10.4
上海	4.1	9.7	40.62	13.4
海南	2.4	7.8	36.34	5.0
浙江	1.3	3.9	36.28	36.4
吉林	2.6	5.2	36.22	20.8
辽宁	2.3	4.9	35.78	30.0
江苏	1.4	5.4	35.77	50.8
重庆	2.9	5.8	30.19	18.6
福建	1.4	3.9	26.25	31.2
广东	1.8	3.2	26.22	61.4
青海	2.6	7.2	25.08	4.1
陕西	1.7	4.4	24.71	41.4
湖北	2.0	4.9	23.43	52.5
宁夏	2.1	5.7	21.82	5.8
河北	1.0	2.7	21.64	57.5
安徽	0.7	2.7	21.10	61.0
新疆	1.4	4.7	20.74	17.0
云南	1.1	3.3	20.70	26.0
湖南	1.5	3.1	19.89	54.0
山东	1.4	3.0	19.32	78.1
四川	1.5	2.9	19.29	51.8
广西	1.1	3.0	19.08	30.4
贵州	1.0	2.8	18.94	24.0
江西	1.1	3.3	18.90	38.4
山西	1.0	2.6	17.91	37.0
甘肃	1.2	2.3	17.76	29.0
内蒙古	1.0	3.0	17.75	27.0

续表

	"985"院校录取率(%)	"211"院校录取率(%)	本科录取率(%)	报考人数(万人)
河南	0.8	2.3	17.34	90.5
西藏	1.1	2.7	12.37	1.5
基尼系数	0.28	0.24	0.19	——
变异系数	0.56	0.55	0.36	——

注：报考人数来源于教育部阳光高考平台。

（二）本科高等教育机会和专科高等教育机会的区域差异

近年来我国普通高等教育招生人数以及本专科招生人数的比例如表 4–6 所示。随着高校扩招政策的推进，每年普通高等院校的招生人数都呈增加趋势，2008 年以后，本科和专科的招生人数都有上升，但本科扩招人数更多，使得全国高等院校招收的本、专科学生数从不到 1 ∶ 1，到约为 1 ∶ 1，再到超过 1 ∶ 1。

表 4–6　2003—2015 年高等教育本专科招生数

年份	招生数(万人)	本科招生数(万人)	专科招生数(万人)	本专科招生比例	高考招生率(%)
2003	382	182	200	0.91 : 1	62.40
2004	447	210	237	0.89 : 1	51.50
2005	504	236	268	0.88 : 1	57.50
2006	546	253	293	0.86 : 1	56.60
2007	566	282	284	0.99: 1	55.90
2008	599	300	299	1 : 1	57.00
2009	639	326	313	1.04 : 1	62.00
2010	662	351	311	1.13 : 1	69.00
2011	682	357	325	1.1 : 1	72.00
2012	689	374	315	1.19 : 1	75.00
2013	700	382	318	1.2 : 1	76.00
2014	721	383	338	1.13 : 1	74.30
2015	738	389	349	1.11 : 1	74.00

数据来源：2003—2015 年的《中国教育统计年鉴》。高考招生率按照招生人数和高考报名人数计算所得，非录取后实际统计的最终录取率。

根据普通高校在各省的录取情况，可以得到某个省份在某一年高等教育机会的分布情况。本研究通过对某些省份 2007、2008 年高考录取情况的调研，分析了不同区域学生接受本、专科教育机会的区域差异。

表 4-7 部分省份 2007 年、2008 年高考录取情况

地区	高考录取率	高考录取总人数	本科生录取人数	专科生录取人数	录取学生中本科生比例	录取学生中专科生比例
上海	85%	82978	55130	27848	66.44%	33.56%
北京	74%	80859	49018	31841	60.62%	39.38%
重庆	71%	133327	69992	63335	52.50%	47.50%
广东	70%	43 万	17.8 万	25.2 万	41.40%	58.60%
山东	65%	507580	222400	285180	43.82%	56.18%
江西	65%	249640	106799	142841	42.78%	57.22%
新疆	59%	9.9 万	5.6 万	4.3 万	56.57%	43.43%
湖南	60%	321023	142016	179007	44.24%	55.76%
广西	60%	180937	76240	104697	42.14%	57.86%
安徽	51%	31.05 万	14.43 万	16.62 万	46.47%	53.53%
贵州 *	43%	97108	53654	43454	55.25%	44.75%
吉林 *	69%	137987	85770	52217	62.16%	37.84%
海南 *	85%	35985	17205	18780	47.81%	52.19%
内蒙古 *	58%	138296	63270	75026	45.75%	54.25%

数据来源：各省高考招生网。带“*”的为 2007 年的数据。广东、新疆、安徽三省区未查到详细数据。

从表 4-7 可以看出，除少数省份的高考录取率远远高于全国平均水平，大部分省份的高考录取率都与全国平均水平较为接近，但是不同省份的学生接受本科教育和专科教育的比例却不尽相同。从 2007—2008 年的招生计划来看，全国范围内本科生和专科生的招生比例约为 1 ∶ 1，而根据 2008 年的高考录取情况，上海、北京、新疆、吉林录取学生中本科生比例均明显高于全国平均水平，而广东、山东、江西、广西等省份录取学生中专科生的比例较高。

本、专科生录取比例显著的省际差异是由各个省内的高校招生计划差异引起的。众所周知，根据我国现行的高考招生制度，各个高校的招生计划都优先向本省的生源倾斜，尤其是地方所属高校的生源绝大多数来自本省，因而一个省的省内高校招生计划直接决定了该省当年绝大多数考生的入学机会，因此本研究统计了 2007 年各省普通高等院校的招生人数（见表 4-8）。

从表 4-8 可以看出，上海、北京、吉林等省份招生数目中本科生所占比重较大，因而出现了前面分析中该省份的录取学生中本科生比重较大的情况；而广东、山东、江西、广西等省份的招生数目中专科生较多，因而这些地区的学生接受专科教育的机会比接受本科教育更高。

表 4-8　2007 年各省、区、市普通高等院校本专科招生人数

地区	招生人数	本科生所占比例	地区	招生人数	本科生所占比例
北京	157387	72.41%	河南	336481	42.83%
天津	106054	57.02%	湖北	325803	48.43%
河北	294659	40.91%	湖南	281350	43.96%
山西	137639	47.43%	广东	351841	47.05%
内蒙古	93169	44.52%	广西	147907	39.51%
辽宁	224273	63.88%	海南	38669	43.80%
吉林	141031	66.75%	重庆	128423	55.85%
黑龙江	187198	58.54%	四川	278185	51.19%
上海	144577	60.19%	贵州	75493	52.38%
江苏	409503	53.13%	云南	93550	55.17%
浙江	230687	52.07%	西藏	8046	57.38%
安徽	236884	45.56%	陕西	237454	51.36%
福建	161481	50.29%	甘肃	94328	54.87%
江西	227782	38.55%	青海	11142	56.58%
山东	417544	41.07%	宁夏	19213	54.89%
新疆	61441	52.32%			

数据来源：《中国教育统计年鉴》（2007）。

四、高等教育机会区域差异的影响因素分析

（一）高等教育机会区域差异的影响因素理论分析

研究发现，我国高等教育机会分布，无论是总量还是结构，都存在着明显的东西部差异。这主要受四个方面因素的影响：第一，现有人口规模、人口素质以及适龄人口的规模；第二，基础教育的发展水平；第三，高等教育供给总量；第四，国家宏观的区域发展战略。

影响高等教育机会区域分布的各个主要因素并不是相互割裂的，而是相互影响、相互作用的，共同影响高等教育机会的区域分布。

总的来说，高等教育机会的区域分布是内嵌于国家宏观的区域结构之中的。一方面，国家的宏观区域发展战略以及相关政策在很大程度上会影响相关地区的高等教育供给能力，也有可能会提升基础教育的质量与规模。比如国家通过高等学校对口支援的方式提升部分西部高校的相对地位，而相对地位的提升、声誉地位的改善可以在很大程度上影响该高校所辐射地区的高等教育供给能力。另一方面，国家的

宏观区域发展战略能在很大程度上直接影响区域的经济发展水平及高等教育的发展政策，从而影响该地区的高等教育机会。如国家在20世纪80年代初对东部沿海地区的政策倾斜，在很大程度上刺激了东部地区经济的快速发展。东部地区经济快速发展带来了对高等人才的极大需求，进一步吸引了更多高等教育资源在这些地区集聚，从而大大扩大了这些地区的高等教育机会。区域经济发展水平能在很大程度上影响该地区的区域基础教育发展水平、区域高等教育的供给量以及区域教育经费，从而影响该地区的高等教育机会。

高等教育机会区域差异主要是由高等教育供给量的区域差异引起的。我国高等教育机会整体上不足，从需求的角度上说就是高等教育供应量不足以满足人民群众对高等教育的需求。历史人文传统会影响高等教育的需求，但这不是导致现阶段高等教育区域差异的主要原因。目前高等教育区域差异的直接原因是高等教育供给量的区域差异，而国家的区域发展战略和该地区的经济发展水平、基础教育发展水平则是该区域高等教育供给量的决定因素。

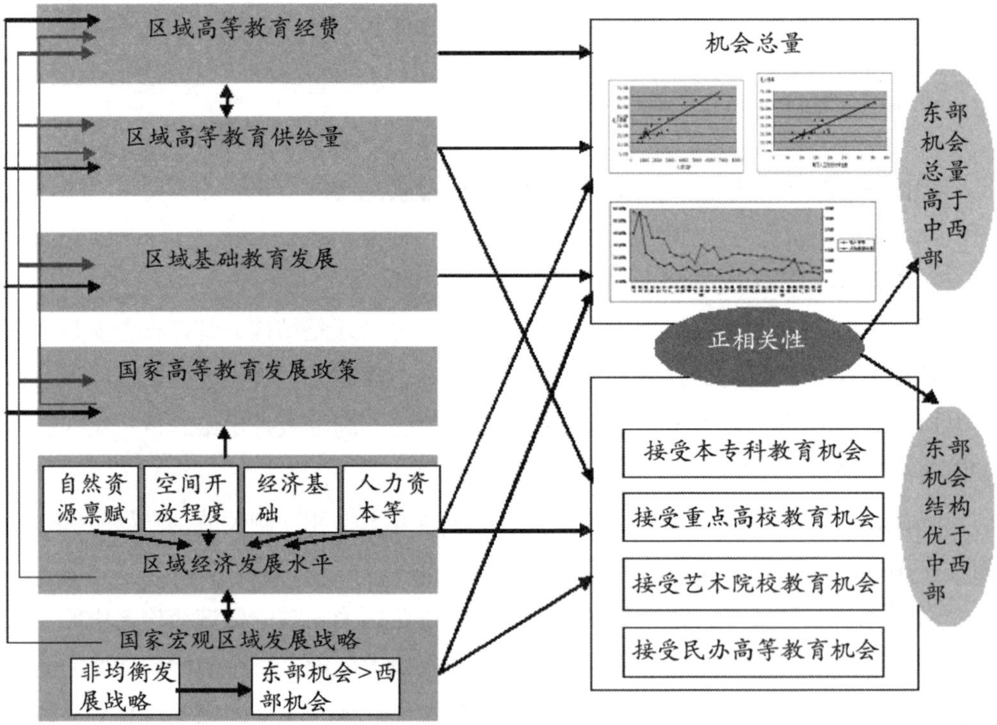

图4-4　高等教育机会区域分布差异影响因素相互作用机制示意图

（二）高等教育机会区域差异的影响因素

1. 分析模型

本研究将利用面板数据计量模型，对基础教育发展水平、高等学校拥有量、部属院校拥有量、人口规模以及经济发展水平对高等教育机会的区域间差异的影响作用进行检验。

$$E_{it} =\beta_0+\beta_1 EM_{it}+\beta_2 TN_{it}+\beta_3 PGDP_{it}+\beta_4 PP_{it}$$

E_{it} 代表 I 省在 t 年某类高等教育机会的总量或者录取率，为因变量。EM_{it} 代表 I 省在 t 年初中升高中比例；TN_{it} 代表 I 省在 t 年拥有高等学校数量（或部属高校拥有量）；$PGDP_{it}$ 代表 I 省在 t 年人均 GDP；PP_{it} 代表 I 省在 t 年人口规模。

本研究的数据来源可以分为两个部分，一个部分是历年来各省考试中心或招生办公室下发的高中毕业生报考志愿的参考资料，其中有一部分数据为历年分校录取人数。本研究收集了 10 省 1999—2006 年的高考手册，其中有全国 1000 多所高等学校历年在该省的录取人数。本研究通过汇总分校数据得到每省（区、市）在 1999—2006 年期间分层次、结构录取学生数。这 10 个省（区、市）分别为河北、山西、辽宁、上海、安徽、江西、湖北、海南、云南、新疆。其中既包括在高考招生计划中处于强优势地位的省份（“985”“211”院校录取率和大众高等教育录取率都远远高于其他省份，具有双重优势，比如上海、海南），也包括处于弱优势地位的省份（“985”“211”院校录取率和大众高等教育录取率都高于全国平均水平，比如辽宁、湖北），还包括在两类高等教育机会的分配中均处于不利地位的省份，比如安徽、云南、山西等。另一个部分是由教育部授权《高校招生》杂志编写的《2008 年全国普通高校分专业录取分数线——2009 年全国高等院校报考指南》。其中收录了 31 个省（区、市）1900 所普通高等学校 2006—2008 年间提前批、一本、二本和三本的分学校录取人数。本研究所获得的数据为一个为期三年的横截面数据和 11 个省（区、市）为期 9 年的纵向数据。

2. 分析结果

（1）对一个地区的高等教育机会总量和大众高等教育机会影响最大的是当地的高等教育资源存量

从表 4–9 的模型分析可知，每增加一所高等学校，就会为当地提供 466 个高等教育机会，或增加 327 个大众高等教育机会。如前文所述，一般性的高等教育机会主要由地方政府来提供。在 1999 年以来的高等教育机会扩张过程中，占全国高等教育机构总数约 80% 的地方高校在增加高等教育机会供给、吸纳扩招学生、普及高等教育机会方面发挥了核心作用。而且，在大众高等教育机会的供给中，地方性本科院校为所在省做出了不可替代的贡献。（见表 4–10）

以“985”院校和“211”院校为代表的精英高等教育机会总量更多地受到基础教育发展水平和部属高校拥有量的制约，一个地区基础教育发展水平越高，越容易得到更多的精英高等教育机会，这一分配规律体现了高等教育分配在很大程度上以能力为本的原则。据统计，在其他条件相同的情况下，平均一个省（区、市）初中升普通高中的比例每提高一个百分点，就会多得到 37 个“985”院校招生计划或 215 个“211”院校招生计划。在其他条件相同的情况下，一个省（区、市）多一所部属院校，该地中学毕业生所拥有的“985”或“211”院校教育机会将会增加 455 个或 1759 个。统计结果显示，精英高等教育总量的分配很少受到地方经济发展水平和人口因素的制约，这说明目前的精英高等教育机会分配在很大程度上并没有以人口规模为基础来制定，人口规模较大的省份处于相对劣势地位。

表 4–9 高等教育机会总量的面板数据回归分析结果（非标准化回归系数）

自变量 \ 因变量	“985”院校机会总量	“211”院校机会总量	一般本科机会总量	本科机会总量
初中升普通高中比例	37.82007***	215.2031****	152.9564	272.2661
高等学校数量（部属高校拥有量）	455.4434***	1759.49***	326.8759**	465.9245***
人口	0.0190391	0.0258802	0.3303609	0.2248291
人均 GDP	0.0299938	0.0839218	0.2459388	0.1713557
截距项（Constant）	1249.962****	33190.48	1049.508	1894.825
R^2	0.6838	0.4987	0.5104	0.7091
方差分析（F 值）	54.47	15.86	12.77	19.15
卡方	184.87****			
案例数	90	90	90	90
模型选择	随机效应模型	固定效应模型	固定效应模型	固定效应模型
Hausman 检验（卡方）	2.96	18.16	9.56	9.70

注：$^*p \leq 0.05$；$^{**}p \leq 0.01$；$^{***}p \leq 0.005$；$^{****}p < 0.001$。

表 4-10　各省份高等教育资源对该省高中毕业生大众高等教育机会的贡献（2008 年）

地区	本省地方本科院校贡献比例（%）	地区	本省地方本科院校贡献比例（%）
安徽	72.5	江西	72.8
北京	80.8	辽宁	75.4
重庆	64.4	内蒙古	47.7
福建	74.5	宁夏	36.3
甘肃	65.4	青海	19.1
广东	91.8	山东	82.6
广西	72.2	山西	65.0
贵州	53.9	陕西	77.5
海南	19.9	上海	75.2
河北	77.5	四川	78.7
黑龙江	79.2	天津	54.3
河南	78.0	新疆	44.6
湖北	78.5	西藏	53.4
湖南	79.1	云南	68.6
吉林	59.8	浙江	67.3
江苏	86.8		

注：贡献比例为一省地方本科院校在该省招生规模 / 全国一般本科院校在该省招生总规模。

（2）相对于高等教育机会总量来说，高等教育录取率更多地受到基础教育发展水平和高等教育资源存量的影响

表 4-11　各省份高等教育机会面板数据回归分析结果

因变量 / 自变量	本科录取率	“985”院校录取率	“211”院校录取率	一般本科录取机会
初中升普通高中比例	0.226081*	0.0556053****	0.0643238**	0.2263887*
高等学校数量（部属高校拥有量）	0.179559**	1.615382**	0.7212532**	0.110956*
人口	0.0001964	0.0000657	0.0001129*	0.0002178*
人均 GDP	0.0002764	0.0000453	0.0000106	0.0001658
截距项	40.7515	1.642221	9.419425	29.98739
R^2	0.2650	0.2645	0.2540	0.2834
方差分析（F 值）		45.04		
卡方	79.30****		97.38****	54.78****
案例数	90	90	90	90
模型选择	随机效应模型	固定效应模型	随机效应模型	随机效应模型
Hausman 检验（卡方）	6.23	15.74**	−54.52	1.87

注：$^*p \leq 0.05$；$^{**}p \leq 0.01$；$^{***}p \leq 0.005$；$^{****}p < 0.001$。

大众高等教育机会的分配规律类似于总体的本科教育机会的分配规律。精英高等教育机会的分配受到基础教育发展水平、部属院校拥有量的制约。

在其他条件相同的情况下，一省的初中升普通高中的比例每提高一个百分点，该省的本科录取率和一般本科录取率均会提高0.23个百分点。每增加一所高等学校，本科录取率就会提高0.18个百分点，一般本科录取率就会提高0.11个百分点。经济发展水平越高，一般本科的录取率就越高。

在其他条件相同的情况下，一省初中升普通高中的比例越高，基础教育发展水平越高，该省的“985”院校和“211”院校的录取率就越高。初中升普通高中的比例每提高一个百分点，“985”院校的录取率就会提高0.05个百分点，“211”院校的录取率就会提高0.06个百分点。

位于一个省区的“985”院校和“211”院校通常都会对本地区的精英高等教育录取率有较高的贡献率。在这一过程中，“985”院校和“211”院校拥有较少的地区处于相对劣势地位。（见表4–12）

表4–12 优质高等教育资源对该地区高中毕业生精英高等教育机会的贡献（2008年）

地区	本省“985”院校贡献比例(%)	本省“211”院校贡献比例(%)	地区	本省“985”院校贡献比例(%)	本省“211”院校贡献比例(%)
上海	81.4	84.8	福建	14.3	12.2
广东	65.5	26.9	安徽	4.7	19.3
湖北	55.7	56.9	广西	0.0	27.5
北京	51.3	70.7	贵州	0.0	36.4
浙江	49.0	15.9	海南	0.0	3.6
陕西	48.8	47.4	河北	0.0	14.4
吉林	47.2	30.4	河南	0.0	6.2
山东	44.5	29.2	江西	0.0	22.3
四川	43.6	34.9	内蒙古	0.0	15.8
湖南	40.3	34.2	宁夏	0.0	4.2
辽宁	38.7	32.8	青海	0.0	2.5
天津	37.8	24.0	山西	0.0	7.4
江苏	36.2	63.5	新疆	0.0	23.4
甘肃	33.8	17.6	西藏	0.0	0.0
重庆	32.0	30.3	云南	0.0	19.9
黑龙江	24.5	22.8			

注：贡献比例为一省“985”院校在该省招生规模/全国“985”院校在该省招生总规模，或一省“211”院校在该省招生规模/全国“211”院校在该省招生总规模。

从表 4–12 中可以发现，在精英高等教育机会的分配中具有相对优势地位的多数省份，其优质高等教育资源都较为丰富，这种优势地位在某种程度上与省内精英高等学校的倾斜有一定关联。以上海为例，上海“985”高校在本地招生规模占到全国“985”院校在上海招生总规模的 81%。可以看到，有 13 个省区所在地无“985”院校。

（3）不同层级高等教育机会的区域分布差异呈现出了不同特征

本研究利用 10 省数据计算了基尼系数和变异系数，结果发现自 1999 年高等教育扩招以来，不同层级高等教育机会的区域分布差异呈现出了不同特征：首先，机会总量和大众高等教育机会的区域差异稳步扩大；其次，精英高等教育机会的区域差异在扩招期间的 2002—2003 年经历了迅速扩大过程，但之后逐步回落；从 2006 年开始，两类机会的区域差异趋于稳定，精英高等教育机会的区域差异略高于大众高等教育机会的区域差异。（见图 4–5 和图 4–6）

扩招初期的基本模式是资源依赖式扩大，在高等教育资源相对丰富的地区，扩招所带来的机会增量要远远高于高等教育资源薄弱地区。一般本科高等学校在地方政府和市场共同推动下扩大招生。影响一省大众高等教育机会的主要因素是高等教育资源存量及该省的高等学校能力。扩招时期，大部分扩招指标需要本省自身去消化，它有赖于以省级财政、本省社会经济环境为支持的省属院校的招生能力。一个地方现有高校规模、教育资源等至关重要。而高等教育资源存量差异的不断扩大直接导致了大众高等教育机会的省际差异。

自扩招以来精英高等教育机会的区域差异整体上相对稳定，近些年来有下降的趋势。以部分省市为例，2000 年上海本地“985”院校的贡献比例为 85%，即上海“985”高校在上海的招生占全国所有“985”高校在上海招生总规模的比例为 85%，到 2008 年，这一比例下降为 81.4%；天津 1998 年为 56.5%，2008 年为 37.8%；辽宁 1999 年为 52.6%，2008 年为 38.7%。2005、2006 年教育部均发布了相关文件要求各地严格执行中央所下达的招生计划，2007 年则要求各部属高校缩小在所在地招生规模，不得超过 30%。政府的宏观调控在一定程度上抑制了高等教育机会尤其是精英高等教育机会区域差距扩大的趋势。

与扩招过程相伴随的是中国高等教育管理体制的改革，扩招与宏观的管理体制改革两种因素的综合作用共同导致了大众高等教育机会的区域差异不断扩大。

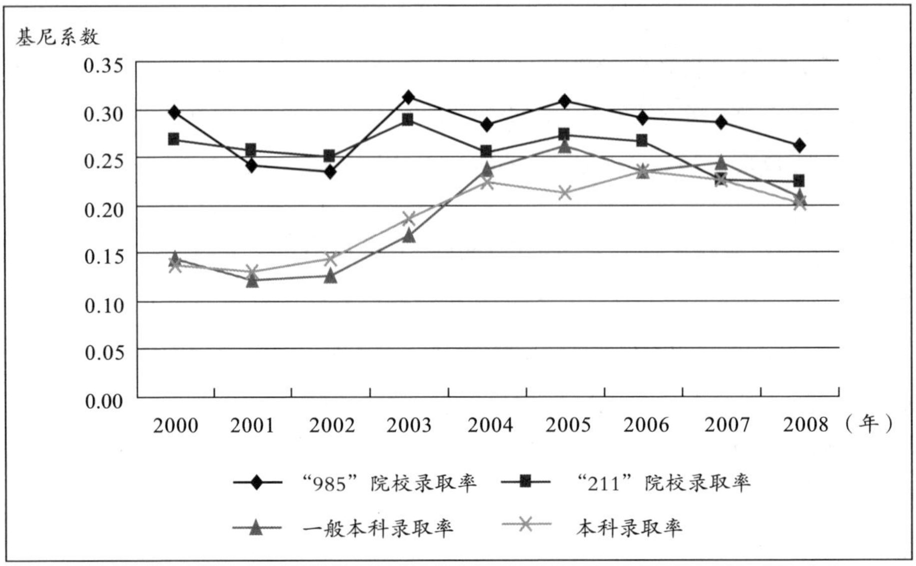

图 4-5 扩招时期各种类型高等教育机会分省差异（基尼系数）变化

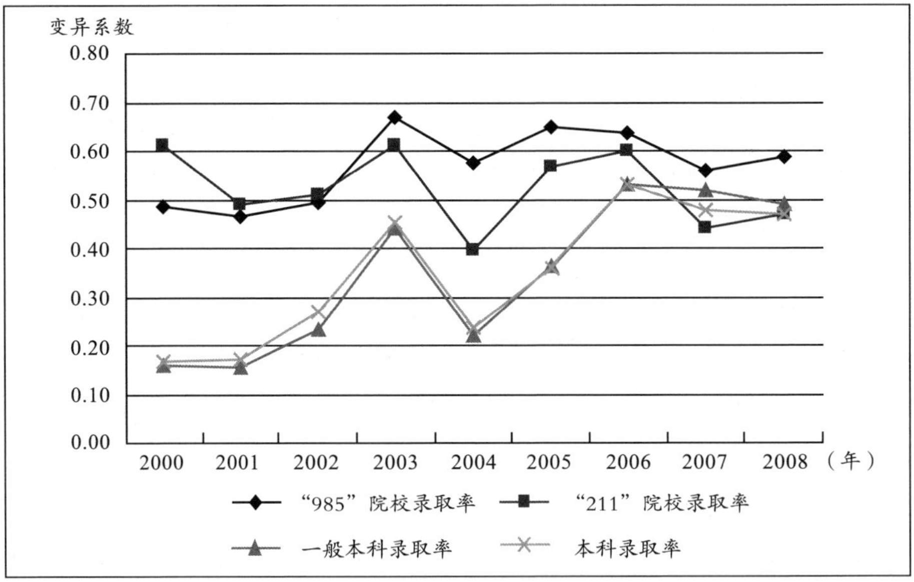

图 4-6 扩招时期各种类型高等教育机会分省差异（变异系数）变化

3. 结论

高等教育机会的层级越高、越是稀缺，区域间的差异就越大。与此同时，高等教育机会的层级越高，中央政府对招生计划的干预空间也越大。不同层级的高等教育机会配置推动力不同，精英高等教育（比如"985"院校和"211"院校）机会的区域格局为中央政府、高等学校和地方政府三者合力的结果。除了中央政府和高校以外，高等学校所在地地方政府也具有强有力的影响。大众高等教育机会（比如地方一般本科院校）的区域格局主要是地方政府和学校以及市场三者合力的结果。

（1）精英高等教育机会

由于高等教育机会为非基本教育机会，在机会的配置价值取向上，能力为本是高等教育机会配置的优先原则。从前文的回归分析结果中我们发现，基础教育发展水平是影响精英高等教育机会区域差异最重要的因素之一。从这个意义上来说，目前精英高等教育机会在区域之间的配置基本上以能力为本位，在一定程度上实现了择优。

除此之外，部属高校拥有量也是制约一个地区精英高等教育机会差异的关键因素。中国高等教育的发展一直以来都采取非均衡发展战略。中央所属高校与地方政府之间具有千丝万缕的联系。这一现状既扎根于历史，同时又与 20 世纪 90 年代后期中国的高等教育管理体制改革之间具有不可分割的联系。中央所属高校的招生计划向所在省区倾斜起始于中华人民共和国成立初期高等教育的不均衡布局。当时，各地的基础教育发展水平不同，高校生源短缺，因而 1953 年开始实行统一的高考制度，统一计划，统一组织领导，统一报考，统一录取调配。高等教育招生计划被完全纳入再分配体制之中，全国高校的招生名额均由高教部、教育部根据国家培养干部数额、类型统一规定，之后再下达到高等学校。这一时期一个地区高等学校招生计划总量主要受该地区高中毕业生数量和高等学校数量的制约。相对来说，高等教育资源较为丰富的地区也是中华人民共和国成立前基础教育较为发达的地区。这些地区的这两种资源条件相互强化，构成了高等教育招生计划区域不平等的基础。与此同时，这一时期地方高校原则上在本地区招生，跨区招生的高校的招生计划由教育部制定并调配。之后关于招生来源计划的若干次调整中多次涉及部分院校向所在地倾斜。比如 1984 年，教育部在《关于一九八四年全国普通高等学校招生会议的报告》中提出："制定招生来源计划应根据人才需要预测和培养规划……必须贯彻择优录取的原则，在考生质量好、数量多的地方多招生。""文化大革命"之后，高考恢复，高等教育资源极其紧缺，在一定时间内，允许部分高等学校包括中央部属高等学校面向学校所在地招收部分走读生。

20 世纪 90 年代中后期，高等教育管理体制改革的基本框架是，中央和省分级管理，分级负责。中央直接管理一部分关系国家经济、社会发展全局并在高等教育中起示范作用的骨干学校和少数行业性强、地方不便管理的学校，并且进一步简政放权，扩大省、市、自治区的教育决策权和对中央各部门所属学校的统筹权。“中央业务部门所属学校要面向社会，其办学体制和管理体制分别根据不同情况，采取继续由中央部门办、中央部门和地方政府联合办、交给地方政府办、企业集团参与和管理等不同办法。”[①]在这一改革框架下，中国的高等教育按照“共建、调整、合作、合并”的方式，完成了管理体制改革和布局结构调整。地方政府以多种形式参与部属院校的建设，其中包括投入大量的资金。在这一过程中，招生指标的倾斜成为这些部属高校服务地方的主要内容。这一宏观体制改革导致了一个没有预料到的后果，就是对精英高等教育机会的区域公平性产生了一定的影响。部属院校管理体制包括财政体制的改革解决了这些学校的归属问题，但是没有解决服务面向问题。尽管从近几年的发展趋势看，精英高等教育机会的区域差异并未进一步扩大，但在信息充分畅通的高考场域中，部属院校拥有量更多的地区的考生越来越多地成为其他地区考生比较录取率的参考群体，而且这种差距在一定程度上还容易引起部分省区和考生的相对被剥夺感。针对招生计划，如何理顺高等学校和共建地方政府之间的关系是接下来改变这一现状的关键所在。而且，自 2005 年以来，中央政府对于部属院校招生计划的宏观调控在一定程度上抑制了精英高等教育机会的区域差距扩大的趋势。

（2）大众高等教育机会

推动大众高等教育机会扩大的主要力量是地方政府和市场，导致大众高等教育机会的区域差异在扩招过程中不断扩大的最根本的因素是地方政府财政能力的差异和地方高等教育资源存量的差异。随着中央、省、中心城市三级办学的高等教育管理体制的建立，特别是省级政府在高等教育财政投入中所占比重的扩大、政府高等教育财政经费流向倾斜于央属重点院校，国家财政性教育经费在以“985”院校、“211”院校为代表的央属院校的收入来源中依然维持着其核心地位，比例基本保持在 50% 左右，而在地方普通本科院校和高职高专院校中财政拨款的比例下降至 43.1% 和 38.3%。地方本科院校和高职高专院校的教育经费主要依赖于地方政府的财政能力。地方政府财政能力的差异和中央政府在地方本科院校发展中的缺位直接导致了不同省区大众高等教育机会的差异。

在大众高等教育机会的配置过程中，中央政府的直接干预的空间相对较小。而

① 人民网．中共中央、国务院关于印发《中国教育改革和发展纲要》的通知 [EB/OL]. http://www.people.com.cn/item/flfgk/gwyfg/1993/112701199312.html.

有研究认为应该从提高各省高等教育自我发展能力入手，从产生区域不平等的原因入手，积极培育各省在高等教育方面的自我增长和发展的能力。我们认为，鉴于扩招导致大部分地方高校资金紧张，政府从生均经费等方面对处于劣势地位的省区的扶持有助于缩小不同省区之间的高等教育机会差别。

五、小结

随着教育公平问题成为越发重要的社会议题，高等教育机会平等也获得了越来越多的关注。改革开放以来中国经济的高速发展以及近七八年内高校大幅度扩招使得中国高等教育的入学机会大幅度增加。但是由于经济、政策、自然环境等多种差异因素的存在，我国高等教育机会分布，无论是总量还是结构，都存在着明显的东西部差异，东部地区的高等教育机会优于西部绝大多数地区；高等教育的层级越高，区域差异越明显；在一定程度上，扩招与宏观的管理体制改革两种因素的综合作用共同导致了大众高等教育机会的区域差异不断扩大。通过分析可以看出，我国目前的高等教育机会区域差异是由高等教育供给量的区域差异引起的。国家的宏观区域发展战略、区域经济发展水平、高等教育政策及基础教育发展水平是该区域高等教育供给量多少的决定因素。鉴于高等教育资源的配置方式决定了高等教育机会的配置方式，高等教育作为公共事业不能单纯依靠政府或者市场来进行资源配置，而是需要在政府的主导下引入市场机制，使得高等教育资源得到公平有效的配置，进而促进高等教育机会在区域间的合理分布。

5

高等教育过程的区域差异及特点分析

第 5 章

高等教育过程的区域差异及特点分析

当今世界已全面进入知识经济所推动的国际化时代。全球范围内的知识驱动型增长模式使高等教育作为知识密集型部门对地区和国家的发展起着更加重要的作用。“没有更多更好的高等教育，发展中国家将会发现越来越难以从全球知识经济中获益。”[①] 在经济全球化背景下的国际竞争中，越来越多的国家把发展高等教育特别是提高高等教育质量列为公共政策的重要组成部分。

一、大学生学习性投入：高等教育质量的过程性指标

过去的十多年里，我国通过大规模扩招急速进入高等教育大众化阶段，实现了高等教育“量”的扩张。然而，有限的资源与膨胀的规模之间、社会发展需求与人才培养水平之间的矛盾不断加剧，高等教育质量问题成为学术界乃至社会的焦点。近年来，政府明确提出由高等教育大国向高等教育强国转变的目标。2010 年 7 月颁布的《国家中长期教育改革和发展规划纲要（2010—2020 年）》把“提高教育质量”确立为我国未来 20 年教育发展的重要战略之一，其中“全面提高高等教育质量”和“提高人才培养质量”更是位居高等教育五大发展议题之首。我国高等教育的发展正式由外部体制变革阶段进入内部质量提升阶段。在这样的背景下，如何合理评价高等教育质量并有效促进院校提高教育教学水准，成为当前中国高等教育界备受关注的议题。

（一）高等教育质量与大学生学习性投入

高等教育机构作为促进社会政治、经济和文化发展的重要组织，对其质量标准的界定极其重要。从理论上看，高等教育体系肩负着三方面的职能：培养人才，发

① 世界银行，联合国教科文组织“高等教育与社会特别工作组”. 发展中国家的高等教育：危机与出路 [M]. 蒋凯，译 . 北京：教育科学出版社，2001:6.

展科学,以及社会服务。[1]其中,培养人才是高校最核心的任务,是各高校的立身之本。所以，对高等教育质量的评估，最重要的便是对高等院校人才培养模式、过程及成果的评估。

从现实发展看，在利益多元、需求多样的现代社会，对高等教育质量的关注及对其进行评价是多利益主体共同的行为。通观目前各方对高等教育质量评价的做法，如学界及社会打造的各类大学排行榜，政府不断推进的大学质量评价与监控，市场以各种方式对大学人才培养质量发出的信号，其用意都很明显——通过外部舆论、制度和市场的压力，督促高校实施质量改进。然而，无论是从教育活动的本质特征，还是从人类学习行为的一般规律来看，真正影响高等教育质量特别是高校人才培养质量的是那些已经内化成高校自身核心功能的活动的品质与水平。正如哈佛大学前校长德里克・博克（Derek Bok）所言，大学教育的核心事务是“教育目标”与“教育方法”，“真正影响教育品质的事发生在大学课堂，师生互动的教学情境中”。[2]以此观之，无论是大学排行榜对高校产出的关注，还是教育部“普通高校本科教学评估”对高校投入的强调，都是依靠院校层面的信息进行评价，主要的评估指标围绕办学指导思想、师资队伍、教学条件与利用、专业建设与教学改革、教学管理、学风、教学效果、特色项目、学术声誉等，既无法深入高等教育过程和大学生学习过程本身，也缺少学生作为主体的评价视角。

因此，将大学生学习性投入作为高等教育质量的过程性指标，无论在理论上还是在现实发展中，都是十分重要且必要的。

（二）大学生学习性投入的理论基础及核心概念

“学生学习性投入”（student engagement）最初源于教育工作者对学校教育过程与学生学业成就关系的研究。这一研究领域在 70 多年的学术积累中，研究重心经历了从只关注“量”到“质”“量”并重的过程。早在 20 世纪 30 年代，泰勒（Tyler）创建了“任务时间”（time on task）理论。这一理论指出学生的学习时间与学习成效之间存在正相关。其后，佩斯（Pace）在 20 世纪六七十年代提出了“努力质量”（quality of effort）理论，将学生的学习投入行为纳入此研究领域。除了学生学习时间这一“量”的概念，研究者们开始关注学生学习过程中的行为这一“质”的概念。研究证明，在相等时间投入的条件下，那些把时间用于有教育意义的活动，如学习、

---

① 季平 . 求真务实 , 努力构建高等教育质量保障体系 [J]. 中国高等教育 , 2010(10).

② Bok, D. Our Underachieving Colleges [M].Princeton University Press, 2008.

有实质意义的生师互动和生际互动，以及将所学运用于具体情境等“有质量的时间投入”所取得的学习效果更好。

1984 年，阿斯汀（Astin）创建了“学生卷入”（Student Involvement）理论，提出对学生的学习性投入的研究不仅聚焦于学习时间和学习行为，还应考察校园环境等院校层面的变量。好的院校能够促进学生更好地参与到学校的各项活动中去，从而提高学习成效。汀托（Tinto）于 1987 年和 1993 年进一步发展了阿斯汀的观点，在“社会与学术整合”（Social and Academic Integration）理论中提出，大学生活的本质是“转型”，这种转型包括两个独立又相互补充的过程，即学术整合与社会整合。学术整合一般通过学生对专业学习的行为和过程，以及认同和归属感乃至满意度来评估。而社会整合主要是指学生和大学环境的融合度。在指标上一般通过生际互动和生师间互动来测量。汀托认为，好的大学教育就是能帮助学生个体顺利实现学术整合和社会整合的大学组织实践行为和过程。

此外，其他学者的研究也从不同视角支持前述观点，不断补充和完善这一领域。例如，齐克林和甘姆森（Chickering & Gamson）1987 年提出“本科教育阶段有效教学七项原则”（Seven Principles for Good Practice in Undergraduate Education）理论。他们通过大量的实证研究发现，有七种有效的教学实践会影响学生的学习效果以及学生在校就读经验的质量。学生在这些活动中投入的程度越深，他们在各自学业上取得成功的可能性就越大。这七项原则是：鼓励师生交往，养成学生合作互惠的学习习惯，促使学生学会主动学习，给予学生及时反馈，强调学习任务的时间性，对学生抱有较高的期望以及尊重学生之间的差异。而帕斯卡雷拉（Pascarella）1985 年提出的“变化评定模型”（General Model for Assessing Change）理论指出，学生的认知发展直接受到学生先前经验、与教师和同伴群体的交往程度以及个体的努力程度三方面因素的影响。大学的结构和组织特征并没有直接影响学生的发展，而是通过校园环境、师生关系、生生关系以及学生个体的行为间接地发生作用。

综上，高等教育研究领域的众多理论达成共识：大学生学习性投入水平与学生的学习成效息息相关。而学生的学习性投入不仅与学生个体的学习行为密切相关，同时也在很大程度上受到院校层面因素的影响。

（三）“大学生学习性投入”调查

本研究所引介并使用的“大学生学习性投入调查”（NSSE）正是以上述的大学生学习理论为基础形成的，是一个基于教育过程、针对学生学习行为及院校教育实践且以学生为评估主体的调查工具。该问卷最初产生于美国印第安纳大学，后经清华大学研究团队汉化和逐步修订，现已形成更加符合中国大学生学习特征的中文版本（CCSS）。与当前我国高等教育评价注重投入、产出以及声望等外部因素的取向不同，“该工具的设计体现了目前国际上主流的以学习者为中心、注重教育过程、强调教育增值（value-added）的评价理念，更关注高等教育过程的内部机制——大学生作为独立自主的学习者，其学习投入和学习行为与大学教育环境和实践之间的互动，提炼的指标重在了解学生个体的学习态度、学习方式和学习经验，并直接与学生的学习收获相关联，加之其以学习者为中心、以学习过程为重点、以改进学校教育教学为目标的评价模式及理念，为我国业已形成的本科教育外部质量保障体系提供了重要的内部质量评价、问题诊断和改进工具”①。借鉴并使用这样的测评体系，为评估进而提升我国高等教育的质量并角逐地区和全球高等教育市场，提供了重要的参照系。

NSSE 中的“大学生学习性投入”作为高等教育质量的过程性指标包括两方面的要素：①学生个体在其学业及有效教育活动中所投入的时间和精力；②院校是如何通过配置资源、组织合成、创造学习机会以及提供各种服务来吸引学生参与到有效教育活动中，并进而获得预期教育收获的。②

NSSE 项目的基本理论假设是：学生在那些具有有效教育目标的活动中投入的时间和精力越多，获得的反馈越多，他们在知识、技能和性情上的发展也就越好；同时学校越是从各方面创造条件鼓励并支持学生主动参与到这些有效的学习活动中，学生便越会在这些活动中投入更多的时间和精力，获得更好的学习效果。

NSSE 项目的调查工具“大学生自我报告”（The College Student Report），根据有效教育活动的内在相似性设计了五项可比指标③，即学业挑战度（level of academic challenge，LAC）、主动与合作学习（active and collaborative learning，ACL）、生师互动（student-faculty interaction，SFI）、教育经验丰富度（enriching educational experience，EEE）和校园环境支持度（supportive campus environment，SCE）。其具体内涵如下：

---

① 史静寰，等．基于学习过程的本科教育学情调查报告 [J]. 清华大学教育研究，2011(4).

② Kuh, G.D. Assessing What Really Matters to Student Learning: Inside the National Survey of Student Engagement [J]. Change：The Magazine of Higher Education, 2001, 33(3):10-17, 66.

③ National Survey of Student Engagement. The NSSE 2000 Report: National Benchmarks of Effective Educational Practice [R]. Indiana University Center for Postsecondary Research. Bloomington, 2000.

学业挑战度：反映的是指定学习工作的数量及性质、教师向学生展示的认知目标的复杂程度以及教师用以评价学生的标准。特别关注课前准备（学习、预习）、阅读和写作、使用高阶思维技能、学习和学术工作的校园环境。

主动与合作学习：课堂上回答问题和参与讨论，课上就某一主题进行口头汇报，课后与同学一起做作业，课上和同学合作完成老师布置的练习或任务，辅导他人学习，与他人讨论阅读或课程中的观点。

生师互动：与任课教师讨论分数或作业，与任课教师谈论职业计划，课后与教师探讨课程阅读中的观点，和任课教师一起组织学业之外的活动，获得老师及时的反馈，参与老师的研究课题。

教育经验丰富度：教师与不同宗教、政治观、价值观的学生交谈，与不同民族的学生交谈，院校整体氛围鼓励学生与不同经济、社会、民族背景的同学交流，使用电子信息技术讨论和完成作业，参加一系列课外活动（实习或田野调查、社区服务或志愿者工作、学习外语、海外学习、独立开展研究）。

校园环境支持度：帮助学生取得学业成功，帮助学生应对学业外的问题（工作、家庭等），帮助学生融入集体，在学生和同学、教师、行政人员之间形成支持关系。

实践证明，"中国大学生学习性投入调查问卷"与美国版的 NSSE 问卷一样具有较好的测量信度和效果。①"该工具的设计者将学生的学习和发展视为以下三类因素影响的结果：①个体先赋因素，主要是指个体所具有的种族以及家庭的经济、社会和文化属性，在本调查中体现为学生的背景信息；②个体自身因素，如学生个体在学业投入上的时间和精力差异、个体既有的学业基础、学习习惯及学习方式等；③大学环境及教育的相关因素。"②

问卷除保持了美国原版问卷中的五大可比指标之外，还根据中国本科教学的环节和特点，对题项进行重新组合，形成了教育过程分析诊断指标：课程的教育认知目标、课程要求的严格程度、学生的课程学习行为，以及课程外拓展性学习行为，用以诊断我国高校在教育环节上存在的不足。此外，小量表"向学 / 厌学"用以反映学生的学习态度和学习意义感；"自我报告的教育收获"用以反映本科教育的结果，具体涵盖知识收获、能力收获和价值观收获三个维度；"在校满意度"用以反

① 罗燕 , 海蒂 · 罗斯 , 岑逾豪 .NSSE-China 工具的开发：文化适应性与信效度报告 [J]. 复旦教育论坛 , 2009(5); 清华大学教育研究院"大学生学习性投入调查"课题组 . NSSE-China 问卷使用手册（2009、2010、2011）[Z].

② 史静寰 , 等 . 基于学习过程的本科教育学情调查报告 [J]. 清华大学教育研究 , 2011(4).

映学生对在学经验的评价。

（四）研究问题

我国的高等教育资源在区域的投放和分布上,其总量和结构都存在着很大差异。朱雪文从历史和现状的角度描述了 1949 年至 2001 年我国高等教育资源在东部、中部、西部三大区域的分布状况，分析了形成这种区域不平衡状况的经济和非经济因素。[①] 贺祖斌也使用类似的分析方法，考察了 1990 年至 2001 年间我国高等教育资源在省际和三大地区的分布特征，并进一步探讨了高校所在地区即高等教育生态系统的特征。[②] 对于我国高等教育资源区域分布特点，以往研究及本课题组的前期研究都形成了比较一致的共识：高等教育发展规模、经费投入、基础设施、教师资源、科研水平等在区域分布上显著不均衡，资源更多集中于经济发达的东部地区，而中部、西部地区高等教育资源，特别是优质资源相对贫乏。

那么，资源投放与教育质量之间存在直接的线性关系吗？高等教育资源的区域配置格局是否直接导致了与其相对应的区域间高等教育的质量格局？占有更多优质高等教育资源的地区和院校是否将资源优势成功转化为人才培养优势，是否自然地在高等教育过程中独占鳌头？资源有限、区位不占优的地区和院校，是否在本科生的教育收获和对院校的满意度方面表现不佳？对这些问题的追问，是本研究聚焦的重点，也突显了本研究的意义和价值。

我们希望通过实证研究来探索如下问题：①不同区域、不同类型的高等院校的教育质量（本研究中的大学生学习性投入度）是否存在着与资源配置相对应的显著差异？②不同区域、不同院校类型大学生在校满意度及其自我报告的教育收获是否存在差异？③大学生的种族、社会经济地位、生源地性质（城乡）等先赋因素，与其在校期间的学习性投入状况相比，哪些因素能更好地预测他们的在校满意度及教育收获？

二、大学生学习性投入区域差异的实证分析

（一）工具及样本

调查使用的工具是“中国大学生学习性投入调查问卷”2011 版。问卷包括 A、

---

① 朱雪文 . 中国高等教育区域分布研究 [D]. 上海 : 华东师范大学 , 2002.

② 贺祖斌 . 中国高等教育系统的生态学分析 [D]. 武汉 : 华中科技大学 , 2004.

B 两部分：A 部分的主体内容与美国版的 NSSE 问卷一致，测查大学生学习性投入状况；B 部分主要收集学生的背景信息。

2011 年，清华大学课题组在全国范围内进行了抽样调查，得到有效问卷 69062 份（66539 份纸质问卷、2523 份网络问卷）。根据调查前的分层随机抽样设计，59 所院校中有 41 所是全国代表性样本。在对分层变量进行加权的基础上，本章主要分析代表性样本中的“985”院校、“211”院校和地方本科院校共计 36 所院校的数据（见表 5–1）。

表 5–1　代表性样本一览表

区域院校类型	东部地区	中部地区	西部地区	合计
“985”院校	4455（4）	3948（2）	2195（3）	10598（9）
“211”院校	5896（4）	3840（3）	3273（4）	13009（11）
地方本科院校	8191（7）	7472（6）	4811（3）	20474（16）
合计	**18542（15）**	**15260（11）**	**10279（10）**	**44081（36）**

注：括号外数字代表学生人数，括号内数字代表院校数量。

清华大学课题组使用 2011 年调查数据，计算了问卷各指标的内部一致性，结果显示：各指标的内部一致性系数介于 0.60 至 0.90 之间，平均为 0.75。验证性因素分析的结果也显示各指标与数据拟合较好。调查问卷的信度和效度均达到较高水平，是可靠和准确的研究工具。

（二）区域与院校类型交互作用下五大可比指标上的表现

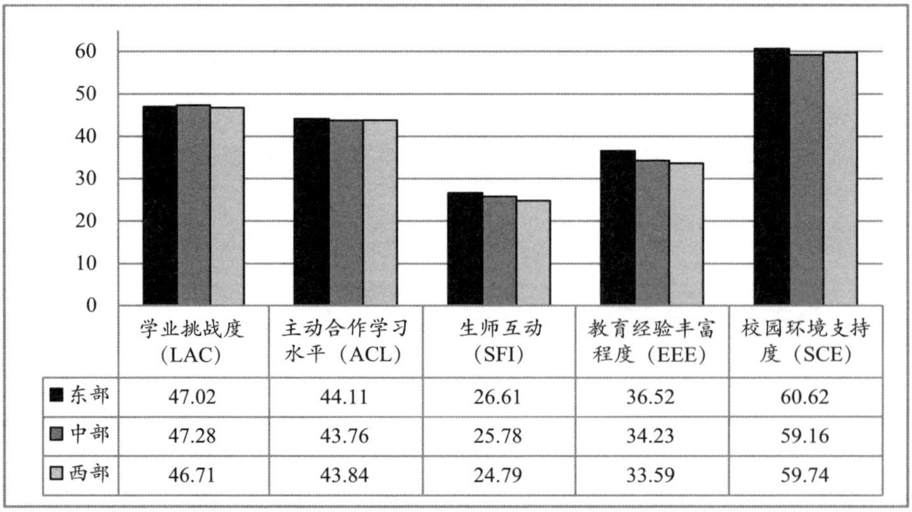

图 5–1　不同区域院校的五大可比指标得分

图 5–1 显示了我国东部、中部、西部三大区域学生在五大可比指标上的得分。经过方差分析发现，三大区域学生在“学业挑战度”上的得分存在显著差异 [F（2,44536）=8.63, $p<0.001$]，中部地区学生的得分显著高于西部地区（$p<0.001$），但与东部地区间不存在显著差异；在“主动合作学习水平”上，三大区域两两之间不存在显著差异。在“生师互动”[F（2,44536）= 52.10, $p<0.001$] 和“教育经验丰富程度”[F（2,44536）=184.94, $p<0.001$] 上，三大区域之间存在显著差异。事后检验结果显示，在这两项指标上，西部地区学生的得分均显著低于东部地区（$p<0.001$）和中部地区（$p<0.001$），中部地区学生的得分均显著低于东部地区（$p<0.05$）。在“校园环境支持度”上，不同区域之间存在显著差异 [F（2,44536）=43.30, $p<0.001$]，东部地区学生的得分显著高于中部地区（$p<0.05$）和西部地区（$p<0.001$），中部地区的学生得分显著高于西部地区（$p<0.05$）。

1. 区域和院校类型之间存在交互作用

清华大学课题组曾就 2009 年“中国大学生学习性投入调查”的数据，对“985”院校、“211”院校和地方本科院校在可比指标“校园环境支持度”上的得分进行比较分析，并报告，“985”院校在“校园环境支持度”上的表现明显优于“211”院校和地方本科院校（$p<0.001$），“211”院校和地方本科院校之间的差异并不明显（$p>0.05$）。但是，当我们引入“区域分析”的视角后，就会发现“区域”和“院校类型”之间存在着交互作用，对于不同类型院校的表现与评价必须结合区域因素，不能一概而论。

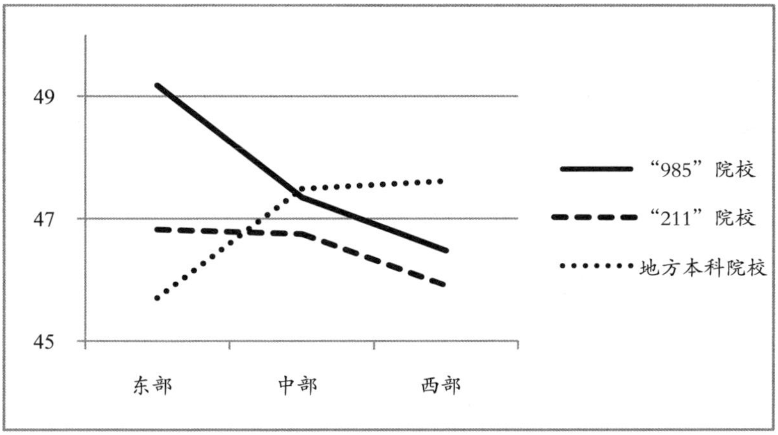

图 5–2　区域和院校类型在学业挑战度上的交互作用

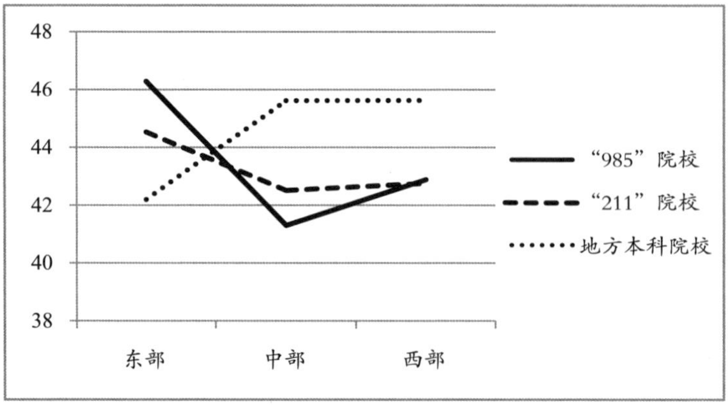

图 5-3　区域和院校类型在主动合作学习水平上的交互作用

图 5-2 显示了区域和院校类型在“学业挑战度”指标上的交互作用。可以看出，“985”院校和“211”院校在该指标上的得分按照东部—中部—西部的顺序依次降低，而地方本科院校的得分依次升高。更为重要的是，三条折线出现了交叉。在西部地区，地方本科院校的得分超过“985”院校和“211”院校，即西部地区的地方本科院校，大学生在“学业挑战度”上的表现要好于同地区的“985”院校和“211”院校。

在“主动合作学习”上，区域和院校类型同样存在交互作用。图 5-3 说明，在东部地区，该指标得分由高到低依次是“985”院校、“211”院校和地方本科院校；而在中部地区，得分最高的是地方本科院校，其次是“985”院校和“211”院校，即中部地区的地方本科院校，大学生的主动合作学习水平要好于同地区的“985”院校和“211”院校。

在“生师互动”指标上，中部地区仍然表现出区域和院校类型之间的交互作用。“985”院校其余三项指标也同样存在区域和院校类型的交互作用，不再详述，参见图 5-4、图 5-5 和图 5-6。

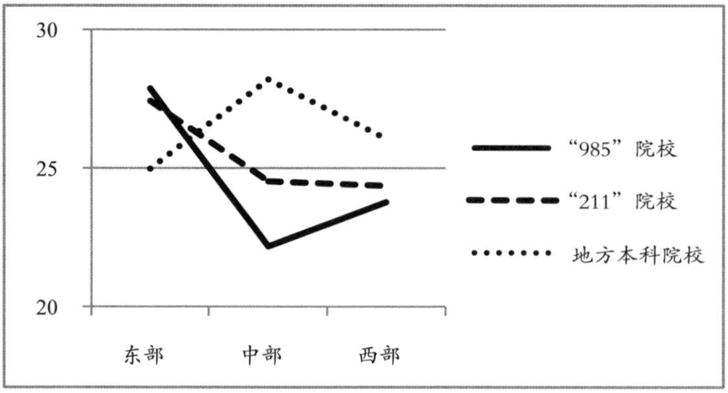

图 5-4　区域和院校类型在生师互动上的交互作用

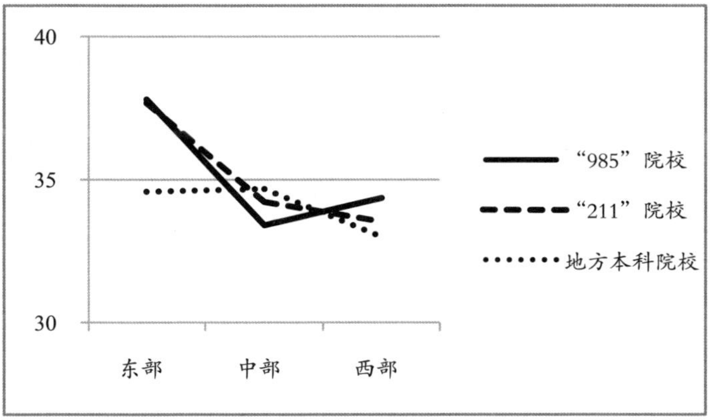

图 5-5　区域和院校类型在教育经验丰富程度上的交互作用

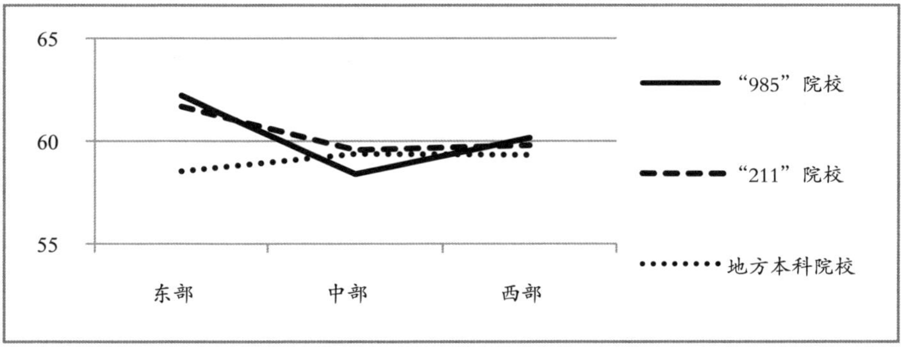

图 5-6　区域和院校类型在校园环境支持度上的交互作用

正是由于区域和院校类型在五大可比指标上存在交互作用，接下来将分别固定区域分析院校类型差异（如东部地区的"985"院校、"211"院校和地方本科院校进行比较）、固定院校类型分析区域差异（如东部、中部和西部的"985"院校进行比较），以便更好地剖析不同区域、不同类型院校的学生在学习性投入上的差异。

2. 东部、中部、西部各类型院校在五大可比指标上的比较

不同区域各类型院校在五大可比指标上的表现存在差异，本部分将以东部、中部、西部为序分别进行分析。图 5-7 至图 5-9 分别呈现了东部、中部、西部地区"985"院校、"211"院校和地方本科院校在五大可比指标上的得分。

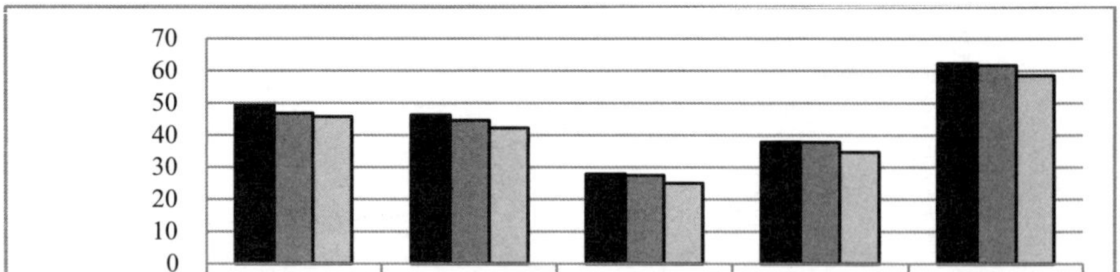

	学业挑战度(LAC)	主动合作学习水平(ACL)	生师互动(SFI)	教育经验丰富程度(EEE)	校园环境支持度(SCE)
■"985"院校	49.18	46.29	27.87	37.79	62.21
■"211"院校	46.82	44.53	27.42	37.66	61.66
□地方本科院校	45.70	42.20	24.97	34.58	58.53

图 5-7 东部地区三类院校的五大可比指标得分

方差检验结果显示，东部地区三类院校在“学业挑战度”[F（2,18180）=121.63, p<0.001] 和“主动合作学习水平”[F（2,18180）=92.31, p<0.001] 上的得分存在显著差异。通过事后检验发现，在这两项指标上三类院校两两之间存在显著差异，“985”院校显著高于“211”院校（p<0.001）和地方本科院校（p<0.001），“211”院校显著高于地方本科院校（p<0.001）。三类院校之间的显著差异同样出现在“生师互动”[F（2,18180）=43.02, p<0.001]、“教育经验丰富程度”[F（2,18180）=93.44, p<0.001] 和“校园环境支持度”[F（2,18180）=95.20, p<0.001] 三个指标上，事后检验结果显示，地方本科院校的得分显著低于“985”院校和“211”院校（p<0.001），而“985”院校和“211”院校之间不存在显著差异。

因此，总体而言，在东部地区，在五大可比指标的得分上，“985”院校表现最佳（在五个可比指标上的得分均显著高于地方本科院校，“211”院校也有两项可比指标的得分显著高出），“211”院校次之（五项可比指标上的得分均显著高于地方本科院校，且有三项指标与“985”院校的表现不存在显著差异）。

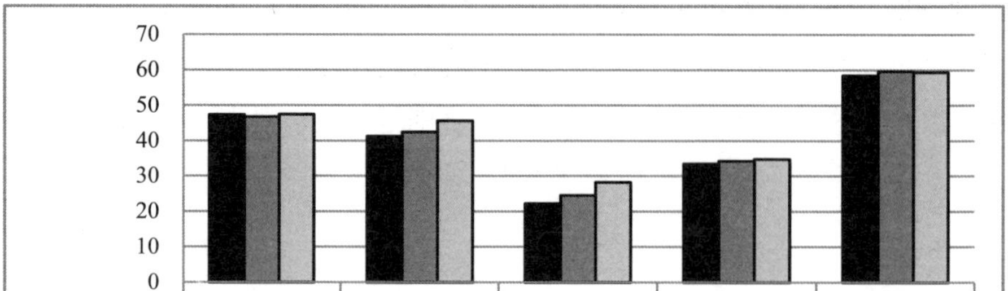

	学业挑战度(LAC)	主动合作学习水平(ACL)	生师互动(SFI)	教育经验丰富程度(EEE)	校园环境支持度(SCE)
■"985"院校	47.34	41.31	22.19	33.41	58.39
■"211"院校	46.75	42.51	24.52	34.22	59.57
□地方本科院校	47.48	45.61	28.20	34.66	59.37

图 5-8 中部地区三类院校的五大可比指标得分

中部地区三类院校在“学业挑战度”的得分上不存在显著差异。在“主动合作学习水平”上，三类院校得分存在显著差异 [F（2,15467）=99.59, p<0.001]。事后检验结果显示，地方本科院校显著高于“211”院校（p<0.001）和“985”院校（p<0.001），“211”院校显著高于“985”院校（p<0.01）。在“生师互动”上，三类院校的得分存在显著差异 [F（2,15467）=136.13, p<0.001]。通过事后检验发现，地方本科院校显著高于“211”院校（p<0.01）和“985”院校（p<0.01），“211”院校显著高于“985”院校（p<0.01）。在“教育经验丰富程度”方面，三类院校之间存在显著差异 [F（2,15467）=9.57, p<0.001]。事后检验结果显示，地方本科院校显著高于“985”院校（p<0.01），而与“211”院校之间不存在显著差异；“211”院校显著高于“985”院校（p<0.05）。在“校园环境支持度”的得分上，三类院校存在显著差异 [F（2,15467）=6.12, p<0.01]。事后检验结果说明，“985”院校显著低于“211”院校（p<0.01）和地方本科院校（p<0.01），“211”院校和地方本科院校之间不存在显著差异。

就中部地区的总体情况而言，在五大可比指标的得分上，地方本科院校异军突起，表现最好（在四个可比指标上的得分显著高于“985”院校；和“211”院校相比，也有两项可比指标的得分显著高出），“211”院校次之（有四项可比指标的表现显著优于“985”院校，且有三项指标与地方本科院校的表现不存在显著差异）。

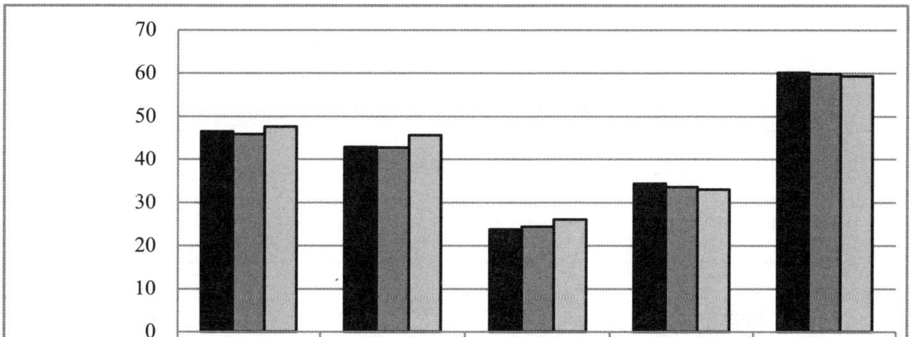

	学业挑战度(LAC)	主动合作学习水平(ACL)	生师互动(SFI)	教育经验丰富程度(EEE)	校园环境支持度(SCE)
■“985”院校	46.47	42.89	23.77	34.35	60.15
■“211”院校	45.90	42.75	24.36	33.53	59.80
□地方本科院校	47.61	45.62	26.06	32.99	59.33

图 5–9　西部地区三类院校的五大可比指标得分

在西部地区，三类院校在“学业挑战度”[F（2,10889）=20.95, p<0.001]、“主动合作学习水平”[F（2,10889）=40.37, p<0.001] 和“生师互动”[F（2,10889）=16.15, p<0.001] 三项指标上均存在显著差异。通过事后检验发现，在这三项指标上，

地方本科院校得分显著高于“985”院校（$p<0.001$）和“211”院校（$p<0.01$），而“985”院校和“211”院校之间不存在显著差异。在“教育经验丰富程度”的得分上，三类院校存在显著差异 [F（2,10889）=8.09, $p<0.001$]。事后检验结果显示，“985”院校显著高于“211”院校（$p<0.05$）和地方本科院校（$p<0.001$），而“211”院校与地方本科院校之间没有显著差异。在“校园环境支持度”方面，三类院校之间不存在显著差异。

可以说，在我国西部地区，就五大可比指标上的表现，地方本科院校也比较突出，表现最好（在三项可比指标上的得分显著高于“985”院校，有两项可比指标的得分显著高于“211”院校），“985”院校和“211”院校的得分不相上下，但比较之下“985”院校稍显占优（仅有一项可比指标上的得分显著高出“211”院校和地方本科院校，在其余各可比指标上的表现均与“211”院校不存在显著性差异）。

通过对不同区域、不同类型院校在五大可比指标上的得分进行比较和验证，发现在东部、中部、西部，“985”院校、“211”院校和地方本科院校的比较优势呈现出不同的走势。具体而言，在东部地区，“985”院校表现最佳，“211”院校次之；在中部地区，地方本科院校表现突出，“211”院校次之；在西部地区，地方本科院校表现最好，“985”院校和“211”院校的得分不相上下，但比较之下“985”院校稍显占优。

3. 不同区域的同类型院校在五大可比指标上的比较

上文分析了不同区域内三类院校在五大可比指标上的差异，接下来比较同一类型的院校在不同区域的五大可比指标的差异。

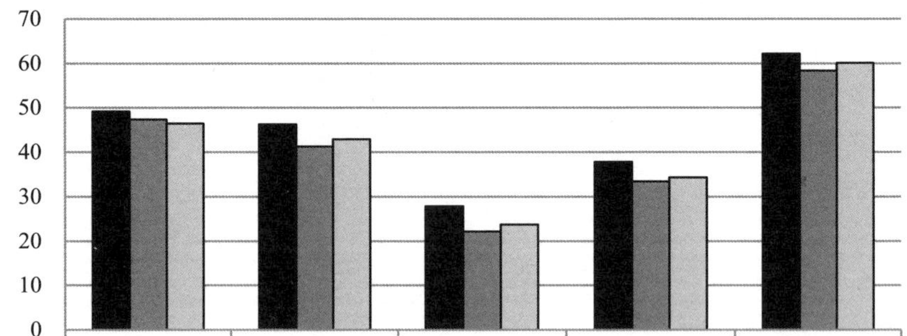

	学业挑战度(LAC)	主动合作学习水平(ACL)	生师互动(SFI)	教育经验丰富程度(EEE)	校园环境支持度(SCE)
■东部	49.18	46.29	27.87	37.79	62.21
■中部	47.34	41.31	22.19	33.41	58.39
□西部	46.47	42.89	23.77	34.35	60.15

图 5-10　不同区域“985”院校的五大可比指标得分

不同区域的“985”院校在“学业挑战度”的得分上存在显著差异 [F（2,12314）=58.00, p<0.001]，事后检验结果显示，东部“985”院校得分显著高于中部“985”院校（p<0.001）和西部“985”院校（p<0.001），中部“985”院校的得分又显著高于西部“985”院校（p<0.01）。在“主动合作学习水平”上，三大区域“985”院校的得分存在显著差异 [F（2,12314）=107.44, p<0.001]，中部得分显著低于西部（p<0.001）和东部（p<0.001），西部得分显著低于东部（p<0.001）。在“生师互动”指标上，三大区域“985”院校之间存在显著差异 [F（2,12314）=114.23, p<0.001]，东部得分显著高于西部（p<0.01）和中部（p<0.01），西部得分显著高于中部（p<0.01）。在“教育经验丰富程度”方面，不同区域“985”院校存在显著差异 [F（2,12314）=108.60, p<0.001]，事后检验发现，东部得分显著高于西部（p<0.01）和中部（p<0.01），西部得分显著高于中部（p<0.05）。三大区域院校间的显著差异也存在于“校园环境支持度”中 [F（2,12314）=62.28, p<0.001]，事后检验结果显示，东部得分显著高于西部（p<0.001）和中部（p<0.001），西部得分又显著高于中部（p<0.001）。

因此，“985”院校作为一个院校类型，在东部、中部、西部的表现呈现出东部优势明显、“中部塌陷”严重的发展态势。体现在五大可比指标的得分上，就是东部“985”院校在全部五个可比指标上的表现都显著优于中部和西部的“985”院校；而中部“985”院校则在除“学业挑战度”以外的四项可比指标上的得分均显著低于西部“985”院校，在三大区域中垫底。

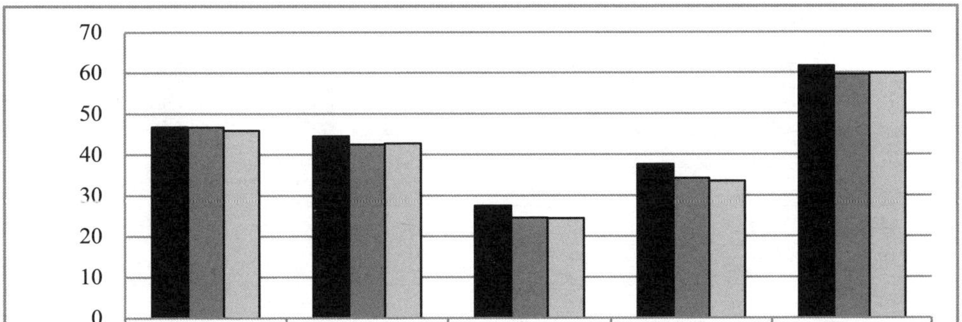

	学业挑战度(LAC)	主动合作学习水平(ACL)	生师互动(SFI)	教育经验丰富程度(EEE)	校园环境支持度(SCE)
■东部	46.82	44.53	27.42	37.66	61.66
■中部	46.75	42.51	24.52	34.22	59.57
■西部	45.90	42.75	24.36	33.53	59.80

图 5–11　不同区域“211”院校的五大可比指标得分

“211”院校在三大区域中，在“学业挑战度”指标的得分上存在显著差异[$F(2,13536)=7.30$, $p<0.01$]，西部“211”院校的得分显著低于东部“211”院校（$p<0.001$）和中部“211”院校（$p<0.01$），而东部与中部之间不存在显著差异。三大区域院校之间的显著差异同样存在于“主动合作学习水平”[$F(2,13536)=22.92$, $p<0.001$]、“生师互动”[$F(2,13536)=41.78$, $p<0.001$]、“教育经验丰富程度”[$F(2,13536)=108.26$, $p<0.001$]和“校园环境支持度”[$F(2,13536)=25.56$, $p<0.001$]上。事后检验结果显示，在这四项指标上，东部“211”院校的得分均显著高于中部“211”院校（$p<0.01$）和西部“211”院校（$p<0.01$），而中部“211”院校和西部“211”院校之间不存在显著差异。

就“211”院校的整体情况而言，在三大区域中的表现呈现出东部优势依然明显、中部和西部水平接近的发展态势。位于东部的“211”院校保持在全部五个可比指标上的得分显著高于西部的“211”院校，在四个可比指标上的表现显著优于中部的“211”院校；而位于中部和西部的“211”院校，仅在“学业挑战度”一项指标上存在显著差异（中部表现优于西部），在其余四项可比指标上的得分二者都不存在显著性差异。

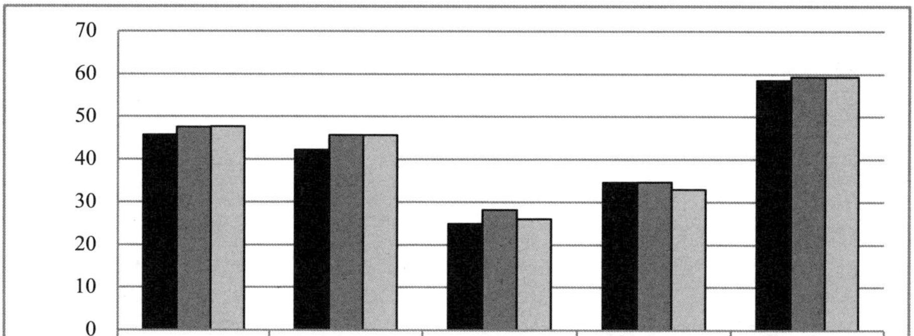

	学业挑战度（LAC）	主动合作学习水平（ACL）	生师互动（SFI）	教育经验丰富程度（EEE）	校园环境支持度（SCE）
■东部	45.70	42.20	24.97	34.58	58.53
■中部	47.48	45.61	28.20	34.66	59.37
■西部	47.61	45.62	26.06	32.99	59.33

图 5–12 不同区域地方本科院校的五大可比指标得分

东部、中部、西部的地方本科类院校在“学业挑战度”[$F(2,18686)=48.89$, $p<0.001$]和“主动合作学习水平”[$F(2,18686)=94.97$, $p<0.001$]的得分上存在显著差异。通过事后检验发现，在这两项指标上，东部地方本科类院校的得分均显著低于西部地方本科类院校（$p<0.01$）和中部地方本科类院校（$p<0.001$），但西部和中部之间没有显著差异。在“生师互动”方面，三大区域地方本科类院校的

得分存在显著差异 [F（2,18686）=53.39, $p<0.001$]，中部院校的得分显著高于西部（$p<0.01$）和东部院校（$p<0.001$），西部院校的得分显著高于东部院校（$p<0.01$）。在“教育经验丰富程度”的得分上，不同区域地方本科类院校间存在显著差异 [F（2,18686）=19.21, $p<0.001$]，西部院校的得分显著低于东部院校（$p<0.001$）和中部院校（$p<0.001$），但东部院校和中部院校之间不存在显著差异。在“校园环境支持度”方面，三大区域院校的得分存在显著差异 [F（2,18686）=5.52, $p<0.01$]，东部地方本科类院校得分显著低于中部（$p<0.01$）和西部（$p<0.05$）的地方本科类院校，但中部、西部地方本科类院校之间不存在显著差异。

可以说，地方本科院校在东部、中部、西部的发展态势，与上文分析的其他两种院校类型相比，呈现出“逆转”的特点，即东部的地方本科院校明显处于劣势，具体表现为有四项可比指标的得分显著低于中部和西部的地方本科院校，仅在“教育经验丰富程度”上显著优于西部且与中部水平无差异；中部和西部的地方本科院校水平接近，只在“生师互动”一项指标上存在显著差异（中部表现优于西部），其余四项可比指标的得分二者不存在显著性差异。

上述通过比较和验证同一类型院校在不同区域的五大可比指标的得分，发现“985”院校、“211”院校和地方本科类院校在东部、中部、西部的发展态势呈现多样差异。具体而言，在“985”高校群体中，东部优势明显，“中部塌陷”；在“211”高校群体中，东部优势依然明显，中部和西部水平接近；在地方本科类院校中，发展态势发生“逆转”，东部处于明显劣势，中部、西部水平接近。

（三）区域与院校类型交互作用下学生教育收获、在校满意度分析

本部分主要考察和分析不同区域、不同类型院校在学生教育收获和在校满意度两方面存在的差异。学生教育收获即“中国大学生学习性投入调查（2011）”中“学生自我报告的教育收获”，具体又区分为知识收获、能力收获和价值观收获三个维度。其中，“知识收获”包括获得“广泛的各领域知识”和“深入的专业知识”，“能力收获”由“口头表达”“书面表达”“组织领导”“批判性思维”“解决问题能力”“与他人有效合作”“信息技术能力”和“自主学习”八个方面构成，“价值观收获”则包括“认识自我”“确立人生观、价值观”“明确未来规划”及“理解不同群体的文化和价值观”。

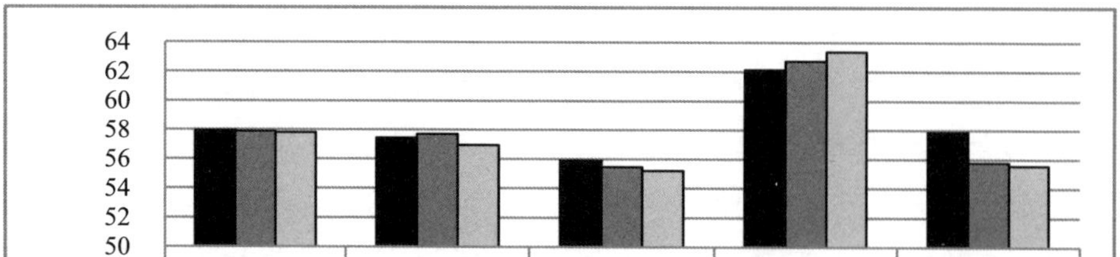

	学生自我报告的教育收获	知识收获	能力收获	价值观收获	在校满意度
东部	57.91	57.44	55.90	62.15	57.86
中部	57.86	57.69	55.46	62.72	55.77
西部	57.78	56.94	55.20	63.36	55.56

图 5–13　不同区域院校的学生教育收获和在校满意度

图 5–13 显示了东部、中部、西部院校在学生教育收获和在校满意度上的得分。通过方差检验发现，三大区域院校在“学生自我报告的教育收获”上的得分不存在显著差异。而在“在校满意度”方面，三大区域院校之间存在显著差异 [F（2,44213）=51.60, p<0.001]。事后检验结果显示，东部院校得分显著高于中部院校（p<0.01）和西部院校（p<0.001），中部院校和西部院校之间不存在显著差异。

具体到教育收获的三个维度，东部、中部、西部院校在“知识收获”方面存在显著差异 [F（2,44213）=6.93, p<0.01]，中部院校得分显著高于西部院校（p<0.05），而与东部院校之间不存在显著差异，东部和西部院校之间也不存在显著差异。在“能力收获”维度上，不同区域院校存在显著差异 [F（2,44213）=10.95, p<0.001]，东部院校得分显著高于西部院校（p<0.01），而与中部院校得分没有显著差异，中部和西部院校间不存在显著差异。三大区域院校在“价值观收获”维度的得分上也存在显著差异 [F（2,44213）=4.84, p<0.01]，西部院校得分显著高于东部院校（p<0.001）和中部院校（p<0.01），东部和中部院校之间不存在显著差异。

1. 区域和院校之间存在交互作用

同五大可比指标的情况一样，在“学生自我报告的教育收获”和“在校满意度”方面也存在着区域与院校类型的交互作用。

图 5–14 说明，在东部地区，学生自我报告教育收获得分最高的是“985”院校，得分最低的是地方本科院校；然而在西部地区，情况恰恰相反，学生教育收获得分最高的是地方本科院校，最低的是“985”院校。图 5–15 说明了学生在校满意度的得分也受到区域和院校类型的交互影响。

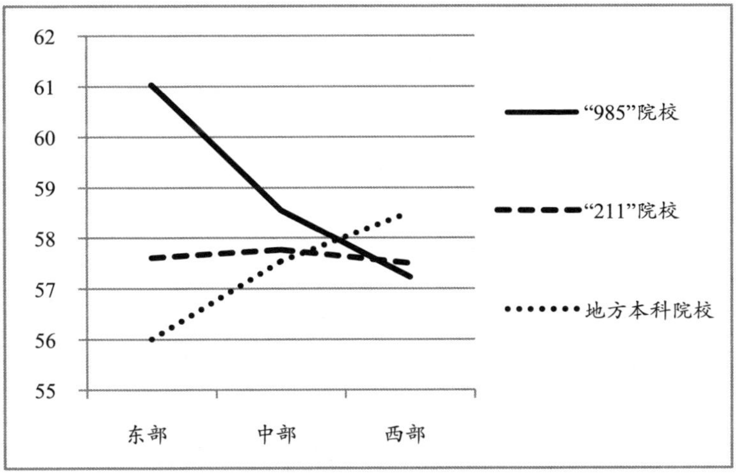

图 5–14　区域和院校类型在学生教育收获上的交互作用

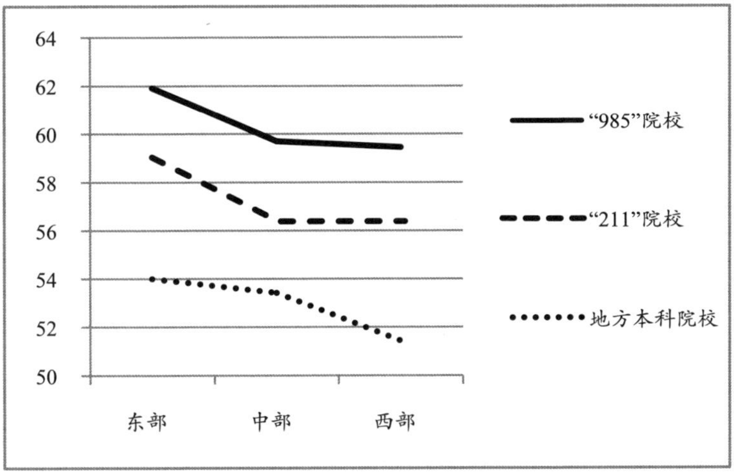

图 5–15　区域和院校类型在在校满意度上的交互作用

正是由于区域和院校类型在“学生自我报告的教育收获”和“在校满意度”方面存在交互作用，接下来将分别固定区域和院校类型进行方差分析，以便更好地剖析不同区域、不同类型院校的学生在学习收获和满意度上的差异。

2. 东部、中部、西部各类型院校学生教育收获与在校满意度比较分析

在东部地区，“985”院校、“211”院校和地方本科院校在“学生自我报告的教育收获”[F（2,18081）=122.24, p<0.001] 和“在校满意度”[F（2,18081）=206.79, p<0.001] 方面均存在显著差异。通过事后检验发现，在这两项指标上，“985”院校得分显著高于“211”院校（p<0.001），“211”院校得分显著高于地方本科院校（p<0.001）。

聚焦学生的教育收获，三类院校在“知识收获”[*F*（2,18081）=159.58, *p*<0.001]、“能力收获”[*F*（2,18081）=73.70, *p*<0.001] 和“价值观收获”[*F*（2,18081）=106.82, *p*<0.001] 三方面均存在显著差异。事后检验结果显示，在教育收获的三个方面，“985”院校得分均显著高于“211”院校（*p*<0.001），“211”院校得分均显著高于地方本科院校（*p*<0.001）。具体得分情况详见图 5–16。

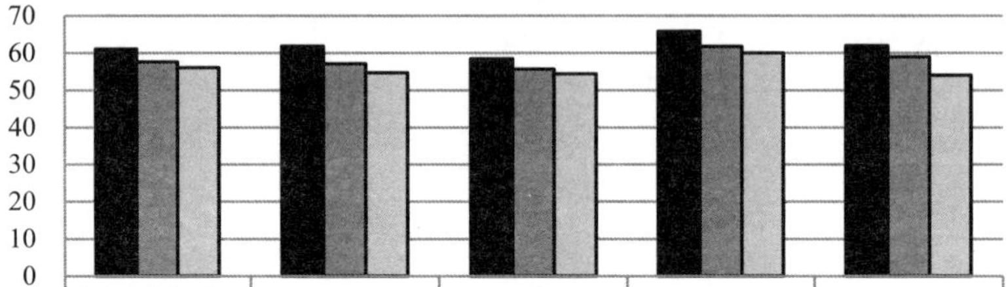

	学生自我报告的教育收获	知识收获	能力收获	价值观收获	在校满意度
“985”院校	61.03	61.85	58.44	65.77	61.91
“211”院校	57.61	57.12	55.65	61.76	58.97
地方本科院校	56.01	54.64	54.36	59.97	53.99

图 5–16　东部地区不同类型院校的学生教育收获和在校满意度得分

在中部地区，三类院校在“学生自我报告的教育收获”上存在显著差异 [*F*（2,15316）=4.76, *p*<0.01]，“985”院校得分显著高于“211”院校（*p*<0.05）和地方本科院校（*p*<0.01），“211”院校和地方本科院校间不存在显著差异。在“在校满意度”的得分上，三类院校间也存在显著差异 [*F*（2,15316）=106.48, *p*<0.001]，“985”院校得分显著高于“211”院校（*p*<0.01）和地方本科院校（*p*<0.01），“211”院校得分显著高于地方本科院校（*p*<0.01）。

具体到教育收获的三个维度，在“知识收获”上，三类院校间存在显著差异 [*F*（2,15316）=4.04, *p*<0.05]，“985”院校得分显著高于地方本科院校（*p*<0.05）与“211”院校；“211”院校与地方本科院校之间没有显著差异。在“能力收获”方面，三类院校的得分存在显著差异 [*F*（2,15316）=3.56, *p*<0.05]，“985”院校得分显著高于“211”院校（*p*<0.05）和地方本科院校（*p*<0.05），“211”院校和地方本科院校间没有显著差异。三类院校在“价值观收获”的得分上也存在显著差异 [*F*（2,15316）=3.82, *p*<0.05]，“985”院校得分显著高于地方本科院校（*p*<0.05）与“211”院校；“211”院校与地方本科院校之间没有显著差异。具体得分情况详见图 5–17。

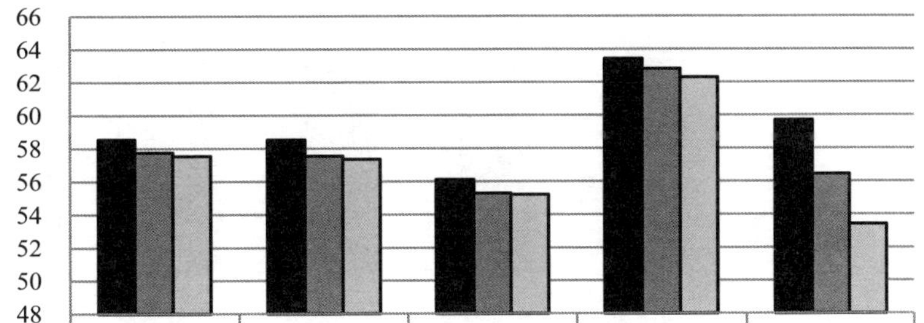

	学生自我报告的教育收获	知识收获	能力收获	价值观收获	在校满意度
■"985"院校	58.55	58.52	56.11	63.43	59.70
■"211"院校	57.76	57.53	55.29	62.81	56.44
□地方本科院校	57.54	57.34	55.21	62.30	53.41

图 5–17　中部地区不同类型院校的学生教育收获和在校满意度得分

在"学生自我报告的教育收获"上，西部地区三类院校的得分存在显著差异 [F(2,10816)=5.99, p<0.01]。事后检验结果显示，地方本科院校得分显著高于"985"院校（p<0.01）和"211"院校（p<0.05），"985"院校和"211"院校之间不存在显著差异。在"在校满意度"方面，三类院校之间也存在显著差异 [F（2,10816）=134.04, p<0.01]，"985"院校得分显著高于"211"院校（p<0.001）和地方本科院校（p<0.001），"211"院校得分显著高于地方本科院校（p<0.001）。

具体分析教育收获的三个维度，西部地区三类院校在"知识收获"的得分上不存在显著差异。在"能力收获"上，三类院校存在显著差异 [F（2,10816）=6.14, p<0.01]，地方本科院校显著高于"985"院校（p<0.01）和"211"院校（p<0.01），"985"院校和"211"院校之间不存在显著差异。三类院校在"价值观收获"的得分上存在显著差异 [F（2,10816）=8.16, p<0.001]，地方本科院校显著高于"985"院校（p<0.01）和"211"院校（p<0.05），"985"院校与"211"院校之间没有显著差异。具体得分情况详见图 5–18。

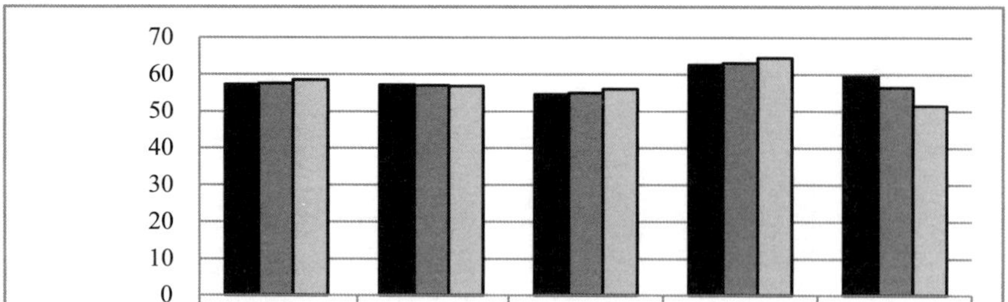

	学生自我报告的教育收获	知识收获	能力收获	价值观收获	在校满意度
"985"院校	57.22	57.10	54.60	62.53	59.44
"211"院校	57.50	56.93	54.89	62.98	56.42
地方本科院校	58.51	56.80	55.99	64.40	51.44

图 5-18　西部地区不同类型院校的学生教育收获和在校满意度得分

综上，通过对不同区域、不同类型院校在“学生自我报告的教育收获”和“在校满意度”上的得分进行比较和验证，发现在东部、中部、西部，“985”院校、“211”院校和地方本科院校的比较优势呈现出不同的走势。具体而言，在东部地区，“985”院校表现优异，“211”院校次之。在学生总体教育收获、知识收获、能力收获、价值观收获及在校满意度五个方面，东部地区三类院校间均存在显著性差异，走势都是“985”院校优于“211”院校，“211”院校优于地方本科院校。在中部地区，“985”院校的优势依然明显，在学生总体教育收获、知识收获、能力收获、价值观收获及在校满意度五方面的得分都显著高于“211”院校。相比之下，“211”院校与地方本科院校的得分十分接近，“211”院校仅在在校满意度一个方面的得分显著高于地方本科院校。在西部地区，态势发生“逆转”，地方本科院校表现最佳，在学生总体教育收获、能力收获及价值观收获三方面的得分都显著高于“985”院校和“211”院校，只在在校满意度上的得分显著低于“985”院校和“211”院校；相比之下，“985”院校与“211”院校的得分十分接近，“985”院校仅在在校满意度一个方面的得分显著高于“211”院校。

与上文对五大可比指标的分析相对照，在东部地区，不同类型院校学生的学习过程表现（即五大可比指标）与学生自我报告的教育收获及在校满意度的比较优势的走势一致，均为“985”院校最好，“211”院校次之。在中部地区，两方面比较优势的走势有所不同：在学习过程表现上，地方本科院校最好，“211”院校次之；而教育收获和在校满意度则表现出“985”院校最好，“211”院校与地方本科院校得分相近。在西部地区，两方面比较优势的走势再次出现一致，即地方本科院校最佳，“985”院校与“211”院校得分相当。

3. 不同区域的同类型院校在学生教育收获和在校满意度上的比较

上文分析了不同区域内三类院校在学生教育收获和在校满意度上的差异，接下来比较同一类型的院校在不同区域的学生教育收获和在校满意度上的差异。

不同区域的“985”院校在“学生自我报告的教育收获”的得分上存在显著差异 [F（2,12249）=53.81, $p<0.001$]。事后检验结果显示，东部“985”院校得分显著高于中部“985”院校（$p<0.001$）和西部“985”院校（$p<0.001$），中部“985”院校的得分又显著高于西部“985”院校（$p<0.01$）。在“在校满意度”方面，三大区域“985”院校的得分存在显著差异 [F（2,12249）=17.03, $p<0.001$]，东部“985”院校的得分显著高于中部“985”院校（$p<0.001$）和西部“985”院校（$p<0.001$），中部“985”院校和西部“985”院校之间不存在显著差异。

具体到教育收获的三个维度，在“知识收获”方面，三大区域“985”院校的得分存在显著差异 [F（2,12249）=52.18, $p<0.001$]，东部“985”院校的得分显著高于中部“985”院校（$p<0.01$）和西部“985”院校（$p<0.01$），中部“985”院校的得分显著高于西部“985”院校（$p<0.05$）。在“能力收获”的得分上，不同区域的“985”院校之间也存在显著差异 [F（2,12249）=47.92, $p<0.001$]，东部“985”院校的得分显著高于中部“985”院校（$p<0.001$）和西部“985”院校（$p<0.001$），中部“985”院校的得分显著高于西部“985”院校（$p<0.001$）。在“价值观收获”方面，三大区域“985”院校之间仍然存在显著差异 [F（2,12249）=52.18, $p<0.001$]，西部“985”院校的得分显著低于东部“985”院校（$p<0.01$）和中部“985”院校（$p<0.01$），中部“985”院校的得分显著低于东部“985”院校（$p<0.01$）。具体得分情况详见图 5-19。

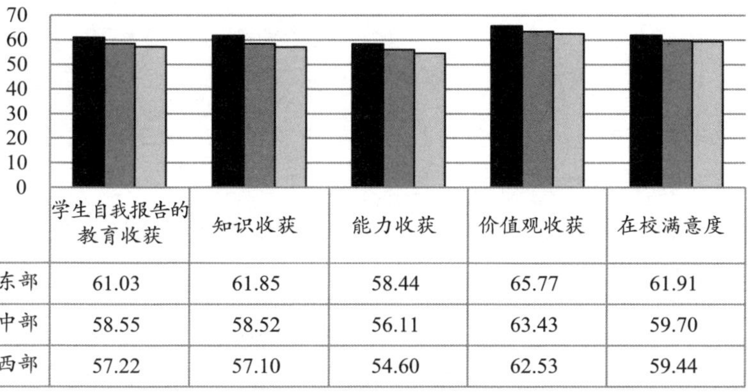

	学生自我报告的教育收获	知识收获	能力收获	价值观收获	在校满意度
■ 东部	61.03	61.85	58.44	65.77	61.91
■ 中部	58.55	58.52	56.11	63.43	59.70
□ 西部	57.22	57.10	54.60	62.53	59.44

图 5-19　不同区域“985”院校的学生教育收获和在校满意度得分

“211”院校在三大区域中，在“学生自我报告的教育收获”上不存在显著差异。“在校满意度”上的得分存在显著差异 [F（2,13452）=23.03, p<0.001]。通过事后检验发现，东部“211”院校的得分显著高于中部“211”院校（p<0.001）和西部“211”院校（p<0.001），中部“211”院校和西部的“211”院校之间不存在显著差异。

深入教育收获的三个维度，在“知识收获”上，各区域“211”院校的得分不存在显著差异。在“能力收获”上，东部“211”院校得分显著高于西部“211”院校（p<0.05），但与中部“211”院校间没有显著差异，中部“211”院校和西部“211”院校的得分不存在显著差异。在“价值观收获”的得分上，各区域“211”院校间存在显著差异 [F(2,13452)=4.93, p<0.01]，东部“211”院校的得分显著低于中部“211”院校（p<0.05）和西部“211”院校（p<0.01），中部“211”院校与西部“211”院校之间没有显著差异。具体得分情况详见图 5–20。

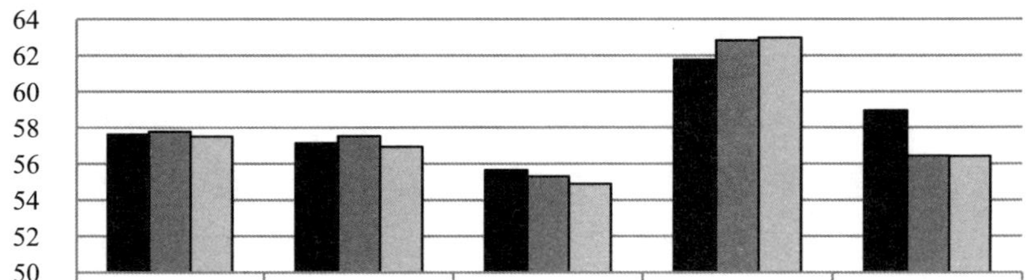

	学生自我报告的教育收获	知识收获	能力收获	价值观收获	在校满意度
东部	57.61	57.12	55.65	61.76	58.97
中部	57.76	57.53	55.29	62.81	56.44
西部	57.50	56.93	54.89	62.98	56.42

图 5–20　不同区域“211”院校的学生教育收获和在校满意度得分

东部、中部、西部的地方本科院校在“学生自我报告的教育收获”上不存在显著差异。在“在校满意度”方面，各区域的地方本科院校之间存在显著差异 [F（2,18512）=23.03, p<0.001]。事后检验结果显示，东部地方本科院校的得分显著高于中部地方本科院校（p<0.05）和西部地方本科院校（p<0.05），中部地方本科院校和西部地方本科院校间不存在显著差异。

具体分析教育收获的三个维度，在“知识收获”和“能力收获”上，各区域地方本科院校的得分不存在显著差异。在“价值观收获”方面，东部地方本科院校的得分显著低于中部地方本科院校（p<0.05）和西部地方本科院校（p<0.01），中部地方本科院校和西部地方本科院校之间不存在显著差异。具体得分情况详见图 5–21。

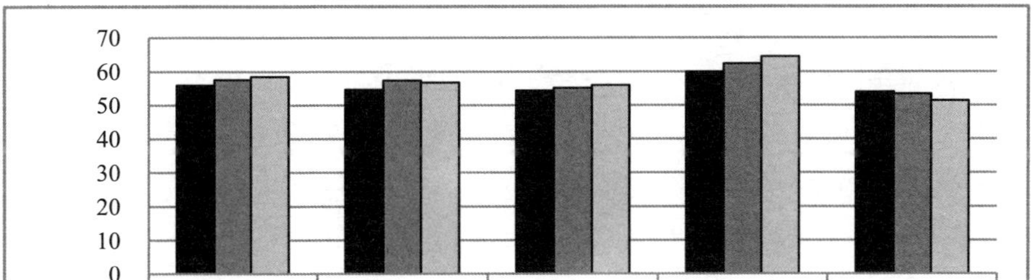

	学生自我报告的教育收获	知识收获	能力收获	价值观收获	在校满意度
■东部	56.01	54.64	54.36	59.97	53.99
■中部	57.54	57.34	55.21	62.30	53.41
□西部	58.51	56.80	55.99	64.40	51.44

图 5–21　不同区域地方本科院校的学生教育收获和在校满意度得分

综上，通过比较和验证同一类型院校在不同区域的学生教育收获和在校满意度的得分，发现“985”院校、“211”院校和地方本科类院校在东部、中部、西部的发展态势呈现多样性。第一，“985”院校作为一个院校类型，该群体在东部、中部、西部的表现呈现出东部优势突出、中部表现次之的发展态势。体现在学生教育收获和在校满意度的得分上，就是东部地区的“985”院校在学生总体教育收获、知识收获、能力收获、价值观收获及在校满意度五个方面的表现都显著优于中部和西部的“985”院校；而中部的“985”院校则在除“在校满意度”以外的四个方面的得分均显著高于西部的“985”院校。第二，就“211”院校的整体情况而言，在三大区域中的表现呈现出东部较好、中部和西部水平接近的发展态势。位于东部的“211”院校只在在校满意度和能力收获两个方面显著优于西部的“211”院校，仅在在校满意度一个方面的表现显著优于中部的“211”院校；而位于中部和西部的“211”院校，则在学生教育收获和在校满意度所涵盖的五个方面均不存在显著差异。但是，值得注意的是，西部和中部的“211”院校学生在“价值观收获”上显著优于东部“211”院校的学生。第三，可以说，地方本科院校在东部、中部、西部的发展态势，其差异性最为模糊。三大区域的地方本科院校在总体教育收获、知识收获和能力收获三个方面都不存在显著性差异。东部的地方本科院校仅在“在校满意度”上的得分明显高于中部和西部的地方本科院校，西部的地方本科院校则在“价值观收获”上显著优于东部和西部的地方本科院校。

与上文对五大可比指标的分析相对照，在“985”院校群体中，不同区域学生的学习过程表现（即五大可比指标）与学生自我报告的教育收获及在校满意度的比较优势的走势有所不同：在学习过程表现上，东部“985”院校最优，“中部塌陷”；在教育收获和在校满意度上，东部“985”院校仍然保持最优，但不存在“中部塌陷”问题。在“211”院校群体中，不同区域学生的学习过程表现与自我报告的教育收获及在校满意度的比较优势的走势基本一致，均为东部“211”院校最好，中部“211”院校和西部“211”院校相差不大。在地方本科院校群体中，在学习过程中体现出来的东部劣势在教育收获及满意度方面却看不到了，而是呈现出东部、中部、西部之间差异不显著的局面。

（四）不同区域大学生先赋因素、教育诊断性指标预测教育收获

上文主要分析了大学生学习性投入各项指标在不同区域、院校类型的差异，有助于我们把握区域因素在解释大学生学习性投入各指标变化中的作用。而作为“教育结果”变量的“学生自我报告的教育收获”和“在校满意度”，其主要影响因素是什么？不同区域、院校类型的影响因素有何不同？具体地说，大学生的种族、社会经济地位、生源地性质（城乡）、性别等先赋因素，与其学习性投入状况相比，哪些因素能更好地预测他们的在校满意度及教育收获？下面我们将通过回归分析的方法，对这些问题进行分析（见图 5–22）。

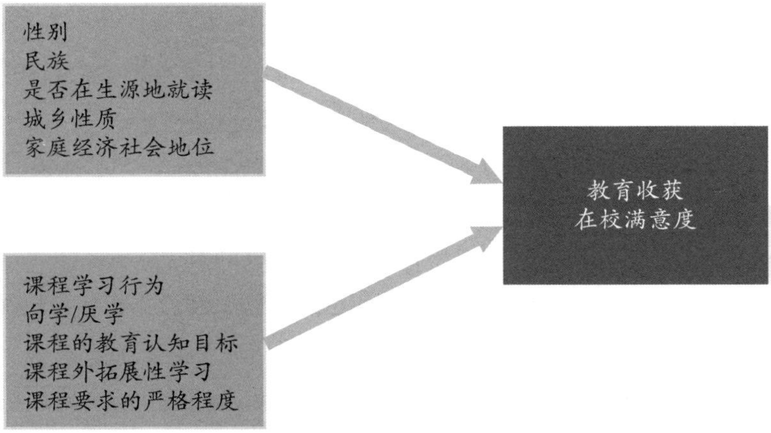

图 5–22　大学生先赋因素、教育诊断性指标对教育收获、在校满意度的预测

1. 不同区域和院校类型大学生先赋因素、教育诊断性指标预测总体教育收获

如前所述，“大学生学习性投入调查问卷”包括七个“教育诊断性指标”，我们逐个固定区域和院校类型，以除教育收获、在校满意度之外的五个教育诊断性指

标，及性别、民族、是否在生源地就读、城乡性质、家庭经济社会地位（SES）五个先赋因素为自变量，以总体教育收获为因变量，考察大学生先赋因素和教育过程性因素对教育产出的预测作用大小。其中，总体教育收获涵盖大学生在知识、能力、价值观等三方面的提升。如表 5–2 所示，采用逐步回归方法进行分析，首先分别以东部、中部、西部三个大的区域为单位，不区分院校类型，然后考察不同区域的“985”院校、“211”院校及地方本科院校。表 5–2 中列出了进入回归方程的自变量，以及每个自变量对应的累积预测率。

表 5–2　不同区域和院校类型各类指标对“总体教育收获”的预测

院校类型	东部		中部		西部	
	预测变量	累积 R^2	预测变量	累积 R^2	预测变量	累积 R^2
所有院校	课程学习行为	27.81	课程学习行为	25.74	课程学习行为	24.56
	向学 / 厌学	35.07	向学 / 厌学	33.47	向学 / 厌学	31.69
	课程外拓展性学习	37.62	课程外拓展性学习	36.66	课程外拓展性学习	34.28
	课程的教育认知目标	39.45	课程的教育认知目标	38.55	课程的教育认知目标	36.46
	课程要求的严格程度	40.45	性别	39.27	课程要求的严格程度	37.36
	性别	41.14	课程要求的严格程度	39.88	性别	38.32
	家庭经济社会地位	41.17	家庭经济社会地位	39.95	家庭经济社会地位	38.40
	民族	41.20	民族	39.97	是否在生源地就读	38.42
	是否在生源地就读	41.22				
“985”院校	课程学习行为	29.93	课程学习行为	24.23	课程学习行为	23.72
	向学 / 厌学	36.64	向学 / 厌学	31.89	向学 / 厌学	30.54
	课程的教育认知目标	39.41	课程外拓展性学习	34.54	课程的教育认知目标	33.09
	课程外拓展性学习	41.20	课程的教育认知目标	36.64	课程外拓展性学习	35.21
	课程要求的严格程度	42.44	性别	37.20	性别	35.88
	性别	43.05	课程要求的严格程度	37.78	课程要求的严格程度	36.56
			民族	37.79		
			家庭经济社会地位	38.11		
			城乡	38.30		

续表

院校类型	东部		中部		西部	
	预测变量	累积 R^2	预测变量	累积 R^2	预测变量	累积 R^2
“211”院校	课程学习行为	26.56	课程学习行为	25.44	课程学习行为	24.01
	向学 / 厌学	33.48	向学 / 厌学	32.60	向学 / 厌学	31.83
	课程外拓展性学习	36.20	课程外拓展性学习	35.46	课程外拓展性学习	34.31
	课程要求的严格程度	37.83	课程的教育认知目标	36.61	课程的教育认知目标	36.27
	课程的教育认知目标	39.10	性别	37.30	性别	37.42
	性别	39.44	课程要求的严格程度	37.99	课程要求的严格程度	38.54
	民族	39.58	家庭经济社会地位	38.09	家庭经济社会地位	38.71
	城乡	39.62				
地方本科院校	课程学习行为	26.37	课程学习行为	27.54	课程学习行为	25.27
	向学 / 厌学	33.64	向学 / 厌学	35.16	向学 / 厌学	32.06
	课程外拓展性学习	36.47	课程外拓展性学习	38.86	课程外拓展性学习	34.90
	课程的教育认知目标	38.09	课程的教育认知目标	40.93	课程的教育认知目标	37.14
	性别	38.85	课程要求的严格程度	41.47	课程要求的严格程度	38.09
	课程要求的严格程度	39.63	性别	42.04	性别	38.96
	是否在生源地就读	39.67			家庭经济社会地位	39.07
	家庭经济社会地位	39.73				

东部地区的结果表明，五个教育诊断性指标的影响程度排序依次为课程学习行为、向学 / 厌学、课程外拓展性学习、课程的教育认知目标、课程要求的严格程度五个教育诊断性指标的影响较大，可预测“总体教育收获”变化的 40.45%。中部地区前四项影响指标与东部相同，但性别的影响比课程要求的严格程度更大，居影响因素的第五位，前五项因素可解释“总体教育收获”变化的 39.27%。西部地区和东部地区的影响因素及次序相同，五个教育诊断性指标也是最主要解释因素，它们共可预测“总体教育收获”的 37.36%。所有因素对“总体教育收获”变化的预测率，东部、中部、西部有依次降低的趋势，分别为 41.22%、39.97% 和 38.42%。东部、中部、西部的结果均显示，在所有预测因素中，教育诊断性指标的预测率远大于先赋因素；课程学习行为的预测作用均为最大，东部、中部、西部的预测率依次为 27.81%、25.74%、24.56%，以绝对优势领先于其他因素；进入回归方程的先赋因素，虽然预测作用也较为显著，但对“总体教育收获”变化的预测均在 1% 以内。值得注意的是，与东部、中部院校不同，在西部院校中，民族因素没有进入回归方程。

进一步在不同区域的“985”院校分别进行回归分析。东部“985”院校进入回归方程的前五位预测变量是课程学习行为、向学 / 厌学、课程的教育认知目标、课程外拓展性学习和课程要求的严格程度；中部“985”院校的前五位预测变量是课程学习行为、向学 / 厌学、课程外拓展性学习、课程的教育认知目标和性别，西部“985”院校则是课程学习行为、向学 / 厌学、课程的教育认知目标、课程外拓展性学习和性别。性别、民族、家庭经济社会地位、城乡四个先赋变量进入了中部“985”院校的回归方程中，而东部和西部仅有性别进入。

东部“211”院校的前五位预测变量是课程学习行为、向学 / 厌学、课程外拓展性学习、课程要求的严格程度、课程的教育认知目标；中部和西部“211”院校的前五位预测变量都是课程学习行为、向学 / 厌学、课程外拓展性学习、课程的教育认知目标和性别，课程要求的严格程度都比性别的预测作用小。先赋变量方面，东部“211”院校还有民族和城乡进入了回归方程，家庭经济社会地位没有进入；中部、西部“211”院校情况恰好与之相反。

在东部地方本科院校的预测变量中，性别替代了课程要求的严格程度成为第五位预测变量，前四位与东部不分院校类型相同；中部和西部地方本科院校，性别没有出现在前五位预测变量中，课程学习行为、向学 / 厌学、课程外拓展性学习、课程的教育认知目标、课程要求的严格程度依次是“总体教育收获”的前五位预测变量。

综合表 5–2 的结果，各指标在不同区域、院校类型情况下对“总体教育收获”的预测机制有一定差异，前五位主要预测变量并不统一。但是，在所有情况下，课程学习行为对“总体教育收获”变化的预测作用最强，而且遥遥领先于其他因素，预测率介于 23.72% 和 29.93% 之间。大多数情况下（除东部“985”院校和西部“985”院校），向学 / 厌学、课程外拓展性学习两个因素紧随其后。同时，教育诊断性指标的预测率远远高于先赋因素。

2. 不同区域和院校类型大学生先赋因素、教育诊断性指标预测知识收获

逐个固定区域和院校类型，自变量同上，以知识收获为因变量，进行逐步回归分析（见表 5–3）。

表 5-3 不同区域和院校类型各类指标对学生“知识收获”的预测

院校类型	东部		中部		西部	
	预测变量	累积 R^2	预测变量	累积 R^2	预测变量	累积 R^2
所有院校	向学 / 厌学	20.61	课程学习行为	18.01	课程学习行为	16.96
	课程学习行为	27.15	向学 / 厌学	24.87	向学 / 厌学	22.95
	课程的教育认知目标	29.06	课程的教育认知目标	26.93	课程的教育认知目标	24.80
	性别	30.24	课程外拓展性学习	28.14	性别	26.10
	课程要求的严格程度	31.52	性别	29.09	课程外拓展性学习	27.31
	课程外拓展性学习	32.54	课程要求的严格程度	29.82	课程要求的严格程度	28.11
	家庭经济社会地位	32.57	家庭经济社会地位	29.87	城乡	28.19
“985”院校	课程学习行为	22.52	向学 / 厌学	19.06	向学 / 厌学	18.08
	向学 / 厌学	28.46	课程要求的严格程度	24.60	课程学习行为	23.69
	课程要求的严格程度	31.47	课程的教育认知目标	26.78	课程的教育认知目标	25.31
	性别	32.67	课程外拓展性学习	27.88	课程外拓展性学习	26.52
	课程的教育认知目标	33.67	性别	28.87	性别	27.72
	课程外拓展性学习	34.50	课程学习行为	29.51	课程要求的严格程度	28.20
	是否在生源地就读	34.58			城乡	28.31
“211”院校	课程学习行为	19.10	课程学习行为	17.97	向学 / 厌学	17.73
	向学 / 厌学	25.23	向学 / 厌学	23.63	课程学习行为	22.39
	课程的教育认知目标	27.38	课程外拓展性学习	24.89	课程的教育认知目标	24.14
	课程外拓展性学习	28.76	课程的教育认知目标	25.90	性别	25.46
	性别	29.95	性别	26.77	课程要求的严格程度	26.53
	课程要求的严格程度	30.85	课程要求的严格程度	27.39	课程外拓展性学习	27.36
	家庭经济社会地位	30.92	城乡	27.54	城乡	27.54
地方本科院校	向学 / 厌学	20.10	课程学习行为	19.55	课程学习行为	18.32
	课程学习行为	25.78	向学 / 厌学	26.07	向学 / 厌学	23.27
	课程的教育认知目标	27.47	课程的教育认知目标	28.72	课程的教育认知目标	25.33
	性别	28.82	课程外拓展性学习	30.16	性别	26.68
	课程外拓展性学习	29.84	性别	30.92	课程外拓展性学习	27.84
	课程要求的严格程度	30.44	课程要求的严格程度	31.40	课程要求的严格程度	28.67
			家庭经济社会地位	31.44		

东部地区的结果显示，向学 / 厌学成了预测“知识收获”变化的最大因素，预测率达到 20.61%，这与上面预测“总体教育收获”的最大因素不同；第二至五位影响因素依次为课程学习行为、课程的教育认知目标、性别和课程要求的严格程度。中部、西部院校的最大预测变量仍然是课程学习行为。中部地区的前五位预测变量依次是课程学习行为、向学 / 厌学、课程的教育认知目标、课程外拓展性学习和性别。西部的前三位预测变量与中部相同，后面两个预测变量依次是性别和课程外拓展性学习。所有因素对“知识收获”变化的预测率，东部、中部、西部也有依次降低的趋势，分别为 32.57%、29.87% 和 28.19%。从先赋变量来看，东部和中部都是性别和家庭经济社会地位进入了回归方程，西部则是性别和城乡有显著预测作用。这里，教育诊断性指标对“知识收获”的预测能力仍然远远超过先赋变量。

向学 / 厌学对“知识收获”变化的预测能力超过课程学习行为的情况，在中部和西部“985”院校里也出现了。在东部“985”院校中，课程学习行为仍然作为最大影响因素，但性别超过了课程的教育认知目标和课程外拓展性学习，成为第四位影响因素。有个特别的现象应予以重视，即中部“985”院校中，课程学习行为没有出现在前五位影响因素中。

西部“211”院校中，向学 / 厌学是第一预测变量；但在东部和中部的院校中，课程学习行为还是第一预测变量。在东部和中部的院校，性别的预测作用超过了课程要求的严格程度，在西部“211”院校，其预测作用还超过了课程外拓展性学习。中部和西部的“211”院校，城乡和性别一起进入了回归方程；而东部的“211”院校则是家庭经济社会地位与性别一起进入回归方程。

东部地方本科院校的第一预测因素也是向学 / 厌学，接下来的四个预测因素依次是课程学习行为、课程的教育认知目标、性别、课程外拓展性学习。中部和西部地方本科院校，影响最大的因素还是课程学习行为，向学 / 厌学居第二位影响因素。还应注意，仅在中部地方本科院校中，家庭经济社会地位进入了回归方程。

综合起来，不同区域和院校类型各类指标对“知识收获”预测变量不同于对“总体教育收获”的预测变量。其中一个突出的表现，是向学 / 厌学在东部地方本科院校、中西部“985”院校、西部“211”院校等中成为预测“知识收获”变化的最大变量。当然，这里也有一个共同的结论，即在所有情况下，教育诊断性指标的预测作用均大大超过先赋变量。

3. 不同区域和院校类型大学生先赋因素、教育诊断性指标预测能力收获

以“能力收获”为因变量，进行逐步回归分析（见表 5-4）。因“能力收获”在“总体教育收获”的 14 道题中独占 8 道，所以在分东部、中部、西部区域进行逐步回归分析时，东部和中部的前五位预测变量与“总体教育收获”相同。只有西部有所不同，前四位与“总体教育收获”相同，但第五位预测变量性别代替了课程要求的严格程度。先赋变量方面，性别和家庭经济社会地位在三个区域都进入回归方程，唯有民族在中部区域进入了回归方程。各指标在东部、中部、西部的总的预测率依次为 36.85%、36.29% 和 34.46%。

表 5-4　不同区域和院校类型各类指标对学生“能力收获”的预测

院校类型	东部		中部		西部	
	预测变量	累积 R^2	预测变量	累积 R^2	预测变量	累积 R^2
所有院校	课程学习行为	25.79	课程学习行为	24.78	课程学习行为	23.00
	向学 / 厌学	30.42	向学 / 厌学	29.59	向学 / 厌学	27.30
	课程外拓展性学习	33.44	课程外拓展性学习	32.89	课程外拓展性学习	30.49
	课程的教育认知目标	35.05	课程的教育认知目标	34.58	课程的教育认知目标	32.28
	课程要求的严格程度	36.03	性别	35.39	性别	33.30
	性别	36.73	课程要求的严格程度	36.11	课程要求的严格程度	34.31
	家庭经济社会地位	36.85	家庭经济社会地位	36.26	家庭经济社会地位	34.46
			民族	36.29		
“985”院校	课程学习行为	28.12	课程学习行为	22.84	课程学习行为	22.32
	向学 / 厌学	33.51	向学 / 厌学	27.02	课程外拓展性学习	26.07
	课程外拓展性学习	36.74	课程外拓展性学习	29.78	向学 / 厌学	28.87
	课程的教育认知目标	38.79	课程的教育认知目标	31.76	课程的教育认知目标	31.03
	课程要求的严格程度	39.37	课程要求的严格程度	32.49	性别	31.71
	性别	39.88	性别	33.10	课程要求的严格程度	32.47
			家庭经济社会地位	33.35		
			民族	33.58		

续表

院校类型	东部		中部		西部	
	预测变量	累积 R^2	预测变量	累积 R^2	预测变量	累积 R^2
"211"院校	课程学习行为	25.52	课程学习行为	25.22	课程学习行为	23.00
	向学 / 厌学	30.00	向学 / 厌学	29.41	向学 / 厌学	27.85
	课程外拓展性学习	32.76	课程外拓展性学习	32.54	课程外拓展性学习	30.77
	课程要求的严格程度	34.65	课程的教育认知目标	33.56	课程要求的严格程度	32.27
	课程的教育认知目标	35.64	性别	34.29	性别	33.89
	性别	36.00	课程要求的严格程度	34.98	课程的教育认知目标	34.88
	民族	36.09	家庭经济社会地位	35.29	家庭经济社会地位	35.13
	城乡	36.17				
地方本科院校	课程学习行为	24.14	课程学习行为	26.74	课程学习行为	23.45
	课程外拓展性学习	28.46	向学 / 厌学	31.75	课程外拓展性学习	28.08
	向学 / 厌学	31.64	课程外拓展性学习	35.48	向学 / 厌学	31.06
	课程的教育认知目标	33.33	课程的教育认知目标	37.25	课程的教育认知目标	32.86
	性别	34.25	性别	37.95	课程要求的严格程度	33.83
	课程要求的严格程度	35.11	课程要求的严格程度	38.68	性别	34.80
	家庭经济社会地位	35.31			家庭经济社会地位	35.04
	是否在生源地就读	35.35				

西部"985"院校中，课程外拓展性学习对"能力收获"的预测作用上升到第二位，而向学 / 厌学则跌落至第三位；东部和中部的"985"院校中，向学 / 厌学的预测作用仍居第二位。东部和西部"985"院校只有性别一个先赋因素进入了回归方程，而中部"985"院校除了性别之外，还有家庭经济社会地位和民族也是显著性预测变量。

东部"211"院校中，预测作用前五位的变量依次是课程学习行为、向学 / 厌学、课程外拓展性学习、课程要求的严格程度和课程的教育认知目标。但在中部和西部"211"院校中，性别分别取代了课程要求的严格程度和课程的教育认知目标的位置。在东部"211"院校中，性别和民族、城乡一起进入了回归方程；在中部和西部"211"院校中，性别则与家庭经济社会地位一起进入了回归方程。

尽管没超过课程学习行为对"能力收获"的预测作用，课程外拓展性学习在东部和西部地方本科院校中稳稳列在第二影响因素的位置上。在东部和中部地方本科院校中，性别取代了课程要求的严格程度，位于影响因素的第五位。在东部地方本科院校中，是否在生源地就读和家庭经济社会地位是对“能力收获”产生显著影响的因素；在西部地方本科院校，是否在生源地就读没有进入回归方程，家庭经济社会地位仍然发挥着影响。

采用不同区域和院校类型各类指标对学生“能力收获”进行预测时，教育诊断性指标的预测力也明显大于先赋因素。相比前面的预测情况，课程外拓展性学习对“能力收获”的预测作用有所提升，特别表现在西部“985”院校、东部地方本科院校和西部地方本科院校中。

4. 不同区域和院校类型大学生先赋因素、教育诊断性指标预测价值观收获

以“价值观收获”为因变量，进行逐步回归分析（见表 5–5）。从东部、中部、西部三大区域分析发现，向学/厌学的预测作用全面超越课程学习行为，成为预测“价值观收获”的最大因素。然而，各变量对“价值观收获”变化的总解释率低于前面几种收获，东部、中部、西部依次为 26.39%、23.47% 和 23.42%。虽然如此，教育诊断性指标的预测率仍与先赋变量相差悬殊。另外，在三大区域，是否在生源地就读这一先赋变量对“价值观收获”的预测作用均达到显著。

表 5–5 不同区域和院校类型各类指标对学生“价值观收获”的预测

院校类型	东部		中部		西部	
	预测变量	累积 R^2	预测变量	累积 R^2	预测变量	累积 R^2
所有院校	向学 / 厌学	18.68	向学 / 厌学	16.43	向学 / 厌学	16.95
	课程学习行为	23.57	课程学习行为	20.49	课程教育的认知目标	20.70
	课程的教育认知目标	24.71	课程外拓展性学习	22.23	课程学习行为	22.19
	课程外拓展性学习	25.68	课程的教育认知目标	23.12	课程外拓展性学习	22.92
	课程要求的严格程度	26.14	是否在生源地就读	23.26	课程要求的严格程度	23.24
	是否在生源地高校就读	26.27	性别	23.37	性别	23.35
	性别	26.35	课程要求的严格程度	23.47	是否在生源地就读	23.42
	民族	26.39				

续表

院校类型	东部		中部		西部	
	预测变量	累积 R^2	预测变量	累积 R^2	预测变量	累积 R^2
“985”院校	课程学习行为	16.39	向学 / 厌学	15.69	向学 / 厌学	17.98
	向学 / 厌学	20.81	课程学习行为	18.80	课程的教育认知目标	21.31
	课程的教育认知目标	22.72	课程外拓展性学习	20.15	课程学习行为	22.14
	课程要求的严格程度	23.84	课程的教育认知目标	21.05	课程外拓展性学习	22.60
	课程外拓展性学习	23.97	性别	21.13	课程要求的严格程度	22.82
	性别	24.12			性别	22.95
	是否在生源地就读	24.25				
“211”院校	向学 / 厌学	18.76	向学 / 厌学	16.62	向学 / 厌学	16.99
	课程学习行为	23.11	课程学习行为	20.44	课程的教育认知目标	20.91
	课程外拓展性学习	24.76	课程外拓展性学习	21.67	课程学习行为	22.33
	课程的教育认知目标	25.64	课程的教育认知目标	22.26	课程外拓展性学习	23.18
	课程要求的严格程度	26.13	课程要求的严格程度	22.52	课程要求的严格程度	23.54
	民族	26.41	性别	22.71	性别	23.75
	是否在生源地就读	26.45	是否在生源地就读	22.80		
地方本科院校	向学 / 厌学	19.21	向学 / 厌学	16.75	向学 / 厌学	16.48
	课程学习行为	23.76	课程学习行为	21.61	课程学习行为	20.48
	课程外拓展性学习	25.09	课程外拓展性学习	23.90	课程的教育认知目标	22.01
	课程的教育认知目标	25.81	课程的教育认知目标	24.86	课程外拓展性学习	22.80
	课程要求的严格程度	25.98	是否在生源地就读	25.11	课程要求的严格程度	23.11
	是否在生源地就读	26.11	课程要求的严格程度	25.25	是否在生源地就读	23.23
	性别	26.15	性别	25.28		

东部“985”院校对“价值观收获”的影响因素，与东部总体情况有差异，课程学习行为仍是最大影响因素。在中部和西部“985”院校，向学 / 厌学是“价值观收获”变化的最大影响因素。与中部、西部不同，东部“985”院校中，是否在生源地就读进入了回归方程。

东部、中部、西部“211”院校中，向学 / 厌学成为最大影响因素；东部、中部“211”院校中，课程学习行为是第二位影响因素；而在西部“211”院校，课程的教育认知目标是第二位影响因素。是否在生源地就读在东部和中部“211”院校均进入了回归方程。

与“211”院校类似，三大区域的地方本科院校中，向学 / 厌学也成为最大影响因素。同时，东部、中部、西部地方本科院校，是否在生源地就读都进入了回归方程；其中中部地方本科院校，该变量还取代了课程要求的严格程度，列在影响“价值观收获”变量的第五位。

前文提到各指标预测“知识收获”的回归分析，向学 / 厌学成为某些情况下的最大影响因素。就影响“价值观收获”的因素而言，向学 / 厌学已成为绝大多数情况下的最大影响因素，仅在东部“985”院校中“屈居”第二位影响因素。这里需要特别指出，是否在生源地就读，对“价值观收获”变化的影响也不容忽视。根据是否在生源地就读的斜率系数情况，不在生源地就读的大学生有更多“价值观收获”。

（五）不同区域大学生先赋因素、五大可比性指标预测学生在校满意度

使用“大学生学习性投入调查问卷”中的五大可比性指标，我们逐个固定区域和院校类型，以五大可比性指标、性别、民族、是否在生源地就读、城乡性质、家庭经济社会地位为自变量，以在校满意度为因变量，考察大学生先赋因素和学习性投入可比指标对教育产出的预测作用。

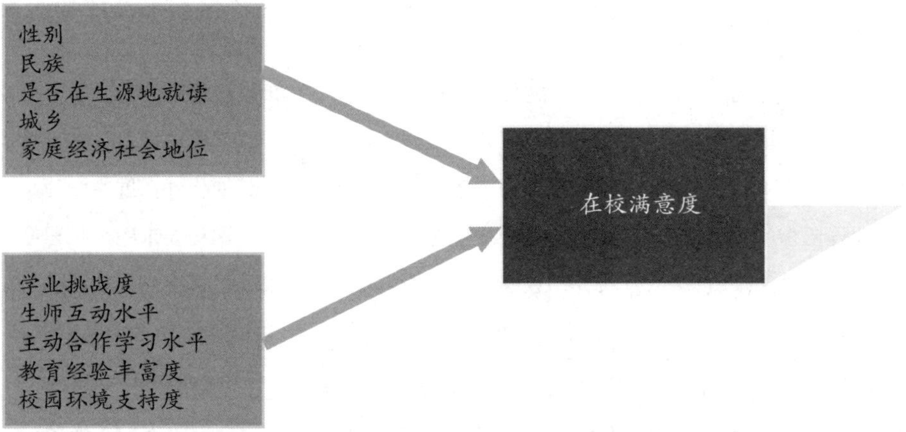

图 5-23　不同区域大学生先赋因素、五大可比性指标预测学生在校满意度

表 5-6　不同区域和院校类型各类指标对学生“在校满意度”的预测

院校类型	东部		中部		西部	
	预测变量	累积 R^2	预测变量	累积 R^2	预测变量	累积 R^2
所有院校	校园环境支持度	23.06	校园环境支持度	21.61	校园环境支持度	23.56
	生师互动水平	25.64	生师互动水平	24.89	生师互动水平	25.64
	学业挑战度	26.14	学业挑战度	26.06	学业挑战度	25.97
	性别	26.58	家庭经济社会地位	26.41	民族	26.12
	家庭经济社会地位	26.79	是否在生源地就读	26.64	主动合作学习水平	26.26
	主动合作学习水平	26.87	性别	26.70	性别	26.40
			城乡	26.76	城乡	26.45
			主动合作学习水平	26.82		
			教育经验丰富度	26.84		
			民族	26.86		
“985”院校	校园环境支持度	23.13	校园环境支持度	26.19	校园环境支持度	23.38
	生师互动水平	25.00	学业挑战度	29.06	主动合作学习水平	25.20
	性别	25.41	主动合作学习水平	29.74	生师互动水平	25.61
	家庭经济社会地位	25.87	是否在生源地就读	30.02	学业挑战度	25.84
	是否在生源地就读	26.01	生师互动水平	30.22		
	学业挑战度	26.08	城乡	30.29		
	教育经验丰富度	26.14				
“211”院校	校园环境支持度	23.64	校园环境支持度	23.40	校园环境支持度	24.62
	生师互动水平	26.56	生师互动水平	27.34	主动合作学习水平	26.21
	主动合作学习水平	27.04	学业挑战度	28.30	生师互动水平	26.69
	性别	27.30	家庭经济社会地位	28.62	民族	27.02
	学业挑战度	27.41	是否在生源地就读	28.78	是否在生源地就读	27.17
	家庭经济社会地位	27.49	主动合作学习水平	28.84	学业挑战度	27.25
	教育经验丰富度	27.56	性别	28.90		

续表

院校类型	东部		中部		西部	
	预测变量	累积 R^2	预测变量	累积 R^2	预测变量	累积 R^2
地方本科院校	校园环境支持度	21.18	校园环境支持度	20.00	校园环境支持度	23.53
	生师互动水平	23.93	生师互动水平	25.19	生师互动水平	26.91
	学业挑战度	24.57	学业挑战度	25.93	学业挑战度	27.38
	性别	24.98	是否在生源地就读	26.45	性别	27.53
	主动合作学习水平	25.12	性别	26.61	主动合作学习水平	27.71
	民族	25.21	教育经验丰富度	26.68	是否在生源地就读	27.76
			主动合作学习水平	26.76		

在对学生在校满意度的影响上，东部、中部、西部排名前三的都是校园环境支持度、生师互动水平、学业挑战度；从先赋因素来看，东部性别较重要，西部则民族较重要。中部进入回归方程的预测变量较多，尤其是背景因素，如家庭经济社会地位、是否在生源地就读、性别、城乡都有一定影响。各指标对“在校满意度”变化的预测率并不像上述那样呈现东部、中部、西部逐渐降低的趋势，如西部校园环境支持度的预测率达到 23.56%，高于东部的 23.06% 和中部的 21.61%。值得注意的是，教育经验丰富度，在东部和西部均没有进入回归方程。与前述结果类似，五大可比性指标对“在校满意度”的预测作用亦远大于先赋因素。

从不同区域和院校类型的角度，在对学生在校满意度的预测上，均是校园环境支持度最为重要。东部三类学校、中部“211”院校、中部地方本科院校、西部地方本科院校均是生师互动水平居第二位影响因素；中部“985”院校中，学业挑战度居第二；西部“985”院校、西部“211”院校则是主动合作学习水平居第二。

就先赋因素而言，性别对东部地区高校的影响较大；家庭经济社会地位在东部“985”院校、中部“211”院校中有一定影响；是否在生源地就读在东部“985”院校、中部“985”院校、中部“211”院校、中部地方本科院校、西部“211”院校和西部地方本科院校有影响；民族对西部“211”院校有较大影响。

综上，在预测“在校满意度”的各指标中，校园环境支持度有最高的解释率。表 5-6 还显示，先赋因素的预测作用虽然难以超过五大可比性指标，但也是比较重要的。像在东部“985”院校中，性别的影响作用可以排到第三位。

三、讨论与建议

本章的实证分析部分，使用“中国大学生学习性投入调查 2011”数据，首先考察了区域与院校类型交互作用下五大可比性指标的差异表现，接着分析了区域与院校类型交互作用下学生教育收获和在校满意度的差异，然后分别通过七大教育诊断性指标和五大可比性指标预测学生的教育收获和在校满意度情况。在此，综合实证分析研究结果，做如下讨论和建议：

第一，研究视角的转变及新研究工具的引进，拓宽了我国高等教育区域研究的视野，有助于教育研究者和管理者形成对于高等教育质量以及高等教育区域发展的崭新认识和理解。

高等教育过程质量是高等教育区域分析的重要维度。无论在理论上还是在现实发展中将大学生学习性投入作为高等教育质量的过程性指标都是十分重要且必要的。将大学生学习性投入作为衡量高等教育质量的过程性指标，借鉴和使用“大学生学习性投入调查”工具，并在以学习者为主体、学习投入和学习行为与大学教育实践互动以及教育增值的视阈之下关注高等教育质量，尤其是考察区域间高等教育质量的差异和特点，使我们看到了由崭新研究视角所带来的整体研究的革新及研究结论的不同。回顾有关我国高等教育区域分布差异的专著与论文，或关注资源投放的区域间差异，或聚焦区域间成果产出的不均衡，而本研究选取不同的切入点——高等教育的过程质量和大学生学习性投入，来进行高等教育区域发展的考察与分析，使得深入开展高等教育区域分析收获了全新的视角和宽广的视野以及不同以往的研究结果。

区域与院校类型交互作用下五大可比性指标及学生教育收获、在校满意度的差异表现，说明了高等教育资源（如生源、师资、财政经费、学科特点等）的数量和优势，与教育过程的质量（学业挑战度、主动与合作学习、生师互动、教育经验丰富度和校园环境支持度）以及学生的教育收获和满意度并非线性关系，前者并不能直接导致或直接转化为后者。正如实证数据说明的那样，全国范围而言，“985”院校学生的学习性投入并不全部优于“211”院校和地方本科院校的学生。相较以往研究，本研究通过呈现区域与院校类型交互作用对高等教育过程质量的复杂影响，更加细致地描绘了分地区、分院校类型的本科生学习过程、学习质量的图景，挑战了教育研究者与教育管理实践者对于东部、中部、西部以及“985”院校、“211”院校、地方本科高校教育发展情况以及本科生学习状态的既成的、固有的甚至定格的看法与判断。

第二，对于区域高等教育过程质量的影响，区域与院校类型间存在交互作用。

不同类型院校的教育教学质量不能一概而论，尤其是从学生自我报告的视角，以学生自我感知、自我投入、自我体验、自我评价为中心的调查，向我们展示和说明了同一类型院校在不同区域的差异化表现。

在分析各区域不同类型院校的教育质量过程中，需关注和重点分析数据中出现的几次“逆转”。所谓“逆转”，主要是指在数据分析中，得分显著高、表现显著优异的区域或院校类型由一类转变为另一类。

第一项“逆转”是，在西部地区，在五大可比性指标的得分上，地方本科院校表现得格外突出，成为最优；而在东部和中部地区均是“985”院校表现最佳、“211”院校次之。第二项“逆转”是，在“985”院校和“211”院校群体中，东部地区的优势都十分明显，而在地方本科类院校中，发展态势发生“逆转”，东部处于明显劣势。第三项“逆转”发生在学生自我报告教育收获和在校满意度方面，在东部和中部地区，“985”院校学生的教育收获和在校满意度都显著优于“211”院校和地方院校；而在西部地区，地方本科院校再次“逆转”成为最佳。与前三项“逆转”不同，第四项“逆转”主要体现在指标维度上。具体而言，就是在“价值观收获”上，西部和中部地区学生的得分显著高于东部地区学生的得分，在“211”院校和地方本科院校中均存在这样的趋势。

第三，我国高等院校间的分层或者分类，是以资源投放或成果产出为基本指标和标准的，因此，“985”院校、“211”院校和地方本科院校，在生源质量、师资水平、学术产出、学术声誉、财政经费等方面呈现出阶梯式甚至层级性特点，但进入“教育教学过程”却打破了固有的层级式的分布特征，表现出更丰富、多样和可喜的差异——虽然“985”院校在东部地区依旧遥遥领先，但地方本科院校在中西部地区“异军突起”式的抢眼表现更加不容忽视。在教育过程性指标中表现出如此的差异，一方面带给我们对于中国本科教育的新感受、新认识和新希望，另一方面也让研究者意识到这是一个需要从深层次进行理论和政策解读、剖析和探讨的问题，进而促使研究者更加深入地思考我国高等院校分类指导发展的问题，探讨在高等教育大众化背景下不同类型 / 层次院校在不同区域人才培养中发挥的作用。

我们建议，教育主管部门适时考虑改革和转变我国高等教育资源的配置方式与途径，改变我国以“层级”为特点的资源投放方式，在坚持以重大科研项目带动资源配置方式的基础上，加大以“教育”“教学”为指向和着力点的资助，进一步调动地方本科院校为当地经济社会发展培养适应性人才的积极性，进一步丰富各区域广大本科生的在学经验和体认，提高他们对本科教育和求学经历的满意度，真正树立起受教育者乃至国人对中国高等教育发展的希望与信心。

第四，经过十余年的重点建设，“985”院校建设成效显著，尤其是东部的“985”院校发展更优。在五大可比性指标、学生自我报告的教育收获以及在校满意度上，东部“985”院校要显著优于其他地区和其他类型的院校。但“985”院校作为一个整体，其教育过程质量的地区间（东部、中部、西部）内部差异大于“211”院校和地方本科院校的内部差异，尤其要引起注意的是，“985”院校内部出现的“中部塌陷”问题较为严重。中部的“985”院校不仅在五大可比性指标上全部显著低于东部的“985”院校，而且在除“学业挑战度”以外的四项可比性指标上的得分均显著低于西部的“985”院校。虽然在学生教育收获和在校满意度方面，中部的“985”院校并未再现“塌陷”，但得分仍显著低于东部，而与西部不存在显著性差异。“中部塌陷”问题在以往关注教育资源投放数量（如生均教育经费）的研究中，也有过相同结论，但本研究得出的教育过程质量“中部塌陷”问题的性质较之前者更为严重。因此，今后“985”院校重点建设也应更加重视群体内区域协调发展的问题。

第五，高等教育收费并轨制实行十余年，社会大众和在校大学生对高等教育的评价已直接与投入 / 产出比相关联。高校采取哪些措施能更好地促进学生的学业和社会性发展，提高学生的教育收获和在校满意度，也成为必须直面、不能回避的问题。研究通过对大学生先赋因素和教育过程性因素进行综合考量，以回归分析的方法，发现不同区域影响学生教育收获和在校满意度的因素不尽相同，但就总的预测率而言，教育过程性因素（可比性指标、教育诊断性指标）对教育收获和在校满意度的影响远大于先赋因素。这一发现有着重大的实践价值，亦即，下面的举措将更有效地提高教育增值和学生的在校满意度：院校配置资源，创造学习机会，提供各种服务来吸引学生参与到有效教育活动中；院校帮助学生取得学业成功，帮助学生应对学业外的问题（工作、家庭等），帮助学生融入集体，以及在学生和同学、教师、行政人员之间形成支持关系等。大样本数据表明，相比其他因素，高校对教育过程的投入将更有助于促进学生与校方的良性互动，从而增强大学生自觉投入学习的动机，提升高校的外部形象和社会声誉。

第六，学生自我报告的教育收获是高等教育的重要产出形式，也是高等教育质量提升的主要指标。本章以课程的教育认知目标、课程要求的严格程度、课程学习行为、课程外拓展性学习、向学 / 厌学五个教育过程性因素，结合大学生先赋因素对教育收获进行预测。结果发现，一般有一个核心因素对教育收获变化的预测可达到 20% 左右，呈现“一骑绝尘”的态势。具体考察得知，不同区域、不同类型院校的核心预测变量又有所不同。在预测“总体教育收获”和“能力收获”时，所有区域和院校类型中发挥突出作用的是课程学习行为因素，也就是学生在课上和课下的学习性投入，相比其他因素能更多地提升总体教育收获和能力收获。但在预测“知识收获”和“价值观收获”时，有些情况下向学/厌学因素成为发挥首要作用的“头羊”。向学/厌学在东部地方本科院校、中西部“985”院校、西部“211”院校成为预测“知识收获”变化的最大变量。这意味着，在相关院校中，要提升学生的“知识收获”，需要特别关注他们的学习意义感、兴趣感。比如东部地方本科院校，相比于东部“985”院校、东部“211”院校，校方在学习意义、学习兴趣等方面应做更多的培育和引导。就影响“价值观收获”的因素而言，向学/厌学已成为绝大多数情况下的最大影响因素，仅在东部“985”院校中是“屈居”课程学习行为之下的影响因素。换言之，对于下面的问题，各院校应当更多地从引导学生向学的角度进行干预：大学生如何认识自我、能否确立正向的人生观和价值观、是否明确自己未来的发展方向、能否理解不同群体的文化和价值观等。但这里有个例外，即在东部“985”院校中，向学/厌学的作用并没有特别突显，似无须对学生进一步加强引导。

第七，在预测“在校满意度”的五大可比性指标中，校园环境支持度有最高的解释率，且均超过了20%。回顾方差分析部分的结果，发现在不同区域的“985”院校、“211”院校和地方本科院校，“在校满意度”都有逐渐下降的趋势，且不同地区、不同院校的在校满意度高低不同。这给我们一个启示：可以通过提升校园环境支持度来有效提高学生的在校满意度。校方可以采取的针对性措施包括：组织各类集体活动，使学生更好地融入大学生活；为学生的学业成功提供支持与帮助；帮助学生应对人际关系或情感问题；帮助学生应对经济问题；等等。

还应看到，学生的先赋特征，如性别、是否在生源地就读、民族等因素，在一些情况下也进入了回归方程，对“教育收获”和“在校满意度”发挥了显著预测作用。考虑先赋变量时，也要注意其中影响机制的区域差异。如在东部的“985”院校、“211”院校、地方本科院校中，是否在生源地就读成为影响“价值观收获”的显著因素，不在生源地就读的大学生能拥有更多的“价值观收获”。这意味着，鼓励大学生跨地区甚至跨区域就读，对他们的学业和职业生涯规划有积极的促进作用。

此外，如何利用“中国大学生学习性投入调查”继续深入推进后续的高等教育区域研究，我们考虑沿着两个方面努力：一是从指标进入维度甚至具体题项，进行细化分析；二是充分利用“中国大学生学习性投入调查”中的学生背景信息，细致区分学生的生源地，这样就可以利用该问卷，将学生的入学机会、入学后的学习过程表现以及毕业后的流动贯通起来，在相对完备的数据库的支持下，系统地进行入口、在学过程及出口的全过程分析。

6

高校毕业生就业的区域分析

第 6 章

高校毕业生就业的区域分析

高等教育资源的区域分布应该和当地的社会、经济发展相协调，在这一过程中，高校毕业生就业目的地的选择起到了非常重要的作用。迁移就业，在促进劳动力市场竞争、提高人力资本的效用等方面发挥了巨大的作用，并在影响地区社会、经济发展的同时，影响了高等教育资源的区域分布。本章针对当下大学毕业生青睐大都市，普遍选择迁移就业的现状，探讨高校毕业生迁移就业背后的经济收益与非经济收益因素，进一步实证分析推动高校毕业生迁移就业的影响因素，寻找高校毕业生的迁移就业的“拉动”（pull）与“推动”（push）力，从而为大学生就业、城市发展、高等教育资源的区域分布等提供政策建议。

一、全国各省、区、市高等教育资源的协调状况

（一）高等教育资源区域分布的原则

改革开放以来，我国经济在高速发展的同时，地区之间的差异也呈现出逐渐加大的趋势。由于教育被看作促进地区经济发展从而促进区域平等的重要因素，因此有关教育资源区域分布的研究从 20 世纪 80 年代以来逐渐成为我国教育研究的一个热点。已有的研究按照关注对象的不同可以分为两大类，一类是关注基础教育的区域分布，另外一类是关注高等教育的区域分布。其中对基础教育的研究，研究预设基本一致，那就是基础教育区域分布的不均衡会妨碍个体价值的实现、社会稳定以及经济发展，因此非常有必要通过合理配置教育资源，促进基础教育的均衡发展。然而对于高等教育而言，不同的研究似乎在预设上就有本质的区别，有的研究认为高等教育的区域分布应该和基础教育一样朝均衡化发展[①]，而有的认为高等教育资

① 薛澜，侯龙龙．我国高等教育地区差距的实证分析 [A]//.2006 年中国教育经济学年会会议论文集 [C]; 乔锦忠．优质高等教育入学机会分布的区域差异 [J]. 北京师范大学学报 (社会科学版), 2007(1).

源的区域分布更应该和地区的经济发展相一致[①]。

我们的研究预设偏向于认同后者，即高等教育的发展应该与当地的社会、经济发展相一致或者相匹配，否则就会像 20 世纪六七十年代许多亚非拉国家那样在大办高等教育后却出现大量高校毕业生毕业即失业的社会现象。其实，从我国对各级教育提出的不同要求来看，也表明高等教育资源的区域分布应该和当地的社会、经济发展相协调。2002 年中国共产党的十六大报告对我国的教育系统提出了明确目标："坚持教育创新，深化教育改革，优化教育结构，合理配置教育资源，提高教育质量和管理水平，全面推进素质教育，造就数以亿计的高素质劳动者、数以千万计的专门人才和一大批拔尖创新人才。"这里"数以亿计的高素质劳动者"应该主要是指基础教育肩负的人才培养任务，而"数以千万计的专门人才"与"一大批拔尖创新人才"都是针对高等教育提出的要求，其中前者主要是指专科教育和本科教育的人才培养任务，而后者主要是指包括硕士和博士在内的研究生教育的人才培养任务。这说明高等教育的发展必须满足国家或地区经济与科技发展的需要。所以，高等教育与基础教育相比较，前者更加强调的是区域协调，而后者更加强调的是区域公平或者均衡。下面基于上述分析，研究我国高等教育资源区域（以省为单位）分布的协调状况而非均衡状况。

（二）高等教育资源区域协调状况的分析与判断方法

上文分析了高等教育资源区域分布应该遵循与当地社会、经济发展相匹配的原则，下面我们尝试通过比较各省高等教育资源与当地社会、经济发展相匹配的拟合值与实际值来判断各省高等教育资源的区域协调状况。

具体方法可以分为以下三步：

其一，建立多元回归方程。方程的因变量是代表各省高等教育资源的指标，方程的自变量是代表区域社会、经济发展的各指标，最终自变量的选取通过回归方程的回归结果来确定。

其二，通过回归方程得到各省的拟合值——某省在现有的社会、经济水平之下高等教育资源应该达到的全国平均标准。

其三，比较实际值与拟合值之间的差。我们可以假定某省通过回归方程得到的

① 李萍 . 高等教育与区域经济互动发展研究 [D]. 西安 : 西北大学 ,2006；岳昌君．中国教育发展指数 [A]// 闵维方．中国教育与人力资源发展报告（2005—2006）[C]. 北京：北京大学出版社，2006.

拟合值就是该省高等教育资源与其社会、经济发展的协调值。如果实际值高出拟合值的差值在拟合值的 10% 至 20% 之间，则定义该省就该项高等教育资源的超前发展指数为 1；如果实际值高出拟合值的差值在拟合值的 20% 至 30% 之间，则定义该省就该项高等教育资源的超前发展指数为 2，依此类推。如果实际值低于拟合值的差值在拟合值的 10% 至 20% 之间，则定义该省就该项高等教育资源的不协调指数为 1；如果实际值低于拟合值的差值在拟合值的 20% 至 30% 之间，则定义该省就该项高等教育资源的不协调指数为 2，依此类推。

通过以上三个步骤，我们就可以计算出各省不同高等教育资源的超前发展指数与不协调指数。并且我们认定某项高等教育资源的不协调指数大于等于 1 就表明该地区该项高等教育资源的分布不协调，而除此之外的省市包括超前发展指数大于等于 1 的省市都是该项高等教育资源协调分布的地区。

（三）高等教育资源的指标选取

在众多考察高等教育资源的区域分布的研究中，大多数研究都是以高等教育的在校生数或招生数规模来衡量高等教育资源的，例如谢维和 2007 年的一项研究①等。还有的研究采用了更加细致的指标，比如杜育红用每万人口中大学生在校学生数与每万人口中大学毕业生数来衡量高等教育资源的区域分布②，而梁志和曾冬梅运用“每亿元 GDP 负担的大学生数”“每百万人口拥有的高校数”“每万人口拥有的在校生数”“大专以上人口占总人口比例”等指标对我国高等教育的经济和人口的区域布局进行了分析③。

岳昌君在一项有关教育发展指数的研究中采用了比较全面的指标体系。在这项研究中，教育发展指数可以分解为四项权重相等的子指标体系，即教育存量、教育增量、教育投入和教育贡献。而这四项子指标系又由多项权重相等的二级指标构成。④

岳昌君的这项研究虽然针对的是整个教育系统，但是对分析高等教育的区域协调问题有很大的借鉴意义。我们准备采用高等教育规模以及高等教育存量这两个子

---

① 谢维和，等．中国高等教育大众化进程中的结构分析——1998—2004 年的实证研究 [M]. 北京：教育科学出版社，2007.

② 杜育红．我国地区间高等教育发展差异的实证分析 [J]. 高等教育研究，2000(3).

③ 梁志，曾冬梅．从经济和人口的区域分布看我国高等教育的布局调整 [J]. 广西大学学报（哲学社会科学版），2000(5).

④ 岳昌君．中国教育发展指数 [A]// 闵维方．中国教育与人力资源发展报告（2005—2006）[C]. 北京：北京大学出版社，2006.

指标来分析我国高等教育资源的区域分布。由于我们并不是要计算高等教育的发展指数，所以仅以一项有代表性的指标来分别反映高等教育的存量和高等教育的规模。

我们使用所有层次高等教育在校生的总规模作为衡量高等教育规模的指标，使用大专以上学历人口数作为衡量高等教育存量的指标。之所以要加入高等教育存量这一并不完全隶属于高等教育系统的指标来分析高等教育资源的区域分布，是因为许多高校毕业生并不在高校所在省就业，所以如果仅仅考虑高等教育系统本身的资源区域分布就会产生偏颇。也就是说，如果某个地区高等教育系统并不是特别发达，然而由于能够吸引其他地区培养的高校毕业生来就业，使得高等教育人口能够支撑起当地的社会、经济发展，我们认为就高等教育存量而言，高等教育资源在该地区的分布是协调的。相反，如果某个地区尽管高等教育很发达，有很多高质量的高校，高校在校生的规模也很大，然而如果大量毕业生都流向了别的地区，导致该地区高等教育人口与当地的社会、经济发展不匹配，我们认为就高等教育存量而言，高等教育资源在该地区的分布是不协调的。

（四）社会、经济发展的指标选取

已有有关高等教育资源区域分布的研究大多考虑高等教育资源相对于人口和经济的分布，这是因为用这两个因素就可以很大部分地解释高等教育资源区域分布的差异。尽管如此，我们认为在考虑高等教育资源区域协调发展的时候，应该超越这两个因素，而且应该让数据自身来决定高等教育资源的区域分布应该和哪些社会、经济发展指标相匹配。我们建立多元回归方程，并且通过逐步回归来筛选具体哪些社会、经济发展的指标能够进入回归方程。

我们收集了各省有关人口、经济、产业、科技、城镇化、居民消费等许多指标的数据。其中人口是指年中人口总数；经济则包括 GDP 总量、人均 GDP、GNI（国民总收入）总值、人均 GNI 等变量；产业包括第一、第二、第三产业的总产值，各产业占 GDP 的比重，以及各产业的从业人口数及其比重；科技包括研发总经费及其占 GDP 的比重、地方财政科技投入及其占财政投入的比例；城镇化是指城镇人口占总人口的比；居民消费包括居民消费绝对量、城镇居民消费绝对量、农村居民消费绝对量。

将上述社会、经济发展的指标全部作为自变量纳入回归方程中，然后采用逐步回归的办法来看最终有哪些自变量留在了回归方程中。之所以采取逐步回归的办法，是因为逐步回归在本研究中有如下优点：第一，可以排除自变量之间的多重共线性问题；第二，可以剔除系数不显著的变量；第三，可以保证回归结果的统计特性最优。

最终我们发现，无论是以高等教育总在校生规模作为因变量，还是以大专以上学历总人口数作为因变量，都使年中总人口数、GDP 总量以及研发经费占 GDP 的比重这三个自变量最终进入了回归方程。因此我们认定高等教育资源的区域分布应该和人口、经济与科技水平相匹配。

（五）各省高等教育资源的区域协调状况

接下来我们分别分析高等教育规模和高等教育存量的区域协调状况。以下是以高等教育总在校生规模作为因变量的逐步回归结果：

在校生总规模＝13646.24＋ 12.046*× 年中人口总数（万人）＋10.055***×GDP 总量（亿美元）＋20370.1***× 科研经费占 GDP 比重（%）

N=31；调整后的 R^2 为 0.660；Sig F＝0.0001。

“*”表示显著性水平为 10%，“**”表示显著性水平为 5%，“***”表示显著性水平为 1%。

根据逐步回归的结果，我们可以得到每个省高等教育在校生规模的拟合值，即和人口总量、GDP 总量以及研发经费相匹配的高等教育在校生规模。通过比较各省的实际值与拟合值，我们得到各省高等教育规模的不协调指数和超前发展指数，如表 6–1 所示。

表 6–1　各省份高等教育规模的协调状况

地区	不协调指数	超前发展指数
海南	–8	0
西藏	–8	0
青海	–7	0
宁夏	–6	0
贵州	–5	0
云南	–3	0
广东	–3	0
内蒙古	–2	0
广西	–2	0
新疆	–2	0

续表

地区	不协调指数	超前发展指数
浙江	–2	0
甘肃	–1	0
福建	0	0
四川	0	0
湖南	0	0
河南	0	0
山东	0	0
天津	0	0
重庆	0	0
江苏	0	1
河北	0	1
安徽	0	1
辽宁	0	1
山西	0	1
江西	0	2
黑龙江	0	2
上海	0	3
吉林	0	3
北京	0	4
陕西	0	5
湖北	0	6

注：按照不协调指数以及超前发展指数递增顺序排序。

从表 6–1 我们可以看到，海南、西藏、青海、宁夏、贵州、云南、广东、内蒙古、广西、新疆、浙江、甘肃等省区在高等教育规模方面与当地的人口、经济与科技发展水平不匹配。上述省份中大部分是西部省份，这表明这些西部省份的高等教育在校生规模不仅在绝对值方面落后，而且落后于本地的人口、经济与科技的需求。这点尤其值得大家关注，因为许多人可能认为上述省区高等教育的确落后于经济发达地区的高等教育，但这是它们的经济水平较低导致的，所以它们的高等教育欠发达也是正常的。可是，通过分析，我们发现西藏、青海、宁夏、贵州、云南、内蒙古、广西、新疆、甘肃等省区的高校在校生规模是滞后于这些地区自身的社会、经济发展水平的。除了西部省份外，高等教育规模不协调指数大于 0 的省份还包括海南、广东与浙江这三个属于东部沿海地区的省份，尤其是广东和浙江，这两者都是经济大省，而且在人们的印象中这两个省份的高等教育也较为发达。但是通过分析，我们发现这两个省的高校在校生规模并不能很好满足当地的经济与科技发展需要。而海南由于历史原因等高等教育并不发达，经济、社会发展较快，是所有省份中高等教育在校生规模最滞后于其社会、经济发展需求的。

与此同时，我们发现北京、陕西和湖北这三个省市在高等教育规模方面是最超前于其社会、经济发展的。其中北京是我国的文化中心，所以高等教育规模的超前发展指数较高也在意料之中。而陕西和湖北虽然跟北京、上海相似，也是高等教育的大省，然而这二者的经济与科技水平都略逊一筹，所以，高等教育规模的超前发展指数更高。也就是说在控制了其他因素后，湖北和陕西是高等教育规模最大的两个省份。

我们接着来分析高等教育存量的区域协调状况，以下是以大专学历以上总人口数作为因变量的逐步回归结果：

大专以上学历总人口数＝5381.927**+ 0.974*× 年中人口总数（万人）+ 1.859***×GDP 总量（亿美元）+ 1147.973*× 科研经费占 GDP 比重（%）

N=31；调整后的 R^2 为 0.830；Sig F＝0.0001。

“*”表示显著性水平为 10%，“**”表示显著性水平为 5%，“***”表示显著性水平为 1%。

根据逐步回归的结果，我们可以得到每个省大专学历以上人口规模的拟合值，即和人口总量、GDP 总量以及研发经费相匹配的大专学历以上人口规模。通过比较各省的实际值与拟合值，我们得到各省高等教育存量的不协调指数和超前发展指数，如表 6–2 所示。

表 6–2　各省份高等教育存量的协调状况

地区	不协调指数	超前发展指数
西藏	–9	0
海南	–6	0
青海	–4	0
宁夏	–4	0
贵州	–2	0
浙江	–1	0
福建	–1	0
甘肃	–1	0
山东	–1	0
重庆	–1	0

续表

地区	不协调指数	超前发展指数
云南	–1	0
广东	0	0
四川	0	0
湖南	0	0
广西	0	0
天津	0	0
江苏	0	0
河北	0	0
安徽	0	0
山西	0	0
湖北	0	0
江西	0	0
河南	0	1
吉林	0	1
陕西	0	2
内蒙古	0	2
黑龙江	0	2
上海	0	2
辽宁	0	3
新疆	0	4
北京	0	4

注：按照不协调指数以及超前发展指数递增顺序排序。

从表中数据我们可以看到，西藏、海南、青海、宁夏、贵州、浙江、福建、甘肃、山东、重庆、云南等省区的高等教育存量是与当地的人口、经济与科技发展水平不匹配的。这其中大部分省区其高等教育在校生规模与区域也是不协调的。尤其是西藏、海南、青海、宁夏、贵州这五个省区，无论是高等教育规模，还是高等教育存量，其不协调指数都是全国最高的。甘肃与云南这两省，无论是高等教育的规模还是高等教育的存量，也都不能与其社会、经济发展相匹配。这说明为了促进上述地区的发展，需要通过各种措施大力发展这些地区的高等教育并且吸引更多高素质人才去建设这些地区。另外，浙江作为经济大省，同样在高等教育规模和高等教育存量方面存在双重的不协调问题。这从侧面说明，如果浙江通过各种措施进一步发展其高等教育并且吸引更多其他省市培养的高校毕业生，那么将有助于浙江经济更好地发展。

福建、山东与重庆这三个省市尽管在高等教育规模方面基本上与其社会、经济发展相匹配，但是在高等教育存量方面却滞后于经济与科技的发展。这说明这三个省市要注意做好吸引高层次人才的工作，这样可以更好地促进本地的经济发展与科技发展水平的提高。

从表6-2我们可以发现，内蒙古和新疆的高等教育存量的超前发展指数大于0。可能的解释是，这两个地方人口规模本身不大，科技发展水平也不高，因为在吸收高校毕业生以及高层次人才方面有一定的特殊政策，使得这两个省在高等教育存量方面走在了全国的前列。

（六）结论与政策建议

通过数据分析，我们有如下发现：

其一，海南、西藏、青海、宁夏、贵州、云南、广东、内蒙古、广西、新疆、浙江、甘肃等省区，在高等教育规模方面与当地的人口、经济与科技发展水平不匹配。

其二，西藏、海南、青海、宁夏、贵州、浙江、福建、甘肃、山东、重庆、云南等省区的高等教育存量，与当地的人口、经济与科技发展水平不匹配。

其三，西藏、海南、青海、宁夏、贵州这五个地区无论是高等教育规模，还是高等教育存量都滞后于其社会、经济的发展。今后有关教育行政部门以及相关省份应该通过各种方式来提高这些地区的高等教育发展水平，比如采用对口支援等手段。

其四，西部仍然是高等教育的薄弱地带，无论是高等教育规模不协调的省份，还是高等教育存量不协调的省份，大部分都位于西部。高等教育的薄弱反过来可能会大大制约这些地区的经济与科技发展。西部要崛起，西部高等教育的发展任重道远。

其五，一些高等教育发达省份也存在着高等教育发展不协调的状况，比如浙江省，无论是高等教育规模，还是高等教育存量都处于不协调状况。这说明即使是高等教育发达省同时还是经济发达省，也不能高枕无忧，应该时刻意识到高等教育的发展应该与当地的社会、经济发展相匹配。建议浙江省加大政府对高等教育的投入力度，并且通过各种优惠措施吸引全国各地的高层次人才去浙江就业。

二、对高校毕业生迁移就业目的地的实证研究

基于人力资本理论的逻辑，从20世纪80年代末开始，我国逐渐改变原有计划经济体制下形成的高校毕业生统一分配的就业机制，允许毕业生与就业单位通过双

向选择来自由择业。此举在促进劳动力市场竞争、提高人力资本的效用，甚至在保证我国经济保持持续高速增长等方面都发挥了巨大的作用，而且进一步促进毕业生自由就业（比如取消落户限制等）也是未来毕业生就业的改革方向。上述改革方向是符合人力资本理论的。按照人力资本理论的观点，迁移和教育一样，是一种重要的人力资本，不但可以给劳动者个体带来可观的经济收益①，而且可以促进人才与工作岗位的匹配，提升人力资本与经济发展的契合度，从而促进经济发展②。

可见，高校毕业生在就业时是否选择迁移就业、迁移就业的目的地具体是什么地方，这些都是他们重要的就业行为与决定，而且他们关于就业地区去向的选择也会影响到地区经济的发展以及高等教育资源的区域布局。因此这一议题值得国内研究者对其进行系统、全面的研究。

（一）迁移和高等教育资源区域分布

高校毕业生拥有选择就业地区的自由，从各个方面促进了我国人力资源的开发；然而，毕业生的自由流动、自由就业在提高个体收入、促进经济发展的同时，也带来了另外一个问题，那就是高素质人才的区域分布更加不均衡。如果实施毕业生国家统一分配政策，一些经济不发达的地区还能根据自身的需要获得国家统一分配的高校毕业生。一旦取消了国家统一分配，那么这些在经济上处于劣势的地区，不但很难吸引本地或者其他地方的高素质学生在此接受高等教育，也很难吸引在外求学的学子回家乡就业；而且，即使本地区培养了高素质的毕业生，也会被其他经济发达地区吸引。高素质学生、高素质高校毕业生“孔雀东南飞”“一江春水向东流”的现象使得经济欠发达地区在高等教育发展方面遭受多重打击，比如生源不佳拖累高校声誉下降、对高等教育的财政投入产生的收益却被经济发达地区占有或者分享，这些现象反过来又会抑制经济欠发达地区对于高等教育的投入积极性，从而陷入恶性循环。③

上述人才外流的现象不只在一个国家内发生，其实在世界范围内高素质人才从

① Schultz, T. W. Investment in Human Capital[J]. American Economic Review,1961(51): 1-17; Becker, G. S. Human Capital: A Theoretical and Empirical Analysis, with Special Reference to Education[M].Chicago: The University of Chicago Press, 1994.

② Greenwood, M. J. Migration and Economic Growth in the United States: National, Regional, and Metropolitan Perspectives[M]. NewYork: Academic Press, 1981; Borjas, G. J. The Economics of Immigration[J]. Journal of Economic Literature, 1994,32(4): 1667-1717.

③ 罗守贵．我国高校毕业生跨区域流动的机制、影响及其对策 [J]．软科学 , 2002(2).

发展中国家向发达国家的外流或者迁移，也一直是世界各国关注的热点问题。对于高素质人才从欠发达地区流向发达地区的已有研究中，有的使用“人才外流”这个带有点感情色彩的词，有的使用“人才迁移”这一更为中性的词。本书采用“迁移”这一术语。目前对于世界范围内人才迁移的经济学研究取得了如下几点共识：①基本的经济模型适用于所有的迁移活动；②人才迁移有助于整个人类的福利最大化；③随着人才迁出地区经济的发展，人才迁出的现象将不断减弱，甚至会出现吸引其他地区人才的迁入。[①]

本研究准备借鉴人才迁移经济学的术语和分析框架，将研究视角聚焦在我国高校毕业生的迁移就业，对迁移就业目的地省份进行一个实证扫描，并以此展开对我国高等教育资源区域分布特点的讨论，为接下来的相关内容的研究与讨论做重要的铺垫。

（二）数据和研究设计

本章所用的数据来自科技部中国科技促进发展研究中心（现已更名为“中国科技发展战略研究院”）于 2007 年进行的“应届毕业硕士研究生就业状况调查”所获数据。这部分主要实证考察高校毕业生迁移就业的目的地省份。借鉴岳昌君和周俊波的研究来定义毕业生的迁移就业[②]，我们将迁移就业分为以下三种情况：其一，跨籍就业，如果毕业生的就业省份与其籍贯省份不同，则定义为跨籍就业。其二，跨学就业，如果毕业生的就业省份与毕业学校所在省份不同，则定义为跨学就业。其三，双跨就业，既是跨籍也是跨学就业。需要说明的是，本研究中所说的籍贯是父母的定居省份。

本研究主要考察这三种不同的迁移就业形式在不同省份之间的分布，从而勾勒出不同省份对毕业生的吸引力。在所用数据的调查样本中，有部分毕业生并不打算马上求职，而是准备继续读书（包括出国留学），还有部分毕业生在调查结束前还没有找到工作，另外有些毕业生并没有填写就业省份的信息。在排除上述样本后总共有 763 个样本在调查时点前已经找到了工作，并且留下了他们就业目的地的信息，这也是本研究所用的有效样本总集。

表 6–3 列出了三种不同迁移就业的简单描述统计。

---

① 雷虹，李锋亮．国际间人才迁移的经济学 [J]．清华大学教育研究，2008(3).

② 岳昌君，周俊波．高校毕业生为何跨省就业 [J]．清华大学教育研究，2005(02).

表 6-3　毕业生迁移就业简单描述统计

	频数	百分比（%）	样本总数
跨籍就业	532	69.7	763
跨学就业	431	56.5	763
双跨就业	311	40.8	763

从表 6-3 我们可以发现跨籍就业的毕业生占到有效样本的 69.7%，这就意味着有将近 70% 的毕业生并没有在自己原籍就业。跨学就业的毕业生占有效样本的 56.5%，这意味着有超过一半的毕业生并没有在自己毕业学校所在省份就业。而 40.8% 的毕业生是既跨籍就业又跨学就业，这意味着有很大比例的毕业生选择了迁移就业。

如此多的高校毕业生选择迁移就业，那么他们都流向了哪些省份呢？我们将列联表来考察毕业生迁移就业目的地的情况。

（三）对迁移就业目的地的实证扫描

表 6-4 列出了各省接受迁移就业毕业生频数与百分比的实际观察值与理论期望值。所谓理论期望值就是在假定迁移就业与目的地省彼此完全独立的情况下，迁移就业的毕业生在各省市的分布情况；而实际观察值就是现实发生的分布情况。

从表 6-4 我们可以看出除吉林和西藏外，所调查毕业生的就业目的地覆盖了其他所有省份，这说明尽管本研究所用数据局限在北京、上海、武汉、兰州这四个城市，但是样本的选择还是具有较高的代表性的。

表 6-4　毕业生迁移就业目的地（省、区、市）的频数与百分比

地区	跨籍就业		跨学就业		双跨就业	
	实际观察值	理论期望值	实际观察值	理论期望值	实际观察值	理论期望值
安徽	2（0.38）	9（1.69）	13（3.02）	7（1.62）	2（0.64）	5（1.61）
北京	186（34.96）	137（25.75）	30（6.96）	112（25.99）	30（9.65）	80（25.72）
重庆	5（0.94）	4（0.75）	6（1.39）	3（0.70）	5（1.61）	2（0.64）
福建	8（1.50）	7（1.32）	10（2.32）	6（1.39）	8（2.57）	4（1.29）
甘肃	16（3.01）	30（5.64）	1（0.23）	23（5.34）	1（0.32）	18（5.79）
广东	99（18.61）	75（14.10）	108（25.06）	61（14.15）	99（31.83）	44（14.15）
广西	6（1.13）	5（0.94）	7（1.62）	4（0.93）	6（1.93）	3（0.32）
贵州	2（0.38）	1（0.19）	3（0.70）	2（0.46）	2（0.64）	1（0.32）
海南	1（0.19）	2（0.38）	2（0.46）	1（0.23）	1（0.32）	1（0.32）
河北	4（0.75）	7（1.32）	10（2.32）	6（1.39）	4（1.29）	4（1.29）

续表

地区	跨籍就业		跨学就业		双跨就业	
	实际观察值	理论期望值	实际观察值	理论期望值	实际观察值	理论期望值
河南	4（0.75）	14（2.63）	2（0.46）	1（0.23）	4（1.29）	8（2.57）
黑龙江	0（0）	1（0.19）	20（4.64）	11（2.55）	0（0）	1（0.32）
湖北	25（4.70）	60（11.28）	16（3.71）	49（11.37）	6（1.93）	35（11.25）
湖南	8（1.50）	7（1.32）	10（2.32）	6（1.39）	8（2.57）	4（1.29）
吉林	——	——	——	——	——	——
江苏	17（3.20）	17（3.20）	24（5.57）	14（3.25）	17（5.47）	10（3.22）
江西	5（0.94）	5（0.94）	7（1.62）	4（0.93）	5（1.61）	3（0.32）
辽宁	5（0.94）	4（0.75）	6（1.39）	3（0.70）	5（1.61）	2（0.64）
内蒙古	2（0.38）	2（0.38）	3（0.70）	2（0.46）	2（0.64）	1（0.32）
宁夏	0（0）	1（0.19）	1（0.23）	1（0.23）	0（0）	1（0.32）
青海	1（0.19）	1（0.19）	1（0.23）	1（0.23）	1（0.32）	1（0.32）
山东	6（1.13）	19（3.57）	27（6.26）	15（3.48）	6（1.93）	11（3.54）
山西	1（0.19）	3（0.56）	4（0.93）	2（0.46）	1（0.32）	2（0.64）
陕西	17（3.20）	16（3.01）	23（5.34）	13（3.02）	17（5.47）	9（2.89）
上海	71（13.35）	65（12.22）	40（9.28）	53（12.3）	40（12.86）	38（12.22）
四川	4（0.75）	4（0.75）	5（1.16）	3（0.70）	4（1.29）	2（0.64）
天津	6（1.13）	5（0.94）	6（1.39）	3（0.70）	6（1.93）	2（0.64）
西藏	——	——	——	——	——	——
新疆	3（0.56）	2（0.38）	3（0.70）	2（0.46）	3（0.32）	1（0.32）
云南	1（0.19）	3（0.56）	4（0.93）	2（0.46）	1（0.32）	2（0.64）
浙江	27（5.08）	27（5.08）	39（9.05）	22（5.10）	27（8.68）	16（5.14）
合计	**532**	**532**	**431**	**431**	**311**	**311**

注：括号中的值为百分比（%）；对预测值做了四舍五入处理；“——”表示没有该省就业的样本。

首先，我们来看跨籍就业的实际观察值情况，从图 6–1 可以看出跨籍就业的地域不平衡。北京、广东、上海和浙江是接受跨籍就业最多的四个省市。其中，北京接受了 35% 的跨籍就业毕业生，广东接受了 19% 的跨籍就业生，上海接受跨籍就业的毕业生也超过了 10%，也就是说这三个省市就吸引了超过 60% 的跨籍就业毕业生。浙江作为经济大省，也吸引了 5.08% 的跨籍就业的高校毕业生。或许有人认为这是研究所用数据造成的偏差，因为样本仅选取了北京、上海、武汉、兰州四市高校的毕业生。然而实际调查中发现，在湖北就业的跨籍毕业生只占 4.7%，甘肃才 3%。

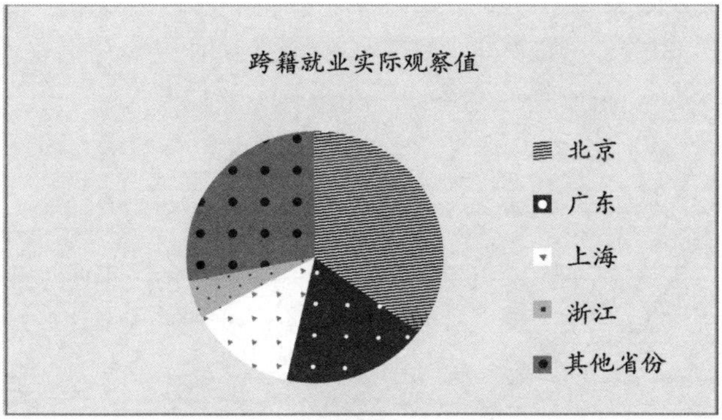

图 6–1　跨籍就业观察值

我们来进一步考察陕西的情况。研究发现陕西是高等教育在校生规模远远超过其社会经济发展水平的省份（见本章第一部分内容），可是陕西吸引的跨籍就业毕业生的比例仅为 3.2%，还略低于全国各省份的完全平均值 3.22%[①]。研究发现其他低于这一完全平均值的省、市、自治区还包括安徽、重庆、福建、甘肃、广西、贵州、海南、河北、河南、黑龙江、湖南、江苏、江西、辽宁、内蒙古、宁夏、青海、山东、山西、四川、天津、新疆和云南等。这其中不仅包括了所有的西部省份与绝大多数的中部省份，而且很多东部省份也在上述名单之中。由此可见，高校毕业生的跨籍就业在各个省份中分布得极其不均衡，基本被北京、广东、上海等东部省市占据。

我们再来比较跨籍就业在各省分布的实际观察值与理论期望值之间的差别。从图 6–2，大家可以看到北京、广东与上海都是实际观察值远远高于理论期望值，这意味着这三个省市比起其他省市在吸引跨籍就业毕业生方面有明显的优势，而反观湖北省，它所吸引的跨籍毕业生的实际频数不及理论期望值的一半。另外山东省的实际观察值的百分比也远远低于其理论期望值，这说明山东虽然是经济大省，其自身不是一个高等教育大省，而且在吸引高层次人才方面相对于全国平均水平而言处于劣势。这个发现也与上文中的研究结果相一致。

① 通过 100% 除以 31 个省、市、自治区得到。

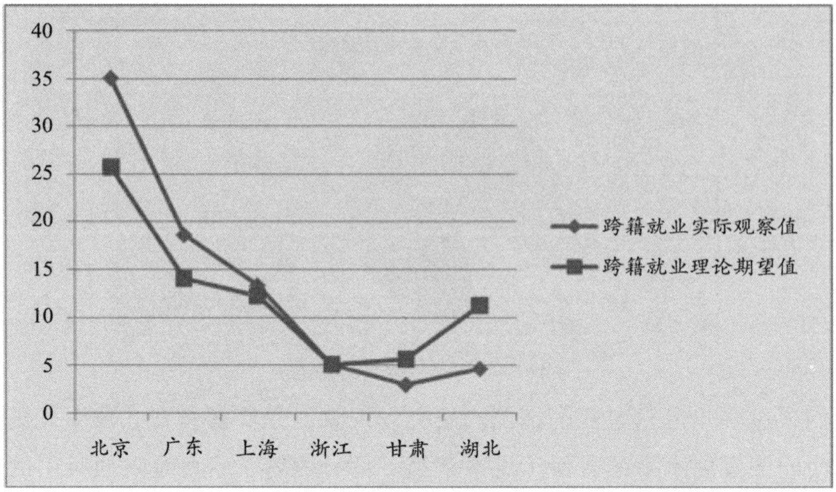

图 6–2　部分省市跨籍就业实际观察值与理论观察值

跨学就业实际观察值排在前四位的依然是广东、上海、浙江与北京，这四个省市都属于东部沿海经济发达地区中的佼佼者，加上广东与浙江这两个省自身的高等教育在校生规模低于与其社会经济相匹配的水平，自然能吸引众多在其他省市就读的高校毕业生来此就业。而在跨学就业方面，北京的吸引力明显低于上海，我们认为这主要有两方面的原因。其一，北京的“每十万人口各级学校平均在校生数”指标远远大于上海。在考虑了社会经济发展水平后，北京的高校在校生规模水平也高于上海的高校在校生规模水平，这说明北京本身培养的高校毕业生很多，很大程度上抑制了在其他省市求学的毕业生来北京就业。其二，北京对于毕业生落户的限制更严格，这也抑制了更多的其他省市高校培养的学生向北京迁移就业。而且有意思的是，从图 6–3 可以发现，无论是北京还是上海，跨学就业的实际观察值都低于理论期望值，这说明如果没有其他方面的限制（比如落户指标的限制等），北京和上海将会吸引更多在其他省市就读的高校毕业生。

湖北和甘肃的跨学就业实际值远低于理论期望值，我们可以用经济发展水平来解释。表 6–4 中，湖北省实际吸引跨学就业的毕业生数为 16，而其对应的理论期望值为 49，这就意味着实际值仅为理论期望值的三分之一。而甘肃省仅吸引了 1 名由其他省市培养的毕业生来就业，而其理论期望值为 23，这说明甘肃作为西部省份，在吸引跨学就业方面远远落后于中部省份湖北。

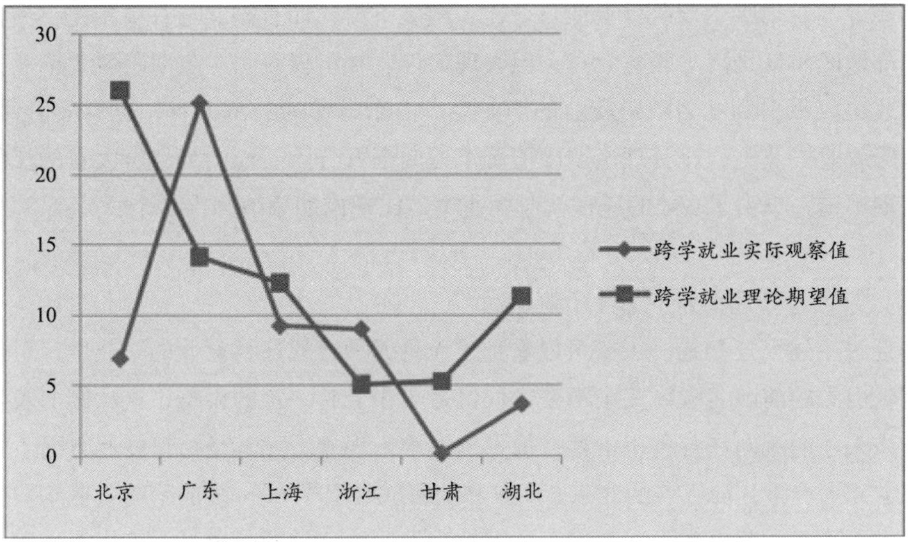

图 6–3　部分省市跨学就业实际观察值与跨学就业理论观察值

最后，我们来看双跨就业的分布情况。吸引双跨就业的前三名和吸引跨籍就业的前三名完全一样，只是顺序有了改变。广东省吸引了 32% 的双跨毕业生，在所有省份中排在第一位，是其理论期望值的 2 倍以上。浙江省以 9% 的份额继续排在第四位。上海和北京分别吸引了 13% 和 10% 的双跨就业毕业生，分列第二和第三位。不过，从图 6–4 可以看到，上海的实际观察值略高于理论期望值，而北京的实际观察值却远小于理论期望值。这从侧面进一步说明作为经济中心的上海比起作为政治中心的北京，劳动力市场的竞争程度更高，因此能够使更多选择迁移的毕业生顺利抵沪就业。

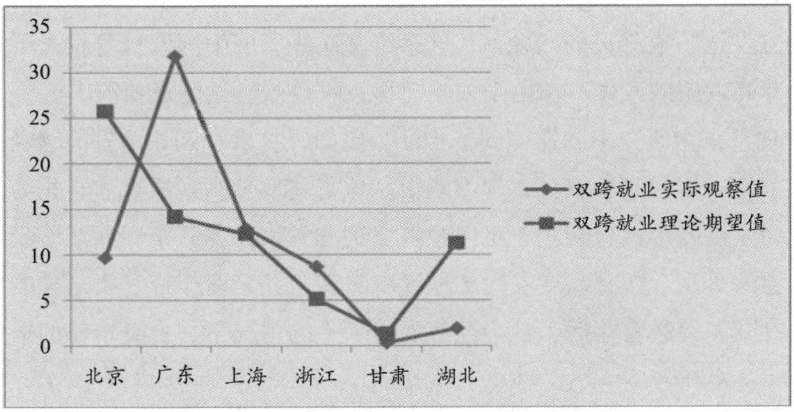

图 6–4　部分省市双跨就业实际观察值与双跨就业理论观察值

湖北与甘肃吸引双跨就业的百分比大幅度下滑，而且湖北与甘肃相比，尽管地处中部地区而且是高等教育大省，但表现欠佳。甘肃仅吸引 1 名双跨就业毕业生，而湖北也仅吸引到 6 名双跨就业的毕业生。山东省作为经济大省，也只吸引到 2% 的双跨就业毕业生，比其理论期望值低了近两个百分点。而同为经济大省的江苏省却表现不错，吸引了 5% 的迁移就业毕业生，比理论期望值高出 2 个百分点。

（四）对高等教育资源区域分布的启示

通过上述实证扫描，大家可以看到，无论哪种方式迁移就业的毕业生，对他们最有吸引力的前四名省市完全不变，仅仅是顺序上有一定的调整，这从侧面表明，高素质人才的流向在各省市中存在极大的不均衡现象。尤其是跨籍就业方面不均衡的现象尤为严重，前三名的北京、广东和上海就吸引了 60% 多的跨籍就业毕业生。如果进一步考虑北京和上海都属于高等教育发达地区的同时也是对于毕业生落户限制最严格的地区，那么“赢者通吃”的格局就尤其明显。

可以做一个这样的类比，美国作为世界上高等教育第一强国，不仅吸引了全世界很多的优秀学生去美国高校接受教育，并且吸引其大量的佼佼者留下工作。而且在其工作签证限制严格的情况下，依然能够源源不断地吸引其他国家的高素质劳动者移民，尤其是来自发展中国家的高素质的劳动者。① 这些全世界的精英进一步为美国保持各领域的世界领先地位提供了巨大的人力资本。

与此对应的是许多发展中国家在 20 世纪六七十年代受人力资本理论的影响大力发展高等教育，希望能够通过投资人力资本，尽快实现向发达国家的靠拢；然而事与愿违的是，这些发展中国家比如印度普遍出现了高素质人才失业以及高素质劳动者向西方发达国家移民的问题。② 这意味着这些发展中国家自身投入了大量的资源用于培养高素质的人才，却由于人才迁移，收益被发达国家获取了。

这种现象在本研究中同样得到了验证。比如，甘肃和湖北两省能够吸引其他省市的学生来本省接受高等教育，却不能很好地将这部分高素质人才转化为自身的人力资本，而是被高等教育相对不足但经济发达的省市比如广东和浙江所吸纳，甚至被北京、上海等高等教育高度发达的地区所吸引。尤其对于像甘肃这样的中西部省份而言，在其高等教育落后于社会经济发展水平的情况下，自身培养的毕业生依然

① Grubel, H. G. Economics of the Brain Drain [A] //Carnoy, M.(ed). In International Encyclopedia of Economics of Education(2nd Ed) [C]. Oxford：Pergamon Press and Elsevier Science, 1995.

② 曲恒昌，曾晓东．西方教育经济学研究 [M]．北京：北京师范大学出版社，2000．

“孔雀东南飞”，使得经济建设更加缺少高素质的人力资本的支撑，必然会形成恶性循环。

不过也并不是说所有的经济大省在吸引迁移就业毕业生上都具有优势，比如作为经济大省的山东在吸引跨籍就业毕业生方面就处于明显的劣势，只能吸引到 1% 的跨籍毕业生，远远低于理论期望值。

通过对高校毕业生迁移就业目的地的实证扫描，我们发现，在吸引毕业生迁移就业方面，全国各省份间存在着极不均衡的“赢者通吃”现象，北京、上海、广东与浙江这四个省市占有了大部分份额，而其余省份在吸引高素质人才方面处于劣势。我们认为这种现象在一定程度上会挫伤其他省份对高等教育投资的积极性，进而加大高等教育资源的区域不均衡。但我们既不是反对毕业生自由流动与迁移，也不是希望恢复原先的国家统一分配政策。毕竟提高人民群众的自由选择程度也是和公平、效率同等重要的公共教育资源配置的广义政策目标之一。[①] 因此，我们在研究和制定高等教育区域分布以及高校毕业生就业的政策时，不能为了单纯追求均衡或者公平而忘记自由选择的重要性。公共政策应该在公平、效率与自由选择程度这三种力量的角力中找到一个平衡点，而且随着社会经济背景的变化，这一平衡点也要随之改变。

目前我国依然处于快速工业化和城市化阶段，根据经济学理论，当一个社会处于这一阶段时，产业聚集、人才聚集是促进社会分工、知识溢出效应和范围经济以及降低社会交易成本的重要途径[②]，这也就意味着目前我国这种人才流向上“赢者通吃”的现象在某种程度上是符合我国目前的经济发展要求的。

然而，这并不是说经济暂时落后的中西部地区面临人才外流现象就不能有所作为。我们认为一个地区在人才聚集一段时间后，由于产业的转型，将会出现由聚集向辐射的转变，一个人才输出国一旦其自身的经济发展到一定水平，会出现人才的回流，甚至成为新的人才流入或者聚集区。中国近 30 年的发展就清楚证实了这一规律。

目前大部分高校毕业生流向北京、上海、广东、江苏、浙江等经济较发达的省市是时代发展的必然现象，今后，正如国际间的人才迁移一样，将不断有新的省市崛起成为新的人才聚集地。这将是一个渐变的过程。在这过程中，无论是中央还是

---

① E. 科恩，著. 教育经济学 [M]. 王玉昆，译 . 上海：华东师范大学出版社，1989.

② Marshall, A. Principles of Economics (8th Ed)[M]. London: Macmillan, 1920; Krugman, P., Venabals, A. J. Integration Specialization and Adjustment [J].European Economic Review, 1996(9): 59-67.

地方都应该抓住机遇来促进特定区域从人才聚集到辐射的转变。比如2008年世界性的金融危机可以说是中国吸收国际高素质人才迁移的绝好时机，这同样适用于国内的人才迁移。比如某些经济大省应该敏锐抓住金融危机、高校毕业生就业难等契机，吸引、拉动、鼓励高素质的人才来本地区就业，从而推动自身人力资本与经济的增长，这将从客观上推动高等教育资源区域分布的均衡发展。

（五）小结：人才聚集是目前我国经济快速发展过程中的一种必然现象

我们通过实证考察高校毕业生迁移就业目的地在全国各省份的分布发现：①北京、广东、上海和浙江这四个省市吸引了大部分各种形式的迁移就业毕业生；②其他省市包括一些东部沿海的经济发达省份（比如山东）对高素质人才的迁移就业方面的吸引力并不大；③像湖北这样的高等教育大省，虽然能够吸引全国各地的学生来接受高等教育，却不能有效地将这些来求学的学子转变为自身的人力资源；④更为严重的是像甘肃这样自身高等教育并不发达的西部省份，在毕业生自由流动的情况下，成为高素质人才的净输出地。

尽管存在着上述人才聚集的不均衡现象，但我们认为这是目前中国处于经济快速发展过程中的一种必然现象，在某种程度上也是有利于整个中国经济发展的，因此这一聚集现象还将持续。然而，这并不意味着我们面对这种不均衡现象就不能有所作为。我们建议无论是中央政府还是地方政府应该抓住全球金融危机和高校毕业生就业难等机遇，推出优惠政策，吸引全国甚至全世界的高素质人才为我所用，以形成新的人才聚集地。

三、迁移就业、起薪、学用匹配与过度教育

上文通过实证考察高校毕业生迁移就业目的地，发现选择迁移就业的高校毕业生大部分选择了北京、长三角和珠三角，也就是经常被媒体称为“北上广”的区域。按照经典的人力资本理论分析，人们选择迁移就业是为了获得可观的经济收益，下面就从起薪、学用匹配和过度教育等角度来实证分析毕业生迁移就业的经济收益。

（一）迁移是一种人力资本

按照人力资本理论的观点，迁移和教育一样，是一种重要的人力资本，迁移就业能够带来显著的私人收益与社会收益。其中社会收益也是根源于个体劳动者在自

由迁移中得到了更好的配置，从而促进社会劳动生产率的提高。尚斯塔（L.A.Sjaastad）首创性地用人力资本理论关于成本与收益的分析框架分析了迁移可能给个体劳动者带来的收益，这些收益包括收入的增加、生活成本与工作成本的降低以及对生活和工作满意度的提高等。[①] 在尚斯塔这项开创性的研究之后，包括他本人在内的很多研究者都希望用数据来实证检验迁移给个体劳动者带来的收益。虽然有研究发现迁移确实能够给个体劳动者带来显著的收益[②]，但也有研究发现，迁移似乎并不能带来显著的金钱收益。比如格兰特和温德尔凯姆（E.K.Grant & J.Vanderkamp）1980 年针对加拿大的一项研究发现，迁移一开始会给个体带来负的收入效应，而且在 5 年之内迁移对于个体带来的正向收益依然是不显著的，尽管在 5 年之后，迁移能够给个体带来显著的正向收益，但是收益也是非常小的。[③]

中国从计划经济向市场经济转型的过程中，不断减少对劳动力迁移的限制。在高等教育领域，体现为不再对高校毕业生的就业进行统一的计划分配，而是强调双向选择与自由择业。这背后的重要理论依据是人力资本理论。那么迁移就业是否能够给中国高等教育的毕业生带来更显著的收益呢？目前针对中国国内个体迁移收益的研究非常多，但大多局限于对已工作人群的迁移就业，比如进城务工人员的迁移就业等[④]，对高校毕业生迁移就业收益的实证研究还非常少。

我们将用实证的方法研究迁移就业可能给高校毕业生带来的收益，并且在以下方面做出创新与改进。我们不仅探讨迁移就业带来的纯粹的金钱收益，还将探讨迁移能否给高校毕业生带来更高的工作匹配度，包括学用结合的匹配度、教育层次的匹配度等。之所以要研究迁移就业与工作匹配之间的关系，是因为如果研究发现迁移就业能够促进高校毕业生找到起薪更高的工作，那么这只说明迁移就业具有私人收益，而不能说明这对于整个社会而言是有利的；而按照人力资本理论，迁移就业的社会收益体现在能够促进人才与工作岗位、就业市场的匹配，从而促进整体劳动生产率的提高。

---

① Sjaastad, L. A.The Costs and Returns of Human Migration[J]. Journal of Political Economy, 1962,70(5): 80-93.

② Wertheimer,R.E. The Monetary Rewards of Migration within the US [M]. Washington: Urban Institute, 1970; Borjas, G. J. The Economics of Immigration[J]. Journal of Economic Literature , 1994,32 (4): 1667-1717.

③ Grant, E. K., Vanderkamp, J. The Effects of Migration on Income: A Micro Study with Canadian Data 1965-1971[J]. Canadian Journal of Economics ,1980(1): 47-62.

④ Zhao, Y. Labor Migration and Earnings Differences: The Case of Rural China[J]. Economic Development and Cultural Change, 1999, 47(4): 767-782.

（二）研究假设

按照人力资本理论，迁移和受教育一样是为了获取更多的回报。[①] 现有针对中国的实证研究也发现，在控制了其他因素后，跨省就业的本科和专科毕业生能够得到起薪显著更高的工作。因此，本研究假设这一现象同样适用于在高等教育规模持续扩张背景下高校毕业生的情况。于是，我们提出以下假设：

假设 1，在控制了其他因素之后，那些选择迁移就业的高校毕业生，找到工作的起薪显著更高。

上文提到，迁移就业的收益不仅指个体在货币上获得的收益，可能更为重要的还在于迁移能够促进个体与工作岗位的匹配。因为，即便迁移就业能够使得毕业生找到工资更高的工作，但如果“学非所用”或者“高才低就”[②]，那么对于整个社会而言将带来很大的负面效果，也即有负的社会收益。比如，如果迁移就业使得毕业生在大学期间所学的专业知识没有用武之地，这就意味着个人专用人力资本的严重损耗。[③] 而如果迁移就业使得毕业生出现过度教育的状况，那么这将意味着国家或者地区对于高等教育投资的严重浪费。不管是“学非所用”还是“高才低就”，都会对整个社会产生巨大的负面效应。就如同许多菲律宾的大学生，为了追求更高的收入，放弃自己在大学学到的高深知识，到中国香港特区从事家政服务的工作：虽然自身有了丰厚的金钱收益，却给自己的国家带来了深远的负面效应。

假设 2，在控制了其他因素之后，那些选择迁移就业的高校毕业生，找到学用匹配工作的概率显著更高。

假设 3，在控制了其他因素之后，那些选择迁移就业的高校毕业生，过度教育的发生概率显著更低。

（三）研究设计

为了验证假设 1，本研究构建一个多元线性模型，模型的因变量是高校毕业生找到工作的月起薪。需要关注的核心自变量就是以上三个关于迁移就业的虚拟变量，分别是：跨籍就业、跨学就业、双跨就业。

---

① Becker, G. S. Nobel Lecture: The Economic Way of Looking at Behavior[J]. Journal of Political Economy , 1993,101(3): 385-409.

② “高才低就”就是对过度教育的一种形象刻画。

③ Becker, G. S. Human Capital: A Theoretical and Empirical Analysis, with Special Reference to Education[M]. Chicago: The University of Chicago press, 1994.

除了在多元线性回归方程中加入上述需要验证研究假设从而需要着重关注的三个自变量外，本研究还准备控制如下变量[①]：

（1）毕业生的性别、年龄与所读专业。其中专业有 18 个虚拟变量，是以理科专业为基准的。

（2）毕业生高中就读学校的性质，两个虚拟变量分别是“省重点”与“市重点”，是以“非重点中学”为基准的。

（3）“985”高校，是指毕业生就读学校的性质，是以非“985”高校为基准的虚拟变量。

本研究准备用二元 logistic 模型来验证假设 2 和假设 3。对于假设 2，因变量是毕业生找到工作学用匹配情况的二元虚拟变量。信息来源于毕业生对以下问题的回答：

这份工作和您硕士所学专业是否对口？

1. 很对口　2. 比较对口　3. 不太对口　4. 基本没联系

如果毕业生回答“很对口”或者“比较对口”，这就意味着学用匹配＝1；如果毕业生回答“不太对口”或者“基本没联系”，这就意味着学用匹配＝0。

对于假设 3，因变量是毕业生是否发生过度教育的二元虚拟变量。关于毕业生过度教育的信息主要来源于毕业生对于“这份工作对求职者教育水平的要求”这个问题的回答。

对于假设 2 和假设 3 的二元 logistic 模型，所包含的自变量和验证假设 1 的多元线性回归模型完全一样。本研究主要考察的是三个模型回归结果中，“跨籍就业”“跨学就业”“双跨就业”三个核心变量的系数与显著性水平。

如果实证结果支持了三个研究假设，也就是说迁移将给毕业生带来显著更高的工资收益、显著更好的工作匹配状况，那么在三个模型的回归结果中，三个核心自变量的系数都将是正向显著的。

（四）实证结果及其讨论

表 6–5 列出了三个模型的回归结果。从表 6–5 大家可以看到，三个模型中，三个核心自变量的系数大多数是不显著的——仅是在多元线性回归的模型中，也即因变量为毕业生的月起薪的模型中，“跨籍就业”的系数显著为正，其余系数在统

---

① 这是在前期的数据分析与文献分析的基础上确定下来的诸多控制变量，并且最终的回归结果多重共线性都不严重。

计上全部都是不显著的，而且有些系数的符号是负的。这也就是说除了假设 1 得到了部分验证外，实证结果拒绝了假设 2 和假设 3。尤其是考虑到“双跨”这一变量在三个模型中的系数都是不显著的，表明迁移就业实际上并不能显著提高毕业生各方面的收益，包括起薪与工作匹配度。为了确保回归结果的稳定性，我们尝试采用逐步回归的办法将这三个核心变量和其他控制变量一起放进模型中，得到的结果和表 6–5 基本一致。

表 6–5　三个模型的回归结果

	月起薪		学用匹配 =1			过度教育 =1		
	系数	T 值	系数	Wald 值	概率比	系数	Wald 值	概率比
常数项	3927.31***	4.38	1.21	0.85	3.34	–2.94***	7.61	0.05
性别（男）	450.29***	3.08	0.09	0.20	1.10	–0.45***	6.74	0.64
年龄	–68.40**	–2.15	–0.03	0.31	0.97	0.07*	3.64	1.07
省重点	245.52*	1.70	0.94***	11.55	2.56	0.12	0.25	1.13
市重点	–77.81	–0.42	0.83***	11.47	2.29	–0.09	0.17	0.91
“985”高校	646.47***	3.95	–0.60***	5.61	0.55	–0.23*	3.35	0.80
跨学	–140.83	–0.55	0.67	2.06	1.95	–0.20	0.44	0.82
跨籍	719.68***	3.09	0.30	0.79	1.35	–0.18	0.44	0.83
双跨	127.16	0.41	–0.61	1.85	0.54	0.42	1.28	1.52
调整后的 R^2	0.252							
F 值	10.810***							
卡方			59.960***			48.061***		
–2LL 值			671.260			936.769		
样本量	763		763			763		

注：表格中省略了毕业生专业虚拟变量的系数信息；“***”表示显著性水平为 1%，“**”表示显著性水平为 5%，“*”表示显著性水平为 10%。

研究发现，迁移就业的毕业生大多集中在北京、上海、广东和浙江这四个省市，也就是说迁移就业的毕业生虽然聚集在我国经济最为发达的省市，然而总体而言，迁移就业并不能给毕业生带来显著的正向收益，甚至有时候还会带来负向的收益，尽管这些负向的收益在统计上是不显著的。

从实证的结果看，迁移目的地集中在几个大都市与个人迁移收益相关不显著，这两者之间存在着一定的矛盾。那么为什么会出现这样的情况呢？根据国际上已有的一些研究结论与发现，我们可以从以下两个方面进行解释与讨论。

首先，托达罗（M. P. Todaro）在分析城市大批失业人口与农村劳动力持续涌向城市这两个看似矛盾的现象时，曾经提出了预期收入差距模型，认为发展中国家农村劳动力向城市迁移主要有两个动因：其一是城乡劳动者实际平均收入的差别，其二是农村劳动力在城市中找到工作的机会大小。① 按照托达罗预期收入差距模型的逻辑，那些选择迁移就业的毕业生，一开始并不寻求找到起薪显著更高的工作，也不寻求找到学用更加对口、教育层次更加匹配的工作，而是希望先在一个预期收益高、未来发展机会大的地方落脚。尤其是由于受到户籍的限制，应届毕业生的迁移流动相对已经工作之后的迁移流动要容易得多，因此应届毕业生可能一开始并不会对工作岗位的条件有更多的要求，而是首先确保能够在经济发达的大城市找到工作，以解决户口等问题；至于薪水、福利、工作条件更好的工作，可以慢慢调整与搜寻，毕竟经济发达的大城市的机会相对更多。

关于高校毕业生工作找寻的研究也证实了上述论断。孟大虎认为高校毕业生的工作找寻是沿着地域—行业—单位的优先次序依次进行的，即将就业的区域范围放在工作找寻目标的首位，再在区域范围内确定目标行业和单位。②

其次，尽管基本的经济模型适用于所有的迁移活动③，但影响高素质人群迁移的因素更为复杂，除了考虑直接的经济收益之外，高素质人群还会关注迁入地的文化与自然环境等。④ 而且有研究发现，有的时候非经济因素对于高校毕业生的吸引，并不比经济因素对这部分人群的吸引力小。⑤

比如，很多学生之所以在经济发达的大城市就业，可能是为了和自己的男 / 女朋友在一起，或者是不习惯中小城市相对薄弱的文化氛围、相对保守的风俗等。因此，许多毕业生宁可迁移到大都市就业，选择在收入不高的情况下“蜗居”，也不愿意回到自己的家乡或者留在自己就读的中小城市就业。

根据我们的研究分析，我们认为，包括高校毕业生在内的高素质人才并不在意短期的收益，他们迁移聚集到经济发达的大都市，这在某种程度上是符合我国目前

① Todaro, M. P. A Model of Labor Migration and Urban Unemployment in Less Development Countries[J]. American Economic Review, 1969(69): 486-499.

② 孟大虎．风险条件下的个人选择与大学生就业 [J]．复旦教育论坛 , 2005(1).

③ 雷虹 , 李锋亮 . 国际间人才迁移的经济学 [J]．清华大学教育研究 , 2008(3).

④ Grubel, H. G. Economics of the Brain Drain[A] //Carnoy, M. (ed.). In International Encyclopedia of Economics of Education(2nd Ed) [C]. Oxford：Pergamon Press and Elsevier Science, 1995.

⑤ Kodrzycki, Y. Migration of Recent College Graduates: Evidence from the National Longitudinal Survey of Youth[J]. New England Economic Review, 2001(1): 13–34.

的经济发展状况的。但是大家也应该看到，不少选择迁移就业的毕业生不但不能显著提高自己找到学用匹配工作的概率、显著降低过度教育的发生率，甚至在一定的情况下还会使自身受教育情况与工作匹配的情况恶化，尽管这种负面效应在统计上是不显著的。因此，在市场经济这个大背景下，尽管我们依然需要坚持毕业生就业的双向选择，尊重毕业生自己做出的就业决定，但与此同时，政府和高校还应该从提高社会收益的角度出发，鼓励一部分有志于去经济欠发达地区、有志于去基层锻炼、成长与发展的高校毕业生，为他们创造机会，帮助他们去中小城市甚至乡镇、农村寻找更为匹配的工作岗位。这样做有三个方面的好处：其一，可以满足大都市对人才聚集的要求；其二，可以满足欠发达地区获得高素质人才的需要；其三，有利于那些投身基层的毕业生在事业上的迅速成长。

实际上，目前国内许多知名大学已经开始在制度层面推动这一举措。比如清华大学近几年来通过各种措施，鼓励清华各个学历层次的学子去基层工作。尽管清华大学意识到这样做，在一定程度上是“逆市场”的行为，但是也意识到如果让自己的学生都扎堆在几个大都市，那么自己的毕业生“只能是赚小钱，不能赚大钱；只能干点小事业，不能干大事业”，因此必须在学校层面做一定的宏观调控与规划。①

我们认为，针对目前全国各省份间在吸引高校毕业生迁移就业方面存在着极大不均衡的“赢者通吃”现象，国家与高校应该采取一定的干预措施。根据本次研究，选择迁移就业主要是帮助毕业生在大都市落下脚来而已，并不具有更多的正向社会收益。此外，毕业生向少数几个大都市集中迁移还会带来其他的社会负面效应。比如经济欠发达地区，希望大力投资高等教育，以培养自身经济发展需要的高素质人才，然而在这些欠发达地区接受高等教育的学生一旦毕业就迁移就业到了北京、上海等地区，将会严重挫伤欠发达地区投资高等教育的积极性，使得欠发达地区一直处于缺乏人才—经济不能发展—不能吸引人才的恶性循环中。

（五）小结：迁移就业的社会效益不显著为就业引导提供了政策支持

这一部分我们实证分析了高校毕业生迁移就业在起薪、学用匹配、教育层次匹配上的收益。根据本次研究结果，除了“跨籍就业”能够给毕业生在起薪上带来显著的正向收益外，无论是“跨籍就业”“跨学就业”还是“双跨就业”都不能给毕业生带来显著正向的收益，且在一定程度上还会使得毕业生找到起薪更低、学用不

① 杜汇良 . 清华大学学生管理工作 [Z]. 清华大学 , 2010-4-19.

匹配、过度教育的工作，尽管这些负面效应在统计上是不显著的。

因此，总体而言迁移就业并不能给高校毕业生在起薪、学用匹配、教育层次匹配上带来显著的正向收益。基于这个结论，我们认为国家和高校应该在毕业生就业上采取一定的引导或者干预措施。尤其是高校应该主动为那些不想扎堆在大都市，想去中小城市，有志于去西部、边远地区以及基层就业的毕业生，营造就业气氛、创造就业机会，使得他们能够更好发挥自己的通用人力资本和专用人力资本，在带动当地经济发展的同时也使自己的事业得到发展。这种形式的迁移就业既能带来私人收益，也能带来丰厚的社会收益。

四、迁移就业与工作满意度

正如前文所述，人力资本理论认为迁移作为一种重要的人力资本，也和教育一样会有广泛的非经济性收益。[①] 尽管经济学家宣称基本经济模型适用于所有的迁移行为[②]，但有的研究者也认为影响高素质人群迁移的因素更为复杂，在经济收益之外，高素质人群可能更为看重迁移带来的非经济性收益。[③]

通过研究我们发现，整体而言，毕业生的迁移就业并不能在起薪、学用匹配和过度教育方面带来显著的经济收益。那么为什么有如此多的毕业生选择向大都市迁移呢？为了更好地回答这个问题，我们准备从工作满意度（其中工作满意度既有经济性收益的成分，也有非经济性收益的成分[④]）着手，探讨迁移就业可能带来的非经济性收益。

本研究期待最终的实证结果能从微观角度进一步解读毕业生愿意“蜗居”，“漂”在北京、上海、广州等竞争激烈、生活成本昂贵的大型城市的原因，从而为大学生就业、城市发展、高等教育的资源区域分布等提供政策建议。

---

① Schultz, T. W. Investment in Human Capital[J]. American Economic Review, 1961(51): 1-17.

② Grubel, H. G. Economics of the Brain Drain[A]// Carnoy, M. (ed.). In International Encyclopedia of Economics of Education(2nd Ed) [C]. Oxford：Pergamon Press and Elsevier Science, 1995.

③ Grubel, H. G. Economics of the Brain Drain[A]// Carnoy, M. (ed.). In International Encyclopedia of Economics of Education(2nd Ed) [C]. Oxford：Pergamon Press and Elsevier Science, 1995; Gottlieb, P. D., Joseph, G. College-to-work Migration of Technology Graduates and Holders of Doctorates Within the United States[J]. Journal of Regional Science, 2006, 46(4): 627-659.

④ 本章研究假定满意度是衡量实际结果的有效变量，这就意味着如果毕业生对于工作给自己带来某方面的满意度越高，那么实际上该方面的收益也随之越高。

（一）研究设计

本研究主要探讨的是高校毕业生迁移就业对于工作满意度的影响，其信息来源于那些已经找到工作的毕业生对工作的以下方面是否满意的回答[①]：①工作的薪酬水平及福利；②工作的物质设施条件；③单位类型（如国企、外企、政府机构、科研单位等）；④工作的自由度；⑤未来发展空间；⑥工作是否符合自己的兴趣；⑦是否能实现个人抱负；⑧单位所在地区 / 城市；⑨家庭因素（如父母、配偶居住地，孩子上学等）。

每个问题分别有四个选项：①很满意；②比较满意；③不太满意；④很不满意。本研究依次将这四个选项赋值为 4—1，作为要考察的因变量。因变量是从 1—4 的有序分类变量，因此本研究准备用有序 probit 模型来考察迁移就业与否是否会给高校毕业生工作满意度带来显著的差异。本研究的核心自变量是三个关于高校毕业生迁移就业的虚拟变量，分别是跨籍就业、跨学就业、双跨就业，也就是以那些没有进行任何形式迁移就业的毕业生为基准。

除了在有序 probit 模型中加入上述三个核心自变量之外，本研究还准备控制如下变量分别进行研究：毕业生的性别、年龄与所读专业；毕业生高中就读学校的性质，两个虚拟变量分别是“省重点”与“市重点”，是以“非重点中学”为基准的；“985”高校，是指毕业生就读学校的性质，是以非“985”高校为基准的虚拟变量。

基于数据与研究设计，本研究有如下 9 个研究假设，在控制了其他因素后：

假设 1，迁移就业将有助于毕业生对找到的工作在“工作的薪酬水平及福利”上具有显著更高的满意度。

假设 2，迁移就业将有助于毕业生对找到的工作在“工作的物质设施条件”上具有显著更高的满意度。

假设 3，迁移就业将有助于毕业生对找到的工作在“单位类型”上具有显著更高的满意度。

假设 4，迁移就业将有助于毕业生对找到的工作在“工作的自由度”上具有显著更高的满意度。

假设 5，迁移就业将有助于毕业生对找到的工作在“未来发展空间”上具有显著更高的满意度。

---

① 在选项顺序上本研究做了一定的调整以和接下来的假设相对应。

假设 6，迁移就业将有助于毕业生对找到的工作在“工作符合自己的兴趣”上具有显著更高的满意度。

假设 7，迁移就业将有助于毕业生对找到的工作在“实现个人抱负”上具有显著更高的满意度。

假设 8，迁移就业将有助于毕业生对找到的工作在“单位所在地区 / 城市”上具有显著更高的满意度。

假设 9，迁移就业将有助于毕业生对找到的工作在“家庭因素”上具有显著更高的满意度。

前 7 个假设都是和毕业生找到的现有工作直接相关，其中前 3 个代表工作能够给毕业生带来的短期经济收益，后 3 个则代表工作能够给毕业生带来的长期经济收益。因此，可以将前 7 个假设归类为迁移就业能够为高校毕业生带来显著的经济性收益。假设 8 和假设 9 强调的工作满意其实是蕴含在工作之外的收益，本研究将这两个假设定义为非经济性收益的假设，也即迁移就业能够为高校毕业生带来显著的非经济性收益。

因为因变量的赋值是从很满意—比较满意—不太满意—很不满意，依次赋值为 4—1；因此如果上述假设成立的话，那么迁移就业的三个自变量将是显著为正，表明迁移就业将给高校毕业生在某个方面的工作满意度带来显著的促进作用。

（二）实证结果及其讨论

表 6–6 列出了毕业生迁移就业对工作给自己带来的经济性收益满意度上的影响，也是对假设 1 到假设 7 的验证情况。从表 6–6 可以看到，除了“单位类型”这一列中“跨学”的变量显著为负外，其余各列中关于迁移的三个变量都是不显著的。这说明整体而言，假设 1 到假设 7 都未得到支持，也即高校毕业生的各种形式的迁移就业不能给和工作直接相关的、经济性的工作满意度方面带来显著的正向促进效应。这些经济性的收益[①]既包括短期的收益，比如更高的“工作的薪酬水平及福利”、更好的“工作的物质设施条件”等；也包括长期的收益，比如更大的“未来发展空间”、更好地“实现个人抱负”等。甚至“跨学”就业能够给自身在“单位类型（如国企、外企、政府部门、科研单位等）”上带来显著更低的工作满意度。

---

① 值得再次强调的是，本章研究假定某项满意度可以在很大程度上反映毕业生实际获得的该项收益的多少。

表 6-6 经济性收益的回归结果

	工作的薪酬与福利		工作的物质设施条件		单位类型		工作的自由度		未来发展空间		工作符合自己的兴趣		能实现个人抱负	
	系数	标准误	系数	标准误	系数	标准误	系数	标准误	系数	标准误	系数	标准误	系数	标准误
性别（男）	0.191**	0.093	0.138*	0.090	−0.004**	0.091	0.087	0.092	0.078	0.090	0.00004	0.091	0.049	0.091
年龄	−0.059***	0.019	−0.059***	0.020	−0.020	0.019	−0.030*	0.016	−0.0007	0.019	0.021	0.020	−0.019	0.020
省重点	0.128	0.129	0.234*	0.132	0.209*	0.120	0.233*	0.128	0.443***	0.126	0.423***	0.127	0.583***	0.129
市重点	0.101	0.117	−0.018	0.119	0.108	0.116	0.102	0.117	0.188*	0.113	0.289**	0.115	0.306***	0.116
“985”高校	0.179*	0.104	0.235**	0.106	0.173*	0.102	−0.049	0.103	0.188*	0.101	0.223**	0.107	0.190*	0.102
跨学	0.063	0.163	−0.114	0.167	−0.312*	0.161	−0.034	0.162	−0.038	0.159	−0.123	0.160	0.081	0.161
跨籍	0.021	0.146	0.086	0.150	0.069	0.146	0.009	0.147	0.210	0.143	0.135	0.145	0.106	0.145
双跨	0.021	0.194	0.042	0.199	0.255	0.192	0.045	0.194	0.027	0.190	0.080	0.191	−0.109	0.192
调整后的 R^2	0.029		0.0375		0.028		0.021		0.032		0.032		0.044	
卡方	40.19**		47.45***		38.94**		30.91*		48.22***		46.25***		64.78***	
对数似然估计值	−655.552		−609.817		−681.165		−675.959		−720.458		−706.331		−695.172	
样本量	751		750		749		743		747		750		746	

注：因变量是毕业生在各方面与工作直接相关的工作满意度的分类变量；表格中省略了毕业生专业虚拟变量以及有序 probit 模型三个辅助参数的系数信息；“***”表示显著性水平为 1%，“**”表示显著性水平为 5%，“*”表示显著性水平为 10%。

表 6–7　非经济性收益的回归结果

	单位所在地区 / 城市		家庭因素（如父母、配偶居住地，孩子上学等）	
	系数	标准误	系数	标准误
性别（男）	0.0346	0.091	0.217**	0.088
年龄	–0.003	0.019	–0.038**	0.018
省重点	0.479***	0.126	0.384***	0.123
市重点	0.276**	0.113	0.206*	0.112
"985" 高校	0.032	0.100	0.154*	0.080
跨学	0.369**	0.158	–0.154	0.156
跨籍	0.422***	0.146	0.240*	0.130
双跨	0.382**	0.190	0.656***	0.187
调整后的 R^2	0.068		0.059	
卡方	105.01***		103.25***	
对数似然估计值	–725.646		–827.270	
样本量	752		745	

注：因变量是毕业生在各方面与工作间接相关的工作满意度的分类变量；表格中省略了毕业生专业虚拟变量以及有序 probit 模型三个辅助参数的系数信息；"***" 表示显著性水平为 1%，"**" 表示显著性水平为 5%，"*" 表示显著性水平为 10%。

表 6–7 列出了毕业生迁移就业对于工作给自己带来的非经济性收益满意度上的影响，即对假设 8 和假设 9 的验证情况。先来看假设 8 的情况，表 6–7 "单位所在地区 / 城市" 这一列是其回归结果。回归结果显示，"跨学" "跨籍" 与 "双跨" 三个变量都是显著为正的，这就完全支持了假设 8。这表明毕业生无论是跨学就业还是跨籍就业，抑或是既跨学又跨籍就业，都将显著促使毕业生找到更加满意的工作地区或者城市。这个发现是符合现在许多毕业生找寻工作的策略的，即先锁定工作区域、省份或者城市，然后在特定的地理限定下确定工作单位。①

再来看假设 9 的情况，从表 6–7 的 "家庭因素（如父母、配偶居住地，孩子上学等）" 列可以看到除了 "跨学" 的系数不显著外，其余有关迁移的两个变量都是显著为正的。这表明尽管高校毕业生选择跨学就业不能给自己在 "家庭因素" 上带来显著更高的满意度，但是跨籍就业与双跨就业将给他们在 "家庭因素" 上带来显著更多的非经济性收益。这样假设 9 也基本上得到了实证结果的支持。

综合表 6–6 和表 6–7 的回归结果，大家可以发现整体而言迁移就业并不能给高校毕业生带来显著更高的经济性的收益，这些经济性的收益既包括短期的也包括

① 孟大虎．风险条件下的个人选择与大学生就业 [J]．复旦教育论坛，2005(1).

长期的。与此同时，迁移就业能够给高校毕业生带来显著更高的非经济性的收益。这些非经济性的收益包括对于特定地域或者城市的偏爱以及能够享受到更多的家庭幸福。

还有一个有意思的发现，那就是跨学就业并不能给高校毕业生在“家庭因素（如父母、配偶居住地，孩子上学等）”上带来显著更高的满意度，甚至还会拉低毕业生这方面的满意度，只不过拉低的效应不显著；但跨籍就业却能够给他们在家庭因素这一非经济性方面带来显著更高的收益。可以想象的是，跨籍就业在很大程度上意味着和父母的分离，这表明跨籍就业带来的家庭因素的收益，应该主要不是指能与父母生活在一起，而更多可能是与男 / 女朋友、配偶、子女等生活在一起。因为本次调查中发现迁移就业的毕业生主要是“扎堆”在北京、上海、广东与浙江，尤其是北京与上海这两个城市，这就很能够理解迁移就业到北京和上海能够给毕业生在“男 / 女朋友、配偶居住地以及孩子上学”等方面带来显著的非经济性收益。因为这两个城市不但拥有数量众多的优质的高等教育资源，而且有大量优质的学前教育与基础教育资源，孩子在这两个城市获得优质高等教育资源的机会明显大于国内的其他地区。

将假设 8 和假设 9 的实证结果结合起来考察，可以揭示许多毕业生迁移就业的决策路线是先不在乎工作能给自己带来什么样的经济性收益，而是先选择在大都市立足，这样就能够和男 / 女朋友、配偶待在一起，而且能够给下一代带来更有利的受教育机会。根据人力资本理论的观点，教育作为一种重要的人力资本能够给受教育者带来巨大的非经济性收益，很大方面就体现在能够拥有幸福的家庭生活并且能够提高配偶与孩子的教育水平与生活水平。[①] 与此同时，迁移作为另外一种重要形式的人力资本，也能够给个体带来潜在的非经济性收益。

本研究的实证结果从侧面揭示了迁移与教育这两种不同人力资本的互相促进——迁移使得受教育者能够获得显著更高的非经济性收益，高校毕业生由于获得了较高的教育水平从而能够更容易地通过就业迁移到教育资源丰富的大都市，从而给自己的配偶与子女创造更多的获得优质教育资源的机会。

我们进一步考察了迁移就业对于毕业生总体工作满意度的影响，发现三个迁移

---

① McMahon, W. W. Consumption Benefits of Education[A]// Carnoy, M (ed.). In International Encyclopedia of Economics of Education (2nd Ed) [C]. Pergamon：Cambridge University Press, 1995：168-171; 李锋亮，雷虹. 论教育的非货币化收益和溢出效益 [J]. 清华大学教育研究，2007(6).

变量的系数都是不显著的，这说明毕业生选择迁移就业，并不能在工作本身上获得直接的显著正向收益，甚至还存在着负向的收益；但是能收获显著更多的工作所在的地区与城市所蕴含的各种非经济性的收益。一言以蔽之，毕业生选择迁移就业，往往并不是为某个特定工作而去，而是奔着某个特定城市而去，而这个特定城市所蕴含的各种显性与隐性的权益，包括教育资源、文化资源、医疗资源、养老保险、社会网络等，才是毕业生所看重的潜在的、长期的、非经济性的收益。

（三）小结：高校毕业生选择迁移就业更多是希望获取非经济性收益

本研究实证考察了高校毕业生迁移就业与各项满意度之间的关系，并且假定某项满意度是衡量毕业生实际获得该项收益的有效变量。实证结果发现，整体而言，无论是跨学就业还是跨籍就业，抑或既跨学又跨籍就业，都不能显著提升那些和工作直接相关的满意度。这些和工作直接相关的满意度既包括短期性质的，比如工资、福利、物质、设施、工作自由度等，也包括长期性质的，比如未来发展空间、实现个人抱负等；实证结果还发现，就整体而言，迁移就业能够显著提高毕业生在“单位所在地区 / 城市”与“家庭因素”等方面的满意度。

基于此，我们认为，这说明迁移就业虽然给毕业生带来的经济性收益不显著，却能够显著提高他们的非经济性收益，体现为能够在喜爱的城市生活，能够和男 / 女朋友、配偶生活在一起，能够有利于孩子未来的教育等。这也意味着高校毕业生做出迁移就业的决定更多的是基于获取非经济性收益的需求。

我们认为，上述发现能够从侧面解释“蜗居”与“北漂”等社会现象。大量不同层次的高校学生毕业后聚集到北京、上海等大都市，可能并不是因为现有工作在经济上能够带来显著更高的收益，也可能并不希求未来事业能够多么的发达；而更多可能是因为在这些大都市，可以享受到别的地方很难享受到的教育、文化、社会网络等资源与机会。尤其是潜在的、优质的教育资源，使得许多高层次人才可能舍弃其他地方更好的发展机会而选择有利于子女将来获得各种优质教育资源的城市。

因此，虽然近两年来大众媒体纷纷报道说许多毕业生与白领由于考虑到大都市工作压力大、生活成本高而选择逃离“北上广”。但本研究根据实证结果认为只要北京、上海这些大都市拥有其他城市所无法替代的教育、文化、社会网络等资源与机会，那么这种“逃离”必定是个别的、暂时的；而且这些大都市还将吸引更多已经在其他地方获得事业成功的人，因为他们会为使子女能够有机会就读更好的小学、中学与大学等而源源不断继续举家迁入北京与上海。

众多高素质人才选择聚集在特定的几个大都市，这是许多国家在发展过程中出现的一种普遍现象。这种现象是符合经济学理论的。因为当一个社会处于高速发展阶段时，需要人才聚集来促成社会分工的顺利发展以及保证知识溢出效应。① 但如果这种聚集现象长期存在而使得某些地方出现人才浪费，与此同时某些地方却出现人才紧缺，那么这种聚集现象将带来一系列的负面影响，比如将打击落后地区投资高等教育的积极性，从而进一步加剧地方教育投资与资源的不均衡。

本研究发现迁移就业并不能给高校毕业生带来显著更高的经济性收益，却能够给他们在“与男 / 女朋友、配偶一起生活”与“为了小孩上学”等非经济性方面带来显著更高的满意度。因此只要与大都市相比，其他地方不能给毕业生提供工资、待遇上具有压倒性优势的工作机会，那么毕业生可能依然会放弃经济性的满意度，而选择迁移就业。

因此，如果教育等资源的区域不均衡继续保持在一个较高的水平，那么“扎堆”“聚集”在大都市的现象将持续下去甚至愈演愈烈。即使有人逃离“北上广”，也将是一种暂时的、个别的现象，一旦发现其他地区在获取优质教育资源等的机会上存在明显的劣势，那么社会中的精英阶层依然会选择聚集在教育等资源发达的地区，宁愿选择“蜗居”。

基于此，我们认为如果能够进一步推动学前教育与基础教育的均衡化，将从根本上促使高素质人才不再“扎堆”于北京与上海等大都市，促进高素质人才在全国范围内的流动与均衡分布，从而有助于高等教育以及整个教育系统、社会系统的区域协调发展。考虑到学前教育与基础教育等资源与机会依附于户籍，如果能够通过户籍改革，剥离依附在户籍上的种种显性与隐性的利益，那么这将进一步促进人才的流动，减少人才浪费，从而提高我国劳动力市场的竞争程度，降低地区社会经济发展的不均衡。

五、保留工资、预期工资与迁移就业

前面我们实证分析了迁移就业的经济性收益与非经济性收益，为了更好地了解为何高校毕业生“扎堆”向北京、上海、广东、浙江这些经济发达省市迁移，我们有必要进一步实证分析推动高校毕业生迁移就业的影响因素。只有知道哪些因素能

① Marshall, A. Principles of Economics(8th Ed) [M]. London: Macmillan, 1920; Krugman, P., Venabals, A. J. Integration Specialization and Adjustment[J]. European Economic Review, 1996(9): 59-67.

够“拉动”（pull）与“推动”（push）高校毕业生的迁移就业，才能为国家和高校出台相应的干预措施奠定坚实的实证基础，否则干预政策可能将是无源之水，无法达到预期的效果。下面将从“预期工资”这个拉力以及“保留工资”这个推力出发，实证分析影响毕业生迁移就业的因素。

（一）保留工资和预期工资的区别

根据托达罗的预期收入差距模型以及舒尔茨（Schultz）的人力资本投资的成本与收益模型，求职者之所以选择去发达地区就业，是因为期望通过迁移给自己带来更高的预期工资，也即由于外界的诱惑“拉动”高素质人群的迁移就业。① 保留工资是一个和预期工资相近的概念，后者是求职者希望得到的一个较为满意的工资，而前者是求职者的一个“保底”性质的工资设定。我们通过文献搜索发现，无论是国际上还是国内，虽然有很多研究探究了预期工资与迁移就业之间的关系，却少有研究来实证探讨保留工资与迁移就业之间的关系。然而，我们认为除了预期工资，保留工资可能是另外一个能够很好解释高校毕业生“孔雀东南飞”的重要因素。因为，如果某个地方能够提供的工资低于求职者的保留工资，那么这个求职者将选择离开，去别的地方寻找出路，也即由于本地的推力而选择迁移就业。

在国内已有的少量相关研究中，王德文、吴要武、蔡昉主要是从保留工资的角度分析了为什么迁移的进城务工人员的失业率低，但并没有真正分析保留工资和迁移就业之间的关系。② 钱永坤通过理论分析，认为保留工资的提高降低了进城务工人员找到工作的可能性，也降低了他们外出就业的概率，并认为这是东部地区发生“民工荒”的原因之一③，但钱永坤并没有对上述的理论分析做出进一步的实证检验。翁杰和周必彧实证分析了预期就业地点与保留工资之间的关系，发现相对于那些期望在农村、乡镇和县级城市就业的学生，期望在中等城市就业的大学生保留工资增加 4.4%，那些期望在省会城市就业的大学生，其保留工资剧增 13.9%。可见翁杰和周必彧探讨的是预期就业地点而不是实际的就业行为。④

---

① Todaro, M. P. A Model of Labor Migration and Urban Unemployment in Less Development Countries[J]. American Economic Review,1969(69): 486-499; Schultz, T. W. Investment in Human Capital: The Role of Education and of Research[M]. New York: Free Press, 1971.

② 王德文 , 吴要武 , 蔡昉．迁移、失业与城市劳动力市场分割——为什么农村迁移者的失业率很低？ [J]．世界经济文汇 , 2004(1).

③ 钱永坤．农村劳动力异地转移行为研究 [J]. 中国人口科学 , 2006(5).

④ 翁杰 , 周必彧．基于劳动力市场工资匹配的大学生失业问题研究 [J]. 中国人口科学 , 2009(3).

本研究准备通过实证分析高校毕业生的保留工资对其实际是否做出迁移就业决定的影响，从而填补这一研究上的空白。除此之外，本研究将试图通过实证分析来厘清保留工资和预期工资之间的区别。国外学者蒙哥马利（J. D. Montgomery）通过理论分析指出，保留工资和预期工资是两个有着实质区别的概念。比如蒙哥马利认为保留工资将会随着社会网络中弱关系比例的增加而提高，但是使用弱关系并不一定会导致预期工资的提高。① 尽管保留工资和预期工资在理论上是两个不同的概念，但是目前国内有实证研究试图将预期工资等同于保留工资。比如丁仁船通过引证博黑（Boheim）的研究发现，英国男性劳动力报告的期望工资是衡量实际工资的一个很好指标②，以及普拉萨德（Prasad）关于人们报告的期望工资与实际接受的工资报价之间的差异很小的研究③，从而下结论认为用期望工资代替保留工资是可行的。即使翁杰和周必彧在解释期望就业地和保留工资之间存在显著的正相关时，也认为是大、中城市的高工资吸引了大学生就业，导致了那些期望在大、中城市就业的毕业生的保留工资显著更高。④ 这个解释也有混淆期望工资和保留工资的嫌疑，因为高工资对于大学生的吸引，是指高的预期工资而非高的工资底线。

（二）研究假设

根据预期收入差距模型，个体的迁移行为是迁移前后预期工资差距的增函数，即预期工资与现有工资差距越大，那么迁移的概率就越大。⑤ 虽然预期收入差距模型是基于农村居民向城市的迁移以及发展中国家居民向发达国家迁移得出的结论，但是我们认为，预期收入差距模型依然适用于当前我国高校毕业生的实际迁移就业行为，这也是本研究的假设 1：在控制了其他因素之后，高校毕业生的预期工资越高，那么他们实际发生迁移就业的概率明显更高。

---

① Montgomery, J. D. Job Search and Network Composition: Implications of the Strength of Weak Ties Hypothesis[J].American Sociological Review, 1992(57): 586-596.

② 我们通过仔细阅读博黑 2002 年的文献，发现丁仁船（2009）可能引证有误，因为博黑虽然讨论了预期工资，但是主要比较的是被调查者主观汇报的保留工资和通过工作找寻模型计算得到的保留工资之间的差异。

③ 我们通过仔细阅读普拉萨德 2000 年的文献，发现丁仁船可能引证有误，因为普拉萨德的文章讨论的就是保留工资而非预期工资。

④ 翁杰，周必彧．基于劳动力市场工资匹配的大学生失业问题研究 [J]. 中国人口科学，2009(3).

⑤Todaro, M. P. A Model of Labor Migration and Urban Unemployment in Less Development Countries[J]. American Economic Review, 1969(69): 486-499.

正如前文所述，在已有研究中，一般都认为预期工资和迁移就业之间的关系是正相关的，但是很少有研究试图去分析保留工资与迁移就业之间的关系。钱永坤通过理论分析认为，随着保留工资的提高，进城务工人员找到工作的概率会减少，找寻工作的时间将延长，这使得进城务工人员选择在本地工作或者选择在家务农的概率也随之提高。[①] 如果按照同样的逻辑，那么对于高校毕业生而言，保留工资也应该和实际迁移就业的概率呈显著负相关。然而，我们并不认为钱永坤基于进城务工人员的这个理论分析适用于高校毕业生。因为有研究发现，在我国高等教育持续大规模扩招的背景下，保留工资已经在一定程度上充当了高校毕业生内在能力的一个有效信号。

因此，本研究假定保留工资已经是高校毕业生就业能力的一个很好的信号了，那些保留工资越高的毕业生，必定要扩大他们找寻工作的地域范围才能提高他们找到收入大于或者等于自己保留工资的工作机会的概率，这样他们迁移就业的可能性也就越大。如果说一个人是在推力和拉力两方面作用的合力下才做出迁移决定的[②]，那么高预期工资就是一种来自迁移目的地的拉力，也就是说求职者为了获得高的预期收入而选择迁移；而高的保留工资是一种来自迁移出发地的推力，也就是说求职者发现在本地较难找到高出自己工资下限的工作机会而不得不选择迁移。按照人力资本理论的观点，迁移也是一种重要的人力资本投资[③]。那么出于高的预期工资选择迁移，是为了追求经济收益选择的“进攻性”投资；而出于高的保留工资选择迁移，是为了防止自己的经济收益受损选择的“防御性”投资。

因此，我们认为对于高校毕业生而言，在控制了其他因素后，保留工资和预期工资的提高一样也会显著提高求职者实际迁移就业的概率。这是本研究的假设 2。

（三）研究方法

和前几部分的研究不同的是，本研究并不打算对跨籍、跨学或者双跨这三种迁移就业进行区分，而是认为毕业生的就业只要是满足这三种的任何一种情况都算是迁移就业。这是因为无论是托达罗的预期收入差距模型还是迁移是一种人力资本投资的论断都能说明高校毕业生之所以选择迁移就学，其最终目的是增加毕业后可能

① 钱永坤．农村劳动力异地转移行为研究 [J]．中国人口科学 , 2006(5).

② Grubel, H. G. Economics of the Brain Drain[A]// Carnoy, M,(ed.). In International Encyclopedia of Economics of Education(2nd Ed) [C]. Oxford：Pergamon Press and Elsevier Science, 1995.

③ Schultz, T. W. Investment in Human Capital[J]. American Economic Review, 1961(51): 1-17.

获得的收入。因此，高校毕业生即使选择的就业地点和其接受高等教育的地点一致，只要其在选择就学时发生了迁移行为，也可以判断这个毕业生发生了迁移就业的行为。

这样我们就得到了本研究的因变量，是一个二元虚拟变量，如果毕业生就业的省份和自己的籍贯省份或就学省份不一致，则迁移就业为 1，否则迁移就业为 0。因为因变量是二元虚拟变量，因此本研究准备用二元 probit 模型进行回归。

本研究要实证分析高校毕业生的期望工资与保留工资对于他们实际迁移就业行为的影响，因此本研究有两个核心的自变量，分别是期望工资的自然对数和保留工资的自然对数。其中期望工资的信息来自毕业生对“您找工作时所期望的月收入是________元”问题的回答；而保留工资的信息来自毕业生对“您找工作时能接受的最低月收入是________元”这一问题的回答。这两个核心自变量都是连续变量。在总数据集中，有 737 个已经找到工作而且留下了就业地点、期望工资和保留工资等信息的毕业生样本，这也是本研究所用的有效样本总集。

除了这两个核心自变量外，本研究还准备控制住一系列可能会对毕业生的迁移就业产生显著影响的因素。这些因素包括：14 岁之前家庭居住地是否在大城市；毕业学校是否是“985”高校；所学专业。之所以选择上述这些因素作为控制变量，这是因为通过前期的数据分析发现毕业生的性别、年龄、民族、婚姻状况、父母亲的教育背景等并不会对他们的实际迁移就业行为有显著的影响。

表 6–8 是所有变量的简单描述统计。

表 6–8 各变量的简单描述统计

变量	所有样本		迁移就业的样本		非迁移就业的样本	
	均值	标准差	均值	标准差	均值	标准差
家庭所在地为大城市	0.143	0.350	0.107	0.340	0.351	0.480
“985”高校	0.60	0.489	0.650	0.478	0.340	0.477
预期工资的自然对数	8.407	0.399	8.430	0.394	8.267	0.403
保留工资的自然对数	7.963	0.440	7.987	0.436	7.811	0.436
迁移就业	0.855	0.353	——	——	——	——
样本量	737		631		106	

注：省略了毕业生专业虚拟变量的统计信息。

（四）实证结果及其讨论

从表 6–8 大家可以看到，对于迁移就业的样本而言，预期工资自然对数的均值为 8.430，而对于非迁移就业的样本而言，预期工资自然对数的均值为 8.267，前者高于后者；同样保留工资自然对数的均值也是迁移就业的样本高于非迁移就业的样本。通过均值比较，我们发现无论是预期工资的自然对数还是保留工资的自然对数，在迁移样本和非迁移样本之间的差异都是显著的。

表 6–9　迁移就业与否的 probit 模型

变量	迁移就业 =1		
	系数	边际值[a]	标准误
常数项	−6.445***	——	1.774
家庭所在地为大城市[b]	−1.074***	−0.266	0.167
“985”高校[b]	0.7402***	0.133	0.151
预期工资的自然对数	0.553**	0.088	0.244
保留工资的自然对数	0.371*	0.059	0.212
对数似然估计值	−227.354		
卡方	131.27***		
调整后的 R^2	0.224		
样本量	737		

注：a 各个解释变量的边际值在 $\overline{x}$ 处计算，b 解释变量的边际值表示虚拟变量从 0 跳为 1 时概率的变化；省略了毕业生专业虚拟变量的系数信息；“***”表示显著性水平为 1%，“**”表示显著性水平为 5%，“*”表示显著性水平为 10%。

表 6–9 是毕业生迁移与否 Probit 模型的回归结果。从表 6–9 大家可以看到预期工资自然对数的系数以及保留工资自然对数的系数均是显著为正的。这样假设 1 和假设 2 都得到了实证结果的支持，表明无论是预期工资还是保留工资的提高对高校毕业生实际做出迁移就业的决定都有显著的促进作用。由于保留工资和预期工资的相关系数达到 0.72，因此有读者可能会担心存在多重共线性的问题，然而实际上对表 6–9 中所有自变量采用逐步回归的方法结果是完全一样的，这说明在本研究中保留工资和预期工资的多重共线性问题并不严重。

表 6–9 中调整后的 R^2 也达到了 0.224，这说明模型的解释力还不错。通过进一步的分析，实证结果显示表 6–9 中各自变量对毕业生选择迁移就业的预测命中率达到了 91.2%。如果模型中仅加入预期工资自然对数这一变量，那么预测命中率就达到了 86.5%。同样如果模型中仅加入保留工资自然对数这一变量，那么预测命中率就达到了 86.7%。这表明无论是预期工资还是保留工资对毕业生迁移就业选择都有着较强的解释力。

这表明拉力和推力都对高校毕业生选择迁移就业起到了显著而且决定性的作

用。因为，我们通过统计分析发现本次调查中，北京、上海和广东这三个省市就吸引了近 70% 的迁移就业毕业生（见第六章第二部分），其余大多数中西部省份吸引迁移就业毕业生的个数都以个位数计。这说明，毕业生之所以选择迁移到这些国际性的大都市，一方面是因为希望寻求更高的经济回报从而进行“进攻性”的投资，另一方面也是为了使自己不至于得到一个低的经济回报，而选择了“防御性”的投资。

从表 6–9，还可以看到在控制了其他因素后，那些来自“985”高校的毕业生与非“985”高校的毕业生相比，前者实际选择迁移就业的概率显著更高；而那些来自大城市家庭的毕业生比起那些来自中小城市，尤其是乡镇与农村的毕业生，前者实际选择迁移就业的概率显著更低。这也意味着大多数来自中小城市以及农村家庭的学生通过自己的努力进入“985”高校后，在毕业时选择的就业地点不是回到自己的家乡或者去中西部欠发达地区，而是选择迁移就业到了北京、上海等国际大都市。他们之所以会做出这样的选择，一方面是因为他们预期能在国际大都市获得更高的工资，也就是高薪的工作机会吸引着来自欠发达地区的高素质的毕业生来大都市就业；另一方面是因为他们认为如果自己回到家乡或者中西部地区就业，那么能够获得的工资可能大多低于他们的工资底线，也就是说没有足够多的高薪的工作机会，会促使来自欠发达地区的高素质的毕业生离开自己的家乡并且也不考虑去其他欠发达地区就业。

目前包括清华、北大在内的一批国内顶尖高校都在纷纷引导自己的毕业生回到家乡或者去中西部地区就业，希望这些高素质的毕业生能够在这些高端人才相对缺乏的地区迅速成长。尽管一方面高校做大量的就业引导工作，另一方面许多地区纷纷加大人才引进力度，已经使得一定量的高水平高校的毕业生选择了回到家乡或者去中西部地区就业；然而总体而言，国内顶尖高校的大部分毕业生仍然集中选择迁移到北京、上海、广州和深圳等大城市就业。

实证研究发现迁移就业是由拉力和推力双重作用导致的，因此中西部地区单纯依靠加大人才引进的力度可能依然无法有效解决人才“孔雀东南飞”的问题。因为，加大人才引进力度只能在一定程度上解决拉力的效用，即一些人才引进计划只能够满足少量高端人才的高预期工资；却无法很好解决推力的作用，即一些人才引进计划没有办法满足更多数量的毕业生，使得他们能够在中西部地区找到收入高于他们工资底线的工作机会。而要使中西部地区能够提供数量足够多的高出高端人才保留工资的工作机会，意味着中西部地区的整体经济实力需要上升到一个新的台阶，这显然不是短短一两年能够实现的。

（五）小结：拉力与推力构成了对高校毕业生迁移就业的双重驱动

我们分析了高校毕业生的预期工资和保留工资对他们实际选择迁移就业的影响，实证研究结果表明在控制了其他因素后，预期工资和保留工资的提高都能够显著提高高校毕业生实际迁移就业的概率。这就意味着是高预期工资为代表的拉力以及高保留工资为代表的推力的双重驱动促进了毕业生迁移到大都市就业。而且实证结果还表明那些来自小城市以及农村家庭的考生一旦考入高水平的“985”高校，在面临就业时选择迁移到大都市就业的概率显著更高。

因此，我们认为中西部地区单纯依靠加大人才引进的力度并不能从根本上解决高素质人才不来本地就业的问题，因为加大人才的引进力度仅仅是解决了很小一部分高端人才高预期工资的拉力问题，却不能解决本地整体工资水平对于大部分高端人才高保留工资的推力问题。要在短期内解决这个推力问题基本上是不可能的，因为这个推力是由地区的整体经济实力决定的。

本研究基于实证研究结果给出如下政策建议：中西部地区的政府和企业不能单纯从工资待遇上做文章来吸引重点高校的优秀毕业生，因为中西部地区的工资水平无法满足众多优秀毕业生的保留工资的要求。因此这些地区和企业应该跳出单纯提高工资待遇的思维定势，而将精力放在尽可能为高素质人才创造有利的事业发展机会上，让众多的重点高校的毕业生了解到尽管到这些地区和企业就业并不能在起薪上获得优势，甚至还有劣势，但是未来若干年的发展前景与空间却比在国际大都市更好、更大。一旦更多的在中西部地区就业的高素质的毕业生与那些在国际大都市就业的同学相比，能够以更短的时间获得更大的事业发展或者获得事业成功的概率更大，那么基于理性人的成本—收益分析，这些经济欠发达地区必将吸引更多的高端人才迁移到本地就业与发展，从而推动本地的整体经济发展。这样才能进入吸引人才—经济发展—吸引人才的良性循环。

对于高校毕业生而言，也应该意识到中西部地区的高端人才更为稀缺，因此在其他因素相同的条件下，如果选择去这些地区就业，比起“扎堆”在国际大都市，成功的概率更高，而且从一生的时间来看，教育的个人收益率也会更高，尽管一开始可能要付出低收入的机会成本。

7

我国研究生教育的学科分布及协调发展研究

第 7 章

我国研究生教育的学科分布及协调发展研究

学科建设对我国高等教育发展具有重要意义。现代大学是以学科为基础建立起来的，大学的科学研究、人才培养都是按学科类别分类进行的，也是以学科形式进行组织和管理的。这一基本特性决定了学科是高等教育发展的平台与核心。无论是在高深知识的传递活动中，还是在发挥科学研究和社会服务的功能作用上，作为知识分门别类的主要载体和制度构建的重要环节，学科建设都是大学最重要的基础建设之一。在全球化和高等教育大众化的浪潮中，学科更是成为高等学校凝聚学术力量、培养人才、进行知识创新、开展国际合作与交流的依托与核心。学科布局更是高等教育资源分布的重要依托和载体，学科的布局结构和发展水平直接关系到人才培养的规模、质量、层次、规格，同时也直接决定一个机构甚至区域的科研、创新能力和水平，直接影响高等院校整体功能的发挥和全局的发展。因此，必须把学科的合理建设与布局摆在重要的战略性地位上。我国的学科目录比较复杂，特别是本科的学科目录、高职高专的学科目录与研究生教育的学科目录都是彼此独立的，难以统一分析，因此，本章仅以新一轮研究生培养学科目录改革前的旧目录（主要是学科门类、一级学科发生了变化）为依据（因新目录出台未久，很多统计尚未统一到新目录上来），对我国研究生教育的学科区域分布情况进行分析，以了解我国高等教育学科资源的区域分布概况。

一、我国研究生教育的学科区域分布现状

在研究我国高等教育的学科区域分布现状之前，有必要简单梳理我国研究生培养的学科发展历程。

（一）学科门类的区域分布状况

为了研究方便，将我国大陆地区 31 个省、市、自治区按经济发展状况划分为发达地区、中等发达地区和欠发达地区三类。其中，发达地区包括上海、北京、天

津、广东、江苏、浙江和辽宁 7 个省份；中等发达地区包括山西、福建、黑龙江、陕西、湖北、山东、河北、吉林和重庆 9 个省份；欠发达地区包括新疆、内蒙古、四川、云南、甘肃、宁夏、青海、贵州、西藏、海南、江西、安徽、河南、湖南和广西 15 个省份。

根据我国研究生培养学科目录，在新修订学科目录前，我国研究生教育共分为 12 个学科门类（2011 年新颁布的研究生培养学科目录把艺术学列为一个新的独立学科门类）。因为早期管理学和军事学并没有作为单独的学科门类（分别是 1997 年和 1985 年增设的），为了统计的方便，这里统一用早期的十大学科门类进行数据比较。通过比较 1998 年、2004 年、2006 年十大学科门类在发达程度不同的三类地区的构成比例，呈现学科门类的区域分布状况与变化，重点关注学科结构与地区经济社会发展水平的适应性。图 7–1 是 1998 年十大学科门类在三类地区的构成情况，从中不难看出，三类地区的高等教育的学科结构具有非常大的相似性。但事实上这三类地区的社会经济基础和自然条件，以及在历史基础上形成的经济规模和产业结构等存在明显差异，其高等教育的学科结构应该与之相适应，进而也应呈现一定的差异性。因此，这里所反映出来的学科结构的相似性在一定程度上表明我国高等教育存在一定的不适应各地区社会经济发展的状况，呈现高度的同构特征。

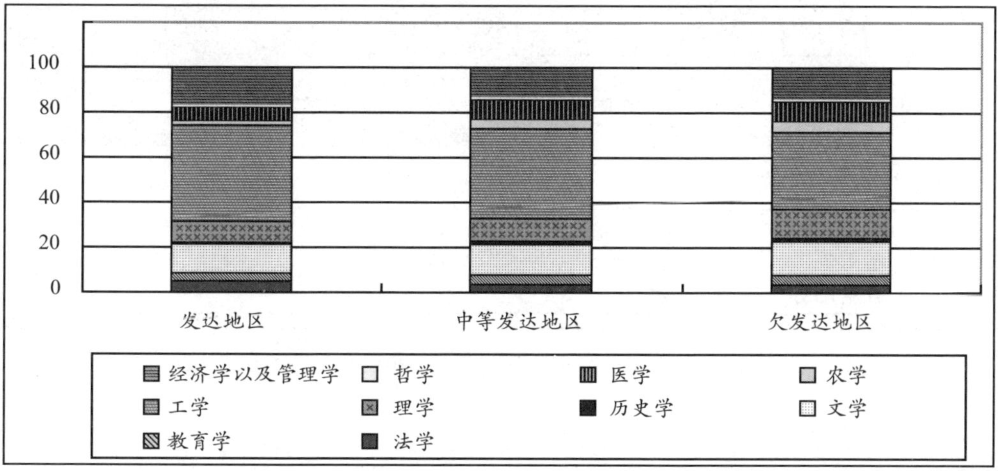

图 7–1　1998 年三类地区十大学科门类构成比例

从 2004 年（见图 7–2）和 2006 年（见图 7–3）的数据看，学科门类在三类地区的分布变化极其有限，教育与地区经济社会发展不相适应的状况没有得到显著改善。换言之，中国高等教育在快速扩招发展过程中、在从精英型走向大众化的过程中，并没有很好地解决学科结构与社会经济发展相协调的问题。目前的学科布局不利于我国整体的社会经济发展，也无法更好地服务于地方经济社会发展。

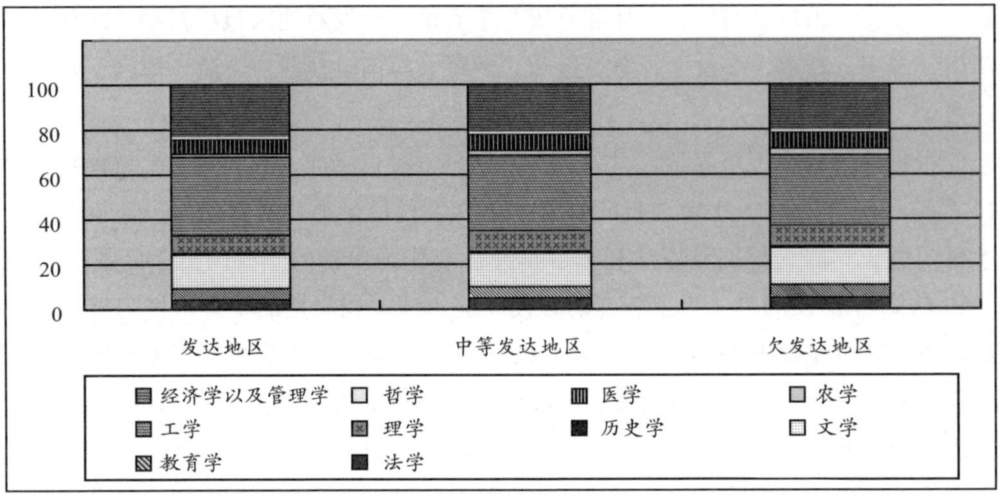

图 7-2　2004 年三类地区十大学科门类构成比例

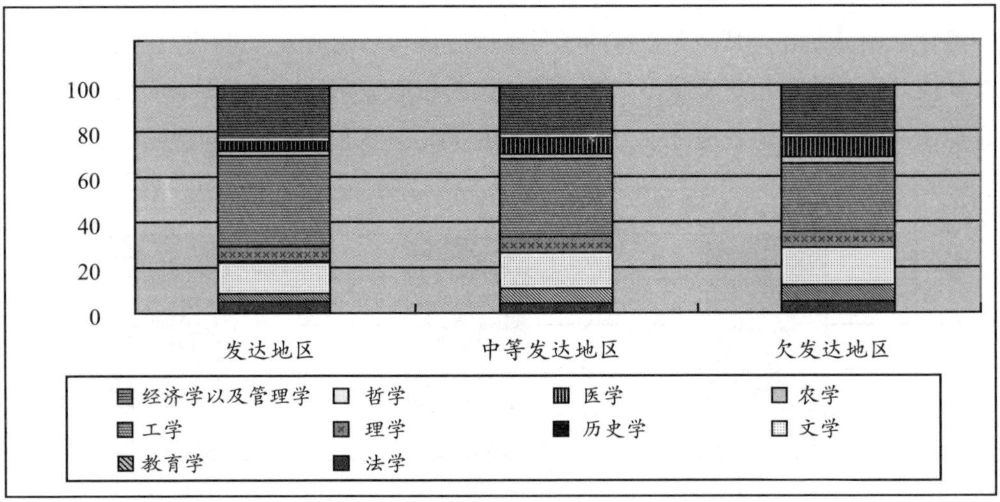

图 7-3　2006 年三类地区十大学科门类构成比例

（二）一级学科点（含一级学科博士学位授权点和硕士学位授权点）的区域分布状况

我国自 1981 年以来，共进行了 11 次学位授权审核工作，本研究以 2006 年我国进行的第十次学位授权审核结果为依据进行统计分析。此次学位审核结束后，我国共有一级学科博士学位授权点（简称“博士点”）、硕士学位授权点（简称“硕士点”）4837 个，省均一级学科点约 156 个。一级学科点最多的三个省份是北京（780

个）、江苏（433 个）、上海（343 个），一级学科点最少的三个省份是西藏（0 个）、青海（1 个）、宁夏（2 个）。在一级学科点的分布中，有 12 个省份一级学科点数量高于全国平均值。低于全国平均值的省份有 19 个，其中有 10 个省区的一级学科点数量不到全国平均值的一半，分别是内蒙古、江西、广西、海南、贵州、云南、西藏、青海、宁夏、新疆。①

（三）博士学位授权点的区域分布状况②

第十次学位授权审核后，我国共有博士学位授权点（含一、二级学科）3117 个，省均博士学位授权点约 100 个。博士学位授权点最多的省份是北京（549 个）、江苏（295 个）、上海（218 个）；最少的省份是西藏（0 个）、海南（2 个)、青海（2 个）、宁夏（3 个）。在博士学位授权点的分布中，有 10 个省份高于全国平均值，分别是北京、辽宁、上海、江苏、山东、湖北、湖南、广东、四川、陕西。低于全国平均值的省份有 21 个，其中有 10 个省份不到全国平均值的一半，分别是内蒙古、江西、广西、海南、贵州、云南、西藏、青海、宁夏、新疆。详见图 7–4。

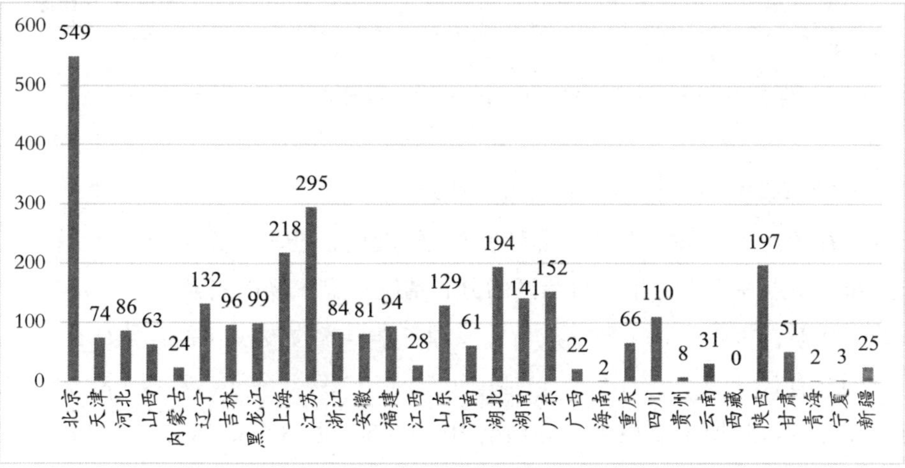

图 7–4　全国各省、市、自治区博士学位授权点数量

① 以上数据根据国务院学位办《全国学位授权点统计表》（按地区）（2005）以及《博士学位授权一级学科点、博士点审核情况统计表》（2006）、《硕士学位授权一级学科点、硕士点审核情况统计表》（按省市、部门）（2006）、《“马克思主义理论”博士学位授权一级学科点、博士点审核情况统计表》（按省市、部门）（2006）《“马克思主义理论”硕士学位授权一级学科点、博士点审核情况统计表》（按省市、部门）（2006）等资料整理。数据包含马克思主义理论学科。

② 国务院学位委员会办公室 . 中国学位授予单位名册 [Z]. 北京：高等教育出版社，2007.

（四）硕士学位授权点的区域分布状况[①]

第十次学位授权审核后，我国共有硕士学位授权点 13467 个，省均硕士学位授权点 434 个。硕士学位授权点最多的省份是北京（1488 个）、江苏（993 个）、山东（766 个）、湖北（738 个）；最少的省份是西藏（18 个）、青海（62 个）、海南（72 个）、宁夏（72 个）。在硕士学位授权点的分布中，有 14 个省份超过全国平均水平，在博士学位授权点的 10 个省份的基础上，增加了 4 个省，即河北、黑龙江、浙江和河南。低于全国平均值的省份有 17 个，其中有 6 个省区不到全国平均值的一半，分别是海南、贵州、西藏、青海、宁夏和新疆。详见图 7–5。

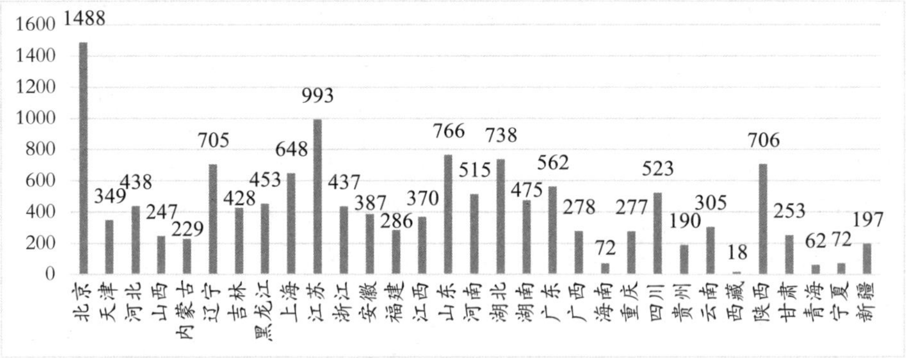

图 7–5　全国各省、市、自治区硕士学位授权点数量（2006 年）

（五）各学科博士点、硕士点的区域分布状况

我们在统计了全部博士点和硕士点分布情况后，进一步考察 11[②] 个学科门类的博士点和硕士点在各省、市、自治区的分布情况存在怎样的差异。

第十次学位授权审核工作完成后，我国各学科学位授权点的情况如下：

全国共有哲学博士点 56 个（包括一级学科和二级学科），省均 1.81 个。北京、上海和江苏的哲学博士点最多，分别是 10 个、6 个和 6 个；有 12 个省份没有哲学博士点。全国共有哲学硕士点 315 个（包括一级学科和二级学科），省均 10.16 个。全国各省、市、自治区均有哲学硕士点，但是北京、上海、江苏和陕西的哲学硕士点最多，北京是 34 个，后三个地区都是 20 个；宁夏、西藏、海南和山西最少，分别是 1 个、1 个、2 个和 2 个。

全国共有经济学博士点 103 个，省均 3.32 个。经济学博士点最多的地区是北

① 国务院学位委员会办公室 . 中国学位授予单位名册 [Z]. 北京：高等教育出版社，2007.

② 2006 年，新的学科划分已经完成，总共有 12 个学科门类，因军事学科比较特殊，未做统计。

京（19 个），其次上海有 10 个，浙江、湖北各有 7 个。而内蒙古、黑龙江、海南、贵州、西藏、青海、宁夏 7 省区没有经济学博士点。全国共有经济学硕士点 633 个，省均 20.42 个。经济学硕士点最多的地区是北京（69 个）、陕西（39 个）、上海（36 个）；最少的地区是西藏（0 个），宁夏（1 个）和青海（1 个）。

全国共有法学博士点 230 个，省均 7.42 个。法学博士点最多的地区是北京（44 个）、上海（22 个）、江苏（20 个），海南、贵州、西藏、青海没有法学博士点。全国共有法学硕士点 1303 个，省均 42.03 个。法学硕士点最多的地区是北京（135 个）、上海（87 个）、湖北（83 个）；最少的三个地区是西藏（4 个）、宁夏（6 个）、海南（9 个）。

全国共有教育学博士点 70 个，省均 2.26 个。教育学博士点最多的地区是北京（11 个）、上海（6 个）；内蒙古、安徽、广西、海南、四川、贵州、云南、西藏、青海、宁夏和新疆没有教育学博士点。全国共有教育学硕士点 573 个，省均 18.48 个。教育学硕士点最多的地区是江苏（53 个）、北京（48 个）、山东（40 个），教育学硕士点最少的地区是海南（0 个）、西藏（1 个）、宁夏（2 个）。

全国共有文学博士点 157 个，省均 5.06 个。文学博士点最多的地区是北京（38 个）、上海（16 个）、江苏（14 个），海南、贵州、西藏、青海、宁夏 5 省区没有文学博士点。全国共有文学硕士点 1172 个，省均 37.81 个。文学硕士点最多的地区是北京（107 个）、山东（79 个）、上海（78 个），文学硕士点最少的地区是西藏（3 个）、宁夏（6 个）、青海（7 个）。

全国共有历史学博士点 55 个，省均 1.77 个。历史学博士点最多的地区是北京（7 个），河北、上海、江苏（各 4 个）；全国共有 10 个省份没有历史学博士点，分别是辽宁、黑龙江、江西、广西、海南、贵州、西藏、青海、宁夏和新疆。全国共有历史学硕士点 224 个，省均 7.23 个。历史学硕士点最多的地区是北京、黑龙江、江苏和山东，各有 14 个；历史学硕士点最少的地区是海南和西藏，各 1 个。

全国共有理学博士点 422 个，省均 13.61 个。理学博士点最多的地区是北京（79 个）、江苏（33 个）、陕西（32 个），海南、西藏、青海和宁夏 4 省区则没有理学博士点。全国共有理学硕士点 1533 个，省均 49.45 个。理学硕士点最多的地区是北京（165 个）、江苏（111 个）、山东（98 个），而理学硕士点最少的地区是海南（0 个）、西藏（1 个）、青海（8 个）。

全国共有工学博士点 1111 个，省均 35.84 个。工学博士点最多的地区是北京（210 个）、江苏（117 个）、陕西（86 个），全国只有海南、西藏和青海 3 省区没有工学博士点。全国共有工学硕士点 4259 个，省均 137.39 个。工学硕士点最多的地区是北京（528 个）、江苏（337 个）、陕西（291 个），工学硕士点最少的地区是西藏（1 个）、青海（2 个）、海南（5 个）。

全国共有农学博士点 176 个，省均 5.68 个。农学博士点最多的地区是北京（20 个）、江苏（14 个），吉林、山东、湖北各 9 个，青海、西藏和海南 3 省没有农学博士点。全国共有农学硕士点 480 个，省均 15.48 个。农学硕士点最多的地区是北京（36 个）、吉林（24 个），广东、广西各 23 个；农学硕士点最少的地区是海南（0 个），西藏、天津、青海各 3 个。

全国共有医学博士点 318 个，省均 10.26 个。医学博士点最多的地区是北京（31 个）、江苏（30 个）、广东（28 个）；全国有 4 个省份没有医学博士点，分别是内蒙古、海南、西藏和宁夏。全国共有医学硕士点 1188 个，省均 38.32 个。医学硕士点最多的地区是北京（87 个），山东和广东各有 85 个；医学硕士点最少的地区是海南（0 个）、西藏（1 个）、宁夏（10 个）。

全国共有管理学博士点 203 个，省均 6.55 个。管理学博士点最多的地区是北京（36 个）、湖北（17 个），上海和江苏各有 16 个；全国有 6 个省份没有管理学博士点，分别是广西、海南、贵州、西藏、青海和宁夏。全国现有管理学硕士点 1082 个，省均 34.90 个。管理学硕士点最多的地区是北京（120 个）、江苏（78 个）、上海（60 个）；管理学硕士点最少的地区是西藏（1 个），海南、青海和宁夏三省各有 2 个。

各学科博士点和硕士点分布情况的相关系数见表 7–1。相关性最高的为工学，在 0.01 显著性水平上，相关系数为 0.926。这可能与工学博士生和硕士生培养条件对实验室、仪器设备的要求比较一致有关系。相关性最低的是历史学，在 0.05 的显著性水平上，历史学博士点和硕士点分布的相关系数仅为 0.373，医学、教育学和农学的博士点和硕士点分布的相关系数也是比较低的。农学和医学可能是因为其硕士点与当地的结合更加紧密，注重应用性，而博士点的培养更加注重创新性，由于层次要求大不相同，所以相关性较低。而历史学的相关性低，其原因有待于进一步考察，可能与历史学硕士、博士培养要求相距较大有关，也可能与颁发历史学学位的专业设置有关系。

分别计算各学科博士点和硕士点的省际变异系数（见表 7–2），可以反映出各学科博士点和硕士点在全国各地分布的集中程度。对比各学科博士点和硕士点的变异系数，我们发现，所有学科的博士点分布都较硕士点更为集中。以哲学为例，各省级区域哲学博士点的变异系数为 1.32，哲学硕士点的变异系数为 0.73，前者远远大于后者。

将各学科进行横向比较，在博士点分布方面，文学和哲学博士点最集中，变异系数最大，分别为 1.45 和 1.32；其次是工学、法学、经济学、理学、管理学和教育学的博士点，变异系数在 1.11 列 1.19 之间；再次是历史学和医学的博士点，变异系数分别为 0.95 和 0.88；集中程度最小的是农学博士点，变异系数为 0.72。

在硕士点分布方面，集中程度由大到小排列，依次是工学、哲学、管理学、教育学、理学、经济学、文学、法学、医学、历史学、农学。

无论是博士点的分布还是硕士点的分布，基础学科的学位点分布部要更加趋向集中，如哲学、理学，而应用型科学的学位点的分布则应更加趋向均衡，如医学和农学。

表 7-1　各学科博士点和硕士点的相关系数

	哲学硕士点	经济学硕士点	法学硕士点	教育学硕士点	文学硕士点	历史学硕士点	理学硕士点	工学硕士点	农学硕士点	医学硕士点	管理学硕士点
哲学博士点	0.831**										
经济学博士点		0.823*									
法学博士点			0.904**								
教育学博士点				0.748**							
文学博士点					0.812**						
历史学博士点						0.373*					
理学博士点							0.867**				
工学博士点								0.926**			
农学博士点									0.761**		
医学博士点										0.630**	
管理学博士点											0.914**

注：“**”表示在 0.01 的显著性水平上，“*”表示在 0.05 的显著性水平上。

数据来源：国务院学位委员会办公室 . 中国学位授予单位名册（2006 年版）[Z]. 北京：高等教育出版社，2007.

表 7–2 全国各省、市、自治区各学科博士点和硕士点的绝对差异和相对差异

	哲学		经济学		法学		教育学		文学		历史学	
	博士点	硕士点	博士点	硕士点	博士点	硕士点	博士点	硕士点	博士点	硕士点	博士点	硕士点
标准差	2.39	7.41	3.88	13.76	8.79	27.03	2.52	12.70	7.34	24.45	1.69	4.10
变异系数	1.32	0.73	1.17	0.67	1.18	0.64	1.11	0.69	1.45	0.65	0.95	0.57
	理学		工学		农学		医学		军事学		管理学	
	博士点	硕士点	博士点	硕士点	博士点	硕士点	博士点	硕士点	博士点	硕士点	博士点	硕士点
标准差	15.70	34.16	42.47	113.13	4.11	7.33	9.00	23.80	——	——	7.53	24.82
变异系数	1.15	0.69	1.19	0.82	0.72	0.47	0.88	0.62	——	——	1.15	0.71

注：“——”表示数据缺失。

数据来源：国务院学位委员会办公室 . 中国学位授予单位名册（2006 年版）[Z]. 北京：高等教育出版社，2007.

（六）全国及各省、市、自治区的学科点结构

从博士学位授权点的结构看，到第十次学位授权审核工作结束时，全国只有西藏没有博士学位授予单位和博士学位授权点。博士学位授权点的科类结构，全国的情况是，哲学博士点占所有博士点的比例是 1.2%，经济学博士点的比例是 2.4%，工学博士点的比例是 38.2%，农学的比例是 7.3%，合计为 49.1%。与这 4 个学科总比例相对照，山西、内蒙古、浙江、江西、重庆、贵州、宁夏 7 个省份的 4 个学科总比例都超过或接近 60%，这说明在这些省份，其他 7 个学科所占比例非常小，发展水平低。尤其是内蒙古、宁夏和贵州三省区，都没有哲学和经济学博士点，且农学博士点的比例很大，这是很有地方特色的。与这些省份的情况相反，山东、河南、湖北、湖南、广东、甘肃等 6 省的 4 个学科总比例都低于 40%，这说明在这些地区，其他 7 个学科所占比例较大，发展水平比较高。就工学一个学科的比例看，除了没有设工学博士点的海南、西藏和青海三省区外，远低于 38.2% 这一全国平均比例的有江西、山东、湖北、湖南、广东、河南、广西、新疆、云南、甘肃，均比全国比例低 10 个百分点以上。详见图 7–6。

从硕士授权点的结构看，全国的情况是，哲学硕士点占所有硕士点的比例是 3.2%，经济学硕士点的比例是 4.9%，工学硕士点的比例是 30.0%，农学硕士点的比例是 4.8%，合计为 42.9%。与博士点的学科比例相比，更多的省、市、自治区与全国的平均水平相差不多。相差较多的省份集中在西北和西南两大区域。

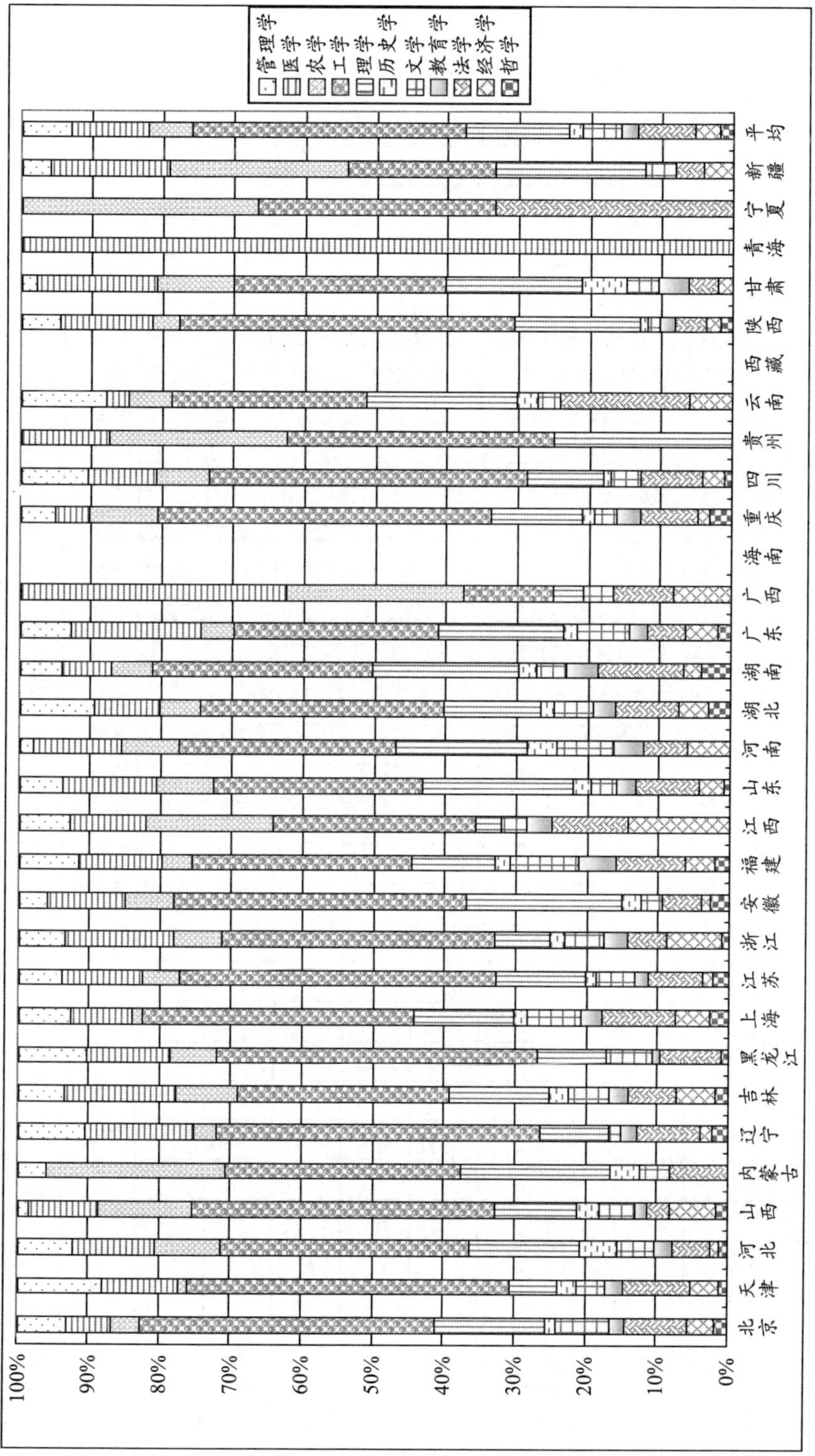

图 7-6　全国及各省、市、自治区博士授权学科点科类结构

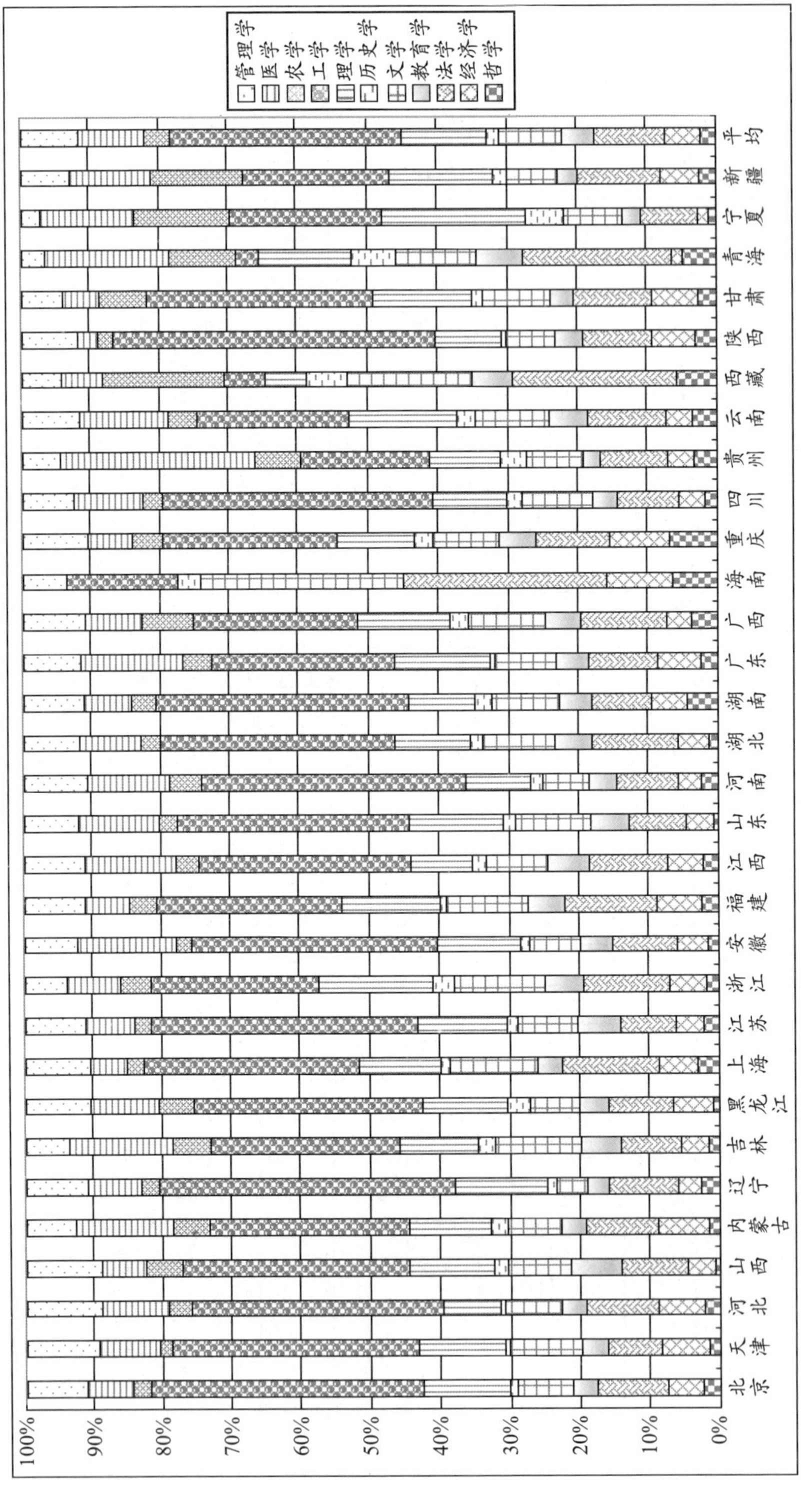

图 7-7　全国及各省、市、自治区硕士授权学科点科类结构

对比图 7-6 和图 7-7，不难发现，与博士点的科类结构相对比，各省级区域的硕士点的科类结构呈现趋同的特点。这与硕士点审批和设立的权力下放到省里的政策有非常大的关系。各省级单位在硕士点的审批和设立方面有了更多自主权之后，各省针对自身功能（服务辐射范围）定位和经济社会发展的需要所做的结构调整并不够，各省硕士点的科类结构并没有突出地方特色，因而出现了趋同的现象。而博士点审批和设立的权力主要在中央，中央在配置博士点这一高端资源和稀缺资源的时候，主要是将资源向具有经济优势、科研优势、导师优势的地区集中，以确保博士生培养的质量。

（七）国家重点学科的区域分布状况

重点学科是一个地区或教育机构拥有优质高等教育资源的重要表现，它的分布结构体现了我国优质高等教育资源的区域分布状况。2007 年，国家共审批了 963 个国家重点学科，共设立一级学科国家重点学科 286 个，二级学科国家重点学科 677 个。详见表 7-3。

表 7-3　1998 年、2002 年、2007 年国家重点学科区域分布情况

地区	1998 年		2002 年		2007 年	
	重点学科数（个）	占全国比例	重点学科数（个）	占全国比例	重点学科数（个）	占全国比例
北京	158	37.98%	282	31.09%	216	22.43%
天津	18	4.33%	38	4.19%	41	4.26%
河北	0	0.00%	3	0.33%	7	0.73%
山西	0	0.00%	5	0.55%	5	0.52%
内蒙古	1	0.24%	3	0.33%	3	0.31%
辽宁	10	2.40%	28	3.09%	37	3.84%
吉林	13	3.13%	22	2.43%	26	2.70%
黑龙江	14	3.37%	35	3.86%	32	3.32%
上海	55	13.22%	94	10.36%	99	10.28%
江苏	38	9.13%	85	9.37%	82	8.52%
浙江	13	3.13%	25	2.76%	38	3.95%
安徽	4	0.96%	22	2.43%	18	1.87%
福建	6	1.44%	15	1.65%	18	1.87%
江西	0	0.00%	2	0.22%	2	0.21%
山东	5	1.20%	15	1.65%	26	2.70%
河南	0	0.00%	3	0.33%	7	0.73%

续表

地区	1998 年		2002 年		2007 年	
	重点学科数（个）	占全国比例	重点学科数（个）	占全国比例	重点学科数（个）	占全国比例
湖北	20	4.81%	53	5.84%	68	7.06%
湖南	6	1.44%	24	2.65%	43	4.47%
广东	15	3.61%	41	4.52%	45	4.67%
广西	0	0.00%	2	0.22%	2	0.21%
海南	0	0.00%	1	0.11%	1	0.10%
重庆	3	0.72%	10	1.10%	24	2.49%
四川	17	4.09%	38	4.19%	47	4.88%
贵州	0	0.00%	0	0.00%	1	0.10%
云南	0	0.00%	3	0.33%	5	0.52%
西藏	0	0.00%	0	0.00%	0	0.00%
陕西	17	4.09%	49	5.40%	61	6.33%
甘肃	3	0.72%	7	0.77%	9	0.93%
青海	0	0.00%	0	0.00%	0	0.00%
宁夏	0	0.00%	0	0.00%	0	0.00%
新疆	0	0.00%	2	0.22%	0	0.00%
合计	**416**	**100.00%**	**907**	**100.00%**	**963**	**100.00%**

注：2002 年数据不含军队院校。

数据来源：根据教育部公布的数据计算整理。

从以上数据可以看出，国家重点学科在全国各省、市、自治区的分布呈现出极不平衡的状况。国家重点学科主要集中在北京、上海、江苏、湖北、陕西等地。北京的重点学科数遥遥领先，2007 年北京重点学科数达到 216 个，占全国重点学科总数的 22.43%。其次是上海和江苏，分别占到全国的 10.28% 和 8.52%。西藏、青海、宁夏、新疆当时尚未设有国家重点学科。2007 年，全国 31 个省、市、自治区的国家重点学科数的标准差是 42.5，标准差系数达到了 1.37，说明我国优质高等教育资源的地区分布极不平衡。

总体来看，国家重点学科基本分布在经济发达地区，欠发达地区的国家重点学科数量远低于发达地区。但是，随着高等教育的体制改革以及国家对中西部地区高等教育的政策支持，经济发达地区重点学科的相对比例呈明显下降趋势，中西部地区尤其是西部地区重点学科数量有明显增加，重点学科分布的不平衡呈明显的缓和趋势。

二、研究生教育的学科区域分布与区域经济发展协调性分析

（一）学科总体布局与区域经济发展协调性分析

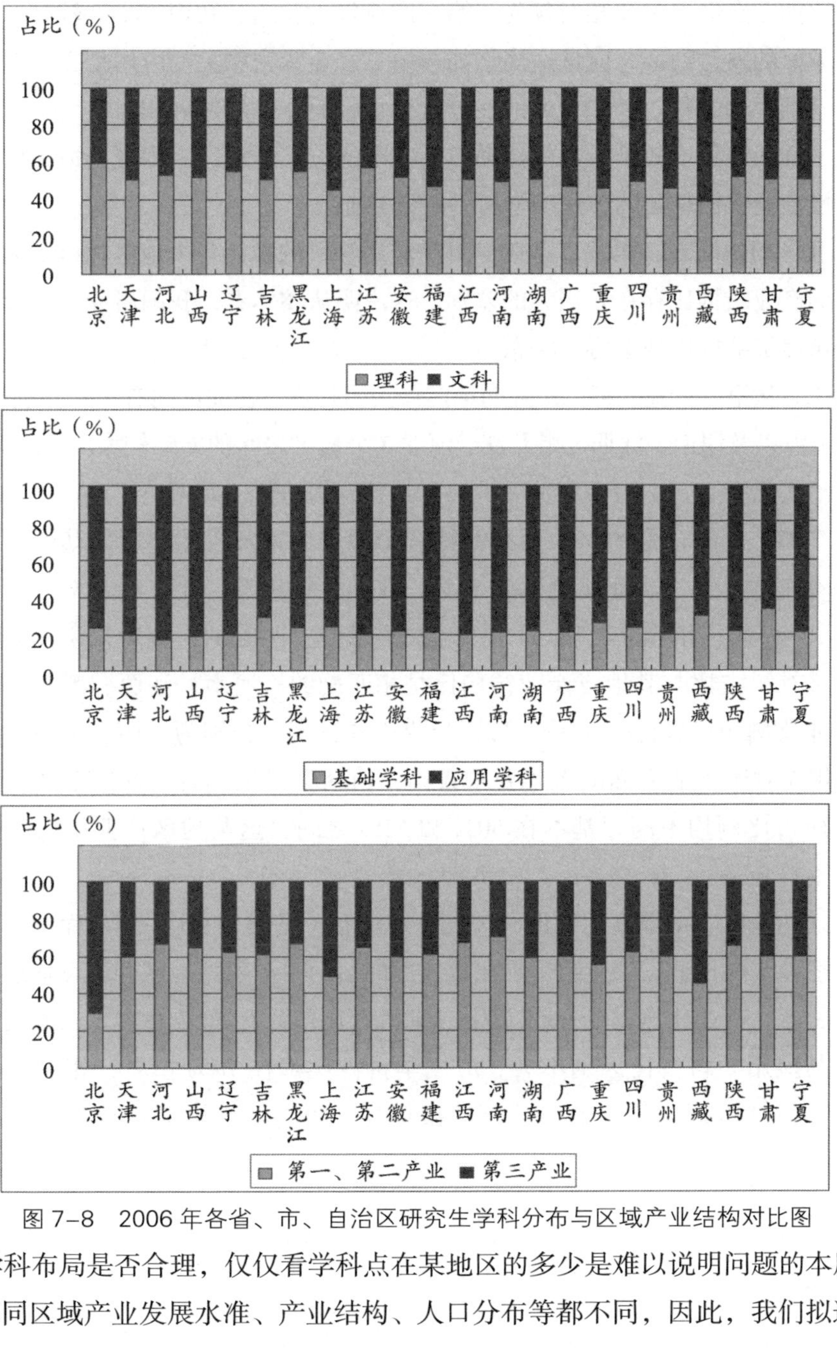

图 7–8　2006 年各省、市、自治区研究生学科分布与区域产业结构对比图

学科布局是否合理，仅仅看学科点在某地区的多少是难以说明问题的本质的。因为不同区域产业发展水准、产业结构、人口分布等都不同，因此，我们拟通过学

科结构与地方产业结构的对比，来分析我国研究生教育的学科区域分布与区域经济发展的协调性。一般来说，高等教育对区域发展的重要作用之一就是为区域培养适应其独特发展需求的各类高级专门人才。因此，学科结构应该具有比较鲜明的地域特点。比如，在经济发展相对领先、第三产业较为发达、知识密集度较高、人才流动较为频繁的发达地区，应该适当增加与第三产业紧密相关的应用型文科专业以及一部分基础理论学科、长线专业的在校生比重；而在经济发展相对落后、第三产业不发达、知识密集度较低、人才流动较为有限的欠发达地区，则应当适当增加与当地支柱性产业密切相关的应用型学科、短线专业。

从我国的情况看，第一，基础学科与应用学科的占比各个地区相差不大。而各个地区的产业结构比存在相当大的差别，这说明从整体看，我国研究生教育学科分布与区域经济结构呈现不协调状态。

第二，从第一产业、第二产业与第三产业占比看，各地区间有一定差别，北京、西藏、上海以及河南、江西、黑龙江、河北 7 个地区之间的差距较大。北京和上海，一为政治文化中心，一为经济发展中心，其独有的地位使其第三产业占比最高，北京达到 71%，上海达到 51%；而西藏特有的地理位置及自然环境使其第一、第二产业并不发达，第三产业比例达到 55%。从学科结构看，北京的人文社科占比只有 40%，与高比例的第三产业对于人才的需求是不匹配的；相对来说，上海、西藏的人文社科占比与其地方产业结构比是相匹配的。河南、江西、黑龙江和河北第三产业比例相对较低，第一、第二产业比例较高，分别为 70%、67%、66% 和 66%，相应对于工业方面的人才要求较高，但从学科比例看，这四个地区的理工类学科所占比例均不高，基本在 50% 和 55% 之间，这与地区产业结构的发展要求明显不符合。

从发达地区、中等发达地区和欠发达地区看（见图 7–9），相对而言，发达地区的文理科结构与第三产业结构是比较匹配的；而中等发达地区和欠发达地区的第一产业、第二产业比例占到 60% 以上，理科占比却只有 50% 左右。三大地区的基础学科与应用学科占比区别不大，应用学科占比都在 77% 左右，相对第三产业较发达的发达地区来说，这一比例略微偏高，可以适当增加基础理论学科、长线专业。

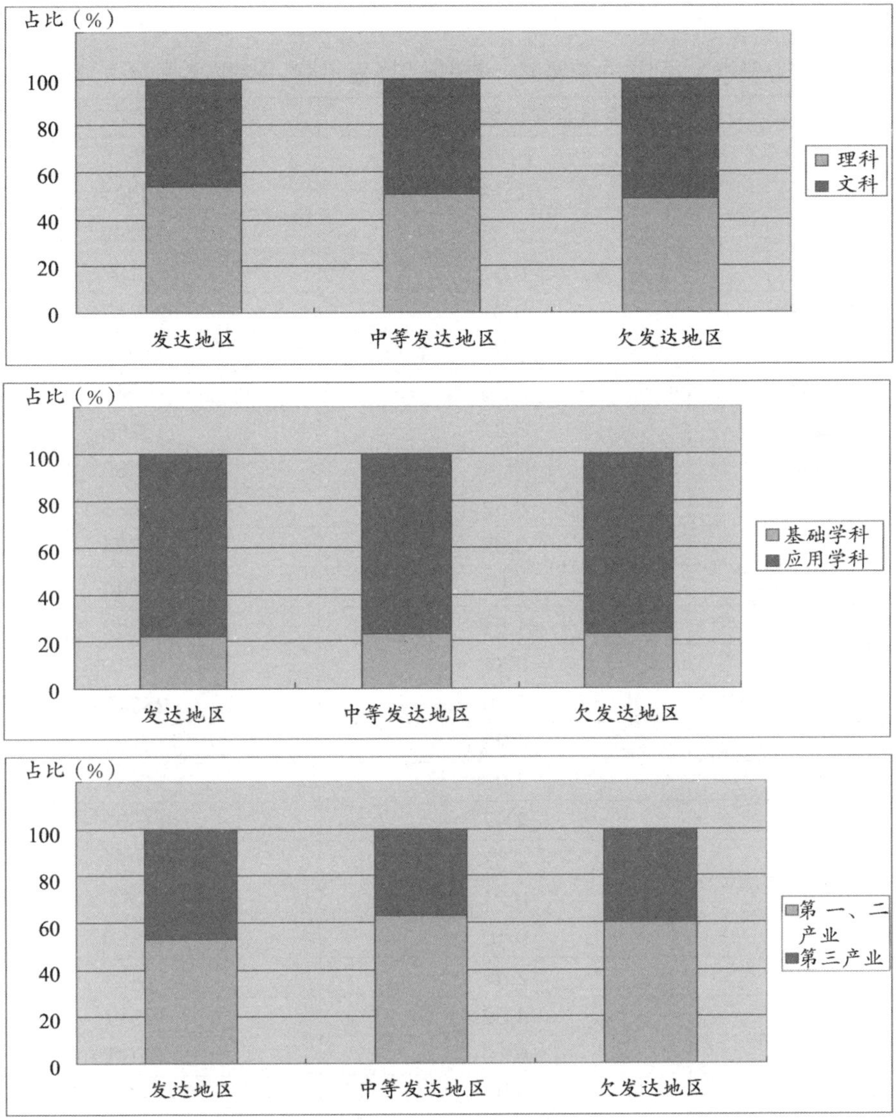

图 7–9　2006 年三类地区研究生教育学科分布与区域产业结构对比图

（二）国家重点学科布局与区域经济发展协调性分析

虽然区域研究生教育的学科结构与产业结构的相关分析，能够反映一个省区研究生教育学科结构与产业结构的大致匹配关系，但这种学科资源的分布是否合理还需要进一步深入分析。因此我们将国家重点学科区域分布与地区人均 GDP 进行相关性分析，看我国优质研究生教育资源的布局与区域经济的发展是否一致。数据见

表 7–4。

表 7–4　各省份 2007 年国家重点学科数占比与 2006 年地区人均 GDP 对比

地区	国家重点学科数占比（%）	地区人均 GDP（元）
北京	22.43	49505
天津	4.26	40961
河北	0.73	14782
山西	0.52	14106
内蒙古	0.31	20047
辽宁	3.84	21802
吉林	2.70	15625
黑龙江	3.32	16268
上海	10.28	67565
江苏	8.52	28685
浙江	3.95	31684
安徽	1.87	10044
福建	1.87	21152
江西	0.21	10679
山东	2.70	23546
河南	0.73	13279
湖北	7.06	11431
湖南	4.47	11830
广东	4.67	28077
广西	0.21	8787
海南	0.10	12650
重庆	2.49	12437
四川	4.88	10547
贵州	0.10	5750
云南	0.52	8961
西藏	0.00	10396
陕西	6.33	9899
甘肃	0.93	7476
青海	0.00	11753
宁夏	0.00	11784
新疆	0.00	13108

注：虽然第三次国家重点学科名单于 2007 年公布，但评选工作于 2006 年开始，因此这里采用 2006 年人均 GDP 进行分析。

通过计算，国家重点学科区域分布与地区人均 GDP 的相关系数为 0.691，说明两者具有较高的相关性。

将各地区重点学科占比和人均 GDP 进行排名，分为高、中、低三档，排名 1—10 为高，排名 11—20 为中，排名 21—31 为低（详见表 7–5）。将国家重点学科占比与人均 GDP 处于同一档次的归为“协调”；将不处于同一档次的归为“不协调”，其中国家重点学科占比档次高于人均 GDP 档次的，归为地区重点学科发展超前于地区经济发展，反之则为地区重点学科发展落后于地区经济发展。

表 7–5　各省份 2007 年重点学科数与经济发展的协调性状况

地区	重点学科占比排名	重点学科占比分档	人均 GDP 排名	人均 GDP 分档
北京	1	高	2	高
上海	2	高	1	高
江苏	3	高	5	高
湖北	4	高	22	低
陕西	5	高	27	低
四川	6	高	24	低
广东	7	高	6	高
湖南	8	高	19	中
天津	9	高	3	高
浙江	10	高	4	高
辽宁	11	中	8	高
黑龙江	12	中	11	中
吉林	13	中	12	中
山东	13	中	7	高
重庆	15	中	18	中
安徽	16	中	26	低
福建	16	中	9	高
甘肃	18	中	30	低
河北	19	中	13	中
河南	19	中	15	中
山西	21	低	14	中
云南	21	低	28	低
内蒙古	23	低	10	高
江西	24	低	23	低
广西	24	低	29	低
海南	26	低	17	中

续表

地区	重点学科占比排名	重点学科占比分档	人均 GDP 排名	人均 GDP 分档
贵州	26	低	31	低
西藏	28	低	25	低
青海	28	低	21	低
宁夏	28	低	20	低
新疆	28	低	16	中

根据以上的排序和分类，结果表明：国家重点学科发展与地区经济发展水平基本协调的地区，包括北京、上海、江苏、广东、天津、浙江、黑龙江、吉林、重庆、河北、河南、云南、江西、广西、贵州、西藏、青海、宁夏 18 个省份。

国家重点学科发展超前于地区经济发展水平的地区，包括湖北、陕西、四川、湖南、安徽和甘肃 6 个省份。其中最为典型的是湖北、陕西、四川。作为高等教育大省，这三省的国家重点学科排名分别为全国第 4、5、6 名，人均 GDP 却分别位于全国第 22、27 和 24 名。从这一数据来看，一方面，国家重点学科在这些地区的建立和发展并没有充分带动当地经济发展；另一方面，经济发展的相对落后又造成了当地培养的优秀人才流向外地。

国家重点学科发展滞后于地区经济发展水平的地区，包括辽宁、山东、福建、山西、内蒙古、海南和新疆 7 个省份。尤其是内蒙古，人均 GDP 位居全国第 10 名，但国家重点学科排名却只有全国第 23 名；作为经济发达省份，山东省的人均 GDP 居全国第 7，但国家重点学科排名只居全国第 13 名。这些地区的重点学科无法充分满足当地经济发展对科技和人才的需求。

（三）我国研究生教育的学科分布存在的主要问题与原因分析

我国高等教育的学科分布存在明显的区域不协调问题。

首先，从纵向看，各地区的学科结构内部在多年里没有发生明显变化；从横向看，各地区的学科结构趋同现象十分严重。前者表明，我国各地的研究生教育学科结构并没有随着产业结构的变化有所变革，因此，它难以满足本省区产业发展的需要；后者则表明，我国各地研究生教育的学科特色不明显，学科布局并没有完全从本省区的实际需求出发，没有反映本省区产业结构对研究生教育学科结构的需求。

其次，各地区高等教育的学科存在盲目发展甚至过度发展的问题。改革开放以来，我国社会经济发展迅猛，对各类高级人才有着强烈的需求。政府根据社会发展的需要大力发展相关专业，并确实在一定程度上满足了社会对相关人才的需求，但问题是，由于缺乏长远的和定期的人才预测，这些专业大多很快就从热门抢手变成了供大于求。这也许是市场经济条件下学科专业发展过程中都会出现的问题，就像市场经济下产品的供求一样，总是在供与求之间摇摆。但在我国的学科专业领域，情况还很不相同：第一，我国高等学校某些学科专业的过度发展，实际上并不完全是市场调节的结果，有时更多是政府政策导向的结果，可以说，是政策导向失误，至少是政策不完善造成的；第二，教育领域不能完全依靠市场法则来运行，因为一般商品供大于求最多只是造成一定的浪费，或者损失一定的利润，但教育供大于求，则会导致人才过剩和浪费，损失更为巨大。

最后，高等学校学科设置自主权与政府行政管理的矛盾越发突出。我国高等学校的学科设置和调整机制从根本上说是计划经济时代的产物，带有比较强的政府指令性和行政色彩。就目前的情况来看，我国高等学校的学科专业结构调整机制中存在的矛盾越来越突显出来。这些矛盾集中体现为高等学校学科专业设置和调整的自主权与政府行政管理之间的矛盾。一方面，政府虽然强调放权，给予高等学校在学科专业设置方面更多的自主权，但更多的仍然是政府间权力的转移，权力从中央教育行政部门转移到省市一级教育行政部门（包括主管部委）。另一方面，高校发展学科和设置专业缺乏有效的自律和适应机制，一定程度上出现无序、混乱的状况，从而在学科发展上，反复出现“一抓就死、一放就乱”的局面。从这种意义上说，要想进一步深化改革，取得较好的改革成效，需要从根本上改变学科专业设置和调整机制，改变现有行政指令性和计划性的机制，建立灵活、多元的学科专业调整机制。

上述问题是多方面原因造成的，既有观念方面的原因，也有计划行政体制的深刻影响。归纳起来，主要原因有以下几个方面：

首先，无论政府还是高等学校，都没有树立起高等学校应该面向社会自主办学的观念。

其次，学科专业设置和调整的宏观管理体制仍残留着计划经济的深刻影响。

最后，各高等学校缺乏必要的人才市场信息，学校发展定位不明确，发展的自律性不足，缺乏社会问责意识，学科专业设置的微观适应机制尚未建立。

三、我国研究生教育的学科区域协调发展策略

（一）学科区域协调发展的指导思想

树立科学的指导思想，协调学科布局与区域社会经济发展的关系，是我国高等教育学科发展和结构调整的关键所在。

第一，学科设置与调整必须主动适应所在区域的社会及科技发展的需要[①]。高等教育适应社会及科技发展的要求，有主动适应和被动适应两种截然不同的态度。[②]所谓被动适应，就是社会提出什么要求，高等教育就予以响应和满足，不加选择和判断，也不引领和超前；主动适应则正好相反，它要"发挥主体的判断和选择作用"，适应社会发展中的"积极方面"，抵制"消极影响"，[③]而且从现代社会的发展趋势来看，主动适应更重要的还表现在高等教育要引领社会发展，不能跟在社会的后面，要充分发挥教育的独立性和能动性，以知识、服务来提升社会发展的速度和质量。地区高等教育学科的设置和调整也要遵循主动适应社会的原则，要发挥高等学校的主观能动性，根据地区社会经济发展状况和教育发展的规律进行判断和选择，并充分发挥引领社会发展的作用，在不断推动人类科学技术发展的同时，也使得社会的发展步入稳定、快速发展的轨道。学科的设置和发展要主动适应社会，就是要充分发挥高等学校的主动性，既要根据市场变化及时设置和调整相关学科，又要根据科学和教育本身的发展规律，设置一些新兴学科和交叉学科，为社会的未来发展做准备。

第二，学科设置与调整必须坚持规模、质量、结构、效益协调发展。高等学校学科设置的规模要合理。这里的规模主要指学科的布点数量，也包括学科的人才培养数量。合理的规模要根据需求来确定，有需求才能发展，没有需求不能盲目发展。必须优化学科结构。学科结构体系实质是人才培养的结构体系，某一科类到底应该招收多少学生，培养多少人才，不同科类、学科专业所培养的学生应该保持一个怎样的结构和比例，既取决于高等教育自身的培养条件和培养能力，更取决于地区经济和社会发展的需要以及提供给高等教育的资源条件；应该注重学科设置的质量与效益。

第三，学科设置与调整必须坚持政府宏观调控与高校自主调整相结合。按照《中

---

① 林蕙青．高等学校学科专业结构调整研究 [D]. 厦门：厦门大学，2006.

② 潘懋元．正确对待商品经济对高等教育的冲击 [J]. 高等教育研究，1989(3).

③ 潘懋元．正确对待商品经济对高等教育的冲击 [J]. 高等教育研究，1989(3).

华人民共和国高等教育法》，高等学校学科专业设置和调整属于学校自身的自主权。这就是说，高等学校可以根据地方经济社会发展需要，自主决定学科专业的调整等问题。市场经济体制确立以后，计划模式赖以存在的体制已经消失，这就要求政府必须转变职能，因为资源配置和调节的主要手段不是计划而是市场，这就要求高等学校必须面向社会自主办学，充分发挥自身的积极性和主动性，在市场中寻求生存和发展。目前，我国高等教育体制改革的方向，是进一步扩大高等学校办学自主权。关于专业调整，国家应在建立和完善专业评估、提供招生就业信息服务和进行宏观调控的基础上，加快放权速度，并且加大放权力度。

政府与市场对高等学校而言，缺一不可。一方面，政府的统一计划不能代替每一高等学校具体单位的计划，政府的计划不可能考虑和顾及市场的方方面面，政府的计划在现实变化面前，是会失灵的，这时就必须以市场自发机制来补充，所以，政府不应该过分限制高等学校的办学自主权，必须给高等学校留出足够的发展空间。另一方面，也不能完全放任高等学校自由发展。要在顶层设计、制度建设、区域规划、结构体系调整、教育公平等方面加强宏观调控，使高等教育持续健康发展。在高等教育改革发展中，怎样处理好政府、市场与高校之间的关系始终是一个十分重要的课题。在社会主义市场经济下，需要发挥市场在资源配置中的基础作用，高等教育也离不开市场机制的作用。高等教育作为一种准公共产品，离不开政府的资源支持和宏观调控。而大学作为具有超强专业性的部门，具有自己内在的发展逻辑，离开大学自治，必然影响高等教育的发展。在政府、市场与高校之间保持必要的张力，是高等教育发展需要认真对待的问题。

（二）学科区域协调发展的主要策略

首先，建立国家宏观调控，高校更加自主设置、调整学科专业的管理机制。国家应进一步减弱专业目录的刚性化程度，变指令性目录为指导性或引导性目录，并缩短修订周期，原则上每五年修订一次。前几次修订专业目录的时间间隔较长，导致专业目录难以反映人才市场和科学研究发展的实际需求。同时，转变政府职能，进一步落实高校专业设置和调整的自主权，逐步变专业设置申报审批制度为真正意义上的学校自审、政府备案制度。高校根据地区经济社会发展要求、办学条件、办学优势自主设置学科专业。当然，考虑到我国实际情况，放权可逐步进行，放权不能停滞，但可把握节奏。放权不等于放任，在放权的同时，政府必须保证关系国计民生、国防军工、艰苦行业的人才培养需要。因此，还要有直接有效的调控手段，如指定少数国家重点学校承担培养这类人才的义务和责任，或者设立国家专项经费，支持和保证这类特殊专业的人才培养。

其次，建立学科专业结构调整的市场适应机制。高等学校学科规模和结构是否合理，最终的检验尺度是市场。这就要求高等学校必须主动面向市场、适应市场，不能如过去计划经济体制下关起门来办学。要经常研究市场规律和地方市场对专门人才的需求，也就是说，要对地方专门人才市场需求的总体情况进行跟踪研究。要建立高等学校毕业生就业反馈机制，对专门人才的流向有客观清醒的认识。如果说人才预测重在人才培养之前，那么，高校毕业生就业反馈则是侧重在培养之后。这样做的目的是能够准确客观地把握高校毕业生的就业流向和就业率，以便及时调整地区高等教育学科的设置以及人才培养计划和结构，更好地满足地方经济社会发展对专门人才的需求。当然，就业流向和就业率等反馈机制需要和人才预测机制等紧密结合起来。如果从多方面所获信息具有高度一致性，那么决策就更容易做到科学和有效。如果没有这样的机制，学校办学可能就是“盲人过河”，学科设置可能会陷入盲目和走入误区。在市场经济时代，这种盲目做法必然会受到惩罚。

再次，转变政府职能，扩大高校办学自主权，使得高校建立面向社会的自我发展、自我约束的机制。高等学校是学术单位，需要良好宽松的学术环境和气氛。在我国，由于受传统和政治经济制度等的影响，我国的高等学校相对缺乏自主权，这在学科专业设置上表现得十分明显。好在近年来我们已经充分认识到这一点，扩大高等学校办学的自主权成为高等教育改革的重要方面。应该说，在学科专业领域，高校只有获得更大的自由和权利，才能更自主地根据地方经济社会发展状况更新学科专业，及时反映市场变化，从而提高人才培养的针对性和高等教育的质量和水平。①

同时，科学布局国家重点学科，发挥国家重点学科的先导作用。由于教育产业是一种先导性产业，因此在学科调整上，不仅要注意与现实的经济结构相适应，还应当力求发挥学科的先导性、前瞻性特点，使学科结构适应经济结构的未来趋势，并对未来经济结构调整起到一定的引导作用。对于重点学科超前于其经济发展水平的省份，其学科发展应以稳定为主。要更多地考虑如何将“负担”变为“优势”，一方面在适度保持超前的同时，优化结构，充分发挥高等教育资源的潜力，为其地区经济服务；另一方面，采取“走出去”的方式，与其他地区合作，采用联合培养

① 林蕙青 . 高等学校学科专业结构调整研究 [D]. 厦门 : 厦门大学 , 2006.

的方式（比如说经济发达而重点学科不发达的其他省份出办学资金，该省提供高校资源），更有效地发挥省内高校对省外的辐射作用。对于重点学科发展落后于其经济发展水平的省份，尤其是经济比较发达的地区，这些地区的政府或企业单位、团体应加大对教育尤其是高等教育投资的力度，加速发展重点学科，使其与经济协调适应。对于那些重点学科与经济均不发达的省份，建议国家加大对这些地区教育经费的投入，发挥高等教育对经济发展的先导作用，进而使重点学科为地方经济发展服务。

最后，我们认为应该加大省级政府对本区域研究生教育学科结构调整的统筹权。实际上，各个地区需要哪些专业领域的专门人才，地方政府是比较清楚的。因此，我们建议加大省级政府对本区域研究生教育学科结构调整的统筹权力，特别是硕士层次的学科调整基本上可以由省级政府来全权受理和审批，中央政府备案。这样有利于研究生教育学科结构与当地产业结构和产业发展水平以及劳动力市场的需求紧密结合。当然，为了保障博士培养质量，当前我国的博士学位授予单位建设和授权点的审批，还应由中央政府统一管理和批准。

8

我国远程教育区域均衡发展研究

第8章

我国远程教育区域均衡发展研究

1999年高校扩招后，我国高等教育规模大幅度扩大，一定程度上满足了人民群众对高等教育的需求。这一政策促进入学机会的平等，推动我国高等教育“精英模式”向“大众化”发展。与此同时，随着全球信息化的飞速发展，其影响遍布社会各领域，教育事业也不例外。在这一全球趋势的带动下，我国信息化建设不断完善，教育领域呈现新的变化。其中，远程教育作为新的教育方式和手段逐渐进入人们的视野，并从函授、广播电视教育等形式向网络教育过渡，成为终身教育的必要条件和教育大众化的重要组成部分。

然而，如同做大国民经济“蛋糕”并不代表使其分配更均衡一样，教育规模的扩大也不能完全保证教育向均衡化方向发展。远程教育在高校扩招的背景下，是否也会扩大自己的规模，不同类型远程教育的发展又有何特征，其均衡度有何变化等都是值得研究的问题，需要通过数据计算得出结论。

相比于传统教育方式，远程教育的均衡发展问题目前所受关注度较低。这与我国教育均衡发展相关的政策有关，更深层次反映了人们对远程教育的长远利益认识不够。远程教育具有大众化、国际化、网络化和集团化的发展趋势，它的进步对教育的影响越来越直接，越来越深刻。正是由于其不同于传统教育方式的特点，远程教育一方面有利于实现教育资源的共享，提高资源利用率，为全民教育和教育社会化奠定基础，有利于整个教育系统均衡发展的实现；另一方面，若远程教育发展不均衡，比如我国广播电视大学、网络高等教育规模呈区域间不均衡发展状态，那么远程教育的优势不仅不能发挥出来，反而可能导致“数字鸿沟”的不断扩大，最终将影响到教育事业的全面、协调和可持续发展。

鉴于远程教育具有的新特性，在兼顾效率与公平的道路上存在新的难题。我国要实现远程教育均衡发展，必须正视现实，积极利用教育信息化的推动作用，使“数字鸿沟”向“数字机遇”转变，同时抓住高校扩招的机遇，使得远程教育能够真正为我国教育大众化与教育均衡发展提供有力的支持。

本章将利用基尼系数这一测量指标，考察我国远程教育区域间均衡发展现状及

1999 年高等教育扩招以来的发展趋势。通过对各省市、分地区的数据处理，探索中国远程教育均衡发展的程度，从而发现远程教育均衡发展过程中存在的问题，并根据我国实际为远程教育均衡发展提供政策建议。

一、教育均衡与教育公平的相关性研究

世界范围内，高等教育规模扩张总是伴随着对高等教育机会公平的讨论与研究。尽管政府要推动高等教育规模扩张的重要原因之一是增加弱势群体获得高等教育的机会从而促进教育公平，但不同国家在不同历史阶段的实证研究发现，高等教育规模的扩大可能缓解也可能恶化教育的不公平。

有关高等教育规模扩张和教育公平之间关系的已有研究按分析主体大致可以分为两类。一类是以个人为分析对象，从微观层次关注不同家庭背景（包括家庭收入、父母的职业与教育程度等）的学生获得高等教育的机会随教育规模扩展的变化情况（比如：Shavit 和 Blossfeld, 1993; Kane，1994；Blanden 和 Machin，2004；Yogev，2007；Bratti, Checchi 和 De Blasio, 2008; Lopez，2009），大部分的研究都属于这一类；另一类是以区域为分析对象，从宏观层次关注随着高等教育规模扩展区域间教育公平的变化情况（比如 Burt 和 Namgi，2009; Oppedisano，2011）。相比前一类研究而言，从宏观层次以区域为分析对象的研究要少得多。

我国政府自 1999 年起决定大幅度扩展高等教育规模，随后中国高等教育规模开始快速大幅度扩大。到 2003 年，中国高等教育入学率达 17%，按照特罗（Trow）的高等教育大众化理论，中国高等教育已经步入了大众化阶段。和世界上其他国家一样，在中国这一高等教育机会迅猛扩张过程之中，关于教育与公平的讨论与研究从未停止过。

同国际上的研究类似，有关中国高等教育规模扩张与教育公平之间关系的研究也主要分成两类。一类是研究不同家庭背景的学生获得高等教育机会的变化情况（如丁小浩，2006；杨东平，2006；李文利，2006；钟云华，2008；岳昌君，2009）。这些实证研究得到了比较一致的结论，如果不考虑质量这一因素，高等教育规模的扩张使得更多来自较低社会经济背景的学生能够有机会接受高等教育，高等教育入学机会的公平有了显著的提高。但是在考虑了高等教育的质量后，这些研究对于高等教育入学机会的公平是否得到了改善仍无定论。

另一类是研究高等教育入学机会在各省市、各地区的差异程度的变化情况。比

如刘精明以高等教育毛录取率为衡量指标，利用基尼系数和泰尔系数这两种衡量教育公平的工具，重点考察高等教育大规模扩招以来教育机会在各省市、各地区的差异程度。他基于1998—2006年的数据对高等教育规模扩招背景下高等教育（包括专科和本科教育)机会的省际和区域间不平等程度进行了测算,结果表明:扩招以来，中国高等教育入学机会的省际不平等程度在总体上有明显改善。[①] 陈彬莉2010年使用基尼系数和变异系数计算了1999—2008年中国11个省份的本科录取率，发现本科教育的区域差异稳步增大。结合刘精明和陈彬莉的研究可以得到一个结论，那就是随着规模扩张，专科教育的区域差异在缩小，而本科教育的区域差异在扩大。陈彬莉进一步分析了声誉更好、质量更高的本科学校的录取率的区域差异，发现精英本科教育机会的区域差异高于一般本科教育机会的区域差异。这或许说明，随着高等教育规模的扩张，低层次的高等教育的区域不公平现象在改善，而高层次的高等教育的区域不公平现象却在加剧。

以上的研究都是针对普通高等教育，忽视了对远程高等教育的分析。远程教育作为一种独立形态的教育模式，从19世纪初的函授教育，到今天的基于网络的现代远程教育，已经发生了翻天覆地的变化。1998年教育部制定的《面向21世纪教育振兴行动计划》将“实施‘现代远程教育工程’，形成开放式教育网络”作为发展中国教育事业的主要措施之一。1999年，教育部制定的《关于发展我国现代远程教育的意见》，阐述了发展中国现代远程教育的指导方针、目标和任务。随后，远程高等教育的规模也和普通高等教育一样有了大规模的扩张。目前，远程高等教育已经成为中国高等教育系统中的一个重要组成部分，为高等教育大众化做出重要贡献。此外，远程高等教育的重要目的之一是提高区域间高等教育入学机会的公平程度，要“解决地区发展不平衡的矛盾”，因此有必要对远程高等教育规模的扩张能否带来地区间的教育公平这一问题展开实证分析。

二、我国远程教育区域均衡发展研究

（一）研究对象的确定

本章的研究对象是中国远程教育区域均衡发展。这里涉及两个概念，一是远程教育，二是区域均衡。在分析的过程中，如何界定这两个概念关系到研究过程与结

① 刘精明.扩招时期高等教育机会的地区差异研究[J].北京大学教育评论,2007(4).

果的可靠性和准确度。因此，在展开研究前需要对研究对象做概念界定，以便于后续分析的顺利进行。

（1）远程教育的界定。尽管远程教育拥有广泛的应用，但到目前为止它并没有专门、普遍的定义。这主要是受其用途、使用媒体多元化的影响。为了便于研究，本章将采用狭义远程教育概念，主要考察我国高等教育领域远程教育不同形式的发展，如函授教育、广播电视大学教育、网络本专科教育的招生规模变化；在高等教育规模扩大的背景下，不同类型远程教育的均衡发展趋势。

（2）区域均衡的界定。关于教育均衡及其发展的概念有多种解释，国内外学者对其进行了多视角的阐述。在研究中国远程教育的均衡发展时，结合地区经济发展水平，本章将从“区域”这个维度切入，考察我国不同省份、不同地域（东部、中部、西部）之间远程教育的发展阶段与均衡发展水平。通过对函授教育、广播电视教育、网络教育招生规模进行基尼系数的计算，以期寻找我国远程教育区域均衡发展水平的证据。

本章涉及的数据来自《中国统计年鉴》《中国教育统计年鉴》，时间跨度从 1999 年至 2008 年，包括高等教育本专科学生数、独立函授学院本专科学生数、广播电视大学本专科学生数、高等教育网络本科专科学生数。

（二）统计工具

主要考察区域差异大小来衡量区域均衡发展水平。一般来说，地区差异越大，区域均衡水平越低。衡量区域差异的方法主要包括绝对差异与相对差异，本研究主要采用相对差异方法。通过比较各类相对差异衡量指标，并参考国际惯例，本研究选择采用基尼系数这一指标，考察地区招生规模分别相对于人口和地区 GDP 的数值变化。

基尼系数是判断收入分配公平程度的一项指标，是意大利经济学家科拉多·基尼（Corrado Gini）1912 年根据洛伦兹曲线设计而提出的。基尼系数取值范围在 0 到 1 之间，数值越小，说明收入分配越趋于公平。随着社会发展变化，基尼系数被广泛运用到衡量各类不平等程度的研究中，包括教育领域。基尼系数的图形如图 8–1 所示。

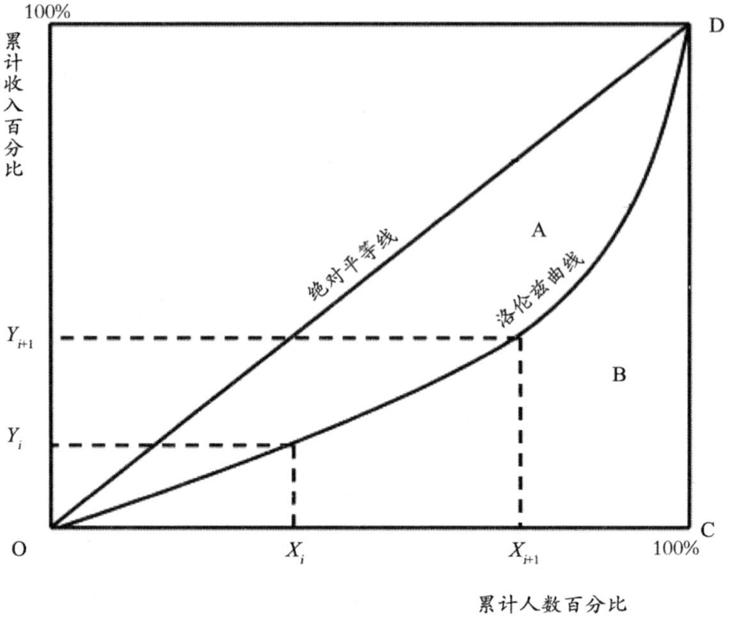

图 8–1　基尼系数图形

横坐标是按个人收入从高到低排序后的累计人数百分比 X，纵坐标是相应的累计收入百分比 Y。曲线 OD 是洛伦兹曲线。直线 OD 与曲线 OD 所围面积为 A，曲线 OD 与直线 OC、CD 所围面积为 B，则基尼系数为$\frac{A}{A+B}$。

结合本章研究内容，重点考察远程教育不同类型招生规模的差异，赋予基尼系数新的内涵。其计算公式如下：

$$G=1-\sum_{i=0}^{n-1}(X_{i+1}X_i)(Y_i+Y_{i+1})$$

G 为基尼系数；X_i 为累计人口数百分比或累计 GDP 百分比；Y_i 为累计招生数百分比；n 为不同省份的个数。

三、我国远程教育区域均衡发展的案例研究

（一）广播电视大学区域均衡的发展状况

进入 20 世纪 90 年代后期，我国广播电视教育发展平稳，规模基本稳定，但各地区发展状况存在差异。下面的分析将采用广播电视大学人均招生数作为考察我国

广播电视教育入学机会均衡程度的指标。通过对《中国统计年鉴》和《中国教育统计年鉴》中人口数与广播电视教育招生数的统计，得出 2008 年我国广播电视大学各省市人均招生规模。可以发现，重庆、四川、吉林、浙江等省市的招生规模较大，而有些省市，如河北、安徽、江西、山东、广西、云南、青海等的招生规模较小，上海、西藏甚至没有招生数据。

为了能够清晰地看出区域之间的差异，现将各省市按东部、中部、西部进行划分。

表 8-1　2008 年东部、中部、西部地区人口和广播电视大学招生数比例

	人口（万人）	人口比例	招生数（人）	招生数比例	每万人招生数
东部	52280	39.96%	16960	26.78%	0.3244
中部	42025	32.12%	17876	28.23%	0.4254
西部	36522	27.92%	28494	44.99%	0.7802

以 2008 年数据（表 8-1）来看，东部地区人口占全国人口比例最高，接近 40%，而广播电视大学的招生比例却是三个区域中最少的，仅有 27%；西部地区人口虽然仅占全国人口的 28%，广播电视大学招生数却达到招生总数的 45%。从人均招生数也可以看出，西部最多，中部次之，东部最少。其中西部规模是东部的两倍多。广播电视教育存在区域之间发展的差异——东部入学机会比西部、中部少，且省市间存在较大差异，例如同属西部地区的重庆和西藏，一个具有最多的人均招生规模而另一个没有招生。

通过分省市、分地区统计数据，可以大致地了解我国广播电视教育现状，但对其均衡程度并没有准确的认识。下面根据前述统计分析方法中基尼系数法的介绍，利用《中国统计年鉴》和《中国教育统计年鉴》的人口与广播电视大学招生数的数据，计算得到 2008 年各省市广播电视大学招生规模及人口数量（表 8-2）。可以看到，四川省和重庆市的招生数占全国总招生数的比例最高，分别达到 20.52% 和 10.72%。

表 8-2　2008 年各省（区、市）广播电视大学招生数及人口数据

地区	招生数（人）	招生数百分比	人口（万人）	人口百分比
北京	696	1.10%	1695	1.30%
天津	302	0.48%	1176	0.90%
河北	542	0.86%	6988.82	5.34%
山西	663	1.05%	3410.61	2.61%
内蒙古	637	1.01%	2413.73	1.84%

续表

地区	招生数（人）	招生数百分比	人口（万人）	人口百分比
辽宁	1737	2.74%	4314.7	3.30%
吉林	2966	4.68%	2734	2.09%
黑龙江	1812	2.86%	3825.39	2.92%
上海	0	0.00%	1888.46	1.44%
江苏	2239	3.54%	7677.3	5.87%
浙江	5615	8.87%	5120	3.91%
安徽	630	0.99%	6135	4.69%
福建	846	1.34%	3604	2.75%
江西	109	0.17%	4400	3.36%
山东	262	0.41%	9417.23	7.20%
河南	3374	5.33%	9429	7.21%
湖北	4043	6.38%	5711	4.37%
湖南	4279	6.76%	6380	4.88%
广东	4021	6.35%	9544	7.30%
广西	90	0.14%	4816	3.68%
海南	700	1.11%	854	0.65%
重庆	6788	10.72%	2839	2.17%
四川	12994	20.52%	8138	6.22%
贵州	1882	2.97%	3792.73	2.90%
云南	175	0.28%	4543	3.47%
西藏	0	0.00%	287	0.22%
陕西	2696	4.26%	3762	2.88%
甘肃	2113	3.34%	2628.12	2.01%
青海	79	0.12%	554.3	0.42%
宁夏	262	0.41%	617.69	0.47%
新疆	778	1.23%	2130.8	1.63%

将上述各组数据按人均招生数从小到大进行排序，并计算各组人口累计百分比和招生数百分比。如表 8–3 所示：

表 8–3　2008 年各省（区、市）人口及广播电视大学招生数累计百分比

编号	地区	累计人口百分比	累计招生数百分比
1	上海	1.44%	0.00%
2	西藏	1.66%	0.00%
3	广西	5.34%	0.14%
4	江西	8.71%	0.31%
5	山东	15.91%	0.73%

续表

编号	地区	累计人口百分比	累计招生数百分比
6	云南	19.38%	1.00%
7	河北	24.72%	1.86%
8	安徽	29.41%	2.85%
9	青海	29.83%	2.98%
10	山西	32.44%	4.03%
11	福建	35.19%	5.36%
12	天津	36.09%	5.84%
13	内蒙古	37.94%	6.85%
14	江苏	43.81%	10.38%
15	河南	51.01%	15.71%
16	新疆	52.64%	16.94%
17	辽宁	55.94%	19.68%
18	北京	57.24%	20.78%
19	广东	64.53%	27.13%
20	宁夏	65.00%	27.54%
21	黑龙江	67.93%	30.40%
22	贵州	70.83%	33.37%
23	湖南	75.70%	40.13%
24	湖北	80.07%	46.52%
25	陕西	82.94%	50.77%
26	甘肃	84.95%	54.11%
27	海南	85.61%	55.21%
28	吉林	87.70%	59.90%
29	浙江	91.61%	68.76%
30	四川	97.83%	89.28%
31	重庆	100.00%	100.00%

根据表 8–3，以累计人口百分比为横坐标，以累计招生数百分比为纵坐标，在坐标系中可以绘出 31 个点，用光滑曲线将这 31 个点连接起来，就是一条广播电视大学招生数累计百分比与人口累计百分比的洛伦兹曲线。如图 8–2 所示：

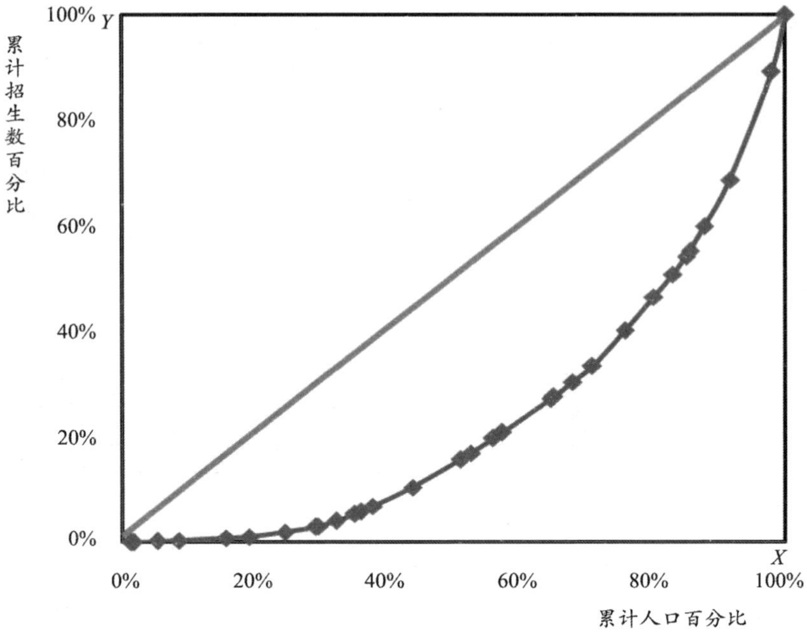

图 8-2　2008 年各省（区、市）广播电视大学招生数累计百分比与累计人口百分比的洛伦兹曲线

根据表 8-3 和图 8-2 中的 31 个点进行分块，分成 1 个三角形和 30 个梯形。计算洛伦兹曲线与 X 轴围成的右下角区域的面积，即 1 个三角形与 30 个梯形的面积之和 S_B，则可得基尼系数。根据表 8-3 的数值，$S_B=0.2407$，则 $G=1-2S_B=0.5185$，即 2008 年广播电视大学招生数的基尼系数为 0.5185。

随着高等教育规模扩大，1999 至 2008 年的广播电视大学招生规模却向反方向发展，其规模变化如图 8-3 所示。可以看到，1999 年以来，广播电视大学招生基本上呈逐年减少态势，7 年间约减少了四分之三，到 2006 年开始保持稳定。

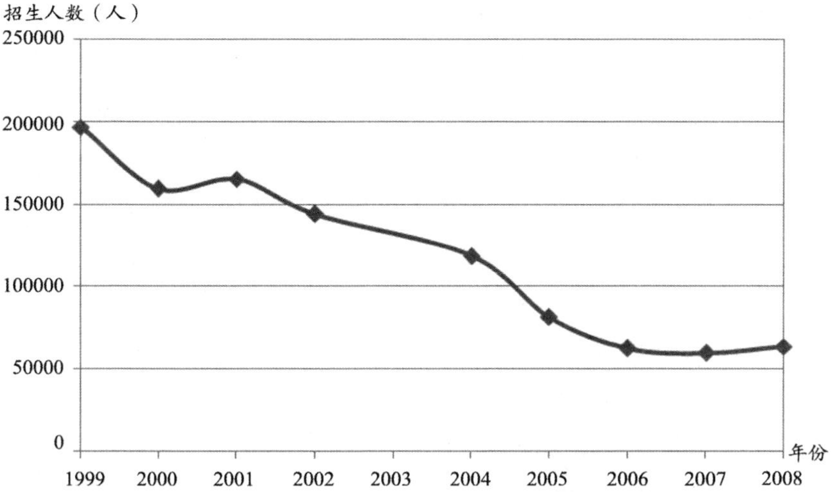

图 8–3　1999—2008 年广播电视大学招生规模变化趋势①

在广播电视大学招生规模减小的同时，其区域均衡程度也发生了变化。表 8–4 和图 8–4 是利用 1999 年至 2008 年广播电视大学招生数据和人口数据计算得到的基尼系数的结果。

表 8–4　1999—2008 年广播电视大学招生规模基尼系数

	1999 年	2000 年	2001 年	2002 年	2004 年	2005 年
基尼系数	0.2338	0.3543	0.4041	0.4634	0.5200	0.5141
	2006 年	2007 年	2008 年	均值	极差	
基尼系数	0.5716	0.6012	0.5185	0.4646	0.3674	

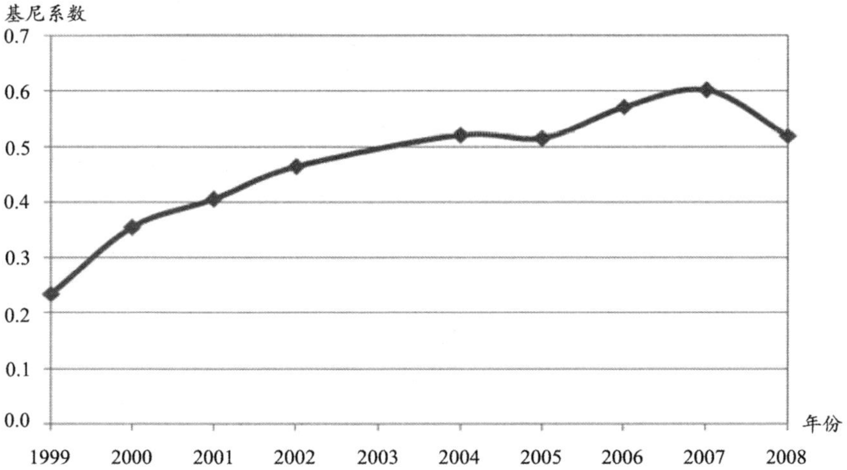

图 8–4　我国广播电视大学招生规模基尼系数变化趋势

① 由于 2003 年广播电视大学招生数暂缺，因此这里不做分析，下同。

从图 8-4 中可以直观地看出我国广播电视大学招生规模基尼系数从 1999 年至 2004 年呈上升趋势，2005 年小幅度下降，而 2005 年到 2007 年又呈上升趋势，2008 年的招生基尼系数回落到 2005 年的水平。总的来说，我国广播电视大学招生规模差异变化是扩大与缩小交替进行，经历了扩大—缩小—扩大—缩小的变化过程。就本研究的时间跨度来看，两次扩大的周期在缩短，缩小的幅度在增大。第一次扩大期 1999—2004 年的年均增幅达 20.4%，且该期间内的增幅逐年减少，而第二次扩大期 2005—2007 年的年均增幅为 8.5%；第一次缩小期为 2004—2005 年，仅缩小了 1.1%，而第二次缩小期为 2007—2008 年，缩小幅度达 13.8%。

从广播电视大学教育均衡发展的角度看，1999 年至 2007 年间经历了两段均衡度下降时期，到 2008 年均衡度回升。其中，第一段均衡度下降期内下降幅度逐渐减小，2008 年的均衡程度与 2005 年相当。

将全国分为东部、中部、西部三个地区，分别计算各地区广播电视大学招生基尼系数，从而考察各地区内部广播电视教育发展均衡程度，具体结果如表 8-5 和图 8-5 所示。

表 8-5　1999—2008 年东部、中部、西部广播电视大学招生基尼系数

年份	东部	中部	西部
1999	0.1456	0.2683	0.2627
2000	0.2576	0.4070	0.2409
2001	0.3242	0.3861	0.3030
2002	0.4014	0.4762	0.3587
2004	0.4623	0.6117	0.3425
2005	0.4014	0.4242	0.4977
2006	0.5315	0.4856	0.5824
2007	0.5388	0.4390	0.6237
2008	0.4771	0.3838	0.5137

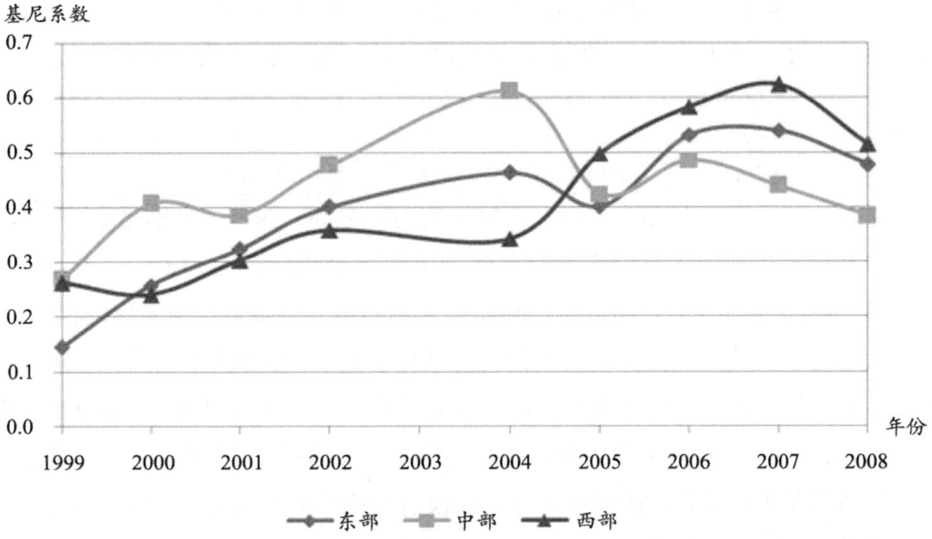

图 8–5　东部、中部、西部广播电视大学招生基尼系数变化趋势

从图 8–5 中可以直观地看出，以 2005 年为界，2005 年之前三个地区的均衡度由高到低依次为西部、东部、中部；2005 年后的均衡度由高到低依次为中部、东部、西部。东部地区招生基尼系数从 1999 年开始保持上升趋势，2005 年下降后又上升至更高水平，2008 年下降；中部地区招生基尼系数 1999 年起大幅上升，2001 年小幅下降后继续上升，2005 年大幅下降到 2001 年水平，2006 年又有小幅上升后下降；西部地区招生基尼系数 2000 年开始缓慢上升并保持稳定，从 2005 年开始大幅上升并于 2007 年达到最大，2008 年有所下降，但总体水平高于东部、中部。

（二）网络教育区域均衡的发展状况

20 世纪 90 年代后期，我国开始实施现代远程教育工程，网络教育随之兴盛，但由于其对配套设施（如计算机、网络等通信设备）的要求较高等多种原因，因此其发展具有较大的非均衡性。下面将高等教育网络本专科作为我国网络教育的代表，计算其人均招生数以考察入学机会的均衡程度。

对各省市 2008 年网络本专科的人均招生数进行比较，可以发现，北京的人均招生规模明显高于其他省市，上海次之，但其规模远落后于北京。陕西、重庆、辽宁、湖北、四川的招生人数更少。此外，有部分省市没有招生，而有招生的省市（除北京）的人均招生规模都较小。

将全国分成东部、中部、西部三个地区分别考察，如表 8–6 所示。

表 8-6　2008 年东部、中部、西部人口和网络本专科招生比例

区域	人口（万人）	人口百分比	招生数（人）	招生数百分比	每万人招生数（人）
东部	52280	39.96%	1202508	81.68%	23.0013
中部	42025	32.12%	119751	8.13%	2.8495
西部	36522	27.92%	149935	10.18%	4.1053

通过比较可知，东部地区每万人招生数远超中部、西部，分别是中部的 8 倍、西部的 5 倍多。从招生总数来看，东部占全国比例最高，达 81.68%，中部与西部差不多，各占 10% 左右。由此可以初步推测网络本专科教育的均衡程度较低。

利用《中国统计年鉴》和《中国教育统计年鉴》的人口与网络本专科教育招生数的数据，计算得到 2008 年各省市网络本专科招生规模及人口数量，如表 8-7 所示。可以看到，北京市的招生数占全国总招生数的比例最高，达到 67.09%，其他省份所占份额都在 5% 以下，甚至有部分省份没有网络本专科教育。招生数为 0 的省份包括河北、山西、内蒙古、江西、广西、海南、贵州、云南、西藏、青海、宁夏、新疆。

表 8-7　2008 年各省（区、市）网络本专科招生数及人口数据

地区	招生数（人）	招生数百分比	人口（万人）	人口百分比
北京	987669	67.09%	1695	1.30%
天津	8267	0.56%	1176	0.90%
河北	0	0.00%	6988.82	5.34%
山西	0	0.00%	3410.61	2.61%
内蒙古	0	0.00%	2413.73	1.84%
辽宁	48197	3.27%	4314.7	3.30%
吉林	14445	0.98%	2734	2.09%
黑龙江	16606	1.13%	3825.39	2.92%
上海	62089	4.22%	1888.46	1.44%
江苏	13263	0.90%	7677.3	5.87%
浙江	17611	1.20%	5120	3.91%
安徽	950	0.06%	6135	4.69%
福建	12678	0.86%	3604	2.75%
江西	0	0.00%	4400	3.36%
山东	28016	1.90%	9417.23	7.20%
河南	25302	1.72%	9429	7.21%
湖北	41076	2.79%	5711	4.37%
湖南	21372	1.45%	6380	4.88%
广东	24718	1.68%	9544	7.30%

续表

地区	招生数（人）	招生数百分比	人口（万人）	人口百分比
广西	0	0.00%	4816	3.68%
海南	0	0.00%	854	0.65%
重庆	44375	3.01%	2839	2.17%
四川	59121	4.02%	8138	6.22%
贵州	0	0.00%	3792.73	2.90%
云南	0	0.00%	4543	3.47%
西藏	0	0.00%	287	0.22%
陕西	39983	2.72%	3762	2.88%
甘肃	6456	0.44%	2628.12	2.01%
青海	0	0.00%	554.3	0.42%
宁夏	0	0.00%	617.69	0.47%
新疆	0	0.00%	2130.8	1.63%

将上述各组数据按人均招生数从小到大进行排序，并计算各组人口累计百分比和招生数百分比。如表 8-8 所示：

表 8-8　2008 年各省（区、市）人口及网络本专科累计招生数百分比

地区	累计人口百分比	累计招生数百分比
河北	5.34%	0.00%
山西	7.95%	0.00%
内蒙古	9.79%	0.00%
江西	13.16%	0.00%
广西	16.84%	0.00%
海南	17.49%	0.00%
贵州	20.39%	0.00%
云南	23.86%	0.00%
西 藏	24.08%	0.00%
青海	24.51%	0.00%
宁夏	24.98%	0.00%
新疆	26.61%	0.00%
安徽	31.30%	0.06%
江苏	37.16%	0.97%
甘肃	39.17%	1.40%
广东	46.47%	3.08%
河南	53.68%	4.80%
山东	60.87%	6.70%
湖南	65.75%	8.16%
浙江	69.66%	9.35%

续表

地区	累计人口百分比	累计招生数百分比
福建	72.42%	10.21%
黑龙江	75.34%	11.34%
吉林	77.43%	12.32%
天津	78.33%	12.88%
湖北	82.70%	15.67%
四川	88.92%	19.69%
陕西	91.79%	22.41%
辽宁	95.09%	25.68%
重庆	97.26%	28.69%
上海	98.70%	32.91%
北京	100.00%	100.00%

根据表 8-8，以累计人口百分比为横坐标，以累计招生数百分比为纵坐标，在坐标系中可以绘出 31 个点，用光滑曲线将这 31 个点连接起来，就是一条网络本专科累计招生数百分比与累计人口百分比的洛伦兹曲线。如图 8-6 所示：

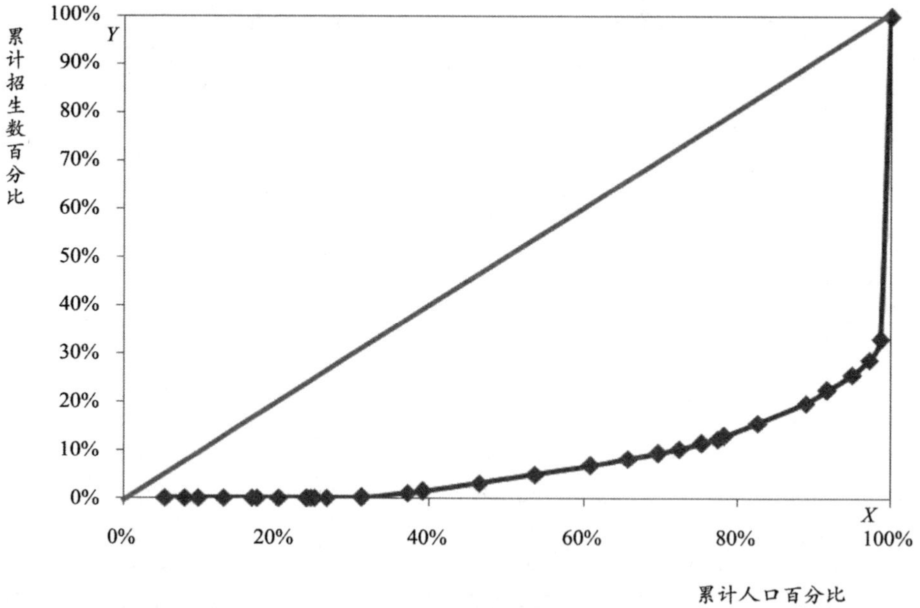

图 8-6　2008 年各省(区、市)网络本专科累计招生数百分比与累计人口百分比的洛伦兹曲线

计算洛伦兹曲线与 X 轴围成的右下角区域的面积，则可得基尼系数。根据表 8-8 的数值，$S_B = 0.1517$，则 $G = 1 - 2\,S_B = 0.8483$，即 2008 年网络本专科招生数的基尼系数为 0.8483。

从 2003 年开始，《中国教育统计年鉴》和《中国统计年鉴》中开始出现网络本专科教育基本情况的数据。本章采用 2003 年至 2008 年的数据来考察其变化趋势。与广播电视教育不同，网络教育的招生规模随着高校扩招而不断扩大，如图 8–7 所示。网络本专科教育招生人数从 2003 年有数据统计以来持续走高，特别是 2005 年至 2008 年，增长幅度达 22%。

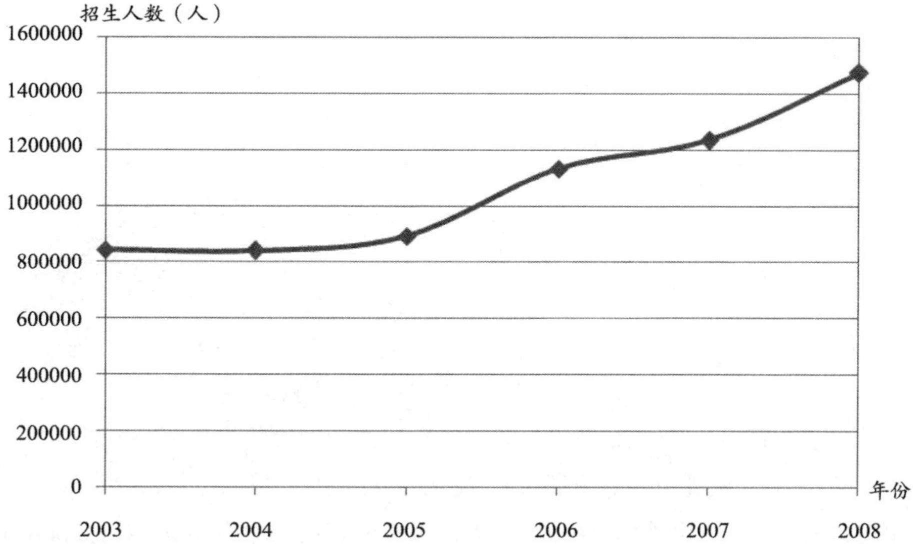

图 8–7　2003—2008 年网络本专科招生规模变化

网络本专科招生规模的扩大也伴随着均衡度的变化。下面利用 2003—2008 年的数据进行基尼系数的测算。表 8–9 和图 8–8 是利用 2003—2008 年网络本专科招生数据和人口数据计算得到的基尼系数的结果。

表 8–9　2003—2008 年网络本专科招生规模基尼系数

	2003 年	2004 年	2005 年	2006 年	2007 年	2008 年	均值	极差
基尼系数	0.8874	0.9201	0.9045	0.8830	0.8711	0.8483	0.8857	0.0718

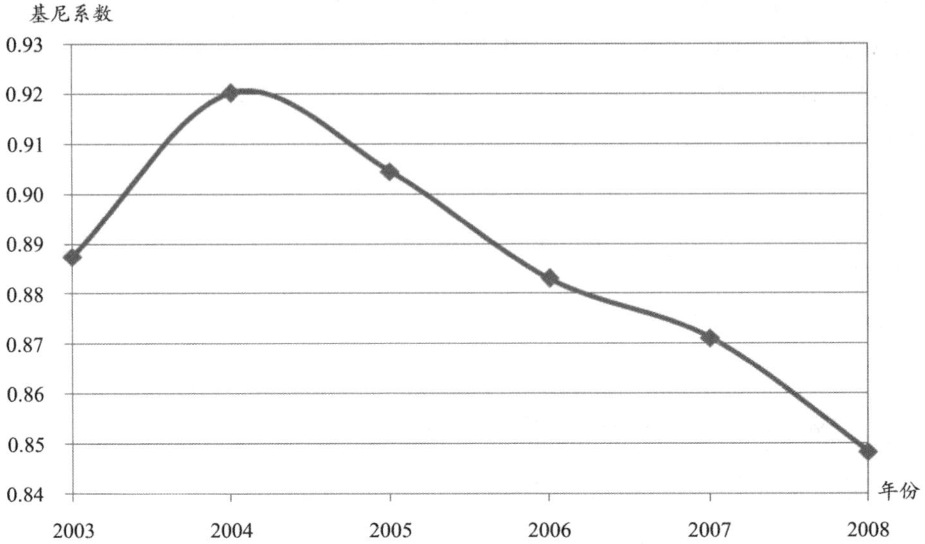

图 8-8 我国网络本专科招生规模基尼系数变化趋势

表中数据显示，网络本专科招生基尼系数较大，但历年变化较小，基本维持在0.84至0.92之间，极差0.07，远低于广播电视大学招生基尼系数的变化值0.37。从图中可以看出，我国网络本专科教育招生规模的基尼系数在2003年至2008年期间经历了两个时期，分别是均衡度下降期和上升期，即2003年至2004年的差异扩大期和2004年至2008年的差异缩小期。其中，2004年招生数基尼系数比2003年增加了3.7%，不均衡度达到该时期内最大；2004年后，招生数基尼系数逐年下降，平均每年下降2.0%，网络本专科教育从招生的角度看趋向均衡发展。

将全国划分为东部、中部、西部三个地区，分别考察其网络本专科招生基尼系数。具体结果如表8-10和图8-9所示。

表 8-10 东部、中部、西部历年网络本专科招生基尼系数

年份	东部	中部	西部
2003	0.9050	0.7013	0.6107
2004	0.9380	0.6567	0.5779
2005	0.9089	0.6646	0.6452
2006	0.8992	0.5717	0.6529
2007	0.8918	0.5100	0.6553
2008	0.8819	0.4664	0.6398

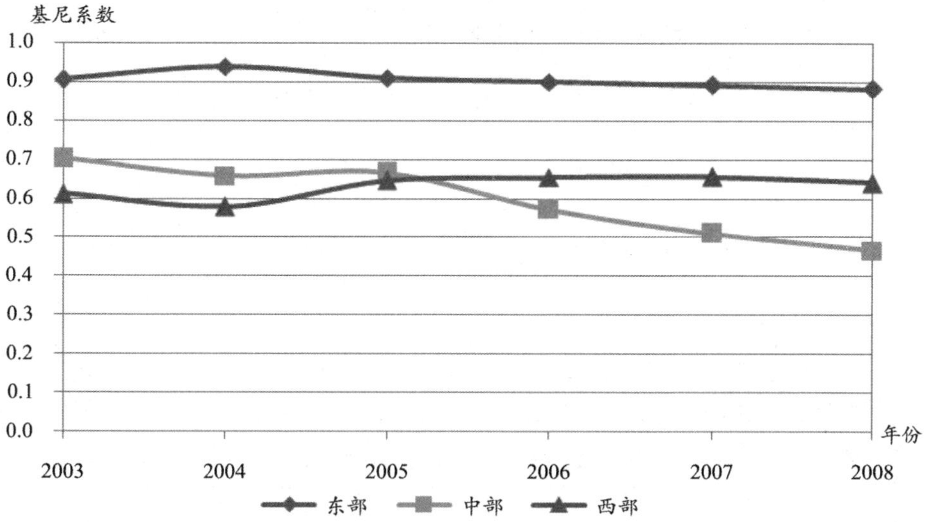

图 8-9　东部、中部、西部网络本专科招生基尼系数变化趋势

从图中可以看出，东部招生基尼系数高于中、西部地区，这说明东部网络教育内部发展不均衡程度较高，这很大程度上是由于北京的网络教育的集中发展。从发展趋势上看，东部地区处于高度不均衡状态并稳定，向均衡发展的趋势不明显；中部地区有稍明显的均衡发展趋势，从 2005 年开始，其招生基尼系数低于西部地区并逐年递减，2008 年招生基尼系数低于 0.5；西部地区在 0.6—0.7 的水平上保持基本稳定，没有明显的向均衡发展的趋势。

（三）远程教育整体区域均衡的发展状况

在分别考察了我国广播电视大学和网络本专科教育的均衡现状及发展趋势后，我们将两者综合，以此考察我国远程教育在高校扩招背景下的总体均衡状况。

从表 8-11 和图 8-10 中可以明显看出，1999 年高校扩招后，我国普通高等教育规模快速扩大，与此同时，我国远程教育规模也有一定程度的增长，特别是 2003 年以后，网络本专科教育开始招生，使得整个远程教育的规模有了大幅度增长，且该年远程教育招生数相当于普通高等教育的 22%。从 2005 年起，远程教育招生规模占普通高等教育招生规模的比例逐年增加。

表 8-11　1999—2008 年招生规模及远程教育占普通高等教育招生数比例变化

年份	远程教育招生数（人）	普通高等教育招生数（人）	占比
1999	196230	1548554	12.67%

续表

年份	远程教育招生数（人）	普通高等教育招生数（人）	占比
2000	159092	2206072	7.21%
2001	164924	2682790	6.15%
2002	143606	3204976	4.48%
2003	841496	3821701	22.02%
2004	957558	6685002	14.32%
2005	972345	6974831	13.94%
2006	1194949	7304961	16.36%
2007	1292790	7570326	17.08%
2008	1535524	8102164	18.95%

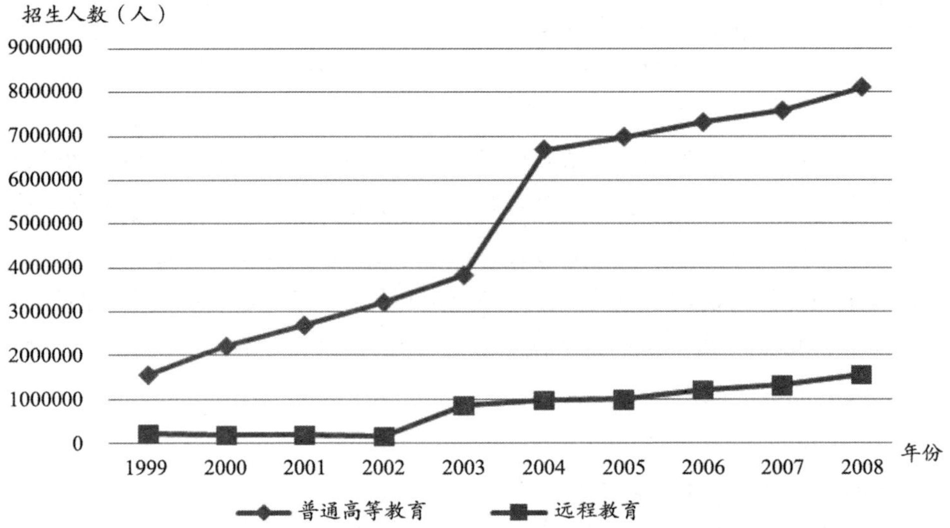

图 8-10 1999—2008 年我国普通高等教育与远程教育的招生规模

在高校扩招的背景下，我国普通高等教育与远程教育招生规模都相应增长。那么在规模扩大的同时，远程教育总体均衡程度会发生何种变化？下面通过分析普通高等教育与远程教育招生规模基尼系数的变化来考察两者均衡程度的关系与走向。

表 8-12 1999—2008 年远程教育与普通高等教育招生规模基尼系数

年份	远程教育	普通高等教育
1999	0.2338	0.2482
2000	0.3543	0.2109
2001	0.4041	0.2164
2002	0.4634	0.2136
2003	0.8874	0.2015
2004	0.8556	0.1714

续表

年份	远程教育	普通高等教育
2005	0.8556	0.1666
2006	0.8573	0.1650
2007	0.8506	0.1597
2008	0.8289	0.1423

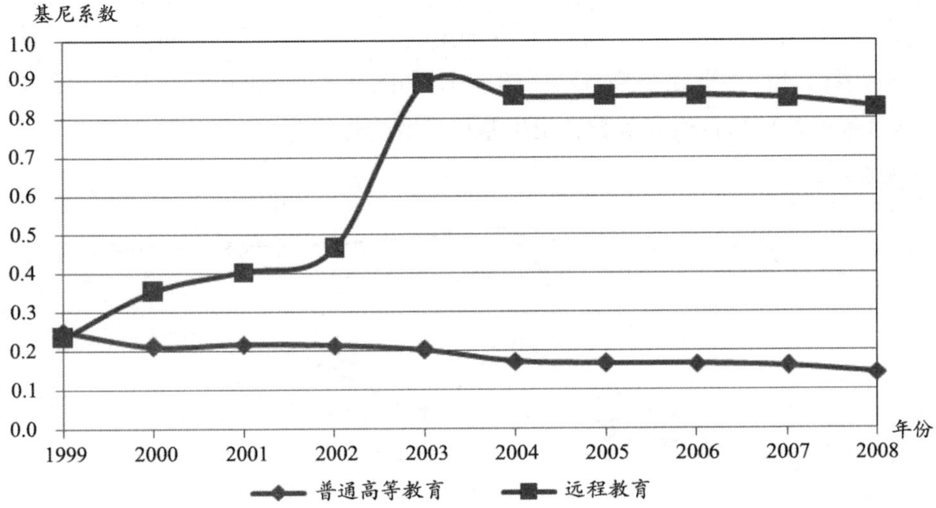

图 8-11　1999—2008 年普通高等教育与远程教育招生规模基尼系数

从图 8-11 中可以看出，我国普通高等教育均衡程度随着规模的扩大在不断上升；而我国远程教育总体均衡程度有下降的趋势。2004 年开始，两者招生基尼系数都在各自的范围内趋于稳定，且都有小幅度下降的趋势。可以说，我国远程教育总体均衡程度与普通高等教育相比有较大差距，但在一定程度上保持稳定，且有均衡发展的趋势。

同前面的分析方法一样，将全国分为东部、中部、西部，分别考察各地区远程教育均衡发展情况并与普通高等教育均衡发展情况进行比较。1999 年到 2008 年分地区远程教育与普通高等教育历年招生基尼系数见表 8-13。

表 8-13　东部、中部、西部 1999—2008 年远程教育与普通高等教育招生基尼系数

年份	东部		中部		西部	
	远程教育	普通高等教育	远程教育	普通高等教育	远程教育	普通高等教育
1999	0.1456	0.2693	0.2683	0.1662	0.2627	0.1784
2000	0.2576	0.2271	0.4070	0.1330	0.2409	0.1880
2001	0.3242	0.2151	0.3861	0.1311	0.3030	0.1901
2002	0.4014	0.2002	0.4762	0.1401	0.3587	0.2079
2003	0.9050	0.1573	0.7013	0.1492	0.6107	0.1936

续表

年份	东部		中部		西部	
	远程教育	普通高等教育	远程教育	普通高等教育	远程教育	普通高等教育
2004	0.9118	0.1650	0.6174	0.1406	0.4297	0.1305
2005	0.8940	0.1581	0.5541	0.1222	0.5301	0.1413
2006	0.8870	0.1441	0.5628	0.1174	0.6219	0.1492
2007	0.8818	0.1449	0.4937	0.1078	0.6357	0.1576
2008	0.8717	0.1245	0.4513	0.0815	0.6112	0.1538

单从表格进行观察还不够直观，图 8-12 和图 8-13 分别显示了 1999 年到 2008 年分地区远程教育与普通高等教育招生基尼系数变化趋势。

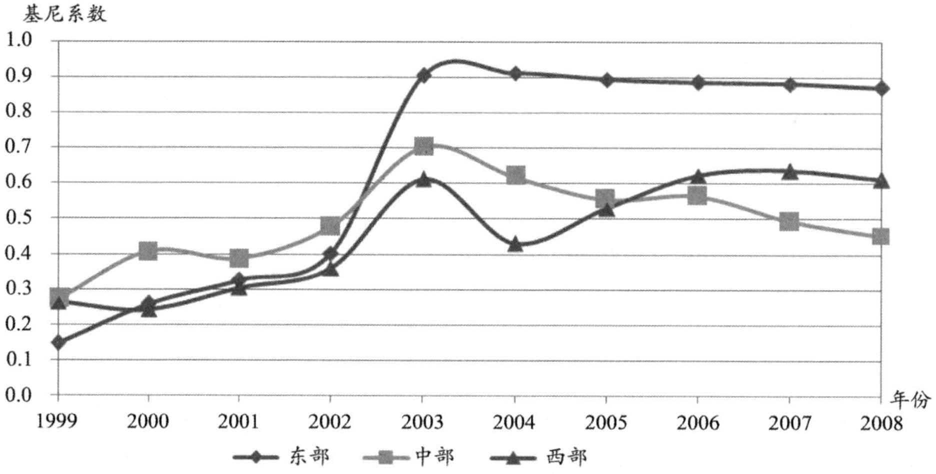

图 8-12　东部、中部、西部远程教育招生基尼系数变化趋势

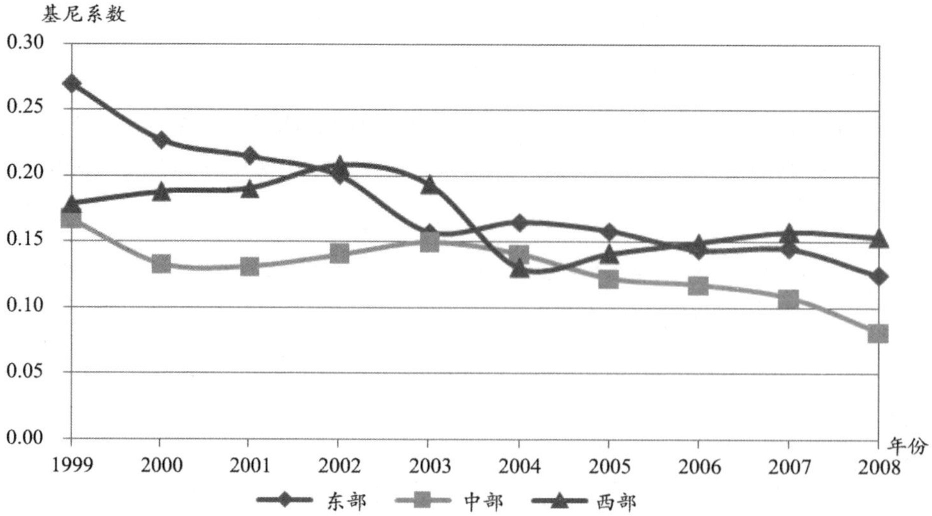

图 8-13　东部、中部、西部普通高等教育招生基尼系数变化趋势

从各自的变化趋势来看，东部、中部、西部的普通高等教育招生基尼系数都有下降的趋势，这表明普通教育的均衡程度不断提升。远程教育招生基尼系数在 2003 年加入网络教育后经历了一次大幅度上升，非均衡程度加剧，东部地区尤为显著，后趋于稳定并缓慢下降，表明均衡程度有小幅提升，其中中部提升较为明显。

分地区来看，东部普通高等教育均衡发展趋势较好，虽然其招生基尼系数 1999 年是三个地区中最高的，非均衡度最高，但到 2008 年东部超过西部成为均衡度第二。东部远程教育却正好相反，1999 年东部地区远程教育招生基尼系数是三个地区中最小的，均衡程度最高，从 2003 年开始其招生基尼系数居高不下，远超中、西部，成为均衡程度最低的地区。

中部普通高等教育均衡发展状况稳中有升，是三个地区中均衡程度最高的。远程教育方面，中部的均衡发展状况也较好，2003 年之前其招生基尼系数是三个地区中最大的，但从 2003 年起，中部起一直向均衡方向发展，2005 年后成为均衡程度最高的地区。

西部普通高等教育招生基尼系数在 2003—2004 年有向均衡发展的趋势，但之前和之后都朝相反方向发展，并从 2006 年开始成为最不均衡的地区。西部远程教育在 2003 年前一直处于向非均衡方向发展的态势，2004 年均衡度稍有提升，后继续向非均衡方向发展并维持稳定。

综合以上分析可以发现，以 2003 年为节点，东部、中部、西三个地区的远程教育在这之前都处于向非均衡方向发展的状态，其中，中部地区非均衡度最高，东西部地区状况稍好；2003 年三个地区各自达到最不均衡的峰值，之后缓慢向均衡方向发展，其中，东部地区非均衡度最高，中西部地区情况稍好。

从各地区均衡发展状态看，不管是远程教育还是普通高等教育，西部地区的均衡发展态势较不稳定；从东部普通高等教育均衡度下降和 2003 年远程教育均衡度大幅度下降可以看出，东部地区受高校扩招和网络教育发展的影响较大；中部地区的普通高等教育与远程教育发展较为平稳。

四、小结

从 1999 年开始，我国高等教育系统开始了大规模扩招，并于 2003 年进入了高等教育大众化时代。随之，关于高等教育入学机会公平的讨论与研究越来越多，这些讨论大多关注普通高等教育，忽视了远程高等教育。实际上，无论是从学术研究结果来看，还是从远程教育的实践来看，远程教育的一个重要功能就是促进教育公平。

本章研究了1999—2008年我国各省份远程高等教育招生人数的基尼系数，发现随着远程高等教育规模的扩张，中国远程高等教育省际的教育公平有了一定的改善，但改善的幅度并不大。一个可能的原因是，尽管远程高等教育能够跨越时间和空间，扩大学习者的地域覆盖面，但是目前中国远程高等教育的收费较之普通高等教育的收费更为昂贵，而且更少得到政府的财政支持，这可能大大限制了来自欠发达地区、弱势阶层的潜在学习者获得远程高等教育的机会。所以，建议政府向给普通高等教育的学习者提供各种财政支持一样，给欠发达地区、弱势群体的远程高等教育学习者提供奖学金、助学金或者贷款等类型的财政支持，让更多来自弱势阶层、弱势地区的学习者能够得到远程高等教育的机会。

另外，本章研究还发现从2003—2008年，西部地区无论是普通高等教育还是远程高等教育的不公平程度均有进一步恶化的趋势。因此中国远程高等教育未来的发展，应该继续发挥远程教育跨越空间的优势，重点关注西部等欠发达地区，使得远程教育能够真正为中国高等教育的大众化与提高欠发达地区的教育机会公平程度提供强有力的支持。

9

高等教育与财政性教育投入的区域协调性研究

第9章

高等教育与财政性教育投入的区域协调性研究

合理的高等教育财政政策对于高等教育资源区域协调分布具有重要作用。一方面，政府通过财政政策以及相关措施对高等教育资源分布进行干预，重要目的在于促进资源协调分布；另一方面，某些财政政策或措施可能产生出乎意料的负面效果，不仅未使高等教育资源分布的协调状况得到改善，反而加剧不协调程度。以政府对高等院校学生的资助为例，20世纪五六十年代，大多数国家实行的是对大学生给予普遍资助的政策，大量公共资源的支持在扩大高等教育资源供给方面起到了一定作用，一些品学兼优而家境不佳的学生得以入学并顺利完成学业。但同时人们又发现，社会经济因素对教育机会分布不平等的影响并非到了高等教育阶段才产生，而是早在基础教育阶段就已经起了更为深刻的作用。因此，对学生的资助在高等教育机会区域分布均等化方面的作用被认为是十分有限的、“边缘性的”。而且，由于高等教育机会分布区域不均等的事实，对学生的普遍资助进一步导致了公共教育资源分布不均等的后果。因此，政府的财政政策对于区域高等教育资源协调分布而言实为一把“双刃剑”，需进行全面分析。

本章将对我国高等教育与财政性教育投入的理论基础，高等教育财政体制的历史变迁，以及区域财政性教育投入与其高等教育的协调性进行分析，借鉴发达国家的高等教育财政体制的经验，对我国高等教育财政政策提出建议，促进我国的高等教育资源实现合理优化配置，同时保障不同区域的教育机会公平。

一、高等教育财政体制的理论基础及历史变迁

（一）政府对高等教育进行财政投入的理论基础

1. 主要理论

表 9-1　关于政府对高等教育投入的主要理论

主要理论	代表人物	理论主要观点
公共产品理论	布坎南	从公共产品理论出发论述政府参与教育的必要性，认为作为准公共产品的教育，其效用从受教育家庭外溢给社会，如果把“购买”教育服务的全部责任留给私人家庭，那么由于私人家庭只有在自己的预期利益等于或超过其私人成本时才会愿意支付成本，所以用于教育的费用可能会太少，就全社会而言，教育的供给将不足。因此，政府应该通过税收收入来为教育筹资，增加教育的供给
	米尔顿・弗里德曼	政府使用税款资助高等教育的理由通常有两个：第一个，高等教育除了给学生带来好处外，还产生社会福利；第二个，促进教育机会均等需要政府的资助
人力资本理论和经济增长理论	舒尔茨	1961 年，舒尔茨在《教育与经济增长》一文中，用教育投资增量收益率估算法，估算出 1957 年美国教育对国民经济增长的贡献率为 33%
	丹尼森	1962 年，丹尼森在《美国经济增长因素和我们面临的选择》一书中，用经济增长因素分析法，逐项推算各因素的作用，估算出 1929—1957 年教育对国民收入增长的贡献率为 35.3%
	保罗・罗默、罗伯特・卢卡斯	将知识与人力资本积累看作经济增长的内生变量，认为通过教育和培训获得的特殊知识和专业化的人力资本是促进经济增长的主要因素，那些重视教育、教育比较发达的国家，经济将获得较快而持续的增长
	詹姆士・海克曼	2000 年诺贝尔经济学奖获得者詹姆士・海克曼教授对中国的人力资本投资进行分析，提出中国教育投资的真实经济回报率可能高达 30%—40%。教育投资的理论与实践揭示了教育具有提高劳动者素质及劳动生产率、促进经济增长的功能
成本分担理论	布鲁斯・约翰斯顿	1986 年，美国纽约大学校长、经济学家布鲁斯・约翰斯顿在《高等教育的成本分担：英国、联邦德国、法国、瑞典和美国的学生财政资助》一书中，提出了著名的成本分担理论，即应由纳税人（政府）、学生家长和社会人士（捐赠）共同分担高等教育的成本。此后，成本分担理论逐渐成为世界各国制定高等教育学费政策的重要理论依据。高等教育成本分担主要指中央与地方政府根据各自的财力状况对高等教育费用进行合理分担。高等教育成本补偿则是由高等教育受益各方根据各自收益高低及支付能力大小对高等教育费用进行补偿。有时把高等教育成本分担与补偿统称为高等教育成本分担

续表

主要理论	代表人物	理论主要观点
成本分担理论	厉以宁	关于成本补偿的意义，北京大学教育经济研究所做的一系列有关研究已经表明，成本补偿有利于促进教育财政的公平，即付费者与受教育者之间的适度平衡。厉以宁认为，教育将在有效经营中获得大幅度教育经费增加，以解决总量性短缺的窘境；而在经济发达地区的教育经营开发，则将大大节省国家教育经费的投入，并使国家教育投入向贫穷地区倾斜成为可能，以有效改变教育经费结构性短缺现象。实行高等教育成本补偿可以降低公共教育资源在高等教育阶段的密集程度，可将节省的公共资源投入基础教育和中等教育中，改善教育资源分布的结构性不公平状况，进而从源头上改善高等教育的机会不均状况

2. 教育公平的主要原则

教育公平和教育资源的分配与享受联系在一起。教育资源是有限的，且分布具有不均衡性，即教育资源的地区分布、学校分布、时间分布不均衡。尤以国家政策和社会意识形态以及经济水平、教育人口的变化为主要影响因素。到目前为止，较为公认的教育资源分配的公平原则有 5 项：

一是资源分配均衡原则（principle of distribution equality）。这是一项起始性、横向性公平的原则，主要是保证同一学区、税务区域内所有学校和学生的基础教育财政公平。

二是财政中立的原则（fiscal neutrality）。其基本定义是每个学生的公共教育经费开支上的差异不能与本学区的富裕程度相关。这项原则保证上一级政府能够通过对下级政府、学校不均等的财政拨款，克服所辖学区间、城乡间的教育经费差异，保证学生获得均等的机会。

三是调整特殊需要的原则（adjustment for special needs）。对少数民族（种族）学生、非母语学生、偏远地区及居住分散的学生、贫困学生、女童和身心发展有障碍的学生给予更多的关注和财政拨款。

四是成本分担和成本补偿的原则（cost sharing and cost recovery）。遵循成本应该由所有获益者分担的原则，要求在非义务教育阶段，对学生收取一定的教育费用，并对部分学生采取推迟付费的办法，它是一种纵向性公平。

五是公共资源从富裕流向贫困的原则（transmitting the public resource from the rich to the poor）。这是现阶段各国学者判断教育资源分配是否公平的最终标准，是教育财政公平的最高目标，也是实现教育机会均等的最根本的财政要求。①

① 陈英．高等教育财政改革的国际经验与中国道路的选择 [J]. 中国电力教育，2010(24).

3. 政府与高校之间的责任划分

在政府对高校的核心拨款相对减少，而高校的自主权和面临的市场压力不断提升的状况下，政府如何在保障高等教育质量均衡和高校可持续发展的同时，确保高校发展体现高等教育政策和符合公共利益？其核心的问题是如何界定高校财政负担机制中政府与高校间不同的责任内涵。高等教育资金筹措机制的多元化在很大程度上意味着高校工作目标和资金环境的复杂化。我们根据高等教育的投资目标和投资理念、投资对象、投资原则，尝试性地构建一个理论分析框架，见图 9–1。

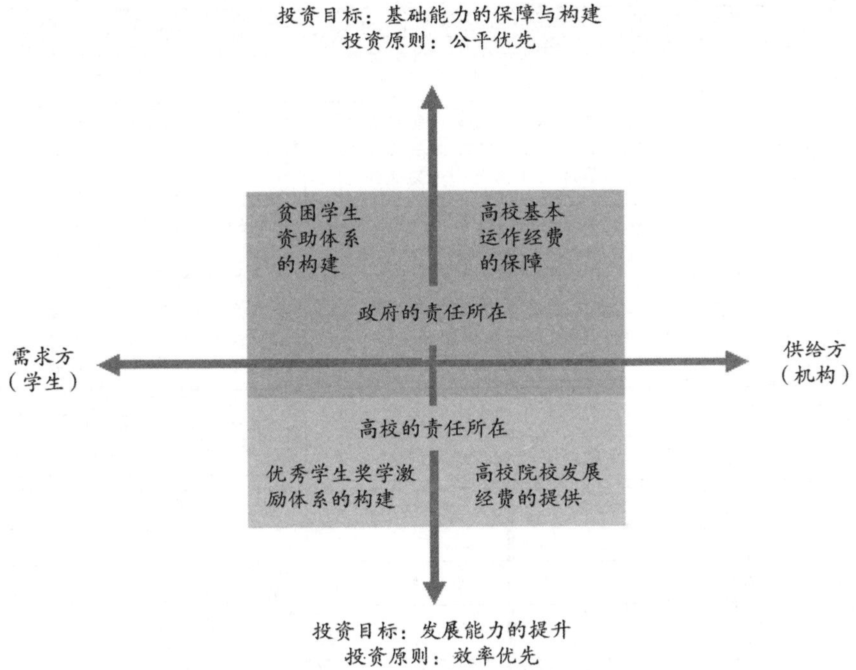

图 9–1　财政负担机制中政府与高校的责任内涵

近年来，随着高等教育市场化进程的不断加快，高校自身通过市场化机制从民间（个人）、企业、社会团体甚至金融资本市场渠道筹措资金的趋势日益明显。但是，通过以下章节对国内高校中中央直属院校与地方院校的分析，可以发现这种运作机制中的成功者往往是教学研究方面占有优先地位的直属院校。与之相比，地方院校不仅处于明显的竞争劣势，而且其所借助的市场力量（金融贷款）也在很大程度上加大了机构面临的财务风险。不仅如此，这种负担机制将导致高校学术发展目标与经济激励的过度结合，造成高校发展战略的趋同性，并在市场失灵时，威胁高校长远发展目标的建立和公共利益的实现。

（二）我国高等教育财政体制的历史变迁

中华人民共和国成立以来，随着财政体制的不断变化和改革，我国针对高等教育的财政政策也在不断变化。从总体上来看，以改革开放为分界，我国的高等教育财政体制可以分为两个阶段，第一阶段是改革开放前计划经济体制下的高等教育财政，第二阶段是改革开放后市场经济体制下的高等教育财政。其中，第二阶段又可以分为三个小阶段。①

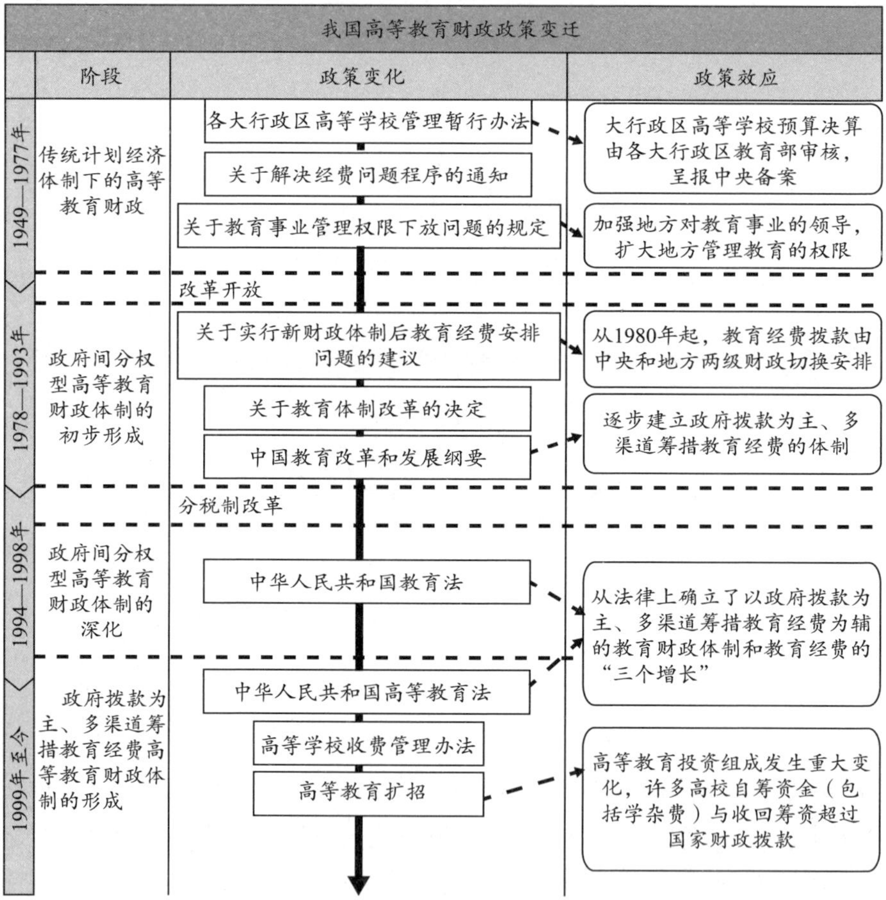

图 9-2　1949 年以来高等教育财政体制的历史变迁

① 杨会良，袁树军，陈宓．改革开放以来中国高等教育财政体制的演变、特征与发展对策 [J]. 河北大学学报（哲学社会科学版），2010(3).

1. 传统计划经济体制下的高等教育财政（1949—1977 年）

这一阶段政策的主要特征是经费来源一元化，即高等教育的唯一直接投资者是政府，这是与当时的计划经济体制相适应的，教育投资的范围与政府职能的范围相一致，政府财政包揽一切教育事业经费。而对个人高等教育则采取“免学费＋人民助学金”的财政资助方式。从新中国成立到改革开放前的这个阶段，我国实行传统计划经济体制，这个阶段高等教育财政体制有着明显的计划经济的烙印。①

在这一阶段，我国财政体制的基本特征是统收统支、高度集中。尽管教育财政一直在集权与分权中变迁，但高度集权的财政体制决定的教育财政体制还是呈现高度集中的特点。这样的教育财政体制对于国家集中有限财力发展教育、保证教育的正常秩序起到了很重要的作用。

2.“分灶吃饭”财政体制下，政府间分权型高等教育财政体制的初步确立（1978—1993 年）

1978 年，我国实行了改革开放，市场体制由原来的计划经济逐步转变为市场经济。1980 年，我国颁布了《关于实行“划分收支、分级包干”财政体制的暂行规定》，开始实行“分灶吃饭”的财政体制，即将原来的“统一领导、分级管理”的财政体制改为“划分收支、分级包干”的新体制。同年，教育部《关于实行新财政体制后教育经费安排问题的建议》规定，从 1980 年起，教育经费拨款由中央和地方两级财政切块安排。这一安排进一步明确了中央财政支付中央部委所属高校的经费，省、市所属高校的经费由省、市人民政府负责。

1993 年，中共中央、国务院出台《中国教育改革和发展纲要》，要求我国逐步改变政府包揽办学的格局，逐步建立以政府办学为主体、社会各界共同办学的体制。同时，规定逐步提高国家财政性教育经费的支出，在 20 世纪末达到国民生产总值的 4%；提高各级财政支出中教育经费所占比例，“八五”期间逐步提高到全国平均不低于 15%。

从 1980 年到 20 世纪 90 年代初期，国家财政预算内的高等教育经费占国民生产总值的比例基本维持在 0.6% 以上的水平。从 1980 年至 1989 年这一时期内，我国新建的 404 所高等院校中，有 300 多所是各个省、自治区和直辖市用地方财力办起来的，占新增高等院校总数的 70% 以上。这一以“分级管理”为特征的高等教育投资体制改革，一方面有力地促进了全国高等教育的发展，但另一方面也造成了

① 杨会良 . 当代中国教育财政发展史论纲 [M]. 北京：人民出版社，2006.

我国高等教育发展的不平衡。

总的来说，在这一阶段，中央与地方政府确立了“分灶吃饭”的分权型体制，与此相适应，根据事权与财权相称的原则，高等学校的教育事业经费由过去的中央政府独资承担改为了中央与地方各自切块安排，分级负责，即由中央政府各部委举办和管理的学校，其事业经费由财政部拨款；地方政府举办和管理的学校由地方财政拨款，中央不再统一高等教育财政，政府间分权型高等财政体制确立。①

3.“分税制”财政体制下，政府间分权型高等教育财政体制的深化（1994—1998 年）

1994 年，我国开始实施利改税、费改税的“分税制”改革。分税制是市场经济国家普遍实行的财税制度，是处理中央政府与地方政府间分配关系的规范方法。

至 1997 年，全国 30 个省（自治区、直辖市）48 个中央部委涉及的 400 余所高校，按照“共建、调整、合作、合并”的原则，积极进行以“共建、合并、划转、协作、合作”五种形式为主的管理体制改革。通过这种方式的改革，中央政府把原来举办的许多院校交给了地方，中央直属院校数量锐减。这使得中央财政拨款责任减少，而地方政府拨款责任增加。中央对办学和投资责任的下放，在很大程度上调动了地方政府投资高等教育的积极性，为高等教育事业的发展提供了有力的支撑。

4. 公共财政体制下，政府拨款为主、多渠道筹措教育经费的高等教育财政体制的形成（1999 年至今）

1998 年，国家提出了构建公共财政体制。高等教育财政体制形成了中央与地方分担、以地方财政为主的财政制度，财政分权程度进一步强化。其具体表现是原来由中央财政直接拨款的直属高校数量减少，而由地方财政拨款的高校的数量增加；国家拨款比例不断下降，学生个人缴费及学校创收等预算外收入的比例增大，事实上形成了政府拨款为主、多渠道筹措高等教育经费的“财、税、费、产、社、基、科、贷、息”多元化格局。1998 年 8 月，《中华人民共和国高等教育法》颁布，对高等教育投资体制做出了原则性规定，即国家建立以财政拨款为主、多渠道筹措高等教育经费为辅的体制。国家鼓励企业、事业组织、社会团体以及其他社会组织和个人向高等教育投资。

高等教育财政体制的分权化，一方面，提高了地方高等教育财政的自主性，调动了地方投资高等教育的积极性；另一方面，一定程度上助长了高校在规模和结构

① 杨会良，袁树军，陈宓．改革开放以来中国高等教育财政体制的演变、特征与发展对策 [J]. 河北大学学报（哲学社会科学版），2010(3).

上的盲目扩张、升级和重复设置，造成了资源利用率和效益低下。同时，随着分权化改革的深化，高等教育的事权和支出责任层层下移，而财政财力却层层上移，加剧了经费需求与供给的失衡程度。在教育资源总体短缺的现实条件下，中国高等教育长期以来实行的都是非均衡发展战略，即以有选择性的分配为主。又由于政府间财政分权，高等教育资源配置呈现出明显的不均衡状态。这种不均衡主要表现在地区间的不均衡与高校间的不均衡，其中地区间的不均衡最为明显。另外，在社会经济的发展尤其是知识密集型产业越来越需要高等教育的快速发展作为支撑，而高等教育资源短缺问题日益凸显的现实背景下，政府决定实施“211 工程”和“985 工程”等重点院校建设，然而这客观上也使得高校之间的资源配置更不均衡。①

最后，改革开放 40 年来，我国高等教育财政体制改革突破了计划经济体制下的高度集中的传统，初步形成了与社会主义市场经济体制相适应的政府拨款为主、多渠道筹措教育经费的新体制。一是初步建立了多元化的经费筹措体制；二是建立并实施了成本分担和成本补偿制度；三是变革政府拨款模式，由“基数加发展”模式向“综合定额＋专项补助”模式转变。但是，我国高等教育财政体制仍存在不容忽视的问题，主要体现在：政府投入不足，国家财政的高等教育经费主渠道薄弱；个人分担高等教育成本份额过高，高等教育资助制度不完善；对多元化筹措教育资金的政策扶持力度不够，经费来源渠道相对单一；高等教育财政拨款方式效率与效益激励不足；转移支付制度不合理，地区间高等教育资源配置不均衡。②

二、中央与地方财政对高等教育投入的纵向分配研究

从地域来看，教育收益具有一定的区域性和外溢性特点，“在受益—能力—责任—权利对等的原则下”，在分税制改革和公共财政的体制下，中央和地方之间如何科学合理地划分教育财政责任，是当前教育财政需要解决的一个重大问题。我国的高等教育实行“中央和地方两级办学、以省管理为主”的体制。但是我国的教育财政却存在着两大问题：①相对于中央，地方财政能力不足。分税制改革以来，国家财政收入的中心不断上移，而对教育的财政支出在不断下移，造成地方财政普遍

① 杨会良，袁树军，陈宓．改革开放以来中国高等教育财政体制的演变、特征与发展对策 [J]. 河北大学学报（哲学社会科学版），2010(3).

② 杨会良，袁树军，陈宓．改革开放以来中国高等教育财政体制的演变、特征与发展对策 [J]. 河北大学学报（哲学社会科学版），2010(3).

紧张的局面。②地区之间财政能力的不平衡性。发达地区的财政收入要远高于落后地区。要解决教育收益外溢和地区间财政能力差异的问题，实行教育的均衡发展与教育公平，中央政府负有重要责任。[①]

（一）高等教育财政经费的来源

根据《中国教育经费统计年鉴》，教育经费来源包括国家财政性教育经费、民办学校中举办者投入、社会捐赠经费、事业收入及其他教育经费。具体如下表所示：

表 9-2　按来源我国的教育经费构成

主要来源	一级分类	二级分类
国家财政性教育经费	财政预算内教育经费	（1）教育事业费拨款
		（2）基本建设拨款
		（3）科研拨款
		（4）其他拨款
	各级政府征收的用于教育的税费	（1）教育费附加
		（2）地方教育附加（地方教育基金）
	企业办学中的企业拨款	
	校办产业和社会服务收入用于教育的经费	
民办学校中举办者投入		
社会捐赠经费		
事业收入	学杂费	
其他收入		

国家财政性教育经费包括国家财政预算内教育经费、各级政府征收的用于教育的税费，企业办学中的企业拨款、校办产业和社会服务收入用于教育的经费。

（1）财政预算内教育经费指中央、地方各级财政或上级主管部门在本年度内安排，并划拨到各级各类学校、教育行政单位、教育事业单位，列入国家预算支出科目的教育经费。教育事业费拨款指的是学校或单位列入《政府收支分类支出科目》第 205 类“教育支出”科目中的教育经费拨款数，不含 205 类第 09 款“教育附加及基金支出”。基本建设拨款指学校或单位从中央和地方发展与改革部门取得的《政府收支分类科目》经济分类第 309 类的“基本建设支出”拨款。科研拨款指高等学

① 伍海泉，陈锋．政府间高等教育投资责任划分研究——教育收益区域性与外溢性的视角 [J]. 财务与金融，2009(1).

校从中央和地方取得的《政府收支分类支出科目》第 206 类“科学技术”科目的科学研究经费。其他拨款指学校或单位取得的除教育事业拨款以外的其他属于财政预算内的经费拨款，如医疗保障经费、住房改革经费、离退休经费等。

（2）各级政府征收的用于教育的税费指中央和地方各级政府为发展教育事业而指定机关专门征收，并划拨给教育部门使用的实际数额。教育费附加，指按照国家规定比例向缴纳增值税、营业税、消费税的单位和个人征收的教育费附加。地方教育附加，指地方各级政府根据教育法的有关规定，在征收教育费附加以外，开征的用于教育的税费。如地方政府按增值税、营业税、消费税的 1% 征收的用于教育的税费等。地方教育附加也可以称为地方教育基金，属于政府性基金，专项用于发展教育事业。

（3）企业办学中的企业拨款，指中央和地方所属企业在企业营业外资金列支或企业自有资金列支，并实际拨付所属学校的办学经费。

（4）校办产业和社会服务收入用于教育的经费指学校举办的校办产业和各种经营取得的收益及投资收益中用于补充教育经费的部分。

民办学校中举办者投入指办学的单位或公民个人拨给民办学校的办学经费。

社会捐赠经费指境内外社会各界及个人对教育的资助和捐赠。

事业收入指学校和单位开展教育及其辅助活动依法取得的、经财政部门核准留用的预算外资金，以及经财政专户核拨回的预算外资金。包括教学收入和科研收入、义务教育阶段学生缴纳的杂费、非义务教育阶段学生缴纳的学费、借读学生缴纳的借读费、住宿学生缴纳的住宿费、按照有关规定向学生收取的其他费用等。其中，学杂费指学生缴纳的学杂费，不包括学校收取的课本费和其他代收费项目。

其他收入指除上述各项收入以外的其他各项收入。①

（二）“两级管理、以省为主”的高等教育管理体制

20 世纪 90 年代至 21 世纪初，我国高等教育管理体制进行了历史性变革，基本结束了部门办学体制，初步确立了由中央和地方两级办学、以省为主的管理新体制。从表 9–3 可以看出，中央部委直属院校从 1998 年的 263 所下降到 2010 年左右的 111 所，再提升到 2015 年的 118 所；而地方所属院校从 1998 年的 759 所上升到 2015 年的 1709 所，增加了 1 倍多。中央政府只管理教育部直属高校以及部分行业性强的部属高校，而地方政府对地方院校进行直接领导和管理，负责地方高等教育

① 来源于《中国教育经费统计年鉴》（2009）。

的办学经费。

表 9–3 1998—2015 年中国高等学校隶属关系和办学主体变化情况（单位：所）

年份	中央部委直属	其中教育部属	其他部属	地方所属	总计
1998	263	45	218	759	1022
2000	116	72	44	925	1041
2004	111	73	38	1394	1505
2006	111	73	38	1480	1591
2008	111	73	38	1514	1625
2009	111	73	38	1538	1649
2010	111	73	38	1573	1684
2011	111	73	38	1602	1713
2012	113	73	40	1623	1736
2013	113	73	40	1661	1774
2014	113	73	40	1689	1802
2015	118	76	42	1709	1827

从图 9–3 可以看出，从 1998—2015 年，我国中央部委直属院校的比重从 1998 年的 25.73% 逐渐下降，2000 年的比重为 11.14%，2004 年为 7.38%，2006 年以后就保持低于 7% 的比例，2015 年仅为 6.46%。而地方所属高校的比重在逐年上升，2004 年以后，90% 以上的高校隶属于地方政府。由此可以看出，我国高等教育已经形成了以地方政府为管理主体的教育管理体制，地方政府是高等教育的行政隶属主体，对其管辖区域内的高校负有管理的权力和财政支持的义务。

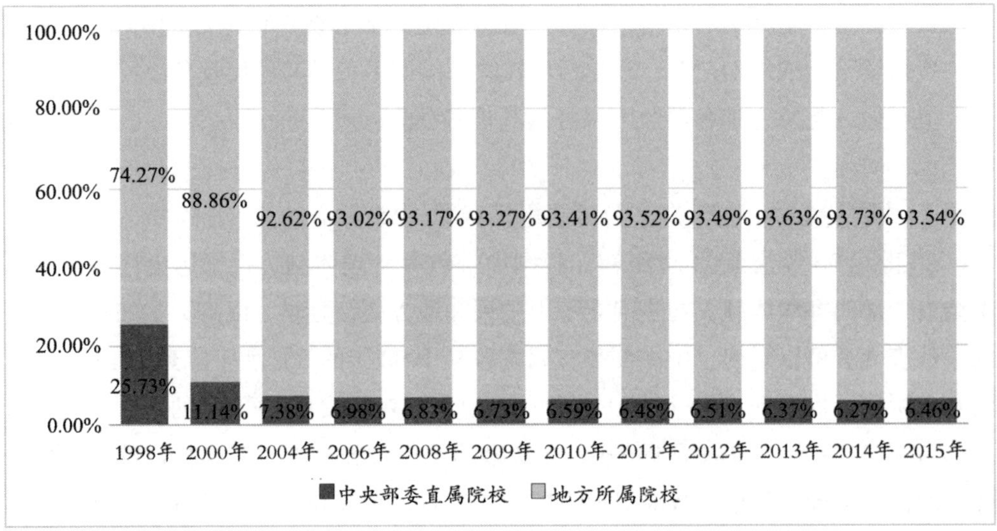

图 9–3 1998—2015 年中央部委直属院校与地方所属高校的比重变化

（三）中央和地方财政对高等教育投入的纵向分配情况

1. 国家总体情况

随着我国改革开放和市场经济的发展，高等教育对经济发展的影响越发明显，高等教育为社会培养了大批人才，也为社会的发展提供先进的生产力。顺应“科学技术是第一生产力”的号召，中央及地方加大了对高等教育建设的投入，积极促进高等教育的发展。这种变化趋势在财政部门表现为财政性高等教育经费的逐年增长和财政支出结构逐渐向高等教育倾斜。表 9–4 显示我国高等教育经费保持较高的增长速度，在一些年份超过了财政总支出的增长率，高等教育经费在财政总支出中的比重保持在 3.4% 左右。

表 9–4　2000—2008 年我国财政性高等教育经费变化情况

年份	财政总支出（千元）	财政总支出增长率	其中高等教育经费（千元）	高等教育经费增长率	高等教育经费在财政总支出中所占百分比
2000	1339523000	——	46623850	——	3.48%
2001	1638604000	22%	56832471	22%	3.47%
2002	1890364000	15%	68482533	20%	3.62%
2003	2171525000	15%	75144379	10%	3.46%
2004	2639647000	22%	88698876	18%	3.36%
2005	3164929000	20%	111812030	26%	3.53%
2006	3876020000	22%	128911743	15%	3.32%
2007	5132178000	32%	164811880	27%	3.21%
2008	6133035000	20%	204799988	24%	3.39%

数据来源：《中国教育经费统计年鉴》（2001—2009）。

从高等教育经费与国家财政性教育总经费的比较来看，国家财政教育经费用于高等教育的比例自 2000 年以来一直稳定在 20% 左右。

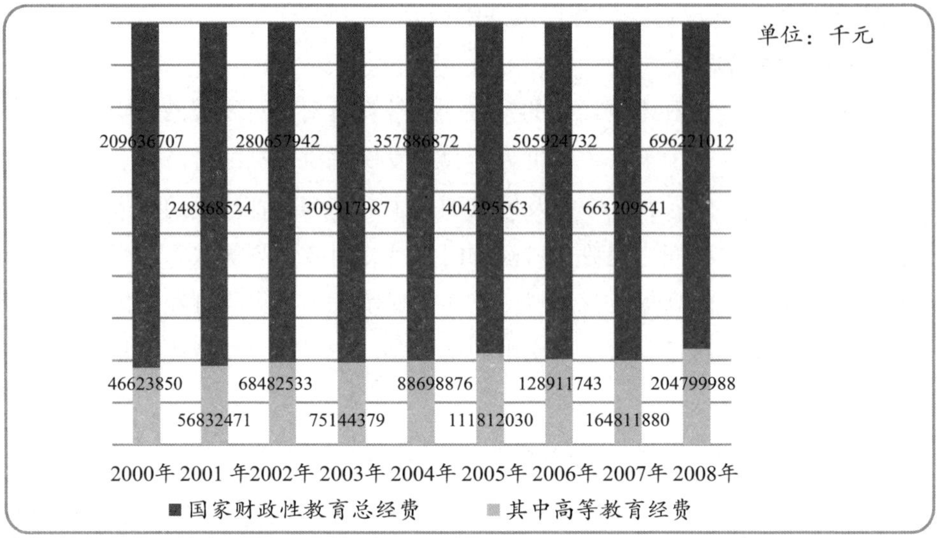

图 9-4 2000—2008 年国家财政性教育经费用于高等教育的比例变化

2. 中央与地方对高等教育的投入比较

1994 年分税制改革以来，中央与地方的财政收入比重基本保持在 50% 左右，中央通常略高于地方几个百分点。但是从财政支出来看，2000 年以后，地方财政支出在财政总支出中的比重逐渐提高，从 2000 年的 65.3% 提高到 2008 年的 78.7%。地方财政成为财政支出的主体。

表 9-5 1997—2008 年我国中央及地方财政支出及所占比重

年份	财政收入（亿元）		比重（%）		财政支出（亿元）		比重（%）	
	中央	地方	中央	地方	中央	地方	中央	地方
1997	4227	4424	48.9	51.1	2532	6701	27.4	72.6
1998	4892	4984	49.5	50.5	3125	7672	28.9	71.1
1999	5849	5595	51.1	48.9	4152	9035	31.5	68.5
2000	6989	6406	52.2	47.8	5519	10366	34.7	65.3
2001	8583	7803	52.4	47.6	5768	13134	30.5	69.5
2002	10389	8515	55.0	45.0	6771	15281	30.7	69.3
2003	11865	9850	54.6	45.4	7420	17299	30.1	69.9
2004	14503	11893	54.9	45.1	7894	20592	27.7	72.3
2005	16549	15101	52.3	47.7	8776	25154	25.9	74.1
2006	20457	18304	52.8	47.2	9991	30431	24.7	75.3
2007	27749	23573	54.1	45.9	11442	38339	23.0	77.0
2008	32681	28650	53.3	46.7	13344	49248	21.3	78.7

数据来源：《中国统计年鉴》（1998—2009）。

具体到中央和地方政府对高等教育的投入方面，地方财政投入的经费所占的比例一直在上升，从 2000 年的 54% 上升到 2008 年的 66%，同时中央财政投入的经费比例一直在下降。2008 年国家财政性高等教育经费约为 2048 亿元，其中地方财政投入 1352 亿元，所占比重为 66%，但是低于地方财政支出占财政总支出的比重（78.7%）。地方财政的支持对于一个区域内高等教育发展的重要性正在逐渐增加。相对地，中央财政经费支持对其的影响正在减弱。

表 9-6　2000—2008 年地方财政在国家财政性高等教育经费中所占比重

年份	国家财政性高等教育经费（千元）	地方财政投入（千元）	地方财政投入所占百分比
2000	46623850	25382724	54%
2001	56832471	32509946	57%
2002	68482533	38377450	56%
2003	75144379	43721288	58%
2004	88698876	53558991	60%
2005	111812030	69951799	63%
2006	128911743	80606778	63%
2007	164811880	104882453	64%
2008	204799988	135167979	66%

数据来源：《中国教育经费统计年鉴》（2001—2009）。

（四）中央财政对高等教育投入的区域差异性

1. 中央直属高校的教育经费收入的地区非均衡

目前，我国中央政府对高等教育投入的区域差异性，主要表现为在发达地区的高等教育投资责任相对越位，即在发达地区的投资相对较多，而在欠发达地区投资责任又相对缺位，即对欠发达地区的投资相对不足。从地方政府的财政能力来看，发达地区具有较强的投资能力，中央政府应该向欠发达地区倾斜，但实际上恰恰相反。

对 2008 年各地区中央直属高校的教育经费收入，按照教育经费收入的高低排序，得到表 9-7。从表中可以看出，北京地区中央直属高校的教育经费总收入、国家财政性教育经费、预算内教育经费都名列全国第一，比重保持在 26% 左右，也就是说北京地区占据了全国四分之一的中央直属高校的财政经费。其次是上海，三项指标的比重也保持在约 9%，再次是湖北、江苏、四川和陕西等省份。反之，对山西、内蒙古、广西、海南、云南、西藏、青海等相对不发达地区，由于这些省份本身没有中央直属高校，中央财政的投入为零。

从整体上来看，中央直属高校的教育经费在各地的分布是极不均衡的，发达地区由于拥有一些历史悠久的实力较强的高校，在中央建设高水平大学和世界一流大学的政策扶持下，得到了中央财政更多的支持，而相对不发达或不发达地区由于缺少实力较强的高校，在获取中央财政的支持方面处于弱势，很难获得中央政府的财政倾斜。

表 9-7 2008 年各地区中央直属高校的教育经费收入情况

地区	教育经费总收入（千元）	经费总收入比重（%）	国家财政性教育经费（千元）	国家财政性教育经费比重（%）	预算内教育经费（千元）	预算内教育经费比重（%）
北京	33733522	26.55	18614918	26.14	18395880	26.37
上海	11992331	9.44	6802470	9.55	6481980	9.29
湖北	10988577	8.65	6276515	8.81	6198795	8.89
江苏	10003779	7.87	5582924	7.84	5547976	7.95
四川	8043031	6.33	3884496	5.45	3870011	5.55
陕西	7590111	5.97	4400684	6.18	4334298	6.21
广东	6050996	4.76	3241501	4.55	3221110	4.62
黑龙江	5249014	4.13	2451808	3.44	2229642	3.20
浙江	4496965	3.54	2504183	3.52	2433459	3.49
辽宁	4122070	3.24	2412222	3.39	2394029	3.43
山东	4066593	3.20	2303848	3.24	2272284	3.26
湖南	3383938	2.66	2110925	2.96	2099705	3.01
重庆	3255251	2.56	1723233	2.42	1714401	2.46
吉林	3046001	2.40	2135201	3.00	2135201	3.06
天津	3020695	2.38	1806394	2.54	1791925	2.57
福建	2158609	1.70	1318951	1.85	1299201	1.86
安徽	2047375	1.61	1141035	1.60	1140730	1.64
甘肃	1467022	1.15	1048629	1.47	1024970	1.47
河北	1024873	0.81	605052	0.85	411501	0.59
新疆	999409	0.79	638945	0.90	562294	0.81
宁夏	201822	0.16	153491	0.22	153491	0.22
河南	77041	0.06	43695	0.06	43695	0.06
江西	18183	0.01	4945	0.01	3871	0.01
贵州	10180	0.01	4300	0.01	4300	0.01
山西	——	——	——	——	——	——
内蒙古	——	——	——	——	——	——

续表

地区	教育经费总收入（千元）	经费总收入比重（%）	国家财政性教育经费（千元）	国家财政性教育经费比重（%）	预算内教育经费（千元）	预算内教育经费比重（%）
广西	——	——	——	——	——	——
海南	——	——	——	——	——	——
云南	——	——	——	——	——	——
西藏	——	——	——	——	——	——
青海	——	——	——	——	——	——
合计	127047388	100.00	71210365	100.00	69764749	100.00

2. 中央财政转移支付中存在的问题

目前而言，并不是所有经济较落后的地区都通过中央财政的转移支付获得了较为充足的高等教育经费。我国目前的高等教育财政转移支付存在一些不足，致使其均衡效应不够，问题主要有：

第一，高等教育的财政转移支付力度较小，难以对缩小地区之间高等教育的发展水平差距起到实质的作用。我国现行的财政转移支付，包括一般转移支付与专项转移支付，其中都包含了对高等教育的转移支付。一般性的转移支付主要包括税收返还和过渡时期的转移支付两个部分。其中，税收返还基本上没有起到转移支付的作用，因为其返还部分由当地所纳税款多少决定，国家在对落后地区高等教育的税收返还的转移支付上没有起太大作用；过渡时期的转移支付主要是为了平衡各省公共服务水平的差异，能够起到一定的转移支付的作用，但是，由于过渡时期转移支付力度较小，因此对于缩小各地区之间的差距收效甚微，而且这些专项的转移支付款项多用于一次性或临时的、紧急的教育项目，对学校的长期建设并没有多大的影响，并不能从根本上缩小各地区高等教育发展的差距，平衡它们的发展。

第二，高等教育转移支付的主体和对象不明确，资金拨付不够规范。高等教育转移支付的主体可以是中央政府，也可以是省级政府，但这两者的主体没有明确的界定，虽然现在一些重点大学由中央直接拨款，地方高校由当地政府拨款，但当地方高校财政困难时，难以确定转移支付的主体是哪级政府。另外，虽然转移支付的对象是各地的高等教育，但并没有一定的标准来确定收款对象，没有规范的转移支付模式，再加上存在政府与教育部门的实际需求不相符的现象，很难保证转移支付资金的到位和均衡作用发挥的有效性。

第三，高等教育转移支付形式单一，不能做到因地制宜。从转移支付形式看，大多数专项资金是采用配套拨款形式，即接受补助的地方政府必须筹集到一定比例的款项才能得到上级政府的资金。因此，这对那些财力不足的地方政府来说显得比较困难。

3.“211 工程”和“985 工程”的建设

“211 工程”是中国政府为了迎接世界新技术革命的挑战，面向 21 世纪集中中央和地方各方面的力量，分期分批地重点建设 100 所左右的高等学校和一批重点学科、专业，力争在 21 世纪初有一批高等学校和学科、专业接近或达到国际一流大学的水平的建设工程。① “211 工程”所需建设资金，采取国家、部门、地方和高等学校共同筹集的方式解决，中央安排一定的专项资金支持，其余资金主要由学校所属的部门和地方政府筹措安排；部门和地方政府的专项资金，要优先保证满足国家重点学科、高等教育公共服务体系建设的需要，适当安排有关高等学校上水平所必需的基础设施建设；中央专项资金主要用于补助国家重点学科和高等教育公共服务体系的建设，补助少数高等学校整体水平提高所需基础设施的建设。“211 工程”作为国家重点建设项目列入国民经济和社会发展中长期规划，“九五”期间建设资金总量为 108.94 亿元。其中，中央专项资金 27.55 亿元，主管部门配套建设资金 31.72 亿元，地方政府配套建设资金 24.89 亿元，学校自筹建设资金 23.63 亿元，其他渠道建设资金 1.15 亿元。此外，另由部门和地方政府安排相关基础设施配套经费 74.72 亿元。

“985 工程”是我国政府为建设若干所世界一流大学和一批国际知名的高水平研究型大学而实施的建设工程。② “985 工程”建设资金由多方共同筹集，并鼓励有条件的部门、地方和企业筹集资金共建有关“985 工程”学校。数据显示在经济较为发达的地区，地方自筹的“985”资金要远高于经济欠发达地区。而“985”院校在各个地区的分布又十分不均衡，有一些省级单位，如西藏、新疆等，甚至没有一所“985”院校。这就进一步加剧了“985”资金的分布不均。在“985 工程”中，部分大学的资金结构如表 9–8 所示。

① “211 工程”建设实施管理办法（“211”部协办〔2003〕1 号）.

② 教育部、财政部 . 关于印发《“985 工程”建设管理办法》的通知（教重办〔2004〕2 号）.

表 9-8　部分“985 工程”学校建设资金结构（单位：元）

所在地	学校	拨款	方式
北京	北京大学	18 亿	教育部拨款
	清华大学	18 亿	教育部拨款
	北京理工大学	10 亿（3 亿+3 亿+4 亿）	教育部拨款+国防科工委拨款+市拨款
	北京师范大学	12 亿（6 亿+6 亿）	教育部拨款+市拨款
	北京航空航天大学	9 亿（3 亿+3 亿+3 亿）	教育部拨款+国防科工委拨款+市拨款
上海	复旦大学	12 亿（6 亿+6 亿）	教育部拨款+市拨款
	上海交通大学	12 亿（6 亿+6 亿）	教育部拨款+市拨款
	同济大学	6 亿（3 亿+3 亿）	教育部拨款+市拨款
江苏	南京大学	12 亿（6 亿+6 亿）	教育部拨款+省拨款
	东南大学	6 亿（3 亿+3 亿）	教育部拨款+省拨款
陕西	西安交通大学	9 亿（6 亿+3 亿）	教育部拨款+省拨款
	西北工业大学	9 亿（3 亿+3 亿+3 亿）	教育部拨款+国防科工委拨款+陕西省、西安市以土地等形式
湖北	武汉大学	8 亿（4 亿+4 亿）	教育部拨款+省拨款
	华中科技大学	6 亿（3 亿+3 亿）	教育部拨款+湖北省、武汉市以资金、项目等形式
四川	四川大学	7.2 亿（4 亿+3.2 亿）	教育部拨款+省拨款
	电子科技大学	3.6 亿（2 亿+1.6 亿）	教育部拨款+省拨款
吉林	吉林大学	7 亿（4 亿+3 亿）	教育部拨款+省拨款
	东北大学	4 亿（2 亿+1 亿+1 亿）	教育部拨款+省拨款+沈阳市拨款
广东	中山大学	12 亿（3 亿+9 亿）	教育部拨款+省拨款
	华南理工大学	4 亿（2 亿+2 亿）	教育部拨款+省拨款
湖南	中南大学	4 亿（2 亿+2 亿）	教育部拨款+省拨款
	湖南大学	4 亿（2 亿+2 亿）	教育部拨款+省拨款
山东	山东大学	12 亿（4 亿+8 亿）	教育部拨款+省拨款
	中国海洋大学	3 亿	教育部、山东省、中国海洋局、青岛市总拨款额
天津	南开大学、天津大学	两校共 14 亿	教育部拨款+市拨款
浙江	浙江大学	14 亿（7 亿+7 亿）	教育部拨款+省拨款
安徽	中国科技大学	9 亿（3 亿+3 亿+3 亿）	教育部拨款+中科院拨款+省拨款

续表

所在地	学校	拨款	方式
辽宁	大连理工大学	4 亿（2 亿＋2 亿）	教育部拨款＋辽宁省、大连市拨款
福建	厦门大学	6 亿（3 亿＋1.5 亿＋1.5 亿）	教育部拨款＋福建省拨款＋厦门市拨款
黑龙江	哈尔滨工业大学	10 亿（3 亿＋3 亿＋4 亿）	教育部拨款＋国防科工委拨款＋省拨款
重庆	重庆大学	5.4 亿（3 亿＋2.4 亿）	教育部拨款＋市拨款
甘肃	兰州大学	4.5 亿（3 亿＋1.5 亿）	教育部拨款＋甘肃省以资金、土地形式

北京的“985 工程”高校最多，教育部对其财政支持的力度也最大，此外还有国防科工委的支持。其次是上海，教育部和上海市共同出资建设高校。再次是江苏、陕西和湖北等高等教育相对发达的地区。而对于相对不发达地区来说，获取教育部直接拨款的机会比较小，有的相对不发达或者不发达地区根本没有“985 工程”高校，也就没有机会获得拨款。

“211 工程”“985 工程”等重点院校建设和重点学科建设，也加剧了中央财政对高等教育投入的区域不平衡性，形成高等教育的马太效应，即发达地区的实力较强的高校更容易获得中央财政支持，而落后地区的实力不够强的高校则较难获得中央财政支持。

三、省级高等教育财政投入的区域差别及其影响

前面已经分析过，财政收入的逐步上移和财政支出的逐级下移，是导致高等教育区域分布不均衡的一个重要因素。在我国现行财政和税收制度中，地方财政已经成为财政性高等教育经费的最大来源。因此，影响我国各区域高等教育发展水平的第二个因素，应该是地方政府的财政实力和财政政策。分析地方财政与地方高等教育发展之间的关系可以分为两个步骤：一是分析各地区的财政性高等教育经费支出情况，二是分析总高等教育经费与财政性高等教育经费支出在各地区之间的分布差别。

（一）各省份财政性高等教育经费状况及变化趋势

1. 我国各省份财政性教育经费的投入状况

虽然从投入来看，国家财政在高等教育上投入了巨额经费，这类经费的数目

也在逐年增长，但是，从高等教育发展的状况看，我国各省、自治区和直辖市的高等教育发展程度仍存在着较大差异。这说明财政性教育经费的总体增长并不能保证区域之间高等教育的协调发展。为了分析问题产生的原因，可以先假定这种区域之间的不协调发展是与财政性高等教育经费在各地的分配有关的，然后运用统计数据对这一假定进行证明或者证伪。由于各省、自治区和直辖市接受高等教育的学生数量存在区别，各省的财政性高等教育经费总量显然不具有可比性。因此，将生均财政性高等教育经费的情况及其变化作为研究这一问题的主要指标。表 9–9 显示了 2008 年我国各省、自治区、直辖市的财政性高等教育生均经费的差异，并且依照生均经费由多到少进行了排名。

表 9–9　2008 年各省（区、市）财政性高等教育生均经费

排名	地区	生均经费（元）	排名	地区	生均经费（元）
1	北京	46329	17	福建	9162
2	上海	29727	18	黑龙江	9056
3	西藏	20056	19	重庆	8850
4	广东	14645	20	四川	8318
5	青海	13497	21	湖北	8225
6	天津	13373	22	贵州	7934
7	浙江	12051	23	湖南	7089
8	宁夏	11942	24	海南	6937
9	吉林	11260	25	山东	6606
10	江苏	10838	26	山西	6091
11	辽宁	10708	27	广西	5815
12	新疆	10149	28	河北	5156
13	陕西	9914	29	安徽	5033
14	内蒙古	9670	30	河南	4654
15	云南	9555	31	江西	4331
16	甘肃	9241			

数据来源：《中国教育经费统计年鉴》（2009）。生均经费＝总经费 ÷ 高等学校在校学生数。

表 9–9 的数据说明了两个问题。一是财政性教育经费的区域分布与区域经济的发展程度之间并不像所预想的那样存在严格的正相关。西藏、青海和宁夏等经济比较落后的地区其财政性高等教育经费反而比较充足。出现这种情况的原因主要是中央财政的转移支付更加倾向于民族地区，这些地区人口稀少，虽资金的总量不大，但人均水平却很高。二是我国财政性高等教育经费在各地区之间的分布较为不均衡，经费最充裕的北京市的生均经费是经费最匮乏的江西省的十倍多。

为了进一步分析，将各省（区、市）财政性高等教育的生均经费分为四级。第一级，生均经费大于25000元，是经费十分充足的地区；第二级，生均经费小于25000元但大于10000元，是经费相对充足的地区；第三级，生均经费小于10000元但大于5500元，是经费相对缺乏的地区；第四级，生均经费低于5500元，是经费严重缺乏的地区。具体的分级情况如表9–10所示。

表9–10 2008年各省（区、市）按生均经费分级情况

分级	经费充足性	生均经费	地区
第一级	经费十分充足	大于25000元	北京、上海
第二级	经费相对充足	大于10000元，小于25000元	西藏、广东、青海、天津、浙江、宁夏、吉林、江苏、辽宁、新疆
第三级	经费相对缺乏	大于5500元，小于10000元	陕西、内蒙古、云南、甘肃、福建、黑龙江、重庆、四川、湖北、贵州、湖南、海南、山东、山西、广西
第四级	经费严重缺乏	低于5500元	河北、安徽、河南、江西

2. 我国各省份财政性教育经费投入的变化趋势

为了便于分析我国各省、自治区、直辖市的财政性教育经费投入近年的变化趋势，我们根据上一小节的分级情况在每一级别中分别选择一个省级行政单位作为样本。样本选取结果为：上海（第一级）、浙江（第二级）、四川（第三级）、河南（第四级）。

将这四个地区2006—2008年的生均财政性高等教育经费进行比较，发现四个地区除上海在2006年到2007年之间生均财政性高等教育经费有了较大幅度的增长之外，其他地区的增长速度基本是比较稳定和缓慢的。属于第一级的上海市的变化率最大，说明其生均经费增长速度最快，而属于第四级的河南省变化率最小，说明其生均经费增长速度最慢。由此可知，我国地区之间财政性高等教育经费的差距不是短期内形成的，而是长期的财政投入不均衡所导致的。越是经费充沛的地区经费增长速度越快，越是经费缺乏的省市增长速度越慢，这将会使得各个地区之间财政性教育经费的投入量趋向更不均衡。可以预见，这种差距在未来还会继续扩大。

3. 财政性教育经费区域分布不均的原因

我国各地区财政性高等教育经费分布的不均主要是历史所造成的结果，因此，造成这种不均衡现状的原因也应该在我国各地区经济发展和财政政策的变迁中寻找。

前文曾详细地叙述了我国高等教育财政政策的变迁。联系我国财政性教育经费

分布的实际情况，我国各地区财政性高等教育经费的拨款责任由中央逐渐转移向地方。事权相同的地方政府未必能获得等量的财力和财权，这是不同地区的政府对所属高校的财政供给及其供给能力出现差距的根本原因，而地方政府之间财力和财权的差距又主要是源于我国经济的区域非均衡发展。

20 世纪 70 年代末以来，我国的经济发展战略开始由区域均衡发展向区域非均衡发展过渡和转移，在改革和发展问题上，政府采取了由东向西梯度推进的非均衡发展战略。在这一政策指导下，70 年代末开始，我国的经济战略目标在“效率优先、兼顾公平”的原则指导下，从强调地区间均衡发展，向强调经济效率，承认地区发展的不平衡性转变。在政策上给东部以优惠、鼓励，支援东部地区优先发展，再带动西部地区发展。随着这一非均衡重点发展战略的实施，东部得到了迅速发展，但东西部经济区域失衡问题却越发突出。

（二）高等教育经费财政缺口及区域分布的合理性分析

以上分析已经证明了我国各地区之间的财政性高等教育经费存在着分布不均衡的现象。但是，财政性教育经费只是高等教育经费的一个组成部分。这部分经费的一个重要作用在于促进高等教育均衡发展，保证各地区的适龄青年都能够得到均等的教育机会。而要考察一个地区的经费是否充足，还应该分析其总的高等教育经费是否达到标准。

1. 各地区高等教育经费财政缺口分析

教育部对其直属高校的基本办学经费生均标准为 2.67 万元人民币/(学生,年)。[①] 教育部直属高校的办学条件在各类高校中一直相对良好，因此可以以此标准作为现阶段我国高等教育生均经费的合理标准。值得注意的是，该经费应该是国家财政性高等教育经费以及其他来源的高等教育经费的总和。如果某一地区的生均高等教育经费低于这个标准，则表示可能存在经费缺口；如果一个地区的生均高等教育经费高于这个标准，则表明可能存在经费负缺口，即财政性高等教育经费支出过剩。财政性高等教育经费的划拨目的，除了“促进高等教育发展”这个总体目标之外，还有另外一个重要目标，那就是促进地区之间高等教育的均衡发展。因此，地区所存在的经费缺口主要应该通过财政拨款来弥补。所以，在此把这种财政性经费缺口称

① 张万鹏，王千红．财政性教育投入与高等教育经费需求匹配特征分析 [J]. 复旦教育论坛，2009(4).

为财政缺口。财政性高等教育经费的区域分布是否合理可以由各地区的高等教育经费的财政缺口来衡量。

根据教育经费财政缺口的计算公式，计算出的各省级行政单位的高等教育财政缺口值如表 9–11 所示。结果显示我国大部分地区的高等教育都存在着财政缺口，因此高等教育总经费分布是不合理的。这种不合理表现在两个方面。

表 9–11　2008 年我国各省级行政单位高等教育经费财政缺口

排名	地区	财政缺口（千元）	排名	地区	财政缺口（千元）
1	北京	–30842551	17	福建	3502268
2	上海	–12090622	18	甘肃	3660254
3	广东	–2115341	19	辽宁	3738864
4	浙江	–1825299	20	黑龙江	4186906
5	西藏	87338	21	江苏	4338499
6	青海	320218	22	广西	5905713
7	天津	352999	23	四川	6574721
8	宁夏	402896	24	湖北	7615495
9	海南	1593330	25	山西	7954310
10	新疆	1899725	26	湖南	9217287
11	重庆	2324852	27	江西	9705120
12	云南	2898011	28	安徽	11228363
13	内蒙古	3162283	29	河北	12896901
14	吉林	3170389	30	河南	19187707
15	贵州	3261584	31	山东	19290953
16	陕西	3322681		**合计**	**104925854**

数据来源：根据《中国教育经费统计年鉴》（2009）计算所得。

第一，我国高等教育经费分布不均。除北京、上海、广东、浙江四地外，我国其余省级单位均存在高等教育经费的财政缺口，而且资金缺乏情况存在较大的区域差异。值得注意的是，在前面的分析中，西藏、青海的生均财政性教育经费均高于浙江，但是，在财政缺口的测算中，它们不但没有出现经费过剩的情况，反而出现了财政缺口。出现这一现象的原因在于，浙江虽然在生均财政性高等教育经费不如西藏、青海两地，但是，其地区经济发展迅速，市场化水平高，因此民间投资或者其他来源比后两个地区丰富。可见，高等教育经费中除财政外的其他来源在满足学校需求方面具有重要作用。

第二，我国高等教育经费的总量不足。合计栏中，全国高等教育的财政缺口值显示为 104925854（千元）。这个值表明，即使财政部门可以做到把北京、上海、广东和浙江四地的过剩财政资金全部转移支付给其他未达到标准的地区，也不能使全国所有地区都达到生均高等教育经费 2.67 万元的标准。而且全国财政性教育经费的缺口多达 1000 多亿元人民币，相当于 2008 年我国国家财政总支出的 2%，也是 2008 年国家财政性高等教育经费的 51%。可见，我国财政性高等教育经费不仅存在地区之间分布不平衡的问题，更存在全国性财政经费不足的总体性问题。

2. 财政性高等教育经费分布不合理的原因

前面的分析已经指出我国财政性高等教育经费的分布存在不合理之处。这种不合理现象是由两个原因叠加形成的。

第一个原因是地区政府的财政结构的差异。例如生均经费分级中的北京、上海、浙江、天津、江苏等地区，本来就属于经济相对发达地区，这些地区财力较强，而且市场经济已经初具规模，地方财政可以逐渐将支出结构向非生产领域倾斜，从而划拨更多款项给高等教育。而河北、河南、安徽、江西等地区属于经济发展比较落后的地区，地方政府的财力比较弱，而且市场经济还处于起步阶段，财政必须要投入更大比例的资金在生产建设中，这样高等教育所能分得的经费就更加有限。

第二个原因则是地区的资本市场的发展程度存在差异。在经济发达地区，资本市场日趋成熟，社会资本持有者会更多预期在教育这种长期投资中通过市场运作或者是政府的优惠政策，能够获得与其他行业相当的利润，因此他们相较资本市场欠发达地区的资本持有者，更愿意投资高等教育。表 9–12 是我国各省级行政单位除财政来源外的高等教育生均经费。

表 9–12　2008 年我国各省级行政单位除财政来源外的高等教育生均经费

地区	生均经费（元）	地区	生均经费（元）
北京	33037	湖北	12048
天津	12414	湖南	9932
河北	8648	广东	13794
山西	5509	广西	8688
内蒙古	7044	海南	7153
辽宁	11434	重庆	12684
吉林	9151	四川	11748
黑龙江	11470	贵州	6574
上海	21014	云南	8811
江苏	13103	西藏	3674

续表

地区	生均经费（元）	地区	生均经费（元）
浙江	16843	陕西	12828
安徽	7776	甘肃	6430
福建	11312	青海	5611
江西	9669	宁夏	9040
山东	7519	新疆	8326
河南	6698	**平均**	**11303**

数据来源：根据《中国教育经费统计年鉴》(2009)计算而得，生均经费=(高等教育总经费－财政性高等教育经费)÷学生人数。

表9–12的数据可以证明资本市场发达的地区其高等教育经费的其他来源所提供的经费更加充足。北京、上海、浙江、广东等地区的其他渠道经费均高于平均水平；经济欠发达的西藏、山西、青海、甘肃等地区则资金匮乏。

以上两个因素，即地方政府的财政结构和资本市场的发达程度都与地方经济的发展程度直接相关。在不考虑中央政府的转移支付的前提下，如果一个地方经济欠发达，则来自政府的财政性教育经费和来自民间的资本投资都会相应匮乏。但如果考虑中央财政的转移支付，则有可能产生相互抵消的效果。

表9–13　2008年我国各省份财政性高等教育经费占高等教育总经费的比例

排名	地区	财政性经费占总经费比例	排名	地区	财政性经费占总经费比例
1	西藏	85%	17	山东	47%
2	青海	71%	18	江苏	45%
3	上海	59%	19	福建	45%
4	甘肃	59%	20	黑龙江	44%
5	北京	58%	21	陕西	44%
6	内蒙古	58%	22	浙江	42%
7	宁夏	57%	23	湖南	42%
8	吉林	55%	24	河南	41%
9	贵州	55%	25	湖北	41%
10	新疆	55%	26	重庆	41%
11	山西	53%	27	四川	41%
12	天津	52%	28	广西	40%
13	云南	52%	29	安徽	39%
14	广东	51%	30	河北	37%
15	海南	49%	31	江西	31%
16	辽宁	48%		**平均**	**47%**

数据来源：根据《中国教育经费统计年鉴》（2009）计算而得，财政性经费占总经费比例＝财政性高等教育经费÷高等教育总经费。

表 9–13 是 2008 年我国各省份财政性高等教育经费占高等教育总经费的比例。我国各地区高等教育总经费的组成可以分为以下四种情况：

情况一：财政性和非财政性教育经费均充足。

这一情况的典型代表是北京、上海两地。从表 9–12 中已经可以看出这两个地区其他来源的高等教育经费充足，而在表 9–13 中，这两个地区财政性经费所占比重还比非财政性经费更大，这说明财政性经费的充裕程度比其他渠道的经费更甚。这两个因素效果相叠加，使得北京、上海两地的教育经费水平远远高于全国其他地区。

情况二：非财政性教育经费弥补财政性教育经费的不足。

这一情况的典型代表是浙江省和江苏省。表 9–13 显示这两省的财政性经费比例均未达到全国平均水平，而表 9–12 中其他来源的经费又高于大多数地区，这两个因素相互抵消，最终使得两省的高等教育经费处于比较充足状态，尤其是浙江省，其高等教育的财政缺口为负（见表 9–11）。

情况三：财政性教育经费弥补非财政性教育经费的不足。

这一情况的典型代表为西藏和青海。如表 9–13 所示，这两个地区的财政性教育经费在总经费中所占比例高达 85% 和 71%。但由于这两个地区属于经济欠发达地区，所以其他经费来源十分匮乏，而其财政性高等教育经费也大部分来源于中央财政的转移支付。

情况四：财政性和非财政性教育经费均匮乏。

这一情况的典型代表是河南省和安徽省。财政性和非财政性教育经费的匮乏相叠加，使得高等教育经费的财政缺口值巨大（见表 9–11），可谓我国高等教育经费最匮乏的地区。

即使在部分地区财政性教育经费的划拨能够抵消一部分由于其他渠道资金匮乏所带来的高等教育总经费的缺乏，但不可否认的是，我国现阶段的高等教育经费在总体上是不足的。大多数地区由于各种经济、政策上的原因缺乏发展高等教育所必需的经费。因此，如何对我国高等教育的财政政策进行改革以满足大多数地区的发展需要是亟待解决的问题。

四、促进区域协调发展的高等教育资源配置机制创新

从前面的分析中我们不难看出，我国高等教育资源区域分布存在巨大差异，且区域高等教育资源配置与区域经济发展存在不协调。以政府为主导、市场力量薄弱、

资源共享效率低下的高等教育资源配置机制，影响到高等教育资源区域分配的公平与效率。

（一）影响高等教育资源区域分布的经济、政治、历史、文化、自然地理和体制因素

影响我国高等教育资源区域分布的因素主要有经济因素、政治因素、历史文化因素、自然地理因素以及教育体制因素。

从经济因素看，地区经济发展的总体水平直接影响到该地区支持教育发展的经济能力，造成高等教育投入和资源的巨大差异，影响地区高等教育发展的规模与速度。经济发展水平越高，对高等教育的需求越强烈；同时，由于其所占有的教育资源越多，能接纳的学生数越多，满足社会对高等教育需求的能力就越强。而经济发展水平相对较弱的地区，占有的教育资源较少，能接纳的学生数较少，满足社会对高等教育需求的能力也相对较弱。（见图 9–5）

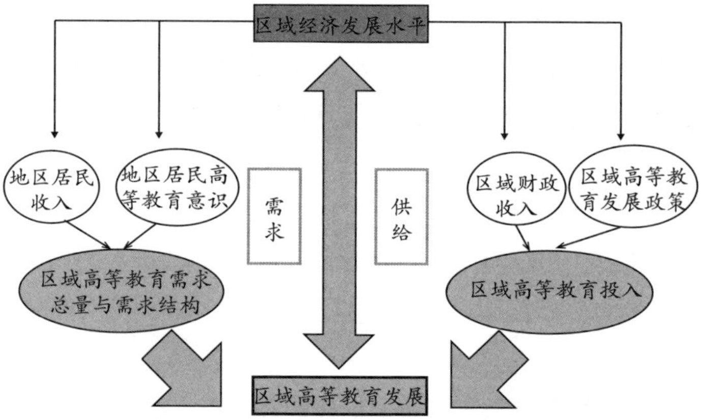

图 9–5 区域经济发展水平与区域高等教育发展关系图

从政治因素看，如果说历史提供的是舞台，那么政治就是舞台戏剧的策划兼导演，其影响在某些时间段甚至远远超过了经济、历史因素。新中国成立初期国家职能的泛化，使政治在社会生活中影响巨大，高等教育更是深受影响，每一次高等教育动荡的背后，都有着政治的因素，或者说其本身就蕴含着强烈的政治动机。“文化大革命”时，政治对高等教育的控制作用发展到了极点，几乎完全无视教育活动的独立性和规律性。长期以来，我们对高等教育区域差异缺乏足够的理性认识，导致政府决策多次反复，甚至出现高等教育区域格局的严重扭曲，落后地区高等教育发展的数量、水平纷纷赶上甚至超过了发达地区。尽管改革开放使政治在社会事务

中的作用范围有所缩小，社会气氛较以前宽松，但高等教育一直处于政治敏感地带，只是程度较以前缓和。改革开放以来，国家出于战略发展的需要，优先发展东部地区，包括在高等教育资源上给予重点支持。直至今日，代表我国优质高等教育资源的“211 工程”和“985 工程”学校大多集中在东部地区，这既受到政策因素的影响，也与国家发展高科技产业、促进产业结构调整和升级的战略考虑有关。应当说，政策因素对高等教育资源分布的影响在一定时期是符合国家战略要求的，但这种政策影响绝不能违背高等教育发展的客观规律，否则会给高等教育的发展带来不利影响，使得高等教育资源分布更加不合理，有限的高等教育资源得不到有效的利用。

从历史文化因素看，东部地区历来是我国政治经济文化发达地区，特别是江浙一带，自古都是文化较为发达的地区。而我国西部无论是西北还是西南，人口密度不及东部，经济文化等方面的发展水平也低于东部。正如中国地势由东到西呈现三级态势，我国的社会经济文化发展水平也呈现出从东到西的三级态势。同时，西部地区又是广大少数民族聚居的地区，而少数民族的发展在历史上长期处于弱势地位。中华人民共和国成立以来，在民族平等政策的引导和帮助下，我国少数民族在各方面发展上都有较大起色。但是限于起点较低等，从绝对量上来比较差距仍然很大。

从自然地理因素看，地理、气候、自然资源的差异，导致地域人口分布不均，经济、文化发展呈现非均衡状态，这是造成教育发展地域非均衡性的一个重要原因。这种非均衡性体现了高等教育区域分布与区域自然、社会条件的适应，是具有现实的客观基础的。如高等教育发展水平较高的地区多集中于沿海一带。因为沿海地区交通便利，土地肥沃，人口稠密，市场广阔，有良好的经济基础和教育基础。越远离海洋，高等教育发展水平越呈下降状态。而且沿海地区由于地域优势，对外交流便利，也成为早期办学较为集中的地带。自然地理环境会直接影响到高等教育的机构分布。同时，通过对人口、经济等的布局的影响，又会间接地影响到不同区域高等教育的发展水平，造成区域高等教育的不均衡。因此，自然地理环境对高等教育布局的影响有其直接的方面，也有其间接的方面。而随着人类对自然的认识和改造的不断深入，其活动受自然环境的限制也越来越小，如信息技术的进步使高等教育的跨时空传递成为可能，为克服由地域造成的办学困难提供了新的技术解决方案。这在一定程度上降低了地理环境对高等教育的直接影响。但高等学校的建立更为需要的是一定的人文、社会环境，地理因素对高等教育地域分布的间接影响依然很大。

从教育体制因素看，教育体制与政治体制密切相关。在我国，长期以来高度集中的政治管理体制深刻地影响了社会生活的各个领域。改革开放之前，在中央集权的政治管理体制下，我国教育管理体制也呈现出高度集中的特征。这样的教育管理体制对改革开放之前我国高等教育资源在东部、中部、西部地区之间的合理布局产生了一定的积极影响。近三十年尤其是近十年来，我国进行了教育管理体制的改革，实行中央和地方共建、以地方为主管理高校的教育体制。教育管理体制的分权化，有利于促进地方发展高等教育的积极性，但同时也出现了一些问题。这些问题就是前面分析到的，某些地区经济发展水平和高等教育发展水平可能并不相符。因而，教育体制改革也是解决我国高等教育资源分布不合理问题的重要措施。加强制度建设和相应的法律建设在这一过程中十分必要。不管哪方面的建设，都必须以科学理论为指导，着眼于和谐社会的构建，努力实现我国高等教育资源的区域合理配置与高效使用。

从前面的分析中不难看出，我国高等教育资源存在着区域分布差距大、与区域经济发展不协调、资源配置机制不完善等问题。我国高等教育资源配置机制的不完善主要体现为政府绝对主导下的高等教育资源配置的低效率，以及由此产生的一系列问题，见图 9-6。

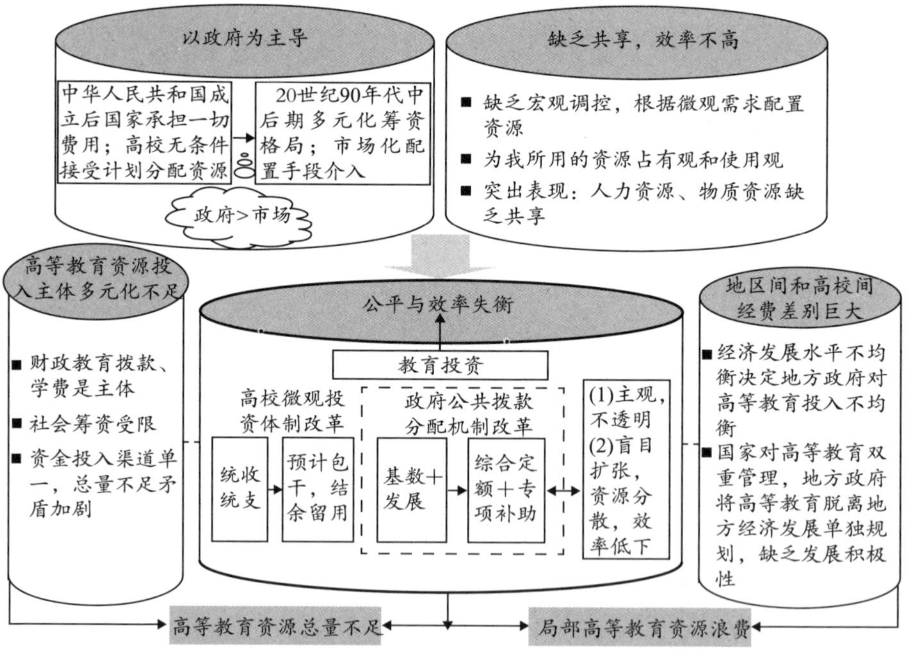

图 9-6　我国当前高等教育资源配置机制

“协调发展”是动态的、由均衡与非均衡状态共同构成的高等教育的发展过程。高等教育区域协调发展是指国家或地区有效地将总体教育资源分配给各个地区和各级各类高校，使高等教育资源流向最需要且能取得最大效益的地区和教育机构，以实现高等教育资源在各地区和各高校间的合理配置，使我国高等教育资源的区域分布有助于满足特定区域及国家整体发展的需要、有助于实现社会公平、正义、效率与效益的综合目标。

伴随着全球高等教育的发展，高等教育经费短缺成了一个世界性的问题。虽然各国的经济发展程度、政治经济体制和高等教育传统各不相同，但拓宽经费渠道、提高财政投资的效率是世界各国高等教育财政改革的普遍趋势。研究和学习国外高等教育应对财政挑战的有益经验，对于打开我国高等财政改革的思路，发挥财政资金与政策在实施科教兴国战略和人才强国战略中的特殊作用，进而推进中国高等教育事业的发展和国家竞争力的提升具有重大的现实意义。

我国财政性高等教育经费存在着总量不足和区域分配不均衡这两大问题。为了能使更多的适龄学生享受到平等的高等教育的机会，我国应该针对高等教育的财政政策进行适当的改革。改革方案对于我国高等教育的发展至关重要，制定改革方案可以采取“三步走”的方法。第一步，分析其他国家高等教育财政政策的特点；第二步，吸收其他国家政策中适合我国国情和发展程度的部分；第三步，根据我国国情制定出高等教育财政政策的改革方针。

（二）美日两国高等教育资源配置结构与来源

1. 美国

美国高等教育投入实行三级教育经费的管理系统，以地方、州政府为主，联邦政府、州政府和地方政府三级拨付和管理教育投资。政府的教育投入一直保持在国内生产总值的 7% 以上，财政拨款是美国教育经费的主要来源。美国公立高等学校经费来源比较广泛，但仍以国家投入为主。美国的联邦政府虽设有教育部，但只对高校提供宏观指导、咨询服务和经费资助，相当大的财权和事权实际上掌握在州政府手中，形成了以州管理为基础的高等教育管理体制。

表 9-14　美国高等教育机构经费来源构成（单位：%）

经费来源	公立高等教育机构			私立高等教育机构		
	1996—1997 学年	1999—2000 学年	变化	1996—1997 学年	1999—2000 学年	变化
学杂费	19.0	18.5	−0.5	42.4	43.0	0.6
联邦政府	11.0	10.8	−0.2	14.4	13.8	−0.6
州政府	35.6	35.8	0.2	2.1	1.9	−0.2
地方政府	3.9	3.8	−0.1	0.6	0.7	0.1
私人赠予、助学金及合同款项	4.3	4.8	0.5	8.8	9.1	0.3
捐赠收入	0.6	0.7	0.1	4.7	5.2	0.5
销售和服务收入	22.3	21.6	−0.7	22.2	21.0	−1.2
其他收入	3.3	3.9	0.6	4.7	5.3	0.6

美国高等教育经费的特点是经费来源多元化，主要有联邦政府、州政府和地方政府的投入，学生所交的学费，大学通过销售和服务而得到的收益，捐赠收益及其他。美国现代高等教育体系是建立在以政府拨款为主体的经济基础之上的。美国政府对高等教育的拨款包括联邦、州、地方三级政府的拨款。联邦政府投入高等教育的经费一般占整个高等教育收入的 12% 左右。① 对于多数州来说，州政府高等教育经费主要分给州公立大学，而对地方办或以地方办为主的社区学院给予适当资助。州政府给予私立大学的经费主要用于学生的助学金或奖学金。

美国高等教育财政拨款的一个显著特点是州政府拥有直接的高等教育管理权限，州教育财政拨款由高等教育管理委员会进行管理。美国各州政府不仅在立法上规范高等教育发展，而且通过财政拨款实施对高校的调控；州政府在高等教育管理中拥有广泛的权力，对大学的拨款和使用管理具有法定性和强制性，成为大学经费的主要来源。相对州政府而言，美国宪法没有规定联邦对高等教育的义务与权限，但是联邦始终没有中断对高等教育的支持，联邦政府主要通过资助高等教育机构、设立科学研究助理与赠款、资助学生，实施与学术、行政方面有关的特别项目，从而影响高等教育。联邦政府的教育部门主要是向高校与学生提供资助和少量科研资助，联邦政府的其他职能部门则主要对高校的科研项目进行资助。

2. 日本

日本高等教育是政府主导型，实行中央与地方两级管理。在高等教育行政管理

① 张小萍．公共财政体制下中国高等教育财政投入优化研究 [M]. 北京：中国市场出版社，2009:1.

上，国家与地方各级政府的教育机构负责所属高校的行政管理权限及责任；在高等教育财政的拨款方面，日本中央政府、都道县和市共同分担高等教育的财政拨款责任。中央政府的财政拨款主要用于国家教育活动的直接开支，其中文部省的拨款是中央政府财政拨款的主要形式。文部省用于高等教育的财政预算包括：一是用于国立高等教育机构，占文部省各项预算总额的 24%；二是用于弥补私立高校的拨款补助，占文部省预算的 5.1%；三是用于科学研究和国家战略研究的具有竞争性的拨款补助，占文部省预算的 4.3%。

日本大学有国立大学、公立大学与私立大学之分，其教育经费按设置者负担的原则进行筹资。

国立大学的财政由文部省拨款，主要依靠国家税收开支，不需要地方政府负担。日本政府历来重视对国立学校的优先拨款，日本财政性拨款占国立学校特别会计的比例一般为 50%—60%。为了确保政府对高等教育的投资，日本政府对国立大学实行国立学校特别会计制度，有效保证了国立大学正常教学活动的资金需求。

公立大学的教育经费主要来自地方政府的公共事业支出，中央政府给予适当补助。同时，为了减少地区之间经济不平衡所造成的教育不平等现象，日本制定了地方交付税制度，中央政府将地方政府上缴收入的一部分划转给财政能力低的地方政府。

私立大学的教育经费主要有三个来源：学费收入，包括入学注册费、听课费等，约占学校总经费的 70%；政府财政资助，日本政府一开始并没有对私立大学进行财政资助，但在尝到了知识给经济带来的巨大效益的甜头之后，遂加大了对私立大学的财政补贴，方式包括成立私立学校振兴财团、对私立大学提供长时间低息贷款；社会捐赠及学校创收收入，包括科学成果转化收入、经营服务收入等，如 2005 年庆应义塾大学利用学校条件创收 142.5 亿日元，早稻田大学利用学校条件创收 118.2 亿日元，分别占教育经费的 13.44% 和 18.96%。①

（三）成立跨区域高等教育协作组织，加强跨区域高等教育合作

1. 跨区域高等教育协作组织建立的原则

（1）实施多中心管理

高等教育作为一项典型的公共事业，参与管理的主体应包括政府在内的众多机

① 杨素萍，朱勇见．日本私立大学教育经费的筹措和使用 [J]. 中国高等教育，2017(2).

构和个人。中央和地方政府、社会组织及个人在管理地方高等教育事务中各有优势，应充分利用这一特点，对区域高等教育实施多中心管理。要将相关权力交给社会组织或个人，使它们能够凭借自身优势更加有效地运用权力，提高区域高等教育资源配置的效率。

（2）建立协商运行机制

区域高等教育资源配置在实施多中心管理的过程中，不同权力中心，即政府与社会组织、个人之间，存在着权力依赖和互动的伙伴关系。政府行使行政管理权，高校组织行使办学权，社会组织和个人行使举办权和监督权。三种权力互相依存，相互制衡，缺少任何一种权力，都会影响区域高等教育的正常运行。因此，各个权力主体之间需要通过协商的方式行使权力，共同管理区域高等教育事务。政府和社会组织在各自的职责范围内平等地行使权力，每个管理主体都为自身组织利益最大化而努力，通过多方协商的方式对局部利益与整体利益的冲突加以协调。相比之下，协商运行机制能更好地调动各方面的积极性和创造性，共同促进区域高等教育资源优化配置。

（3）构建平等的契约组织关系

区域高等教育资源配置在实施多中心管理的过程中，政府与社会组织、个人等不同权力中心，应通过平等地订立契约的方式明确各自的职责范围，这可以使每个管理主体明确各自的目标和监督人，形成激励和约束同在的组织构架。建立区域高等教育治理机制的具体措施见图 9–7。

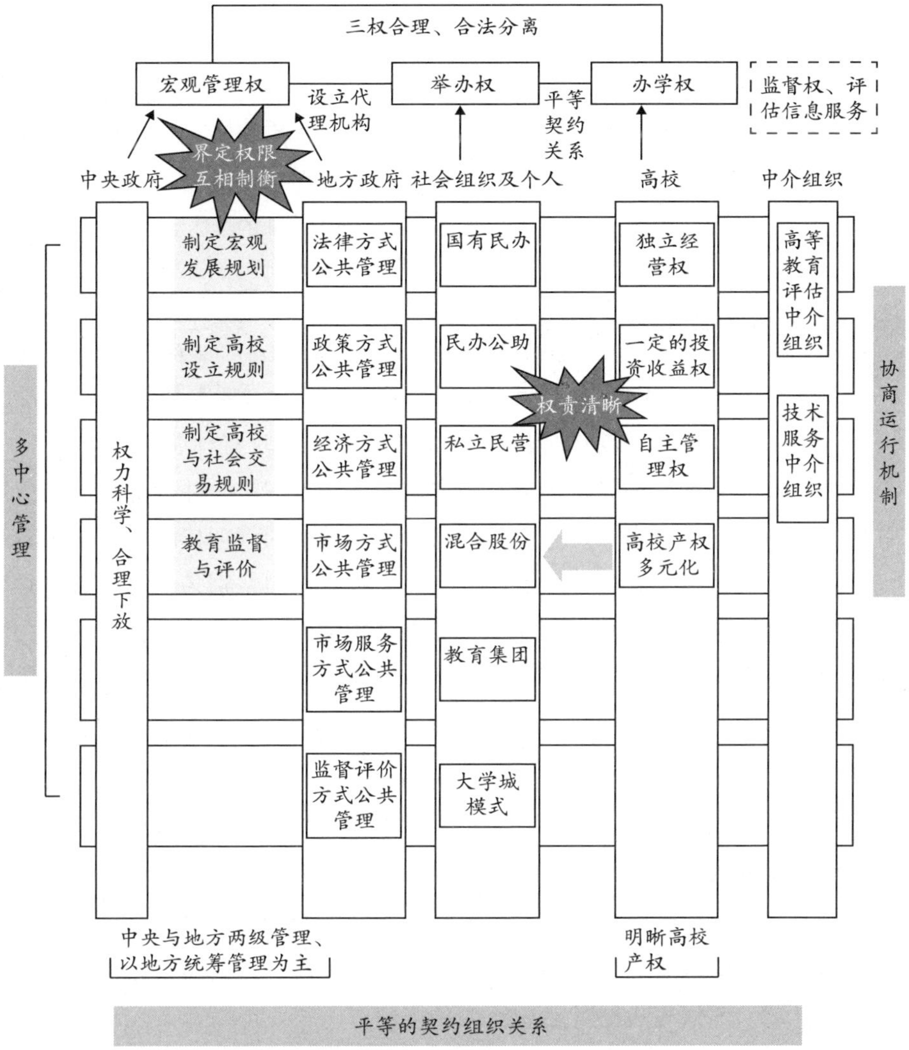

图 9–7　未来我国区域高等教育治理机制模式

（4）分离行政管理权、举办权和办学权三种权力

依据合理、合法的原则，三种权力的分离可描述为三大部分，见表 9–15。

表 9–15　高等教育管理三权分离的主要内容

三权分离内容	解释
设立代理机构，实现举办者和管理者的分离	在中央和省级政府组建国家级或省级高等学校代理机构，这种代理机构实际上是国家作为投资人的人格化，代表国家行使投资人的权力，向政府负责，对高校运营状况进行管理和监督。换句话说，只有这个代理机构具有举办者应有的权利，而政府其他部门则只履行相应的社会管理职能

续表

三权分离内容	解释
规范管理者的职能	脱离具体事务的教育行政部门，作为政府的管理部门宏观管理高等教育，负责制定高等教育发展战略和进行宏观发展规划，制定高校设立规则和与社会的交易规则，进行教育监督和评价，提供高质量的社会需求信息和其他公共信息，使其更多地代表一种事业，而不是单位。它不仅代表政府对公立高校进行管理，也对私立高校进行管理，两类高校共同作为高等教育事业的具体承担者平等地享有应有的权利，履行应尽的义务
修改相关法律和财务制度，明确高校的法人地位	高校应当和市场经济体制中的其他法人实体一样，拥有独立的经营权和资本运营的权力，高校举办者依法享有一定的投资收益权，高校办学者按照法律和契约享有自主管理权，高校的举办者和办学者与政府之间是一种平等的契约关系，而不是隶属关系①

（5）界定中央和地方政府的权限，形成相互制衡的政府管理机制

有必要通过立宪的方式界定中央与地方政府的管理权限，并规范政府的管理方式。首先要加强立法，明确中央与地方政府对高等教育的管理权限并将该内容写入宪法。其次要规范各级政府的管理方式。当前，政府部门特别是地方政府有必要改变行政管理方式，多采用普遍性、间接性的服务管理方式对高等教育进行管理。这类服务性公共管理方式主要有六种：一是法律方式，注重通过制定法律、法规来规范高等教育活动；二是政策方式，通过制定相关政策，引导高校自发作为或不作为；三是经济方式，通过拨款、资助、投资、奖励、招标等经济手段，应用经济杠杆调节教育供求关系，调整高等学校的行为；四是市场方式，在高等教育的许多领域，政府完全可以充分利用市场作为资源配置的一种主要方式，来调节教育资源配置，相应地政府要制定市场准入与市场运行准则，来规范和监督教育行为；五是信息服务方式，通过提供信息服务，使高校有选择地做出决策；六是监督评价方式，政府通过检查、鉴定、评估等活动对高等教育进行调节。

（6）明晰高校产权，建立法人决策和经营机制

长期以来，产权不明晰和产权单一是我国高校的一大问题。高校产权不明晰表现在两个方面：一是在狭义的高校所有权层次上对高校产权界定不明晰，没有根据谁投资谁所有的原则界定教育投资的产权归属和不同投资者之间的责、权、利的关系；二是广义的高校所有权未进行合理的分割，笼统地讲，就是出资人所有权与学校法人财产权合二为一，表现为国家全民所有。高校产权单一是指高校投资主体和财产所有权人是政府，教育几乎是政府独家垄断的行业。我们提出明确界定高校产

① 耿建．中国高等教育公共治理的模式选择——兼论高校管理体制改革的方向及途径 [J]. 江苏高教，2005(3).

权，就是要将抽象的产权合理分割，明确各种具体产权的权利主体和责任范围，使相应的责、权、利统一落实到具体责任人身上，这是有效分离高等教育举办权和办学权的基础。明晰高校产权需要做好以下几方面的工作：第一，明确和保护高校产权中的收益权。第二，鼓励和规范非国有主体的教育投资，实现高校产权多元化。目前我国鼓励私人投资兴办高等教育，实现高校产权多元化的手段和途径主要有国有民办、民办公助、私立民营、混合股份、教育集团、大学城模式等几种主要形式。第三，明确界定高校产权，合理运作高校产权。在明晰高校产权基础上，高校可以借鉴现代公司法人治理结构建立法人决策和经营机制，规范高校产权运作。可根据现代产权理论，比照公司治理结构，建立一个类似于“三会四权”（股东会和出资人所有权、董事会和法人财产权、经理人和法人代理权、监事会和出资人监督权）互相配合、相互制衡的现代高校治理结构，规范教育产权运作。政府要把教育行政管理权（“公”权）和国有股股东的权利（“私”权）这两个权利分开。在“公”权方面，通过教育部、厅、局等政府部门履行社会管理职能。这些部门代表政府行使教育行政管理权，原则上不再行使政府的财产权。在“私”权方面，政府通过股东大会的形式行使其出资人权利。政府行使“私”权与行使“公”权的方式是不同的。政府行使“公”权的原则是首长负责制，尽管有不同意见，最后还是负责人拍板定案。而“私”权体现的是民主决策的原则，股东会或董事会中政府代表所发表的意见只是一票，通过专门的国有教育资产管理部门行使政府的“私”权。这就保证了在政府层面上实现“政资分开”，在高校层面上实现“政校分开”的新产权制度的形成，规范了各产权主体的责任和权利范围。（见图 9–8）

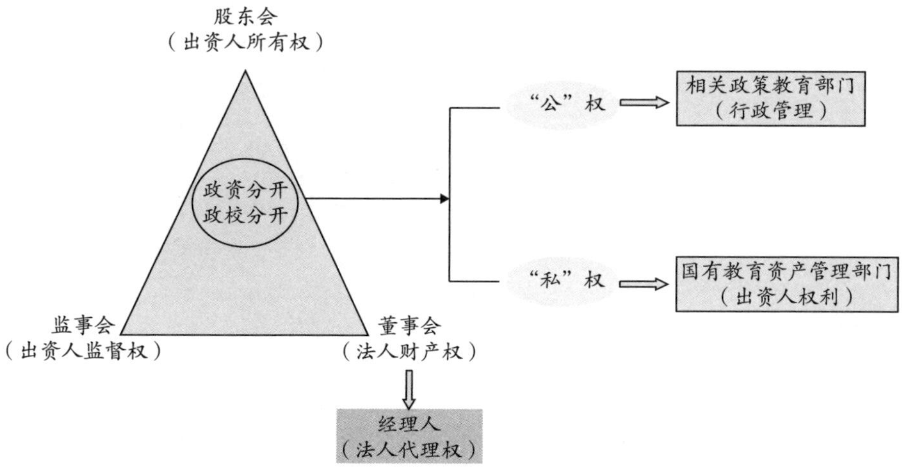

图 9–8　高校新型治理结构图

（7）发展高等教育中介服务体系，完善社会监督和调控机制

由于政府除了管理辖区高等教育事务以外，还管理卫生、体育、工商等其他事务，政府的优势在于公共行政管理，而非专业职能管理。另外，政府将大量财政资金投入高等教育，必然同高等教育机构有着密切联系，这也会影响到政府提供专业管理服务时的公正性和客观性。因此在建立有效的区域高等教育治理机制时，还应当大力培育和发展高等教育中介服务体系，代替政府行使有关高等教育专业管理方面的权力。根据高等教育中介组织的性质和功能，当前，建立有效的区域高等教育治理机制，离不开两种类型的中介组织：区域高等教育评估中介组织和技术服务中介组织。这既是建立区域高等教育治理机制、推动高等教育市场化的需要，也是提高高等教育服务质量的需要。

（8）加强省级政府对本地区高等教育的统筹管理

省级政府对高等教育的统筹，就是对本辖区的高等教育事业的改革与发展、结构与规模、速度与效益、教育教学与科学研究及社会服务、政策法规与管理规划等高等教育发展的重大问题进行通盘筹划、综合考虑，以力求建立一个与地区经济及社会发展相适应的区域高等教育体系。所以，加强省政府高等教育的统筹权，并不仅仅是加强省政府对部属高等院校的协调权，而是指省政府应该将本地区所有高等教育机构视为一个整体系统，根据本地区经济与社会发展的客观需求，对本地区高等教育事业的改革和发展进行统一规划和全面部署、政策导引与执法监督、资源配置与检查评估、协调关系与信息服务。（见图 9–9）

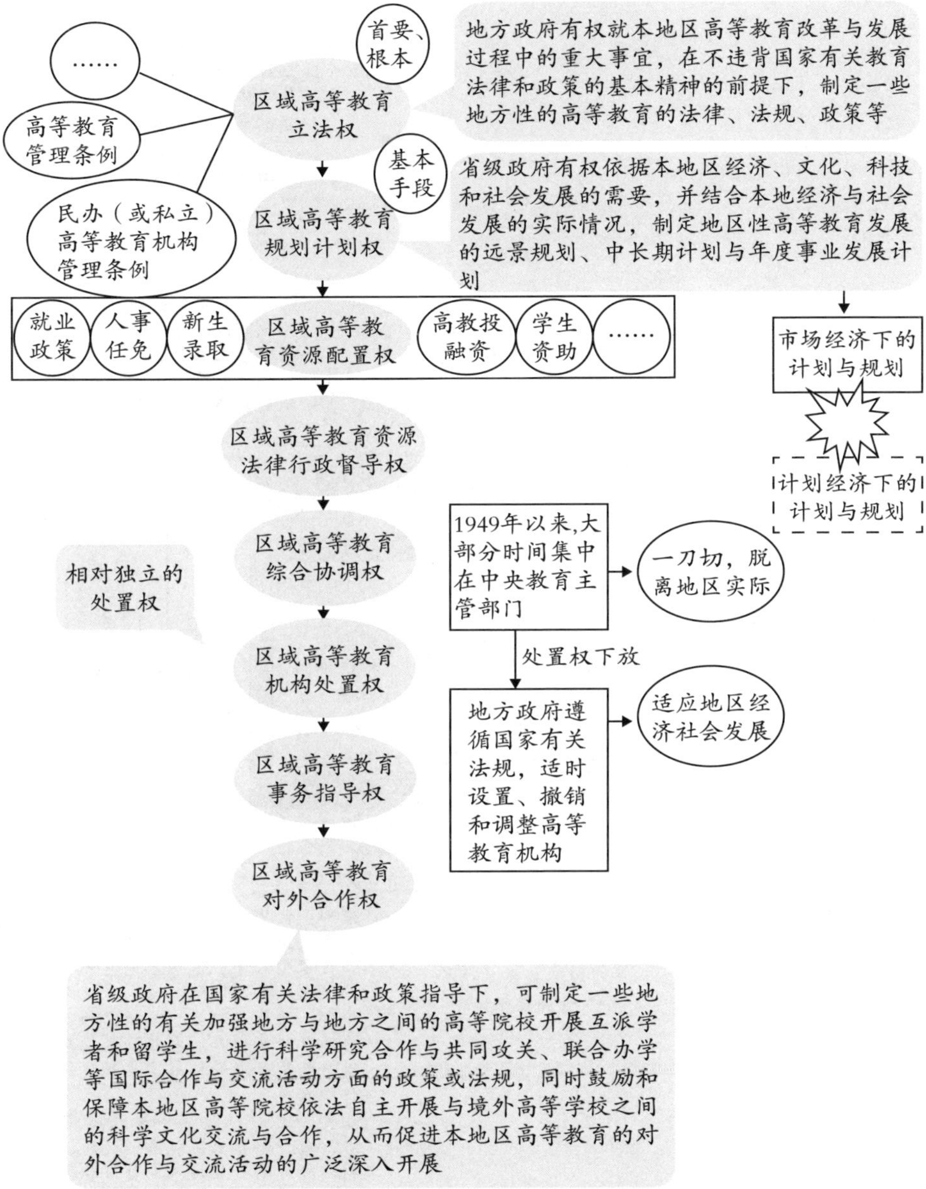

图 9-9 省级政府对本地区高等教育的统筹管理模式

2. 跨区域高等教育协作组织的运行机制

具体情况见图 9-10。

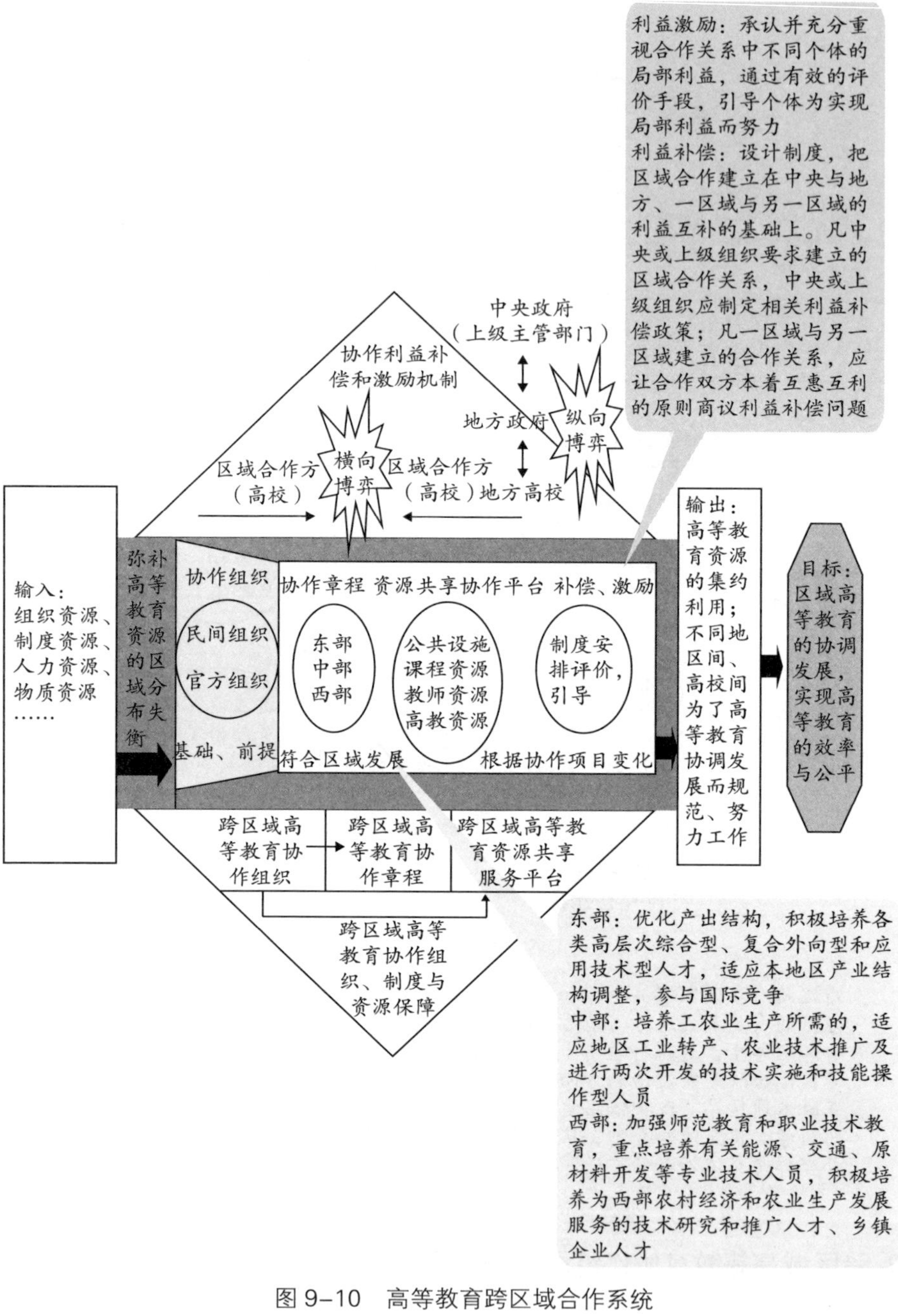

图 9-10 高等教育跨区域合作系统

（1）组织定位和类型

就目前中国区域高等教育资源配置投入规模和结构层次来看，能够协调跨省区高等教育事务的组织有两类：一类是区域性民间组织，一类是区域性官方组织。

区域性民间组织是不同省区的高校基于优势互补、共同发展的考虑而自发形成的一类组织。虽然近几年我国按照“共建、调整、合作、合并”的方针大规模调整了高校布局，提高了办学的规模效益，但此项改革的重点是调整同城范围内高校的布局与隶属关系，校际的合并与共建有许多属合并同类项或强弱联姻的政府行为，优质高校缺乏主动性，规模效益不显著。为此，可以效仿美国都市圈内部大学联盟，组建中国区域性高校联盟组织。通过该组织，同一经济区域的不同高校可以在自愿的基础上按照平等互利的原则进行合作，形成区域人才交流和培养的公共网络，搭建面向市场的科技服务平台，最大限度地整合区域优质高等教育资源，形成整体品牌效应，提高各高校的学术声誉和社会地位，扩大它们在教学、科研和社会服务方面的产出规模。

区域性官方组织是一种建立在不同资源禀赋、不同经济发展水平基础上的优势互补的区域性合作，需要各省区高等教育系统根据区域经济的发展需要，培养不同层次、不同结构的高素质人才与之相适应。成立跨省区官方联合组织能够更好地协调经济区域内高等教育的发展，支持各省产业结构合理、有序地调整和升级，提升区域的产业竞争力。此外，不同的城市和地区之间还可以根据需要，在国内乃至世界范围内寻求合作地区，成立横向的松散型区域协作组织，以满足某一领域的公共需求和打造特色高等教育的需要。为了便于区域性官方合作组织的联络，有必要制定区域高等教育协作章程和跨区域高等教育资源共享服务平台。

（2）保障机制

第一，制定跨区域高等教育协作章程。

区域高等教育合作章程是按照区域经济和高等教育良性互动发展政策的要求，将权利与义务相结合而形成的，由区域内各合作方共同制定并认可的，规范区域高等教育合作关系和规定区域高等教育合作目标、手段、方法、途径、内容的一套制度性规范的总和。它对区域高等教育各合作方具有约束力和保障力。如针对我国东部、中部、西部经济发展的非均衡性和对人才的不同需要，不同区域合作章程要体现符合该区域利益的高等教育发展战略。东部沿海地区经济发达，对外开放程度高，第三产业发展快，因此，这一地区的高等教育应进一步优化产出结构，积极培养各类高层次综合型、复合外向型、应用技术型等人才，适应本区产业结构调整和参与国际竞争。中部地区目前正处在工业化阶段，沿海的部分劳动密集型产业向中部转移，传统工业进一步发展，农业向专业化和集约化过渡，该地区的高等教育应培养工农业生产所需的，适应地区工业转产、农业技术推广及进行两次开发的技术实施和技能操作型人员。在西部地区，除少数中心城市以外的大部分地区尚处于早期工业化阶段，产业结构以农牧业为主，乡镇企业起步较晚，基础产业和基础设施落后，这一地区的高等教育应加强师范教育和职业技术教育，重点培养有关能源、交通、原材料开发等专业技术人员，积极培养为西部农村经济和农牧业生产发展服务的技术研究和推广人才、乡镇企业人才。①

第二，构筑跨区域高等教育资源共享服务平台。

我国区域高等教育资源配置结构不合理，一个主要原因是高校封闭办学，高等教育资源缺乏流动性，在物质资源、教师资源、信息资源方面的共享程度低。因此，有必要打破地域界限、高等教育与其他领域的行业界限，构筑跨区域高等教育资源共享服务平台。首先，我们要提高区域公共设施的共享程度，鼓励区域内高校之间、高校与科研机构以及企事业组织之间开展协作，实现优势互补，提高公共设施的使用效率。资源的拥有者与使用者之间要互相提供方便，实行有偿服务，并通过签订协议书的方式把协作关系明确化、固定化。另外还可以通过计算机和互联网实现各单位之间的电子信息管理。其次，要提高区域教师资源和课程资源的共享程度。针对目前一些省区优质教师数量不足、教育科研能力不高的问题，可以采取设立联合教授的措施。联合教授制度起源于英国，它是产学研结合的一种重要手段。借鉴外国的做法，中国同一地区高校之间可以进行教授聘任，在某一领域有特长的教师可以成为某一地区共同的教授，打破现有教师只属于某一高校的封闭情况。这样做既可以产生良好的结构效益，又可以提高优质教师的专业化水平，提高地区高校整体科研能力。最后，要克服各省区高等教育信息的不对称性，形成向社会公开的信息披露制度，这样可使任何一个地区增加教育合作中的可预测性，最大限度地减少由于相互封锁信息而导致的合作风险。这些信息可以通过网络、传媒和各种渠道定期地、规范地、无保留地、详尽地将本区域的高等教育信息发布出来，接受公众监督、查询、了解、分析、评价。这样既可以避免具有地方保护主义色彩的劣质“高教土政策”，又可以鼓励不同地区高等教育制度创新，提高区域高等教育资源配置效率。

第三，建立跨区域高等教育协作利益补偿和激励机制。

我国区域高等教育领域具有多重博弈关系，纵向博弈关系有中央或上级主管部门与地方政府之间、地方政府与辖区内高校之间的博弈，横向博弈关系有区域合作方之间、不同高校之间的博弈，这就使得区域合作变得十分复杂，仅靠合作方的诚

① 傅毓维，邵争艳．加强区域高等教育协作的思考 [J]. 科技与管理，2006(5).

信是不能维持长期合作局面的，因此，需要建立能够促进各方合作的利益激励和补偿机制。在利益激励方面，应承认并充分重视合作关系中不同个体的局部利益，通过有效的评价手段，引导个体为实现局部利益而努力。在利益补偿方面，应设计一套制度安排，把区域合作建立在中央与地方、一区域与另一区域的利益互补的基础上。凡中央或上级组织要求建立的区域合作关系，中央或上级组织应制定相关的利益补偿政策；凡一区域与另一区域建立的合作关系，应让合作双方本着互惠互利的原则商议利益补偿问题。我国东西部之间、落后地区与发达地区之间的合作，由于优势不对称，这种合作关系中的动力必须来自中央或上级组织利益补偿的政策供给，如政府的财政性转移支付、税收优惠等措施。对于经济发展水平相似的地区间的合作，应鼓励区域间的自我调节。针对区域高等教育协作中的不同项目，激励和补偿措施也是不同的，没有统一的规律可循，各地要灵活机动地运用利益激励和补偿机制，引导区域高等教育合作顺利展开。

第四，加强对西部地区的高等教育“对口支援”。

所谓“对口支援”，是指由政府启动，在发达地区和不发达地区有关机构和学校之间建立稳定的伙伴关系，引进发达地区的物质和智力资源，促进不发达或欠发达地区教育发展的一种援助模式。[①] 这种模式在 20 世纪 50 年代就开始萌芽，80 年代至 90 年代不断发展。随着国家于 2000 年开始实施西部大开发战略，政府更为重视教育上的“对口支援”，并出台了一系列政策措施。2000 年国家启动了学校“对口支援”工作的“两个工程”，即“东部地区学校对口支援西部贫困地区学校工程”和“西部大中城市学校对口支援本省（自治区、直辖市）贫困地区学校工程”。在高等教育领域，2001 年教育部启动了“对口支援西部地区高等学校计划”。几年来，东西部高校“对口支援”工作成效显著。通过“对口支援”，受援高校的办学质量明显提高，学科建设和师资队伍建设持续进步，管理能力和国际交通能力不断提高。[②]“对口支援”推动了我国高等教育的区域协调发展，提升了中西部地区的高校办学质量，为中西部地区专门人才的培养做出了很大贡献。

但是，作为正式教育制度之外的一种补充性教育制度安排，“对口支援”计划在运行过程中也存在一些问题，如：政策运行资源不足，高校成本收益不相称，与

① 李延成 . 对口支援：对帮助不发达地区发展教育的政策与制度安排 [J]. 教育发展研究，2002(10).

② 周济在“对口支援西部地区高等学校工作经验交流会”上的讲话 [EB/OL]. http://www.moe.edu.cn/edoas/websitel8/info24516.htm.

相关政策联系松散，政府与学校的责任界限模糊，等等。所有这些，都需要进一步予以完善，并建立“对口支援”的长效机制。（见图 9-11）

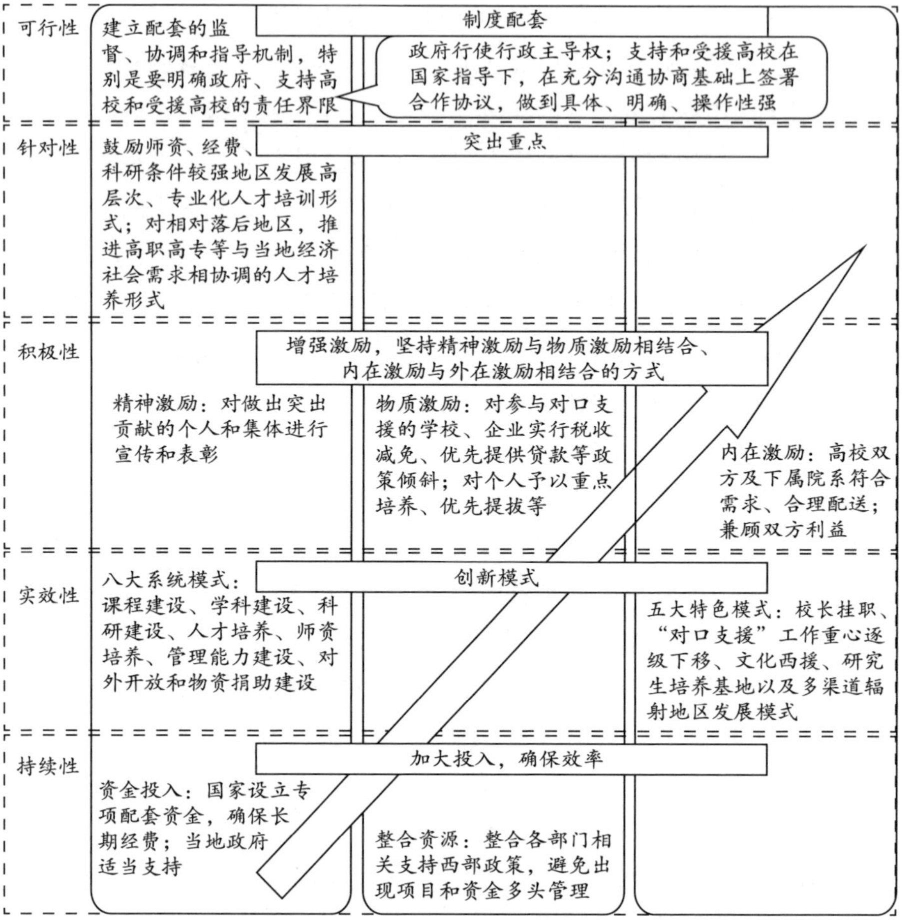

图 9-11 高等教育“对口支援”模式

（四）优化高等教育经费筹集机制，促进高等教育资源协调分布

高等教育经费筹措机制与高等教育管理体制分不开。我们首先从分析当前我国高等教育管理体制入手。

1. 当前高等教育管理体制

我国当前的高等教育管理体制见图 9-12。

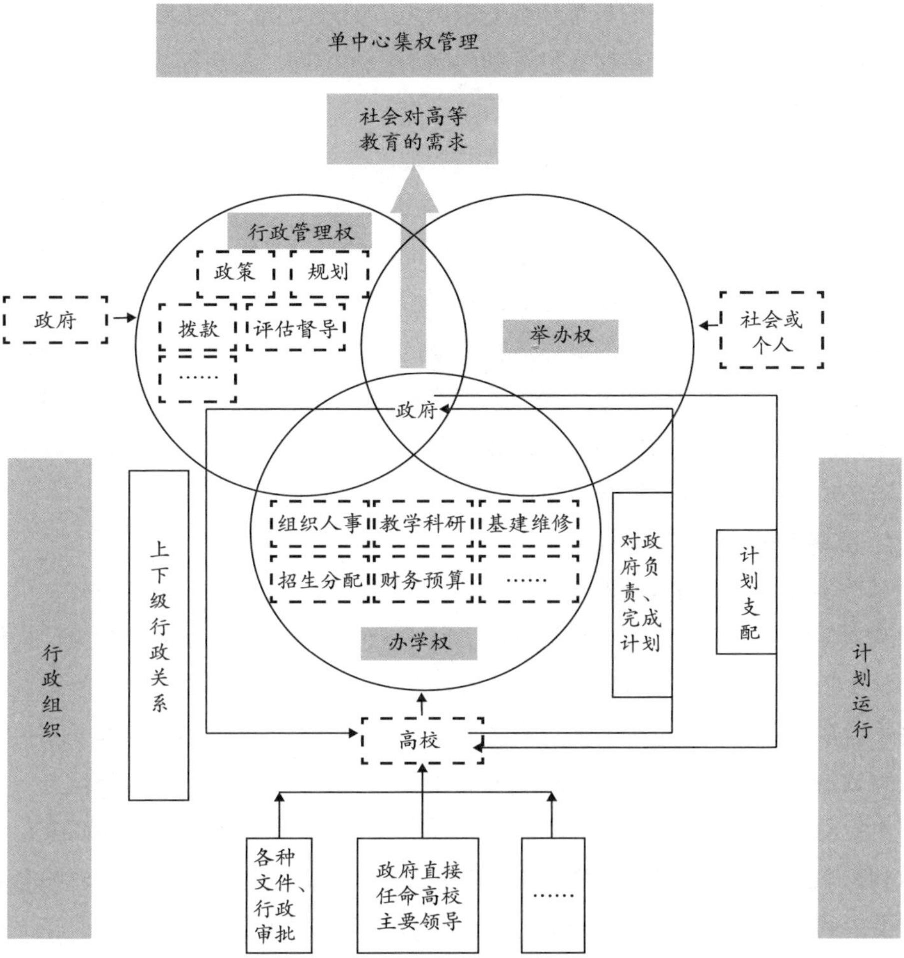

图 9–12　当前我国高等教育管理体制图

这种单一集权管理体制导致的资源配置低效率要求我们必须建立与市场经济体制发展相符合的高等教育经费筹措机制。

中央政府在高等教育中的作用是确保我国区域之间教育资源、教育机会的平均分布。现阶段我国各个地区的经济发展水平不一，地方财政能力也相差甚远。贫困地区缺乏足够的经费来支持高等教育的发展，而这些地区往往同时面临着高素质人才的紧缺状况。因此，中央财政应确实地履行转移支付的职责，补贴地方财政资金不足的省市。同时，中央财政的转移支付也必须建立在相关机构的审查制度上，以确保教育资源紧缺的地区和高校能真正得到支持。就未来的改革趋势而言，中央政府和地方政府高等教育财政责任的划分，主要应当根据具体的高等教育事务的特征来划分，而不是学校行政隶属关系。

具体来说，高等学校的日常经费需求由地方财政提供，中央政府只负责对地方高等院校及对学生的教育转移支付资助。因为，一方面，在高等教育财政中通过转移支付平衡地区间公共高等教育资源的差异也是中央级教育财政不可推卸的职责。通过中央政府的转移支付弥补地方财力薄弱地区高等教育对公共资源的需求是扶持经济不发达地区高等教育发展的重要措施，也是平衡公共教育资源分布的重要途径。另一方面，通过建立由中央政府负主要责任的高等教育学生资助制度，让中央财政用相对充足的经费为大学生提供资助，可以使高等教育公共资源得到更切实的保障，可以更为有效地对处境不利的群体进行积极的补偿。中央财政可以划拨专项资金，建立教育基金用于设立奖学金和提供无息或者低息助学贷款，帮助没有支付能力的学生获得接受高等教育的机会，促进教育公平。同时也要注意，奖学金和助学贷款的审查必须严格，以确保资金的使用效率。

2. 高等教育经费筹措机制

高等学校是接受财政经费的最终主体，它分别从中央财政、地方财政、民间投资捐款、学生学费四个渠道中获得支持。其中，中央政府通过发放奖学金、提供贴息的学生贷款扩大高等教育机会均等。在学生资助体系中，中央政府在政策制定、信息平台搭建、贷款贴息等方面负有主要责任，这是经济条件不利家庭子女接受高等教育的保证。现行制度下，省属地方高校学生贷款利息贴息和风险补偿金的支付主要由生源地负责，如果生源地和就读高校所在省份一致，则由地方财政支付学生贷款利息贴息和风险补偿金。省属地方高校绝大部分在本省招生，故财政贴息和风险补偿金的承担者主要是地方政府。地方政府财力状况决定着学生贷款覆盖面。如果地方财力不足，则会影响到学生贷款的发放量，进而影响入学机会的区域分布。

3. 提高高等教育经费使用效率，增强高校财务管理硬约束

提高经费使用效率的要点在于减少信息不对称所带来的政府部门与高校之间的低效率，集中经费支持重点学科和项目。

（1）建立教育资金拨款的中间机构

目前我国的财政性教育经费都是由各级财政直接拨款。在这种情况下，政府拨款的决策人对高等教育的了解程度不深，政府与高校之间存在信息不对称，因此，高等教育经费预算经常不能真正满足学校和社会的需求，拨款金额往往是取决于财政的供给能力。如果政府想做到深入了解高校，就必须花费大量的成本进行调研。这样即使解决了信息不对称问题，经费使用效率也同样得不到提高。另外，教育经费的预算执行又缺乏法律意义上的约束，使得拨款成为政府的“单方行为”，缺乏相应的拨款依据和监督。此外，由于没有中间机构，高校直接面对政府，这使得高校处于相对弱势的地位，不得不通过非正规途径获取更多的教育经费。这种情况的存在进一步破坏了拨款的公平性。

如果在高等学校和政府部门之外设立一个独立的中间机构，高等教育经费的使用效率将大大提高。中间机构应由一些资深的教育界人士和经济管理相关人员组成，审查高校的预算，监督预算执行情况，审查预算外经费的需求和教育经费的使用情况，从而增加拨款的透明度，提高资金的使用效率。

（2）改革高等教育经费财政拨款模式

依据高等教育拨款公平和公开的基本原则，结合世界高等教育拨款模式的发展趋势和有益经验，我们认为，中国高等教育拨款模式的改革方向应是加强绩效评价与拨款的结合，增强拨款的科学性和透明度，促进公平与效率，鼓励创新与进步，使有限的资源发挥更好的效益。

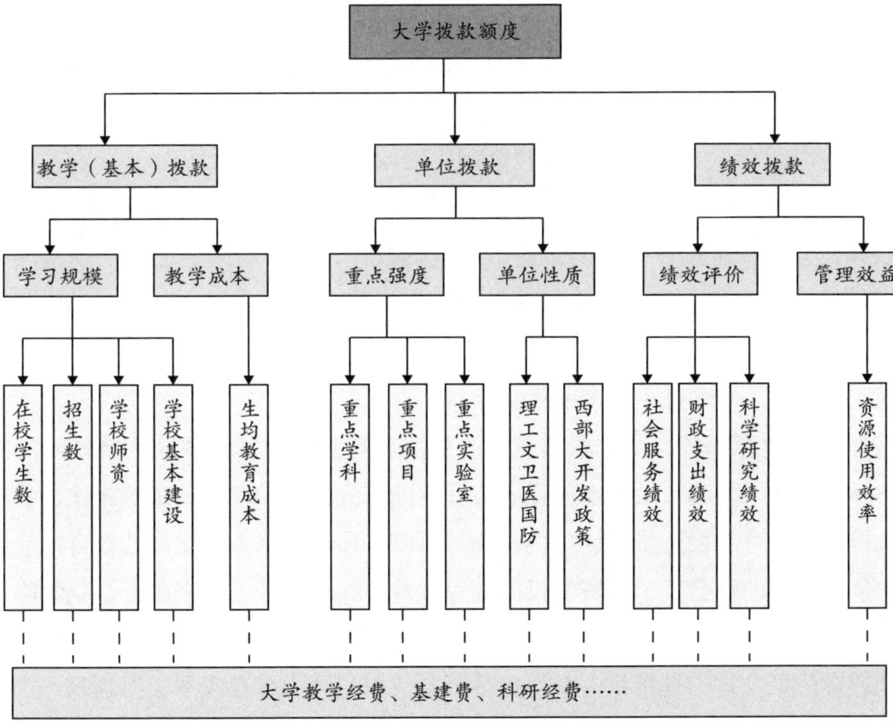

图 9–13　我国高等学校财政拨款评价模式

建立健全高校质量评估机制和评价指标体系，将评估的结果与拨款直接挂钩，运用绩效对高等学校的所有拨款使用的效益、效率和质量进行衡量，以决定后续拨款的多少、方向、形式和方法等。督促高校间的良性竞争，使教育资源得到更为充分、有效的利用。同时，政府相关部门要着手制定适合我国国情的绩效拨款指标体系，将拨款与评估密切结合起来，鼓励高等学校进行资源的合理竞争，以实现既能优化资源配置，又能搞活高等教育和提高高等教育整体水平的目的。

将保证教学的常规拨款与提升水平的专项拨款分开拨付，提高教育拨款的透明度和针对性，最大限度地发挥教育资金的使用效率。同时发挥合同拨款的优势，用于科研和专项基金的分配，以确保教育经费的使用效率和质量，提高科研水平，使高校间建立起既合作又竞争的良性发展氛围，从而发挥高校的自主性，提高我国高等教育的整体水平。另外，还可通过合同拨款，使高校服务于政府和社会的专门需要，充分发挥大学的社会功能。加快政府职能转变，形成政府宏观管理、高校自我约束、社会参与评价相互结合的有效机制，推动高校成为“面向社会依法自主办学的法人实体”。通过拨款方向、拨款模式、拨款数量等来指导高校的发展。

（3）推进高等教育基金制

教育基金是由社会捐资设立，由专门机构进行投资运作，投资收益用于资助教育事业的新型基金。从长远来看，这是一种发展趋势。在我国市场经济体制不断完善、高校财政拨款机制深化改革的条件下，逐步实行高等教育基金制的时机已经较为成熟，可以逐步设立和实行教育基金制，使政府的高等学校拨款、科研项目合同拨款和学生资助拨款逐步向基金制过渡。现在教育部直属高校、中央其他各部委所属高校和地方高校也都在逐步实施拨款制度的改革，以普遍基金加专项基金的方式分配高等教育事业费，将在时机成熟时成立专门的高等教育基金委员会，负责高等教育经费的分配。

（4）建立高等教育经费多元筹集模式

我国高等教育财政改革的根本方向是解决高等教育经费短缺这一制约发展的瓶颈。“开源”和“节流”是根本途径。与发达国家的高等教育经费来源相比，我国政府财政拨款占教育总投资量的比例仍很高，所以必须继续努力深化高等教育财政体制改革，争取更多的社会、个人资金投向高等教育。在教育经费的来源上，我国除了继续贯彻“政府拨款为主，多渠道筹措”的方针，还可以对学费的来源结构进行调整。所谓的教育公平，并不是指每一个学生都必须负担相同的教育成本，而是每一个学生都应该获得相同的教育机会。因此，学费的金额应该与学生及其家庭的支付能力成正相关。此外，可以适当放开对私立学校的学费限制，这也能帮助民办学校投资者有效地获得回报。国家、地方和学校应设立各种奖学金和无息助学贷款，资助那些有能力上大学但家庭贫困的学生，以确保所有适龄人员都获得平等的受教育机会。

10

中国大学内部效率的地区差异分析

第10章

中国大学内部效率的地区差异分析

从20世纪末以来，中国的经济社会发生了举世瞩目的转型与发展。与经济社会转型与发展相伴随，中国的高等教育系统也发生了巨大的变化，包括高等教育规模大幅度的扩展、建设世界一流大学目标的建立、高等教育经费的大幅度增加、成本补偿机制与学生资助政策的建立、高等学校内部财务管理体制的变革等。在市场与政府的双重推动下，高校之间在生源、资金和学术研究等方面竞争越来越激烈，也越来越注重办学的效率。①

中国幅员辽阔，地区间的差异也是巨大的。因此，随着中国高等教育学生规模的扩大、高等教育经费与资源的增长，关于中国高等教育资源的地区差异的讨论与研究越来越多。有研究发现高等教育学生规模的地区差异从20世纪末以来的确有变小的趋势②，然而不可否认的是，高等教育的许多指标尤其是和质量相关的指标依然存在着明显巨大的区域差异，而且有些指标的差异有扩大的趋势，比如高等教育的生均经费支出的区域差异就呈现明显上升的趋势③。

目前似乎很少有研究关注在中国高等教育规模扩展、高等教育经费总量大幅度增加、高等教育财政体制不断改革的转型期，高校内部效率的地区差异。即使在国际范围内，也很少有实证研究分析高校内部效率的地区差异，尽管已有研究发现地区因素会影响到高校的成本与效率。因此本章准备以中国的大学为例，对大学内部效率的地区差异做一个实证分析，以弥补这一领域实证研究的不足。本章将以东部、中部、西部这三个地区为分析对象，来实证研究我国高校内部效率的地区差异。

现有关于高校内部效率的实证研究，基本上可以分为两类。一类采用多产出模型，一类使用DEA方法。本章将使用多产出模型，实证分析中国东部、中部、西部这三个地区高等学校内部效率的差异，以及近年来这种差异的变化情况。

---

① 丁小浩，李锋亮，孙毓泽．我国高等教育投资体制改革30年——成就与经验、挑战与完善[J]. 中国高教研究，2008(6).

② 刘精明．扩招时期高等教育机会的地区差异研究[J]. 北京大学教育评论，2007(4).

③ 鲍威，刘艳辉．公平视角下我国高等教育资源配置的区域间差异[J]. 教育发展研究，2009(23).

本章的内容安排如下：第一部分是研究方法，对所用的模型和指标进行介绍。第二部分是对研究对象、所用的数据以及模型涉及的变量进行介绍。第三部分是对近年来不同地区高校二次成本函数的估计过程以及内部效率的计算分析过程。第四部分是最终实证结果的呈现与讨论。最后一个部分是结论。

一、大学内部效率的研究方法

（一）多产出成本函数

20 世纪 70 年代到 80 年代，经济学家在研究多产出组织（multi-product organizations）中建立起来的一套完整的分析框架，被称为多产出组织理论。这个理论认为，如果单个组织生产两种或两种以上产品时，其总成本要比单独放在不同的组织的生产成本之和少，这就表明这种生产方式存在着范围经济，而这种多产出的生产方式也被称为联合生产（joint production）。鲍莫尔（Baumol）等人 1982 年开创性地构建了一整套分析多产出组织的成本—效率的工具，并总结指出，在分析多产出组织的研究中，有三种最为常用的多产出成本函数形式，分别是二次（quadratic）成本函数、不变替代弹性（CES）成本函数和混合超越对数（hybrid translog）成本函数。[①] 此后，这一分析多产出组织的分析框架被广泛应用于银行业、交通运输业、公用设施、电信业以及医疗服务行业等具有多产出组织特征的行业中。

科恩（E.Cohn）等人 1989 年首次将多产出组织的分析框架应用于分析高等教育机构的运行效率，并应用二次成本函数分析了美国的公立大学与私立大学的规模经济和范围经济。[②] 本章同众多国内外的研究一样，将高等教育机构与多产出的工厂、企业一样当成多产出的组织，其投入与产出的模型一般表示为以下形式：

$$C(y)=f(y;p_i,x_i) \quad (10.1)$$

其中，C 表示总成本，y 表示产出的一组向量，p 表示投入价格向量，x 表示投入要素的数量向量，f 表示当前技术下生产过程的关系。

① Baumol, W. J., Panzar, J. C., Willig, R. D. Contestable Markets and the Theory of Industry Structure[M]. New York: Harcourt Brace Jovanovich, 1982.

② Cohn, E., Rhine, S. L. W., Santos, M. C. Institutions of Higher Education as Multi-product Firms: Economies of Scale and Scope[J].Review of Economics and Statistics , 1989(2):284-290.

在目前针对高等教育范围经济的实证研究中，除了少数研究使用了 CES 成本函数和超越对数成本函数外，大部分研究者使用二次成本函数。在实际操作中，这些方法之间还存在着许多差异，例如在某些情况下超越对数不能允许某项产出为零。本章的主要研究目标是实证研究高校的规模经济与范围经济的地区差异，而到底用哪种形式的多产出函数进行分析并不是本章重点考虑的问题，因此本章将沿用目前在该领域应用最广泛的二次成本函数进行分析，而不过多探讨其他方法与模型的优劣。

可变的固定成本二次函数（FFCQ）具有以下的一般形式：

$$C = a_0 + \sum_i a_i F_i + \sum_i b_i Y_i + \sum_i \sum_j c_{ij} Y_i Y_j + v \quad (10.2)$$

这里 a_0、a_i、b_i 和 c_{ij} 都是系数，Y_i 是第 i 项产出，F_i 是虚拟变量，如果产出 i 为正，则 $F_i = 1$，否则，$F_i = 0$。

C 是获得众多产出需要的总成本。一般而言，总成本包括了高等教育机构用于教学、科研和社会服务的所有成本，而不将高等教育机构的经营支出、对附属单位补助以及自筹基建经费等纳入其中，这是因为经营支出和对附属单位补助并不直接导致教学、科研或者社会服务的产出；自筹基建经费是一次性年度大投入，其效果却会持续很多年，如果将某年度的自筹基建经费纳入某年度的总成本会带来巨大的干扰。

对于产出变量 Y_i，一般而言高等教育机构的产出有三大类：第一大类是教学，第二大类是科研，第三大类是社会服务。社会服务的数据难以获得，目前似乎没有实证研究对社会服务进行分析。对于科研而言，很多实证研究用科研经费来衡量，本章也沿用已有研究的做法，将科研经费作为科研产出的变量。对于教学而言，已有的大多数研究将其分为本专科教学产出和研究生教学产出两种，这是因为这两种教学产出是存在巨大差异的。大多数实证研究都用学生规模来衡量教学产出，本章同样沿用这种做法。所以本章关于教学产出有两个变量：一个是本专科学生规模，另一个是硕士和博士研究生规模。

本章因为要研究区域差异，所以要加入关于区域划分的虚拟变量。本章将我国高等教育机构所在区域划分为东部、西部、中部三类，故需要引入两个虚拟变量 F_1、F_2。其中：

$F_1 = 1$，当所选高校位于东部地区，否则，值为 0；

$F_2=1$，当所选院校位于中部地区，否则，值为 0。

（二）规模经济

本章将重点关注高校的规模经济（Economies of Scale）和范围经济（Economies of Scope）这两个指标。规模经济又有两个子指标，分别是总体规模经济（Ray Economies of Scale）和特定产出规模经济（Product-Specific Economies of Scale）。总体规模经济指在一个多产出组织中，所有不同种类的产品按照组成比例不变的情况进行规模扩大带来的成本节约。总体规模经济是假设各个产品规模成比例增长，而多产出组织的规模变化通常不会是所有不同的产品按照同样的规模进行扩大，而有可能是通过变化其中的某一种产品的产量从而进行规模扩大的。这就引出了特定产出规模经济。特定产出规模经济是指在保持其他产品的规模不变的条件下，增加某项特定产出的产量带来的成本节约。

要计算特定产出规模经济，首先要计算得到这项产出的平均递增成本（Average Incremental Cost，AIC）。第 k 项产出的平均递增成本为：

$$AIC_k=\frac{C(q)-C(q_{n-k})}{q_k}\quad(10.3)$$

$C(q)$ 是生产 n 项产出的总成本，$C(q_{n-k})$ 是生产除 k 以外的其他所有产出的总成本。

得到了 AIC，那么第 k 项产出的规模经济可用平均递增成本和边际成本的比例来测算：

$$S_k=\frac{AIC_k}{C_k(q)}\quad(10.4)$$

其中 $C_k(q)=\partial C/\partial q_k=MC_k$ 是第 k 项产出的边际成本。

如 S_k 大于 1，则对于某种产出 k，规模经济存在；反之，当 S_k 小于 1 时，对于产出 k，规模经济不存在。

总体规模经济的计算公式如下：

$$S_R=\frac{C(q)}{\sum_k^n q_kC_k(q)}=\frac{1}{\sum_k^n \varepsilon_{Cq_k}}\quad(10.5)$$

如果 S_R 大于 1，说明存在总体规模经济；如果 S_R 小于 1，则说明总体规模不经济。

（三）范围经济

一个组织内产品的多样性，被称为“范围”。范围经济是说在一个组织里生产两种或两种以上的产品比单独放在不同的组织里生产带来的平均成本的节约。高等教育机构的生产就被看作典型的多产出生产，因为它通过对全体教职员工、设备、设施、场地和建筑等投入的使用，获得了多种联合产出，即本科教学、研究生教学、科研和社会服务。范围经济也分为总体范围经济（Global Economies of Scope）和特定产出范围经济（Product-Specific Economies of Scope）两种情况。

总体范围经济的计算公式为：

$$S_G = \frac{\sum_{k}^{n} C(q_k) - C(q)}{C(q)} \quad (10.6)$$

如果 S_G 大于 0 或小于 0，则表明存在总体范围经济或不存在总体范围经济。

特定产出范围经济计算公式如下：

$$SC_k = \frac{C(q_k) + C(q_{n-k}) - C(q)}{C(q)} \quad (10.7)$$

对于产出 k，特定产出范围经济是否存在取决于 SC_k 是大于 0 还是小于 0。大于 0，说明存在特定产出范围经济；小于 0，则说明特定产出范围经济不存在。

本章既关注总体产出的规模经济和范围经济，也关注特定产出的规模经济和范围经济。

二、中国大学内部效率实例研究

（一）研究对象

我们选择教育部直属高校为分析对象，来实证研究高校规模经济与范围经济的地区差异及其变化情况，考察的时间跨度为 2004—2007 年。之所以选择从 2004 年开始分析，主要是基于以下考虑：从 20 世纪 90 年代中期到 2004 年，由于学生规模以及学费的快速增长，高校的经费来源结构一直处于变化中，学费占整个高校收入的比例持续快速增长[①]，一直到 2004 年，学生的学费水平以及高校的学费收入受到各方面的压力才稳定下来。由于收入结构会在很大程度上影响成本结构，所以在对成本方程、规模经济与范围经济进行比较时，不宜将收入结构变化较大的年份考虑进来，所以本章从 2004 年开始分析。

之所以选择截止到 2007 年，这是因为 2008 年全球发生了金融危机，这对高水平大学的收入与成本结构都产生了相当大的影响。我们前期的数据分析结果也发现 2004—2007 年的高校成本函数相对一致，与之前的 2003 年和之后的 2008 年都差异甚大。为了便于比较，最终本研究决定比较年份为 2004—2007 年。

本章的分析对象是教育部直属高校，而没有选取地方政府所属高等院校、各种高等职业技术学校、民办高校，是因为教育部直属高校作为中国高等教育机构系统这一金字塔的顶尖，基本上包括了我国综合排名靠前的高校，并且其中大多数高校都是“211 工程”高校，所以这些高校的规模经济与范围经济的地区差异具有可比性。

（二）变量与数据

在产出的量度上，本研究遵循大多数已有研究的做法，将高校的产出分为：①本（专）科教育产出；②研究生教育产出（包括硕士和博士）；③研究产出。其中对研究产出的度量是上述这些产出中最富有争议的[②③④]。本章沿用已有研究[⑤⑥⑦⑧]，用科研支出（research expenditure）来测量科研产出（research output）。

① 根据各年度的《教育经费统计年鉴》和《教育事业统计年鉴》计算得出的结论。

② Cohn, E., Rhine, S. L. W., Santos, M. C. Institutions of Higher Education as Multi-product Firms: Economies of Scale and Scope[J].Review of Economics and Statistics , 1989(2):284-290.

③ Koshal, R. K., Koshal, M. Economies of Scale and Scope in Higher Education: A Case of Comprehensive Universities[J]. Economics of Education Review , 1999, 18 (2): 269-277.

④ Toutkoushian, R. K., Porter, S. R., Danielson, C., et al. Using Publications Counts to Measure an Institution' s Research Productivity[J]. Research in Higher Education. 2003, 44(2): 121-148.

⑤ Cohn, E., Rhine, S. L. W., Santos, M. C. Institutions of Higher Education as Multi-product Firms: Economies of Scale and Scope[J].Review of Economics and Statistics , 1989(2):284-290.

⑥ Koshal, R. K., Koshal, M. Economies of Scale and Scope in Higher Education:A Case of Comprehensive Universities[J]. Economics of Education Review , 1999, 18 (2): 269-277.

⑦ Koshal, R. K., Koshal, M. Do Liberal Arts Colleges Exhibit Economies of Scale and Scope? [J]. Education Economics , 2000, 8(3): 209-220.

⑧ Hou, L., Li, F., Min, W. Multi-product Total Cost Functions for Higher Education: The Case of Chinese Research Universities[J]. Economics of Education Review , 2009,29(4): 374-381.

除了上述三种产出、三种产出的平方项以及彼此之间的交互项外，本章还将加入地区的虚拟变量，即以西部地区为基准的，东部地区和中部地区两个虚拟变量。表 10-1 是本章研究所用变量的定义，表 10-2 是 2004—2007 年各变量的简单统计描述。

表 10-1　变量的定义

变量	定义（单位）
TC	总成本（万元）
QU	本专科毕业生数（人）
QP	硕士和博士毕业生数（人）
QR	科研支出（万元）
ED	东部地区的虚拟变量
CD	中部地区的虚拟变量
IXY	表示不同自变量的交互项，即 X 自变量和 Y 自变量的交互项，比如表 10-2 中 IQUQP，即代表 QU 和 QP 的交互项，以此类推
XSQ	表示不同自变量的二次项，即 X 自变量的二次项，比如表 10-2 中 QUSQ，即代表 QU 自变量的二次项，以此类推

表 10-2　各变量的简单统计描述 (2004—2007 年)

变量	2004 年		2005 年		2006 年		2007 年	
	均值	标准差	均值	标准差	均值	标准差	均值	标准差
TC	67224.86	52170.42	78013.02	60891.68	83996.25	65812.99	100093.71	77063.98
QU	3754.13	2283.24	3949.12	2272.40	4014.97	2278.20	4022.53	2240.94
QP	1164.17	985.56	1402.66	1155.43	1849.69	1571.93	2146.33	1652.40
QR	204347.30	225261.72	7440.59	25980.15	265688.68	301171.87	312987.59	334251.05
ED	0.70	0.46	0.70	0.46	0.71	0.46	0.71	0.46
CD	0.13	0.34	0.14	0.35	0.13	0.34	0.13	0.34
IQUQP	5787988.41	7814370.46	7027953.32	9008892.34	9284561.81	12147146.09	10925863.44	15497049.88
IQPQR	394039725.1	686441034.4	20679418.9	75147682.4	772381209.6	1378632594.0	1014067488.0	1546889582.0
IQUQR	1016192620	1354215860	33980914	113550389	1276118060	1538613979	1541803267	1837425857
QUSQ	18900292.12	12240116.46	20688626.46	12669603.06	21240991.72	12801980.94	21135625.36	12356928.71
QPSQ	2405262.72	1869584.74	3284188.77	2435200.82	5859378.90	5745041.67	7300752.84	6437149.23
QRSQ	92177007758	94506483327	662233033	1800742612	160086000000	18906000000	208196000000	224391000000

表 10-3　二次成本函数加权最小二乘的回归结果 (2004—2007 年)

变量	2004		2005		2006		2007	
	系数	标准误	系数	标准误	系数	标准误	系数	标准误
QU	−0.181	1.398	5.812***	1.551	3.241**	1.465	−0.207	2.11
QP	44.970***	4.666	31.030***	4.868	31.663***	3.632	35.963***	2.787
QR	0.076	0.017	5.339***	0.835	0.083***	0.31	0.068***	0.022
ED	8313.666***	1805.017	16122.15***	3133.235	12178.47***	4269.228	18225.94***	2565.012
CD	8872.544***	2904.917	12857.27***	3942.396	9478.251*	5499.222	9696.404**	3799.615
IQUQP	−0.0009	0.0006	−0.0015	0.001	0.002***	0.0009	0.002*	0.001
IQPQR	0.00005***	0.000006	0.0002*	0.001	0.0002***	0.00000636	0.0007***	0.00000993
IQUQR	−0.00003***	0.000003	−0.0008***	0.00008	−0.0003***	0.00000666	−0.0004***	0.00000413
QUSQ	0.004***	0.0004	0.001	0.001	0.006	0.008	0.004***	0.001
QPSQ	−0.028***	0.002	0.001	0.006	−0.015***	0.0018	−0.030***	0.005
QRSQ	0.000000146***	0.0000000332	−0.00004***	0.00000612	0.000000306***	0.0000000674	0.0000000587	0.0000000312
常数项	411.716	2583.34	−9713.766**	4314.704	−5248.267	5450.305	−7466.004	4799.792
调整后的 R^2	0.989		0.990		0.982		0.996	

注："***"表示 $p<0.01$，"**"表示 $p<0.05$，"*"表示 $p<0.1$。

三、中国不同地区高校规模经济与范围经济的状况

表 10–3 是 2004—2007 年这 4 年二次成本函数的回归结果。接下来我们以 2007 年的数据为例，详细说明二次成本函数的估计过程以及规模经济与范围经济的计算过程。

（一）2007 年的二次成本函数的估计过程

对于 2007 年的数据，先对二次成本函数进行最小二乘法回归，结果发现很多变量的 T 值都很小，而方程的 R 方却比较大，我们由 C–X 的散点图初步判断，认为模型存在异方差性。我们再对模型的异方差性进行检验。使用 White 异方差性检验，发现模型存在异方差，故需要对模型进行异方差的修正。

对异方差进行修正，最常用的方法是加权最小二乘法（WLS）。加权最小二乘法是对原模型加权，使之变成一个新的不存在异方差性的模型，然后采用最小二乘法（OLS），再次估计其参数。其基本思想是，对较小的残差赋予较大的权数，对较大的平方赋予较小的权数，提高参数估计的精确程度。

我们以$w_i=\frac{1}{|e_i|}$为权，其中$|e_i|=|C_i-\widehat{C}_i|$为第 i 所高校总成本与估计总成本的差的绝对值。

将权代入原模型，使之成为新的模型，如下：

$$\frac{1}{|e_i|}C=a_0\frac{1}{|e_i|}+\frac{1}{|e_i|}\sum_i a_iF_i+\frac{1}{|e_i|}\sum_i b_iY_i+\frac{1}{|e_i|}\frac{1}{2}\sum_i\sum_j c_{ij}Y_iY_j+v \quad (10.8)$$

其中 i、j 分别取值 1、2、3。我们对新的模型再次进行多元回归，利用最小二乘法，得到 2007 年消除异方差后的回归结果。通过对比可以发现大多数变量的 T 值明显提高，系数从不显著变成了显著。且调整后的 R^2 的值由 0.863 上升到 0.996，说明方程拟合程度也有了明显的提升。

2007 年修正异方差的回归结果如表 10–3 中的“2007”列所示。从中可以看到区域的两个虚拟变量都是显著的，这说明地区的确是显著影响到高校成本—效率的重要因素。

（二）2007 年的规模经济的计算过程

我们将表 10–3 的系数代入公式（10.5），再根据规模经济的计算公式，可以得到东部地区高校的整体规模经济为：

$$S_R = \frac{98133.9838}{3361.773585\times(-2.17029)+2000.415094\times34.61868+306031.5472\times0.067603}$$
$$=1.14637211$$

$S_R > 1$，所以均值水平下东部地区高校存在总体规模经济。同样我们可以计算出中部地区、西部地区以及全国高校的 S_R 值，具体结果见表 10–4。

对于特定产出规模经济的计算，我们只选取东部地区的本专科教学产出作为样例叙述其过程，其他地区各个产出的规模经济计算过程类似。由公式（10.3）计算得到 AIC，再由公式（10.4）即可得到

$$S_1 = \frac{AIC_1}{MC_1} = 2.52568288$$

所以在均值水平下，东部地区对本专科教学产出的规模经济是存在的。

由上面计算，得到其他地区不同特定产出的规模经济，计算结果见表 10–4。

表 10–4　2007 年高校规模经济

规模经济	总体规模经济 S_R	本专科生 S_1	研究生 S_2	科研 S_3
东部均值	1.18742444	2.52568288	1.437724	1.013286
中部均值	1.09177013	–1.0536849	1.751298	1.035667
西部均值	0.97035563	–1.7470943	1.440562	0.894268
总体均值	1.14637211	5.66407623	1.473836	1.018299

可以看出，对于 2007 年的教育部直属高校，在 100% 均值水平下，东部地区、中部地区以及所有高校，其总体规模经济均是存在的。而西部地区则不存在规模经济。其中，东部地区规模经济程度最高，中部地区次之。

在特定产出规模经济方面，东部地区的三种产出，本专科教学、研究生教学和科研，都是存在规模经济的，且程度相对较高。中部地区研究生和科研产出存在规模经济，但是本专科的产出不存在规模经济。而西部地区，只有研究生产出存在规模经济，本专科生和科研的产出都不存在规模经济，这说明西部地区的成本效率还有相应政策有待提升与改进。所有高校来看，三种产出都是存在规模经济的。

（三）2007 年的范围经济的计算过程

对东部地区的总体范围经济进行计算，在均值水平（100%）下，均值处的总体范围经济：

$$SG_G = \frac{21193.42688 + 52387.91 + 82426.21 - 98133.9838}{98133.9838} = 0.0692206$$

由于 $SG_G > 0$，故东部地区在均值处存在总体范围经济。中部地区、西部地区以及全体高校的总体范围经济结果见表 10–5。

对于特定产出范围经济，我们根据公式（10.7），以东部地区本专科生教育产出为例，本专科的特定产出范围经济：

$$SG_1 = 0.40374285$$

$SG_1 > 0$，所以东部地区本专科教学产出范围经济存在。其他地区的各种特定产出范围经济计算过程类似，结果见表 10–5。

表 10–5　2007 年高校范围经济

范围经济	总体范围经济 SG_G	本专科生 SG_1	研究生 SG_2	科研 SG_3
东部均值	0.0692206	0.40374285	–0.48074	0.105794
中部均值	–0.1520593	0.42343237	–0.87214	0.126168
西部均值	–0.1926994	0.45858525	–0.94479	0.187853
总体均值	0.0003959	0.41780512	–0.60439	0.119306

可以看出，在均值水平下，东部地区以及所有高校的总体范围经济是存在的，但是中部地区和西部地区总体范围不经济。

特定产出范围经济方面，对于三个地区以及全体高校，本专科生教育产出、科研产出的范围经济存在，且范围经济的规模相差不多。其中西部地区的范围经济规模最大，其次是中部地区，最后是东部地区。而在研究生教学产出中，三个地区和所有高校的范围经济都不存在。这说明，研究生产出与其他产出的联合生产不会产生成本优势。

四、中国不同地区高校内部效率的差异情况

前面介绍了我们以 2007 年为例说明二次成本函数的估计过程。我们首先用普通最小二乘法对二次成本函数进行估计。由于本章研究时采用的是截面数据，可能

存在异方差。因此，我们对模型的异方差性进行检验。使用 White 异方差性检验，发现模型存在异方差。处理截面数据异方差性的一种方法是使用加权最小二乘法。加权最小二乘法是对原模型加权，权重选择为普通最小二乘法残差绝对值的倒数，使之变成一个新的不存在异方差性的模型，然后采用最小二乘法，再次估计其参数。

2004—2006 年的数据分别用普通最小二乘法估计二次成本函数得到的结果同样存在异方差，因此同样用加权最小二乘法对二次成本函数中各变量的系数进行估计。

2004—2007 年的回归结果如表 10–3 所示。从表 10–3 可以看到东部地区和中部地区这两个虚拟变量的系数都是显著的，这表明地区因素的确会显著影响到中国高校的规模经济与范围经济。这和一些已有研究的实证结果是一致的。①

根据加权最小二乘法的回归结果，我们可以得到二次成本函数的各变量的系数。再根据总体规模经济和特定产出的规模经济以及总体范围经济和特定产出的范围经济的计算公式，就可以得到 2004—2007 年度所有样本高校的各项规模经济与范围经济的指标，以及东部、中部和西部高校的各项规模经济与范围经济的指标。在上一部分，已经以 2007 年的数据为例进行了介绍，这里就不再赘述。

由于总体规模经济、研究生产出的规模经济、总体范围经济和研究生产出的范围经济地区差异和随年份变化的趋势较为明显，而其他指标地区差异与变化趋势相对而言更加杂乱，因此，本章重点讨论总体规模经济、研究生产出的规模经济、总体范围经济和研究生产出的范围经济这四项指标。2004—2007 年这四项指标的结果分别列在表 10–6 至表 10–9 中。

为了更加直观地描述这些指标地区差异的变化趋势，我们绘制了 4 幅图。图 10–1 至图 10–4 分别反映 2004—2007 年东部、中部、西部的总体规模经济、研究生产出的规模经济、总体范围经济、研究生产出的范围经济。

从图 10–1 可以看到，除了 2007 年的西部地区，其余所有年份、所有地区的高校均存在总体规模经济。从地区差异来看，每年都是东部地区高校的总体规模经济程度最高，其次是中部地区的高校，西部地区高校的总体规模经济程度最低，而且西部地区的高校在 2007 年从总体规模经济变为了不经济。

除了西部地区的高校，东部和中部地区高校的总体规模经济都有一个先增长再下降的趋势。这表明随着高校规模的不断扩展，整体规模达到一个边界，如果规模

① Dundar, H., Lewis, D. R. Costs and Economies of Scale in Turkey' s Postsecondary Vocational Schools [J]. Higher Education , 1995, 30(4): 369-387.

再进一步扩展，那么总体规模经济就有下降的趋势。对于东部地区的高校而言，这一峰值的年限在 2005 年；而对于中部地区的高校而言，这一峰值在 2006 年；西部地区高校的总体规模经济也在 2006 年达到最大值。

从图 10–2 可以看到，除 2005 年这个低谷外，其他年份、所有地区的高校均存在研究生产出的规模经济。而且从 2005 年后，所有地区高校的研究生产出的规模经济均呈近乎线性的上涨趋势，这表明虽然从 21 世纪初以来研究生规模在不断扩展，但是显然这种扩展是能够提升高校的规模经济的。这也从侧面说明研究生教育规模有进一步扩展的空间。这一观点也和已有对 2020 年前中国研究生教育规模的预测研究所得结论完全一致。①

从地区差异来看，每年都是中部地区高校的研究生产出的规模经济程度最大，东部地区的高校和西部地区的高校这一指标基本持平（前者略高于后者），可见又是西部地区的高校处于最低水平。

如果单纯看 2007 年的情况（如表 10–9 所示），可以看到关于规模经济的每一个指标，西部地区的高校都是最低的。而且西部地区的高校只有研究生产出存在着规模经济，本专科生和科研的产出都是规模不经济的。这说明西部地区高校非常有必要注重提高自己的效率。

表 10–6　不同地区高校的规模经济与范围经济（2004 年）

	规模经济		范围经济	
	总体	研究生产出	总体	研究生产出
东部地区高校	1.32	1.23	0.42	–0.01
中部地区高校	1.26	1.32	0.64	0.01
西部地区高校	1.13	1.20	0.38	–0.10
所有高校	1.31	1.24	0.45	–0.02

表 10–7　不同地区高校的规模经济与范围经济（2005 年）

	规模经济		范围经济	
	总体	研究生产出	总体	研究生产出
东部地区高校	1.50	0.98	0.43	0.11
中部地区高校	1.27	0.97	0.38	0.19
西部地区高校	1.02	0.98	–0.003	0.01
所有高校	1.45	0.98	0.41	0.11

① 李锋亮，袁本涛，刘惠琴．中国研究生在校生规模中长期预测——国际比较的视角[J]. 高等教育研究，2008(5).

表 10-8　不同地区高校的规模经济与范围经济（2006 年）

	规模经济		范围经济	
	总体	研究生产出	总体	研究生产出
东部地区高校	1.32	1.22	0.27	−0.21
中部地区高校	1.33	1.33	0.14	−0.48
西部地区高校	1.20	1.20	0.03	−0.53
所有高校	1.32	1.23	0.23	−0.29

表 10-9　不同地区高校的规模经济与范围经济（2007 年）

	规模经济		范围经济	
	总体	研究生产出	总体	研究生产出
东部地区高校	1.19	1.44	0.07	−0.48
中部地区高校	1.09	1.75	−0.15	−0.87
西部地区高校	0.97	1.44	−0.19	−0.94
所有高校	1.15	1.47	0.0004	−0.60

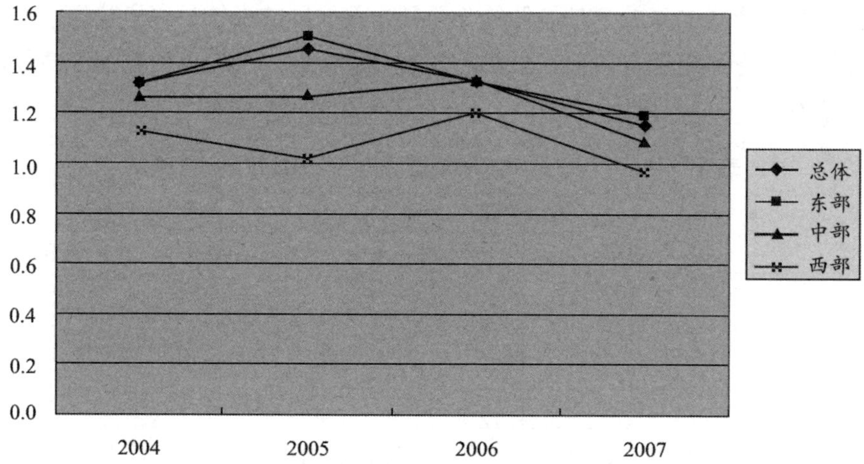

图 10-1　总体规模经济（2004—2007 年）

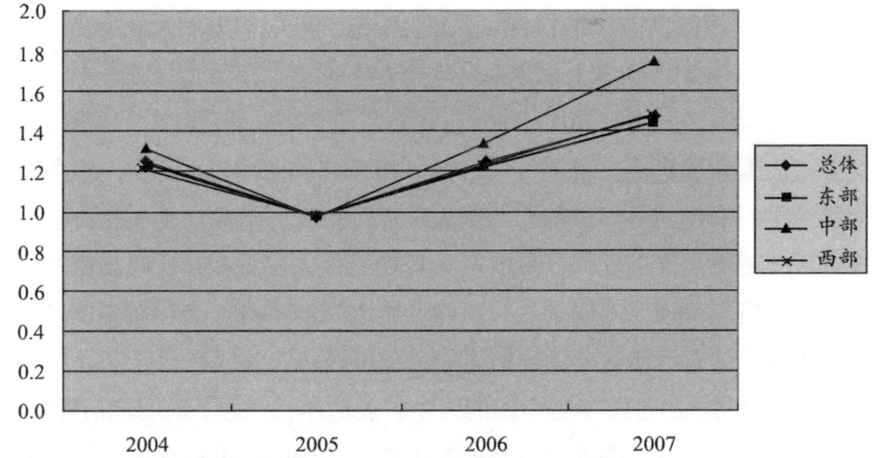

图 10-2　研究生产出的规模经济（2004—2007 年）

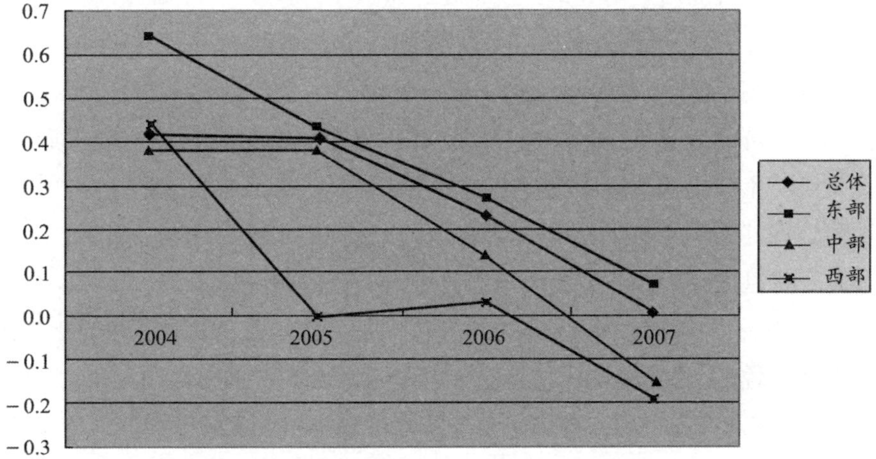

图 10-3　总体范围经济（2004—2007 年）

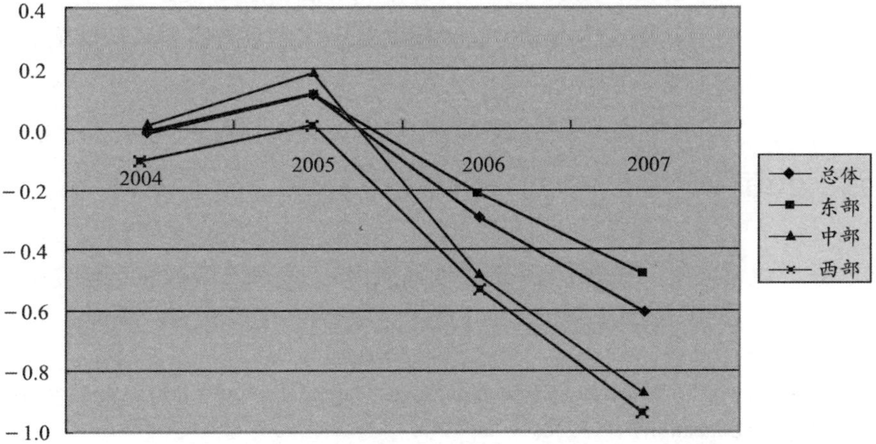

图 10-4　研究生产出的范围经济（2004—2007 年）

我们接着分析范围经济的情况。从图 10–3，我们可以很明显地看到，各个地区高校的总体范围经济基本上呈现逐年下降的趋势；尤其到了 2007 年，各个地区高校的总体范围经济基本上趋向于 0。这是可以理解的。20 世纪末，我国设定了要建设世界一流大学的目标。根据这一目标，在 21 世纪的前 10 年中，很多高校从以单一学科为主的学校朝多学科的综合型大学进行转变，十分注重加强科学研究的力量。这背后的逻辑是多种学科、不同产出的发展存在成本互补、产出相互促进的特点。然而一些研究发现，不同学科、不同产出之间的范围经济存在着边界，如果超越了这一边界，就有可能从范围经济走向范围不经济。①

如果说 21 世纪的前 10 年是中国的大学扩展的年代，这个扩展包括规模的扩展，也包括产出类型的扩展，那么接下来的若干年，中国的高校应该要更加注重内涵建设，注重提升自身的质量与效率，就是要“做强”“做精”。

从图 10–4，我们可以看到除 2005 年以外，各个地区的高校几乎均存在研究生教学产出的范围不经济。而且从 2005 年到 2007 年，各个地区高校的研究生教学产出的范围不经济的值越来越大。这说明尽管研究生产出的规模经济有不断增长的趋势，但是研究生产出的范围不经济也随之不断增长。那么在扩大研究生产出的规模时，如何处理好和本专科生产出以及科研产出之间的关系，增强这几种产出之间的成本互补，将是未来中国研究型大学需要重点关注的问题。

分地区来看，从 2004 年到 2007 年，依旧是西部地区的高校在研究生产出的范围经济上效率较低。综合表 10–6 至表 10–9 以及图 10–1 至图 10–4，我们可以发现，整体来看，东部地区高校的规模经济与范围经济要优于中部地区和西部地区的高校，尤其是要全面优于西部地区的高校。而且相比较而言，西部地区高校在各项范围经济的表现上显得较不稳定，这或许说明西部高校的联合生产产生的成本节约受到外界环境的影响，会有一些大的变动。这说明西部地区的高校需要采取措施提升自己的规模经济与范围经济。

五、小结

从 20 世纪末以来，尤其是 21 世纪的前 10 年，中国高等教育系统发生了巨大

① Dundar, H., Lewis, D. R. Costs and Economies of Scale in Turkey' s Postsecondary Vocational Schools[J]. Higher Education , 1995, 30(4): 369-387.

变化，高等教育规模大幅度扩展，高等教育收入大幅度增加，高校之间的竞争越来越激烈。与此同时，高等教育的许多指标，尤其是和质量相关的指标在不同地区和高校间依然存在着明显的差异。在这种背景下，本章以教育部直属高校为例，用二次成本函数研究了 2004—2007 年中国高校的总体规模经济、特定产出的规模经济和总体范围经济、特定产出的范围经济的地区差异以及变化情况。我们通过加权最小二乘法对二次成本函数中各变量的系数进行估计，发现在各个年份上，地区都是显著影响到高校规模经济与范围经济的一个重要因素。

通过对不同地区各个指标的计算，发现西部地区高校在规模经济与范围经济上与东部地区存在明显的差距。已有大量研究发现西部地区在高等教育资源的拥有量上存在全面的劣势。本章的研究发现，西部地区的高校不但在高等教育资源的占有上存在劣势，而且在运行效率上也与东部地区存在明显的差距。因此，我们不但要加强对西部地区高等教育的投入，还要注重提高西部地区高校的运行效率，从而促进西部地区高等教育的发展。

本章的实证研究结果还发现，从 2004 年到 2007 年，各个地区高校的总体范围经济基本上呈现逐年下降的趋势，到 2007 年，各个地区高校的总体范围经济基本上趋向于 0。这说明中国高校经过近 10 年的扩张与发展——这其中包括各种产出规模的扩大，还包括不同类型产出的增加，高校的范围经济已经接近一个边界，如果进一步超越这一边界，就有可能从范围经济走向范围不经济。

由此可见，未来在建设高等教育强国的过程中，中国高等教育发展的趋势应该不再是 21 世纪前 10 年的“做大”“做全”，而应该定位在提高质量与效率上，也就是要“做强”“做精”，努力建成世界一流大学。

11

高校布局调整及高等教育与区域经济社会发展关系研究

第 11 章

高校布局调整及高等教育与区域经济社会发展关系研究

20 世纪八九十年代以来的高等教育体制改革对管理体制、办学体制、招生就业体制、经费筹措体制等几个方面同时进行了一些重大调整，其中多项政策直接或间接地影响了我国的高等教育资源区域分布，而随着高校管理体制改革出现的高校合并浪潮也深刻地影响了地方高等院校的分布形态。

一、高等教育体制改革与学校布局调整政策研究

1993 年我国开展的高等教育体制改革包括五个方面：管理体制改革、办学体制改革、招生就业体制改革、经费筹措体制改革、学校内部管理体制改革，其中管理体制改革是重点和难点①。1985 年以来的高等教育体制改革中，“对今后高等教育发展战略影响最大的、对参与改革的各个主体的利益格局影响最大的就是管理体制改革以及与之相应的高校布局结构调整”②。

（一）高等教育管理体制改革

在计划经济体制下，我国高等教育管理体制存在着诸多弊端③④⑤，比如：

（1）条块分割。在计划经济体制下，存在隶属关系不同的两类高等学校。一类是中央部委所属高等学校，由中央业务主管部门投资举办并管理，为行业部门服务，即“条条”管理体制。另一类是地方政府所属高等学校，由省级政府投资举办和管理，为地方服务，即“块块”管理体制。在这种条块分割的管理体制下，中央部门所属高校过于重视行业需要，很难为地方服务。

① 周远清 . 我国高等教育改革与发展的回顾与展望 [J]. 高等教育研究 , 2001(1).
② 康宁 . 当前我国高等教育体制改革与结构调整的理论基础 [J]. 教育研究 , 2000(10).
③ 周远清 . 关于我国高等教育改革与发展的几个问题 [J]. 吉林教育科学 , 1997(7).
④ 周远清 . 加速高教管理体制改革势在必行 [J]. 中国高等教育 , 1998(2).
⑤ 周远清 . 中国高等教育的改革与发展 [J]. 清华大学教育研究 , 1997(1).

（2）高等学校科类单一。计划经济体制下发展经济主要按部门和行业来规划和组织，因而各行业部门办的学校多数是单科性的，专业设置重复，专业划分过细、过窄。这种行业特点很强的高等学校不适应当代科技发展对多学科相互交叉、渗透、融合的要求，同时也造成人才培养模式单一，培养的学生知识结构不合理的弊端。

（3）管理体制不适应市场经济的要求。原有的体制是“在计划经济体制下形成并为其服务的。而市场经济更多的是按区域来规划和组织、发展经济的，区域性特征明显，今后经济发展要由大城市向小城市辐射，形成长江三角洲、环渤海等七大经济区。同时中央主管工业的部门要裁削，日本只有一个通产省，而我们有好几十个工业管理部门，按中央的规划，这些部有的要削弱，有的要消亡，以适应社会主义市场经济体制的要求。同样高等院校要适应社会主义市场经济体制的需要进行改革。高等教育不仅要面向行业，还要面向区域经济，要为地方服务……我国高等教育要通过体制改革，强化学校为地区经济和社会发展服务的观念和功能”①。

（4）高等教育结构不合理，规模效益较差。原有的高校中单科性院校过多，专业重复设置，办学规模过小，办学效益很差，造成了教育资源的很大浪费。

针对高等教育管理体制的弊端，改革的总体思路是：①淡化和改变学校单一的隶属关系。通过学校主管部门与学校所在地的地方政府或其他部门实行多种形式的联合，逐步淡化原有的单一的隶属关系，扩大学校的服务面，逐步面向社会自主办学，并多渠道筹集办学经费。②加强省级人民政府的统筹。通过管理体制改革，地方政府把本地区的所有高等学校统一纳入所在区域经济、社会发展的整体规划，在国家宏观政策指导下，加强统筹，更多地支持中央部门和单位在本地区所办的院校办学，并充分发挥这些院校在地区经济建设和社会发展中的作用。③变条块分割为条块有机结合。条块分割是原有管理体制的主要弊端。通过深化改革和结构布局的调整，建立有效机制，打破条块分割，逐步变条块分割为条块结合。②

全国高等学校布局结构调整，主要实现以下目标③：①从我国国情出发，按照全国性（面向全国招生）、区域性（面向大区或数省招生）、地方性（面向本省、本地区招生，个别特殊专业也可面向数省招生）三类不同的服务覆盖面，来规划学校布局。②按照社会对人才规格需求的差异建立起合理的高等学校类型结构：少数既是教学中心又是科研中心的教学科研型学校，要以本科教育为基础，同时承担研

---

① 周远清 . 加速高教管理体制改革势在必行 [J]. 中国高等教育 , 1998(2).
② 周远清 . 中国高等教育的改革与发展 [J]. 清华大学教育研究 , 1997(1).
③ 周远清 . 加速高教管理体制改革势在必行 [J]. 中国高等教育 , 1998(2).

究生教育任务；以本科教育为主的学校，主要承担本科教育任务，其中部分学校适当承担研究生教育任务；高等专科学校和职业技术学院，主要培养在一线从事生产、服务和管理的各类实用型、技能型人才（其中高等师范专科学校主要培养中小学教师）。③逐步形成综合性院校（指文、理、工、农、医等各大门类学科较为齐全的学校）、多科性院校和单科性院校较为合理的布局。

1985 年出台的《中共中央关于教育体制改革的决定》提出要“改革高等学校的招生计划和毕业生分配制度，扩大高等学校办学自主权”，提出了给予高校六项自主权：“在执行国家的政策、法令、计划的前提下，高等学校有权在计划外接受委托培养学生和招收自费生；有权调整专业的服务方向，制订教学计划和教学大纲，编写和选用教材；有权接受委托或与外单位合作，进行科学研究和技术开发，建立教学、科研、生产联合体；有权提名任免副校长和任免其他各级干部；有权具体安排国家拨发的基建投资和经费；有权利用自筹资金，开展国际的教育和学术交流……”该决定还提出办学体制和投资体制的多样化：“为了调动各级政府办学的积极性，实行中央、省（自治区、直辖市）、中心城市三级办学的体制。中央部门和地方办的高等学校，要优先满足主办部门和地方培养人才的需要，同时要发挥潜力，接受委托，为其他部门和单位培养学生，积极倡导部门、地方之间联合办学。”

1993 年 2 月出台的《中国教育改革和发展纲要》明确提出：“进行高等教育体制改革，主要是解决政府与高等学校、中央与地方、国家教委与中央各业务部门之间的关系，逐步建立政府宏观管理、学校面向社会自主办学的体制。”“高等教育要逐步形成以中央、省（自治区、直辖市）两级政府办学为主、社会各界参与办学的新格局。”这标志着教育体制改革开始朝着适应社会主义市场经济体制的方向发展。[①]

1999 年 6 月出台的《中共中央国务院关于深化教育改革，全面推进素质教育的决定》提出：“进一步简政放权，加大省级人民政府发展和管理本地区教育的权力以及统筹力度，促进教育与当地经济社会发展紧密结合。今后 3 年，继续按照‘共建、调整、合作、合并’的方式，基本完成高等教育管理体制和布局结构的调整，形成中央和省级人民政府两级管理、以省级人民政府管理为主的新体制，合理配置教育资源，提高教育质量和办学效益。经国务院授权，把发展高等职业教育和大部分高等专科教育的权力以及责任交给省级人民政府，省级人民政府依法管理职业技

① 赵庆典，等 . 高等学校办学模式研究 [M]. 北京：人民教育出版 , 2007:70.

术学院（或职业学院）和高等专科学校。高等职业教育（包括高等专科学校）的招生计划改由省级人民政府制定，其招生考试事宜由省级人民政府自行确定。”

1994 年、1995 年、1996 年召开的高等教育管理体制改革座谈会总结了各地经验，罗列了在改革实践中形成的“共建”“合作”“协作”“合并”和“划转”五种管理体制改革的形式。其中“共建”主要指中央业务主管部门和地方省市政府共同建设和管理高等学校；“合作”指高校之间在教学、科研等方面开展合作，以便资源共享，优势互补；“协作”是指高等学校和企事业单位、科研院所之间开展多形式的协作办学；“合并”是指高校之间合并重组；“划转”是指高等学校在隶属关系上的转变，包括中央业务部门和省级政府之间，以及中央或地方的业务主管部门和教育管理部门之间。

1998 年是高等学校管理体制改革取得重要突破的一年。在国务院机构调整中，机械工业部等 9 个撤并部门的 91 所普通高校实行由中央与地方政府共建共管，其中 81 所实行以地方管理为主的管理体制，10 所成为教育部直属高校。到 2000 年，基本上完成了部门院校管理体制改革的任务。原来由 62 个国务院部门（单位）管理 367 所普通高校，变为现在只由 10 余个部门（单位）管理 120 所左右，其中，由教育部直接管理 71 所，其他少数部门管理 50 所左右。由地方管理或以地方管理为主的普通高校达 896 所。部门院校管理体制调整的完成，标志着我国原有的高等教育管理体制已经发生了历史性的变化，新的两级管理体制的框架基本确立。

康宁整理了自 1985 年以来我国高等教育管理体制改革与结构调整的变迁表。[①]（见表 11–1）

表 11–1　我国高等教育管理体制改革与结构调整变迁

时段	1985—1992 年	1993—1997 年	1998—2000 年
改革背景	《中共中央关于教育体制改革的决定》	《中共教育改革和发展纲要》	《中共中央国务院关于深化教育改革，全面推进素质教育的决定》
	实行有计划的商品经济体制	建立有中国特色的社会主义市场经济体制	坚持和完善社会主义市场经济体制，使市场在国家宏观调控下对资源配置起基础作用
	1985 年政府机构改革	1993 年政府机构改革	1998 年政府机构改革
学校数 / 在校生数	1016 所 /170.3 万人	1065 所 /253.55 万人	1071 所 /413.42 万人

① 康宁 . 当前我国高等教育体制改革与结构调整的理论基础 [J]. 教育研究 , 2000(10):2.

续表

时段	1985—1992 年	1993—1997 年	1998—2000 年
校均规模	1676 人	2381 人	3815 人
中央 / 地方分管比例	32.7%/67.3%（1988 年）	39%/61%（1994 年）	23.2%/76.8%（1999 年）
特点	维持改革开放前的管理体制，地方办学数量增加，广东与国家教委开始共建、合并试点	30 个省、区、市和 48 个中央部委所属 400 余所高校都参与“共建、调整、合作、合并”等多种形式的体制改革	除少数特殊行业部委（12 个）仍保留少数学校外，49 个中央部委（局、公司）所属 258 所高校划转、共建、合并任务基本完成（2000 年）
性质	与分散决策的市场经济体制相适应的管理体制	实行国家宏观调控，中央与地方两级管理，以省级统筹管理为主的高教体制	

注：表中校数和学生数均为普通高校本专科；表中有关数据均取自《中国教育事业统计年鉴》。

表 11-2 呈现的是高等教育管理体制改革中，1991—2002 年高等教育管理体制改革的总体情况。①

表 11-2　高等教育管理体制改革（1991—2002 年）

年份	共建	调整（划转）[a]	合作	合并[b]	机构总数[c]
1991	——	——	8	——	1075
1992	——	——	——	54（20）	1053
1993	5	——	——	22（9）	1065
1994	10	1	11	28（11）	1080
1995	25	4	109	51（21）	1054
1996	16	2	58	46（17）	1032
1997	44	3	50	41（17）	1020
1998	14	161	39	77（29）	1022
1999	83	55	50	77（31）	1071
2000	——	——	——	209（85）	1041
2001	——	——	——	83（38）	1225
2002	——	——	——	79（35）	1396

注：a“调整（划转）”包括以下形式：①从中央业务部门到省政府；②中央部门之间；③从省业务部门到教育管理部门；④从成人院校到普通院校。

b“合并”一列括号内的数字表示合并后的机构数；涉及的机构包括成人高校，但是排除一些专科学校。

c“机构总数”这一列的数据只包括普通高等院校。

① Zha, Q. Diversification or Homogenization: How Chinese Governments Shape the Higher Education System？ [D]. University of Toronto (Canada), Ph.D. Dissertation , 2006.

（二）重点建设政策与“211 工程”

在高等教育发展中进行重点建设是我国在资源相对不足情况下发展高等教育的有效措施。1954 年高等教育部出台了《关于重点高等学校和专家工作范围的决议》，确定了中国人民大学等 6 所高等学校为全国性重点高等学校。1959 年中央出台了《关于在高等学校中指定一批重点学校的决定》，指定了 16 所高等学校为全国重点高校。1960 年中央出台《关于增加全国重点高等学校的决定》，增加吉林大学等 44 所高等学校为全国重点高校。1963 年，经国务院批准，浙江大学等 4 所高等学校也被列入全国重点高校。1978 年，国务院批转教育部《关于恢复和办好全国重点高等学校的报告》，提出第一批确定的全国重点高等学校为 88 所，至 1982 年底，全国重点高等学校为 96 所。1984 年到 2003 年，经国务院和教育部批准，先后有北京大学等 56 所高等学校设置了研究生院。

1991 年底，国家计划委员会、国家教育委员会和财政部联合提出“211 工程”建设计划。1993 年，国家教育委员会下发《关于重点建设一批高等学校和重点学科的若干意见》，并开始部门预审工作。1993 年 2 月，党中央、国务院颁布了《中国教育改革和发展纲要》，提出了对高等教育发展具有重大意义的“211 工程”项目，即经过十年或者更长一段时间的努力，重点建设 100 所左右高校和一批重点学科，集中有限资金重点建设，使其在探索建设具有中国特色的社会主义大学的新路子，提高教育质量、科研水平和办学效益等方面起带头和示范作用。

1995 年 11 月，国务院批准并以国家教育委员会、国家计划委员会、财政部的名义发布了《“211 工程”总体建设规划》，对“211 工程”的建设意义、总体目标、“九五”计划的目标和任务做了规定。1995 年，教育部开始“211 工程”的预备立项和正式立项，同时开始部分高校的重点建设。截至 1997 年，全国有部门预审的学校 101 所，后来由于院校调整、合并，实为 95 所。“九五”期间，教育部完成了对所有这些学校进行预备立项和立项的批复工作，并于 2000 年完成建设任务。2001 年，“211 工程”一期通过验收；2002 年，“211 工程”“十五”计划即第二期启动。①

“211 工程”所需建设资金，采取国家、部门、地方和高等学校共同筹集的方式解决。1995 年到 2005 年期间，“211 工程”建设资金总量约为 368 亿元。其中，重点学科建设资金 45%，公共服务体系建设、基础设施建设资金和配套设施建设资

---

① 张国兵，陈学飞．我国教育政策过程的内输入特征——基于对“211 工程”的实证研究 [J]. 黑龙江高教研究，2006(8).

金 55%。

《中国教育改革和发展纲要》发布后，“211 工程”成为各部门、各地区、各高校普遍关心并为之努力的热点。为了争取进入“211 工程”，各高校开展了激烈的竞争。行业院校的主管部门也大力帮助本行业优势院校争取进入“211 工程”的行列。例如机械工业部对合肥工业大学的支持。① 一些主管部门实力较强的行业院校甚至比教育部直属院校和其他行业的院校更有优势。② 一些地方政府也对本省的高校加大投资力度，帮助它们竞争进入“211 工程”。例如山东省与国家教委共建山东大学和青岛大学（两校均为国家教委直属全国重点大学），“八五”期间每年对两校各投入 1000 万元；从 1993 年起，连续三年对山东工业大学、青岛大学各投入 1000 万元。青岛市政府向青岛海洋大学提供 3000 万元资金支持。③ 为了平衡，“211 工程”院校除了少数高水平的教育部直属院校以外，其他院校按照“一部一校，一省一校”的原则遴选。④

（三）省部共建政策与高等教育资源配置

省部共建高校是指国务院部委与相关省、直辖市、自治区（包括新疆生产建设兵团）共建的高校。主要有两类：一是为实施国家层面的“211 工程”“985 工程”等，建设国际一流及国际知名高水平大学，中央部委拉动地方政府配套支持部属高校发展的规划；二是地方高校依靠自己特色在省级政府支持下积极争取国家对应部委支持，以拓展教育经费资源，提升自身水平的战略。

交通运输部共建高校早在 2002 年就开始了共建工作，该部与教育部或地方政府共建的高校共有 8 所，包括武汉理工大学、长安大学、上海海事大学、长沙理工大学、重庆交通大学、山东交通学院、集美大学、南通大学，另外还有大连海事大学、交通运输管理干部学院 2 所部直属高校和中国民航大学、中国民用航空飞行学院 2 所民航高校，形成了“8 ＋ 2 ＋ 2”格局。通过省部共建，交通运输部要求各共建院校突出行业特色，发挥行业优势，主动服务服从于交通行业发展，要加大科

① 机械工业部与安徽省举行会谈　共商我校进入“211 工程”大计 [J]. 合肥工业大学学报，1994(1).

② 贝晓曦 .“211 工程”应避免的偏差及对策 [J]. 上海高教研究，1995(5).

③ 田建国 .“211 工程”——跨世纪的奠基性工程 [J]. 临沂师专学报，1995(1).

④ 张国兵，陈学飞 . 我国教育政策过程的内输入特征——基于对“211 工程”的实证研究 [J]. 黑龙江高教研究，2006(8).

研成果的应用转化力度和产学研结合的推进力度，满足交通行业的科技需求，要更加注重人才培养质量的提高，着力培养面向交通行业的应用型高素质人才。

2004 年，教育部决定与中西部无教育部直属高校的省（自治区），包括新疆生产建设兵团各共建一所地方所属大学。此举旨在促进高等教育的合理布局和协调发展，逐步缩小地区间发展差异，提高我国高等教育整体水平，推进教育公平，更好地为西部大开发以及区域经济建设和社会发展服务。自 2004 年教育部与河南省共建郑州大学以来，教育部与河南、新疆、云南、陕西等十多个省（自治区、兵团）分别签订了共建郑州大学、河南大学、新疆大学、云南大学、西北大学等高校的协议。共建工作开展以来，教育部与地方政府从宏观指导、政策、资金等各方面给予共建高校大力支持，极大地推动了学校各项事业的发展。教育部视条件和可能给予省部共建高校一定的经费支持，对共建高校的改革、发展、建设等方面给予更多的指导与扶持，指导共建高校制定完善战略发展规划，明确科学定位、办学特色，在区域高等教育事业发展中发挥示范作用。加强对共建高校在教学、科研、学科建设、师资队伍建设等方面的指导；扶持共建高校加强人才培养基地、重点学科、重点实验室、工程中心建设；吸收共建高校参加教育部召开的直属高校的重要会议，进一步推动其与教育部直属高校的相互学习和信息交流。

优质高等教育资源和人力资源匮乏是制约中西部崛起的重要因素，区域高等教育资源合理配置和结构优化问题已经引起国家的高度关注。为促进中西部高等教育的发展，自 2004 年以来，省部共建工作已取得了突出的成就，被称为“中西部发展的基础工程”“亿万人民受益的民心工程”。[①] 中西部省部共建高校共有 18 所，仅占中西部地方高校总数的不到 2%，但是它们相对地都有“历史长、水平高、作用大”的共同特点，在地方高校中的引领和示范效应非常明显。从 2009 年综合竞争力排名来看，排名前 100 位的中西部地方高校中，省部共建高校占了 70%，其中有 6 所省部共建高校排在本省第一位，有 1 所排在本省第二位。从两院院士数量来看，有 5 所省部共建高校两院院士数占本省区地方高校院士数的 50% 以上，有 3 个省的地方高校院士全部集中在省部共建高校。在第二届教育部社会科学学部委员中，省部共建高校占中西部地方高校的 80%，有 4 个省的地方高校社会科学学部委员全部集中在省部共建高校。从学科建设来看，省部共建高校占有中西部地方高校 73.3% 的教育部人文社会科学重点研究基地、50% 的国家重点实验室、33.8%

① 郭春贵. 统筹协调西部高等教育　重点建设中西部省部共建高校 [J]. 中国高等教育, 2009(4).

的国家二级重点学科，其中有 7 个省的地方高校教育部人文社会科学重点研究基地全部集中在省部共建高校。在 2008 年的学科排名中，省部共建高校有 49 个二级学科排在全国前十位，建成了一批全国性的强势学科。从人才培养来看，2008 年省部共建高校承担了中西部地方高校 53.8% 的博士研究生培养任务，其中有 9 个省的省部共建高校博士研究生培养任务占到本省地方高校的 40% 以上，河南、宁夏、广西三省的此项比例高达 70% 以上。从社会服务来看，省部共建高校的一些特色学科都具有服务当地、服务社会的不可替代性。

（四）招生就业体制改革与高校面向区域办学

高校招生就业制度改革经过了由计划招生、统一分配的“单轨制”转变为计划招生与调节招生并行、国家统一分配与毕业生自主择业并存的“双轨制”，再逐步进行“并轨”的这样一个过程。

1977 年 12 月 10 日，国家举行了“文化大革命”以后的第一次高等院校招生考试，标志着中断了 11 年的全国统一招生考试（即高考）制度正式恢复。高考制度恢复后，高校毕业生就业制度仍然沿袭了中华人民共和国成立初期计划经济体制下的“统包统分”的国家全权负责的就业制度。1981 年，国务院批转了国家计划委员会等《关于改进 1981 年普通高校毕业生分配工作的报告》，确定在国家统一计划下，对毕业生分配实行抽成调剂、分级安排的办法。

1985 年，《中共中央关于教育体制改革的决定》中提出，要改革高校招生、收费和毕业生分配制度。文件提出三种招生办法：国家计划招生、用人单位委托招生和国家计划外招收少量自费生。同年，教育部规定可以从参加高考的考生中招收少数国家计划外的自费生。这样，一向由国家“统包”的招生制度，变成了不收费的国家计划招生和收费的国家调节招生并存的“双轨制”。这一时期，在改革高校招生制度的同时，毕业生就业分配制度也进行了相应的改革。一方面，以不同的招生方式入学的毕业生，其就业方式也不一样。如《关于印发〈关于改革商业部部属高等学校招生计划和毕业生分配制度的意见〉的通知》中，针对三种招生方式实行三种分配办法，即国家计划招收的学生，毕业后实行计划分配；委托培养的学生，毕业后按合同规定到委托单位工作；自费生毕业后不包分配，可以由学校推荐就业，也可由学生自谋职业。另一方面，1985 年 5 月 1 日中央出台的《关于经济体制改革的决定》中指出，国家招生计划内的大学生，其毕业分配实行在国家计划指导下，由本人选报志愿、学校推荐、用人单位择优录用的制度。这一决定标志着我国大学生就业政策开始由计划分配向自主择业过渡。

从 1994 年开始，国家实行招生“并轨”、缴费上学和自主择业的改革试点。1993 年，国务院发布了《中国教育改革和发展纲要》，提出要逐步扩大招收委托培养和自费生的比重，要求高校逐步建立学生自己缴纳部分培养费的制度，提出高校招生和毕业生就业制度配套改革的目标。从 1994 年开始，部分高校招生进行招生计划“并轨”，实行同一录取标准、同一专业实行同样的收费标准、对毕业生实行同一就业政策的并轨改革试点。至 1997 年，全国普通高校基本完成并轨招生。这一时期，与高校招生制度的改革相配套，毕业生就业分配制度也进行了相应的改革。1989 年，国务院批准了国家教委提出的《高等学校毕业生分配制度改革方案》，提出我国高等学校毕业生分配制度改革的目标是：在国家就业方针、政策指导下，逐步实行毕业生自主择业，用人单位择优录用的“双向选择”制度。1993 年，国务院发布的《中国教育改革和发展纲要》又明确指出，要实行少数毕业生由国家安排就业，多数由学生自主择业的就业制度。随着社会主义市场经济体制的建立和劳动人事制度的改革，大部分毕业生实行在国家方针政策指导下，通过人才市场自主择业的就业办法。1994 年，国家教委在《关于进一步改革普通高等学校招生和毕业生就业制度的试点意见》中，提出国家不再以行政分配而是以方针政策指导、贷学金制度和社会需求信息来引导毕业生在一定范围内自主择业，引导毕业生参与人才市场的竞争。这些政策顺应了我国计划经济向市场经济转轨的现实需要。

1997 年 3 月，国家教委颁布了《普通高等学校毕业生就业工作暂行规定》，对毕业生就业工作的各个环节做了明确的规定，再次明确了实行大学毕业生与用人单位双向选择的就业制度。2000 年，教育部发文决定取消给毕业生发放派遣证的做法，改用毕业生就业报到证。这表明毕业生的就业自主地位得到了确立，标志着我国计划经济体制下对高校毕业生实行统包统配、派遣就业制度的历史结束了。

高校招生制度改革极大地推动了高校面向区域经济社会需求办学，参与招生与就业市场竞争。在此过程中，高校自觉调整专业结构，提高办学质量，适应市场对人才的要求。一些高校根据区域经济社会需要设置“非传统专业”，如师范院校中的非师范专业、农业院校中的非农业专业，扩大了高校的科类结构。高校逐步从外延式发展的办学实体转向内涵发展，优化了资源配置，提高了办学效益。随着办学自主权的逐步扩大，各高校都在考虑自己在国家和区域经济发展中所处的地位，发展具有自身特色的办学思想和办学方向，逐步与区域经济社会相融合。

二、高校合并与区域高等教育发展

条块分割是20世纪90年代初我国高等教育管理体制的一大特征，行业利益和区域利益的分割造成了高校投资分散、办学效益低下、重复建设、水平参差不齐等问题。高校合并是推进高等教育管理体制改革，优化教育资源配置的重要手段。参考郭必裕整理的1998年以前高校合并的主要模式，表11-3呈现了高校合并的主要模式及其与区域高等教育发展的关系。①

表11-3 高校合并模式

合并模式	特点	目的	案例
条内合并	指教育部所属高校内部和中央各部委管理高校及地方经济部门所办高校内部结合。是同一隶属关系高校合并，合并后高校的主管部门和投资渠道不变，高校服务的范围不变	由于国家部委所属高校一般办学实力较为雄厚，办学规模较大，因此这类高校合并一般属于强强合并，目的是集中投资，优势互补，提高办学效益、办学水平和竞争能力，增强高校的科研水平，创建一流大学	1994年4月8日，两所国家教委直属重点大学四川大学和成都科技大学合并组建四川联合大学 1995年8月，经国家教委批准，由机械部所属的哈尔滨科技大学、哈尔滨电工学院和哈尔滨工业高等专科学校合并组建哈尔滨理工大学
块内合并	一般指某级地方政府对该级地方所属高校进行合并；或是省属高校与市属高校的合并	提高办学效益，集中有限资金进行重点建设，更好地发挥高校为地方培养人才、开展科学研究和社会服务等职能，使某一地区走出专业低水平重复、投资分散、资源浪费严重的困境，寻求发展，充分发挥省、市办学积极性，形成合力，有效配置高教资源	1993年5月4日，隶属江西省的两所省属高校江西大学与江西工业大学，合并成立南昌大学，使文理院校与工业院校合并 1992年7月，原三所镇江市属高校镇江职大、镇江教院、镇江电大合并成立镇江高等专科学校 苏州师范专科学校为省属高校，常熟职业大学为市属高校，两校于1989年8月合并成立常熟高等专科学校

① 郭必裕. 高校管理体制现状与合并模式初探[J]. 煤炭高等教育, 1998(4).

续表

合并模式	特点	目的	案例
条划块、块内合并	中央部委所属高校、地方经济部门所办的高校划转地方，地方政府为了提高办学效益、办学水平，再把这些高校与原地方高校进行合并	改变原部委所属高校为地方经济服务机制不畅、计划经济下形成的中央和地方政府办学体制单一、区域部门之间存在分割与闭锁等状况，实现条块的有机结合，拓宽学校服务面，增加教学经费来源，由原来为行业服务转向为地方服务，由原来的行业投资转为由地方投资	1992 年，隶属江苏省教委的扬州师范学院、江苏农学院、扬州工学院、扬州医学院，隶属省水利厅的江苏水利专科学校，隶属省商业厅的江苏商专合并成立扬州大学。1995 年 5 月，6 所院校调整为均隶属省教委，建立由校长作为学校唯一法定代表人的领导体制，使学校由条划块再实行块内全合并，顺利实现了扬州大学由各校联合办学走向实质性合并 1996 年 7 月，隶属上海市建委的上海城建学院和隶属中央建材工业局的上海建材学院并入直属国家教委的同济大学。合并后的同济大学实行条块结合，以块为主的管理体制
块划条、条内合并	指地方所属高校划归行业管理，行业为了提高办学水平、办学效益把行业的高校与其合并	较为早期的合并模式，目的是提高办学水平、办学效益。随着高等教育管理体制改革的深入，此类合并后的高校在隶属关系上亦有改变	1993 年 11 月，中国轻工总会和江苏省人民政府颁文，批准将直属中国轻工总会的无锡轻工学院与隶属江苏省纺织工业厅的纺织分院合并；2001 年，无锡轻工大学、江南学院、无锡教育学院合并组建江南大学，为教育部直属“211 工程”院校
条条块块合并	指省级、市级所属高校与各业务主管部门所属高校的合并	为城市发展建设综合性高水平大学	1993 年 5 月，山东省政府决定，把分别隶属省教委、省纺织厅、省卫生厅和青岛市政府四个部门的青岛大学、山东纺织工学院、青岛医学院、青岛师范专科学校合并成青岛大学，实行省、市双重领导，以省为主

本研究以医学院校、师范院校、理工院校、农林院校的合并行为为例，将区域的视角引入对高校合并动因的分析之中，从静态描述和动态解释的双重角度剖析区域因素作为一种推动（阻碍）力量如何影响高校采取“合并”的改革策略。我们从以下三种意义上讨论区域的影响作用：区域经济发展水平、城市的区域中

心程度，以及和院校服务面向相关的区域特征（如对农林院校而言，地区的农业经济发展水平）。

（一）数据与方法

本研究采用了 1998 年版《中国高等学校大全》的医学、师范、理工（其中的综合理工类，因篇幅的原因，《中国高等学校大全》所列的航空航天类、水利水电类、冶金工程类、交通运输类、化工石油类、地质矿产类、电子信息类、建筑工程类、轻工纺织类院校不在此列）、农林院校。观察的起点是 1989 年[①]，因此依然使用 1989 年版的《中国高等学校大全》中理工院校的相关数据。院校合并的数据参考了《20 世纪的中国高等教育（体制卷）》第三章的附录《20 世纪 90 年代普通高等学校合并组建情况》[②] 等专著、院校主页和互联网搜索结果。

参考叶平和王蕊的研究，对 31 个省、区、市的社会经济发展水平进行了聚类，按照经济发展程度划分为三个区域：东部沿海发达地区（上海、北京、天津、浙江、广东、江苏、福建、辽宁、山东），中等发达地区（黑龙江、河北、新疆、湖北、海南、吉林、内蒙古、湖南、重庆、江西、宁夏、山西），欠发达地区（河南、青海、安徽、四川、云南、西藏、陕西、广西、甘肃、贵州）。[③④]

城市按照区域中心程度分为两类：中心城市（直辖市和省会城市）以及非中心城市（直辖市和省会城市以外的城市）。

分析采用事件史分析（Event History Analysis）[⑤] 的统计方法，适合于研究某种实际过程，这种过程的特点是：①有一群观察对象（可以是个人、组织、社会或其他），存在发生某事件的可能性；②这些变迁（事件）可能发生在观察期内的任何时间；③有很多随时间变化或不变的因素影响这些事件的发生。这种方法被广泛地应用于社会学、人口统计学、医学、政治学、经济学、组织学，以及教育学研究。由于事件史分析关注的焦点在于事件发生的时间特征，因此十分适合于分析高等教

① 其中若干所高校在 1989 至 1998 年间已经合并，选取合并前的高校来修正样本。

② 蔡克勇 .20 世纪的中国高等教育（体制卷）[M]. 北京：高等教育出版社 , 2003:7.

③ 参考朱庆芳《1989 年全国各省市区社会经济发展水平按总分排序》并进行了合理性的验证。

④ 叶平 , 王蕊 . 中国教育现代化区域聚类与特征分析 [J] . 教育研究 , 2003(7).

⑤ 在不同的学科领域，其名称有所不同：在生物统计学和医学研究中，它常被称为“生存分析”（survival analysis）；经济学家常称之为“风险模型”（hazard model），用来研究在某一时刻某个事件发生的风险或机会（hazard 或 risk）。由于事件史分析的根本兴趣在于研究事件发生之前的持续时间，因而很多学科称之为“时限分析”（duration analysis）。

育领域中发生的时序过程（longitudinal process），研究影响组织或个人行为的因素。[①] 主要的分析方法包括 KM 生存函数估计（Kaplan–Meier survival estimates）[②]、Cox 风险比率模型（Cox Proportional Hazards Model）等。

（二）医学院校合并与区域高等教育发展

1. 医学院校合并的背景

自 20 世纪 50 年代以来，我国的医学教育实行在独立设置的医学院中培养以五年制本科教育为主体的临床医学人才的体制，随着经济社会的发展和全球医学教育标准的推行，这种制度的弊端逐渐显露出来：人才培养目标单一，定位不准；课程体系单一，课程结构与设置不合理；临床教育偏重诊断与治疗，忽视预防与保健；医学毕业生临床沟通能力与国际标准有差距；以教师为中心的教学方法遏制学生的批判性思维；等等。[③] 在高等学校管理体制改革中，学科齐全的综合性大学与医学院校的合并给医学教育带来了如下优势：①通识教育与人文、社会科学教育得到加强；②医学教育与其他学科门类交叉融合；③大学能够吸引大量国外优秀人才，形成高水平的师资队伍；④增加了对医学教育的投入；⑤提高了医学院教师的待遇；⑥医学院的生源质量有了普遍提高。[④]

---

① 事件史分析研究的是一段“事件发生时间过程”（failure-time process）。该分析从某个自然时间起点或时间原点（time-of-origin）开始观察一些对象单位（units）。从时间原点开始，这些对象单位随着时间的推进处于经历某些事件的“风险”（risk）之中。在整个观察过程中，被观察对象一开始占据初始状态（“生存”，survival）一段时间，然后变迁到目标状态，这时目标事件发生——“失败”（failure）或者直到观察时间结束也没有变迁（目标事件在观察期内未发生）从而被删失（censored）。定义连续随机变量 T 表示生存时间（survival time），事件史分析关注的变量是“条件变迁（事件发生）率”，即观察的对象在时间点 t 仍占据初始状态的条件卜，在时间间隔 $(t, t+\Delta t)$ 中变迁到目标状态，即“失败”（事件发生）的概率。一旦被观察对象经历了这一事件，就离开风险集（risk set），不再处于再次经历事件或返回原状态的风险之中。

② 利用 KM 生存函数估计，可以了解群体中事件发生整体过程，而在某时间点 t 发生合并事件的风险（hazard）可以理解为：到时间 t 仍未发生某事件，则下一瞬发生某事件的概率。通过平滑风险估计的图形，可以观察影响“合并”事件的外力因素。技术细节参见 Box-Steffensmeier, J.M., Jones, B. S. Event History Modeling : A Guide for Social Scientists[M]. New York : Cambridge University Press , 2004.

③ 唐柳荷 . 医学教育国际标准的引入与中国高等医学人才培养模式改革研究 [D]. 长沙：中南大学 , 2003.

④ 王德炳 . 中国高等医学教育管理体制改革的思考与建议 [J]. 医学教育 , 2005(4).

在综合性大学中办医学院有着重要的时代背景。进入21世纪，生物技术与医学飞速发展，分析生物学、干细胞技术、纳米技术、生物芯片技术、生物组织工程学等科技都实现了新的突破，发展趋势由微观、单一学科转向宏观、多学科交叉融合的发展方向。生物医学工程技术极大地影响到国家经济建设、社会安全和稳定。欧美国家生物技术产业目前已占GDP的15%—20%。同时，生物安全已成为国家安全的重要方面。生物技术也是推动社会发展的重要力量。在这样的背景下，医学教育日益呈现出精英教育的特征，要求更好的实践条件、更高的成本、更长的周期、更优秀的师资力量。

从1999年6月开始，在国际医学教育组织（Institute for International Medical Education, IIME）和中华医学基金会（Chinese Medical Board, CMB）的支持和资助下，经过两年的努力，我国制定出了“全球医学教育最低基本要求”（Global Minimum Essential Requirements，GMER）。世界卫生组织（World Health Organization，WHO）和世界医学教育联合会（World Federation of Medical Education，WFME）也于2001年6月向全球医学教育界推荐“本科医学教育国际标准”。其中，全球医学教育最低基本要求的几项标准概括如下：

（1）医学职业态度、行为和伦理，共设11条标准。

（2）医学科学基础，共有10条标准。包括人体结构和机能，行为，健康和疾病的影响因素，急、慢性疾病病因学，流行病学、卫生经济学和健康干预等。

（3）沟通技能，共有9条标准。包括与患者及其家属、同事、其他专业人员的有效交流，良好的口头和书面表达能力等。

（4）临床技能，有10条标准。主要包括病历书写，体检，诊断、处理急症、急救；健康评价；合理利用诊疗资源；等等。

（5）群体健康和医疗卫生系统，有9条标准。包括了解影响人群的健康和疾病的生活方式、遗传、环境、社会经济、心理、文化等因素，全球卫生问题，卫生保健系统组织的原则、运转、管理成本、成本/效益分析等。

（6）信息管理能力，有6条标准。主要为能收集、检查、使用医学信息来辅助诊断、治疗和预防疾病等。

（7）批判性思维，设6条标准。主要包括能进行科学思维，敢于质疑，有旺盛的求知欲，能科学地批判资料和信息。①

① 全球医学教育最低基本要求[M]. 北京：高等教育出版社，2002.

医学教育国际标准和全球医学教育最低基本要求体现了医学模式的转变，也体现了卫生保健国际化和医学教育对人文与医学科学教育相结合的要求。医学教育国际标准出台后，世界上许多国家的医学院校纷纷向世界医学教育联合会和国际医学教育组织申请首先试行国际标准，从而掀起了一场全球提高医学教育质量的运动，也掀起了医学教育人才培养质量国际化的潮流。中国是对医学教育国际标准进行研究与实践比较早的国家之一。2002 年 5 月，受教育部委托，北京大学和全国高等医学教育学会在北京共同举办了“医学教育国际标准研讨会”，120 余名来自全国 39 所综合大学和医科院校及附属院校的医学教育专家出席会议。会议旨在通过在中国引入和试行医学教育国际基本标准，逐步建立起我国医学教育的资格认证制度。①

2004 年，卫生部颁布的《中国医学教育改革和发展纲要》明确指出，高等医学教育在坚持现行学制的基础上，应逐步推行长学制教育，并确定了“以五年制为主体，以八年制为重点，以三年制为补充”的医学教育改革思路。三年制医学专科教育的任务是培养具有实际工作能力的基层普及型医师，面向区县，特别是农村边远地区的医疗保健机构；五年制医学本科教育的任务是培养基础牢固、知识面较广博、实际能力较强，具有进一步深造条件的高级医学专门人才，主要面向城市各级医疗卫生机构；八年制高等医学教育的任务是培养基础扎实、临床医学专业实践能力强、具有发展潜力和后劲的高层次医学人才，主要面向城市大型医院和医学教育及科研机构。目前，八年制临床医学教育代表了医学教育的最高层次，学生毕业时可获得医学博士学位。

2. 1989 年高等医学院校的区域分布

从区域分布上看，高等医学院校的布局结构与区域经济社会发展水平存在一定差异，高水平医学教育资源——41.33% 的医科大学和医学院，60% 的部属高等医学院校分布在经济发达地区。但是，区域分布并不是高等医学院校层次规模差异的主要来源。方差分析显示，无论从本专科生规模还是研究生规模上看，主要的差异来源于院校层次（大学、本科学院或是高等专科）和隶属关系。仅就省属医科大学、学院的本专科生和研究生规模来看，也不存在经济发展水平区域上的显著差异。

① 唐柳荷 . 医学教育国际标准的引入与中国高等医学人才培养模式改革研究 [D]. 长沙：中南大学 , 2003.

表 11-4 1989 年高等医学院校的区域分布

	发达地区（所）	中等发达地区（所）	欠发达地区(所）	总计（所）
类别				
医科大学、医学院	31（41.33%）	24（32.00%）	20（26.67%）	75
医学高专	3（21.43%）	7（50%）	4（28.57%）	14
中医院校	10（38.46%）	8（30.77%）	8（30.77%）	26
药科院校	3（75%）	1（25%）	0	4
隶属关系				
部属	15（60%）	7（28%）	3（12%）	25
省属	32（34.04%）	33（35.11%）	29（30.85%）	94
总计	47（39.50%）	40（33.61%）	32（26.89%）	119

3. 医学院校的合并事件动力分析

图 11-1 的上图是 1988—2011 年医学院校合并事件的 KM 生存函数估计。截至 2002 年，50% 的医学院校至少发生了一次各种形式的合并：34 所医学院校间以及与医疗卫生系统内部的卫生学校发生了合并，20 所医学院校和医疗卫生系统以外的中等专科学校发生了合并，以及 3 所医学院校和其他类型的高等院校发生了合并组建综合大学。下图专门就第三类合并——并入 / 组建综合大学的合并进行了分析。1988 年至 2011 年间，民族医学院校和药科院校基本保持了独立建制。2011 年，近 50% 的医科大学、医学院（都是本科以上层次的医学院校）并入综合性大学；超过 60% 的医学高专进入综合大学或本科学院。其中，1998 年之后的高校隶属关系调整引发了最大规模的医学院校合并事件。

为了捕捉隶属关系变迁之外，高等医学教育新标准对医学院校并入综合大学的影响，我们按照研究生规模将除中医院校和药科院校之外的医学院校分为研究型和教学型两类[①]，研究生数大于 47 人的医学院校为研究型，小于等于 47 人的为教学型，将医学院校分为了数量相等的两部分进行分析。

① 根据 1989 年的数据，医学院校研究生数和本专科生数的相关系数为 0.6510，与教师数的相关系数为 0.7855，与教授数的相关系数为 0.8537，因此，研究生数可以作为院校层次规模的较好指标。

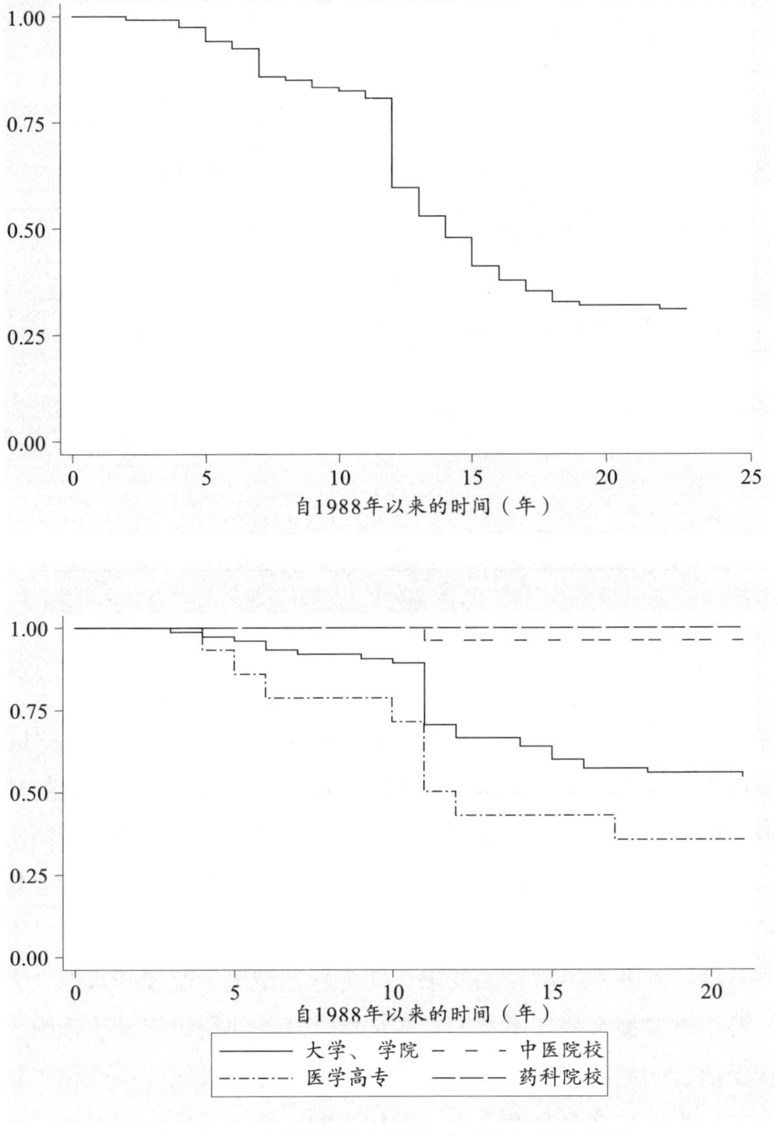

图 11–1　医学院校合并的 KM 生存函数估计

图 11–2 对隶属关系和层次水平(研究型或教学型)的交互分析显示，至 2011 年，几乎全部的部属医学院校都并入了综合性大学（或综合性理工院校），而地方所属的医学院校发生此类合并的则不到一半。并且，省属研究型医学院校并入综合大学的过程是渐进的，较少受到 1998 年之后行业院校隶属关系大调整的影响。而省属教学型的医学院校在 1998 年之后合并组建综合大学的趋势有所增长。

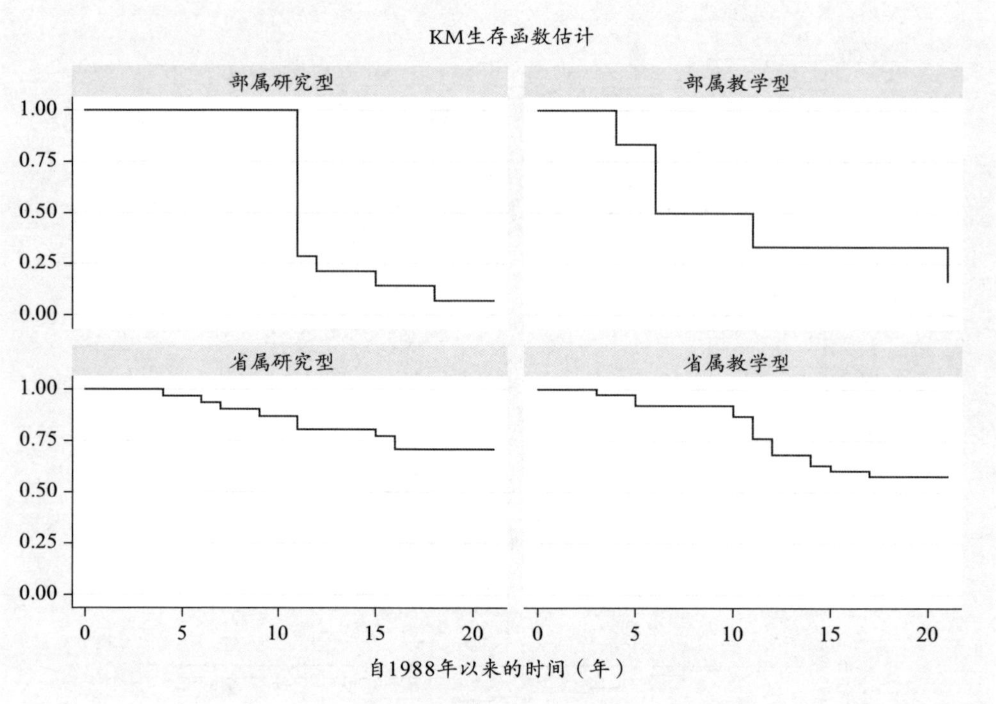

图 11–2　四类医学院综合化合并的生存函数比较

对医学院校并入综合大学的合并事件的生存函数的差异检验（见表 11–5）发现，同为部属的医学院校并入综合大学来源于相似动力（零假设为两类院校的合并事件的发生来源于同一生存函数），说明隶属关系改变对大学采取合并策略的效应是显著的。同为地方所属的医学院校并入综合大学也来源于相似动力，地方教学型医学院校合并事件要高于预测值，体现在新的医学院教育制度压力下，高等医学专科院校通过合并升格，开办本科教育的要求。同为教学型医学院校并入综合大学的动力有所差异，源于隶属关系变迁造成的资源环境变迁，使得组织易于依附于资源强势的组织，接受盛行的制度模式：部属教学型医科院校在隶属关系变化（划归地方）之后通过合并行为来增强自身竞争力，重构资源环境。在单一的隶属关系调整效应的解释框架下，不同隶属关系的研究型医学院校，其差异应该十分显著，然而生存函数的差异检验显示并不显著。[①] 说明在隶属关系变迁的合并动力之外，存在着新医学教育标准制度框架下，医学院校在规范性压力下自身演进的内在动力，以及地方建设高水平综合性大学的外部压力，促使较高水平的省属研究型医学院校并入综

① 由于 log-rank 生存函数差异检验对大生存时间的事件较为敏感，而部属研究型院校的合并事件大多发生在中端，因此可能低估了 p 值（0.1615）。

合大学。

表 11-5　四类医学院生存函数的差异检验

类型	总体差异		同为部属院校		同为地方院校		同为研究型		同为教学型	
	实际值	预测值	实际值	预测值	实际值	预测值	实际值	预测值	实际值	预测值
部属研究型	13	5.82	13	13.33			11	8.45		
部属教学型	5	1.83	5	4.67					5	1.92
地方研究型	9	16.44			9	11.63	10	12.55		
地方教学型	16	18.91			16	13.37			16	19.08
卡方	20.85***		0.05		1.15		1.96		5.76**	
P 值	0.0001		0.8189		0.2830		0.1615		0.0164	

注："*" 表示 $p<0.10$，"**" 表示 $p<0.05$，"***" 表示 $p<0.01$。

4. 医学院校合并中的区域力量

为了更清晰地了解不同地区医学院校的合并状况，引入 KM 生存函数估计方法和平滑风险函数估计方法进行研究，绘制不同区域医学院合并生存函数。图 11-3 的左图是医学院校并入 / 组建综合大学的事件在不同经济发展水平区域的生存函数。到 2001 年，超过半数的中等发达地区医学院校并入或合并组建综合大学。考虑到中等发达地区有较多的医学高专，去掉它们之后，中等发达地区仍表现出稍高于发达地区和欠发达地区的合并比例。右图是只考虑省属医学院校的情况。中等发达地区（基本上属于中部省份）较多出现医学院校合并的情况，可以解释为 1998 年以后大批的行业院校划归地方，在省域高校竞争中，医学院校和其他类型的院校合并以增强资源获取的能力。研究发现，发达地区医学院校能够获得的资源比较丰富，欠发达地区的医学院校在省域范围内水平较高，处于优势地位，从而较少采取“合并”的发展路径。

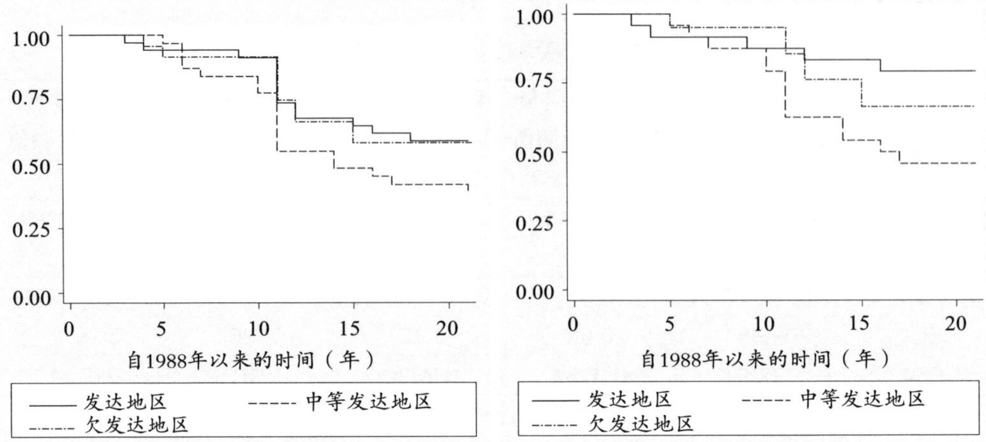

图 11-3　医学院校“综合化”合并的 KM 生存函数估计（分区域）

图 11-4 对医学院校所在城市的中心水平进行了分析，只考虑省属院校得到的结果相似。中心城市的综合化合并主要集中于 2000 年卫生部直属医科大学的合并中，在其他时间点是偶发和渐进的。非中心城市的医学院校比中心城市更早开始综合化合并，如 1992 年扬州医学院参与组建扬州大学，1993 年青岛医学院参与组建青岛大学，是高等教育（医学）管理体制改革的试点。非中心城市的医学院校并入综合大学在 1998 年开始的院校隶属关系调整时期也较为集中。和中心城市相比，非中心城市医学院校的综合化合并更多地受地方政策环境的影响。

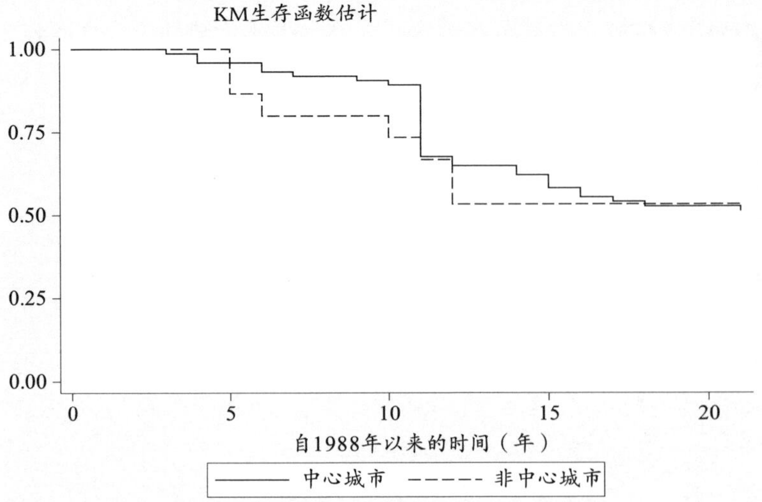

图 11-4　医学院校“综合化”合并与城市水平

（三）高等师范教育体制改革与高等教育资源区域均衡发展

20 世纪 80 年代初开始的教师教育体系改革，其特点是教师教育呈现出高学历化、教师来源多样化、教师职前培养和职后培训一体化、教师职业专业化等新的发展趋势。高等师范教育体制改革的目的是从相对独立和封闭的传统师范教育体系向开放、灵活和多元化的现代教师教育体系转型。[①] 在这样的方向指引下，出现了独立建制的师范院校升格、合并、综合化的发展趋势。与此同时，也出现了非师范院校参与教师教育的现象。下面从高等师范教育体制改革的背景、过程、成果和反思的角度，讨论高等师范院校综合化及其对高等教育资源区域发展的意义。

1. 高等师范教育体制改革的背景和过程

高等师范教育应该如何实施，是在独立的专门学院里开展还是由综合性大学培养，是自师范教育在我国建立以来就一直在讨论的问题。20 世纪 80 年代初开始的高等师范教育体制改革和 20 年代的“高师改大”运动十分相似。在“高师改大”运动中，民国初期原独立设置的 7 所高等师范学校除北京高师于 1923 年升格为北京师范大学而硕果仅存外，其余相继改为综合性大学或成为其下属学院和系科。[②] 历史经验和长期以来的论争为 20 世纪 80 年代以来的师范教育改革提供了理论基础和实践指导，比如“高师教育的改革走向和进程要适应国情、教情”“政策引导与政府投入是高师教育发展的关键因素”“师范性与学术性的整合是高师教育走向专业化的必由之路”“要逐步增强综合院校培养师资的责任，使高师教育体系逐步由封闭走向开放”。师范教育的体制应该“由封闭走向开放、师资培养由垄断走向竞争、师资来源由单一走向多元，建立以师范院校为主体、非师范院校共同参与、职前和在职相沟通的中小学师资培养体系”。[③]

国际上，师范教育的发展潮流为我国的改革提供了另一个经验参照，这种潮流包括：①整合师范教育的学术性和师范性。主要有两种整合模式：一是美国模式，它要求未来教师先在文理学院进行四年的通识教育，再进入大学的教育学院进行一年或一年以上的专业训练，使之达到硕士水平。德国的模式也类似，这种模式的师资培训主要依托综合院校和文理学院来实施。二是法国模式，主要采用大学和高师合作的培养方式。未来教师培养的第一阶段是在大学接受两年的基本专业基础知识和教育基础知识的教学以及学习方法的训练；第二阶段由大学和师范学校共同对他

① 钟秉林 . 高等教育创新与教师教育和师范院校的转型 [J]. 中国大学教学 , 2004(1).

② 吕春辉 . 20 世纪 20 年代的高师转型及其借鉴 [J]. 现代教育科学 , 2007(3).

③ 刘捷 . “高师改大运动”及其现代价值研究 [J]. 高等师范教育研究 , 2001(5).

们进行为期两年的科学和教育的加深培训。未来的高级教师则由大学和师范学校对他们实施更深入的科学和教育训练，使之最终达到博士水平。②师范教育层次化。由不同类型的机构根据不同类型的教师培养目标，采取不同的学习年限和学位制度来进行教师教育。③师资培养制度的多元化。师资培养渠道的“非师范化”，即打破原有的由单一的师范院校培养的模式，使非师范类院校也能培养师资。④师范教育课程的通识化。由于受到学术性和师范性整合、提高水平的要求，师范教育课程呈现出通识化的趋势。⑤教师资格认可机制的三级制。教师资格认可机制涉及教师聘任制度，包括对师范生的教师资格认可和对志愿当教师的非师范院校的毕业生的认可。⑥教师专业化。这一观念把教师职业视为一种特殊专业。1996 年世界教育大会上通过了 9 项建议，其中一条是关于教师专业化的，它被界定为一种改善教师地位和工作条件的策略。美国的《国家为培养 21 世纪的教师做准备》和《明天的教师》等报告中主张尽快形成“教学专业”（teaching profession），要求高等教育像培养医生、律师、经济学家那样为未来教师提供同样优秀的专业教育。[①]

从高等师范教育体系内部看，改革的动力和现实困难并存。在 20 世纪 90 年代初高等教育体制改革展开的初期，高等师范院校是改革相对滞后的领域，在办学、专业设置、招生、就业等方面直接面临着市场经济大潮的冲击。1995 年前后，高等师范教育投资基本上只有财政拨款一个渠道，且投入严重不足。据统计，在 75 所本科师范院校中，仅校舍建筑面积一项，就有 61 所没有达到国家规定的最低标准。由于高等师范教育的学科设置基本为基础学科，缺乏开发应用的能力，学校也无法通过发展校办产业增加学校收入。1994 年开始的高等学校招生收费改革，高等师范院校是否参与、如何开展也一直没有明确规定，各地的做法也不尽相同。比如，国家教委、广东和江苏对所属师范学校规定不收学费，在下拨经费时给予一定的补助。其他各地对此既无规定，又无补助，高等师范院校少了一个经费来源。招生计划体制上，高等学校调节性计划逐步扩大。毕业生就业的国家“统包统配”制度也发生了根本改变，实行在国家政策指导下双向选择、自主择业的制度。而高等师范院校仍实行国家集中计划和毕业生“统包统配”。有的高等师范院校甚至全部实行“定向招生、定向分配”，定向到县，定向到乡。[②]

与此同时，高等师范院校开办非师范专业的现象从 20 世纪 90 年代初开始迅

① 檀传宝，朱旭东，辛涛 . 关于北京师范大学师范教育体制改革的若干思考 [J]. 北京师范大学学报 (人文社会科学版) , 2000(4).

② 赵建军 . 高等师范教育体制改革的思考 [J]. 中国高等教育 , 1995(11).

猛发展。1995 年全国几乎所有师范院校都设置了非师范专业。一些地方院校常设非师范专业和师范专业的比例在 1∶3 左右，省属以上师范大学比例在 1∶1 左右。其原因是多方面的。首先，中等教育结构的调整，职业技术教育的发展，要求师范教育做出回应。20 世纪 80 年代中期以来，职业技术教育异军突起，发展迅猛。1993 年《中国教育改革和发展纲要》明确了职业技术教育的发展目标："高中阶段职业技术学校在校学生人数有较大幅度的增加，未升学的初中和高中毕业生普遍接受不同年限的职业技术培训。"普通中学也要分不同情况，适当开设职业技术教育课程。与此同时，职业技术教育师资短缺。由于职业中学和普通中学培养目标的不同，在课程设置上有很大的差异，要求高师院校为适应职业技术教育的发展而进行必要的专业结构的调整。其次，对高等师范教育办学模式的讨论，为非师范专业的开设提供了理论依据。将单科性的师范院校改革为多科性院校，可以使"学生有较多的机会接触各方面的信息，不论在选课、学术活动、研究工作训练、阅读、动手、课外活动、人员交往哪一方面，都有广阔的领域可以选择，可以接触，从而在各方面受到熏陶"①。"在有条件的普通高师院校增设相近专业的职技师范系或班……特别是文科类专业，如秘书、财会、金融、旅游等，不少师范院校是能够顺利开设的。"②最后，非师范专业是高等师范院校在逐渐形成的高等教育市场中增强竞争力、增强自身造血功能的重要途径。当时，中学教师的待遇和地位相对来说不高，教师职业还没形成竞争市场，高等师范院校通过面向市场设置一些非师范专业来挖掘办学潜力，可以提高办学效益，增强办学活力。③

国家的教育改革宏观政策对高等师范院校设置非师范专业起到了基础性和推动性的作用。1993 年颁布的《中国教育改革和发展纲要》，提出"对学校和专业设置在自愿和充分协商的基础上进行必要的调整"和"逐步建立以国家财政拨款为主，辅之以征收用于教育的税费、收取非义务教育阶段学生学杂费、校办产业收入、社会捐款集资和设立教育基金等多种渠道筹措教育经费的体制"。这一文件为高等师范院校开设收费的非师范专业提供了政策支持。1998 年国家颁行《普通高等学校本科专业目录》，很多师范专业不再作为一个独立的专业存在，成为相关文理专业下的类型划分。在这一目录中，作为纯师范类专业保存下来的仅有教育学、学前教育、教育技术、特殊教育和体育教育，其他如"汉语言文学教育"等都归并到相关专业

① 袁开运 . 改革高师教育的指针 [J]. 上海高教研究 , 1985(4).
② 薛天祥，谢安邦 . 高等师范教育结构的调整和改革 [J]. 中国高等教育 , 1988(6).
③ 邹斌 . 高师院校增设非师范专业刍议 [J]. 高等师范教育研究 , 1995(5).

名目之下，仅标注为“师范类”专业，这样就使师范大学的专业性质发生了转变。[①]招生收费制度改革初期，参加试点的高等师范院校只对非师范专业收取一定学费。1997年高校并轨招生后，师范专业、非师范专业都要收费，仅留了个别师范院校的师范专业不收学费。师范教育在招生市场上的“优惠”壁垒被打破，客观上推动了非师范专业的发展。

1998年，教育部师范司在北京首次召集国内外专家学者举办了“面向21世纪高等师范教育国际研讨会”，对师范教育体制改革中的若干重要问题进行了讨论，包括：①建立开放性的师范教育概念：综合性大学也应当举办师范教育，而师范教育本身可以转制（如转一部分公办为民办）、收费（在经济发达地区收取一定的教育费）、综合化（逐步开设一些非师范专业）；②职前职后一体化的设置模式：职前、职后师范教育分开的模式不利于师资的培养、培训，在实践中应把两者结合、衔接起来，制定统一、持续的培养、培训规划，分阶段、分层次地培养、培训教师；③发展学术性和师范性相结合的办学模式；④建立科学的管理体制，即政府建立外部对师范院校质量监控的保障机制，师范院校建立自我发展、自我完善的内部质量保障机制相结合的科学的管理体制，确保师范教育健康实施。[②]会议为20世纪90年代以来高等师范教育体制的一系列改革提供了理论支持。

2. 高等师范教育体制改革的成果和反思

至2007年，师范教育体制改革的成果包括：第一，三级师范体制基本过渡到由师范专科学校和师范学院（大学）构成的二级师范体系。长期由中等师范学校承担的小学教师的培养逐步过渡到由师范专科学校、师范学院或师范大学承担，中等师范学校的数量锐减。据统计，从1992年到2003年，中等师范学校数量从919所锐减到317所，平均每年减少50多所。第二，独立设置的高等师范院校纷纷转型。通过更名、调整或者与其他高等教育机构合并，高等师范院校的数量急剧减少，在教师教育体系中所占比重发生变化。从教师培养的规模看，高等师范院校仍然是教师教育的主体（2003年，全国共有158.6万名师范类全日制普通本专科在校生，其中高等师范院校占63.7%，教育学院占2.7%，其他高等学校占33.6%），教师教育体系逐渐开放。第三，由于大批原有独立设置的师范院校合并到综合性大学后继续

① 何莉娜，蔡国春．我国高师院校非师范专业发展的历史回顾[J]．湖南第一师范学报，2007(12).

② 胡艳．迎接知识经济的挑战，深化改革我国的高等师范教育——面向21世纪高等师范教育国际研讨会综述[J]．高等师范教育研究，1998(6).

承担教师培养的职能，同时也由于部分原来就是综合性大学的高校开始介入教师培养，因此基本改变了 1952 年院系调整以后形成的由师范院校垄断教师培养的格局。据统计，2003 年共有 502 所高等学校招收师范类全日制本专科学生，其中高等师范院校 169 所、教育学院 35 所、综合性大学 127 所、艺术院校 18 所、体育院校 12 所、民族院校 7 所、职业技术学院 83 所、理工院校 27 所、农业院校 10 所、语言院校 2 所、财经院校 3 所、医药院校 1 所、其他成人院校 8 所。[①]

从高等教育资源区域协调发展的角度来说，高等师范教育体系改革带来的变化是：①由于学科门类齐全，办学基础较好，高等师范院校成为地方建设综合性重点高校的重要基础。1982 年，江苏省为在苏南地区建立一所高质量的地方综合性大学，将江苏师范学院改名为苏州大学，开始了综合化的历程。1992 年，苏州市化学工业职工大学。苏州化工学校并入苏州大学；1996 年，苏州丝绸工学院、苏州桑蚕专科学校并入；2000 年苏州医学院并入苏州大学；2007 年，江南大学（化学电源研究所、原轻工业部无锡化学电源研究所、无锡轻工业大学化学电源研究所）并入苏州大学。苏州大学的综合化程度越来越高，成为名副其实的综合性大学。1994 年，延边医学院、延边农学院、延边师范高等专科学校、吉林艺术学院（延边分院）、延边艺术学校、延边大学合并组建延边大学，1996 年延边科学技术学院（专科）并入延边大学，2000 年延边第一师范学校并入，2001 年延边卫生学校并入，如今，延边大学已成为一所具有鲜明民族特色的综合性大学，是国家“211 工程”重点建设大学、西部开发重点建设院校、吉林省和教育部共同重点支持建设大学。大连大学、扬州大学、宁波大学、集美大学、深圳大学、齐齐哈尔大学等都是 20 世纪 90 年代相继合并组建的地方综合性大学。②地、市、州师范专科院校成为打造区域综合性本科院校的主力。在师范教育由封闭走向开放，综合性大学可开办师范教育的压力下，独立设置的高等师范学校通过合并、升格、更名等形式向地方普通本科院校转变。

高等师范院校综合化也对师范教育造成了一定的影响。有学者认为，新型的教师教育体系“形式上的意义大于实质性的内容”，它实质上“产生于高等教育管理体制的变革，源于对一流大学的诉求而进行的高校布局结构的调整。这与西方为提高教师地位，追求高质量教师而建立的开放的教师教育体系有根本的不同”。[②]

---

① 张斌贤 . 论高等师范院校的转型 [J]. 教育研究 , 2007(5).

② 胡艳 . 我国教师教育体系当前形成路径与变革动因 [J]. 北京师范大学学报（社会科学版），2009(2).

2001 年 1 月至 2002 年 1 月，在高等师范院校综合化开展得较早的江苏省，开展了一次关于“综合性大学和非师范院校如何办好教师教育”的调研，发现的问题很有代表性。① 由综合性大学举办师范教育，理论上具有许多潜在优势：学科门类多，教育资源丰富，有利于提高师范生的综合素质；学术水平高，有利于提高师范生的研究能力和创新能力；具有较强的内部调节功能，举办教师教育具有较大的灵活性，能根据社会需求的变化，不断调整专业设置、招生规模；规模大，社会声誉高，有利于吸引优秀高中毕业生报考教师教育专业。

然而调研发现，有些举办教师教育的高校对教师教育认识不足，重视不够。它们认为举办教师教育层次不高，对提升学校的办学水平和声誉帮助不大。师范教育在大学里被弱化了。综合性大学举办教师教育的动力，仅限于学生就业有保障，需求稳定，有助于提高学校的一次性就业率；教师中有许多原来就是搞师范教育的，轻车熟路；保持高校与中学的联系，可争取优秀生源等。师范教育在综合性大学中仍有一席之地，主要是制度惯性的因素。师范教育的学术性得到加强的同时，师范性被弱化了。职前培养和职后培训一体化的结果也不理想，多数举办教师教育的高校存在着职前培养与职后培训脱节的现象。

对于整个教师教育改革的结果，顾明远教授总结为：“一是为了提高小学教师和幼儿教师的学历，一大批中师被撤销。中等师范学校由一千多所削减到现在的一百多所。一部分中师升格为师专，一部分中师改为普通中学，中师资源几乎流失殆尽。二是为了体现师范教育的开放性，不再强调师范教育的单独体系。许多师专、师院纷纷扩展为综合性学校，极大地削弱了师范教育。三是为了体现教师教育职前职后一体化，许多地方教育学院合并到师专或师范学院，教师的职后培训并未得到加强。”② 他认为要在一个相当的时期内保留师范教育的独立体系，同时重视教师教育的开放性。

3. 高等师范院校合并动因的定量分析

本小节参考 1998 年版《中国高等学校大全》中“综合大学”和“师范院校”的名单，根据 1989 年《中国高等学校大全》中的数据构造了 1989 年全国高等师范院校的群体，作为分析 1988—2008 年高等师范院校机构类型变迁的初始时间点。下面运用事件史分析方法，讨论三个问题：①高等师范院校的制度形式是如何发

① 江苏省教育厅师资处调研组 . 发挥综合性大学优势，办好教师教育 [J]. 高等师范教育，2002(5).

② 顾明远 . 我国教师教育改革的反思 [J]. 教师教育研究，2006(11).

生改变的？讨论高等师范院校首次采取合并策略的类型与影响因素。②何种因素影响 1988 年至 2008 年间，高等师范院校通过合并非师范教育资源实现综合化？③师范高专升格为本科院校的过程、合并策略是否加速了这一过程？区域差异是讨论以上三个问题的重要角度。

1988 年全国有 261 所高等师范院校，其中部属（包括铁道部、中国统配煤矿总公司、农业部等教育部之外的部委和中央直属单位）院校 13 所，占 4.98%；省属院校 189 所，占 72.41%；地、市、州属院校 59 所，占 22.61%（其中东部 35 所、中部 10 所、西部 14 所）。从层次上看，师范大学 28 所，占 10.73%；师范学院 47 所，占 18.01%；师范高专 186 所，占 71.26%。

第一个问题：高等师范院校的首次合并策略。

1988 年至 2000 年，有 50% 的高等师范院校发生了某种形式的合并：合并同层次其他科类院校，合并（入）本地其他师范院校，合并师范类或其他科类的中专和职业学校等。到 2008 年，仅有 35 所高等师范院校没有发生某种形式的合并。

自 1998 年以后，高等师范院校的合并有所加速，2003 年之后则有所放缓。这两个时间点呼应了几个具有重要意义的事件：从宏观环境上，1998 年开始，高等教育管理体制发生急剧调整，“条块分割”的局面被打破，建立起中央与地方两级管理、以省级统筹管理为主的高教管理体制。至 2000 年，除少数特殊行业部委仍保留少数学校之外，涉及 49 个中央部委（局、公司）258 所高校的划转、共建、合并任务基本完成。从高等师范教育体系来说，1998 年《普通高等学校本科专业目录》的颁布和“面向 21 世纪高等师范教育国际研讨会”的召开，实际上肯定了高师综合化改革的一系列做法。而 2003 年左右，随着对高等师范教育改革经验的总结和反思，师范院校并入综合大学的“合并热”在一定程度上有所降温。

图 11–5 呈现了不同隶属关系下高等师范院校第一次发生合并的情况。至 2008 年，69% 的部属高等师范院校发生了某种形式的合并，86% 的省属高等师范院校发生了某种形式的合并，地、市、州属院校这一比例是 93%。

平滑风险函数估计显示，部属（教育部直属、其他部委直属）高等师范院校发生首次合并主要是在 1997—2002 年，在 1999 年之后的管理体制改革中有所加速。省属高等师范学校发生首次合并主要在 1992—2007 年，发生合并的风险在 2002 年有所回落。地、市、州属高等师范院校发生首次合并主要在 1992—2002 年，风险自 1994 年以来十分强，1997 年之后更强。综合隶属关系的情况来看，地、市、州级政府对所属高等学校的控制最为直接，最容易整合当地资源，包括师范中专、普通高专以及其他类型的学校资源，发展本地高等教育事业。省属高等师范院校兼有地方性和师范系统中的优势，因此其发生合并的行为同时受到地方经济发展、高等教育体制改革和高等师范教育改革的多重影响。部属高等师范院校中受到高等教育管理体制改革影响较大的是非教育部直属院校，而教育部直属的师范大学则一定程度上受到高等师范教育改革的影响，但更多的是师范体系内部的合并调整，很少借助合并来达到更加综合的目的。

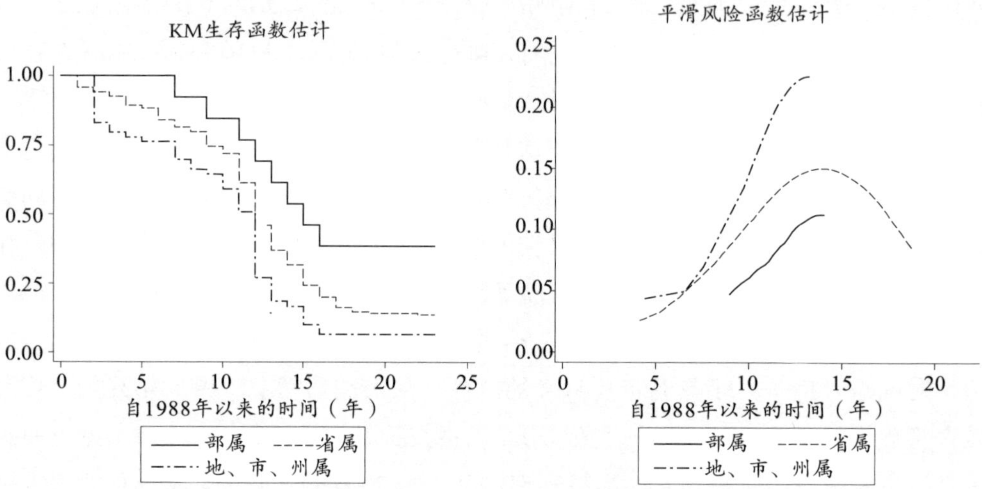

图 11–5　高等师范院校首次合并的 KM 生存函数估计和平滑风险函数估计（分隶属关系）

进一步的分析将高等师范院校的首次合并策略分为三类：综合化，合并同层次工、农、医、社科等其他科类院校，逐步发展为综合性大学；师范系统内部整合，合并教育学院，师范中专学校，艺术、体育学校等；整合中专、职业教育资源，合并非师范类中专和职业中专学校。表 11–6 呈现了不同区域高等师范院校发生此三类首次合并的情况。在事件史数据结构中，将三种策略处理为"竞争风险"（competing risk）的形式。

分区域来看（见表 11–6），无论区域经济发展水平如何，高等师范院校首次合并采取的策略都以师范体系内部的整合为主，发达和中等发达地区有较大比例的综合化，而欠发达地区整合中专、职业教育资源的比例较大。

表 11–6　高等师范院校首次合并采取的策略（分区域）

首次合并的策略	发达地区	中等发达地区	欠发达地区	合计
综合化	26	32	14	72
师范整合	32	44	35	111
整合中专、职业教育资源	16	14	15	45

续表

首次合并的策略	发达地区	中等发达地区	欠发达地区	合计
无合并	8	8	17	33
合计	82	98	81	261

平滑风险函数估计的进一步分析发现，高等师范院校以综合化的方式结束原有的办学形式和院校性质，主要驱动力是区域经济的发展对综合性大学的需求。1998 年以后高等师范教育改革所获得的肯定，略微加强了综合化改革取向，而 1999 年以后的高等教育管理体制改革对于中等发达地区的高等师范院校通过合并综合化有一定的推动作用。（见图 11–6 b）

师范系统内整合策略则呈现出较为复杂的情况，对于不同区域的高等师范院校，影响因素并不相同。在 1998 年高等师范教育体系内部对“三级师范”变“两级师范”，“职前培养和职后培训一体化”以及“综合化”的改革方向达成较大共识之后，经济发达地区高等师范院校以内部整合的保守方式展开改革的骤减；中等发达地区稍微滞后，增长幅度在 2000 年达到顶点之后开始回落，在 2003 年略微增加，因为这一时期“综合化”模式遭到相当大程度的怀疑和反思，师范体系内部的整合（合并教育学院、中等师范学校）和合并非师范教育资源（保留原有建制的主体地位）是主流模式。欠发达地区的情况是，1997 年有略微的增强，这一年是招生并轨的完成年，而 2002 年以后以内部整合方式结束高等师范院校形态的状况几乎消失，改之以大规模的合并非师范的中专学校，这是另一种形式的综合化。

高等师范院校整合非师范教育资源的模式，在 1998 年以后大幅增长。由于合并中专资源的同时往往伴随着对教育学院和师范中专的合并，发达地区的高等师范院校较高的合并风险可以看作是通过整合本地教育资源，更快发展为综合院校的策略。2001 年以后，西部地区的师范院校大量采用这种策略，是整合本地教育资源，打造地区性本科院校的需要。在后面的分析中会提到，2001 年，发达地区、中等发达地区有 50% 的师范高专完成了向本科的“升格”（合并升格或者并入本科院校），而欠发达地区这一数据约为 25%。

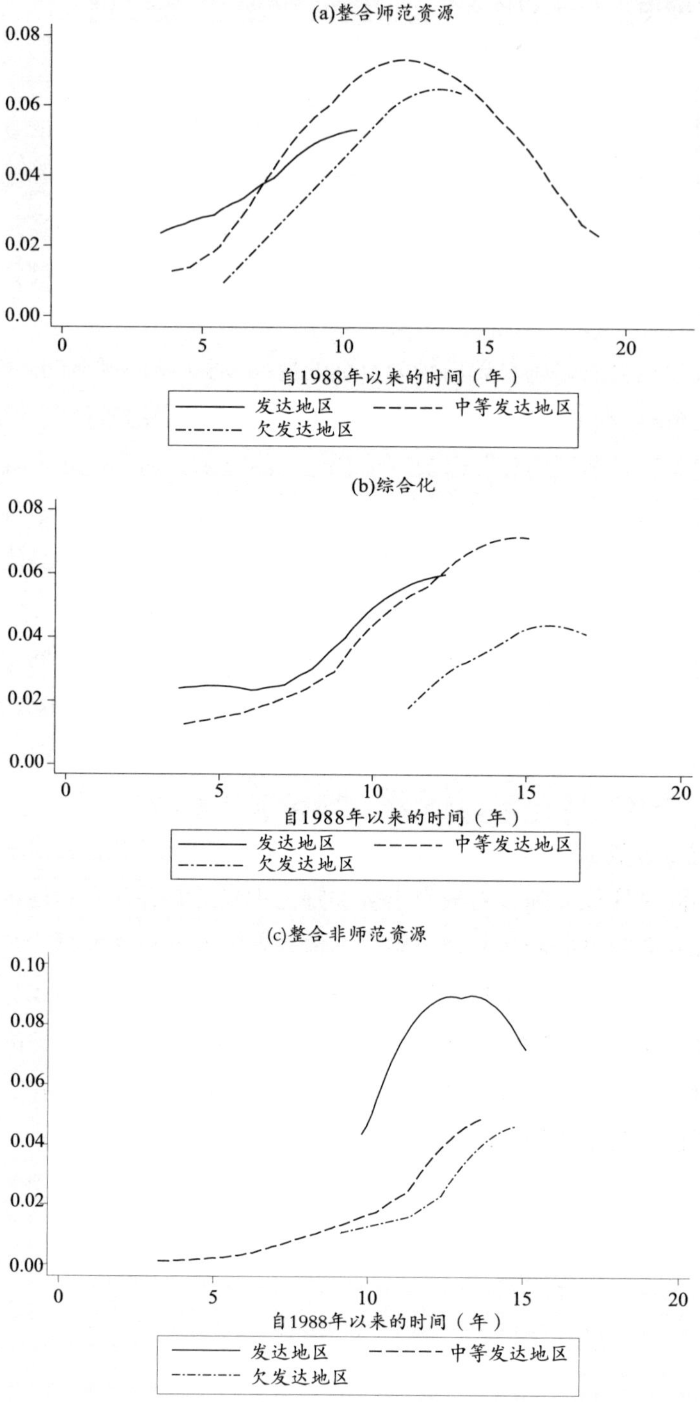

图 11-6　高等师范学校首次合并采取的三种策略的平滑风险函数估计（分区域）

第二个问题：高等师范院校的综合化过程。

高等师范院校的综合化合并包括以下方式：和至少一所同层次的其他科类院校发生合并，特别关注工科和医科院校，其结果一般是综合大学、学院或是普通高专升格为综合学院；并入综合大学或多科性大学；整合中专、职业教育资源，至少和三种不同科类的非师范院校合并，合并后可能仍命名为“高等师范专科”，但其成分发生了较大改变，往往成为本地区的普通本科院校。如果经过多次合并满足综合化条件，则在数次合并中再次根据以上原则选择决定性的一次合并作为综合化合并的时间。

图 11–7、图 11–8、图 11–9 分别分隶属关系、层次和区域经济发展水平显示了高等师范院校综合化合并的 KM 生存函数估计和平滑风险函数估计。就隶属关系来看，KM 生存函数显示，到 2008 年，部属师范院校有 75% 未经历综合化合并，基本上是教育部直属师范大学；略少于 75% 的省属师范院校也未发生综合化合并；到 2008 年观察期结束，有 40% 左右的地、市、州属高等师范院校发生了综合化合并。

平滑风险函数估计显示部属高等师范院校发生合并多数发生在 1998 年至 2000 年间［见图 11–7，1995 年新疆生产建设兵团师范专科学校（含新疆生产建设兵团教育学院）、石河子农学院、石河子医学院（含石河子医学院附属护校）、新疆建设兵团经济专科学校合并组建石河子大学没有体现在图上，是因为这是一个“试点”，附近年份没有连续地发生此类合并事件］。随着机构改革的进行，行业院校地方化，原来隶属各部委和中央直属机构的高等师范类院校在“划转”地方的过程中有较大可能和本行业或地方其他单科院校合并，改变自身性质。教育部直属的师范大学只有西南师范大学在 2005 年与西南农业大学合并组建西南大学，这又是一个特殊案例。省属师范院校（层次上可以是师范学院或师范高专）和地、市、州属师范院校在 1992 年至 2005 年间连续地有综合化合并事件发生。其中省属师范院校发生综合化合并的风险相对较小，并且在 1997 年有微小提高，在 2003 年以后开始下降。而地、市、州属师范院校则早在 1994 年以后就开始了较大增幅的风险提升，在 2002 年达到最高点，之后下落。

综合以上分析，隶属关系对高等师范院校通过合并手段综合化的作用，对于省属及以上高等师范院校是和高等教育管理体制改革、高等学校隶属关系变迁、高等师范教育体制内部对改革的认识、尝试与控制密切相关的。而地、市、州属高等师范院校的综合化合并，除了体制改革的原因之外，地方政府打造本地区综合性院校是其内在驱动力。2003 年开始的回落，除了高等师范教育体制内部对改革的反思之外，还有区域经济发展水平的原因。到 2011 年，发达地区 53% 的地、市、州属师范院校合并综合化，中等发达地区这一数据是 43%，而欠发达地区是 21%。即发达地区、中等发达地区发生了相似水平的综合化合并改革，而欠发达地区可能因为合适的合并院校较少，高等师范院校原有制度基础和生存空间仍然存在，较少发生合并式的综合化改革。

至 2011 年，33% 的师范学院（本科层次）发生了综合化合并，48% 的师范高专发生了综合化合并。自扬州师范学院和江苏农学院、扬州医学院、扬州工学院、江苏水利专科学校、江苏商业专科学校合并组建扬州大学起，本科层次的师范学院成为地方建设综合性重点院校的重要基础。1999—2002 年的高等教育管理体制改革中这种力量达到最强并一直维持。高等师范专科学校则在 1997 年以后加速了综合化合并的进程，其顶点是 2002 年。（见图 11-8）

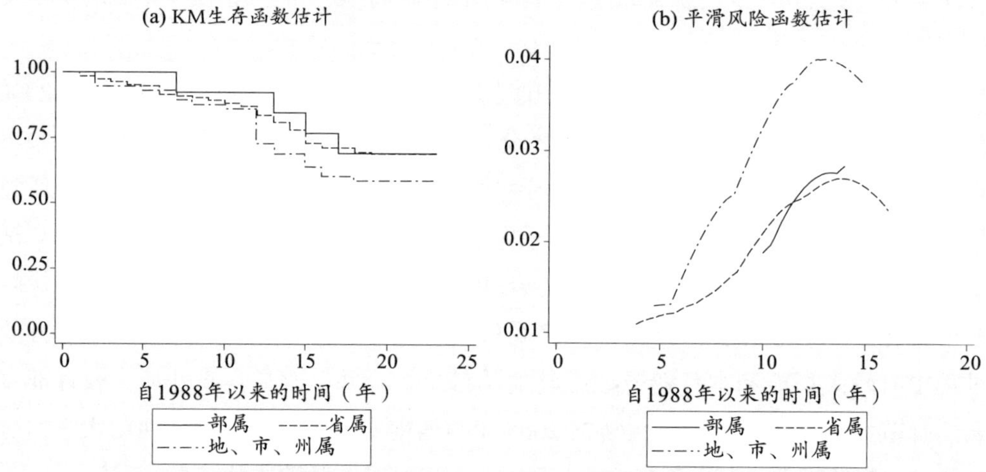

图 11-7　高等师范院校综合化合并的 KM 生存函数估计和平滑风险函数估计（分隶属关系）

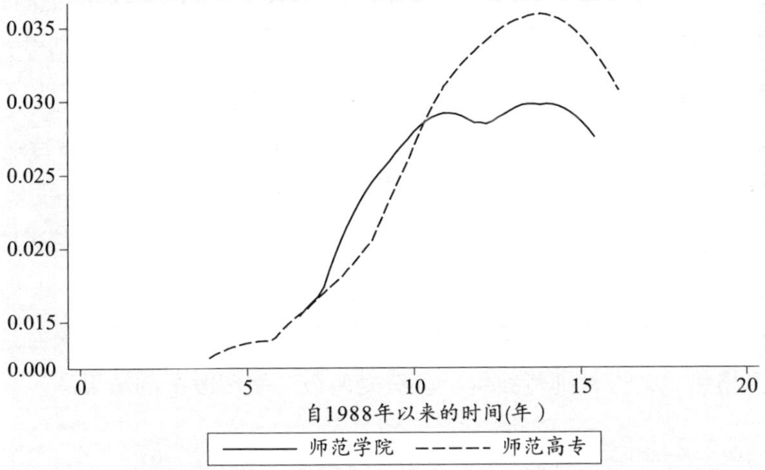

图 11-8　高等师范院校综合化合并的平滑风险函数估计（分办学层次）

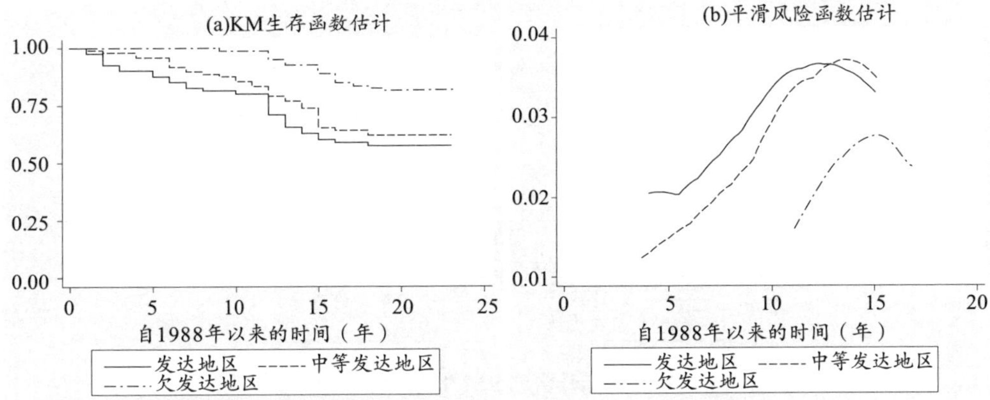

图 11-9　高等师范院校综合化合并的 KM 生存函数估计和平滑风险函数估计（分区域）

从区域来看，至 2011 年，发达地区高等师范院校有 43% 发生了综合化合并，中等发达地区是 38%，欠发达地区是 19%。平滑风险函数估计说明了不同区域高等师范院校综合化合并的变化率，首要的特征是经济越发达的地区，就越有可能发生综合化合并。发达地区和中等发达地区的曲线几乎平行，说明其动力因素相似，早在 1993 年即开始了综合化合并的加速，在 1999—2002 年间达到顶点，之后回落。1999—2002 年的管理体制改革对中等发达地区师范院校的综合化合并有更强的刺激作用。欠发达地区的曲线虽呈上升趋势，但较为平缓。欠发达地区的高等师范院校综合化合并主要发生在陕西、四川等省区。

第三个问题：高等师范专科院校升格事件的区域特征及与合并行为的关系。

图 11-10 呈现了自 1988 年以来师范高专升格的情况，发达地区、中等发达地区、

欠发达地区师范高专分别在2000年、2002年和2004年达到50%的师范高专“升格”；至2011年，发达地区91%的师范高专、中等发达地区95%的师范高专、欠发达地区89%的师范高专升格为本科（少部分并入本科院校）。

图11–10进一步说明，发达地区师范高专自1992年以来开始持续地升格，2002至2005年间保持着较高风险，之后回落。中等发达地区师范高专自1992年以来表现出和发达地区相似的升格速度，在1997年以后出现了比发达地区更迅猛的升格势头，在2004年达到顶点，之后回落。欠发达地区师范高专自1997年开始持续地发生较大规模的升格，在2003年达到顶点。2005年以后，欠发达地区出现又一波“升格热”，这是师范教育“三级变两级”制度改革的结果。

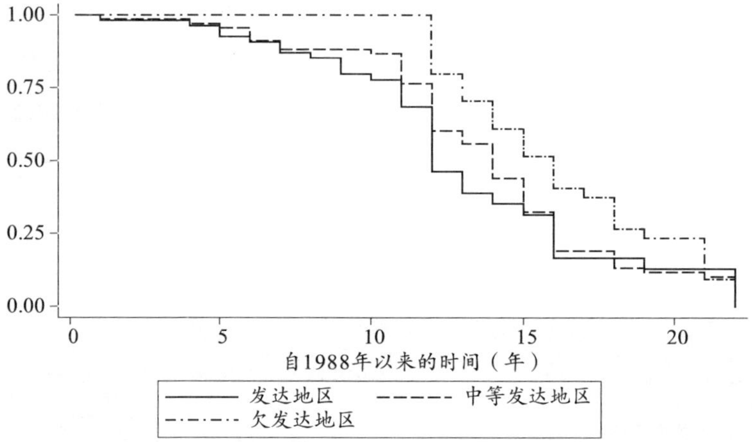

图11–10　师范高专升格的KM生存函数估计（分区域）

通过控制师范高专的规模这一解释其何时“升格”的首要和内在因素，下表的模型说明了采取合并策略对于师范院校升格的促进作用。规模更大的师范高专有更高的升格风险，这符合院校发展的规模特点。在相同的规模下，发达地区的高等师范专科学校和欠发达地区相比有更大的升格风险（更快地升格为本科）；而合并事件的发生，加速了升格事件的发生，将其风险提高了22.5倍。

表11–7　师范高专升格的事件史模型

变量	Haz. Ratio（Std. Err.）
发达地区	0.54（0.14）*
欠发达地区	0.65（0.17）
在校生数（log）	2.77（0.70）***
采取合并（时变）	22.5（7.55）***
P	2.30（0.22）***

续表

Theta	0.08（0.06）***
N（分析时间段）	2572
Df	4
卡方	174.97***
LR test of theta=0, chi2	4.35*

注："*"表示 $p<0.05$，"**"表示 $p<0.01$，"***"表示 $p<0.001$; Weibull 分布，考虑省份的 sharedfrailty 模型。分析的师范高专共 179 所。

（四）理工院校合并与区域高等教育发展

这部分采用 1998 年版《中国高等学校大全》对于理工类院校的划分，选择了其中的综合理工类院校为样本。《中国高等学校大全》中的理工院校还包括航空航天类、水利水电类、冶金工程类、交通运输类、化工石油类、地质矿产类、电子信息类、建筑工程类、轻工纺织类 9 类行业院校，囿于篇幅，不包括在本部分的分析中。观察的起点是 1989 年[①]，因此依然使用 1989 年版的《中国高等学校大全》中理工院校的相关数据。综合类理工院校的原隶属部门在 20 世纪 80 年代以后的历史沿革如下表。

表 11-8　本部分涉及的理工院校所属部委 20 世纪 80 年代以来的沿革

名称	沿革情况
国家教委	1985 年 6 月 18 日全国人大六届十一次常委会决定撤销教育部，设立国家教育委员会。1998 年，全国人大九届一次会议通过《关于国务院机构改革的决定》，国家教育委员会更名为教育部
机械电子工业部	机械电子工业部是国务院曾经存在的部门。1988 年，原有的电子工业部与机械工业部合并成为机械电子工业部。1993 年 1 月，将机械电子工业部分成机械电子部和机械工业部。1998 年改革，两个部又都撤销，新组建成立信息产业部。2008 年，信息产业部改为工业和信息化部，一直至今
中国汽车工业联合会	成立于 1987 年 5 月，是经中华人民共和国民政部批准的社团组织，地址设在北京。中国汽车工业联合会是在中国境内从事汽车、摩托车、零部件及汽车相关行业生产经营活动的企事业单位和团体，在平等、自愿基础上依法组成的全国性工业行业协会；是不受部门、地区和所有制形式限制的自律性、非营利性的社会团体，具有社会团体法人资格；接受民政部等国家有关部门的业务指导和监督管理，受国家法律保护，负有民事责任

① 其中若干所高校在 1989—1998 年间已经合并，选取合并前的高校来修正样本。

续表

名称	沿革情况
中国有色金属工业总公司	1983 年 3 月，国务院把有色金属工业的管理从冶金工业部划分出来成立总公司。该公司是国务院直接领导下的经济实体，自成立时起便管理着我国有色金属行业各重点企事业单位、各大科研院所和大专院校。1998 年国务院决定对机构进行改革，撤销了包括冶金工业部和中国有色金属工业总公司在内的 9 部委。随着中国有色金属工业总公司的撤销，国家成立了中国铜铅锌集团公司、中国铝业集团公司、中国稀有稀土集团公司三大集团公司和国家有色金属工业局。2000 年 7 月，国务院决定撤销三大集团公司，原中央管理的企业全部下放到地方管理。2001 年 2 月 19 日再次撤销国家有色金属工业局等 9 个国家局，成立有色金属工业协会

1998 年《中国高等学校大全》中划分的理工类院校，包括了教育部、机械电子工业部、有色金属工业总公司（1983 年国务院把有色金属工业的管理从冶金工业部划分出来成立总公司，其所属院校规模比冶金工业部所属院校更大）、直属高校较少的其他部委等所属理工院校，省属工学院，市属（职工）大学（不在本节分析的范畴）等，其规模情况见图 11–11。隶属关系分类解释了本专科研究生数 62.89% 的差异，研究生规模 59.09% 的差异；而经济发展水平的区域划分解释了部属院校 4.5% 的本专科生规模差异和 3.3% 的研究生规模差异。省属理工类院校在本专科生和研究生规模上不存在区域经济发展水平上的差异。

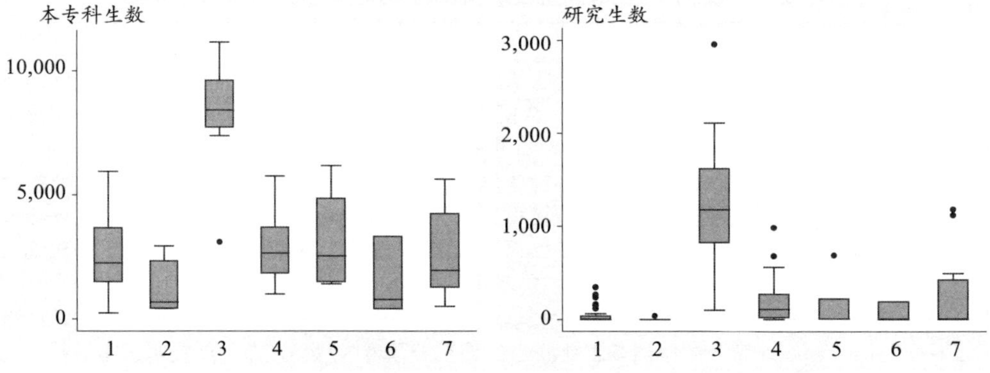

图 11–11　理工类院校的本专科生规模和研究生规模（1989 年数据）

注：1 类：省属（教育部门）；2 类：省属（行业部门）；3 类：国家教委；4 类：机械电子工业部；5 类：中国有色金属工业总公司；6 类：中国汽车工业联合会；7 类：其他部委。

机械电子工业部是高等教育管理体制改革的“三省一部”试点部门之一，在国家教委的直接指导和有关省市的大力支持下积极推进管理体制改革。由于历史的影响，机械电子工业部部属院校较多，分布在全国 17 个大中城市，其中 3 个城市分别有 2 所以上的部属院校。这些院校大部分是 20 世纪五六十年代根据机械工业发展和布局的需要创建的，后来由于机构合并和院校调整逐步形成了这样的格局。“在新的形势下调整布局，减少办学布点，解决分散、重复、学校规模偏小的弊端，将地处同一城市的院校合并”，是 90 年代机械电子工业部部属院校管理体制改革的重大举措。其目的在于“优化地区结构和布局，合理使用有限的教育经费，发挥群体优势，提高办学水平和办学效益”。1995 年 4 月，哈尔滨科技大学、哈尔滨电工学院、哈尔滨工业高等专科学校合并为哈尔滨理工大学；1996 年 5 月，华东工业大学和上海机械高等专科学校合并组建上海理工大学；1997 年 1 月，原合肥工业大学和安徽工学院合并组建新的合肥工业大学。从 1996 年开始，原东北重型机械学院本校从齐齐哈尔市逐步搬迁到河北省秦皇岛市，结束了多年来两地办学的局面，合并后的新学校定名为“燕山大学”。通过将位处同一城市的学校合并，机械电子工业部所属学校数从 24 所减为 19 所。同时，机械电子工业部积极推进省部共建和企业参与管理，以这两种模式作为管理体制改革的方向。机械电子工业部只管理少数行业特色较强的骨干学校。专科教育是机械工业高等教育的重要组成部分和发展重点。机械电子工业部的态度是“通过改革不能削弱专科，而是要借助合校后更加雄厚的师资力量、教学设备、实验条件促进专科教育水平更上一层楼。并且多次强调，不借改革之名搞变相升格，专科招生规模不减，要继续巩固和发展专科特色”[①]。

对于理工类院校的合并事件，本研究分析的重点略有不同。首次合并事件，包括“跨域”合并（条内合并之外的合并类型）和“域内”合并（条内合并），观察院校原有建制的变动，以及“综合化”合并，即与非理工类院校的合并或并入综合性大学或理工大学。

1. 首次合并的发生

1999 年以后，50% 的理工类院校发生了首次合并；到观察期间结束的 2011 年，80% 左右的理工类院校至少发生过一次合并。从区域经济发展水平上看，经济发达地区的合并较为渐进和缓慢，其风险最高峰在 1998 年。中等发达地区的理工类院校合并有两次加速，即 1996 年和 2000 年，最高值在 2002 年，是由体制变迁驱动的合并潮。欠发达地区院校数量较少，合并也较少，合并风险在 2001 年达到顶点。

---

① 涂仲华 . 从实际出发搞好部属院校合并工作 [J]. 中国高等教育 , 1998(2).

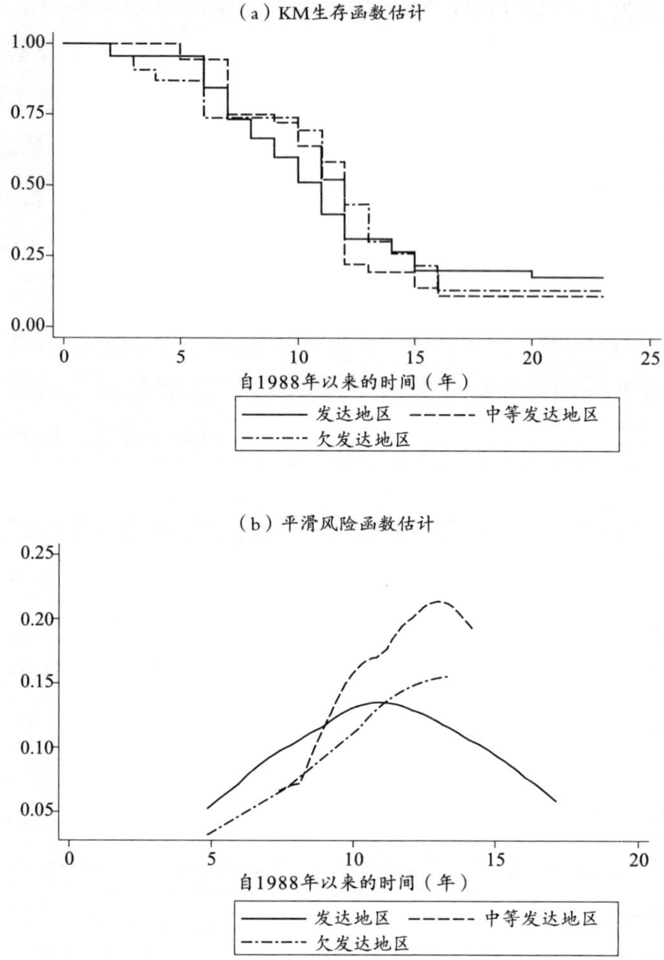

图 11–12　理工类院校首次合并的 KM 生存函数估计和平滑风险函数估计（分区域）

从隶属关系上看，省属理工类院校更早地开始合并行为。有两个加速期：1996年和1998年。在此期间合并组建的综合性大学或理工大学包括南昌大学、上海大学、扬州大学、云南工业大学、佳木斯大学、广东工业大学、太原理工大学等。这些省份大部分是省属理工类院校较多的区域，这种合并可以看作是“211 工程”及以综合性、研究型为特征的高水平大学建设所引发的区域教育资源的整合。从区域经济发展水平和城市的中心程度分解来看也可以发现，经济发达地区和中心城市的理工院校在整个观察期都维持着较高的合并风险。经济中等发达、欠发达地区和非中心城市的理工院校合并现象更多地由 1998 年以后的隶属关系变迁所驱动。

部属院校的合并则是由隶属关系的变迁引发，在 2002 年前后达到顶点。部属院校的合并事件更多的是资源环境“补偿”的结果，在 1998 年以后，经济中等发达地区和欠发达地区、非中心城市的部属理工类院校合并风险骤增。

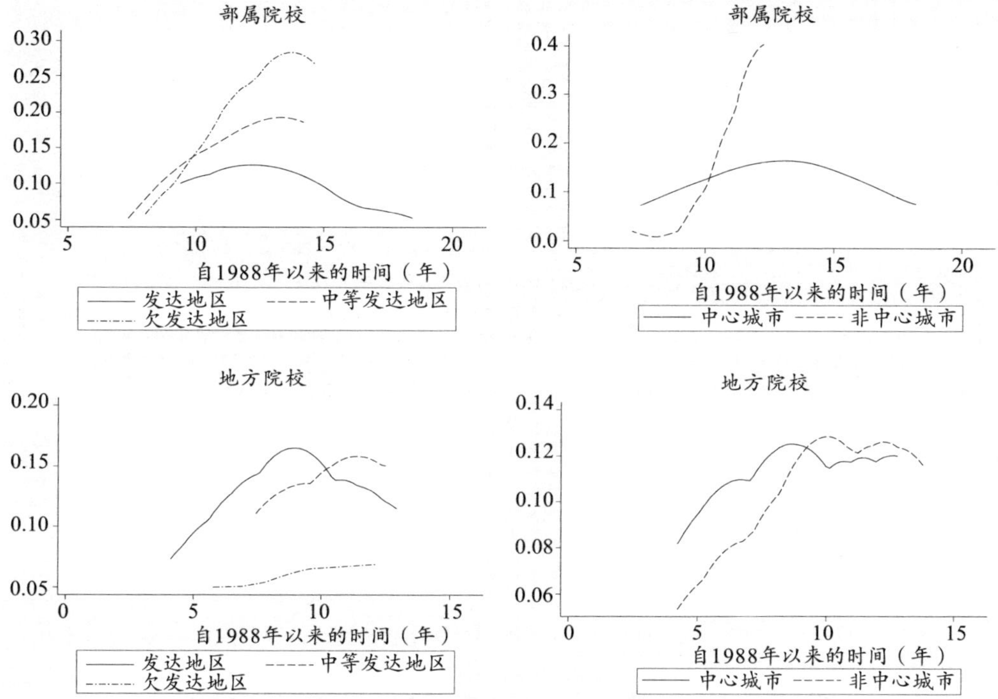

图 11–13　地方理工类院校首次合并的平滑风险函数估计（分隶属关系、区域和城市水平）

进一步的分析将理工类院校分为四类：部属院校按照 1989 年的研究生人数（以 160 人为界）平分为两类（部属研究型和部属教学型），省属院校按照 1989 年是否有研究生教育分为两类（省属研究型和省属教学型）。四类院校数量分别占样本的 30%、31%、17% 和 22%。部属研究型（主要是教育部和机械电子工业部直属高校）的合并发生在 1998 年左右；部属教学型理工院校的合并滞后一些，以 2002 年为顶点，主流是“条内”的整合式合并，以及发生在非中心城市的综合化合并。生存函数差异检验发现省属研究型和教学型理工院校首次合并的生存函数并无显著差异。

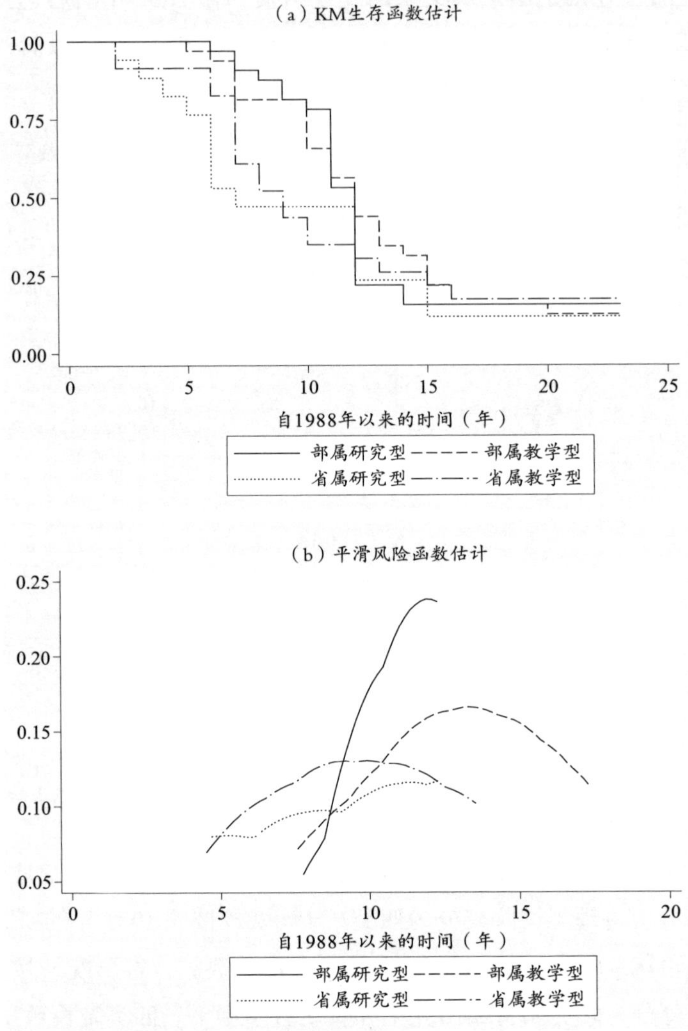

图 11-14　理工类院校首次合并的 KM 生存函数估计和平滑风险函数估计（分隶属关系和办学层次）

2. 综合化合并事件的发生

至 2011 年观察期结束，近 30% 的部属理工类院校和 50% 的省属理工类院校发生了综合化合并，即合并了非理工类院校。从区域经济发展水平来看，中等发达地区和欠发达地区的理工类院校有更高的风险发生综合化合并。

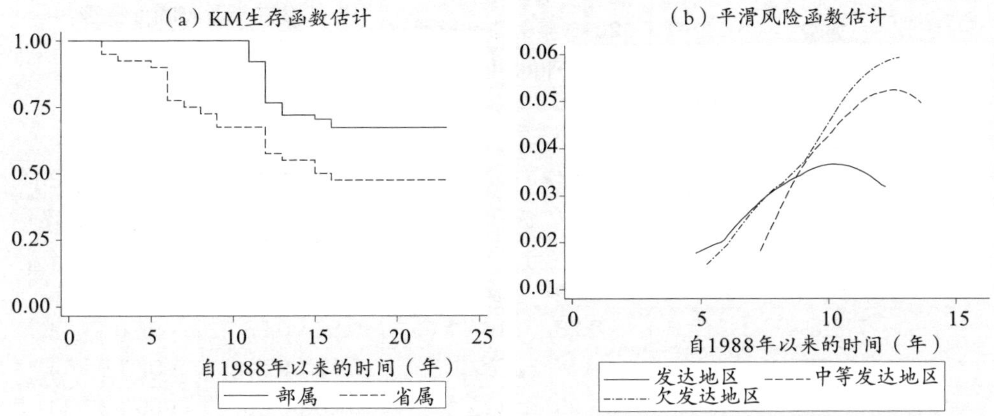

图 11–15　理工类院校综合化合并的 KM 生存函数估计的平滑风险函数估计（分隶属关系和区域）

表 11–9 的模型旨在考察理工类院校的规模水平与合并风险的关系（关于综合化合并的 Cox 模型），以及对于合并类型的选择（关于合并类型的 mlogit 模型，有三类结果：1 类为无合并现象或发生域内合并，2 类为发生跨域合并但非综合化合并，3 类为综合化合并）。区域经济水平、城市水平、院校的隶属关系、区域的制度性压力水平[①]为控制变量。结果发现，理工类院校的层次水平越高，合并非理工类院校的风险越高，越倾向于无法保持原有的组织边界（不发生合并或域内合并相较于发生跨域合并的系数为 –0.76），越倾向于发生综合化合并（发生综合化合并相较于发生“跨域”合并但非综合化的系数为 1.28）。这个结果证实了“211 工程”所代表的大学综合化的制度性压力。

表 11–9　理工类院校综合化合并的影响因素

变量	事件史分析（1988—2010 年）Cox 模型	合并类型 Mlogit 模型	
	Haz. Ratio（S.E.）	1 vs. 2	3 vs. 2
规模（1989 年本专科生数的 log 值）	2.27（0.76）**	–0.76（0.46）*	1.28（1.53）**
区域：中等发达地区	1.35（0.52）	0.47（0.64）	0.85（0.69）
区域：欠发达地区	2.02（0.82）*	–0.39（0.93）	1.73（0.86）**

① 合并的制度性压力来源于较早实施大学合并的省份，同时也是理工类院校较密集的省份，研究假设这些区域高校有较强的倾向发生合并行为，因而将北京、上海、江苏、吉林、湖北、湖南、陕西编码为 1，其他省份为 0。

续表

变量	事件史分析（1988—2010 年）Cox 模型	合并类型 Mlogit 模型	
	Haz. Ratio（S.E.）	1 vs. 2	3 vs. 2
1989 年隶属关系（以省属院校为参照）			
国家教委	0.43（0.25）	2.14（1.37）	–.77（1.18）
机械电子工业部	0.14（0.08）***	0.29（1.02）	–3.71（1.07）***
有色金属工业总公司	0.52（0.29）	1.27（1.46）	–0.77（1.30）
其他部委	0.28（0.16）**	0.82（0.98）	–0.90（0.96）
非中心城市	1.96（0.76）*	0.17（0.78）	1.82（0.75）**
制度性压力	2.39（0.82）**	0.40（0.86）	1.60（0.53）**
N	1846	101	101
Df	9	18	18
卡方统计量	30.48***	47.21***	47.21***

注：“*”表示 $p<0.10$,“**”表示 $p<0.05$,“***”表示 $p<0.01$；Mlogit 模型报告的是 Log Odds，括号内为标准误；因变量编码为 1 表示无合并，2 表示跨域合并但非综合化合并，3 表示综合化合并。

模型还显示，相较于经济发达地区，欠发达地区的理工类院校更倾向于发生综合化的合并。非中心城市相较于中心城市更倾向于发生综合化合并。在控制了院校规模、城市水平、隶属关系和区域制度性压力之后，中等发达地区的综合化合并风险从均值上看高于发达地区，但是没有统计上的显著性。经济发达地区和中等发达地区理工类院校在综合化合并风险上的“无差异”可能源自不同的发生机制：经济发达地区建设区域高水平大学，使理工类院校合并组建综合性大学；同时，经济发达地区高等教育对于经济社会发展的直接贡献更为显著，行业院校要迅速融入地方，面向社会办学，获取更多的资源，引致更快的上规模和综合化。合并后的高校社会影响扩大，争取社会投入和支持的能力提高；专业结构可以更快地适应产业结构调整，反映社会发展变化的新专业、新学科不断涌现；文理渗透、学科融通、知识交叉的课程体系开始形成，培养复合型人才的条件得以改善；在一定程度上实现了资源共享、优化组合，提高了投资和规模效益。① 另外，经济发达地区可以为理工类院校提供更大的资源支持，通过节奏较为和缓的自我发展达到“综合化”。而中等发达地区的理工类院校面临隶属关系变化后的资源缺乏和激烈的省内竞争，同时出现了另一种促进大学更快上规模、综合化的资源：扩招所带来的学生资源。另一个

① 王佩军，唐安国 . 上海高校合并：现状、问题与对策 [J]. 高等教育研究，1997(5).

值得一提的因素是，经济中等发达地区的理工类院校规模显著小于经济发达地区，经济欠发达地区的理工类院校规模均值上小于经济发达地区，但统计上不显著。这能说明在经济欠发达地区和中等发达地区存在较高的综合化合并风险。

合并的制度性压力较大的区域更易于引发综合化合并（相较于跨域合并），但并不意味着相对于保持独立建制或并入同类高校，院校更倾向于选择跨域合并。这说明合并的制度性压力是一种指向组建“综合大学”的压力。

就理工院校的隶属关系而言，省属理工类院校、教育部所属、有色金属工业总公司所属院校发生综合化合并的风险在统计上无显著差异，而机械电子工业部所属高校和其他部委高校发生综合化合并的风险显著小于省属理工类院校。对于机械电子工业部所属院校而言，保持独立建制，条内合并，或是在不对科类结构做很大调整的情况下合并理工类学校的资源获取式合并，和综合化合并相比，是更为优势的策略。这是隶属部门尚存（1993 年，机械电子工业部分成机械电子部和机械工业部；1998 年，两部门重新组建为信息产业部）的部属院校的合并规律。

（五）农林院校合并与区域高等教育发展

1989 年，全国有高等农业院校 75 所，其中农业院校 52 所，林业院校 11 所，水产等其他农业院校 12 所。经过合并、调整与重组，到 2005 年，高等农业院校共有 32 所。其中进入教育部“211 工程”的有 6 所，“985 工程”的有 2 所。

1. 改革背景

农业高等教育在中国高等教育体系中是相对弱势的学科，在招生与就业市场上处于劣势的地位。据 2000 年高考考生填报志愿趋向调查，在 7000 多名接受调查的考生中，仅有 0.8% 的考生愿意报考农、林、水、地、矿等专业。据不完全统计，全国高等农业院校平均第一志愿率低于 50%，上线的第一志愿明显偏低，反映了高等农业院校在争夺一流生源中处于明显劣势地位。2000 年普通高等学校本科专业学科就业率调查显示，农、林、水产、畜牧、兽医等有关农业学科就业率大多在 42%—64% 之间，其一级农学科平均为 57. 99%，位居十大一级学科就业率之末。①与此同时，招生就业体制改革后，国家财政拨款大减，投入严重不足。全国各农林

① 靳占忠 . 对高等农业教育的系统思考 [J]. 高等农业教育 , 2002(4).

高校上级所拨事业费只能占实际开支的 50%— 60%，有的学校仅占 40%。[①]

为了增加高等农业院校的吸引力，国家在取消师范类师范专业第一志愿享受优惠加分的情况下，仍保持高等农业院校农科专业第一志愿享受加分和一次投档的政策，同时实行农科类专业免收学费或减半收费并实行专业奖学金制度；实行"一主三辅"招生制度，高等农业院校通过单独招收实践生、定向生和对口招生，提高了新生第一志愿率。高等农业院校也通过调整专业结构和拓宽专业口径，拓宽毕业生的就业渠道。[②]

在经济体制转变过程中，农村经济结构也在发生着深刻变化，不仅由昔日单一的粮食生产转向了农林牧副渔多种经营生产格局，而且正在向农工贸一体，第一、第二、第三产业结合，产前、产中、产后社会化服务体系三结合的现代化大农业方向发展。与此同时，在以生物学为主的农业新技术革命的浪潮下，农业科学技术一方面在纵深方向上朝生物学革命性变革的方向发展，另一方面在横向上向综合化的交叉科学、新兴学科方向发展。高等农业教育必须反思 20 世纪 50 年代初院系调整所带来的学科单一，专业面窄狭，重传统学科、轻新兴交叉学科，重生产技术学科、轻文经社管学科等问题，对传统学科专业结构进行改造。两院院士、著名农学家、北京农业大学石元春教授认为，从我国农科现状和需要来看，除了重视各传统学科的改造与发展之外，还必须加强与增设数理化，特别是分子生物学与发育生物学等基础学科；食品和生物环境控制工程；农业资源、环境和可持续发展；农业贸易经济管理；农村发展和农业推广；农业信息；人文社会科学；各相关的新兴交叉学科和高技术及农业应用等学科专业。[③]

2000 年，时任南京农业大学党委副书记、副校长胡金波在一篇文章中指出，高等农业院校在追求综合性的过程中，有三种路径可供选择：①通过合并组建综合性大学的方式，如浙江大学；或是农、林、水等科类高校合并组建现代意义上的农业大学，如西北农林科技大学。②在合作中实现综合，通过与其他类型的院校、科研单位共建学科和研究中心以及实验室等方式，借助非农业院校和科研单位的教育资源达到向综合化方向发展。③在自身发展中实现综合。[④] 对于第三种综合化路径，他建议政府应该支持并鼓励部分水平较高的重点农业大学进行探索。他还列举了美

---

① 李同明 . 中国农林高等教育向何处去 [J]. 高等教育研究 , 1996(4).

② 胡金波 , 万健 , 易中懿 , 等 . 高等农业院校招生制度改革研究 [J]. 中国农业教育 , 2000(6).

③ 胡金波 , 万健 , 易中懿 , 等 . 高等农业院校招生制度改革研究 [J]. 中国农业教育 , 2000(6).

④ 胡金波 . 关于高等农业院校发展中几个问题的探讨 [J]. 中国高教研究，2000(5).

国《莫里尔法案》颁布后兴办的农学院中，部分通过自身努力而发展成为具有世界影响力的综合性大学的经验。

高等教育大众化是高等农林院校朝综合化方向发展的另一助力。大学扩招后，高等农业院校学科专业数量大幅度增加，积极发展近农和非农科专业，学科专业出现趋同现象。重点农业大学所办的专业，地方高等农业院校几乎全有。在专业布点上，32 所高等农业院校中，园艺、动物科学等传统农科专业，2005 年有 28 所学校设置，而农林经济管理、食品质量与安全、生物技术等管理类与理工类新兴学科专业的布点也都超过 25 个。国际经济与贸易、英语、社会学、机械设计制造及其自动化、生物科学、生物工程、土地资源管理等专业在综合性大学及非农院校中也多有设置，还开设了如交通运输、艺术设计、法学、汉语言文学、历史学、哲学、软件工程等综合性大学和非农院校的常见专业。①

2. 广义农业院校合并的事件史研究

1989 年，75 所高等农林院校中，21 所是部属院校，54 所是省属院校。区域分布上，发达地区有 30 所，中等发达地区有 25 所，欠发达地区有 20 所。方差分析显示，75 所高等农林院校在本专科生规模上，存在显著的类别差异（分为农业、林业和畜牧水产等其他农业院校三类），隶属关系（部属和省属）以及所在城市是否为中心城市的显著差异，在区域经济发展水平上的差异不显著。

图 11–16 分析的合并事件为首次合并，包括域内（农林院校内部）、跨域（与非农林教育资源）和综合化（与非农林高等院校合并或并入综合大学、理工大学）合并。数据分析显示，高等农业院校的合并自 20 世纪 90 年代初即开始，在整个观察期发生的风险较为平缓，在 2000 年左右达到最大，到观察期结束，超过 70% 的高等农业院校发生了合并事件。高等林业院校的合并由隶属关系调整引发，集中在 2000 年左右，超过半数的高等林业院校通过合并发展为更综合的农业大学。牧业和渔业等农业院校在 1998 年和 2001 年间有两次较为集中的合并，超过 75% 的此类院校发生了合并，包括农业院校间的合并和与非农院校的合并；50% 的此类院校发生了综合化的合并。

---

① 李大胜，曹广祥. 高等农业院校学科专业结构调整与教学质量保障的研究 [J]. 中国农业教育，2008(5).

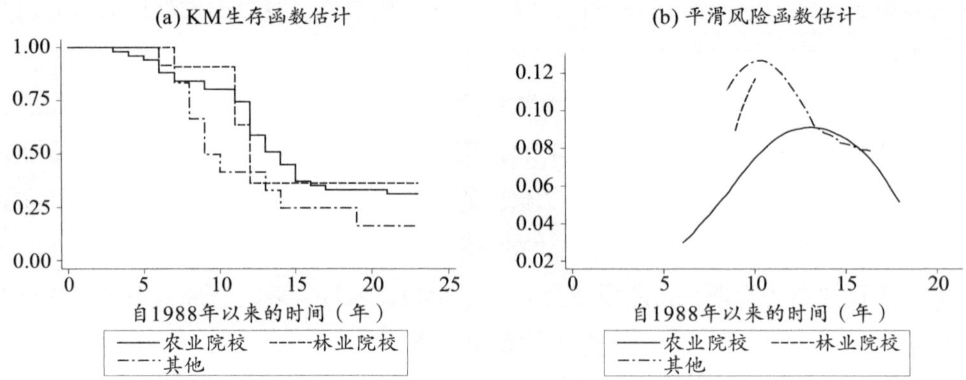

图 11–16　高等农林院校合并的事件史分析

3. 狭义农业院校的合并事件史分析

狭义上的“高等农业院校”，包括农业大学、农学院和农业高等专科。为了了解资源环境的差异，研究时增加了“农业大省”和“非农业大省”的分类，依据1988 年全国各省份农业 GDP 的情况，将农业 GDP 占全省总 GDP 50% 以上的江西、山东、黑龙江、河南、四川、安徽、湖南、湖北、河北、江苏、吉林、浙江编码为“农业大省”，其他省份为“非农业大省”。KM 生存函数分析显示，以 2000 年为界，资源较为丰富、农业发展水平较高的中心城市（农业院校的规模水平显著较大）和农业大省更早地开始高等农业院校的合并。2000 年之后，在高等教育管理体制的变革中，非农业大省和非中心城市的高等农业院校急剧地开始发生合并事件。

仅就综合化合并而言，到观察期结束，19 所农业大学中的 2 所，20 所农学院中的 10 所，12 所农业高等专科中的 8 所发生了综合化合并。农业大省的高等农业院校较早开始综合化合并，并在 1995 年和 1999 年有两次加速。非农业大省的高等农业院校自 1998 年以后处于较高的综合化合并风险。有学者指出，省属农学院和农业高等专科院校作为区域性高等农业院校，面临着多方面的挑战。原部属的全国性农业大学和大区设置的农业大学得到了政府的重点支持，成为农业领域知识创新的主要场所。大多数省属地方性农业院校得到的财政拨款很少，办学时间相对较短，学校的知名度不高，地理位置欠佳，缺乏对高学历、高职称、高水平教师的吸引力，基础设施、科研设备落后。随着国家“211 工程”的实施和各省市名校战略的确立，区域性农业院校在高等教育领域的边缘化越来越明显。作为弱势学科的农科院校招生困难，尤其是连年扩招，高等教育非义务教育特性逐步体现，作为农业院校重要生源的农家子弟完成大学学业面临较大经济压力，因而又产生了农业院校招收农村学生的困难。而省域范围内出台的“优校优投”政策，重点建设省属综合大学，对单科性院校的投入相对较少。① 因此，高等农业院校发生“综合化”合并有着明显的“资源补偿”的特点，区域经济发展水平、农业发展水平和城市的中心程度是三个可以互相替换的资源环境因素。

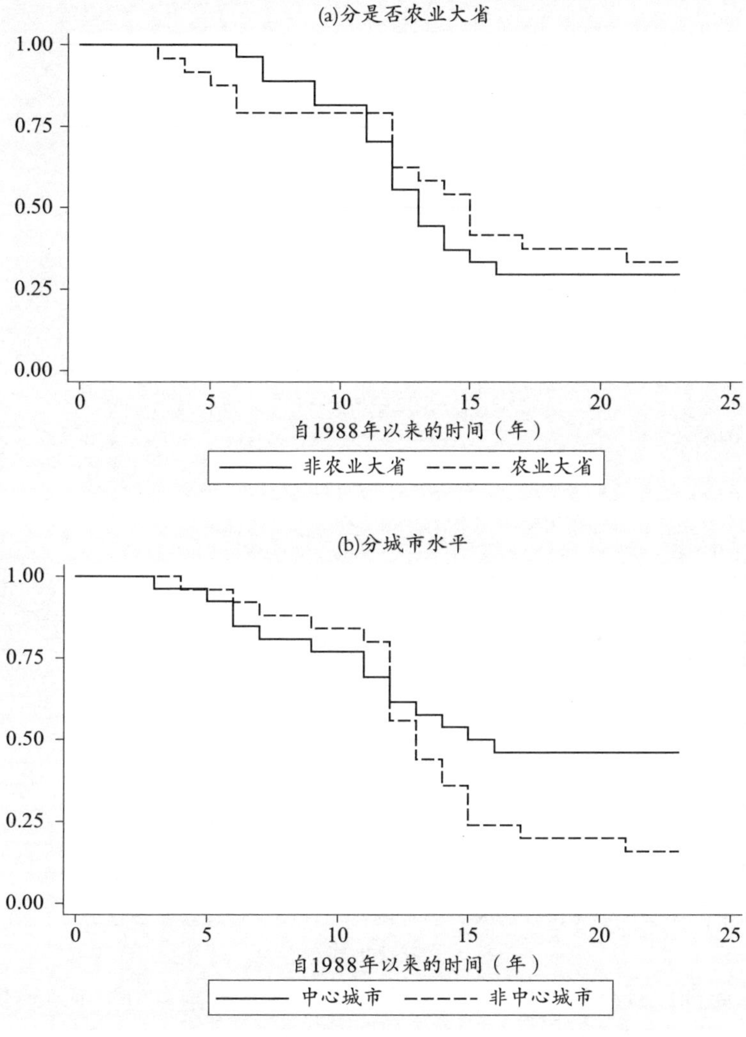

图 11–17　高等农业院校首次合并的 KM 生存函数估计（分是否农业大省和城市水平）

① 张文峰 . 区域性高等农业院校发展刍议 [J]. 江苏高教 , 2003(4).

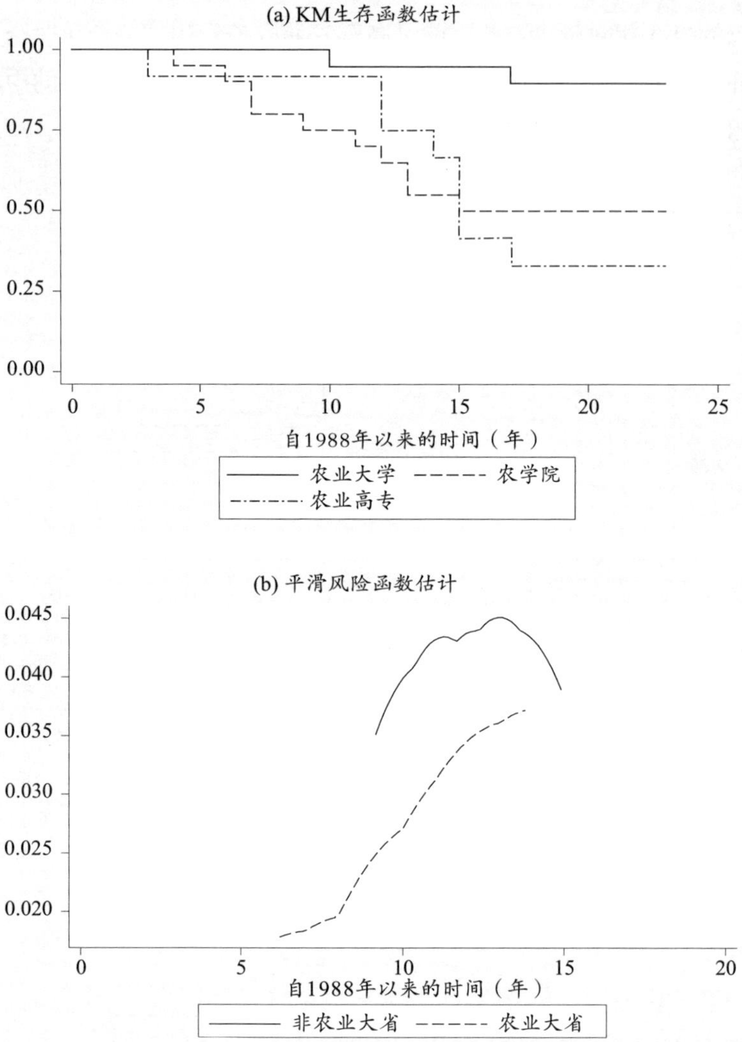

图 11–18　农业院校综合化合并的 KM 生存函数估计和平滑风险函数估计（分办学层次和是否农业大省）

对农学院的比较分析发现，其保持独立发展的条件是：位于中心城市（位于非中心城市而没有发生综合化合并的农学院位于经济发达地区）；位于农业大省（位于非农业大省而独立生存下来的是规模最大的三所），能够通过服务地方获得足够的资源；位于经济发达地区或中等发达地区（欠发达地区的农学院，生存下来的是规模最大的一所，且位于农业大省的中心城市）。区域经济发展水平、城市中心程度和农业经济发展水平是农学院得以独立生存的三个可替代的重要资源因素。

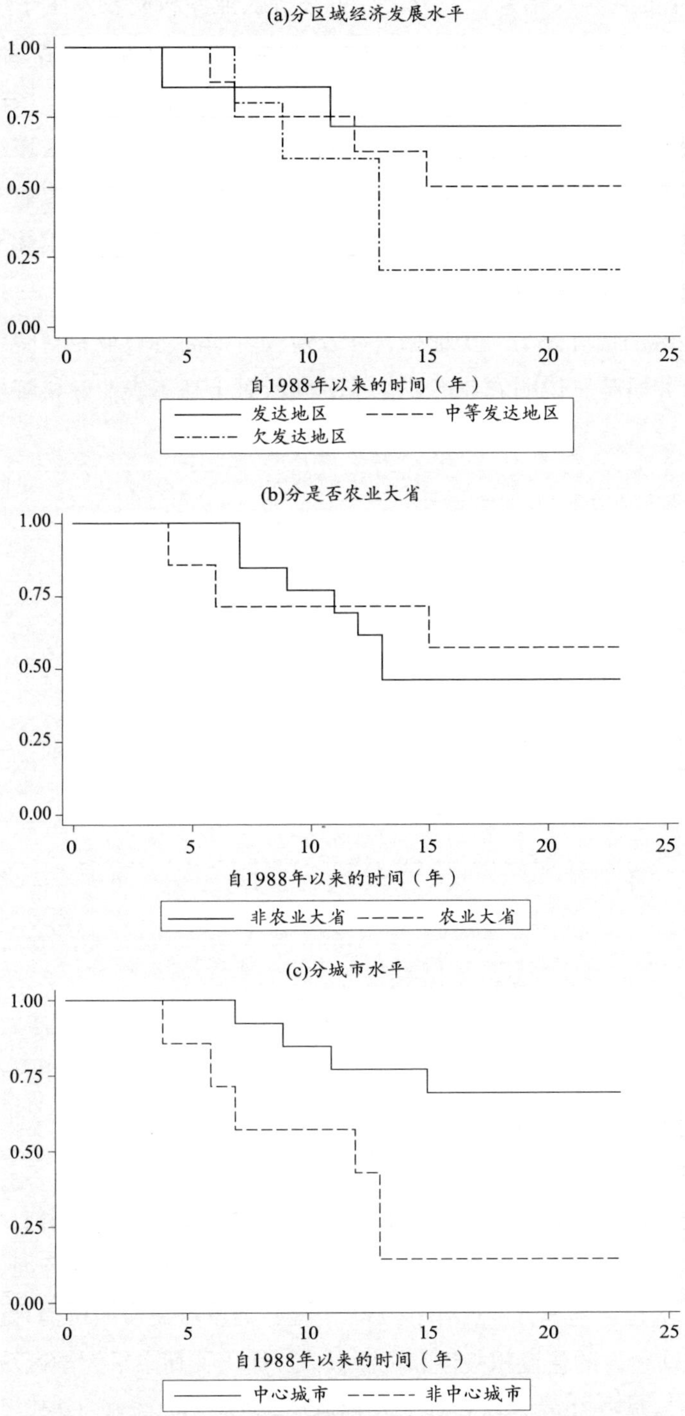

图 11–19　农学院综合化合并的 KM 生存函数估计（分区域、是否农业大省和城市水平）

至 2011 年的观察期结束，三分之二的高等农业专科院校发生了综合化合并。和农学院的情况不同，农业大省的高等农业专科院校表现出更高的综合化合并风险：并入农业大学或是综合大学。在将区域经济发展水平设置为最高，城市中心水平一致（高等农业专科院校基本分布在非中心城市）的情况下，即在区域经济和城市水平所确定的资源环境最好（或一致）的情况下，农业大省的高等农业专科院校独立“生存”的机会仍然小于非农业大省。这是农业经济发展自身要求和大农业高等农业教育模式的制度性作用力的证据。

欠发达地区的情况是另一个证据，非农业大省的高等农业专科院校比农业大省有着更高的合并风险，说明农业产业化水平高低对于高等农业专科院校能否生存的重要影响力。

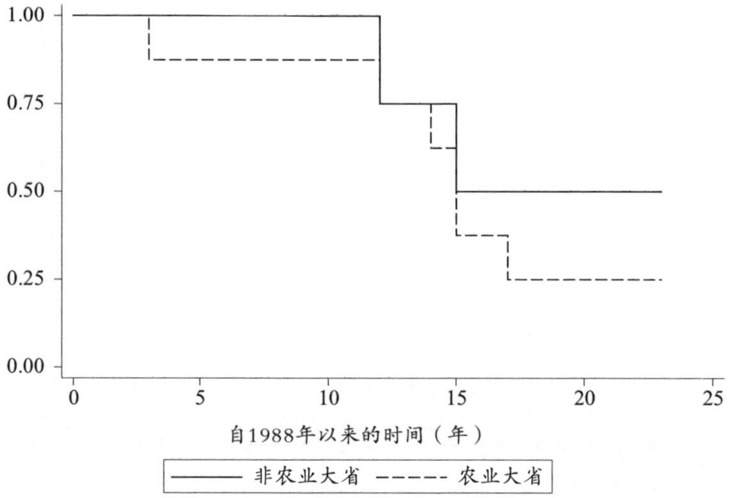

图 11–20　高等农业专科院校综合化合并的 KM 生存函数估计（分是否农业大省）

三、地方高校与区域互动的案例研究

高等教育管理体制改革之后，高校与区域之间的联系更为紧密。原来的行业和部属院校在划归地方管理，实施中央与地方共建之后，扩大了服务面，提高了人才培养的层次，深化了与地方的合作。“211 工程”等重点建设项目提升了高校的科研教学水平，调动地方的建设积极性和资源投入，优化了高水平大学区域分布的结构。目前，高校与区域互动的方式有以下几种典型类型：①“211 工程”与西部省份高水平大学建设；②行业院校划转、合并与省属重点大学建设；③高等师范教育“三级转两级”与省属本科院校建设；④由单科类院校发展而来的省级多科性院校与区域互动。

此处以多案例比较的方法对以上典型模式加以阐释。案例的选择有两大标准：1989 年的研究生教育水平和本专科生在校规模，这是高等教育改革以前院校水平的衡量指标；目前的院校层次，如“211 工程”院校、省属重点大学、省属本科，这是衡量高校与区域互动模式的一般分类。选择的案例根据以上标准，可以做如下归类：

表 11-10　分类与典型案例

1989 年的办学水平	目前的层次类型		
	“211 工程”院校	省属重点	省属本科
本科院校	贵州大学 合肥工业大学	武汉科技大学 长江大学 河南农业大学 云南民族大学	
高等专科院校		集美大学（集美师范高专）	文山学院

（一）“211 工程”与区域高水平大学建设

1. 贵州大学：建设中的西部高水平大学

贵州大学创建于 1902 年，是贵州省属综合性重点大学，是贵州省人民政府与教育部共建高校和国家“211 工程”重点建设大学，是教育部在西部地区重点建设的 14 所高水平大学之一。1997 年 8 月，原贵州大学、贵州农学院、贵州艺术高等专科学校、贵州省农业管理干部学院等完成合并，成为贵州省唯一按“211 工程”框架进行重点投入、重点建设的省属重点综合性大学。2004 年 8 月，在原贵州大学和原贵州工业大学基础上合并组建新的贵州大学。同年 12 月，贵州省人民政府与教育部签署协议共建贵州大学（省部共建）。2005 年 9 月，贵州大学被批准为国家“211 工程”重点建设大学。

2009 年 6 月，时任教育部部长周济到贵州大学调研时指出：按照“211 工程”和西部领军大学的建设要求，把贵州大学真正建设成为一所具有中国区域特色的、有国际影响的、服务贵州经济社会发展的领军性高水平大学。

至 2011 年底，贵州大学有 1 个农药学国家级重点学科，8 个“211 工程”三期重点建设学科，24 个省级重点学科，9 个省级特色重点学科，3 个博士后科研流动站（植物保护、生物学、计算机科学与技术）和 3 个国家重大项目博士后工作站。学校的研究生教育学科专业覆盖了哲学、经济学、法学、文学、历史学、理学、工学、农学、医学、管理学和艺术学 11 个学科门类，有 8 个一级学科博士学位授权点（植物保护、数学、地质学、生物学、生态学、软件工程、机械工程、电子科学与技术），44 个二级学科博士学位授权点（含一级学科博士点覆盖二级学科博士点 43 个）。学校现有 1 个国家工程技术研究中心，1 个国家地方联合工程实验室，5 个国家级教学基地及示范点，5 个教育部重点实验室（中心），34 个省级重点实验室（中心），4 个省级人文社科研究基地。有较高研究水平和鲜明区域特色的平台和人才引进包括：

（1）国家复合改性聚合物材料工程技术研究中心是 2004 年国家科技部立项组建的国家工程技术研究中心，是贵州省第一个国家级工程技术研究中心。中心依托贵州省材料技术创新基地，联合贵州科学院、贵州大学和浙江大学，以合作共建模式共同组建，是我国目前新材料领域一个集科研、成果转化、人才培养于一体的崭新平台，于 2008 年 10 月通过国家科技部验收，正式挂牌运行。

（2）绿色农药与农业生物工程教育部重点实验室于 2003 年经教育部批准，依托贵州大学精细化工研究开发中心、贵州省精细化工重点实验室，联合贵州省农业生物工程重点实验室组建。实验室拥有农药学国家重点学科、植物保护一级学科博士后流动站、植物保护一级学科博士点，也是权威农药残留检测单位。实验室瞄准我国科技发展的重大问题和地方经济建设的重大需求，进行多学科集成创新，取得了多项具有知识产权的标志性成果，先后与国内外数十家化工、制药和能源企业建立了长期稳定的产学研合作关系，共转让科技成果 20 余项，创造了显著的经济效益和社会效益。

（3）喀斯特环境与地质灾害防治教育部重点实验室，原名“贵州省国土整治与遥感应用重点实验室”，是 1997 年 4 月经贵州省科技厅首批批准、由中国科学院地球化学研究所投入建设的省级重点实验室。2003 年 1 月，经贵州省科技厅批准更为现名，并由贵州大学（原贵州工业大学）和中国科学院地球化学研究所合作共建。2005 年 7 月经教育部正式批准为省部共建教育部重点实验室，名为“喀斯特环境与地质灾害防治教育部重点实验室（贵州大学）”。喀斯特重点实验室成为国家科技创新体系的重要组成部分，是开展岩溶环境与地质灾害防治学科领域基础研究和应用研究、聚集和培养优秀创新人才、进行学术交流的重要基地。

（4）现代制造技术教育部重点实验室是 2007 年 8 月经教育部批准，整合了贵州省现代制造技术重点实验室、贵州省制造业信息化生产力促进中心、贵州省 CAD 应用工程技术中心、贵州大学机械工程学院、贵州大学 CAD/CIMS 工程技术研究中心的优势资源的基础上进行建设的。重点实验室紧密结合我国及贵州省制造业发展的重要需求，围绕国家及区域发展战略需求，瞄准国际前沿，在先进制造模式及制造信息系统、制造技术及装备、机电测控技术研究及应用、机械设计及理论四大重点领域开展研究，构建了产学研结合的创新平台，形成优势队伍，突破关键技术，培养技术队伍，形成支撑体系，为我国及贵州省制造企业实施新型工业化道路发展战略提供重要的技术支持和良好的应用服务，为区域经济建设和社会发展做出重要贡献，成为具有知名度和影响力的现代制造技术领域人才培养、科学研究和学术交流的重要基地。

（5）高原山地动物遗传育种与繁殖教育部重点实验室紧密结合区域畜牧经济建设和生态畜牧业发展的重大需求，主要包括高原山地动物种质资源保存利用与创新、高原山地动物繁殖生物技术、分子遗传与高原山地畜禽育种、高原山地畜禽生长调控与健康养殖四个研究方向。实验室建设对促进高原山地畜牧学科群发展、推进农业现代化和社会主义新农村建设、增加农民收入、促进区域经济和社会发展具有重要意义。实验室同时结合“211 工程”三期重点学科高原山地畜牧学的建设，瞄准学科前沿，利用贵州丰富而独特的动物遗传资源和饲草饲料资源，通过产、学、研结合，重点开展高原山地畜禽品种资源及动物繁殖生物技术的开发与利用、新品种（系）培育、生长调控与健康养殖等研究；通过实验平台建设，汇聚学科人才，提高人才培养的质量，提升学科水平，增强服务国家和区域经济的能力，为畜牧业全面可持续发展提供有力的技术支撑和人才保障。

（6）2007 年 12 月 28 日，贵州大学空间结构所所长、浙江大学兼职博士生导师、马克俭教授被增选为中国工程院土木、水利与建筑学部院士，成为贵州省第一个院士，结束了贵州无两院院士的历史。“长江学者”纳日碧力戈教授是中国社会科学院民族学与人类学研究所研究员、中国社会科学院研究生院教授，美国明尼苏达州卡尔顿学院教授、伯恩斯坦人类学教授。她是人类学、民族学领域全国首位“长江学者”，2009 年 7 月 23 日正式被贵州大学聘任为“长江学者”讲座教授，与贵州大学相关部门一起，组建贵州大学人类学、民族学创新团队，力争在 3 年内使贵州大学人类学、民族学在国内形成重要影响，基本与国际人类学发展同步。

2. 合肥工业大学：以产学研服务安徽经济

合肥工业大学是一所教育部直属的全国重点大学、国家“211 工程”重点建设高校和“985工程”优势学科创新平台建设高校。学校有3个国家重点学科（其中一级学科国家重点学科1个，二级学科国家重点学科2个）、1个国家重点培育学科、27个省级重点学科；有10个博士后科研流动站，11个博士学位授权一级学科、40个博士学位授权点，28个硕士学位授权一级学科、139个硕士学位授权点；有建筑学硕士、工商管理硕士（MBA）、公共管理硕士（MPA）、工程硕士、艺术硕士（MFA）、翻译硕士、资产评估硕士、会计硕士、工程管理硕士9种专业学位授予权，其中工程硕士专业学位授权领域24个；设有73个本科专业。形成了“以工为主、理工结合、文理渗透”的多学科协调发展的学科专业结构。

学校以服务合芜蚌自主创新综合试验区建设为切入点，构建有利于推动产学研结合的体制机制，着力改革教学科研人员考核评价机制，注重培养人才的实绩、科研的质量和科技服务的实绩。鼓励教师把“论文写在产品上、研究做在工程中、成果转化在企业里”；要求教师、科研人员把在产学研实践中获得的知识和经验带回到课堂，使科研与教学形成有机统一整体，为人才培养服务。同时，在质量建设、重点学科和学位点申报、导师遴选、人事分配制度改革等方面进行相应的改革、调整和完善，形成促进产学研结合的激励机制和约束机制，要求青年教师成长具有“三种经历”（其中就有到企业挂职锻炼的经历），从而活化考核分配机制，营造良好的科技成果转化政策环境和创业氛围。学校还调整激励政策，如鼓励职务科技成果完成人以职务科技成果作价入股组建科技企业，实现科技成果产业化，职务科技成果评估作价金额50%股份用于奖励职务科技成果完成人；职务科技成果以作价入股方式实施转化，学校每年将所持股份收益的70%奖励给该成果完成人所在学院用于支持学科建设，收益奖励根据科技成果完成人承担工作量的比例划拨到相关学院；学校每年将所持股份收益的30%作为产业发展基金，用于支持其他科技成果的转化；规定将不低于50%的专利转让收益奖励给个人，提高广大师生发明创造的积极性。学校鼓励教学科研人员对国际标准进行跟踪研究，把主持或参与标准制定纳入科研评价体系，倡导把专利技术纳入标准，实现专利技术标准化，为提升合芜蚌三市优势行业整体创新能力做出贡献。

截至2002年，合肥工业大学已拥有全资、控股、参股企业39家，资产规模1亿元，2002年销售收入为1.8亿元，主要产业涉及电子信息、新材料、工程软件、生物医药、光机电一体化等诸多产业，形成了电子信息技术、新材料新工艺、土木建设科技、电气及自动化工程四个科技产业体。

安徽的汽车产业是安徽经济上的一个亮点。合肥工业大学在科研、人力配置等方面尽可能向汽车行业倾斜。2002 年，合肥工业大学与江淮汽车集团组建汽车技术研究院，围绕我国汽车工业技术进步及提升江淮汽车集团技术创新能力开展合作研究。

2004 年，学校与芜湖电真空技术研究所（安徽华东光电技术研究所）签订战略合作协议，联合申报并获科技部批准成立“国家特种显示技术工程技术研究中心”，以此为基础共同组建“合肥工业大学光电技术研究院”，研究院研发中心设在学校，生产主体设在芜湖，形成了校企一体化的产学研合作新模式。

（二）行业院校划转、合并与省属重点大学建设

1. 武汉科技大学：以钢铁专业服务地方经济

武汉科技大学是一所中央与地方共建的湖北省属重点大学。1995 年，属于原冶金部的武汉钢铁学院（1989 年在该行业拥有最大规模的研究生）、武汉建筑高等专科学校、武汉冶金医学高等专科学校合并组建武汉冶金科技大学。1998 年，根据国家高等教育管理体制改革需要，学校成为第一批实行“中央与地方共建，以湖北省人民政府管理为主”的划转院校。1999 年更名为武汉科技大学。

武汉科技大学坚持“以贡献求支持，以特色争优势，以创新促发展”的理念，以钢铁工业发展战略和构建“两型”社会为主线，立足行业，服务地方，着力构建科技创新体系，学校相继与武钢、邯钢、广钢、韶钢、湘钢、涟钢、柳钢、水钢和山西海鑫钢铁公司等国内大中型企业签订了全面合作协议。学校在充分发挥冶金特色、服务于钢铁行业的同时，积极拓展科研外延，融入区域创新体系建设。学校在武汉市，相继与新洲区、青山区和硚口区加强合作；在湖北省，相继与黄石、孝感、十堰、荆州、老河口等地建立了合作关系，积极服务于地方经济建设和社会发展。学校因此被湖北省委、省政府评为“科技服务湖北先进单位”。

钢铁工业是湖北和武汉市的支柱产业，它覆盖了机械、材料、矿业、环保、管理等学科，做好钢铁这篇大文章，实际上就融入了地方经济的血脉之中。近年来，武汉科技大学与武钢非常紧密的校企合作得到不断的发展，武汉科技大学的科研成果最先推广应用到武钢等大生产中，直接转化为生产力；武钢等企业在生产、建设和科研中的新课题，又成为武汉科技大学科研的主攻方向，从而形成良性循环。得到武汉科技大学帮助不断发展的武钢等企业，则向学校提供雄厚的资金和物质支持，反过来又使武汉科技大学不断发展壮大。为进一步加强学校与武钢的合作，2006 年 11 月，学校与武钢隆重举行战略合作协议签字暨钢铁新技术研究院揭牌仪式。

五年间，学校与武钢等钢铁企业的合作取得了显著成果，合作项目 300 多项，获省部级科研成果奖励 32 项，累计为武钢等企业创造经济效益 18 亿多元。

武汉科技大学围绕“地方政府最关心什么，企业最感兴趣的是什么，老百姓最需要什么”，确定科研工作重点，发挥钢铁、冶金、材料、机械、信息、化工、环保等学科优势，瞄准地方产业特点，用高新技术改造传统产业，当政府和企业的“技术大使”，促进学校科技成果的转化。典型的例子有：

2005 年之前，武钢焦化公司冷却煤气用水都是一次性使用后直接注入长江，既污染水源又浪费资源。如何给武汉披上绿水青山，又给武钢带来金山银山？ 2003 年 9 月，学校与武钢签订“焦化直流水改循环水”工程合同，整体打包经费 3000 多万元。经过一年的设计、施工、安装、调试，工程圆满完成，95% 的冷却用水进入循环使用，大大改善了资源利用状况。该成果在武钢焦化公司应用投产以来，运行稳定，累计直接经济效益达数亿元。

冶金板材生产出来后要经过防锈处理，过去板带静电涂油技术主要依赖进口，学校经过多年攻关，于 2002 年成功研究出板带静电涂油机。该成果是集机电液及高压静电技术于一体的高科技产品，可广泛用于钢及有色金属板带材生产线。该技术在武钢试用成功后，相继在鞍钢、宝钢、攀钢等大型钢铁厂的 100 多条生产线应用，目前该技术基本占领了我国板材静电涂油市场。

总投资约 5.6 亿元的湖北新冶钢 90 万吨焦化工程，是湖北省 2006 年度十大重点工程项目。学校化工学院、资环学院、机械学院联手，现场勘察，现场设计，把科研成果广泛应用于工程施工。该工程于 2007 年 3 月提前两个月建成投产，节省投资 1000 多万元，达到国内同类技术的先进水平。

获得 2007 年国家科技进步奖二等奖项目“含铁渣尘高效利用关键技术开发与工业应用”，集新工艺、新设备、新产品于一体，具有完全自主知识产权，将处理后的含铁渣尘加工成能满足冶炼需求的产品，使渣尘中的有用成分得到高效利用，环境也得到改善。该技术获国家专利多项（其中包括发明专利多项），利用本技术建成硫酸渣综合利用厂 20 多家、冶金粉尘循环利用厂 10 多家，取得了较好的经济效益、社会效益和环境效益。

2. 长江大学：发展地方特色学科

长江大学于 2003 年 4 月由江汉石油学院（原国家石油工业部直属高校之一，1989 年拥有研究生教育的石油、化工类院校）、湖北农学院、荆州师范学院、湖北省卫生职工医学院合并组建而成，是湖北省属高校中规模最大、学科门类较全的综合性大学，为湖北省重点建设高校，也是中国石油天然气集团有限公司（中石油）、中国石油化工集团有限公司（中石化）、中国海洋石油集团有限公司（中海油）与湖北省人民政府共建高校。

学校现有地质资源与地质工程、石油与天然气工程、作物学 3 个一级学科博士学位授权点，涵盖 15 个二级学科；33 个一级学科硕士学位授权点，涵盖 166 个二级学科。现有 47 个国家级、省部级重点实验室和工程技术研究中心，其中油气资源与勘探技术实验室为教育部重点实验室，淡水鱼类种质资源与生物技术实验室为部级重点开放实验室，湿地农业工程研究中心为教育部工程研究中心，电工电子实验教学中心为国家级实验教学示范中心。长江大学还设有 2 个湖北省重点实验室、8 个湖北省工程（技术）研究中心（实验室）、6 个中石油集团公司重点实验室、2 个湖北省共性技术研发推广中心、5 个省级人文社科研究基地、9 个湖北省实验教学示范中心。学校在石油科学与技术、涝渍灾害与湿地农业、荆楚文化研究等领域具有鲜明特色。

组建于 2004 年的长江大学经济学院现设有农业经济系、国际贸易系、经济学系、电子商务综合实验室及资料室等教学机构；办有农林经济管理、国际经济与贸易、经济学等本科专业和金融管理与实务等专科专业；拥有 1 个省级人文社科研究重点基地湖北农村发展研究中心、1 个省级重点学科农林经济管理和 1 个省级学术学会湖北省农村经济发展战略研究会；具有应用经济学和农林经济管理 2 个一级学科硕士点。学院的“新的历史阶段湖北农业与农村经济社会发展研究”“长江三峡库区移民开发、经济开发与可持续发展研究”和“湖北西部绿色资源产业开发战略及其技术支撑体系研究”3 个项目分别获得 2005、2006、2007 年度省科技进步奖二等奖，“农业高校农经管理主要课程内容体系改革研究”项目获得国家级教学成果二等奖。

长江大学农学院成立于 1977 年，前身为华中农学院荆州分院（1985 年改名为湖北农学院）农学系、植物保护系和土壤农化系。1987 年湖北农学院系科调整，将三系合并为农学系。2003 年长江大学院系调整时将湖北农学院农学系、湖北省涝渍地开发工程技术研究中心、湖北省农村职业技术师资培训中心合并组建成农学院。长江大学农学院现为湖北省首批综合改革试点学院，设有农学、植物保护、农业资源与环境、种子科学与工程四个专业，农学专业为国家特色专业和省级品牌专业。农学、植物保护、农业资源与环境专业列入国家首批“卓越农林人才教育培养计划”。农学专业的生物育种方向和植物保护专业的生物农药与生物肥料方向被列为湖北省战略性新兴（支柱）产业人才培养计划。学院拥有作物学一级学科博士学位授权点以及作物学、植物保护学 2 个一级学科硕士学位授权点。学院拥有湿地生态与农业利用教育部工程研究中心、涝渍灾害与湿地农业湖北省重点实验室、湖北省涝渍地开发工程技术研究中心、湖北省湿地农业国际科技合作基地、主要粮食作物产业化湖北省协同创新中心、湖北省校企共建生物育种技术研发中心、湖北省校企共建富硒水稻研发中心 7 个省部级科研平台；拥有现代农业技术培训基地、科技部科技特派员培训基地、全国首批新型职业农民培育工程示范基地等人才培养基地。学院承担数十项国家自然科学基金、国家“十三五”重点研发项目。

3. 集美大学：省属多科大学的先行者

集美大学位于福建省厦门市集美学村，是福建省重点建设高校。1994 年 10 月，同位于集美学村的集美航海学院、厦门水产学院、福建体育学院、集美财经高等专科学校、集美师范高等专科学校五所高校合并组建为集美大学。学校面向全国招生，是省属多科性大学。

集美大学由著名爱国华侨领袖陈嘉庚先生始创，“嘉庚精神立校，诚毅品格树人”是学校鲜明的办学特色。学校多年来生源质量高，毕业生就业率在全省高校中名列前茅。2008 年，学校通过了教育部本科教学工作水平评估。2009 年，学校成为福建省 2008—2015 年期间唯一一个新增博士学位授予单位立项建设高校。学校在长期办学实践中形成了航海、水产专业优势和特色，是我国培养高级航海人才的重要基地，在全国和东南亚都具有较大的影响，是国内高水平航海院校之一；学校的水产学科是水平较高的学科之一，在国内具有一定的优势和影响。

20 世纪 50 年代以后，集美学村相继设立了五所大专院校：集美航海学院（隶属交通部）、厦门水产学院（隶属农业部）、福建体育学院（隶属福建省）、集美财经高等专科学校（隶属福建省财政厅）、集美师范高等专科学校（隶属厦门市），服务面与层次水平差距很大。直到 20 世纪 90 年代初期，这些学校基本上还是实行“条块分割”的办学体制，都存在科类单一、封闭办学、“小而全”的弊端。集美大学在高等教育管理体制改革中的实质性合并工作，因为参与合并的各院校隶属关系复杂、单科性院校多等特点，而成为我国高等教育管理体制改革的一个较为典型的例子。

从 1999 年 1 月 1 日起，集美大学进行实质性合并，原各学院的预算内、外收支，基本建设计划全部划归集美大学统一管理、统一核算、统筹安排，实现了教育部提出的合并大学“五个统一”的要求。合并办学给集美大学注入了新的活力：

（1）对学校的投入明显增加，学校办学条件得到较大的改善。

（2）办学规模扩大，办学层次提高，综合实力增强。实质性合并最突出的一个优势就是办学规模扩大，专业结构优化，办学效益提高。全日制普通本专科在校生由 1999 年实质性合并时的 8355 人，增加到 2003 年的约 17000 人。本科专业由 1999 年实质性合并时的 22 个增加到 2003 年的 41 个，专科专业从 27 个减少到 9 个。本科生占在校生总人数的比例 1999 年为 58.6%，2003 年约为 87.6%。实质性合并后，学校从以专科教育为主转变为以本科教育为主。学校合并后社会影响扩大，办学实力增强，招生生源结构和质量有了明显变化。

（3）师资队伍整体素质有较大提高。专任教师比例增加，教师职称结构、学历结构不断优化。学校还积极为中青年教师成长创造条件，帮助他们提高水平，选送青年教师到国内重点大学进修、培训和攻读学位。

（4）学科建设得到加强，与地方经济建设结合越来越密切。以实质性合并为契机，学校根据福建省、厦门市经济建设发展的需要，进行了以学科建设为龙头的教育资源整合，新组建成立了生物工程学院、信息工程学院、机械工程学院、工商管理学院、职业技术学院，使学校的人才培养工作和科技开发工作能更好地为地方经济建设服务。目前，学校已由实质性合并初期的 6 个单科性院校发展成为拥有航海学院等多个院系的多科性大学。经过学科整合和基础加强，学校工科专业占较大比重的特点得以保持，航海、水产类学科原有的特色得以更好发挥，也使原来比较薄弱的学科得以加强，尤其是在多科性大学中同时含有师范、体育、艺术类教育，能对提高全校学生综合素质起到重要作用。

（5）凝聚社会各方面力量，成立校董会，支持集美大学办学。办好集美大学，不仅在国内具有广泛影响，而且在遍布集美校友的东南亚地区以至于在世界上都具有深远的影响。①

（三）高等师范教育“三级转两级”与地方本科院校建设

集美大学是高等师范专科学校并入行业院校和其他地方高等院校，成为综合性大学的例子。更多的高等师范专科学校在高等教育体制改革中和中等专科学校合并升格为地方本科院校（保留或不保留“师范”的校名）。这些院校构成了省属普通本科的主体，承担了高等教育扩大招生改革的主要压力，与地方经济社会生活联系

① 梁振坤 . 传承嘉庚精神　重振集美学村——记集美大学的创办及其发展 [J]. 中国高等教育，2003(19).

也更为密切，下面以文山学院为例展开。

坐落在云南省文山壮族苗族自治州的文山学院，由原文山师范高等专科学校升格而来。学院下设 11 个教学系部，48 个本专科专业，所有专业面向全国 22 个省、区、市招生。

作为新建本科院校，文山学院立足国情和省情，把握州情，服务区域经济和社会发展，其策略包括：①

把握区域特点，发展特色学科，形成具有区域特色的经济发展产业群。在国家实施新一轮西部大开发的新形势下，西部地区的地方高校迎来了前所未有的发展机遇。文山生物资源、矿产资源和旅游资源丰富，是名贵药材三七的原产地和主产区；金属矿藏丰富，铟、锑、锡探明储量分别居全国第一、二、三位，铝、钨、锰等矿产探明储量居全省前列，发展冶金化工产业潜力较大。已成为云南省重要的冶金加工基地、重化工基地、生物制药基地和承接东部沿海地区劳动密集型产业转移的新型工业基地。根据区域经济和社会发展需要，文山学院紧紧围绕文山产业结构特点，及时调整和优化学科专业结构，设置与文山区域经济紧密结合的中草药制药技术、矿产品加工、生物制药工程、食品科学与工程、冶金技术、三七开发与利用、物流、旅游等一批应用型专业。与此同时，紧紧围绕文山的三七、烤烟、畜牧业、矿业四大支柱产业和以三七为主的生物药业、农特产品加工等产业集群开展科学研究，将学院潜在的科技优势转化为文山经济社会发展的现实生产力，将文山得天独厚的资源优势转化为现实的经济优势，使学校成为地方经济社会发展的动力源和助推器。

使地方高校成为区域文化的研究中心，传播文化、创新文化、引领文化的重要阵地。文山是一个多民族群体和多元文化形态的共生带，各民族在漫长的历史发展过程中形成了各具特色的民族文化，这些丰富的民族文化资源为地方高校提供了用武之地，并以此形成了民族区域文化研究特色，对区域社会起到了较大较好的辐射作用，同时促进了自身核心竞争力的提升。文山学院成立了“文山民族研究所”，通过对壮剧班社的调查、采访以及壮剧资料的收集、整理、挖掘和研究，使文山壮剧被列入第一批国家级非物质文化遗产扩展项目名录，较好地保护和传承了这一地方剧种；参与编写的《云南壮剧史》填补了民族剧种没有理论著述、没有系统性传承史料的空白。

---

① 陈锦函 . 地方高校服务地方经济社会的理念与践行初探——基于文山学院的视角 [J]. 湖北函授大学学报 , 2011(11).

积极探索校企合作，努力提升区域经济发展的综合实力和办学效益。文山学院与文山开开药业有限公司合作，签订了铁皮石斛组培种植开发合作协议，将科研成果转化为区域经济发展的生产力。该项目由学校提供技术和人才支撑，公司注入资金，共同开发文山道地中草药和其他植物种质资源，变资源优势为经济优势，并为学生参与实验、科研和生产提供条件。同时学校与文山三七研究院、文山农科所、文山药检所等科研单位联合建立文山生物资源共享平台，结合文山特色生物资源开展系列研究，为文山三七产业的培育和发展提供了基础性和应用性支撑。

根据区域的人才市场需求，合理构建人才培养模式，为区域经济和社会发展培养人才，为地方经济社会发展提供人才保障。文山学院根据文山经济和社会发展以及行业、企业需求情况，在行业部门参与下，对专业内涵、人才培养模式进行调整，开设面向文山经济建设和社会发展的应用型专业，充分体现学校立足地方的办学定位。学校积极开展非学历教育，灵活多样地进行地方基础人才培训，不断提升区域人才的文化素质与综合能力。自办学以来，学校为文山乃至云南省、全国培养了数以万计的合格毕业生，许多毕业生已成为当地经济、社会和教育事业发展的骨干力量。随着中国和东盟的合作及大湄公河区域合作不断深入，“云南—东盟”经济圈初步形成，文山学院抢抓机遇，充分利用自身的地缘优势，积极开展国际化教育与合作。2007 年，学校增设越南语专业，并与越南河江省教育培训厅合作，对该省公务员进行汉语培训。2008 年，学校与越南太原大学就合作办学、教育资源共享、互派教师和留学生、建立教育实习基地等项目达成共识，签订了友好合作协议。学校还向泰国、尼泊尔等国家的地方大学派出汉语教师，并建立了交流访问、科研合作等国际教育交流与合作模式，为文山的经济社会发展搭建起了人才培养之桥。

充分发挥“思想库”功能，为区域经济和社会发展提供智力支持。文山学院作为文山唯一的普通本科高校，积极参加地方党委、州政府的重大决策部署。学校积极为州委、州政府的科学决策提供信息咨询服务，使学校成为州委、州政府决策的思想库。与此同时，学校紧紧围绕文山经济社会发展实际，整合科研人力资源，主动承担地方政府下达的各类研究课题，有针对性地开展科学研究，积极参与地方经济社会发展规划的制定，为地方政府的科学决策提供理论依据和信息参考。

（四）农林、社科领域的省属综合、多科性院校与区域互动

1. 河南农业大学

河南农业大学是原农业部与河南省人民政府共同建设的一所以生命科学为特色

的综合性农业大学，是教育部“特色重点学科建设项目”高校，也是全国第一所省部共建省属农业大学。

2009年11月10日，农业部与河南省政府在郑州签署共建河南农业大学的协议，这标志着河南农业大学正式进入省部共建行列，成为全国第一个省部共建省属农业大学试点。按照省部合作共建河南农业大学协议，一是省政府把河南农业大学建设发展纳入全省国民经济和社会发展总体规划，为加快河南农业大学改革与发展创造良好的办学条件和环境。农业部参照与教育部共建八所农业大学的有关政策建设河南农业大学，在农业科技工作部署、重大项目安排、重点实验室建设等方面，积极给予河南农业大学倾斜与支持。二是省政府和农业部支持河南农业大学深化教育教学改革，在人才培养、学科建设、科研平台建设、大学生就业等方面为河南农业大学创造良好的政策环境和工作条件。三是省政府和农业部支持河南农业大学联合省内各类农业教育资源，按照“统筹规划、协调发展、资源共享、共同提高”的原则，组建河南省农业教育联盟。四是省政府和农业部支持河南农业大学发挥其在人才、科技、教育等方面的优势，探索建立以政府行政主管部门为主导、河南农业大学为依托，省内农业科研单位、农业产业化龙头企业和农民专业合作社共同参与的农技推广新模式。五是农业部在现代农业产业技术体系建设中重视发挥河南农业大学的作用，在岗位科学家设置等方面给予倾斜。六是省政府和农业部进一步推动河南省农业厅、河南省农科院、河南农业大学强化农科教结合、产学研协作机制，以形成农业科技大联合大协作局面。七是成立省政府、农业部合作共建领导小组。

2009年12月18日，国家烟草专卖局与河南农业大学签署《中国烟草总公司与河南农业大学战略合作关系框架协议》。根据协议，中国烟草总公司与河南农业大学共建烟草学院，中国烟草总公司设立专项经费，每年投入1000万元为合作提供资金保障，将其建成烟草行业高层次人才培养基地。双方全面加强国家烟草栽培生理生化研究基地和烟草行业烟草栽培重点实验室建设，同时组建特色烟叶研究室、现代烟草农业研究室等科技创新平台。

学校充分发挥人才、科技、教育资源优势，致力于服务地方经济社会建设。20世纪七八十年代，学校主持小麦、玉米等作物“高、稳、低、优”协作攻关，为解决河南省乃至全国温饱问题做出了突出贡献。近年来，学校积极参与河南粮食生产核心区建设，主持“粮食丰产科技工程”“863”项目等一批国家级、省部级重大项目，获得国家科技进步奖、国家技术发明奖等省部级以上奖励数百项，科技成果、获奖数量位居全省高校首位，为支撑河南粮食总产量连续突破800亿斤、900亿斤和 1000 亿斤大关发挥了重要作用，为保障国家粮食安全做出了重要贡献。

2. 云南民族大学

云南民族大学是一所培养包括汉族学生在内的各民族高级专门人才的综合性大学，是我国最早成立的民族高等院校之一，是国家民族事务委员会与云南省人民政府共建的省属重点大学。

半个多世纪以来，云南民族大学累计向社会培养输送了数万名各行各业的人才。云南 25 个世居少数民族中，许多民族的第一代学士、硕士、博士、专家、学者就是由云南民族大学培养或从云南民族大学毕业起步的。云南民族大学已成为中国西南各民族高层次、高素质人才的摇篮，研究民族问题和民族关系的重要基地，云南对外开放的重要窗口。学校的许多优秀理论成果为党和国家制定民族政策、解决民族问题提供了重要依据，为民族理论的丰富发展做出了重要的历史贡献。

云南民族大学有特色和优势的学科包括民族学、社会学、历史学、民族语言文学、东南亚语言文化、化学（民族药）等，特别是民族学、社会学、历史学等学科建设和研究方面取得了突出成就，是中国重要的民族学研究基地，曾多次获国家级优秀教学成果奖、科研奖和省级教学科研成果奖。近年来，学校完成了“中国少数民族革命史研究”“语言学研究基地”“滇西北民族文化的保护与发展行动计划”“湿法高纯魔芋精粉及葡甘聚糖复配胶生产中试应用研究”等多项国家社会科学基金项目、国家自然科学基金项目、教育部人文社会科学基金项目、云南省科委攻关项目等。学校先后承办了“第 34 届国际汉藏语学术会议”“经济全球化与民族文化多元发展国际学术会议”“教育部第四届社会文化人类学学术研讨会暨高级研讨班”等重大学术会议。学校办有《云南民族大学学报》，包括哲学社会科学版和自然科学版。哲学社会科学版是全国中文核心期刊、全国百强社科学报、中文社会科学引文索引（CSSCI）来源期刊；自然科学版的影响因子在云南同类刊物中排第二。办有大型不定期刊物《民族学报》，在全国和世界的文化人类学研究中有着重要影响。

云南民族大学作为国家和云南省对外开放的重要窗口，在扩大对外文化、学术交流方面发挥着重要作用。建校以来，全世界各大洲 80 多个国家和地区的元首、政要、专家、学者和国际友人 2 万多人次到校访问参观。云南民族大学还是云南省最早接收外国留学生的高校之一，是对外汉语教育的重要单位。学校先后与美国、挪威、日本、韩国等 10 多个国家的 46 所大学、学术机构建立了合作交流关系，并与韩国大真大学、泰国东方大学等国外高校互相承认学分、学历证书。

12

研究生教育对经济增长的贡献研究

第12章

研究生教育对经济增长的贡献研究

根据人力资本理论，教育不但能够在微观层次促进个体劳动生产率的提高，而且还能在宏观层次通过各种途径促进一个国家或地区经济的增长。前者一般用教育的私人收益率来衡量，包括内部收益率与明瑟（Mincerian）收益率①。后者一般用各种不同的经济增长模型，比如外生模型②、内生模型③④、柯布—道格拉斯生产函数等来计量教育对经济增长的贡献。

尽管目前有大量的实证研究来度量教育对个体收益的促进作用以及对国家经济增长的促进作用，研究对象包括基础教育、中等教育与高等教育甚至在职培训；然而，在我们的文献搜索与阅读的范围内，目前国内外都鲜有研究考察研究生教育这一教育最高层次的经济功能。虽然一些学者用明瑟收入方程实证分析了研究生教育的私人收益率，但似乎还没有实证研究考察过研究生教育对国家经济增长的贡献。本章将视角放在这一学术研究的空白领域，希望借鉴经济学中已有的较为成熟的方法与模型，来实证度量中国研究生教育的发展对中国经济增长的贡献。

近年来，关于研究生教育结构与社会经济发展是否相匹配已成为国内学术界的热点问题。然而到底怎样界定研究生教育结构与社会经济发展是否相匹配？目前国内学术界也没有一个定论，清华大学课题组之前的研究曾试图通过考察不同学科的研究生的就业率、学用结合率以及过度教育率来衡量研究生教育结构与社会经济发展是否相匹配，是一个很好的尝试。本研究认为还可以从研究生教育促进我国经济增长的视角来实证探讨、分析我国研究生教育结构与我国社会经济发展的匹配关系。

---

① Psacharopoulos, G., Patrinos, H. A. Returns to Investment in Education: A Further Update[J]. Education Economics,2004, 12(2): 111-134.

② Solow, R.M. A Contribution to the Theory of Economic Growth[J]. Quarterly Journal of Economics,1956,70(1): 65-94.

③ Romer，P. M. Increasing Returns and Long-run Growth[J]. Journal of Political Economy，1986，94(5): 1002-1037.

④ Lucas, R.E. On the Mechanics of Economic Development[J]. Journal of Monetary Economics,1988, 22(1): 3-42.

因此，本章首先在整体上度量出研究生教育系统对全国各地经济增长的平均贡献率，从这一角度来总结与梳理我国研究生教育发展的成绩，从而能够更好地指导我国研究生教育事业未来的发展。这也将为各级政府对研究生教育进行财政支持提供坚实的实证依据，为各级政府确定对研究生教育的资助力度提供坚实的实证证据，从而促进整个研究生教育事业的蓬勃发展。

其次，本章将度量出研究生教育系统对不同地区经济增长的贡献率以及差异，即地区维度。度量出研究生教育系统在全国不同地区的经济促进作用，能为研究生教育未来的区域结构调整提供坚实的实证证据。

一、研究生教育对经济增长贡献的研究方法

目前学术界有不同计量模型来度量教育对经济增长的贡献。不同的模型有着不同的假定与侧重点，本章研究打算主要借鉴宏观明瑟收入模型，测量研究生教育对我国经济增长的促进作用。之所以选择宏观明瑟收入模型，是因为该模型对数据的要求较少，而且直接用线性回归就能对参数进行估计。

典型的宏观明瑟收入模型形式如下：

$$\Delta \log Y_j = \beta_0 + \beta_1 \log Y_{j.t-1} + \beta_2 \log S_{j.t-1} + \beta_3 X_{j.t-1} + \varepsilon_j$$

其中 Y_j 为某个地区或者国家的人均 GDP；$Y_{j.t-1}$ 为初始人均 GDP；$S_{j.t-1}$ 为这个地区或者国家初始的平均受教育年限，在国际上已有研究中有时初始平均受教育年限取线性形式而不取自然对数形式；$X_{j.t-1}$ 为其他的一些控制变量。在这个模型中，初始平均受教育年限的系数 β_2 的含义可以有多种解释。其中一个解释就是初始平均受教育年限对经济增长的促进作用。然而，也有研究者认为，其实 β_2 表明的是教育和经济增长之间一种反向的因果关系，也就是人们对未来经济增长的预期会影响教育投资，因此预期未来经济的增长会导致现在教育投资的提高。① 本章研究假定 β_2 就是教育对经济增长的贡献率，并通过格兰杰（Granger）因果关系检验来验证到底是研究生教育的发展促进了经济的增长，还是因为预计到未来的经济增长，

① Bils, M., Klenow, P. J. Does Schooling Cause Growth? [Z]. National Bureau of Economic Research Working Paper, 1998，No. 6393.

促使个人与政府投资研究生教育。

目前国内的数据仅有历年来研究生教育办学规模的省际数据，而并没有对应的人均研究生教育年限这一统计指标，而且也没有更好的办法对其进行计算，因此本章研究对标准的宏观明瑟收入函数做一定的变换。首先，将平均受教育年限变为研究生教育系统的毕业生规模。其次，因为研究生教育的变量从相对规模变成了绝对规模，因此 Y_j 和 $Y_{j,t-1}$ 也从人均 GDP 变为 GDP。最后，本章研究控制住平均受教育年限，因为社会中已有的人力资本存量，显然会对经济增长有很大的影响，而且这一变量也是宏观明瑟收入模型中的一个核心变量。由于各种年鉴中并没有平均受教育年限这一指标，因此还需要通过专门的模型与计算分析才能得到。本章研究后续部分将描述平均受教育年限这一变量是怎么计算得到的。

通过上述宏观明瑟收入模型的变换，我们就可以从整体上度量出研究生教育系统对全国各地经济增长的平均贡献率。通过将样本按照地区进行分组，我们可以度量出不同地区研究生教育系统对经济增长的贡献；通过加入地区与研究生教育毕业生规模的交互项变量，我们可以检验研究生教育系统对经济增长的贡献是否存在着地区与年代的显著差异。

这样，本章研究就形成了两个具体的可以进行实证检验的研究假设：

其一，整体而言，我国的研究生教育系统对全国各地的经济增长都有显著的正向促进作用。

其二，研究生教育系统对我国东部、中部与西部地区的经济增长都有正向显著的促进作用，而且这一促进作用将与地区经济的发达程度呈显著的正相关关系，也就是说，对东部地区的促进作用最大，而对西部地区的促进作用相对较小。

本章研究所用数据是研究者自己通过收集各个统计年鉴的相关数据,并经整理、计算得到的从 2003 年到 2009 年的全国各省份的面板数据（panel data）。之所以选择从 2003 年开始，是因为各种全国性质的官方统计年鉴上，2003 年才开始统计分省份研究生规模。

其中本章研究使用计量模型的因变量是某个年份、某个省份的 GDP 总量的自然对数，都是将名义 GDP（nominal GDP）以 2003 年为基准调整后得到的实际 GDP（real GDP）。

核心自变量是特定省份上一年的研究生教育规模的自然对数。之所以核心自变量也采用对数形式，是因为如果因变量和核心自变量都是自然对数的形式，则这一核心自变量系数将不受因变量和自变量量纲的影响，其经济学含义就是弹性。

本章研究选择用研究生（包括硕士研究生和博士研究生）的毕业生数作为衡量研究生教育规模的变量。之所以选择用毕业生数而非招生数和在校生数，是因为本章研究还准备控制这一特定省份、上一年份非在校生[①]的平均受教育年限。非在校生的平均受教育年限可以看作已有人力资本的存量，而研究生的毕业生人数显然可以看成人力资本的增量。大量研究发现人力资本的存量与增量都会显著促进经济增长[②③④⑤]。因此，选择研究生的毕业生规模作为自变量，这样本章研究的模型中就既有了人力资本的存量，又有了人力资本的增量。

除了研究生毕业生数自然对数这一核心自变量外，本章研究还将沿用经典宏观明瑟收入模型的形式，控制住特定省份、特定年份上一年的 GDP 总量的自然对数，以及特定省份、特定年份上一年的非在校生的平均受教育年限。这一平均受教育年限是根据国际上较为流行与常用的永续盘存模型（Perpetual Inventory Model），按巴洛（R. J. Barro）和李（J. W. Lee）的计算方法和过程推算出来的[⑥]。

这样，模型的因变量是 GDP 总量的自然对数，自变量包括上一年的 GDP 总量的自然对数、上一年研究生毕业生规模的自然对数以及上一年非在校生的平均受教育年限。如果要估计全国范围内的研究生教育系统对经济增长的促进作用，那么样本就是历年来全国各省份的数据；如果要估计东部、中部和西部地区的研究生教育系统对经济增长的促进作用，那么样本分别就是历年来东部、中部和西部地区各省份的数据。

---

① 由于没有更好的办法计算所有劳动者的平均受教育年限，所以本研究将非在校生近似看成劳动者。

② Nelson, R., Phelps, E. Investment in Humans, Technological Diffusion, and Economic Growth[J]. American Economic Review, 1966(56):69-75.

③ Lucas, R.E. On the Mechanics of Economic Development[J]. Journal of Monetary Economics,1988, 22(1): 3-42.

④ Romer, P. M. Endogenous Technological Change[J]. Journal of Political Economy, 1990, 98(5): 71-102.

⑤ Barro, R. J. Human Capital and Growth[J]. American Economic Review, 2001, 91(2):12-17.

⑥ 由于计算过程比较复杂，加上非在校生的平均受教育年限在本研究中只是一个相对重要的控制变量，而非核心变量，因此本研究并不对此进行详细的论述，感兴趣的读者请仔细查阅巴洛和李的文献：Barro, R.J., Lee, J.W. International Comparisons of Educational Attainment[J]. Journal of Monetary Economics, 1993, 32(3): 363-394.

二、研究生教育对我国经济增长的影响

由于本章研究所用数据是全国各省的面板数据，因此就必须用专门的面板数据的回归方程进行回归估计。面板数据的回归模型有两种：一种是固定效应（fixed effects）模型，一种是随机效应（random effects）模型。到底是用固定效应模型还是用随机效应模型，要通过豪斯曼（Huasman）检验才能判定。豪斯曼检验先假定这两种模型的估计结果是没有显著性差异的，如果检验结果发现这两种模型的估计结果的确没有显著性差异，就采用随机效应模型，否则就采用固定效应模型。本章研究通过豪斯曼检验发现，无论是各省份样本还是不同地区的样本，都是采取随机效应模型进行估计更为有效。因此，本章研究最终决定采用随机效应模型进行估计。表 12-1 是全国各省以及东部、中部与西部地区的随机效应模型估计结果。

表 12-1 随机效应模型回归结果

变量	列 1 全国	列 2 东部	列 3 中部	列 4 西部
上一年实际 GDP 的自然对数	0.941*** （0.018）	0.909*** （0.030）	0.988*** （0.039）	0.963*** （0.018）
上一年平均受教育年限	0.013* （0.007）	0.021** （0.011）	0.012** （0.006）	0.007* （0.004）
上一年研究生毕业生数的自然对数	0.023** （0.011）	0.040** （0.019）	−0.011 （0.027）	0.018* （0.010）
常数项	0.693*** （0.152）	0.818*** （0.211）	0.496 （0.330）	0.337*** （0.111）
样本组	31	11	8	12
样本数	217	77	56	84
总体 R^2	0.997	0.996	0.990	0.998

注：因变量是各省当年的实际 GDP 的自然对数。括号中的值是标准误。“***”表示显著性水平为 1%，“**”表示显著性水平为 5%，“*”表示显著性水平为 10%。

从表 12-1 的列 1 可以清楚看到，对于全国所有省份而言，在控制了原有经济发展水平以及人力资本存量后，新增研究生毕业生的规模也即新增的和研究生教育有关的人力资本增量将显著促进国家经济增长，显著性水平为 5%。这样实证结果就支持了假设一。这也表明 20 世纪末我国决定扩大研究生教育的规模是和国家长远的发展趋势相匹配的。

我们进一步通过全国总体情况的时间序列数据，对研究生教育与经济增长之间

的关系做了格兰杰检验，发现研究生教育对经济增长的显著促进作用的确存在着因果效应。也即对于全国总体而言，研究生毕业生规模的增加，提高了人群中的人力资本，进而促进了经济增长。

从表 12–1 的列 2 至列 4 可以分别观察到东部、中部与西部地区的回归结果，从中可以看到上一年研究生毕业生数的自然对数的系数三者之间存在明显的不同。对于东部地区和西部地区而言，这一变量系数是显著为正的，而且东部地区的系数大于西部地区的系数；对于中部地区而言，这一变量的系数却是负的不显著。这表明控制了原有经济发展水平以及原有人力资本存量后，研究生教育对东部和西部地区的经济增长有着显著的正向促进作用；但是对于中部地区而言，研究生教育却并不能促进经济增长，相反可能还有负面的效应，尽管这种负面效应在统计上是不显著的。

可见由于中部地区的反常，实证结果并没有支持假设二。那么为什么中部地区会出现这种反常现象呢？本章研究尝试从以下两个角度进行阐述。

其一，相对西部地区而言，中部地区的研究生教育规模更大，然而已有研究发现中部地区的研究生有很大比例毕业后选择迁移到东部地区（尤其是北京、上海与广东这三个地方）就业 [①]。可见，虽然中部地区培养了数量可观的研究生，然而很多研究生却“孔雀东南飞”到东部地区去了，因此中部地区培养的这些研究生可能作为重要的人力资本增量更多是促进了东部地区的经济增长而非中部地区的经济增长。这样看来，中部地区的研究生毕业生的规模不但不能显著促进该地区的经济增长，反而却有负的效应，就不足为奇了。这也从侧面说明中部地区研究生的发展水平与其地区经济发展水平不太匹配，需要做深层次的结构性调整。

其二，还有可能的原因是中部地区的省份最少，只有 8 个，加上本章研究的年度范围是 2003—2009 年，只有 7 年，所以中部地区的样本数偏少。这可能会影响到实证结果的稳定性，所以后续研究应该考虑对更长时间跨度进行进一步的分析与估计。

另外，从表 12–1 还可以看出，西部地区的“上一年研究生毕业生数的自然对数”的系数虽然也是显著为正，但是显著性水平为 10%，处在显著性的边缘。这说明相对于东部地区而言，西部地区的研究生教育与其经济发展的匹配度也是低于东部地

① 李锋亮，刘帆，郭紫墨 . 对硕士毕业生迁移就业目的地的实证研究 [J]. 清华大学教育研究，2009(4).

区这两者之间的匹配度的，因此西部地区的研究生教育也需要进行进一步的结构性调整。也就是说，单纯从研究生教育的发展与经济发展这两者之间的关系来看，东部地区做得最好，而中部地区与西部地区都需要根据自身的具体情况做出调整，以使得这两个地区的研究生发展能够更好地为地区经济发展做出更大的贡献。

三、结论与展望

本章研究基于2003—2009年全国各省的面板数据，通过运用宏观明瑟收入模型实证分析了研究生毕业生规模对经济增长的贡献。实证结果显示：

其一，整体而言，我国的研究生教育对全国的经济增长有着显著的正向促进作用，而且这一正向促进作用是存在因果效应的。也即对于全国总体而言，研究生毕业生规模的增加，提高了人群中的人力资本增量，进而显著促进了经济增长。

其二，从分地区来看，研究生教育对东部地区和西部地区的经济增长有着显著的正向促进作用，其中对东部地区的促进作用最大，显著性水平也更高。而对中部地区却不存在这样的正向促进效应。本章研究从中部地区的大量研究生毕业生不在本地区就业而是迁移到东部地区就业的角度进行了分析与阐释。这也从侧面说明有必要对中部地区的研究生教育做出深层次的结构调整，以使得研究生教育与经济增长之间的关系更为协调和匹配。

后续的研究有必要通过各种渠道收集更多年份的省际研究生发展的数据，这样将使得实证结果更加稳定、更有说服力，而且可以度量出不同历史阶段，研究生教育系统对全国各地经济增长的贡献率以及差异，也即年代维度。这是因为研究生教育在不同的历史阶段，时代赋予它的使命侧重点有所不同；因此有必要度量出不同历史阶段研究生教育对全国各地经济增长的贡献率，并且比较其中的差异，从而为研究生教育的发展提供实证依据。

另外，还有必要度量出不同学科研究生教育对全国各地经济增长的贡献率以及差异，也即学科维度。通过比较不同学科对经济增长的贡献，可以间接推断出不同学科研究生教育与社会经济发展的匹配性，如果贡献率越大，就表明匹配性越好，否则说明匹配性越差。

13

东西部高校对口支援政策与高等教育区域协调发展研究

第13章

东西部高校对口支援政策与高等教育区域协调发展研究

2001年，教育部印发了《关于实施“对口支援西部地区高等学校计划”的通知》，确定北京大学、清华大学等13所高校采取一对一方式，以人才培养工作为中心，以学科专业建设、师资队伍建设、学校管理制度与运行机制建设为重点，对口支援石河子大学、青海大学等西部高校。经过十年发展，支援高校由2001年的13所扩展到94所，其中，77%的“985工程”建设高校参与了对口支援工作；受援高校由2001年的13所扩展到67所，覆盖了18个省（区、市）和新疆生产建设兵团。十年来，我国高校对口支援工作取得了显著成效，通过“输血”与“造血”相结合的支援，大力提升西部高校人才培养水平，大力增强科学研究能力，大力服务经济社会发展，大力推进文化传承创新，全面提高西部高等教育质量，为西部地区跨越式发展和长治久安提供人才保证和智力支撑。因此，对口支援发展成为我国高等教育区域协调发展的一项重要创新，是高等教育系统落实国家西部大开发战略的重大举措。

本章研究东西部高校对口支援政策的十年实施成效，重点分析这项政策如何促进我国高等教育的区域间协调发展。本章主要分为五个部分，在对高校对口支援十年情况进行纵览之后，研究回顾东西部高校对口支援政策发展历程，以案例研究的方式重点分析历经十年、取得突出成效的五组对口支援高校案例，并总结对口支援十年工作成功经验，探索对口支援政策的理论模型，最后总结并提出加强对口支援可持续发展的政策建议。

一、高校对口支援十年纵览

2009年11月，在教育部举行的对口支援西部地区高等学校工作会议上，时任教育部副部长、党组副书记陈希提出：“为实现从高等教育大国向高等教育强国的转变，构建一个符合国情、世界一流、适应时代、具有中国特色的社会主义现代高等教育体系，我们要在科学发展观指导下，实施‘五个统筹协调发展’战略：统筹区域高等教育的协调发展，统筹高水平大学和其他大学的协调发展，统筹中央所属院校和地方所属院校的协调发展，统筹公办高校和民办高校的协调发展，以及统筹各层次各类型人才培养的协调发展。”

2010 年 3 月，在教育部举行的西南片区对口支援工作推进会上，陈希提出：“受援高校绝大多数是当地的龙头高校，这些高校在为当地提供高层次人才支撑和科技支撑上肩负重任。对口支援工作的抓手和具体任务就是‘四个显著提升’，即在师资队伍建设、人才培养质量、科研和社会服务能力以及管理水平等四个方面实现显著提升。”

实施对口支援十年，高校对口支援取得了显著的成绩[①]：①受援高校教师队伍建设成效显著。支援高校共选派了 1440 多名教师到受援高校支教，受援高校共选派了 5000 多名教师到支援高校进修学习。②受援高校管理水平普遍提高。支援高校共选派了 369 名干部到受援高校挂职任职，受援高校共有 730 多人次到支援高校挂职和锻炼学习。③受援高校的社会服务能力得到增强。支援、受援高校教师合作承担省部级以上科研项目 300 多项。④受援高校的总体办学水平明显提高。2001 年，首批 13 所受援高校总共只有一级学科博士学位授权点 5 个，到 2011 年，一级学科博士学位授权点达 74 个，实现了跨越式发展。贵州大学、宁夏大学、西藏大学、青海大学、石河子大学等一批受援高校陆续进入了“211 工程”国家重点建设项目。⑤在对口支援工作过程中，支援高校同样地得到了受益，出现了互惠双赢的局面。⑥对口支援社会效益显著。多年来的对口支援工作中涌现出了一大批先进个人和集体，形成了“讲奉献、求实效”的对口支援精神。今天，长期开展对口支援中西部地区高等学校工作已经成为我国高等教育战线的重要任务。

表 13-1　2011 年东西部高校对口支援名单

序号	支援高校主管部门	支援高校	受援高校
1	教育部	北京大学	石河子大学、西藏大学
2	教育部	清华大学	新疆大学、青海大学
3	教育部	中国人民大学	新疆财经大学、西藏民族学院
4	教育部	北京师范大学	新疆大学、西北师范大学
5	教育部	中国农业大学	塔里木大学、内蒙古农业大学、西藏大学
6	工信部	北京理工大学	延安大学
7	教育部	北京林业大学	新疆农业大学
8	教育部	北京外国语大学	西藏民族学院

① 十年磨剑，对口支援西部高校工作再启航 [N]. 人民网 . http://gz.people.com.cn/GB/194827/15121546.html.

续表

序号	支援高校主管部门	支援高校	受援高校
9	教育部	北京中医药大学	新疆医科大学、西藏藏医学院
10	公安部	中国人民公安大学	西藏警官高等专科学校
11	教育部	中央财经大学	西藏大学、新疆财经大学
12	教育部	中央美术学院	新疆艺术学院
13	教育部	中央音乐学院	新疆艺术学院
14	教育部	对外经济贸易大学	石河子大学
15	教育部	北京化工大学	塔里木大学
16	教育部	中国传媒大学	新疆艺术学院
17	教育部	中国地质大学（北京）	青海大学
18	教育部	中国政法大学	西藏警官高等专科学校
19	北京市	首都师范大学	拉萨师范高等专科学校
20	教育部	天津大学	海南大学
21	教育部	南开大学	延边大学、喀什师范学院
22	教育部	复旦大学	云南大学
23	教育部	上海交通大学	宁夏大学
24	教育部	同济大学	井冈山大学、新疆大学
25	教育部	华东师范大学	新疆师范大学、西藏民族学院
26	教育部	东华大学	新疆大学、塔里木大学
27	教育部	华东理工大学	石河子大学、青海大学
28	教育部	南京大学	西北大学、伊犁师范学院
29	教育部	东南大学	重庆三峡学院、西藏民族学院
30	教育部	江南大学	石河子大学
31	教育部	河海大学	西藏大学、新疆农业大学
32	教育部	南京农业大学	新疆农业大学
33	教育部	中国矿业大学	新疆大学
34	江苏省	南京师范大学	石河子大学、拉萨师范高等专科学校
35	江苏省	苏州大学	拉萨师范高等专科学校
36	教育部	中山大学	吉首大学、西藏民族学院
37	教育部	华南理工大学	广西大学、贵州民族学院
38	广东省	华南农业大学	石河子大学
39	广东省	华南师范大学	西藏大学
40	广东省	深圳职业技术学院	西藏高等职业技术学院
41	广东省	广州番禺职业技术学院	毕节职业技术学院
42	教育部	华中科技大学	重庆医科大学、石河子大学
43	教育部	武汉大学	新疆大学、西藏大学
44	教育部	华中农业大学	石河子大学、塔里木大学

续表

序号	支援高校主管部门	支援高校	受援高校
45	教育部	华中师范大学	喀什师范学院
46	教育部	西安交通大学	新疆大学
47	教育部	西北农林科技大学	青海大学、西藏高等职业技术学院
48	教育部	陕西师范大学	青海师范大学、昌吉学院
49	教育部	四川大学	湖北民族学院、西北民族大学
50	教育部	西南交通大学	西藏大学
51	教育部	重庆大学	石河子大学、中南民族大学
52	教育部	西南大学	和田师范专科学校、毕节学院
53	教育部	大连理工大学	新疆大学、大连民族学院
54	教育部	东北师范大学	伊犁师范学院、拉萨师范高等专科学校
55	黑龙江省	哈尔滨医科大学	西藏藏医学院
56	教育部	吉林大学	新疆医科大学
57	江西省	江西中医学院	西藏藏医学院
58	教育部	山东大学	昌吉学院、宁夏医科大学
59	教育部	厦门大学	贵州师范大学、西藏民族学院
60	教育部	浙江大学	塔里木大学、贵州大学
61	教育部	中南大学	新疆大学、新疆医科大学
62	中国科学院	中国科学技术大学	西南科技大学、新疆师范大学
63	公安部	中国刑事警察学院	西藏警官高等专科学校
64	教育部	湖南大学	西南民族大学
65	教育部	合肥工业大学	北方民族大学
66	北京市	北京电子科技职业学院	西藏高等职业技术学院

二、政策研究：“对口支援西部地区高等学校计划”的出台及发展

（一）我国教育对口支援政策概况

“教育对口支援”是指由我国政府启动，在发达地区和不发达地区有关机构和学校之间建立稳定的伙伴关系，引进发达地区的物质和智力资源，促进不发达或欠发达地区教育发展的一种援助式发展模式。[①] 教育对口支援起源于对民族地区和贫困地区的扶助性教育政策，之后范围形式和层次逐步丰富。这种模式在 20 世纪 50 年代开始萌芽，80 年代至 90 年代不断发展。进入 21 世纪，教育对口支援进入了一个新阶段，成为西部大开发战略的重要举措。实践证明，作为常规性教育政策之

① 李延成．对口支援：对帮助不发达地区发展教育的政策与制度安排 [J]. 教育发展研究，2002(10).

外的一种有效的补充性政策，教育对口支援正在逐渐走向系统化和制度化。教育对口支援是一种积极有效的后发性教育发展措施，是提高教育质量和效益、促进区域协调、保障社会公平的一项重大制度创新，是社会主义制度优越性的重要体现。

早在20世纪50年代至70年代，我国政府就开始有针对性地组织面向边疆欠发达地区的教育对口支援，主要形式是安排内地的高等学校对口支援边疆民族地区，帮助创办高等学校，并提供一些急需的师资、设备等。1974年，国家安排内地六省、市对口支援西藏的八所中学和一所师范学校。[①] 纵观20世纪80年代，教育对口支援的重点是民族教育和贫困地区教育，两者在地区范围和措施上多有重合，前者侧重中高级教育，后者侧重基础教育，两者相辅相成。民族教育对口支援的重点是人力和智力援藏、援疆。1983年中央决定在内地为西藏办学培养人才，1987年国家教委和国家民委在新疆召开内地高校与民族地区高校对口支援协作会议。三十多年来，政府系统地组织了全国各方力量全面对口支援西藏和新疆的教育事业，成果丰硕。

贫困地区教育对口支援的重点是基础教育扶贫。20世纪80年代中期以来，随着大规模扶贫工作的逐渐展开，中央政府组织动员东部经济发展较快的省份对中西部贫困地区进行有针对性的支援。教育对口支援是对口扶贫的重要内容，与其他领域的对口支援工作互相支持、共同发展。1992年3月，第四次全国民族教育工作会议确定了对民族贫困地区实施教育对口支援工作，同年10月，国家教委下发了《关于对全国143个少数民族贫困县实施教育扶贫的意见》，并确定了互相帮扶的对口省份。1993年11月，国家教委在全国教育对口支援协作工作会议上具体部署和明确了全国教育对口支援工作的目的、任务、实施方式及内容等。1996年7月，国务院办公厅转发了国务院扶贫开发领导小组《关于组织经济较发达地区与经济欠发达地区开展扶贫协作报告的通知》，正式确定了东西部开展扶贫协作的对口关系，为东西部之间对口支援的持久开展奠定了基础。1996年10月，国家教委和国家民委召开了全国教育对口支援协作工作会议，并于1997年4月下发了《关于认真贯彻中央扶贫工作会议精神，进一步加强对口支援民族和贫困地区发展教育事业的通知》，重新调整了互相帮扶的对口省份。

在中央做出西部大开发战略决策以后，在认真总结教育对口支援经验的基础上，2000年4月12日，中共中央办公厅、国务院办公厅联合下发了《关于推动东西部

---

① 刘英杰．中国教育大事典（1949—1990）[M]. 杭州：浙江教育出版社，1993.

地区学校对口支援工作的通知》，决定启动实施“东部地区学校对口支援西部贫困地区学校工程”和“西部大中城市学校对口支援本省（自治区、直辖市）贫困地区学校工程”（以下简称“两个工程”），进一步动员东部地区和西部大中城市的各方面力量，大力支援西部贫困地区的教育事业。虽然“两个工程”主要是针对义务教育阶段相对薄弱的学校进行的，但也明确了“除义务教育外，在职业教育和高等教育方面也可以做些力所能及的工作”，还明确了对口支援工作要以“东部地区为西部地区教育发展做贡献”为指导思想，“不增加被支援地方的经济负担”。

2000 年 4 月 20 日，教育部、中共中央组织部、国务院扶贫开发领导小组、财政部、国家发展计划委员会、人事部联合下发了《关于东西部地区学校对口支援工作的指导意见》（教基〔2000〕20 号）。在指导思想中，进一步提出，要为西部贫困地区教育发展做贡献，要发扬艰苦奋斗精神和朴实的工作作风。在“实施范围”中，要求“在职业教育和高等教育方面做力所能及的支援工作”。在此之后，国务院办公厅在北京召开了东西部地区学校对口支援工作座谈会。时任教育部部长陈至立在座谈会上发表讲话，重申了上述两个文件的精神，并介绍了教育部采取的十项支持西部大开发的举措，其中包括“加强西部高等学校建设力度，促进高等教育协调发展”。

（二）“对口支援西部地区高等学校计划”的出台及纵深发展

为积极发展西部地区高等教育，加快培养急需的高级专门人才，教育部决定在“十五”期间，实施“对口支援西部地区高等学校计划”。2001 年 6 月 13 日，教育部正式下发《教育部关于实施“对口支援西部地区高等学校计划”的通知》（教高〔2001〕2 号）（以下简称“《通知》”）。《通知》列出了支援高校和受援高校的名单（表 13–2），明确了支援工作的内容和目标，规定了支援工作的方式和经费来源，对有关教育行政部门也提出了要求。

《通知》将石河子大学、青海大学等 13 所高校确定为西部地区重点建设高校（简称“受援高校”），将北京大学、清华大学等 13 所高校确定为支援高校，要求支援高校采取一对一的方式，实施对受援高校的支援和全方位合作。

表 13–2　2001 年第一批 13 组对口支援高校

序号	支援高校	支援高校主管部门	受援高校	受援高校主管部门
1	北京大学	教育部	石河子大学	新疆生产建设兵团
2	清华大学	教育部	青海大学	青海省

续表

序号	支援高校	支援高校主管部门	受援高校	受援高校主管部门
3	中国农业大学	教育部	内蒙古农业大学	内蒙古自治区
4	北京师范大学	教育部	西北师范大学	甘肃省
5	复旦大学	教育部	云南大学	云南省
6	上海交通大学	教育部	宁夏大学	宁夏回族自治区
7	南京大学	教育部	西北大学	陕西省
8	浙江大学	教育部	贵州大学	贵州省
9	中国科学技术大学	中国科学院	西南科技大学	四川省
10	华中科技大学	教育部	重庆医科大学	重庆市
11	华南理工大学	教育部	广西大学	广西壮族自治区
12	西南交通大学	教育部	西藏大学	西藏自治区
13	西安交通大学	教育部	新疆大学	新疆维吾尔自治区

《通知》对支援工作的内容和目标做了明确的要求：对口支援工作要以人才培养工作为中心，以学科专业建设、师资队伍建设、学校管理制度与运行机制建设为重点，争取用五年的时间，使受援高校的教学、科研和管理水平有较大提高，为受援高校的长远发展奠定坚实基础。

《通知》对支援工作方式的要求是，支援高校和受援高校要在深入调查研究和充分协商的基础上，签订对口支援协议。学校主要负责同志要主管对口支援工作。

《通知》对支援工作经费的要求是，以支援高校为主的支援与合作项目，所需经费由支援高校从各条渠道筹集的资金中统筹安排。受援高校内部基本建设和派出教师进修、攻读学位等费用，主要从西部重点建设高校专项资金中自行解决。此前，国家发改委通过“西部地区十四所重点建设高校重点课程教师岗位计划”安排了约10亿元的国债资金，支持西藏大学、新疆大学、石河子大学、青海大学等西部12个省、区、市及新疆建设兵团的13所高校重点建设，后又增加延边大学，总共重点建设14所西部高校。

《通知》要求有关教育行政部门要为对口支援计划的实施提供政策支持和便利条件。

《通知》最后提出，教育部所属各高等学校都有支援西部高等教育事业发展的义务和责任，都应积极承担西部高校教师的培训和教学任务，努力完成教育部下达的支援西部高校建设的任务。

为切实做好对口支援工作，2001年7月10日，教育部在京西宾馆召开了对口支援西部地区重点建设高等学校座谈会，时任教育部部长陈至立在会上作了重要讲话，强调各级教育行政主管部门和参与对口支援的各高校，要深刻认识对口支援的重要意义，把对口支援工作作为一项政治任务来抓。

在“对口支援西部地区高等学校计划”执行过程中，对口支援政策内容不断丰富。在教育部的大力推动下，支援高校与受援高校不断增加，对口支援工作要求不断细化，对口支援工作的经验也通过调查研究不断吸收进新的政策之中。自对口支援工作开展以来，教育部作为主管部门，非常注重发挥主导作用，通过定期召开座谈会、表彰先进集体和个人、进行人员培训等，提升对对口支援工作的认识，促进高校间的交流，及时总结各高校的工作经验，加强宣传。

根据西部大开发的总体战略部署，针对西部高等教育的发展情况，结合西部高等院校的实际需求，原则上采用“一对一”的模式，考虑到院校学科发展的具体情况，不断增加支援高校和受援高校。经过一段时间的探索和实践，教育部和各支援高校、受援高校加深了对对口支援工作的认识，进一步明确了工作的指导思想，进一步理清了工作思路，积累了很多很好的经验。在及时总结的基础上，教育部将这些可以推广的经验吸收进政策和文件，对各高校对口支援工作提出了更加具体的要求。工作要求趋向细化，一方面体现在领导讲话中，一方面体现在教育部下发的文件中。

2004 年 12 月 6 日，教育部在北京召开“对口支援西部地区高等学校计划”汇报会。2005 年 12 月 25 日，教育部召开对口支援西部地区高等学校工作情况新闻发布会。2006 年 6 月 20—21 日，教育部在北京召开了对口支援西部地区高等学校工作经验交流会，分析了今后对口支援的任务，对对口支援工作提出了新的要求。时任国务委员陈至立提出，要明确工作重点，全面提高对口支援的质量和效益；加强领导，推进对口支援工作再上新台阶。时任教育部部长周济提出要认清形势，统一思想，增强进一步做好对口支援工作的责任感；统筹规划，突出重点，深入推进对口支援工作；加强领导，把对口支援工作落到实处。时任教育部副部长吴启迪提出，要不断推动对口支援工作落到实处，并公布了初步拟定的对口支援西部地区高等学校的扩展计划和设想。

2006 年 6 月 20—21 日，教育部利用召开对口支援西部地区高等学校工作经验交流会的机会，组织与会代表就《教育部关于进一步深入开展对口支援西部地区高等学校工作的意见（征求意见稿）》进行了讨论。在听取和整理反馈意见的基础上，2006 年 9 月印发了《教育部关于进一步深入开展对口支援西部地区高等学校工作的意见》（教高〔2006〕12 号）。意见首先肯定了五年来对口支援工作的显著成效。接下来，就进一步深入开展对口支援工作提出意见。一是要贯彻落实科学发展观，进一步提高对对口支援工作的认识；二是要明确工作重点，不断提高对口支援工作的质量；三是要强化责任意识，推动有关各方积极开展对口支援工作；四是要建立长效机制，实现对口支援工作长期稳定健康发展；五是要强化队伍建设，促进受援高校的教育质量和管理水平的提高；六是要结合西部的实际情况，加强受援高校的学科建设和科学研究工作；七是要利用现代信息技术，开辟对口支援工作新途径；八是要积极采取措施，扩大受援高校的国际交流与合作；九是要加强宣传工作，推广成功经验，促进相互学习。

与2001年的《教育部关于实施"对口支援西部地区高等学校计划"的通知》相比，2006年的《教育部关于进一步深入开展对口支援西部地区高等学校工作的意见》主要体现了如下六方面的政策发展：第一，深化了对对口支援工作的认识，强调了对口支援工作的重要性、艰巨性和长期性。第二，明确对口支援工作的重点，即提高受援高校的教育质量和办学水平。第三，强调责任意识，支援高校和受援高校都要做到人员落实、任务落实和经费落实。第四，要求建立长效机制，具体意见包括将对口支援工作纳入学校的长期发展规划，对口支援工作协议的制定要目标明确、重点突出、可操作性强，协议的执行要体现工作重心下移的原则，建立年度例会制度，发挥激励机制的作用等。第五，就师资队伍建设、管理队伍建设、学科建设、科研工作、运用现代信息技术、扩大国际交流与合作等工作内容，提出了具体意见。第六，将对口支援工作作为长期工作坚持下去，没有设定时间期限。

2010年，教育部印发了《教育部关于进一步推进对口支援西部地区高等学校工作的意见》，发布了加强受援高校师资队伍培养等八项新政策：①支援高校可向相关部门申请定向培养博士、硕士研究生单独招生指标，用于受援高校现有师资队伍的培养。②被授予国家级教学名师称号的支援高校教师，原则上每两年要帮带一名西部受援高校的教师。③国家公派出国留学继续采取倾斜政策，使西部受援高校教师有更多的出国进修学习培训机会。④鼓励支援与受援高校有计划、有重点地开展联合培养博士、硕士研究生和本科生工作。⑤进一步采取措施推进现代信息技术在对口支援工作中的利用。⑥加强科研合作，促进区域经济社会发展。在教育部人文社会科学研究项目中设立西部和边疆地区项目。⑦加强互派干部挂职工作，不断提升受援高校管理水平。⑧搭建国际合作平台，增强受援高校国际合作交流的能力。

对口支援西部地区高校，第一要务是提升师资队伍水平，增强人才培养"造血"功能是高校对口支援的长效机制。在2010年出台的八项新政策中，前三项都针对解决受援高校现有教师队伍的培养问题。对口支援工作开展十年来，第一批受援高校在教师队伍的业务水平和学历水平方面已有显著改善，但其他受援高校教师发展问题仍然相当突出，特别是博士学位的学历水平这项指标普遍偏低。这种师资状况严重地制约了受援高校的办学能力和教育质量。此外，2010 年八项新政策中的第 4 项和第 7 项的核心都是人才培养，鼓励支援高校和受援高校联合为受援高校培养视野宽、经验足、水平高的管理人才，以及为西部地区培养多个层次和领域“素质高、能力强、下得去、留得住”的应用型、复合型人才。

（三）高校对口支援政策中的主要项目

在执行的过程中，教育部还将对口支援工作与其他专门项目配合起来，为对口支援工作整合了资源，筹集了资金，在一定程度上解决了对口支援工作的经费问题。

1. 西部地区 14 所重点建设高校重点课程教师岗位计划

2001 年 11 月，教育部与李嘉诚基金会合作实施了“西部地区 14 所重点建设高校重点课程教师岗位计划”。教育部计划根据西部地区人才培养和 14 所受援高校重点学科、重点专业建设的需要，在受援高校中设立“重点课程教师岗位”。

计划目标是提高教学科研水平，弥补急需的空白课程，加强师资队伍建设，加快青年教师培养，带动受援高校整体教学和科研水平的提高。计划的实施原则是重点课程岗位设在 14 所受援高校中急需的、受益面广的基础课和重点建设学科的技术基础课和专业核心课；由副教授以上的教师应聘；对受聘教师每个岗位都有月薪标准、工作时间、待遇等方面的相关规定。计划由专家组进行管理，对各高校经费额度和实施年限等进行系统的阶段性和最终性评估。计划还给 14 所受援高校都确定了具体的岗位酬金额度。

2001 年 12 月，教育部聘请 11 位专家组成了支援西部重点建设高校重点课程教师岗位评议专家组，对 14 所受援高校上报的重点课程教师岗位进行了评审，确定了 2002 年度（上、下半年）各受援高校的重点课程教师岗位，并于 12 月 28 日公布。2002 年 1 月，各支援高校纷纷就拟派出的教师情况与受援高校进行了协商，经教育部高等教育司和港澳台事务办公室批准后，很快加以实施。

重点课程计划实施顺利。各支援高校都将此项工作作为对口支援西部高校建设的具体任务来完成，选派思想品质好、业务能力强的优秀教师参加竞聘。各受援高校也抓住了机遇，充分发挥受聘教师的作用，搞好相关专业和课程的师资队伍建设。各支援高校和受援高校还认真总结了计划的实施情况，内容包括基本情况概述、实施过程、取得的成绩、教师和学生的反映、目前存在的问题等。

2. 高校对口“援疆”计划

“援疆”“援藏”作为教育对口支援的一项重要工作，是促进新疆和西藏跨越式发展和长治久安的重要举措。在高等教育领域，新疆和西藏一直是高校对口支援的两个集中建设的重点区域。新疆大学和石河子大学是第一批进入对口支援的受援高校，在之后的5年中，其他全部新疆高校都先后进入受援高校行列，2010年则进一步深化了对新疆大学、石河子大学以及塔里木大学三所高校“多对一、团队化”援助模式。援疆、援藏高校对口支援工作显示了“整体设计，协同工作，重点突出，逐步实施，成效显著”的工作特色。

2005年4月，教育部为贯彻落实全国人才工作会议和中央民族工作会议精神以及中央关于新疆发展和稳定的重大战略部署，进一步丰富对口支援工作的内容，决定实施专门项目的“援疆学科建设计划”。2005年6月，教育部和新疆维吾尔自治区人民政府联合召开了实施援疆学科建设计划会议，“援疆学科建设计划”正式启动。

“援疆学科建设计划”包括北京大学、清华大学在内的42所（后来增加3所）内地高校对口支援新疆大学、石河子大学等11所高校的农业工程、兽医学、电气工程、畜牧学等80个学科的建设（表13-3）。“援疆学科建设计划”的主要内容是以学科建设为重点，在内地有关高校中，每校选择3个左右的一级学科，分别对口支援新疆高校中符合学科结构调整需要、急需发展又具有一定基础的相应学科，带动受援高校整体实力的提高。时任教育部学位管理与研究生教育司司长杨卫说，“援疆学科建设计划”是“一个系统的学科建设一揽子计划，核心任务是为新疆高校培养结构合理的学科队伍和管理队伍，并建立相应的学位点”[①]。

内地重点高校和新疆高校签订的协议内容主要包括：每校选择3个左右的一级学科，分别对口支援新疆高校中急需发展的相应学科；单列若干招生计划招收新疆相关高校教师攻读博士学位，使在新疆工作的博士学位获得者在5年到10年时间内翻番或更多，10年以后使受援新疆高校初步具有在特色学科自主培养博士生的能力；为受援的新疆高校培养学科梯队人才，开放实验室和共享信息等，原则上实行免费；向受援新疆高校开放国家重点实验室或工程研究中心等实验场所，援助建设实验室或捐赠仪器设备和图书资料。

① 教育部“援疆学科建设计划”全面启动 [EB/OL]. http://news.sohu.com/20050623/n226062197.html.

“援疆学科建设计划” 是继 2001 年教育部启动“对口支援西部地区高等学校计划”后，对新疆高校采取的大规模援助计划。时任教育部部长周济提出，“‘两个计划’一为全面支持，一为重点支持，形成对新疆高校‘以点带面、点面结合’的对口支援格局，以加快新疆高等教育的内涵发展，带动新疆高校整体实力和水平的提高”。

2005 年 10 月 27 日，教育部下发《教育部关于对口支援西藏、新疆地区本科高等学校的通知》（教高函〔2005〕17 号）。通知中说，为了适应西部大开发的要求，经研究决定，在现有对口支援的基础上，进一步扩大对口支援西藏、新疆地区本科高等学校的范围，使西藏、新疆地区的所有本科高等学校均与我国高水平大学建立对口支援关系。

表 13-3　援疆学科建设计划对口支援名单

序号	支援高校	受援学科（一级）	受援高校
1	北京大学	化学、生物学	新疆大学
2	清华大学	电气工程、计算机科学与技术	
3	武汉大学	数学、测绘科学与技术、法学	
4	西安交通大学	机械工程、管理科学与工程、控制科学与工程	
5	大连理工大学	化学工程与技术	
6	东华大学	纺织科学与工程	
7	同济大学	土木工程、建筑学	
8	上海交通大学	物理学、信息与通信工程	
9	北京外国语大学	外国语言文学	
10	中国矿业大学	地质资源与地质工程、矿业工程	
11	北京交通大学	交通运输工程、管理科学与工程	
12	天津大学	化学工程与技术	石河子大学
13	华中科技大学	基础医学、内科学（二级学科）、公共卫生与预防医学	
14	浙江大学	畜牧学、农林经济管理学、生物学	
15	四川农业大学	作物学	
16	西北农林科技大学	园艺学、兽医学、植物保护	
17	江南大学	食品科学与工程	
18	南京农业大学	作物学、农林经济管理学、兽医学	新疆农业大学
19	中国农业大学	农业工程、农业资源利用、畜牧学、生物学	
20	北京林业大学	林学	
21	河海大学	水利工程	
22	江南大学	食品科学与工程	

续表

序号	支援高校	受援学科（一级）	受援高校
23	中山大学	基础医学、眼科学（二级）、肿瘤学（二级）	新疆医科大学
24	中南大学	内科学（二级学科）	
25	中国药科大学	药学	
26	复旦大学	外科学（二级学科）、公共卫生与预防医学	
27	北京中医药大学	中西医结合、中医学	
28	北京师范大学	心理学、教育学	新疆师范大学
29	华东师范大学	地理学、中国语言文学、体育学	
30	中国科学技术大学	化学、数学、物理学	
31	中国人民大学	应用经济学、新闻传播学、法学	新疆财经学院
32	上海财经大学	工商管理	
33	中央财经大学	应用经济学、工商管理	
34	东北农业大学	农业工程、畜牧学、兽医学	塔里木大学
35	中国传媒大学	中国语言文学、艺术学	新疆艺术学院
36	中央音乐学院	艺术学	
37	华南师范大学	教育学	喀什师范学院
38	南开大学	物理学、数学、化学	
39	东北师范大学	教育学、生物学	伊犁师范学院
40	南京大学	物理学、化学、数学	
41	吉林大学	化学、外国语言文学	昌吉学院
42	山东大学	数学、物理学	

在过去九年高校对口支援“援疆”工作的基础上，为了推动对新疆地区高校开展新一轮对口支援工作，教育部于2010年6月出台了《教育部关于加强对口支援新疆大学、石河子大学和塔里木大学的通知》（教高函〔2010〕10号），加强对口支援新疆大学、石河子大学和塔里木大学。这项新的计划首先明确了三所受援高校的定位：要努力帮助新疆大学和石河子大学加快实现“西部先进、中亚一流、国际知名”高水平大学的建设目标；努力帮助塔里木大学的特色学科专业得到快速发展，整体办学能力迈上一个大台阶，成为支撑新疆经济社会跨越式发展的重要力量。由此，对这三所高校的对口支援采用了名校牵头、多所一流大学参与、高校团队化工作组的新模式（表13–4）。此外，2005年“援疆学科建设计划”中未纳入这三校新一轮对口支援工作组的原有对口支援关系则转为校际合作关系，继续发挥作用。

表 13-4　新一轮加强对口支援新疆三所高校工作团队

支援高校			受援高校
组长单位	副组长单位	成员单位	
清华大学	西安交通大学、武汉大学、中南大学	北京师范大学、北京外国语大学、大连理工大学、中国矿业大学、同济大学、东华大学	新疆大学
北京大学	华中科技大学、华东理工大学、华中农业大学	重庆大学、江南大学、对外经济贸易大学、南京师范大学、华南农业大学	石河子大学
中国农业大学	浙江大学、华中农业大学	北京化工大学、东华大学	塔里木大学

3. 高校对口支援“援藏”计划

为在新形势下进一步加强全国教育援藏工作，加快西藏全面建设小康社会步伐，共同把西藏建设成为文明、富裕、和谐的新西藏，国家启示了一系列“援藏”计划，内地高校对口支援西藏高校计划是教育援藏政策中的一项重要措施。高校对口支援援藏计划的主要内容是支援高校重点帮助受援学校制定整体发展规划，加强院系的学科和教师队伍建设，帮助提高教学、科研和管理水平，援建实验室，加强资源库建设，使受援高校的综合办学和科研能力得到显著增强。

根据 2006 年 12 月 20 日教育部、中央统战部、国家民委联合下发的《关于进一步加强教育对口支援西藏工作的意见》（教民〔2006〕8 号）指出，“十一五”期间，教育援藏工作要进一步加大国家和内地对西藏教育的扶持和支援力度。其中，西藏普通高等学校的教学、科研和管理水平要得到显著提高，重点学科的建设要取得明显进展，建设需要的各类人才要得到有效充实。在这个意见指导下，内地 35 所高校分别对口支援西藏大学、西藏民族学院、西藏藏医学院、西藏警官高等专科学校、拉萨师范高等专科学校和西藏职业技术学院（表 13-5）。2011 年 6 月 21 日，教育部印发了《教育部关于对口支援西藏自治区高等学校工作的通知》，确定了北京大学、中国人民大学等 27 所高校团队对口支援西藏高校。自此，对西藏高等院校已全部实现了团队式对口支援。

表 13-5 高校对口支援“援藏”计划任务

<table>
<tr><th>支援高校</th><th colspan="2">受援高校和院系</th><th>主要任务</th></tr>
<tr><td>西南交通大学</td><td rowspan="14">西藏大学</td><td>工学院</td><td rowspan="14">①援助重点学科建设；②援建相关实验室；③选派教学行政管理人员和高学历、高职称相关教师；④援助培训骨干教师；⑤接受培养硕士、博士学历教育和短期教师进修；⑥加强科学研究，共同申报国家级科研项目</td></tr>
<tr><td rowspan="2">吉林大学</td><td>文学院</td></tr>
<tr><td>师范学院</td></tr>
<tr><td>南京大学</td><td>理学院</td></tr>
<tr><td>清华大学</td><td rowspan="2">艺术学院</td></tr>
<tr><td>北京师范大学</td></tr>
<tr><td>西南财经大学</td><td>经济与管理学院</td></tr>
<tr><td>浙江大学</td><td>旅游与外语学院</td></tr>
<tr><td>四川大学</td><td>医学院</td></tr>
<tr><td>西南大学</td><td>继续教育学院</td></tr>
<tr><td>北京林业大学</td><td>植物科学技术学院</td></tr>
<tr><td>南京农业大学</td><td>动物科学技术学院</td></tr>
<tr><td>中国农业大学</td><td>资源与环境学院</td></tr>
<tr><td>河海大学</td><td>工程技术学院</td></tr>
<tr><td>中山大学</td><td rowspan="10">西藏民族学院</td><td>人文学院</td><td rowspan="10">①援助重点学科建设；②援建相关实验室；③选派教学行政管理人员和高学历、高职称相关教师；④援助培训骨干教师；⑤接受培养硕士、博士学历教育和短期教师进修；⑥加强科学研究，共同申报国家级科研项目</td></tr>
<tr><td>厦门大学</td><td>政法学院</td></tr>
<tr><td>中国人民大学</td><td>新闻传播学院</td></tr>
<tr><td>东南大学</td><td>财经学院</td></tr>
<tr><td>西安交通大学</td><td>管理学院</td></tr>
<tr><td>天津大学</td><td>信息工程学院</td></tr>
<tr><td rowspan="2">华东师范大学</td><td>教育学院</td></tr>
<tr><td>体育系</td></tr>
<tr><td>北京外国语大学</td><td>外语系</td></tr>
<tr><td>复旦大学</td><td>医学系</td></tr>
<tr><td>北京中医药大学</td><td rowspan="2">西藏藏医学院</td><td>藏医系</td><td rowspan="2">①援助重点学科建设；②援建相关实验室；③选派教学行政管理人员和高学历、高职称相关教师；④援助培训骨干教师；⑤接受培养硕士、博士学历教育和短期教师进修；⑥加强科学研究，共同申报国家级科研项目；⑦帮助进行药品开发、药品标准化研究与标准制定</td></tr>
<tr><td>江西中医学院</td><td>藏药系</td></tr>
</table>

续表

支援高校	受援高校和院系		主要任务
中国政法大学	西藏警官高等专科学校	治安管理系	①选派行政管理人员和相关教师；②援建相关实验室；③援助学科建设；④援助培训骨干教师；⑤接受培养硕士学历教育和短期教师进修；⑥加强科学研究，共同开发科研项目
西南政法大学		法律系	
中国人民公安大学		侦察系	
中国刑事警察学院		警察管理系	
华中师范大学	拉萨师范高等专科学校	语文与社会科学系	①选派行政管理人员和相关教师；②援建相关实验室；③援助学科建设；④援助培训骨干教师；⑤接受培养硕士学历教育和短期教师进修；⑥加强科学研究，共同开发科研项目
东北师范大学		现代教育技术系	
苏州大学		数学与自然科学系	
南京师范大学		艺术教育系	
西北农林科技大学	西藏职业技术学院	农牧系	①选派行政管理人员和相关教师；②援建相关实验室；③援助学科建设；④援助培训骨干教师和短期进修；⑤加强科学研究，共同开发科研项目
深圳大学		建筑系	
深圳职业技术学院		机电系	
		电子信息系	
		财经系	
		旅游系	

4. 高等学校本科教学质量与教学改革工程（简称“质量工程”）

为了切实把高等教育重点放在提高质量上，2007 年 1 月 22 日，教育部和财政部联合下发了《教育部财政部关于实施高等学校本科教学质量与教学改革工程的意见》。“质量工程”包括六项主要建设内容，即专业结构调整与专业认证，课程、教材建设与资源共享，实践教学与人才培养模式改革创新，教学团队与高水平教师队伍建设，教学评估与教学状态基本数据公布，以及对口支援西部地区高等学校。

在“对口支援西部地区高等学校计划”项目中，要求推进对口支援西部高校工作，促进东部和西部高等教育的协调发展。重点资助受援高校教师到支援高校进行半年以上的进修提高。在对口支援高校中实行干部交流制度，资助一批受援高校教学管理干部到对口支援高校学习锻炼，交流管理经验，提高受援高校的教学管理水平。在“课程、教材建设与资源共享”项目中，要求积极推进网络教育资源开发和共享平台建设，建设面向全国高校的精品课程和立体化教材的数字化资源中心，建成一批具有示范作用和服务功能的数字化学习中心，实现精品课程的教案、大纲、习题、实验、教学文件以及参考资料等教学资源上网开放，为广大教师和学生提供免费的优质教育资源，完善服务终身学习的支持体系。在受援高校建设 120 个数字化教室，以提高对口支援效率，降低对口支援成本。

根据“质量工程”的总体安排，结合对口支援工作的具体情况，教育部高教司实施了对口支援教师进修和干部学习锻炼项目与受援高校数字化教室建设项目。

2007年3月1日，教育部高教司根据“质量工程”的总体安排印发了《关于上报“质量工程”2007年对口支援工作有关事宜的通知》(教高司函〔2007〕27号)，确定2007—2010年“质量工程”每年资助受援高校的一批教师和教学管理干部到支援高校进修和学习锻炼。受援高校中的本科院校每校至少推荐申报20名教师和4名学习锻炼干部，高职高专院校至少推荐申报10名教师和1—2名学习锻炼干部。对教师进修和干部学习锻炼给予经费支持。教师进修一次以半年（5个月计算）为时间单位，每人次共资助1.5万元（其中1万元用于支付在支援高校进修学习费用，0.5万元用于教师往返差旅费）。教学管理干部学习锻炼一次以1年（10个月计算）为时间单位，每人次共资助4万元（其中2万元用于支付在支援高校学习和调研费用，2万元用于往返探亲差旅费和工作差旅费）。2007年4月24日，教育部高教司下发了《关于执行“质量工程”2007年对口支援工作教师进修和干部学习锻炼任务及划拨相关经费的通知》（教高司函〔2007〕69号），将评审结果公布，相关经费一并划拨。

2007年7月2日，教育部下发了《关于公布“质量工程”2007、2008年对口支援工作数字化教室建设项目指南和开展申报等工作的通知》（教高司函〔2007〕135号）。专门在受援高校建设120个数字化教室，利用现代信息技术开辟对口支援工作新途径，降低成本、提高效益，进一步提高对口支援的质量。目前，受援高校之间的基础条件差别很大，为了使数字化教室的建设更加符合实际情况，更有利于开展对口支援工作，教育部要求，各受援高校要在支援高校的帮助下，根据自身的情况和需要提出本校数字化教室建设方案，特别是建设方案中有与支援高校同步（或实时）授课内容的受援高校，更要认真听取支援高校的意见。该文件对建设目标和任务、建设方案的要求、申报范围、项目进度及其他事项都做了明确的规定。“质量工程”有力地推动了对口支援工作的开展。

（四）高校对口支援的意义

对口支援西部地区高等学校，是加快西部大开发的重要措施，对于扶助贫困，促进国民经济的持续协调发展，巩固民族团结、社会稳定以及国防安全，都具有重要的政治意义和战略意义。多年来的实践经验证明，教育对口支援工作充分体现了社会主义制度的优越性，是有中国特色的、促进教育区域协调发展的重要创新。总结对口支援的成就、经验和问题，保障对口支援顺利实施，是今后西部教育特别是西部高等教育发展的重要内容。

教育对口支援是扶助贫困的有效措施。对口支援是加大对贫困地区教育发展扶持力度，推动西部贫困地区经济和社会发展的一项重大举措，也是进一步落实科教兴国战略的有力措施，同时也是合理配置教育资源、加快贫困地区教育发展的新实践。对口支援工作为西部高等教育的改革发展注入了新的活力，使受援高校为当地乃至整个西部地区的经济建设发挥了更大作用，而且迅速改善了新疆、西藏等西部地区的人才结构，为西部的人才队伍建设提供了更多帮助，从而能够调整国家人力资源布局、逐渐对西部的经济建设和社会发展产生更加深远的影响，也能进一步推动西部大开发战略的实施和全面建设小康社会宏伟目标的顺利实现。

教育对口支援是促进教育区域协调发展的重要措施。区域间发展不协调是我国教育特别是高等教育存在的重要问题。在长期发展的基础上，北京、上海、南京、武汉等东中部地区中心城市集中了一大批高校，而西部一些省份的高等教育资源则相对薄弱。在计划经济时代，毕业生的就业由政府在全国范围内进行统筹分配，人力资源布局相对均衡。在社会主义市场经济条件下，毕业生分配是双向选择。因此，现在西部的人才问题比过去严峻，在这种情况下，加速提高西部当地高等学校的办学水平是当务之急，也是教育整体发展、布局调整的一个重要内容。目前，北京、上海、南京、西安、成都等地方形成了一批有实力的高水平大学，这是国家长期支持发展的结果，也是各地支援的结果，当然也离不开受援学校的努力。支援西部大学的发展是东部高水平大学应尽的职责，也是一个学校风格、作风以及水平的体现。通过开展东西部高校对口支援，可以尽快帮助中西部地区高校提高办学水平，提高人才培养、学科建设、产学研结合等方面的综合能力，从而在整体上提高中西部地区的教育发展水平。并通过西部高等教育的发展，开发中西部人力资源，带动整个中西部知识创新、科技创新以及高科技产业发展，最终增强国家整体实力。

教育对口支援是实现民族团结和保障边疆安全的重要举措。我国是多民族国家，西部地区少数民族聚居比较集中，且地处边疆，少数民族地区又多为贫困地区和教育不发达地区，加快发展中西部民族地区的教育事业，缩小少数民族地区与全国其他地区的教育差距，对于促进中西部地区的经济发展和社会进步，保持中西部地区的政治和社会稳定，促进民族团结和保障边疆安全具有重大意义。西部高校是西部地区和少数民族地区干部队伍的人才库。积极发展西部教育事业，培养一大批思想觉悟高、业务能力强、坚定维护祖国统一和民族团结的高素质人才，既是现实的紧迫需要，也是刻不容缓的战略任务，直接关系到国家的统一、民族的团结和边疆的稳定。通过高校与高校之间的对口支援，来自东部经济发展较快地区的干部、教师深入中西部贫困地区和少数民族地区的高校，可以增强各民族人民之间的感情交流和联系，增进彼此的了解，这对于进一步巩固和发展平等、团结、互助的社会主义民族关系，增强中华民族的凝聚力将起到重要作用。因此，对口支援工作是一项加强国家统一、民族团结、边疆安全的“民心工程”。

三、案例研究：“一对一”为主对口支援的成功案例

十年来，在高校对口支援取得巨大进步的征程中，各组对口高校紧密围绕中西部地区长治久安及跨越式发展建设大局，勇于探索、勤于实践，系统、深入、持续地推进对口支援工作，形成了百花齐放的对口支援格局，取得了显著的对口支援成果，积累了丰富的对口支援经验。下面重点总结和分析五组在对口支援工作中实现了受援高校跨越式发展的对口团队案例，以此研究这些优秀团队的工作成效、特色模式和成功经验。

（一）清华大学—青海大学对口支援

2001 年 6 月，教育部实施“对口支援西部地区高等学校计划”，清华大学承担了对口支援青海大学工作。2006 年 11 月，在清华大学的提议下，教育部批准西北农林科技大学增列为青海大学的对口支援单位；2007 年 5 月，教育部又批准中国地质大学（北京）对口支援青海大学；2010 年 8 月，教育部再次批准增列华东理工大学对口支援青海大学；2010 年 11 月，北京大学医学部对口帮扶青海大学医学院和附属医院。至此，形成了清华大学全面对口支援的总框架下，多所高校共同对口支援青海大学发展的新格局。

十年来，在教育部的关心支持和支援高校的全力帮扶下，在青海省委、省政府的正确领导下，在清华大学等支援高校的无私奉献下，青海大学实现了跨越式发展，不断提升人才培养、科学研究、服务社会和文化传承创新能力，逐渐形成了生态、三江源、盐湖化工、高原医学、藏医学的办学特色。通过十年跨上六个新台阶，青海大学走出了一条西部欠发达地区高校跨越式发展、东西部高校共同发展的新路子，充分显现了对口支援工作的政策成效。

1. 对口支援十年，青海大学跨越式大发展

（1）十年跨上六个新台阶

十年来，青海大学取得了跨越式发展。2006 年，青海大学成为博士学位授予单位，办学层次上了新台阶，成为青海省高等院校中唯一有博士学位授予权的单位，填补了青海高等教育的空白。2007 年，青海大学在教育部本科教学评估中获得优秀，是当时青海省唯一获得优秀的高校。2008 年，青海大学跻身"211 工程"国家重点建设大学行列，实现了青海高等教育办学的重大突破。青海大学进入国家队，有助于争取到国家更多的支持和投入。2009 年，青海大学实现所有本科专业和全国所有地区一本招生的两个全覆盖，生源结构发生深刻变化，生源质量得到显著提升。2010 年，青海大学实现国家重点实验室培育基地的突破，获批两个国家重点实验室培育基地，青海冷凉气候和高原生态研究成为青海大学的优势学科。2011 年，青海大学获批两个国家重点学科，实现了青海大学组建后工农医管四大学科一级学科硕士点的全覆盖，部分学科还获得了一级学科博士点。

（2）十年做成十五件实事

十年中，重点做了十五件实事，主要包括：

①指导顶层设计，绘定发展蓝图。十年来，支援高校选派 10 批专家教授团，对青海大学的发展规划进行指导。

②教授出任领导，加大干部培训。十年来，清华大学选派 3 名知名教授任青海大学校长，支援高校派 12 名教授任青海大学院系负责人。青海大学选派 300 多人到支援高校学习，特别是两批选派 20 名院（系）干部到支援高校学习。这些干部回校后以全新的思路和方法开展工作，支援高校的管理理念正在青海大学生根、开花、结果。

③ 4 批教授团，持续指导课程建设。十年来，支援高校选派 4 批教授团，对青海大学 114 门公共基础课和专业基础课进行帮助建设。

④引进优质资源，推行三学期制。十年来，支援高校选派 400 余名专家来青海大学开展 200 多场学术报告，举办 50 多个培训班、100 多场系列讲座，累计受益师生 5 万多人次。其中诺贝尔奖获得者杨振宁教授等 20 名院士也来青海大学讲学，帮助学校营造浓厚的学术氛围。

⑤引入教务系统，提升管理水平。青海大学积极引进支援高校综合教务管理系统，完成成绩管理模块测试工作，实现了教学管理的自动化，提高了教学过程管理水平。

⑥开设网络课程，听名教授讲课。2006年3月，清华大学—青海大学远程交流中心成立。据统计，青海大学每学年选修清华远程网络课程的学生达7000人。

⑦谋划学科布局，组建两个新系。针对青海省93%的矿产资源尚未勘测和开发，急需地质类专业人才的实际，在清华大学的促进下，2006年中国地质大学开始对口支援青海大学重建地质工程系，选派知名专家崔彬教授担任系主任。截至2010年，以“订单”模式培养的人才已经为青海省相关厅局和企事业单位输送了地质类专业人才138名，并得到了用人单位的普遍好评。2007年，针对青海省信息技术人才匮乏的实际，在清华大学的大力帮扶下，青海大学组建了计算机技术与应用系，清华大学选派国内知名学者周立柱教授和副教授黄维通担任系主任和常务副系主任，还动员清华大学博士毕业生王晓英赴青海大学工作。2011年，青海大学首届计算机系毕业生一次性就业率达到97%，其中有3名同学还被聘到了国家直属部委工作。

⑧拓宽医学学科，组建了药学系。2007年7月，在北京大学医学部的全力支持下，青海大学成立了医学院药学系。同时，北京大学第三医院和青海大学附属医院之间形成良好的协作创新关系。

⑨建成实验基地，提高实践能力。已建成了水力学等一批具有国内较高水平的实验室。支援高校还给青海大学捐赠了价值700余万元的教学仪器设备。

⑩实施免试直推，形成良好学风。十年中，青海大学共向支援高校免试直推硕士研究生423名，提高了社会声誉，促进了教学质量的提高。

⑪启动行动计划，提升办学水平。2009年，实施了显著提升教师学历和能力等四个行动计划，从实施情况来看，四个行动计划成效显著。

⑫实行对口联动，质量工程全覆盖。2007年第二轮质量工程项目实施以来，实现了“质量工程”项目全覆盖。青海大学已获准立项6个特色专业建设点、2个国家级教学团队，拥有了国家人才培养模式创新实验区和实验教学示范中心。

⑬探索协同创新，建设农业园区。青海大学与西北农林科技大学共同在青海海东六县、黄南州承担农业示范园区建设科技工作，选派了6名教授担任副县长，联合指导农业科研示范基地建设工作。

⑭开展对外交流，实践“三兄弟”模式。2007年5月，建立清华大学—奥克兰大学—青海大学学术合作机制。目前，三校对三江源生态环境保护和水资源综合管理项目进行合作研究。

⑮搭建研究平台，实践协同创新。2010年10月，青海大学—清华大学三江源研究院成立，已经建成了青海大学—清华大学三江源高寒草地生态系统野外观测站。

（3）十年实现办学跨越式发展

师资队伍建设成效明显。获高级职称教师人数由 268 人增加到 1207 人，具有博士学位的教师由 2 名增加到 82 名，具有硕士学位的教师由 55 名增加到 638 名，具有硕士及以上学位的教师比例由 11% 提高到 61.06%。

教学基础条件不断改善。按照青海省人民政府 2006 年 6 月批准的《青海大学总体规划设计方案》，建成了一批教学实验用房，校舍总面积由 20 万平方米增加到 60 万平方米，占地面积由 540 亩增加到 2883 亩，总投资 59805 万元。教学改革不断深化。推行分级教学、订单式培养、夏季小学期及因材施教示范班等教育教学改革，学生第一志愿报考率由 50.8% 提高到 95%，毕业生一次性就业率由 52.7% 提高到 85%。

学科建设水平不断提高。建设省级精品课程、重点建设课程 55 门，省级重点学科 14 个；新增国家级重点学科 2 个、国家重点建设学科 5 个；本科专业由 24 个增加到 65 个，新增一级学科硕士点 10 个、一级学科博士点 1 个、一级学科博士点培育基地 2 个、二级学科博士点 5 个。

科研能力明显增强。十年来，承担各类科研项目 1085 项。其中国家自然科学基金，国家社会科学基金，国家“973”“863”项目等重大项目 114 项，获得了国家科技进步奖二等奖等一批重要成果。学校实验室建设不断加强，新建和扩建了一批教学实验室，实验室（中心）由 45 个增加到 63 个。仪器设备总值由 2600 万元增加到 1.04 亿元，实验室面积由 1.6 万平方米增加到 3.7 万平方米。中央及省政府投资实验室和仪器设备值达 8610 万元。

社会服务能力显著提高。青海大学在青海省的产业发展、成果转化、地区规划、抗震救灾等方面发挥了越来越重要的作用。十年来，青海大学培养了青海省工、农、医、管、经等行业近 60% 的专业技术人员，科技贡献率达到了 43.6%。

2. 清华大学—青海大学对口支援十年成功经验

（1）国家的政策支持

2004 年 11 月，教育部和青海省人民政府签署协议，共同重点建设青海大学。2009 年 2 月，时任国务委员刘延东在直属高校工作咨询委员会第十九次全体会议上强调：“青海大学在生态、三江源和盐湖化工上有所作为，建成世界一流。”教育部先后下发 4 个文件，确定了国内多所知名高校共同支援青海大学的新模式。

（2）省里的重点建设

近年来，青海省委主要领导每年都要到青海大学调研工作。2011 年，青海省委、省政府在财力十分有限的情况下，为青海大学安排化贷资金3.13亿元，占青海大学总贷款额的70%，这是青海大学建校以来省委、省政府对青海大学投入最多的一次。

（3）支援高校高度的政治责任感

支援高校始终将支援西部高校作为党和国家交办的重要政治任务和义不容辞的社会责任。例如，十年来，清华大学全校上下常抓不懈，无私地、全方位地、实实在在地完成各项支援任务。校级领导到青海大学、新疆大学访问80多人次，深入调研、推动工作。参加支援的干部和教师“自带干粮”，全力投入。

（4）全面支援下系统增强受援高校综合办学实力

为了提高课程质量，清华大学精心选派教授帮助指导青海大学量大面广的基础课程建设和教学实验室建设，10年建设课程114门。2006年开始，清华大学利用远程技术为青海大学开设20门人文素质课程，每年受益学生4000余人次。清华大学选派400余名专家为青海大学作学术报告和讲座，杨振宁教授等20名院士登上讲坛。为了提升学科建设水平，在对口支援的过程中，考虑到青海大学的学科特点，清华大学积极邀请有关院校加入对口支援工作。2006年、2007年、2010年，教育部先后批准西北农林科技大学、中国地质大学、华东理工大学增列为青海大学对口支援单位，优势互补，形成支援团队。为了增强科研服务能力，清华大学主动帮助、指导青海大学教师进行科研选题、申报、立项，利用地区特色，结合双方优势，开展科研合作，共建实验室。青海大学科研实力明显增强，承担国家重大项目114项，获得国家科技进步奖二等奖等一批重要成果，2010年还在《科学》（*Science*）上发表论文。为拓展国际合作交流，清华大学推动新西兰奥克兰大学与青海大学、清华大学共建三方学术合作机制，成为青海大学扩大国际影响力、提升办学实力的有效方式。

（5）长效工作机制提升受援高校自我发展能力

十年来，清华大学—青海大学对口支援通过阶段性目标和长期规划相结合，形成了年初有计划、年中有检查、年底有总结、5年有规划的模式，做到有计划、有检查、有总结，促进了对口支援工作任务的落实和持续发展。清华大学选派有经验、有能力、奉献实干的干部到受援高校工作，先后选派李建保、陈强、梁曦东3位教授担任青海大学校长，还有多位同志担任院系、机关、后勤干部；积极开展干部挂职培训，为受援高校干部指定联系人，安排他们深入教学、科研、管理一线，全面了解学校管理制度及运行机制；帮助青海大学建立教务管理系统、办公自动化系统等，不断提高学校管理的科学化水平。为了增强受援高校的“造血”功能，大力提升师资队伍水平，清华大学积极开展教师培训，为来自青海大学的教师和干部学员专门配备了清华导师，量身定做学习计划和实践环节，定期交流检查；积极接收青海大学教师到清华大学攻读硕士、博士学位。十年来，青海大学大部分现职专任教师都有在清华学习、工作的经历。

（6）抓住重点项目，促进受援高校形成优势和特色

计算机专业人才是青海大学、青海省乃至西部地区经济社会发展所急需的。针对这一重点需求，清华大学帮助青海大学从零开始创建计算机系，帮助培训和引进师资，援助大型计算机。2011 年，青海大学第一批计算机系本科生毕业，就业率达到 97%，有力地支援了地方经济建设。近年来，保护三江源、保护母亲河逐渐成为国家关注的重大问题，青海大学具有地理和学科优势。2010 年，清华大学与青海大学联合成立三江源研究院，服务地方经济社会发展，带动青海大学医学、生态、环境、管理等多个学科的建设。在其他兄弟高校的帮助下，青海大学在天然气水合物开发、柴达木盆地循环经济技术和盐湖资源开发等方面开展了研究，成立了研究机构。

（二）北京大学—石河子大学对口支援

1. 对口支援十年，石河子大学大发展

2001 年 6 月，教育部启动“对口支援西部地区高等学校计划”，确定北京大学对口支援石河子大学（简称“石大”）。对口支援计划实施十年，石大实现了大跨越、大发展、大变革。十年中，石大完成了三次历史性的跨越——实现了由教学型向教学研究型大学发展的重大转型，成为新疆生产建设兵团与教育部共建高校，跨入“211 工程”国家重点建设高校行列。

一是人才培养质量明显提升。石大顺利通过了 2004 年教育部本科教学工作水平评估，石大对疆外招生人数逐年上升，学生生源质量和培养质量呈良好发展态势；区外学生留疆率连续多年超过 50%，已有 5283 名内地生源毕业生扎根在西部，本科毕业生一次就业率连年保持在 90% 以上，位居新疆高校前列。

二是师资结构得到根本改善。拥有博士学位的教师已由 2004 年的 40 人增加到 237 人，其中北京大学培养 56 名，教师流失率也从 2000 年的 10% 降低到 2007 年的不到 1%，为石大的长远发展奠定了坚实的基础。石大形成了“周周有讲座，月月有名师”的浓厚学术氛围。通过北京大学“文化西援工程”，北京大学共计选派

100余名北京大学教授、学者奔赴石大讲学支教，开展讲座300余场，讲课1000余学时，听讲师生超过4万人次。

三是科学研究和社会服务能力不断增强，科技创新水平不断提升。石大博士学位授权点实现零的突破，拥有5个一级学科博士点、涵盖22个二级学科博士点，二级学科硕士点从20个增至117个，本科专业从43个增至76个，博士后科研工作站、博士后科研流动站、MBA专业学位授权点实现零的突破，拥有1个国家级重点学科，1个国家级重点培育学科，办学层次显著提高。石大承担国家重大基础研究前期专项、国家攻关计划项目、国家“863”“973”计划项目、国家重大支撑计划项目、国家自然科学基金项目等国家级科研项目143项，省部级项目384项，科研经费从2001年的600余万元增至2011年的1.6亿元。2006年，石大率先在西北地区高校实现国家社科基金重大招标项目零的突破，2011年国家社科基金项目数名列新疆高校第一。

四是名校带动、多边合作、开放办学。石大与国内25所高校签订合作协议，与国外23所大学和科研机构建立了多层次、宽领域的交流合作关系，国际合作项目达19项。2010年，学校在哈萨克斯坦卡拉干达国立技术大学建立孔子学院，标志着学校辐射中亚的能力明显增强，社会声誉得到显著提升。

2. 北京大学—石河子大学对口支援成功经验

（1）重视顶层设计，建立良性机制

科学的工作机制是对口支援工作顺利、有效开展的前提。从对口支援工作启动初始，北京大学与石大就积极探索从宏观上明确工作思路及整体框架，保障支援工作规范有序地推进。一是把对口支援工作写入规划，纳入年度计划，双方根据协议落实对口支援任务。二是建立领导组织机构，划拨专项经费。三是建立领导互访机制和工作例会制度。2001年，北京大学与石大签署《北京大学对口支援石河子大学暨全方位合作协议书》及《北京大学对口支援石河子大学暨全方位合作实施计划》；2004年，北京大学与新疆生产建设兵团签署《关于建立“北京大学新疆研究生培养基地”的备忘录》；2006年和2011年，两校分别签署“十一五”和“十二五”北京大学对口支援石河子大学的全面合作协议。这些都为对口支援工作的顺利开展提供了根本的指导思路。

北京大学同时将对口支援工作纳入创建世界一流大学的整体规划，成立了由主要校领导任组长、16个职能部门主要负责人为成员的对口支援工作领导小组，下设专门办公室，负责协调日常工作。北京大学将对口支援工作列入学校战略研讨会和党政联席会内容，相关职能部门和院系将对口支援工作纳入各自的工作日程。两校还通过年度联席会议、高层定期互访等形式，由两校领导及相关职能部门的负责同志总结当年对口支援工作开展情况，归纳有效的做法，探讨存在的问题，并提出具体指导意见。每年的会议纪要都作为两校正式文件下发至相关部门和院系，使对口支援工作在基层得到有效贯彻。

北京大学设立支援石大专项资金，每年拨出 20 万元作为对口支援工作的专项经费；设立“对口支援工作贡献奖”，对表现优秀、成绩突出的人员予以表彰奖励；设立“对口支援补贴”，对赴石大工作的人员给予一定的生活补贴。稳定的“人财物”支援保障体系，为对口支援工作提供了良好的工作环境和条件，有力地推动了工作持续、健康地发展。

此外，北京大学通过派出经验丰富的教师和管理干部赴石大挂职，推动石大教育与管理理念、制度建设，保障推动对口支援任务的人才队伍建设。十年中，北京大学先后选派 4 位干部任石大副校长，任期分别为 3 年；相继派出 12 名挂职干部担任石大相关学院和部门负责人，推动所在单位工作的开展。同时，石大先后派出近 20 名干部到北京大学挂职锻炼，42 名干部参加北京大学举办的干部培训班。这些挂职干部在不同岗位上开阔了眼界，提高了本领，并在回校后将所闻所学用于实践，实现了教育和管理水平的显著提高。

（2）立足人才培养，强化师资队伍

十年中，北京大学先后选派 100 余名教师到石大支教。石大给每位支教老师配备了 1—2 名助教，使青年教师抓住机会寻求名师指点。北京大学于 2004 年 7 月在石大建立“北京大学研究生培养基地”，为石大、新疆大学等新疆高校培养博士研究生。为保障培养质量，北京大学研究生院负责人每年都会专程赴基地调研评估当年运作情况，指导工作顺利开展，切实发挥基地作为师资培养摇篮的作用。十年中，石大有 56 名教师考取北京大学博士。以教育部、财政部实施“质量工程”为契机，北京大学与石大不断扩大选派教师进修、访学的工作规模。十年中，北京大学共接受石大 224 名教师进修、访学，为每位进修教师给予减免 50% 费用的优惠政策。这些教师在进修、访学期间积极融入北京大学教学、科研环境，认真汲取专业知识，有力地提高了自身的业务水平，回校后逐步成为石大学科骨干和中坚力量。

2001—2011 年，石大还选送了 91 名优秀本科生及 30 名硕士研究生先后赴北京大学插班学习。此外，石大接收北京大学港澳台学生赴新疆学习实践活动，两校学生联合举办文艺演出、演讲比赛、画展等。形式多样的学生交流活动增进了两校学生的友谊，也开辟了人才培养的第二课堂。

（3）加强学科建设，提升教育与科研能力

北京大学帮助石大积极加强基础好、有潜力的重点学科建设，发展独具特色的优势学科群，以重点学科的发展带动学科的全面建设。经过两校共同努力，石大实现了博士点、博士后流动站、博士后工作站、MBA学位点零的突破。2006年至2007年，在北京大学的支持下，石大成功申报校办产业管理办公室博士后科研工作站，成立了MBA中心和经济研究院并于2007年夏开始招生，由北京大学光华管理学院教师担纲MBA中心开设的多门核心课程的主讲教师。此后，石大作物栽培学和农林经济管理两个学科也成功获批设立博士后科研流动站。这些历史性的突破，对于石大加快培养具有自主创新能力的高素质人才队伍具有重要意义。此外，在北京大学的帮助下，石大于2005年获批教育部省部共建“新疆特种植物药资源重点实验室”。北京大学与石大共建新疆屯垦与文化研究院（前身为西域民族文化研究院），曾由季羡林先生担任名誉院长。目前，该研究院正在积极申报教育部文科基地。另外，在北京大学外国语学院的帮助下，石大建立了中亚信息研究中心，出版了《中亚研究》。

北京大学认真选择合适学科专业，通过联合申请科研项目建设创新团队等方式，使石大逐渐培养起独立申请重大科研项目的能力。北京大学与石大开展了实质性的科技合作，联合申报国家自然科学基金、重大基础研究前期专项、科技部科技支撑计划、“863”计划及兵团重大科技攻关计划等十余项。在北京大学的协助下，石大独立申请立项包括国家“973”预研项目、国家自然科学基金项目、国家“十一五”科技支撑计划专项等近50项。在此基础上，石大科研经费大幅增长，由2002年的682万元增加到2009年的8160万元，国家社科基金立项连续两年居新疆高校前列，立项数目名列国内高校40强；2006年和2007年连续中标国家社科基金重大项目，成为西北地区第一个成功中标国家社会科学基金重大项目的高校。

（4）学术资源与文化氛围建设

共享优质教育资源。北京大学自2004年底起面向石大开通网络选修课程，目前已通过远程教育平台陆续提供了45门精品课程，林毅夫、朱孝远、岳庆平、朱青生等名师课程均包含其中，已使6256名石大学生受益。此外，两校联合申报并获批立项的“质量工程”对口支援工作数字化教师建设项目也已完成，成为网络课程传输的又一技术助力。此外，北京大学还在图书资料、计算机设备、实验设备等方面给予石大物资捐赠、信息共享、专业人员培训等方面的大力援助。例如，十年中，北京大学共向石大捐赠图书24459册，捐赠200台电脑建立“第五微机实验室”

和 MBA 教育中心实验室；捐赠价值 30 万元的化学实验设备；北京大学资源集团向石大捐赠 40 台 NC 机和 4 台服务器；由北京大学牵线，美国明导公司向石大捐赠了价值 1 亿元的计算机软件。

繁荣校园学术文化。十年中，石大与北京大学联合举办了一系列校园学术交流活动，先后举办“文化西援工程”“名校名师讲坛”“西域法学高峰论坛”“西部教师教育论坛”等学术论坛及讲座，邀请百余位专家、教授讲学 400 场，讲课 1000 余学时，听讲师生达 4 万多人次。这对于石大形成“周周有讲座，月月有名师”的浓厚学术氛围发挥了积极作用。

发掘先进典型，弘扬师德师风。对口支援工作启动以来，北京大学先后派出大批教师前往石大进行支教服务。其中最突出的是北京大学中文系孟二冬教授。孟教授主动到石大支教，对学生成长高度负责，对学术事业不懈追求，以坚强的意志忍受病痛，以优良的师德激励人心，在两校乃至全国都引起了强烈反响。胡锦涛给予孟二冬教授“为人师表，品德高尚”的极高评价。教育部组织全国教育系统开展向孟二冬教授学习的活动，北京市教育战线 5000 多人听取了孟二冬同志先进事迹的报告。孟二冬教授树立了新时期师德师风的光辉典范。

（5）扩大对外交往，共享国际资源

北京大学充分利用自身的资源，努力帮助石大融入世界高等教育发展中，开阔视野，学习先进的办学理念和经验。在北京大学的协助下，石大已同日本大学、日本岩手大学、韩国忠南大学、澳大利亚拉筹伯大学、新西兰梅西大学、欧亚太平洋地区大学合作中心等多所国外高校签订合作协议。例如， 2007 年新西兰外交部部长温斯顿一行赴石大就联合进行分子遗传与绵羊育种、免疫遗传与抗病育种等领域研究，以及建立石大绵羊育种研究中心和绵羊育种基地等事宜进行商谈。该科研计划目前已经得到国家“973”专项科技经费的大力支持。

近年来，石大接待国外院校访问团近 96 批次，签订合作意向近 300 项，聘请短期国外专家近 400 人，接收外国留学生 200 余名，派出 63 批 130 名教师、学生和管理人员出国（出境）交流学习，开展项目合作达 19 项。石大还举办了多个重要国际会议和国际培训班，如“西域法学高峰论坛”“国内亚洲研究中心主任联席会议”“日本大学—北京大学—石河子大学联合学术研讨会”“国际计算物理、量子化学和分子生物学交叉学科研讨会暨中日交叉学科研讨会”等。

综上所述，依靠对口支援政策，在石河子大学与北京大学及其他支援高校共同努力下，石河子大学实现了历史性的跨越，成为教学研究型大学，成为新疆生产建设兵团与教育部共建高校，以及“211 工程”国家重点建设高校。实践证明，对口支援成为石河子大学跨越式发展不可或缺的重要力量。

（三）浙江大学—贵州大学对口支援

1. 对口支援十年，贵州大学大发展

2001 年教育部组织实施“对口支援西部地区高等学校计划”，浙江大学作为第一批支援高校对口支援贵州大学。实施对口支援以来，两校充分发挥各自优势，坚持“思想到位、组织到位、政策到位、经费到位”，全方位、多层次开展对口支援，使得贵州大学实现了办学规模、质量、结构、效益协调发展，在贵州省高等教育领域发挥了引领和示范作用。2004 年 12 月，教育部与贵州省人民政府签署共建贵州大学协议。2005 年 9 月，贵州大学被教育部批准为国家“211 工程”重点建设大学，成为对口支援工作以来西部地区受援高校中第一所进入“211 工程”建设规划的高校。通过十年努力，贵州大学还实现了工程院院士、重点学科、博士后流动站、教育部重点实验室、“973”项目、国家精品课程、国家级双语教学课程、国家级教学团队、“大学生创新性实验计划项目学校”等诸多领域零的突破。

2. 浙江大学—贵州大学对口支援成功经验

（1）加强领导组织，完善工作机制

两校领导层对对口支援工作高度重视，形成了密切的交流与合作。值得一提的是，对于浙江大学与贵州大学工作的顺利开展，陈叔平教授功不可没。2002 年 2 月，浙江大学派遣时任浙江大学理学院常务副院长的陈叔平教授赴贵州大学担任校长。陈校长在贵州大学扎根近十年，是对口支援工作中支援高校派往受援高校任职时间最长的一位校长。用陈叔平自己的话说，“我是浙江大学与贵州大学、浙江与贵州之间的使者，我要为两省、两校的交流与合作架起一座桥梁”①。

2001—2011 年，浙江大学与贵州大学两校领导互访达 120 人次之多，两校签订各项合作协议 19 份。为推进对口支援各项工作，两校分别成立了“对口支援合作领导小组”，基本形成了“主管领导主管、分管领导主抓、日常运行对口支援工作的专门机构统筹、各项职能部门配合”的工作机制。每年年初两校相关职能部门通过充分酝酿协商后制订出当年的年度工作计划，之后两校领导小组定期召开工作例会，研究、落实和检查根据两校对口支援计划及年度计划所部署的各项工作，并

① 本课题组 2007 年在贵州大学对陈叔平教授的采访。

形成会议纪要。

2009 年，双方在学校对口支援工作领导小组下面，围绕教育部“四个显著提升”成立了“4 + 1”工作小组和七个学科组。即分别由双方人事处、本科生院（教务处）、科研院（科技处）、组织部和相关学院牵头的师资水平提升、人才培养质量提升、科技服务能力提升、管理水平提升四个专门工作小组和相关学科组。另外，成立了对口支援工作机制创新小组，由校对外合作委员会办公室牵头，加强对口支援工作的实践探索、联络协调和督促检查。在实践中建立包括校际与校内的联动机制、考核机制和简报制度工作动态汇报制度、督办制度。2010 年，校对外合作委员会办公室作为对口支援工作的统筹部门，通过总结前几年对口支援工作的经验，对目标责任进行分解，制订了《贵州大学—浙江大学对口支援“三年行动计划及 2010 年工作任务”目标责任分解表》，紧扣“四个显著提升”要求，任务分解、目标到人，使各职能部门增强了主动性和紧迫性。

（2）设立专项资金，保障可持续发展

为确保对口支援的顺利开展，两校分别设立了专项资金支持对口支援工作。从 2001 年起，浙江大学每年从校本级财务拨出专项经费，列入年度预算，用于对口支援工作。2010 年，浙江大学专门设立“对口支援西部高校专项经费”，每年从“985 工程”或“211 工程”建设经费中安排 100 万元，主要用于对口支援西部高校工作的组织与实施。为了支持并推动工作重心下移，学校将主要经费下拨到相关学科与部门，有力推动了对口支援向纵深发展。

（3）坚持授之以渔，以队伍建设为关键

针对贵州大学合并组建后面临的新挑战，2003 年以来，浙江大学多位校领导到贵州大学介绍浙江大学四校合并的经验以及教育教学改革创新的探索。2001—2011 年，浙江大学共派出了 21 位骨干教师赴贵州大学授课，圆满完成教学任务。浙江大学专家教授和部门负责人先后到贵州大学举办了 90 多次学术报告、专题讲座、师资培训、示范教学和经验交流座谈会，共承担了 18 次重点课程讲授。同时，双方确定浙江大学优先录取贵州大学 36 名教师在职攻读博士学位，接收符合教育部规定的应届优秀本科毕业生免试攻读硕士研究生 43 名，访问学者 8 名。为了提升本科教学水平，双方启动了名师培育和教学团队培养计划，由浙江大学国家级教学名师担任指导老师，指导贵州大学选送的优秀教师。2010 年上半年，贵州大学机械工程系列课程教学团队在浙江大学指导与帮助下被评为国家级教学团队。浙江大学还指导贵州大学建设了高等数学教学团队。

在“教育部质量工程项目”的支持下，2007年以来，贵州大学先后推荐了93名相关专业的中青年教师和24名管理干部到浙江大学进修学习和挂职锻炼。通过学习，进修的教师和干部开阔了视野，增长了才干，返校后多数同志成为教学、科研和管理岗位的骨干力量。2010年，双方将“质量工程项目”与两校对口支援三年行动计划中的“百门课程建设”结合起来，作为贵州大学重点建设的500门课程的组成部分给予支持。

（4）大力拓展资源，联合培养人才

2009年5月，浙江大学与贵州大学启动实施了“1＋3”联合培养本科生项目，进入联合培养系列的贵州大学学生可在浙江大学交换学习一年。为此，两校探索建立了双班主任制，利用贵州大学进修教师资源建立了导师制，探索形成从选拔到后续跟踪培养的一整套机制，目前已培养了两批共60名学生。贵州大学聘请浙江大学相关学科知名教授作为学科带头人，帮助其组建高水平学科创新团队，带动其相关学科的发展。同时，浙江大学邀请贵州大学兼职博导在浙江大学招收博士生，联合为贵州大学定向培养急需发展学科的高学历人才。

浙江大学积极帮助贵州大学在内的西部各受援高校建设现代远程教育/网络教育平台，共享精品课件等优质教学资源。目前已开通数字理论与设计等19门课程。浙江大学教师在教学大纲、教案、课件及课堂教学等多方面为贵州大学师生提供了帮助。双方制订了“百门课程建设计划”，通过课程建设提升本科教学水平。浙江大学积极推动与贵州大学共享国内外著名大学图书馆收藏的全文文献资源以及上百万册数字图书馆资源。与此同时，浙江大学积极牵线搭桥，促成香港特区实业家卢沃棠先生与香港特区海鸥助学团向贵州大学捐赠260万元港币，资助贵州大学400余名贫困学生。

（5）加强学科与实验室建设

在贵州大学“211工程”申报和建设过程中，浙江大学在“211工程”项目可行性研究报告和子项目论证报告、学科建设和师资队伍规划草案等编制工作和学科发展规划评估等方面对贵州大学提供了重要支持和指导。2005年，贵州大学顺利进入“211工程”大学行列，进一步提升综合办学实力。

在重点学科与实验室建设过程中，贵州大学主动依托对口支援实现了实质性提高。2004年初，贵州大学根据重点学科实验室建设规划，请求浙江大学初步遴选了微电子学与固体电子学、计算机软件与理论、扶贫研究中心、农业生物工程、作物遗传育种、农业昆虫与害虫防治6个实验室作为双方重点合作建设的实验室。

2010 年，结合贵州产业发展需求和两校学科特点，两校共同遴选了昆虫学（动物学）、计算机软件与理论、生物学、电子科学与技术、机械工程、民族学、农业经济管理 7 个学科作为未来三年对口支援重点学科。此外，两校通过开展院系与学科间的对口支援，逐步形成了师资队伍尤其是学科带头人培育的长效机制，同时还建立了两校学术骨干结对培养机制。

（6）建设大项目、大平台：联合科研提升社会服务能力

通过对口支援中的联合科研项目，两校联合参与建设贵州省目前仅有的两个国家级工程技术研究中心——国家复合改性聚合物材料工程技术研究中心和国家精密微特电机工程技术研究中心。对于贵州大学和贵州省，这都是零的突破。围绕贵州省农牧类支柱性产业，两校还联合承担了一系列产学研项目，已经取得了客观的经济和社会效益。例如，两校共同承担的国家科技部中国西南喀斯特山区高效生产优质牛奶、牛肉配套技术研究及产业化项目直接带动 32 万农民脱贫致富。针对贵州省“十一五”和“十二五”重点产业发展的重大关键技术问题，两校围绕“一条鱼、一片叶（茶叶）、一头牛”申请了一系列国家、地区和校级科研项目。2010 年，在教育部支持下，浙江大学、贵州大学与新西兰林肯大学建立了“三兄弟合作”关系，三方共同开展“云贵高原奶牛健康养殖与牛奶安全技术研究与集成示范”项目合作，为振兴贵州省奶业的发展开展全新探索。

两校还共同参与贵州新农村建设项目。2006 年 5 月，浙江大学、贵州大学、湄潭县三方协议联合建设社会主义新农村建设试验示范点。2007 年，两校在湄潭县共同实施了联合国农业文化遗产——稻田养鱼西部推广项目，推进“东鱼西游”工程的试点。项目实施以来，累计在湄潭县推广示范 3.5 万亩，每亩为农民增收 1500 元左右。该项目的引进既推动了湄潭农业的发展，也为当地农民提供了一条致富之路。2010 年，为了加强可持续发展，两校联合成立了湄潭县新农村建设研究院。

此外，2010 年，两校与贵州省科技厅、贵阳市人民政府、贵阳小河区人民政府联手组建了“贵州省产品创新设计与制造中心”，并依托产品创新中心开展“贵州少数民族文化传承与保护数据库及体验馆建设”项目合作研究；两校的机械院系与贵阳市小河国家级经济技术开发区共同参与筹划建立了“贵阳军民结合（装备制造）产业技术创新战略联盟”。

综上所述，对口支援不仅为贵州大学带来了巨大的发展机遇，也给浙江大学的发展注入了新的活力，拓展了发展空间。对口支援切实推动了两校的共同发展、互

利共赢，特别是双方之间的科研合作带动高校与区域产学研紧密结合、共同发展。浙江大学—贵州大学对口支援成功经验主要有如下五点：①教育部和贵州省领导的高度重视和领导是对口支援工作成功开展的重要保证。②浙江大学与贵州大学两校领导携手合作、密切互动是做好对口支援工作的强大动力。③重心下移，构建完善的工作体系是做好对口支援工作的坚实基础。④突出重点，着力提高教育教学水平是对口支援取得实效的重要举措。⑤加强科研合作，服务区域经济社会发展是强化对口支援特色的有效途径。

（四）上海交通大学—宁夏大学对口支援

对口支援工作开展十年来，上海交通大学对宁夏大学的建设发展起到了整体带动与直接推动的重大作用。宁夏大学以对口支援为契机，实现了学校跨越式发展。

1. 对口支援十年，宁夏大学大发展

2001 年，上海交通大学对口支援宁夏高校之初，宁夏大学刚刚经历了 1997 年合校工作，2002 年又进行了第二次合校，亟待解决诸如理念滞后、投入不足、人才流失、资金短缺、设施陈旧、效率不高等方面的问题，急需获得发展动力与政策支持。对口支援为宁夏大学发展提供了强大的推动力，帮助宁夏大学缓解了积累不足与结构优化的双重压力。

从合并办学的实际出发，两校同心协力，精心设计援助与合作项目，开展形式多样的中层干部和骨干教师交流学习培训活动，加强两校业务部门的交流合作，使宁夏大学顺利完成了内设机构调整、干部竞聘上岗等重大任务，并于 2006 年基本完成了学院实体化改革。在此基础上，宁夏大学在学科专业调整、资源整合方面取得重大进展，初步显现了多学科交叉、文理工交融的综合优势和教育种类齐全的办学格局。通过上海交通大学的对口支援，“宁夏大学在较短时间内实现了思想大统一、管理体制大统一、财务大统一、学校规划大统一，促进了实质性深度融合，全校人心思进、人心思和，学校以合并办学为契机，树立了以学生为中心，以学术为主导的管理理念，完善了规范、高效的管理体制，营造了宽松和谐、竞争向上的学术氛围，确立了适应时代发展的办学思想”①。

宁夏大学以教育部实施对口支援西部高校计划为契机，在上海交通大学和其他合作院校的大力支持下，坚持“能一步走不走两步”“跳起来摘苹果”，不断加快

① 上海交通大学对口支援宁夏大学全面推进资源整合 [N]. 中国教育报 , 2004-03-22.

发展步伐，取得了一系列突破性成果，这些成果也成为自治区高等教育发展的标志性成果。

一是师资队伍建设成效明显。2001 年至 2011 年 8 月，宁夏大学专任教师总数由 992 人增加到 1469 人，副高以上专任教师比例由 38.3% 提升到 50.6%，硕士学位以上教师比例由 22.8% 提升到 79.4%。在高层次人才培养方面，2011 年，宁夏大学柔性引进院士 16 人，建成了能源化工、设施农业、生物技术、生态恢复、土建与水利工程 5 个自治区院士工作站，以及民族学、水利工程 2 个博士后科研流动站。同年，宁夏大学教师 4 人入选自治区“百人计划”，30 人入选自治区“新世纪 313 人才工程”，17 人获得国务院政府特殊津贴，2 人获得教育部国家级教学名师称号，由此使宁夏大学高层次人才数量占到自治区高层次人才总量的 60% 以上。

二是人才培养水平得到提高。对口支援十年来，宁夏大学不断强化人才培养的中心地位，形成了较为全面的人才培养体系，人才培养的层次结构得到完善，人才培养质量稳步提高。从 2001 年到 2010 年，宁夏大学全日制在校生规模由 9853 人增加到 21968 人，翻了一番有余。其中少数民族预科生由 311 人增加到 3177 人，硕士研究生由 186 人增加到 2672 人，外国留学生由 14 人增加到 306 人，增幅在 10 倍到 20 倍之间。宁夏大学承担着宁夏回族自治区 70% 以上本科生、80% 以上硕士研究生的培养任务；同时也承担了全国 65 所高校、西部地区 39 个少数民族的民族预科生培养任务，在校生中少数民族学生占到 37.4%。

三是学科建设取得突破。实施对口支援计划以来，上海交通大学始终把“学科援宁”放在首要地位，帮助宁夏大学实现多个零的突破，进入省部共建、“211 工程”，并建设了一批重点实验室、特色优势学科。在上海交通大学的大力支持下，2001 年至 2006 年，宁夏大学建起 1 个一级学科硕士点、1 个国家级科技创新平台。截至 2010 年，宁夏大学已建起 5 个一级学科博士点、2 个国家重点学科和 8 个“211 工程”重点学科，一级学科硕士点增加到 26 个，国家级科技创新平台增加到 4 个，部委级科技创新平台增加到 5 个。2001 年到 2010 年，宁夏大学年度科研经费由 300 余万元增加到 5500 余万元，年度国家自然科学基金项目由 4 项增加到 58 项，年度国家社会科学基金项目由 5 项增加到 13 项。“十一五”期间，围绕学科发展和自治区经济社会发展需求，宁夏大学承担各级各类项目 1000 余项，科研经费总量突破 1.5 亿元。这些重点学科的建设发展使宁夏大学增强了科研创新能力，提高了服务社会水平，为宁夏大学完成“211 工程”三期建设任务，实现学校由教学型大学向教学—研究型大学的战略转型奠定了坚实基础。

四是国际化水平快速提升。在上海交通大学的支持下，宁夏大学先后与美国、日本、挪威、英国等 14 个国家的 20 余所高等院校和有关组织开展了广泛交流，与 18 所大学建立合作交流关系。在上海交通大学的帮助指导下，宁夏大学拓展了教师出国研修、重点实验室国际学术交流、大学生国际交流等诸多项目。宁夏大学在“中国政府奖学金来华留学生项目”“青年骨干教师出国研修项目”“国家建设高水平大学公派研究生项目”“中新澳 1 + 1 + 1 项目”等方面实现了突破。2006 年，宁夏大学成立了国际教育学院，积极扩大留学生教育，使 2010 年的在校留学生规模达到 300 人以上。2010 年，宁夏大学与俄罗斯科学院东方文献研究所建立西夏学文献资料的保护、开发和研究工作的对口合作协议，还与上海交通大学、新西兰梅西大学签署了三方合作交流协议。2011 年，宁夏大学主动适应自治区建设“内陆开放型经济”战略部署，服务自治区对外开放战略，在阿联酋迪拜大学建立孔子学院，为宁夏与阿拉伯国家开展教育文化交流搭建了新的平台。

2. 上海交通大学—宁夏大学对口支援成功经验

（1）高度重视，珍惜机遇，强化责任，讲求实效

自 2001 年对口支援工作启动之初，两校领导就充分认识到，对口支援工作是一项具有全局和长远意义的战略举措。上海交通大学将对口支援宁夏大学作为参与西部大开发的一项重要任务来做，把支援的着力点放在解决宁夏大学建设和发展的关键问题和主要困难上。当时正值宁夏大学合校后发展的关键时期，学校紧紧抓住这次难得的机遇，主动贴近，寻求支援，谋求发展。

两校秉着“以办实事为主”的工作原则，在两校签订的框架协议的基础上，先后签订了 3 个部门分协议、33 个具体实施备忘录，每个分协议和备忘录都包括一件或几件具体实事。两校对口支援工作由分管校领导负责，明确职能部门的责任。双方每年都要召开一次由两校主要领导主持的联席会议，通报情况，总结成绩，检查落实情况，签署备忘录，确定第二年的合作项目。备忘录明确和细化了项目的具体内容、时间、要求和责任人等，确定了保障项目落实的各项措施。

上海交通大学和宁夏大学两校定期系统收集对口支援工作数据和资料，每年都对对口支援工作的成效和经验进行总结研究。2011 年 9 月，两校在宁夏大学召开了两校对口支援 10 周年庆典大会和中国、新西兰三校合作协议签订仪式，并在大会上表彰了上海交通大学和宁夏大学对口支援 10 周年先进集体和先进个人。这些表彰和宣传受到了教育部、宁夏回族自治区政府以及两校领导的高度重视和大力支持，同时也吸引了中央和地方媒体的全方位报道，从而宣传了高校对口支援的意义

和经验，弘扬了教育对口支援精神。

（2）“以宁夏为己任”，“软投入”见大成效

宁夏大学地处西北内陆老少边穷地区，长期以来建设发展受到诸多因素的制约，投入不足，观念陈旧，发展滞后。实施对口支援以来，两校始终把提升宁夏大学办学理念与发展规划能力作为实现对口支援工作的重大任务。上海交通大学提出“宁夏大学是交大在宁夏的校区，上海交通大学是宁夏大学在上海的校区”的对口支援原则，还提出了“规划是龙头”“跳出宁夏大学看宁夏大学，站在全国看宁夏大学”等办学理念；作为受援高校，宁夏大学坚持抓住机遇，主动“贴”近，不求所有、但求所用，勤于沟通，投入感情，充分激发和调动双方合作交流的积极性和主动性，避免形成单向支援或单向受援的不利局面。从对口支援开始，宁夏大学就积极寻找上海交通大学有能力支援、宁夏大学又急需的特色项目，然后与上海交通大学达成共识，“抓住不放”，协商制定行之有效的实施方案并认真贯彻落实。

两校都认为，对口支援不是单向的支援，而是以实现双赢为目的的对口交流和对口合作。尽管支援高校对受援学校在物质上的支援是有限的，但更重要的是使受援学校在办学理念、意识观念等“软投入”方面受到启发，凝练出符合受援学校实际的发展思路。通过学习考察、挂职培训、师资交流、学生访学等多种途径，宁夏大学学习和借鉴上海交通大学先进的办学理念、成功经验和良好的学风校风，使自身在办学理念、指导思想、意识观念等方面都发生了根本性的变化，探索出了适合自身创新发展的良好运行机制。

两校认为，办学理念创新的集中体现是明确目标和方向，制定和实施科学的院校发展规划。在上海交通大学的帮助和指导下，宁夏大学 2006 年制定实施了《宁夏大学发展战略规划（2006—2015 年）》和《宁夏大学“十一五”发展规划》；2008 年制定并实施了《贯彻落实温总理重要指示及国务院〈关于进一步促进宁夏经济社会发展的若干意见〉十大项目实施方案（2008—2012）》，2009 年制定实施了《宁夏大学“211 工程”三期建设项目实施方案》，2010 年进行了一级学科博士点、硕士点和国家级重点学科申报工作，并取得了重大突破。通过这些规划的制定和实施，宁夏大学在治学理念、办学定位、学科规划创新等方面不断进步。在《宁夏大学“十二五”发展规划》中，宁夏大学明确提出了“以学科建设为统领，以体制机制创新为动力，推进人才培养、科学研究、社会服务协调发展、可持续发展，把宁夏大学建设成为区域特色鲜明、服务地方能力较强的高水平教学—研究型大学”发展目标，并提出了“学科统领”“人才强校”“质量提高”“科研创新”“社会

服务”和“开放办学”六大发展战略。

（3）整合资源，大力拓展合作渠道

在对口支援工作的启发和引导下，宁夏大学先后提出了“跳出宁夏大学看宁夏大学，站在全国看宁夏大学，面向世界看宁夏大学”“借助外力促发展”等一系列跨越式发展的理念和思路，积极探索对外合作交流的新模式。2001 年以来，宁夏大学坚持扩大交流与重点合作相结合，先后与山东大学、华中科技大学、西北农林科技大学、南京师范大学、南昌大学、吉林大学、上海师范大学、福州大学八所国内高校在文科、工科、农科、师范类等不同学科领域开展了一系列有效合作和交流，形成了“一对九”的对外合作交流模式。并与宁夏师范学院、银川能源学院结成对口协作关系，形成了“一对九”“一加二”式全新的校际合作交流格局。为增强服务地方能力，宁夏大学还与宁夏五市和十大龙头企业、百余家中小企业建立了项目服务、协作关系。

在国际交流方面，宁夏大学以开展实质合作为主，有针对性地选定了日本岛根大学、挪威红十字会北欧世界联合学院、英国南安普顿桑兰德大学、法国蒙比里埃国际高等农业大学和美国俄亥俄州立大学、美国科罗拉多州立大学、韩国丽水大学等高校为重点合作伙伴，在科研合作、师资培训、人才培养等领域开展了实质性合作。2011 年，宁夏大学与阿联酋迪拜大学联合建立了海湾地区第一所孔子学院，形成了开放办学新格局。

（五）同济大学—井冈山大学对口支援

2005 年，同济大学与井冈山大学签订对口支援协议，两校分别成立了以校长为组长、各相关部门主要负责人为成员的对口支援工作领导小组，负责对口支援工作的组织领导、部署和协调落实。两校也分别建立工作例会制度与领导互访机制。同济大学在校长办公室设立对口支援科，专门负责有关工作，并设立“对口支援中西部院校专项经费”，列入年度预算，确保对口支援工作顺利开展。六年来，井冈山大学综合办学实力显著增强，办学条件明显改善，社会声誉不断提升，服务地方经济社会发展的能力大为增强，对口支援工作取得显著成效。同济大学—井冈山大学对口支援的主要成功经验是学校高度重视、领导有方、组织健全、目标明确、重点突出、合作密切、经费保障、深入基层。

1. 对口支援六年，井冈山大学大发展

历史性跨越。2007 年 10 月，井冈山学院顺利实现了更名为井冈山大学、省部共同重点支持签约和管理体制上划省管三大目标，对口支援推动井冈山大学迈上新的历史起点。

办学基本条件明显改善。2005 年，井冈山大学校舍建筑面积 47 万平方米，教学仪器设备总值 5534 万元，图书馆藏书 96 万余册；2011 年，校舍建筑面积 58 万平方米，教学仪器设备总值 1.3 亿多元，图书馆藏书 150 余万册。

师资队伍建设成效显著。2005 年，井冈山大学具有博士学位教师 28 人、硕士学位教师 189 人、教授 52 人、副教授 227 人。截至 2011 年 9 月，学校具有博士学位教师 128 人（另有在读博士研究生 68 人）、硕士学位教师 481 人，教授 128 人、副教授 307 人；有 1 人享受国务院特殊津贴，1 人享受省政府特殊津贴，1 人当选教育部科学技术委员会管理学部委员，1 人入选“国家新世纪百千万人才工程”，2 人入选“教育部新世纪优秀人才计划”，13 人入选“江西省新世纪百千万人才工程”；有省高校中青年学科带头人 9 人、中青年骨干教师 41 人。

学科专业建设成绩斐然。在同济大学的支持下，井冈山大学学科专业结构得到优化。现有江西省“十二五”高水平学科 1 个，省重点一级学科 1 个、二级学科 3 个，省高校人文社科重点研究基地 2 个，省重点实验室 2 个，省教育厅重点实验室 1 个；有 4 个国家级特色专业、7 个省级特色专业。其中生物科学专业依托两校共同建立的“井冈山环境研究中心”成为国家特色专业；音乐学依托音乐舞蹈史诗《井冈山》获评国家特色专业。

人才培养质量稳步提高。井冈山大学大力推进质量工程建设，凝练人才培养特色，本科教育质量和学生创新能力大幅提升。2005 年，本科毕业生初次就业率为 83.06%，专科为 68.39%，本专科综合就业率为 75.73%；至 2011 年，本科毕业生初次就业率为 87.62%，专科为 91.30%，本专科综合就业率为 89.46%，超过全省综合就业率 3.2 个百分点。应届本科毕业生考取硕士研究生的比例逐年上升，至 2011 年，学校共有 836 名学生考上了硕士研究生。学生创新能力得到提升，在“挑战杯”大学生课外学术科技作品大赛、数学建模竞赛、机械创新设计大赛等全国性比赛中连年取得优异成绩，并实现了大学生科技创新的新突破。此外，两校联合培养本科生工作顺利开展，进一步提升了井冈山大学的本科教学和人才培养质量。

科研水平和社会服务能力显著提升。2005 年，井冈山大学仅有 3 项国家级科研项目，30 项省级科研项目。通过对口支援工作，学校科研水平和社会服务能力显著提升。截至 2011 年 9 月，学校共获省部级以上科研项目 510 余项，其中国家自然科学基金项目 37 项，国家社会科学基金项目 9 项，国家科技重大专项子课题

1 项；获省部级科研奖励 35 项。学校积极策应江西鄱阳湖生态经济区建设，主动融入地方经济建设和社会发展，积极开展科技咨询、推广、开发与创新，为地方政府决策和人才培训服务。如：学校参与江西省“十二五”规划的编制工作；为吉安市编制了《吉泰走廊城乡一体化发展规划》；分别为吉安市吉州区和青原区编制国民经济和社会发展第十二个五年规划；2010 年为吉安市承办了 16 期专题培训班，有 620 多名副科以上干部参加学习培训；等等。

社会声誉不断提升。在同济大学帮助下，井冈山大学师资水平和教学质量显著提高，社会声誉不断提升。例如，在招生方面，学校现有来自全国 31 个省、区、市的学生，2005 年学校有本科学生 7411 人，到 2011 年本科生达 1.4 万余人，本科学生成为学生主体。此外，学校还招收了国防生、高水平运动员、运动训练专业学生和外国留学生。在校园文化建设上，同济大学和井冈山大学共同创编和演出音乐舞蹈史诗《井冈山》。该剧目获得巨大反响，为学校赢得了广泛赞誉。2010 年 12 月，教育部批准井冈山大学为全国首批红色经典艺术教育示范基地。

2. 同济大学—井冈山大学对口支援六年成功经验

（1）科学研究，密切合作，提升战略规划能力

六年来，两校领导互访交流 100 多人次，中层干部互访交流 400 多人次；签订了校级对口支援协议 2 份，部门、学院对口支援协议 23 份。同济大学先后于 2006 年、2009 年派出肖蕴诗、黄翔峰两位教授任井冈山大学副校长和校长助理，协调推动对口支援工作。2010 年 9 月，井冈山大学副校长桂国庆任同济大学校长助理，学习同济大学先进办学理念和管理经验；另外井冈山大学还选派了 30 名管理干部到同济大学挂职锻炼。通过对口支援，井冈山大学学校管理队伍整体素质显著提高，创新管理、科学管理理念大为增强，逐步建立起科学的管理和运行机制。

2006 年 9 月，两校经认真研究磋商，共同确定了对口支援工作“三个行动计划一台戏”工作思路，明确了对口支援工作的重点：“学科发展行动计划”“本科教学质量提升行动计划”“学生创新能力与素质培养行动计划”和共演音乐舞蹈史诗《井冈山》。在这个工作思路指导下，两校在教育教学、学科建设、科学研究、人才培养、学生交流等方面开展了大量工作。2008 年，同济大学指导井冈山大学修改综合发展规划，在教育部专家和同济大学专家指导下，制定《井冈山大学 2008—2020 年中长期发展规划》，进一步明确学校办学定位和发展目标。2010 年，两校共同制定《同济大学—井冈山大学贯彻落实对口支援“四个显著提升”工作方案》，进一步明确工作重点，深化工作内容，拓展工作领域，制定了“十二五”对

口支援的一揽子工作规划，推动对口支援工作深入进行。

（2）基于平台建设，提高学科发展与科研能力

同济大学利用其学科优势大力扶持井冈山大学学科发展，通过选派专家挂职指导，加强科研平台建设，加快实验室和课程建设，强化学术指导、交流与合作，重点支持环境与生态学科、化学、建筑学等学科专业的规划和建设，助推井冈山大学整体科研能力和服务水平提高。例如同济大学肖蕴诗、黄翔峰两位教授先后担任井冈山大学校级领导，指导学科建设和硕士点授予单位的申报等工作，为井冈山大学列入江西省 2008—2015 年新增硕士学位授予单位做了大量工作。2007 年以来，两校联合建立"中国井冈山生物多样性研究基地"和"井冈山生态环境研究中心"。同济大学还推动美国通用电气公司（GE）与井冈山大学合作建立"GE Fanuc 自动化系统实验室"。以井冈山生态环境研究中心为例，该中心突出了井冈山"红、古、绿"的区域特色，体现了井冈山地区丰富的生态资源优势和生态可持续发展的需求，帮助井冈山大学形成了"研究方向明确、特色明显、机制科学、人员动态"的跨学科开放性研究平台。

此外，同济大学先后指导了井冈山大学大学物理、结构工程、配位化学等实验室的建设。其中配位化学实验室成为江西省重点实验室，基础物理实验室成为省高校实验教学示范中心。两校共同承担了国家科技重大项目"水体污染控制与治理"项目子课题"农业型小城镇水污染控制与治理共性关键技术研究与工程示范"。同济大学以到井冈山大学举办学术讲座、报告会以及举办学科建设会议或推动井冈山大学承办全国性学术交流会等形式，指导、带动井冈山大学学科建设。例如 2010 年 12 月，同济大学在井冈山大学举办首届"同济学术周"，营造了浓厚的学术氛围，拓展了两校教学科研的合作渠道，将对口支援工作推上了一个新台阶。

（3）强化"质量工程"建设，提升本科教育教学质量

在"质量工程"教师进修计划下，井冈山大学已选派 92 名教师到同济大学进修学习，同济大学对进修教师采取导师负责制和"一对一"个性化培养模式，提升其教学科研水平。六年来，同济大学设班为井冈山大学培养了 12 名计算机应用专业工程硕士；优先录取 17 名井冈山大学教师攻读博士学位。两校还建立了互聘兼职教授和研究生导师工作机制。例如井冈山大学聘请了同济大学戚正武院士等为兼职教授，同济大学聘任井冈山大学校长张泰城教授等人担任兼职硕士生导师或兼职教授。

在学生培养方面，同济大学指导井冈山大学修订本科专业培养方案，构建教学

质量保证体系，推动井冈山大学实现基于按大类招生的宽口径、厚基础的人才培养模式。两校还启动了本科生联合培养工作，共同制定《同济大学支援井冈山大学联合培养本科生的工作方案》。2010—2011年，井冈山大学派出2批共96名学生赴同济大学学习。同济大学选派专家指导井冈山大学学生的学业和生活，例如强化创新实验室等基地建设，指导参加“挑战杯”等全省、全国性大赛，提高学生的实践创新能力；加大学生考研辅导力度，使应届本科毕业生考取硕士研究生的比例逐年上升；充分利用井冈山的红色资源，加强两校学生暑期社会实践活动；帮助井冈山大学建立一整套学生管理和心理咨询工作方面的新制度等。自2006年始，两校利用井冈山得天独厚的红色资源，联合开展暑期社会实践活动，加强学生之间的沟通和交流。2010年5月，两校“网上团支部”成立，架起了改革开放前沿阵地上海与革命老区井冈山两地高校青年学生的交流新平台。

（4）共演音乐舞蹈史诗《井冈山》，创立对口支援品牌

两校联合创编的音乐舞蹈史诗《井冈山》是对口支援工作下高校校园文化建设的突出案例。同济大学投入近百万元帮助提升节目的艺术水平。该剧自2006年3月首次演出以来，先后在井冈山大学、中国井冈山干部学院、同济大学、科技部、教育部、吉安市等地演出，广受好评。节目的创编和演出，不仅锻炼了师生、教育了师生，而且成为学校的一个品牌，为学校赢得了广泛赞誉。2007年11月，音乐舞蹈史诗《井冈山》荣获全国高校校园文化建设优秀成果奖。

四、理论探索：理解和阐释高校对口支援的概念框架

作为我国对口支援政策的重要组成部分，高校对口支援在政策制定和实践工作中积累了重要的发展经验。根据对高校对口支援的十年政策发展历程和工作成效的研究，探索高校对口支援的共性和特性，从而更好地理解和阐释对口支援这项有中国特色的发展政策对于高等教育区域协调发展的重要意义和实践经验。高校对口支援的核心是支援的“援”，下面从“援”的目标、性质、内容、过程、模式、作用和影响等多个角度分析高校对口支援的意义与经验。

（一）对口支援的目标和性质

高校对口支援的目标是提高受援高校的办学能力，具体任务是“四个显著提升”，即在师资队伍建设、人才培养质量、管理水平以及科研和社会服务能力四个方面实

现显著提升（简称“四个显著提升”）。在高等教育整体发展意义上，高校对口支援的目标是支持“四个统筹”，支持统筹区域高等教育的协调发展，同时也支持统筹高水平大学和其他大学的协调发展，统筹中央所属院校和地方所属院校的协调发展，以及统筹各层次各类型人才培养的协调发展。[①] 在更宽广的意义上，正如教育部《对口支援西部地区高等学校计划》中所说，“实施西部大开发战略，加快中西部地区发展，是我国迈向现代化建设第三步战略目标的重要部署。积极发展西部地区高等教育，加快培养急需的高级专门人才，是实施西部大开发战略的重要任务。为此，我部决定，在‘十五’期间，实施‘对口支援西部地区高等学校计划’”。

基于上述目标，高校对口支援的性质是实现以“四个显著提升”为基础的受援高校办学能力的综合提高，既包括数量上的增长，如教师数量、科研项目数量、社会服务项目等，也包括质量上的提高，如管理水平、毕业生质量、课程教学质量等，更不能缺少创造与创新，如建设新的学科点、社会服务领域，实现管理制度、办学理念、办学资源等的突破。因此，高校对口支援既包含从低到高的渐进式发展，也包括从无到有的跨越性、变革性发展，从而实现受援高校从弱到强、支援高校从强到更强的共同发展。

在这个意义上，在成功的对口支援工作中，“援”字不是单向、线性的作用，而是双向乃至多向的互动、联动、推动。在这个过程中，受援与支援高校的关系不再是简单的主动施予和被动接受，或被动提供与主动要求，而是双方本着共同的目标主动结成紧密的乃至相对平等的合作关系，通过充分的交流和协商有效地决策和实施共识性任务。这种合作性质的对口支援，其基础一是受援高校向支援高校的教育借鉴，二是本着互利互惠原则的共同创造和创新。基于对口支援的教育借鉴主要体现在受援高校的内部建设上，即前三个“显著提升”，而基于对口支援的创造创新则主要体现为第四个“显著提升”，即受援与支援高校共同为受援高校所在区域的社会服务，特别是通过高校产学研实现的社会服务。

（二）对口支援的内容和过程

牛津大学菲利普斯提出的“教育借鉴”模型[②] 对理解高校对口支援中的教育借鉴具有参考价值。按照菲利普斯的模型，教育借鉴可被视为包含六个层次和四个步

---

① 陈希．认清新形势，把握新特点，明确新要求，开创新局面——在对口支援西部地区高等学校工作会议上的讲话［Z］. 2009-11-26.

② 大卫 • 菲利普斯．比较教育与教育政策借鉴 [J]. 钟周，译．清华大学教育研究 ,2006(1).

骤的过程。六个层次上的教育借鉴分别是教育哲学、宏观构想与目标、战略、实施结构、过程、方法；不断循环的四个步骤分别是吸引力、决策、实施和内化。下面是借用这个模型对高校对口支援实施过程的具体分析（见图 13-1）。

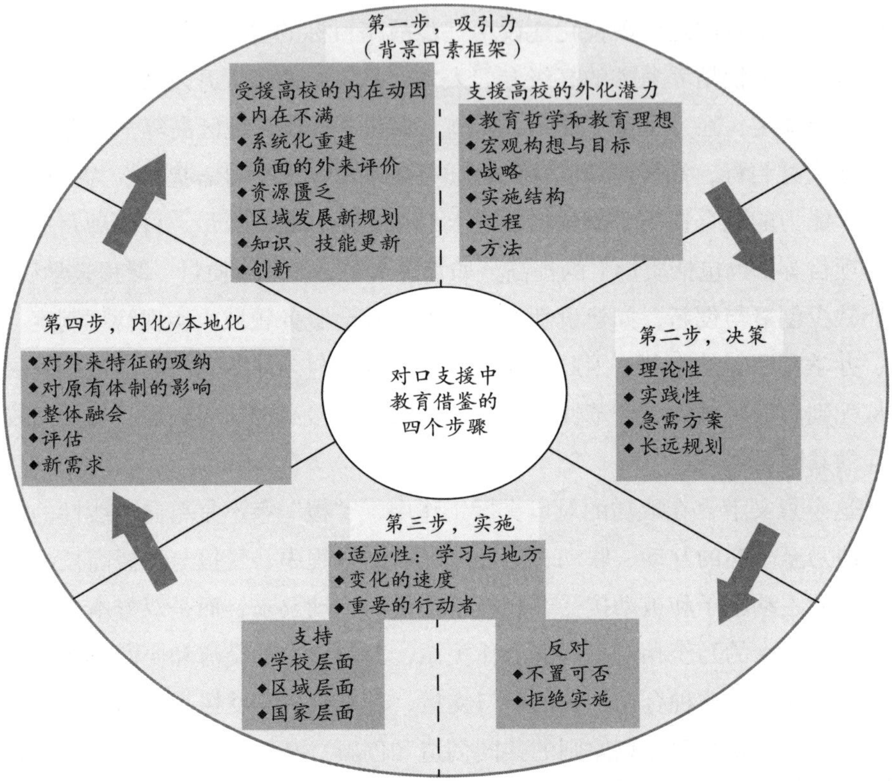

图 13-1　对口支援教育借鉴的四步模型（对菲利普斯教育借鉴模型的应用）

1. 教育借鉴的六个层次

（1）教育哲学和教育理想

高等教育保障教育公平，支撑高等教育强国、科教兴国和学习型社会建设等理想，进而服务于新时代中国特色社会主义建设的更高目标。

（2）宏观构想与目标

高校通过对口支援明确办学宗旨和定位，增强使命感和责任感，以及传承和创新治学治校的传统精神。这直接关系到教育借鉴其他五个层次的确定和实施。例如明确办学定位是研究型大学、教学—研究型大学还是教学型大学；明确高校不同层次的人才培养目标，是国际性、国家性还是区域性，是理论型还是应用型，通识型还是专业型、职业型。支援高校帮助受援高校明确自身办学宗旨和定位是对口支援的重要任务，直接关系到“四个统筹”能否顺利实现。例如，对口支援一项重要成效是支持受援高校为中西部地区培养了一大批“留得住、下得去、用得上的人才”[①]。再比如，对口支援的重要经验是引导和支持受援高校“从西部地区现代化建设的大局出发，把服务当地经济社会发展作为核心目标”，“从单纯关注高等学校自身发展，转变、提升到增强高等学校服务区域经济社会发展的能力上来，引导、支持和帮助西部地区高等学校在人才培养、科学研究和社会服务等方面实现与西部地区经济社会发展需要的全方位对接”。[②] 此外，对口支援还引导和支持了东部支援高校通过与受援高校的合作直接参与服务西部地区的建设和发展，形成了奉献西部、服务西部的精神文化。例如，清华大学以服务青海为己任，上海交通大学之于宁夏、浙江大学之于贵州的强烈使命感。

（3）战略

支援高校通过与受援高校商定对口支援协议以及帮助受援高校制定发展战略规划，实现上述高等教育的理想以及高校的宏观构想与目标。对口支援的重要内容是帮助受援高校制定可行的中长期战略发展规划并推动其实施。例如支援和受援高校将对口支援工作列入本校五年发展规划，受援高校进入“211 工程”国家重点建设项目、成为省校共建高校、本科教学评估达到特定水平、学科发展建设特定级别和数量学科点等战略，支援高校建设世界一流大学等战略。

（4）实施结构

实施结构意指为实现目标而建设的实体和虚体对口工作资源，包括人、财、物、制度、信息等。例如，对口时间较长的高校基本形成了“主管领导主管、分管领导主抓、日常运行对口支援工作的专门机构统筹、各项职能部门配合”的工作机制；大部分高校都形成了人员交流和进修的派出和接受机制，特别是配套岗位、导师或助手、食宿、设备、补助等资源；不少高校设立了对口支援专项经费，并列入年度预算；对口高校形成了一套校领导定期、不定期见面以及定期共同协商决策对口支援工作计划的程序；对口高校内部也形成了实施和评估对口支援工作的机制等。不断完善的制度建设、专门机构以及专项资源建设是对口支援工作的重要保障。此外，实施结构还包括结成对口关系的“一对一”“多对一”“一对多”等模式。

---

① 陈至立 . 在教育部“对口支援西部地区高等学校工作经验交流会”上的讲话［Z］. 2006-06-29.

② 陈希 . 在进一步对口支援西部地区高等学校工作会议上的讲话［Z］. 2009-11-27.

（5）过程

受援高校借鉴支援高校的模式，改革和发展各方面、各层次办学制度和过程，例如课程体系，研究生培养体系，教务管理体系和服务支持体系，科研项目管理体系，财务体系，人事管理体系，后勤管理、图书馆资源管理、校园网络信息平台体系等。对口支援在人才、师资、管理科研和社会服务方面的“四个显著提升”体现了教育借鉴过程层面的四大“抓手”。

（6）方法

既包括高校办学具体业务领域的教育教学方法、研究方法、资源管理方法、对外交流与合作的方法等，也包括对口支援的计划实施方法。例如通过支援高校教师支教的方法推动受援高校教学方法改革，又通过受援高校教师直接到支援高校攻读学位的办法发展师资力量，还通过联合申请和承担科研项目或建设联合科研基地的方式提升学科水平和产学研区域服务能力等。长期的对口支援工作积累了教育借鉴、院校合作以及高校与区域合作方面的丰富经验，通过不同对口组合在支援理念和方法上的广泛交流和有效方法的推广，推动对口支援各个过程提高效率和效益。

在分析上述对口支援教育借鉴六方面内容的过程中，还需要进一步分析这些内容所依托的背景环境因素，例如高校的现状和历史情况，所在地区的政治、经济、社会、文化情况，专业学科的发展情况等。例如新疆和西藏两地高校独特的校情和地情决定了对口支援的拓展和纵深发展需要采取东部高校组团支援的模式，北京大学、清华大学、浙江大学、北京师范大学等高校的综合实力、支援经验以及来自受援高校的需求决定了一对一支援模式发展到当前的一对多模式。

2. 对口支援教育借鉴的四个步骤

上述六个层次的教育借鉴内容都嵌在教育借鉴四个步骤的每一个步骤之中，但在不同步骤中的侧重点又有所不同。

第一步，吸引力。对口支援的背景因素，即受援高校向支援高校学习和借鉴什么？为什么受援高校要改革？为什么支援高校具有吸引力？受援与支援高校双方对对口支援如何认识？有哪些共识？

正如2001年出台的《对口支援西部地区高等学校计划》所指出的对口支援计划的初衷，“要以人才培养工作为中心，以学科专业建设、师资队伍建设、学校管理制度与运行机制建设为重点，争取用五年的时间，使受援高校的教学、科研和管理水平有较大提高，为受援高校的长远发展奠定坚实基础”[①]。这“一个中心、三个重点”是对高校基本办学能力的概括，构成了外部和内部对全部受援高校发展不足之处，即发展需求的基本共识。此外，各受援高校又有本校和本地向外界寻求教育借鉴的特有动因，例如刚经过合并调整的院校需要系统化重建；已有的本科教学评估结果不够理想；办学资源匮乏，办学经验有限；各个学科知识和技能急需更新；受援高校所在区域制定了发展新规划并希望得到本地高校的支持，信息和通信技术为教育和社会带来知识和技术升级需求，使教育教学方式更加多元；高校寻求不断创新发展的本质和内在驱动力是这里最根本的动因。这些推动受援高校寻求向外学习和借鉴的内在动因，通常同样作用于支援高校，推动支援高校向其他高校，特别是世界一流大学学习和借鉴。

第二步，决策。支援高校的吸引力如何作用于对口支援工作的设计与安排？这主要体现在对口支援协议制定的协商过程和协议的文本内容上。

在对口支援教育第一阶段，受援和支援高校分别寻找和发挥借鉴的吸引力，这既是一个内省的过程，也是一个外化的过程。第二步决策则是认准借鉴的焦点。对口支援的成功经验显示，对口双方在决策前充分收集和了解对方信息，明确各自优势、不足和需求以及受援高校所在地区的发展需求，有助于在充分掌握信息的情况下实现有效的协商决策。对口支援协议反映了支援和受援高校的共同决策，在教育借鉴过程中发挥承上启下的重要作用。不仅如此，很多受援高校的短期和中长期战略发展规划也是在对口高校与中央和地方政府以及社会的参与下共同制定的。这些规划既回应了受援高校的急迫需求，也明确了受援高校长远发展的理想目标。

第三步，实施。决策如何在两校具体实施？谁支持、谁反对哪些决策的实施？涉及学校的哪些方面和层面？对口支援决策如何调整？收效如何？实施过程中有哪些重要的行动者？他们发挥了什么样的作用？

对口支援协议的实施是高校和地方广泛动员的过程。十年经验表明，对口支援工作的落实不仅在于政府和高校领导的重视，而且要“重心下移”，得到对口双方各院系和职能部门的认同与参与。两个层面上都面临调动人、财、物等实体和虚体资源的挑战。在第二步决策阶段就引入院系对接、部门对接参与对口支援任务的协商和行动计划制订，而不是等到第三步实施阶段从上到下地布置任务，更能有效地推动教育借鉴的进程、提高效果。

---

① 教育部．教育部关于实施“对口支援西部地区高等学校计划”的通知（教高〔2001〕2 号）．

成功、高效对口支援还需要“关键人物”在对口高校间架起沟通与合作的桥梁。实践表明，支援高校向受援高校选派校长、互派干部挂职和教师进修、互访性感情建设与实施沟通交流等都是卓有成效的做法。这些对口双方都视为“局内人”的关键人物能够有力地促进两校间的有效沟通和资源调动，提高受援高校的管理决策和实施水平。突出的例子如浙江大学选派陈叔平到贵州大学任校长，清华大学先后选派李建保、陈强、梁曦东任青海大学校长，北京大学选派于鸿军任石河子大学副校长等。同时，这些校领导通常也有力地促进了他们所在专业学科在受援高校的发展。另外，中高层干部在对口高校双方不同时间长度的挂职锻炼也为对口支援的有效实施提供了重要支撑。2007 年以来，教育部实施的“质量工程计划”为对口高校互派进修教师和干部提供了外部支持，他们纷纷成长为进一步实施对口支援工作的关键人才。十年来，对口支援一直面临的一大挑战正是通过政策激励调动和支持更多的人员在对口高校间流动，沟通思想、联络感情、联合落实工作。特别是对于那些中长期挂职和支教的支援高校干部和教师，如何支持他们返回支援高校后的事业发展安排，也是一大问题。

第四步，内化。支援高校的办学模式怎样被受援高校接受和吸纳，继而成为受援高校教育教学的有机组成？这是一个内化的过程。那么，借鉴的办学新模式对受援高校原有的办学模式产生了何种影响？新旧两种模式如何整合、贯通？随着对口支援的深入，受援高校如何继续向展开新一轮支援的高校学习和借鉴？

内化或本地化是一个渐进的过程，需要较长的时间消化、吸收。目前对口支援工作成效突出的高校大都是对口支援时间较长的高校。这些长期参与支援的高校大都是我国的一流大学，本身条件较好，自主性资源相对丰富，可以“自带干粮”参加支援，同时还有实力动员更多政府、社会和海外资源投向受援高校。然而，陆续加入的一些支援高校则反映“心有余而力不足”，在授课教师数量和办学经费等自身发展条件仍受限制的情况下，只能依靠外来资源，特别是国家资源才能支撑对口支援进一步开展。有不少受援高校表示希望国家调动更多、更好的大学来参与支援。近年来，参与对口支援高校快速增加，但一流大学资源始终有限。那么，如何提高效益，保障已有的对口组合可持续发展，同时又能兼顾公平，使“一对多”模式中的一流大学支援更多高校而不给自身造成过重负担，同时还能实现支援高校自身的发展？这是对口支援实现可持续发展面临的重要挑战。

相比之下，处于不同发展阶段的受援高校都能在不同程度上从对口支援中受益。进入对口支援时间较长、起步时综合办学水平较低的受援高校大都在一系列零的突破下实现了跨越式发展。另外一些在特色学科上实力较强的受援高校与支援高校结成了共同发展、互惠双赢的“强强联合”。同时，也有一些综合办学实力本来相对不低的受援高校，特别是与支援高校差距并不悬殊的受援高校也面临一些尴尬局面。例如当双方在学科专业领域重叠较少时，无论借鉴帮扶还是合作，支援和受援双方相互吸引的对口支援工作动力都显得相对不足。此外，还有受援高校质疑，支援高校也身处不断变化和改革之中，已有的制度和做法属于尝试和探索，不易为受援高校所借鉴。如果支援高校没有精力和资源与受援高校一起因地制宜地探索和设计适用于受援高校具体校情和地情的办学制度和做法，对口工作也难以落到实处。这是教育对口支援在内化阶段所面临的重要挑战。

经过十年的探索与发展，进入对口支援计划的高校数量一直在快速增长。什么样的高校有实力提供支援，什么样的高校有必要接受支援，要在多大程度上推动对口支援计划的规模继续扩大，这都是需要明确的问题。有研究提出，一方面，有支援高校的受援高校相对于独立发展的高校来说体现出教育不公平；另一方面，由于国家无法为受援高校投入更多，而是通过政策导向促使支援高校依靠自主性资源支援受援高校，这对支援高校和对口支援群体外的高校来说也是公共政策不公平。[①] 对于统筹区域高等教育协调发展这项政策目标的合理性及有效性，这也是一种不同的声音。对照的说法则是，作为长期受到国家大力支持、社会寄予厚望的一流大学，提供对口支援是它们义不容辞的责任和长期的政治任务。

无论如何，在可预见的未来，已有的 66 所支援高校和 46 所受援高校，共 112 所高校将继续深入开展对口支援工作。“手拉手”伙伴合作与协作模式已经成为我国高等教育体系一个较为稳定的特征。“中西部高等教育振兴计划”与“高校对口支援计划”已经共同写入《国家中长期教育改革和发展规划纲要（2010—2020 年）》。两项计划将在更多国家经费支持下相辅相成促进中西部高等教育快速发展，促进我国高等教育区域间协调发展。

（三）对口支援的合作决策模式

前文分析中提到，对于支援高校与受援高校就对口支援协议以及受援高校发展规划所形成的决策，形成共同决策的过程和结果体现了高等教育“善治”（good

---

① 孙华 . 基于问题导向的我国高校对口支援政策分析 [J]. 上海交通大学学报 (哲学社会科学版)，2010(3).

governance）的特征。

“善治”是近年来国际社会评价政府与公民合作管理公共生活的一套新型关系。善治就是实现公共利益最大化的社会管理过程。我国学者俞可平提出了评价善治的十个要求[①]：合法、法治、透明、责任、回应、有效、参与、公正、廉洁、稳定（见表 13-6）。这一评价框架基本涵盖了联合国、世界银行、经济合作与发展组织等国际组织所提出的善治的基本要素。

表 13-6 评价“善治”的十个要素

	要素	主要内容
1	合法	社会秩序和权威被自觉认可和服从的性质和状态
2	法治	法律是公共政治管理的最高准则，法律面前人人平等
3	透明	政治信息的公开性
4	责任	公共事务的管理人员应当对自己的职位负责
5	回应	公共事务的管理人员和机构对公民的要求做出及时和负责的反应
6	有效	治理的效率
7	参与	公民的政治参与及对其他社会生活的参与
8	公正	不同性别、阶层、种族、文化程度、宗教和政治信仰的公民在政治权利和经济权利上的平等
9	廉洁	政府官员奉公守法，清明廉洁，不以权谋私，公职人员不以自己的职权寻租
10	稳定	国内和平、生活有序、居民安全、公民团结、公共政策连贯等

善治的视角对于评价高校治理具有积极参考价值。根据上述框架，对口支援下受援高校治理所体现的善治要素如下，最突出的特点是参与性、程序性、共识性。

（1）参与、合法、法治、透明：对口支援高校经过充分协商达成决策共识，决策以“对口支援协议”的方式由双方校长签订，教育部领导、地方政府领导以及双方学校领导团人员见证签字仪式；“协议”签订和执行由教育部高等教育司监督管理，在对口高校公示；对口高校的年度计划根据“协议”编制和评估。上述程序保障了对口高校共同决策的合法性，协议本身具有软性法规效用。

（2）责任、回应：“对口支援协议”明确了对口双方相互的责任和义务，支援高校帮助受援高校制定的院校发展规划显示了对口双方回应受援高校发展需求所制定的解决方案。

（3）有效、公正、廉洁：“对口支援协议”制定和执行的成效反映了对口支援政策和实践的有效性。在一定程度上，支援高校对受援高校制定的院校发展规划

① 俞可平．治理与善治 [M]．北京：社会科学文献出版社，2000: 9-11; 俞可平．当代西方政治理论的热点问题 (上)[N]．学习时报，2002-12-16.

的支持和指导类似于学校董事会制度中校外董事所扮演的角色，支援高校所具有的外在的、专家的视角促使受援高校的发展更全面，更容易产生创新思想。“对口支援协议”和双方协议自主投入的人员、经费等资源反映出支援高校与受援高校在对口支援中确定了一致的共同利益和工作中效率优先的原则。正如上海交通大学与宁夏大学共同提出，对口工作原则是“以办实事为主”，工作思路是“跳出宁夏大学看宁夏大学站在全国看宁夏大学”。

（4）稳定：在国家和地方政府的政策支持下，对口支援政策将在相当时期内长期存在。在这样一个稳定的政策环境下，各高校对口支援工作也在稳步有序地进行，将对口支援工作写进对口高校各自院校发展规划，定期评估“对口支援协议”落实情况，设分管对口工作校领导和专门性职能部门，对对口支援进行跟踪研究等，都保证了对口支援政策的连贯性。

（四）对口支援的作用和影响

教育借鉴基础上的对口支援的核心作用方式是流动，即通过资源流动突破相隔两地的支援和受援高校的空间距离限制。对口支援使受援高校和支援高校共享和开发创造了一批共同财富——人员、物资、信息、制度和思想。对口高校共同培养了一批人才（教师、学生、管理人员），制定和完善了一套制度（办学各方面的制度），吸引投入和创造了新物资（学科点，实验室，教育和研究基地，办学和研究经费，产学研技术成果，实体校园和基于技术设备的虚拟校园）。在精神文化层面，对口高校共同创造知识、信息和思想成果，包括学科性、管理性、地方性的知识、技能、经验、关系、影响。在这个意义上，对口支援工作是资源开发和配置性的能力建设，既包括动员、共享和管理资源的能力，也包括创新和创造“第二类知识”（mode 2 knowledge）[①] 即默会知识的能力。这些能力不局限于高等教育的治学治校，更辐射到高校服务区域和社会的能力。在很大程度上，对口支援这种特定的共赢互利又务实的合作方式有效地促进了受援高校和支援高校的上述能力建设。单独而为之，支援高校即使综合实力强也难以在距离本校相当遥远的地区获得深入的、丰富的本地化认识和服务的能力。对口支援工作为支援高校的发展提供了广阔的空间和舞台。支援高校挂职干部和支教教师在工作实践中得到锻炼、受到教育，在结合西部经济

① Gibbons，M., Limoges, C., et al. The New Production of Knowledge: The Dynamics of Science and Research in Contemporary Societies[M]. London: Sage, 1994.

社会发展的产学研等方面硕果累累。

正如经济合作与发展组织 2007 年的研究报告《高等教育与区域：立足本地、制胜全球》[①] 所言，对服务区域发展的投入使高校得以在本地化与全球化的创造性矛盾中获得制胜全球的能力，因为全球竞争在很大程度上取决于核心区域之间的竞争。根据上述报告，高校服务区域发展表现为四个方面，即推动地方产业和商业创新，开放地方人力资本，推动地方社会、文化和环境的发展，开发高校服务区域发展的潜力，以及推动高校—区域互动合作与共同发展。

对口支援高校—区域互动合作与共同发展的能力建设可以用以下的点—线—面模型来分析（见图 13–2），其核心是成功的高校对口支援工作在于保证三个层面工作之间的相互配合与支持：重点建设、对口连线、面内整合，以线推动点面，实现网络状交互与协调基础上的点线面共同发展。

点，是受援高校，点上的工作目标是系统全面地提高办学质量，增强高校在教学、科研和社会服务方面的实力，提高师资、课程、学科、校园、对外联络等方面的规模、质量和效益。线，是高校对口支援，线上的工作目标是加强支援高校和受援高校之间的人员和资源流动，重点支持受援高校师资培养和学科建设，同时推动受援高校在管理体制、校园文化和产学研合作等方面的建设，促进两校合作下院校互动双赢。面，是受援高校所在地区，面上的工作目标是增强地区竞争力，特别是通过教育、人才和知识发展满足地方政府、产业和社群的各类需求，以此提高地区在创新、技能、就业、环境和决策方面的实力。线上工作的重点，是支持点面结合，即通过对口支援推动受援高校根据所在地区的发展需求进行院校建设，同时推动受援高校直接为所在地区的发展做出贡献。线面结合的重点，是通过对口支援为受援高校发展提供机遇和资源助力，并争取受援高校所在地区的各类支持。点线面结合的重点，在于以线带动点面，实现对口支援推动下的受援高校与所在地区的互动和共同发展，从而实现区域间高等教育的协调发展。

---

① 经济合作与发展组织（OECD）. 高等教育与区域：立足本地、制胜全球 [M]. 钟周，冯李崟，等，译 . 北京：高等教育出版社，2011.

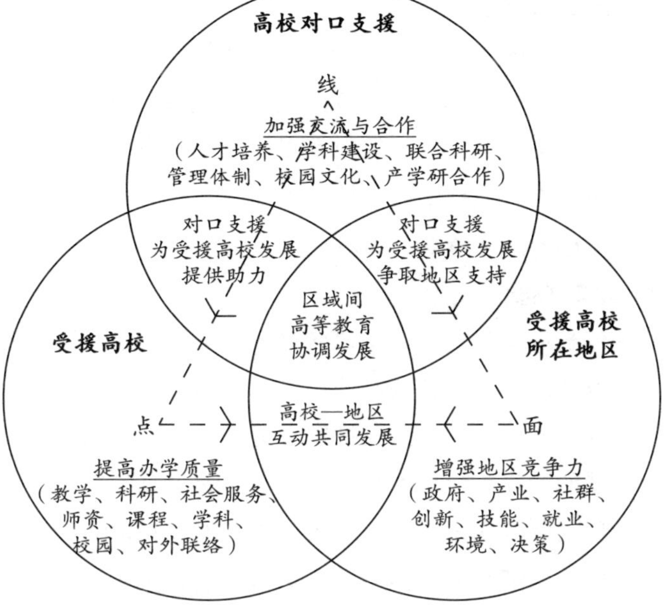

图 13–2　对口支援高校—区域合作能力建设

五、结论与政策建议

（一）对口支援的成功经验

1. 高校对口支援意义重大

高校对口支援是落实西部大开发战略、促进高等教育区域协调发展的重要措施，是新时期继承和发扬社会主义团结协作传统、发展高等教育的一个创举，也是高等教育的公益性、区域协调发展的国家意志以及大学本质和精神的集中体现。高校对口支援对于西部高等教育的发展，开发西部人力资源，带动整个中西部知识创新、科技创新以及高科技产业化，对于促进民族团结和保障边疆安全，落实科学发展观和西部大开发、科技强国、人才强国的国家战略，促进和谐社会建设，增强国家竞争力具有重要意义。

对口支援有效地促进了区域间高等教育的协调发展。通过对口支援，西部高校在人才培养、学科建设、教学水平、科研水平、管理水平等方面获得明显提升，很多受援高校都实现了跨越式发展，区域经济社会发展的智力中心和人才中心地位逐渐确立。支援高校在对口工作中增强了对西部的感情，增进了对西部的发展需求的了解，切实为西部建设贡献了力量，为西部地区人才队伍建设、区域创新体系建设和西部区域竞争力发展做出了贡献。

胡锦涛在 2011 年的中央新疆工作座谈会强调指出，要加大对新疆大专院校支持力度，办好特色优势专业，提高教育教学水平，培养急需人才。2010 年全国教育工作会议上，刘延东强调指出，高等教育要促进机会公平，通过对口支援、区域合作、优质资源共享等方式支持中西部地区提高办学水平。这些充分体现了党中央国务院对对口支援工作的高度重视，为对口支援工作的深入开展指明了方向。

2. 经费支持非常必要

对口支援作为高校的政治任务，依靠各高校高度的政治觉悟和政府主导推动，虽取得了很大的成效，但经费短缺的制约作用已经凸显。面对庞杂而艰巨的对口支援工作，没有经费的支持，工作易陷入被动和无计划性，不利于长期坚持。在教育部、财政部联合启动的“高等学校本科教学质量与教学改革工程”中设立的对口支援专项经费已经发挥很好的作用。对口支援学校双方都有很强烈的专项经费需求，在国家财力日渐雄厚，西部发展急需支持，对口支援工作非常有成效的情况下，给予更大的专项经费支持是非常必要也必将是非常有效的。

3. 高校对口支援离不开中央—高校—地方的共同奋斗

对口支援工作是一项复杂的系统工程。中央、地方、支援和受援高校的合力推进成就了今天对口支援的可持续健康发展。高校对口支援工作的成功开展离不开党和政府的高度重视，教育部等部门出台了多项对口支援政策措施；离不开支援高校无私奉献，为对口支援西部高校工作提供的有力支持；离不开受援高校抓住契机、奋进创新、勇攀高峰；也离不开受援高校所在地区对对口支援工作的重视，为对口支援提供了一系列政策和物质支持。从中央到地方，从支援高校到受援高校，各个层次和各个方面的对口支援工作坚持把完善政策作为对口支援工作的基本保障，坚持把提高质量作为对口支援工作的核心任务，坚持把人才培养作为对口支援工作的重中之重，坚持把创新和健全有利于增强受援高校“造血”功能的长效机制作为对口支援工作的根本目标，坚持把“讲奉献、求实效”作为推动对口支援工作的精神信念。经过多年风雨兼程，高校对口支援政策已经从一种补充性、后发性教育发展措施转变成为一种常规性、长远性高等教育发展战略，将对我国高等教育体系的长远发展带来长远和深入的影响。

4. 师资建设强化了“以人为本”这一对口支援的重中之重

对口高校紧紧围绕人才培养的中心目标，帮助受援高校加强师资干部队伍建设，通过计划单列、定向招生、定制培养和联合培养，提高了受援高校一批教师的教学科研能力和院校管理能力，同时，深入西部地区的支援经历也为支援高校锻炼了一批教师和干部。这些教师和干部成为保障对口支援工作长效开展的重要力量。

5.“一对一”基本模式保证了对口支援工作的落实

对口支援工作原则上采用“一对一”的模式，即一所支援高校对口支援一所受援高校。实践表明，相对其他模式，“一对一”模式的对口支援有效地保证了支援工作的推动与落实，并具有良好的可持续性。同时，在对口支援的实践中，各高校广开思路，积极探索了多种支援模式，努力争取和有效利用各类社会资源。

6. 现代信息技术的作用不断扩大

十年实践表明，现代信息技术在对口支援工作中发挥了很大作用，有利于对口高校共享资源，提高效益，降低成本，使对口支援工作取得良好的效果。仅“质量工程”就帮助受援高校建设了众多数字化教室。许多受援高校已经实现了与支援高校的同步授课和讲座，很好地利用了支援高校的优质教育资源，提高了教育教学质量。建议进一步采取措施，大力推进现代信息技术在对口支援工作中的利用，加大高校优质教育资源共享力度，解决受援高校自身优质教育资源匮乏问题，促进人才培养、科学研究和社会服务水平等方面实现跨越式发展。

7. 大力弘扬“讲奉献，求实效”的对口支援精神

对口支援工作形成了“讲奉献，求实效”的精神，涌现出许多的先进集体和先进个人，他们的先进业绩和感人事迹为社会主义精神文明宝库增添了华彩篇章。孟二冬、李建保、陈叔平等在对口支援工作中的奉献精神与业绩感动鼓舞着越来越多的人关注并参与到对口支援和西部大开发中来。

（二）对口支援面临的挑战

在充分肯定对口支援工作发展成绩的同时，也不能忽视对口支援工作过程中还存在一些挑战。

1. 投入缺口

随着对口支援工作的深入开展，所需的对口支援相关经费开支不断增加，而开展对口支援工作的经费基本或完全靠对口高校，特别是支援高校自筹，这对于自身也处在快速发展期的支援高校和办学经费长期紧张的受援高校来说，是一个不小的挑战。对口支援经费的短缺已经成为开展对口支援工作的瓶颈问题，一直未能有效得到解决。特别是一些对口高校中的支援和受援高校均为西部高校，在日常工作经费支持、定期交流机制等保障措施方面更需中央和地方加大经费支持力度。

2. 师资缺口

这是所有受援高校面临的共同问题。通过对口支援工作，受援高校的师资水平虽然有了较大提高，但在学科带头人的引进、培养和防止流失上仍然存在诸多困难，一些专业师资紧缺，这在很大程度上受到了受援高校整体办学水平以及受援高校所在地区整体经济社会条件的限制。此外，处于快速发展期的不少支援和受援高校本身师资缺乏，教学压力相对较大，派出教师支教或进修学习都有很大压力。

3. 政策整合

对口支援工作涉及高等教育和学校发展的各个方面，又涉及区域经济和社会发展的多个方面。对口支援工作目前存在管理多头的问题，有中央各部委的项目，也有院校之间的个体行为。例如，对口支援涉及教育部的多个部门，例如民族司曾参与对口支援教师支教工作，学位部门涉及对口支援博士、硕士单列名额的工作等。有必要统一管理，分类指导，重点扶持。可以通过在部委、高校和地方都建立统筹协调机构和机制，形成体系化的政策合力，推动对口支援工作取得更大实效。

4. 团队协作

随着对口支援模式的丰富，不少成功承担“一对一”对口支援工作的优秀支援高校在近年来开始承担“多对一”对口支援工作。对支援和受援高校来说，高校团队的对口支援工作在机制和模式上还需要进一步的探索，而这方面的理论和实践研究都十分缺乏，主要驱动力还是实践探索基础上的经验总结。在这个意义上，这种以时间问题为导向的研究前景看好，但研究的展开和实践检验尚需时日。

5. 发展不平衡

经历五至十年磨合的对口支援高校在信任、沟通、配合等方面已经相当成熟。最早进入对口支援的这些高校，无论支援还是受援高校，都在各自的两个群体中处于优势地位。相比之下，近年来新加入对口支援的高校则在不同程度上缺乏经验。这造成了支援高校和受援高校之间以及学校内部的对口支援工作发展不平衡。在一些情况下，对口支援的政治色彩较浓，对口高校主动性不强，少数高校及其内部部门和单位对对口支援西部高校工作的重要性认识不足，工作的积极性、有效性不强；少数受援高校存在着“等、靠、要”的思想，盼“输血”，轻“造血”；少数参与对口支援工作的高校机制不畅、措施不实、力度不够，总体工作态势不够平衡。一方面，还有更多地方高校希望进入对口支援行列，并希望最优秀的研究型大学能够“一对多”地进行支援，而受援高校可以“多对一”地获得支援。

另一方面，不少支援高校已经感到任务日益艰巨，如果继续分散力量支援，则难以在现有的受援高校和地区形成支援的长效合力。因此，需要对对口支援高校的数量有“度”的把握，延续对口支援工作中长期的发展思路和投入模式，也要进一步动员受援高校所在地区加大对对口支援的政策和资源投入。

6. 模式创新

“流动”是对口支援工作模式创新所面临的主要挑战。要使人才、知识、信息、物资在对口支援高校间有序、有效流动，从而提高受援高校的办学实力，这需要大胆尝试和科学研究。目前来说在对口高校联合申报科研和人才培养项目、信息资源共享、互派干部挂职等方面，由于对口高校间通常地域相距遥远，加上网络通信条件限制和人事管理政策的制约，全面开展实质性合作整体尚显不足，合作交流的形式和内容较为单一，由受援高校定期派干部和教师到支援高校挂职和进修是普遍的形式，工作开展的辐射面小，力度尚显薄弱，主要依靠长期积累。此外，对口高校共同承担国家级、省部级项目的科研工作，很多情况下操作难度较大，因为受援学校教师往往只能作为参与人员，难以实现实质性的“共同承担”。因此，突破现有的常规模式，建立更加灵活多样的合作模式，包括信息通信技术支撑的远程沟通合作方式，是对对口支援工作模式创新的长期挑战。对口支援急需参与高校以及所在地区乃至更多政府和社会力量提供对于模式创新的激励和支持，拓展援助的渠道和形式，积极寻求新的支援与合作空间。

7. 多样化评价

对口支援工作实效考评指标尚不系统、明确，高校责任相对模糊。目前最优秀的对口支援组合都是最早一批开始对口支援、支援和受援高校在各自体系中实力都较强的高校。它们的成绩非常显著，而这源于长期的积累。这些高校体现了一种特定的对口支援工作评价体系。对于新近进入对口支援工作的、发展需求和办学实力不同的受援高校来讲，需要更多分层、分类的评价体系来指导和引导，以便更好地激发对口合作的自发性、特色性和多样性。例如，提供更多评价指标观测受援高校与自身原有基础的比较、与不同空间范围的经济社会发展需求的比较、非研究型领域的发展性评价、对口支援的进展程度和发展趋势等。

8. 未来方向

对于对口支援工作的性质是“无私奉献”还是“互惠互利、合作共赢”仍有不同认识。在一定程度上，两者并不冲突。但从长远来看，单向的奉献性支援毕竟还是阶段性行为。从西部高校的长远发展考虑，应鼓励支援高校和受援高校以及受援高校所在地区共同探索高校—区域密切合作的模式，最终形成多方相互交流、合作共赢的良性循环模式。

上述问题的存在制约了对口支援西部高校工作的长远发展，迫切需要在深入调研的基础上采取切实有效的措施，认真加以系统指导和解决。

（三）对口支援的政策建议

1. 坚定不移地坚持高校对口支援

坚定不移地开展对口支援，推动高等教育区域协调发展。东西部高等教育发展的不平衡性，虽然主要由经济发展的不平衡性所致，但作为社会经济发展基础的教育必须先行，特别是直接面向区域发展和国家发展以及导引基础教育发展的高等教育更是如此。

进一步强化高校责任意识。对口支援是高校在新时期实践科学发展观所肩负的社会责任，是光荣、艰巨、长期的政治任务。西部大开发、人才强国、科教兴国的国家发展战略为东西部高校的发展和对口支援工作提供了坚实的基础和广阔的前景，对长期深入地开展对口支援工作提出了更高的要求。

进一步加强地方政府在高校对口支援工作中的作用，积极争取省校共建与对口支援的结合，积极争取本地企事业单位为高校对口支援提供更多经费和资源支持。对口支援的目标，是使西部受援高校能够成为地方社会、经济和文化发展的依靠力量，帮助这些高校形成与区域发展良性互动的机制。东西部高校对口支援工作既应纳入地方高等教育规划中去，也应纳入地方社会经济发展规划中去。

进一步加强中央政府的宏观指导和政策导向以及组织协调作用。西部教育发展需要外来援助，对口支援是支持西部教育发展的一项有效措施。要从长远的角度支持和评价对口支援西部高校工作。支援的基础是需求，是西部高等教育和受援高校发展根本问题上的需求，即人才的需求。

2. 设专项经费支持高校对口支援

尽管对口支援面对高校的政治任务，主要依靠高校的政治觉悟、国家政策和政府主导推动，但面对庞大而复杂的支援工作，没有强大的专项经费的支持，易陷入被动、无序、随意和无计划性，不利于长期坚持。在目前国家财力日渐雄厚，西部发展急需支持，对口支援工作非常有成效的情况下，给予更大的专项经费支持是非常必要的。

建议设立多种对口支援人才培养经费，加大力度支持东部高校为西部高校教师和干部开展多种层次类型的培训项目，建立东部教师和干部到西部高校支教和挂职的岗位补贴和高原补贴等制度，大力鼓励东西部高校干部、教师和学生的互访、交流与合作，积极推进东部人才去西部工作。

3. 凝心聚力，中央—高校—地方合力创新对口支援的长效机制

建议教育部为高校对口支援主动争取更多的政策支持，包括针对对口支援工作的专项政策以及针对受援高校及其所在地区有适度倾斜的教育和其他政策，特别是在师资培养、人才培养、学科建设、国际交流等方面支持有特色高水平受援高校发展，大力扶持地方优势特色学科专业，建议受援高校所在地区的地方政府把对口支援工作纳入本地区经济社会发展规划，纳入本地高等教育发展规划，出台相应的配套政策措施，形成政策支持的合力。特别是需要多方加大资金筹措力度，形成多方投入的合力。

对于支援高校和受援高校，建议对口高校继续通过共同研讨，科学制定和实施对口支援规划，统筹推进教师支援和干部支援，统筹推进教学支援和科研支援，统筹推进硬件支援和软件支援，形成全方位、多层次、宽领域的对口支援工作格局。在这方面尤为重要的是加强培养和锻炼对受援高校和支援高校的优势、特色和文化都具有深入了解的教师、干部和学生。这些关键“行动者”是促进对口高校进行长效、高效合作的重要支撑力量。

4. 促进高校—区域合作，打造地方性龙头高校

继续加强受援高校作为所在区域经济社会发展智力中心和人才中心的地位，特别是通过对口支援工作瞄准国家和受援地区建设发展的重大需求和国际学术前沿，配合西部地区产业布局和结构调整，形成一批与西部支柱产业联系紧密、西部区域特色和民族特色鲜明的学科专业，培养一大批西部经济社会发展需要的紧缺人才，大力支持受援高校营造反映区域历史文化和本校特色的校园文化，推进文化传承。

5. 加强宣传，扩大典型集体和个人的引领示范作用

对口支援工作中涌现出了许多典型集体和个人，积累了丰富多彩的感人事迹和成功经验，建议从中央到高校和地方，在教育体系之内和之外，大力开展主题宣传活动，深入宣传报道加强对口支援西部高校工作的重要性和必要性，深入宣传典型经验，积极宣传先进集体和个人的新思路、新经验、新做法，营造良好的舆论环境，通过示范引领带动整个对口支援西部高校工作再上新台阶。

6. 加强跟踪研究，推动以研究为基础的决策

对口支援工作是一项时间长、跨度大、涉及面广的系统工程。多年的发展历程为高校对口支援积累了丰富的工作经验，有必要组织开展相关研究，为今后制定对口支援发展政策提供科学依据；有必要专设机构跟踪研究和评价高校对口支援的成效；有必要定期系统收集、整理、分析和发布对口支援工作的大量基础数据、成功经验和研究成果；有必要系统总结和大力推广对口支援工作的成功经验；有必要进一步跳出定式思维，不只在对口支援工作的范围内研究对口支援，而是吸引更多学术和社会领域专业学者关注和研究高校对口支援，特别是高等教育、公共政策、区域发展、社会公平等领域的专家和学者；有必要进一步加强对对口支援政策的理论研究，特别是从空间管理、社会流动、教育信息通信技术、比较教育、教育地理学等视角加强对对口支援政策的理论研究。

14

国际借资引智促进区域高等教育发展研究

第 14 章

国际借资引智促进区域高等教育发展研究

在经济全球化不断推进的时代，教育作为发展的重要前提与基础，越来越成为世界共同关注的议题。实现教育区域协调发展已经不完全是国家内部的教育策略，而是与教育全球化的趋势联系在一起，成为国际组织关注并吸引国际资源投入的重要问题。

一、国际化、国际组织与教育发展

冷战后，世界发展的主题由双边竞争和对抗逐步走向多边合作和融合，国与国之间、地区与地区之间多重性联系日益紧密，人类发展掀开了全球化的全新一页。在全球化时代，国际组织作为现代国际政治的核心表现形式之一，其影响力和地位正变得越来越重要，参与国际组织也越来越被视为一国国际话语权、国际竞争力的标志。

国际组织以影响全球与地区事务、扩大国际交流与合作、统一世界对话体系为己任，教育是其活动的最重要组成部分之一。一些国际组织就是以高等教育或者一般教育为组织使命和行动目标的，而很多本身并不将教育作为核心活动的组织（如经济合作与发展组织、欧盟）在国际教育上的影响力也非常大。[①] 另外，就教育特别是高等教育本身而言，当前仅以民族或国家为中心制定政策已不能充分应对全球经济、政治和文化的挑战。国际组织的理念、发达国家的教育经验与各民族国家的本土教育政策相互交织，在全球范围内传播与渗透，逐渐显示出超越本土政治力量的“教育改革的普遍化趋势”（universalizing tendencies in educational reform）[②]。管

① Kraske, G. International Organizations in Higher Education: A Survey of Their Library, Documentation and Information Services[J]. Higher Education,1979, Vol. 8, No. 3 : 321-342.

② Yang, R. International Organizations and Asian Higher Education: The Case of China[A]//Bassett, R. M., Maldonado, A. (ed). International Organizations and Higher Education Policy: Thinking Globally, Acting Locally?[C]. New York and London:Routledge, 2009:174-191.

理主义、市场化原则、分权与放权、自由竞争、私有化等改革理念在全球（高等）教育领域盛行，国际组织对此起着“推波助澜”的作用：通过各类章程与协议、全球性的质量标准与评价指标、信息交换与共享、新技术与推广、经济援助及其附加条件、专家咨询团、国际会议与学者交流平台等，以形成融合的全球对话体系为目标，试图影响各国教育政策制定的思维方式，建立影响各国教育体系的规范及准则。

国际组织的各类活动（包括教育项目）对发展中国家而言利弊兼有。一方面，发展中国家在这种国际组织的全球性活动中获得了大量的援助、支持和发展机会。国际组织给发展中国家带来的不仅是资金、计算机，还带来了先进的教育和管理理念、技术和思维方式、专家意见与发展经验等。如国际金融组织的各类贷款对发展中国家教育事业的发展起着“种子”“催化”及“示范”作用和六大发展贡献——发展观、拉动内需、基础设施建设、减少贫困、知识和制度促进发展、可持续发展。[①] 另一方面，国际组织对发展中国家教育事务的干预和影响也导致了一系列对诸如教育主权、教育依附等问题的讨论。不过，没有任何一个开放国家愿意在全球竞争中脱离国际组织的网络，而是积极寻求在国际组织中的更高参与度和更大发言权。

中国自 19 世纪以来一直注重输入与借鉴国外发展经验，与国际组织进行多边合作是中国对外政策的重要组成部分。而作为联合国安理会常任理事国、世界人口第一大国，中国更加需要承担各类国际组织成员国甚至是核心成员国的角色。从 20 世纪 70 年代末 80 年代初开始对外开放以来，中国参与国际事务、与国际组织合作的步伐日益加快，参与全球多个国际政治、金融、贸易、体育、卫生、教育、环境、科学、能源、科技等组织，在亚太地区事务甚至全球事务中的“发声”频率越来越高，影响力越来越大。同时，中国的各类国内事务也日益受到相关国际组织，如联合国、亚太经合组织（APEC）、世界银行、欧盟、世贸组织（WTO）等的影响。其中在教育发展上，联合国教科文组织（UNESCO）、联合国儿童基金会（UNICEF）、世界银行、世界贸易组织、经济合作与发展组织等在过去 30 年间对中国教育发展的影响最大。“如果说第二次世界大战前是教会组织和各种非政府组织主导了国际教育援助的方向，冷战时期是美、苏霸权国家控制着教育援助的政策，那么，冷战结束以来，各种国际组织，如联合国系统的教科文组织、开发计划署（UNDP）、儿童基金会、世界银行以及一些地区开发银行等在国际教育援助中的地位和影响则越来越重要，甚至可以毫不夸张地说是这些国际组织主导了世界教育援助的政策与

① 胡鞍钢，胡光宇．援助及发展 [M]. 北京：清华大学出版社，2005: 77-80.

方向。”[①] 在中国，这些组织通过信息交换、宪章议程、标准工具、技术支援、经济援助等方式[②]，逐步获得合法地位，对教育及高等教育的改革发挥持续作用。

（一）联合国教科文组织

联合国教科文组织成立于 1946 年，世界上主要国家和地区基本都是其成员。中国是其创始成员国之一，1971 年在该组织内恢复合法地位，并出席了此后历届大会，自 1972 年起中国连任其执行局委员至今。

联合国教科文组织之宗旨在于通过教育、科学及文化促进各国间的合作，达成基本的和平与安全。教育是其工作的重心，它旨在通过各层次的教育计划实现所有级别持续一生的全民教育目标。[③]1990 年教科文组织与联合国其他有关机构合作，在泰国召开了世界全民教育大会。会议提出的扫盲和普及初等教育的目标对国际社会的教育发展产生了深刻影响。1998 年 10 月，联合国教科文组织在巴黎首次召开了规模空前的“世界高等教育大会”。会议对高等教育的质量、目标、资金筹措和管理、国际合作等问题进行了专题研讨，通过了《面向 21 世纪高等教育宣言：观念与行动》及《高等教育变革和发展的优先行动纲领》。1999 年 4 月，联合国教科文组织在韩国汉城（现称“首尔”）召开了“国际职业技术教育大会”。会议提出职业技术教育不是终极教育和简单的技术培训，而是终身教育体系中的一个环节，是提高人的能力与技能、面向就业和发展人的创造性的一种教育。2000 年 4 月，联合国教科文组织在塞内加尔举办了“全民教育论坛”，总结了过去 10 年扫盲和普及初等教育过程中存在的不足之处，并制定了今后工作的新战略。

作为最早成立、覆盖范围最广的国际组织之一，联合国教科文组织积极地在全球教育政策制定领域发挥影响。它通过开发与设立公约、决议、建议，提出或倡导新理念，召开国际会议，组织学术研究活动，出版图书、期刊、报告，提供专家咨询和技术援助，举办培训、实习活动，推进终身学习，建立全球通用的质量保障体

① 袁本涛 . 发展教育论 [M]. 南京 : 江苏教育出版社 ,2005:534.

② McNeely, C.L., Cha, Y. K. Worldwide Educational Convergence through International Organizations[J]. Educational Policy Analysis Archives, 1994(29).

③ 联合国教科文组织官网 . http://www.unesco.org/new/en/unesco/about-us/.

系，推进国际远程教育[①]等，几乎重塑了其成员的教育（及教育政策）概念[②]。

中国与联合国教科文组织的合作始终是积极和平等的[③]，作为联合国教科文组织的 20 个发起国之一，中国和该组织的合作包含广阔的主题，签署的公约就有 15 个之多[④]。中国联合国教科文组织全国委员会于 1979 年 2 月 19 日成立，积极参与了联合国教科文组织的各项常规活动，比如参加世界教育大会、合作开展所有层次的教育项目特别是识字扫盲运动、翻译并传播联合国教科文组织的出版物、输出中国成功经验如农村扫盲成就等。在教育领域，二者合作范围覆盖全国 20 个省（市、自治区）的各级各类教育活动，西部扫盲、成人培训、女童教育、少数民族教育、全民教育、农村教育、可持续发展教育等是其中卓有成效的合作主题。[⑤]

2010 年，时任教育部部长袁贵仁在会见联合国教科文组织总干事一行时充分肯定了它在中国教育发展中的地位与作用："中国与联合国教科文组织在教育领域的合作富有成效，中国教育的改革开放是伴随着与该组织在教育领域的合作走过来的。在这一过程中，中国的教育工作者极大地开阔了眼界，接触到许多新的教育理念和经验，受益匪浅；与此同时，中国也为实现世界全民教育目标和联合国千年发展目标做出了巨大的努力。"[⑥]

（二）世界银行

世界银行是世界银行集团的简称，它包含五个组织：国际复兴开发银行（IBRD）、国际开发协会（IDA）、国际金融公司（IFC）、多边投资担保机构（MIGA）和国际投资争端解决中心（ICSID）。它们联合向发展中国家提供低息、无息贷款和赠款，向中低收入国家提供贷款、政策建议、技术援助及知识共享服务，使命是帮

---

① 顾小清，查冲平．国际远程教育论坛：UNESCO 的开放远程教育行动 [J]. 开放教育研究，2006(8).

② McNeely,C.L., Cha,Y.K. Worldwide Educational Convergence through International Organizations[J]. Educational Policy Analysis Archives,1994(29).

③ Yang, R. International Organizations and Asian Higher Education: The Case of China[A]//Bassett, R. M., Maldonado, A. (ed). International Organizations and Higher Education Policy: Thinking Globally, Acting Locally?[C]. New York and London:Routledge, 2009:174-191.

④ 联合国教科文组织官网．http://www.unesco.org/new/en/unesco/worldwide/asia-and-the-pacific/china/.

⑤ 联合国教科文组织官网 .http://www.unesco.org/new/en/unesco/worldwide/asia-and-the-pacific/china/.

⑥ 高海涛．袁贵仁会见联合国教科文组织总干事 [N]．中国教育报，2010-05-18.

助各国克服贫穷，提高人民生活水平，“建立一个没有贫困的世界”。①

世界银行是国际教育发展中最大的供资者，及对发展中国家最有力的调控者，它在很多亚洲国家都有教育类的贷款项目。它在亚太地区广泛开展有质量保障、资格互认的行动，建立虚拟大学，为大湄公河地区（柬埔寨、老挝、泰国、越南、缅甸、中国的云南省）的学生提供远程学习项目等。②

中国是世界银行最大的“主顾”之一。自从1981年首个支持中国大学发展的贷款以来，截至2010年6月30日，世界银行已经累计与中国开展了323个贷款项目，向中国累计借出474.1亿美元。世界银行的所有援助项目几乎在中国各地都能见到。其中与教育相关的项目有55个（包括高等教育项目18个、职业教育项目12个、一般教育部门项目9个、初等教育项目8个、中等教育项目3个、公共管理—教育项目2个、历史—教育项目2个、成人扫盲/非正规教育项目1个）③，这些教育项目为中国教育的普及和质量提高发挥了重要作用。仅“西部地区基础教育项目”一项就为中国西部新建和改造了1525所学校，提供近700万册教材，向近1100名校长和15.4万余名教师提供了培训。④

20世纪80年代刚开始与世界银行合作时，中国与世界银行合作的最重要部分就是高等教育。首个合作项目——“大学发展项目”涉及中国183所高等教育机构，约占当时中国高等教育机构总数的五分之一。此项目于1981年11月得到中国政府首肯，于1982年开始实施，由世界银行投入2亿美元帮助中国大学增加招生数、提高教学质量、提高科研能力，并在28所重点大学加强科学与工程教育。至1985年6月项目结束时，此项目累计派出28所机构的2471人赴海外学习。⑤

中国与世界银行合作的第二个高等教育项目覆盖39所高等教育机构，开始于1985年6月，结束于1991年底。中国大学在世界银行1.45亿美元的援助下，改进教学科研设施和教学质量，并有大量人员接受了博士（800多人）和硕士（9000多

---

① 世界银行官网 . http://web.worldbank.org/WBSITE/EXTERNAL/EXTABOUTUS/0,pagePK:50004410~piPK:36602~the Site PK:29708,00.html.

② Yang, R. International Organizations and Asian Higher Education: The Case of China[A]//Bassett, R. M., Maldonado, A. (ed). International Organizations and Higher Education Policy: Thinking Globally, Acting Locally?[C]. New York and London:Routledge, 2009:174-191.

③ 世界银行官网 . http://www.shihang.org/zh/country/china/projects.

④ 世界银行官网 . http://www.shihang.org/zh/country/china/overview.

⑤ 世界银行官网. http://www.shihang.org/projects/P003410/university-development-project?lang=zh.

人）层次的培训，很多教师被派往国外学习。[①]

20 世纪 80 年代，在中国政府的邀请下，世界银行还通过两项事务深刻影响了中国高等教育决策。其中一项是 1993—1994 年由世界银行官员和专家代表团进行的现场调查，调查报告《中国高等教育改革》（*China：Higher Education Reforms*）于 1995 年发布，最终于 1997 年出版。基于对中国高等教育发展中的一些主要问题的分析，报告重点推荐了一些政策建议，如建议中国鼓励高等教育机构的多样化、建立鼓励公立大学多元获取资源的机制、重新界定国家在高等教育领域的角色、在政策设计时优先考虑质量与公平原则等。[②]

另一项是世界银行专家于 1998 年 1—5 月和 1999 年 6 月对中国高等教育所做的调查。基于 1995 年的改革报告和调查，世界银行于 1999 年发布了报告《中国教育 21 世纪战略目标》(*Strategic Goals for Chinese Education in the 21st Century*)，强调 21 世纪激烈竞争中教育的战略地位，指出了中国高等教育改革的几个原则，包括：①界定国家在高等教育中的角色，如政策制定、设定目标、监管、调控；②创造使高等教育机构享有财务和管理自治的环境。它还提出了一些具体的高等教育发展建议。[③]

这些建议极大影响了中国高等教育。中国 1997 年后的高等教育政策，如 1998 年的《中华人民共和国高等教育法》，与世界银行的上述建议高度一致：①中国高等教育的结构改革，与世界银行对中央政府的角色建议一致，中央政府在政策制定和规划方面宏观调控，逐渐下放权力；②高等教育机构致力于高效化，提高资源利用效率；③高等教育机构被赋予招生方面的自主权；④学生贷款政策很快实施，以应对高等教育大众化的成本需求；⑤允许高等教育机构制定自己的战略规划；⑥政府资助模式逐步向奖励效率的方向改革；⑦营造学术与科研氛围，防止人才外流；⑧更加关注质量保障与评估活动。总体来看，虽然也有人提出了一些异议，但世界

---

① 世界银行官网 . http://www.shihang.org/projects/P003431/university-development-project-02?lang=zh.

② 世界银行官网 .World Bank Group, China：Higher Education Reforms. http://www-wds.worldbank.org/external/default/WDSContentServer/WDSP/IB/2000/07/19/000009265_3971126124341/Rendered/PDF/multi_page.pdf.

③ 世界银行官网 . World Bank Group. Strategic Goals for Chinese Education in the 21st Century. http://www-wds.worldbank.org/external/default/WDSContentServer/WDSP/IB/2000/02/28/000094946_00021405315280/Rendered/PDF/multi_page.pdf.

银行的建议几乎全部被中国政府所采纳。①世界银行对中国高等教育的影响从20世纪80年代开始逐渐从基本的（elementary）走向深刻的（profound），世界银行的合法性在中国社会日益提升，扮演着“指导者”（director or guider）的角色。②

总体上，中国与世界银行的合作是成功的，世界银行的援助对中国大学的改革和发展是重要的。③比如1982年至1994年间，世界银行的援助项目输送7000多名专业人员赴海外学习，600多人参加国际会议或国际调查，10万多人接受国内培训，他们中很多人是高等教育领域的，没有他们，中国高等教育就不太可能如此快速地发展。④世界银行还通过邀请著名学者参与国际咨询、邀请知名国际学者访问项目高校等，带来了新鲜的高等教育理念与价值。教育部也认为，“世界银行向教育部提供了大量教育软贷款，支持了我国义务教育、职业教育和高等教育事业的发展，引进了资金和理念”⑤。但是，中国和世界银行的关系并不像和联合国教科文组织那样是平等的合作关系。世界银行通过财政援助，最终要求受援国接受在教育发展上的一些具体态度和方式。世界银行通过教育方面的知识促进项目，强调系统的改革、质量、效率、分权、公共服务的重建，推介标准化的教育测试体系，提倡教育服务提供者私人化，同时介绍成本回收措施等，宣传具体的关于公共教育应该如何组织的新自由主义理念。⑥一些中国学者已经注意到了这一点，并开始质疑世界银行在接受国高等教育上施加的影响。⑦

① Yang, R. International Organizations and Asian Higher Education: The Case of China [A]//Bassett, R. M., Maldonado, A. (ed). International Organizations and Higher Education Policy: Thinking Globally, Acting Locally?[C]. New York and London:Routledge, 2009:174-191.

② 许杰 . 论世界银行对中国市场取向大学自主政策的影响 [J]. 江苏高教 , 2006(4).

③ 何东昌 . 当代中国教育 [M]. 北京：当代中国出版社 , 1996.

④ 许美德 . 中国大学 1895—1995：一个文化冲突的世纪 [M]. 北京：教育科学出版社 , 2000.

⑤ 教育部国际合作与交流司 . 教育部与世界银行合作简介 [EB/OL]. http://www.moe.edu.cn/publicfiles/business/htmlfiles/moe/moe_859/201005/87662.html.

⑥ Yang, R. International Organizations and Asian Higher Education: The Case of China [A]//Bassett, R. M., Maldonado, A. (ed). International Organizations and Higher Education Policy: Thinking Globally, Acting Locally?[C]. New York and London:Routledge, 2009:174-191.

⑦ 徐辉 . 战后国际教育援助的影响、问题与趋势 [J]. 外国教育研究 , 2000(1); 丁邦平 . 国外比较教育研究述评 [J]. 外国教育研究 , 1991(1).

（三）世界贸易组织

相比联合国教科文组织和世界银行，世贸组织与中国教育的关系更为复杂。它作为管理世界经济和贸易秩序的结构，致力于实现世界贸易自由化的组织，构建统一的类似的国际贸易准则。《建立世界贸易组织的马拉喀什协议》及其四个附件构成了世贸组织的活动框架。

根据附件一中的服务贸易协定，除了全部由政府补贴的教育活动之外，所有的收费教育项目及有商业目的的教育项目都在教育服务贸易之列。它鼓励成员改革限制性的教育法律法规，服务于教育服务贸易协定。教育服务贸易通过四种方式实施：跨境供应、境外消费、商业存在、自然人流动。①

中国在长达 15 年的艰苦谈判后于 2001 年 12 月 11 日正式成为世贸组织的成员国，并在入世时做出了自由贸易的承诺。但教育领域，特别是基础教育领域，由于其承载着国家统治、公共道德、文化整合等任务，所有国家都在教育开放上非常小心，中国政府也一样。中国入世时就教育做出的承诺有以下四点：

中国不承诺开放国家义务教育和特殊的教育服务，比如军事、警察、政治、党校教育。

中国不限制学生外出学习和培训，或者接收外国留学生。

中国部分承诺开放高等教育、成人教育、高中教育、学前教育及其他教育服务。外国教育服务提供者可以在国外多数股权允许时在中国设立联合教育机构或者联合学校，联合学校必须遵守《中外合作办学条例》。

国外个人教育服务提供者可以在被邀请或被中国学校雇用时来华提供教育服务，但他们必须拥有硕士或以上学位，并有适当的教授名衔或资格，包括两年以上专业经验等。

此外，虽然中国承诺了国外教育机构进入教育服务市场，但并不意味着国外教育机构可以侵犯中国既有的教育产业非营利原则。②

进入 21 世纪，中国入世进入“深水区”，面临教育服务对外开放的问题。截至 2011 年 9 月 30 日，教育部已累计批准 38 个中外合作办学机构和内地与港澳台

① WTO 官网. General Agreement on Trade in Services. http://www.wto.org/english/docs_e/legal_e/26-gats_01_e.htm#ArticleII.

② Yang,R. International Organizations and Asian Higher Education: The Case of China[A]//Bassett, R. M., Maldonado, A. (ed). International Organizations and Higher Education Policy: Thinking Globally, Acting Locally?[C]. New York and London：Routledge，2009:174-191.

地区合作办学机构[①]，大多集中在东部沿海地区和高等教育领域。有研究者认为，尽管这些国际合作办学项目一般集中在国内供应有限又存在商业需求的领域里，但由于其市场性和外来性，在某种程度上仍构成了对传统的教育作为公共产品的理念的威胁。[②]控制与应对世贸组织的影响力成为中国高等教育决策者和领导者面临的一项重要挑战。

除了上述三个组织，还有一些大型国际组织对中国教育产生了重要影响，如经济合作与发展组织，每年出版《教育一瞥》（*Education at a Glance*），涵盖了中国，常被视为重要的教育风向标。但是，经济合作与发展组织的基于客观标准的排名和打分行为，也将很多国家（包括中国）置于输入和应用他国（经常是发达国家）教育模式的压力之下。[③]又如联合国开发计划署，中国早在1980年就与该组织在教育上开展了合作，联合国开发计划署提供给中国所需的技术和经济援助，输送国外专家，同时组织中国学者和官员外出考察[④]。再如联合国儿童基金会，中国与它开展了儿童与学校教育领域的几乎所有合作，特别是儿童健康保护方面的项目。[⑤]

此外，亚太经合组织、国际教育局、欧盟教育与文化司、国际教育规划研究所等组织，也与中国在教育方面开展了各种不同程度的合作。[⑥]

二、日本国际协力机构日元贷款人才培养项目

如上所述，发展中国家与国际组织的合作是利弊兼有的，在获得一定收益的同时，常常也是被动、不得已做出了一定“妥协”的。那么，在具体的高等教育

① 教育部国际合作与交流司．部分中外合作办学机构和项目相关信息 [EB/OL]. http://www.moe.edu.cn/publicfiles/business/htmlfiles/moe/s5224/index.html, 2012-04-01.

② Yang, R. International Organizations and Asian Higher Education: The Case of China [A]//Bassett, R. M., Maldonado, A. (ed). International Organizations and Higher Education Policy: Thinking Globally, Acting Locally?[C]. New York and London:Routledge, 2009:174-191.

③ Yang, R. International Organizations and Asian Higher Education: The Case of China [A]//Bassett, R. M., Maldonado, A. (ed). International Organizations and Higher Education Policy: Thinking Globally, Acting Locally?[C]. New York and London:Routledge, 2009:174-191.

④ 中华人民共和国教育部国际合作与交流司．与联合国开发计划署合作情况简介 [EB/OL]. http://www.moe.edu.cn/publicfiles/business/htmlfiles/moe/moe_859/201001/78126.html.

⑤ 中华人民共和国教育部国际合作与交流司．与联合国儿童基金会（UNICEF）合作情况简介 [EB/OL]. http://www.moe.edu.cn/publicfiles/business/htmlfiles/moe/moe_859/201005/87659.html.

⑥ 国际组织与教育发展高峰论坛 [N]. 中国社会科学报 , 2012-01-9.

国际合作项目中，这种收益和妥协、获利和代价究竟有何表现？中央政府、地方政府、高等教育机构担负何种责任？对中国高等教育发展而言，究竟是否应该依靠、如应依靠又应在多大程度上依靠国际组织的合作和援助？结合上述对国际组织和中国高等教育发展的利弊分析，下面以清华大学教育研究院于 2010 年开展的对中国地方高校参与的一项国际援助项目——日本国际协力机构日元贷款人才培养项目的监理评估工作为例，展现我国 20 余省区从 20 世纪 90 年代末至今在高等教育发展中面临的困境、选择的国际合作出路、达成的效果以及付出的代价，展望未来我国高等教育进行国际合作的前景及所需的必要心理准备。

由几大国际组织对华项目的特征，可以大致将国际组织与中国（高等）教育的合作方式归纳为三种类型：理念渗透型（精神和软影响，包括通过各类报告、世界大会、宣言、议程、目标、评价指标等促进中国高等教育的理念革新）、经济援助型（硬件与物质影响，通过特殊用途的贷款、借款、赠款等援助方式支持中国大学购置设备、图书，建设基础设施，改善硬件环境）、技术交流型（软件与硬件的结合，主要指支持人员培训、学者互访、建立专家交流平台、资助学生留学等，既有经济援助，又通过人员的力量传达了国际理念）。当然，很多的国际教育合作项目并不仅仅是单一类型的，可能同时融合了三者之二甚至全部。其中，日本国际协力机构日元贷款人才培养项目就是一种结合了三者（主要是后两者）的国际教育援助项目。

（一）日本国际协力机构简介

日本国际协力机构（Japan International Cooperation Agency, JICA）成立于 2003 年 10 月，是负责政府开发援助（ODA）中技术合作（培养人才，建立与完善政策、制度）、“无偿资金援助”（为配备、完善设备 / 设施等无偿提供资金援助）的实施的独立行政法人，隶属日本外务省，其前身是成立于 1974 年的日本国际协力事业团。

日本国际协力机构的资金全部来源于政府财政预算。2010 年度，日本国际协力机构承担 ODA 资金总额为 9489 亿日元，占当年 ODA 全部支出（16662 亿日元）的 56.95%。[①] 日本国际协力机构在 150 多个国家和地区开展工作，有大约 100 个海

① 日本国际协力机构官网 . http://www.jica.go.jp/english/publications/reports/annual/2011/pdf/05.pdf.

外事务所。中国事务所设立于 1982 年。1979 年，日本国际协力机构与中国开始进行合作，合作领域涵盖环境保护、农林水产业、医疗保健、教育、工矿业、能源、运输、交通、通信等诸多方面。①

日本国际协力机构与中国的几个重点合作项目领域有：①医疗、健康方面的项目。中日友好医院、中国康复研究中心都是在日本国际协力机构支援下设立的，今后日本国际协力机构计划将重点放在防治传染病、计划免疫等方面，尤其与中西部地区加强合作，对其提供支援。②中日友好环境保护中心项目。③中日林业生态培训中心项目。④中日友好大连人才培训中心。⑤志愿者项目。青年海外协力队是日本国际协力机构实施的 ODA 项目之一，其核心内容为把有奉献精神的日本青年派遣到发展中国家，从事志愿者工作。对华派遣始于 1986 年，不局限于技术合作，还要求队员积极与当地人民进行交流，队员工作的理念是同生活、同工作、同思考的“三同主义”，以此加深相互理解。

（二）日本国际协力机构项目与调研简介②

1. 日元贷款人才培养项目的基本内容

日本国际协力机构日元贷款人才培养项目（简称“日元贷款项目”）是日本政府委托日本协力银行于 1999 年开始实施的面向中国 22 个省、自治区、直辖市，198 所高校（实施中由于有高校退出，或高校体制变更，院校数量有所变化）发放的低息、还款期限长的援助性贷款项目，目的是改善中国内陆地区地方本科院校的办学条件，促进中日交流与合作。

在项目评估初期（1999 年），项目涉及省区一共有本科院校 365 所，而日元贷款项目覆盖的本科院校超过 50%；并且，日元贷款项目院校几乎囊括了各省区内基础好、潜力大的重点本科院校。

---

① 日本国际协力机构中华人民共和国事务所官网 .http://www.jica.go.jp/china/chinese/office/index.html.

② 除特别说明外，资料均来自调研所得。

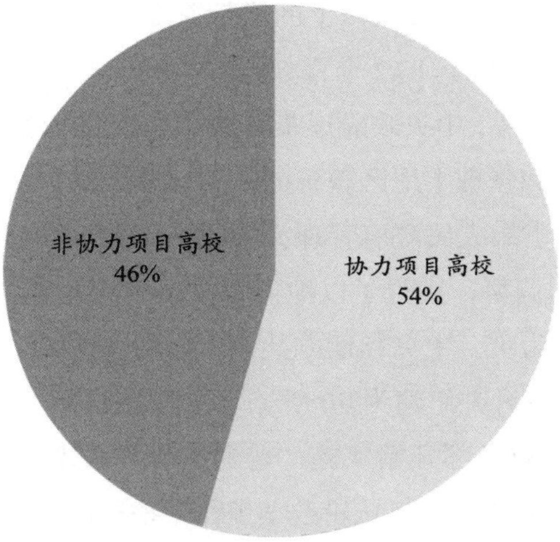

图 14–1　协力项目院校覆盖面（1999 年）

日本国际协力项目计划总金额达 10348100 万日元，各省、自治区、直辖市所涉金额从 263600 万日元（宁夏回族自治区）到 613100 万日元（四川省）不等。主要贷款类型为“两国间限制用途贷款”，用途限制在“建设教学用土建大楼”“购买教学用设施设备”“派出教师赴日研修”三项，以项目省份为单位实施。全部省份均实施了设备采购和人员研修项目，部分省份或高校没有实施土建项目。各省份根据自身情况分别执行一类或二类贷款项目。

日元贷款项目自 1999 年启动以来，分别于 2002 年、2003 年、2004 年、2005 年、2006 年分五批与中国不同省份签订了贷款协议。据各省区项目管理文件显示，项目实施周期原计划为 2—3 年，项目财务 6—7 年关账。根据签约时间，各省、自治区、直辖市项目预计陆续在 2008—2013 年完成。实际实施中由于各类不可控因素影响，部分省份项目延期。

2. 日元贷款人才培养项目的实施背景

日元贷款人才培养项目的论证、启动、签约、实施年份跨 20 世纪末、21 世纪初，正是中国高等教育大规模扩招，高等教育管理体制、办学体制大变革的十年。“扩招”“改制”“评估”是当时我国高等教育变革的三大关键词，地方高校发展普遍面临资源相对不足、外部压力巨大的问题。

1999 年，教育部提出力求到 2010 年实现大学毛入学率 15%。[①]1999—2007 年，

---

① 《面向 21 世纪教育振兴行动计划》，见《中国教育年鉴》编辑部 . 中国教育年鉴（1999）[M]. 北京：人民教育出版社，1999:107.

中国高校招生人数以每年 40 万人以上的增量速度递增，2007 年高等教育毛入学率达到 23%，比 1998 年提高了 13.2 个百分点。①

同时，1998—1999 年，中央政府逐步开展高等教育办学管理体制改革，提出“加大省级人民政府发展和管理本地区教育的权力以及统筹力度……形成中央和省级人民政府两级管理、以省级人民政府管理为主的新体制”②。到 2002 年，共对 517 所高校实行了管理体制调整，实行了以地方为主、中央和地方共建的体制；对 29 所重点高校实行了中央为主、中央和地方共建的体制；在 317 所高校中开展了校际合作办学；将 637 所高校合并组建为 70 所综合性高校。③

另外，2001 年，教育部开始实施“普通高等学校本科教学工作水平评估”；2003 年正式确立了周期性的五年一轮教学工作评估制度④；2005 年，教育部设立各类普通高校基本办学条件指标合格标准，并逐步将评估与学校增设专业、确定招生计划、进行资源分配等结合起来⑤。

三大迅猛变革导致了地方高校出现了不少困难：一是短期内扩招、合并引发办学资源的全面紧张，而改制又切断了不少原部属高校的资源链；二是我国高等教育系统内部结构的矛盾与不合理状况凸显，扩招压力基本落在地方高校身上；三是本科教学水平评估开始明确评价各类办学条件指标，地方院校又开始面临经评估求生存的压力。

从 1999 年开始，实施日元贷款项目的 22 个省区的地方高等学校均肩负起了本省高等教育从精英化向大众化转型的任务。日元贷款人才培养项目从 1999 年左右开始在中国内陆各省论证，分别于 2002 年、2003 年、2004 年、2005 年、2006 年与不同省份签署贷款协议，正值中国地方高校承受扩招、改制、评估压力的高峰时期。在这样的阶段接受数量较大的资金支持，对各省高等教育来说无疑是雪中送炭。以黑龙江省为例，1999 年黑龙江省省属高等院校招生数为 45674 人，2000 年提高到 77323 人，增长率达 69.3%；在校生数从 1999 年的 112760 人提高到 2000 年的

① 教育部发展规划司 . 中国教育统计年鉴（2007）[M]. 北京：人民教育出版社出版 ,2008:15.

②《中共中央国务院关于深化教育改革 全面推进素质教育的决定》，见《中国教育年鉴》编辑部 . 中国教育年鉴（2000）[M]. 北京：人民教育出版社 , 2000.

③ 王英杰 , 刘宝存 . 中国教育改革 30 年（高等教育卷）[M]. 北京：北京师范大学出版社 , 2009 : 77.

④《中国教育年鉴》编辑部 . 中国教育年鉴（2002）[M]. 北京：人民教育出版社 , 2002:188.

⑤《教育部关于进一步加强高等学校本科教学工作的若干意见》. 见《中国教育年鉴》编辑部 . 中国教育年鉴（2006）[M]. 北京：人民教育出版社 , 2006: 797.

206200 人，提高了 82.9%。迅速、突如其来的高等教育规模扩张给原本不太充足的中西部省份高校教学资源（校舍、设备、优秀教师）带来巨大压力，在培养高质量的高级专门人才和迎接本科教学评估的双重压力条件下，必须大幅提高对高等教育的投入以满足日益增长的资源需求。然而，这些中西部省份，特别是地处西北（甘肃、青海等省区）、西南（云南、贵州、广西等省区）等经济较为落后的边疆民族地区的省区，财政非常有限，除政府拨款、学费收入外，几乎没有其他资金渠道。在此背景下，日元贷款项目给中西部省份高校带来了转机。

3. 日元贷款项目参与省区

日元贷款项目覆盖我国除西藏以外的所有中西部地区省份以及处于东部的经济不太发达的河北省和东北三省，共计 22 个省区。这些地区的经济发展水平、教育发展水平相比东部沿海地区较为薄弱。

从 20 世纪 90 年代中国政府启动西部大开发战略以来，西部省区的经济状况有了一定的改善，而高等教育随着 20 世纪 90 年代末的大扩招、办学权下放、体制改革等因素面临更大的挑战。进入 21 世纪后，受知识经济与人才战略等影响，各地普遍意识到高层次人才培养的重要性，加强了对高等人才培养、高校辐射地区经济的扶持。2009 年 22 个省区高等教育概况如下：

表 14-1　2009 年 22 省区高等教育概况一览[a]

地区		机构数（所）	毛入学率	教职工数（人）	生师比	本科专业数	硕士点数	博士点数	生均固定资产（万元）	生均建筑面积（平方米）
第一批	四川[b]	114	22%	101405	——	——	——	——	——	——
	湖南	100[c]	19.3%[d]	11768	12.73	481	549	163	19.85	——
	甘肃	39	21.00%	28895	19.67	667	519	141	2.91	——
	重庆	57	27.0%	37896	15.3	392	254	73	4.28	39.55
	陕西[e]	96	28%	14305	18.78	681	471	146	5.26	31.75
	云南	61	17.57%	37896	19.4	720	466	65	4.06	25.33
第二批	吉林	45	32.3%	6960	16.53	1165	259	25	——	——
	安徽	95	22.30%	68293	17.95	1295	766	186	3.3	27.8
	广西	10	17.00%	7195	21	319	218	4	2.237	19.45
	新疆	29	22.02%	26635	16.25	——	——	——	4.25	42.34
	河南	137	22.02%	75424	22.5	1788	845	106	——	——
	贵州	47	18.40%	29006	15.2	213	257	11	——	20

续表

地区		机构数（所）	毛入学率	教职工数（人）	生师比	本科专业数	硕士点数	博士点数	生均固定资产（万元）	生均建筑面积（平方米）
第三批	宁夏	15	22.54%	7745	17.55	——	——	——	2.12	20.24
	山西	63	26.50%	56804[f]	——	821	477	106	2.97	27.12
	江西	85	24%	12643	——	505	451	40	——	——
	湖北	120	30.40%	123693	15.7	1651	224	93	——	——
	青海	3	26.17%[g]	70861[h]	——	225	79	3	11.43	83.68
	黑龙江	78[i]	31.20%	75062	16.5	1024	796	290	4.1974	61
第四批	内蒙古	43[j]	23.10%	34932	16.5	573	352	52	0.99	9.24
第五批	河北	14	24%	16838	18.4	648	644	145	2.85	22
	海南	3	23%	2607	18.16	132	91	11	2.78	44.43
	辽宁[k]	107	38%	97737	——	——	1291	320	——	——

注：a 数据如无特殊说明，均来源于各省信息调查表。

b 四川省数据来自“四川省教育厅四川教育网”官方发布的统计，2010 年 12 月 1 日。

c 此数据来自湖南教育政务网 2009 年统计公报。

d 此数据为 2008 年底的数据。

e 陕西省机构数与毛入学率数据来自《2009 年陕西省教育事业发展统计公报》。

f 此数据来自《山西省 2009 年教育事业发展统计公报》。

g 此数据来自青海省教育厅 2010 年 3 月 28 日发布的《2009 年全省教育事业发展统计公报》。

h 此数据来自《2009 年青海省教育事业发展统计公报》。

i 此数据来自《黑龙江省教育事业发展情况》，黑龙江省人民政府网站。

j 此数据来自《2009—2010 学年教育事业统计简报》，内蒙古自治区教育厅官网发布。

k 数据来自《2009 年辽宁教育统计手册》及辽宁省教育事业统计公报。

据《2009 全国教育事业发展统计公报》公布，2009 年全国高等教育机构为 2689 所，日元贷款项目省区高等教育机构占全国高等教育机构数的 60%。

2009 年，普通高等学校教职工有 211.15 万人，其中，日元贷款项目覆盖的 22 省区教职工数占全国高等教育机构教职工数的 42%。

2009 年，全国高等教育毛入学率达到 24.2%，共有 8 个日元贷款项目覆盖省区毛入学率高于全国高等教育毛入学率，具体见图 14–2。

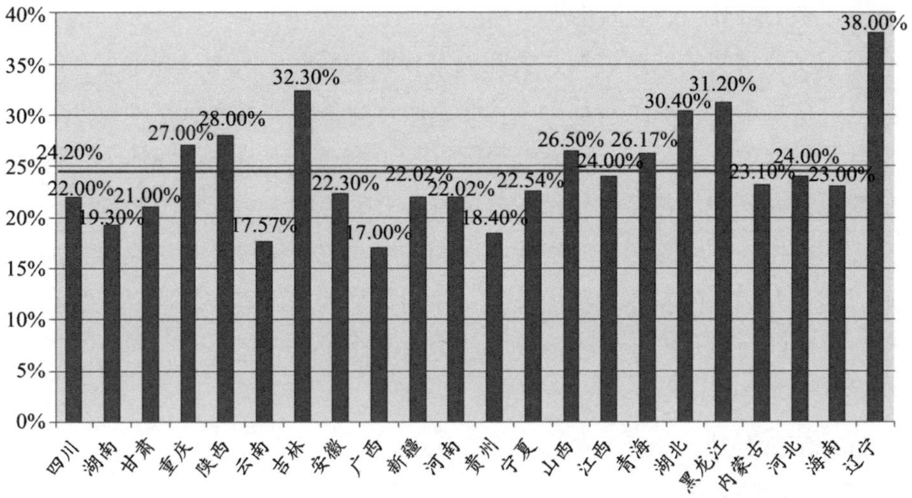

图 14-2　2009 年日元贷款项目省区高等教育毛入学率情况[①]

22 省区中有 8 个省区（重庆、陕西、吉林、山西、青海、湖北、黑龙江、辽宁）2009 年高等教育毛入学率超出全国水平，其余 14 个省区（四川、湖南、甘肃、云南、安徽、广西、新疆、河南、贵州、宁夏、江西、内蒙古、河北、海南）高等教育毛入学率低于全国水平。

由上可知，日元贷款项目覆盖省区高等教育机构数量在全国占的比例较大，但教职工数与其机构数的比重不匹配，这表明项目省区高校的教师资源距离实际需求尚有差距；较多的项目省区毛入学率未达到全国水平，尤其是云南、广西、贵州等地，高等教育的弱势地位仍然比较明显。

实际调研发现，这些省区的高等教育近年来取得了不少成绩，在规模、质量、层次、类型、对外合作等方面均有不同程度的进展。从这个意义上来说，致力于改善中西部地方高校的日元贷款发挥了积极的作用。

4. 清华大学调研简介

2010 年 7 月 4 日至 9 月 10 日，清华大学组成 7 个小组，分两个批次，赴全国 21 个省、自治区、直辖市（除新疆外的全部项目省区），对 133 所参与日元贷款人才培养项目的地方院校进行实地考察。清华研究团队在各省教育厅和院校组织座谈会约 175 场，参与座谈和调研的领导、教师约 1050 人。调研地址如下：第一组赴青海、甘肃、陕西，第二组赴四川、重庆和贵州，第三组赴湖北、湖南和安徽，第四组赴山西、辽宁和江西，第五组赴内蒙古、黑龙江和吉林，第六组赴宁夏、河

① 数据来自《2009 年全国教育事业发展统计公报》。

北和河南，第七组赴广西、云南和海南。

调研组围绕项目的实施进展、实施成效和典型经验，实施过程中存在的不足与改进建议，项目未来发展及对日交流合作意向等与各省厅日元贷款项目办公室、项目院校日元贷款项目办公室、代表教师等进行了沟通。在日本国际协力机构、各省日元贷款项目办公室、各高校日元贷款项目办公室等的大力支持与协助下，各组均顺利完成调查任务，考察了日元贷款项目的进展与完成情况及其对改善我国中西部地区地方高校办学条件发挥的积极作用，并调查了利用外资贷款项目支持我国地方高等学校发展的利弊，以及外资贷款项目实施中存在的问题。

（三）项目成效分析

1. 项目总体成果

日元贷款项目共涉及我国22个省、自治区、直辖市的198所高等院校，类型上涵盖综合大学、理工院校、农业院校、林业院校、医药院校、师范院校、语文院校、财经院校、政法院校、艺术院校、民族院校以及职业技术学院，覆盖了除体育院校外的我国现有院校类型。贷款所用三种用途“土建”“采购设备”“选派人员赴日研修”的总体成果如下：

截至2010年7月，22个省区的日元贷款项目院校共建成土建项目131栋，其中陕西15栋、甘肃7栋、青海5栋、重庆4栋、贵州11栋、四川11栋、湖南15栋、山西4栋、内蒙古7栋、河北4栋、河南3栋、宁夏9栋、云南16栋、广西10栋、海南5栋、新疆5栋；安徽、江西、吉林、黑龙江四省签订协议时即无土建项目；湖北、辽宁的计划土建项目无一栋完成。所建成的131栋土建项目中，绝大多数为教学楼、图书馆、实验楼，也有少数办公用房。

截至2010年6月，全国项目院校共采购设备160000余台/套①；从功能上主要分为科研用大型专业类实验设备、教学用公共多媒体设备、图书馆服务器等类型，具体由各学校的需求、专业学科特点决定。

截至2010年6月，全国项目院校共有4513名教师或管理人员赴日研修，研修专业涉及医药、理工、农业、经济、企业管理、法律、日本语言文化、哲学与伦理学、教育学、高等教育管理等；研修期限从十天至两年不等。

---

① 由于设备采购项目实施过程中变更频繁，此数据仅供参考。数据由各校或各省的信息表、座谈材料或其他统计数据计算而来；云南、新疆、湖北数据缺失。

2. 缓解财政压力

教育是一项需要巨大资金投入的事业，教育经费是教育发展的基础。近年来，中西部省份高等教育的投入一直不断增长，但与规模扩张的速度和培养高质量人才需求的办学条件相比，仍存在较大差距。

以黑龙江省为例，高等教育大众化的任务主要由省属高校来完成。黑龙江省地方普通高校从 1999 年开始飞速扩张，2007 年本专科在校生规模为 59.2 万人，比 1998 年的 11.4 万人增加 47.8 万人，增幅达 419%。

在扩招的同时，黑龙江省政府在省级财政比较困难的情况下，仍尽力加大对地方普通本科高校的投入。2006 年，黑龙江省地方普通本科高校教育经费总收入达到 438661 万元，较 1999 年的 112320 万元增长了 326341 万元，年均增长 36%。

然而，经费收入增长速度远低于高等教育在校生人数的增长，1999—2006 年黑龙江省普通高校生均经费逐年下降。2006 年，黑龙江省普通高校生均教育经费支出 11242.2 元，其中生均预算内事业性教育经费 3902.42 元，是 1999 年 6761.43 元的 58%，生均经费在规模扩张的同时明显下降。根据教育部规定的生均固定资产 38130 元的标准计算，黑龙江省因高等教育规模扩大，仅固定资产一项就需投入 157 亿元。就仪器设备而言，2003 年，黑龙江省地方普通高校生均预算内公用经费支出仅为 1312.49 元，那些处于地、市、州的高等学校生均预算内公用经费更少，如佳木斯高校在 2003 年仅为 525 元，齐齐哈尔高校仅为 448 元。公用经费除掉办公费、业务费、房屋修缮费等，能用于设备购置的费用就少之又少了。

可见，扩招后各级财政对地方高校在仪器设备购置上的投入较少，地方院校难以从有限的公用经费中拨出经费来添置仪器设备，固定资产和仪器设备缺口只能通过预算外其他收入予以弥补。

2003 年申请、2004 年获批的日元贷款项目在这一经费缺口大、筹资困难的时期对黑龙江地方高校的正常运转发挥了较大作用。黑龙江日元贷款的签约额度约为 3.2 亿人民币（49.72 亿日元），其中设备采购资金 3 亿元（41.22 亿日元），项目院校为 9 所，每所项目院校可获得的设备购置资金平均约为 3000 万元，这笔资金在一定程度上弥补了政府对地方高校财政投入的不足。

3. 改善办学条件

日元贷款的直接用途是在建设校舍及采买设备方面，缓解了各省区高等教育办学经费的紧张局面，其直接支持的校舍建设与设备购置在很大程度上也刺激了后续投入，支撑了各省区高等教育办学条件的持续改善。

（1）校舍建设与办学空间的改善

调研中各校普遍反映，利用日元贷款建设的校舍对扩招后捉襟见肘的校舍面积问题起到了很大的缓解作用，建成的校舍一般都超负荷或满负荷运转，对学校的人才培养提供了基本的硬件支持。统计各省区校舍建设的效益如下：

表 14-2 各省区日元贷款校舍建设的效益统计①

批次	地区	容纳人数（人）	藏书册数（万册，仅指图书馆项目）	土建项目的使用率	日元贷款项目贡献的生均新增建筑面积（平方米）	与签约年相比生均建筑面积增加量（平方米）
第一批	四川	——	——	——	1.44	0.86
	湖南	——	——	——	1.17	6
	甘肃	——	199	100%	1.85	9.23
	重庆	2700	243	——	1.1	8.8
	陕西	——	129	100%	2.4	0
	云南	3095	128	90% 以上	1.23	——
第二批	广西	7125	——	——	1.86	6.06
	新疆	——	——	100%	1.12	——
	河南	8000	——	100%	0.7	15
	贵州	——	——	——	1.15	9.3
第三批	宁夏	——	——	100%	1.6	0
	山西	5000	——	100%	0.43	7.5
	青海	——	84.8	100%	2.5	1.63
第四批	内蒙古	——	134	100%	1.44	2.67
第五批	河北	——	——	100%	1.5	1.5
	海南	9783	——	100%	0.74	8.2
全国平均		5951	153	100%	1.39	5.48

可以看到，截至 2010 年 7 月，土建项目已有成效的 16 个省区中，土建项目的使用率均在 90% 以上；各省区土建项目的容纳人数均在两三千人以上，平均 5951 人；图书馆项目的现有藏书量都在万册以上，平均 153 万册；各省由于日元贷款项目新增生均建筑面积量从 0.43 平方米到 2.5 平方米不等，平均 1.39 平方米；与签约年相比，各校生均建筑面积的增加量从 0 到 9.3 平方米不等，均值为 5.48 平方米。

在调研中，很多被调查省份和高校将绝大部分比例的日元贷款用于土建工程，

① 表中为各省区内各校相应数据的平均值。其中湖北、辽宁由于土建与设备均未有进展，没有效益数字；安徽、吉林、江西、黑龙江四省则由于没有土建项目而无相应效益，因此此表只有 16 省区。“——”指无数据。

且表示，此类国际贷款资金的最优先用途应放在建设校舍上。必须看到，各地土建项目开展的基本背景是 1999—2007 年持续扩招中教学及辅助用房的严重不足与学生人数不断增加的矛盾突出，比如中南大学 2000—2001 年（项目评估期）生均教室面积只有 2.6 平方米（国家标准为 3.6 平方米）。再加上 2002 年至今全国院校合并的风潮，使得各校教学及科研用房更显不足，一些省份的高等院校甚至不得不租用校外场地安排学生学习。日元贷款在相当程度上支持了各地高校强烈的基建诉求。

在具体的效益上，各校利用日元贷款建设教学楼、实验楼或图书馆工程，支持了学校的教学与科研工作，改善了各校人才培养的基础环境，扩大了办学空间，缓解了扩招压力，提高了学校教育教学的水平与层次。很多学校利用日元贷款建起了现代化的图书馆，提升了整个学校的学习研究氛围，也扩大了在高校圈以及整个社会的影响力，吸引不少兄弟院校前来参观，有些建筑甚至成为一个地区的地标物。

（2）设备采购与资产额的增加

调研中各校普遍反映，扩招后学校教学与实验用仪器设备严重不足，影响了学校的人才培养。利用日元贷款采购的设备缓解了这种紧张状况，添置的设备一般都超负荷或满负荷运转，为教学、科研、实验室建设、重点学科建设、学生毕业设计或科研实践等做出了很大贡献。日元贷款项目也直接或间接促进了学校在教学仪器设备上的投入，各校教学仪器设备值、固定资产额等逐年增加，部分高校也因为日元贷款增加的教学仪器设备而在教育部组织的本科教学水平评估中取得好成绩。各省区设备采购的效益如下：

表 14-3　各省区利用日元贷款采购设备与固定资产额的增加量[①]

批次	地区	固定资产额总值增加量（万元；签约年到 2009 年）	生均固定资产额增加量（万元；签约年到 2009 年）
第一批	四川	54272.43	1.63
	湖南	53839	1.13
	甘肃	30299.175	0.57
	重庆	84750	3.3
	陕西	60528.07	2.7
	云南	56405	2.4

① 表中为各省区内各校相应数据的平均值。其中湖北、辽宁、广西、海南由于设备未有进展，没有效益数字，因此此表只有 18 个省区。

续表

批次	地区	固定资产额总值增加量（万元；签约年到 2009 年）	生均固定资产额增加量（万元；签约年到 2009 年）
第二批	吉林	34295	2.8
	安徽	90662	1.16
	新疆	22610	0.87
	河南	154391	0.87
	贵州	60372	24.15
第三批	宁夏	19295	8.32
	山西	26544	7.1
	江西	24532.7	0.47
	青海	13447	0.74
	黑龙江	76193	2.2
第四批	内蒙古	54521	1.7
第五批	河北	21563	0.53
全国平均		**52140**	**3.48**

由上表可知，从日元贷款签约年到 2009 年，各省区内项目高校的固定资产额与生均固定资产额均有不同程度的增加，其中固定资产额每校平均增加 52140 万元，生均固定资产额每校平均增加 3.48 万元。

此外，一些高校反映，利用日元贷款采购设备直接促进了学校教学仪器设备总值与生均教学仪器设备值的增加。甘肃省甘肃农业大学反映，通过项目，学校教学科研仪器设备值达到 5912 万元，生均占有设备 5912 元；云南省大理学院 2009 年教学仪器设备总值达到 1.2 亿元，生均设备值达 6000 元，与以前相比有了明显改善。

全国高校通过日元贷款项目购置的设备主要有三种类型：一是重点支持一批基础好、在省内外有影响的重点学科和实验室建设，购置的主要为科研类大型分析仪器设备；二是大力支持一部分新建学科的实验室建设，主要购置一些用于新增学科的科研仪器与设备；三是用于公共教学，新建或扩建校园网络系统和多媒体教学系统，购置教学用或图书馆用计算机、投影仪、数据库等，以及一些文体类教学用品，如摄影器材、钢琴、音响等。

一般来说，第一类优先扶持重点设备建设的做法收到的集成效益最好，这类做法多见于有一定科研基础的高校，大多优先扶持特色优势专业、学科带头人，以及人员配置阵容强、研究方向明确、有课题支持的重点学科，非常容易出成果，也很好地带动了研究生、本科生的培养。这类大型分析测试仪器设备由于大型、贵重、稀有，可供周边院校、项目院校内交叉学科共享，形成良好的辐射效益。

第二类设备由于其急需性也支持了一批新建学科专业的快速发展。

第三类主要用于基础教学、实验室建设，直接作用于教学。有很多高校也将利用日元贷款购置的计算机、多媒体设施等配套于利用日元贷款建设的土建楼中，收到了很好的效果。一些文体类教学用品也对丰富学生的文化生活、提高人才培养质量发挥了一定作用。

4. 提升师资水平

全国 22 个项目省区均有教师通过日元贷款项目赴日研修。研修资金虽在日元贷款项目中所占份额最少，但收到的效果甚佳，在三个子项目中反映最好，对教师个人发展、学校的学科带头人建设、学生的培养都有明显的促进作用。课题组调研中进行了座谈，统计的相关数据如下：

表 14-4　各省区日元贷款人员研修的效益统计[a]

批次	地区	赴日研修教师占近年海外访学半年以上教师数的比例[b]	促进教学的情况[c]	促进科研的情况[d]	促进管理的情况[e]	增进友好的情况[f]
第一批	湖南	267 ∶ 330	——	——	——	——
	甘肃	69 ∶ 301	11 ∶ 14	0 ∶ 14	0 ∶ 14	0 ∶ 14
	重庆	223 ∶ 935	——	——	——	——
	陕西	246 ∶ 810	73 ∶ 96	0 ∶ 96	0 ∶ 96	0 ∶ 96
	云南	244 ∶ 152	1 ∶ 2	2 ∶ 2	1 ∶ 2	2 ∶ 2
第二批	吉林	107 ∶ 1269	——	——	——	——
	安徽	19 ∶ 225	——	——	——	——
	广西	96 ∶ 219	5 ∶ 12	5 ∶ 12	1 ∶ 12	3 ∶ 12
	新疆	142 ∶ 212	——	——	——	——
	河南	——	——	——	——	——
第三批	贵州	80 ∶ 321	2 ∶ 4	4 ∶ 4	0 ∶ 4	4 ∶ 4
	宁夏	48 ∶ 62	5 ∶ 5	5 ∶ 5	0 ∶ 5	0 ∶ 5
	山西	——	9 ∶ 23	9 ∶ 23	4 ∶ 23	23 ∶ 23
	江西	307 ∶ 421	13 ∶ 22	14 ∶ 22	14 ∶ 22	15 ∶ 22
	湖北	15 ∶ 104	18 ∶ 23	5 ∶ 23	2 ∶ 23	2 ∶ 23
	青海	39 ∶ 36	18 ∶ 21	——	——	——
	黑龙江	41 ∶ 148	2 ∶ 3	2 ∶ 3	0 ∶ 3	1 ∶ 3
第四批	内蒙古	24 ∶ 124	——	——	——	——
第五批	河北	257 ∶ 480	3 ∶ 5	3 ∶ 5	4 ∶ 5	0 ∶ 5
	海南	72 ∶ 247	5 ∶ 11	7 ∶ 11	1 ∶ 11	5 ∶ 11
	辽宁	——	——	——	——	——

续表

批次	地区	赴日教师占近年海外访学教师数的比例	促进教学的情况	促进科研的情况	促进管理的情况	增进友好的情况
总计		2296 ∶ 6396	165 ∶ 241	56 ∶ 241	27 ∶ 241	55 ∶ 241

注：a 表中为各省区中日元贷款项目调研高校的数据之加和。没有提供相应数据，或没有人员参加座谈的高校不计入内。如甘肃省“赴日研修教师占近年海外访学半年以上教师数的比例”为“69 ∶ 301”，指提供“近年海外访学半年以上教师”数据的高校中一共有69名教师赴日研修，而提供此项数据的高校近年赴海外访学的教师一共有301人。“促进教学的情况”为“11 ∶ 14”，指甘肃省所有调研高校一共有14位老师参与座谈，其中11位提到赴日研修对自己的教学有帮助；“促进科研的情况”为“0 ∶ 14”，则指14位座谈教师中无人提及促进了自己的科研水平提升。“——”表示无相应数据。

b 指“赴日研修教师”比“近年海外访学半年以上教师数”。

c 指“座谈教师中提到促进教学的人数”比“总座谈教师数”。

d 指“座谈教师中提到促进科研的人数”比“总座谈教师数”。

e 指“座谈教师中提到促进管理的人数”比“总座谈教师数”。

f 指“座谈教师中提到增进中日友好的人数”比“总座谈教师数”。

“赴日研修教师占近年海外访学半年以上教师数的比例”指标间接说明日元贷款在项目高校对外交流中的地位与影响。由表14–4可知，此指标各省差异较大（各校差异也较大）。一般来说，位于经济较为发达的地区、实力较强、对外交流传统较好的高校教师赴海外访学的机会较多，而深居内陆、发展较晚、无相应渠道的高校则很难有外派教师出国交流的机会，日元贷款提供的海外交流学习项目对这些高校而言就显得尤为珍贵。举例来说，吉林的长春理工大学从2006年到2009年赴海外访学的教师达1000人以上，通过日元贷款项目外出的仅有18位教师或管理人员；而湖南农业大学从2006年到2009年仅有40位教师赴海外访学，凭借日元贷款项目外出的研修教师就有39位；作为“211工程”“985工程”建设高校的兰州大学从2006年到2009年赴海外访学人数达180人，利用日元贷款外出的教师仅有15人；而同位于甘肃省的天水师范学院外出访学的人数为0，赴日研修则有6人，重要程度之高低由此可见。

在赴日研修的效果上，已归国教师们普遍认可赴日研修对自己的教学工作的促进作用。241名参与座谈的教师中，有165名明确表示研修对自己的教学工作有明显促进作用，占到了68.5%；其次是科研，56名（占23.2%）参与座谈的教师认为研修明显促进了科研工作；再次是对日友好与合作交流，55名（22.8%）参与座谈教师认为赴日经历促进了对日友谊；最后是管理，有27名（占11.2%）参与座谈教师认为研修经历对自己的管理工作有很大帮助。①

教师培训的意义一是提高原有师资队伍的能力，二是提升一大批在扩招与教学评估中匆忙扩充起来的青年教师的教学与科研水平。最终的指向点都是改善人才培养条件，提高人才培养质量。从调研中得到的信息看，赴日研修的教师普遍反映受益匪浅，收到了预期的效果。

很多学校利用此次国际贷款的培训机会，根据现有师资队伍中存在的主要问题，紧密结合本校的重点学科建设和专业结构调整，重点培养学科带头人和中青年骨干教师。此外，对外学习交流带动了整个教师队伍终身学习、研究性学习、自主性学习的良好氛围。

5. 提升管理水平

日元贷款项目实施的省区大多位于内陆，以往很少有类似的大型外资贷款项目。各高校、各省区普遍反映此次日元贷款项目对其管理与利用外资的水平促进很大，在预评估、沟通、协调、实施、监管、阶段评估、反馈、档案保存等基本管理能力上积累了大量经验。有些高校、省区在项目实施中锻炼并成长起来一批管理人员，为应对此后的国际项目奠定了管理基础。

具体来看，各高校基本设立了日元贷款项目管理小组，成员一般来自校 / 院两办，以及财务、教务、资产管理、图书馆管理、人事处等相关部门，各校日元贷款项目管理小组成员一般为 5—20 人。

在项目管理上卓有成效的省区突出的共性表现为：人员较为稳定；重视制度建设，规章健全规范；管理程序科学严谨，建立相应的数据库；组织协调细致有效，斡旋沟通积极，省内团结一致；心态开放，注重学习交流；档案资料保存完整；加强宣传，扩大影响力等。

6. 带动国际交流

调研中项目组发现，日元贷款人员研修项目的资金额最少，但得到的好评却非常多。通过人员研修，很多从未接触过国外大学的高校教师与日本的学术同行建立了学术联系；有不少从未走出国门的高校利用此次机会与一些日本大学建立了正式或非正式的校际关系，大大提高了援引日本专家来校指导的层次与数量，也推动了学校师生的对日学术、文化交流。日元贷款项目在这一点上受到各项目高校的极力

---

① 统计的座谈教师大多是学校请来的专业类研修教师，所以可能造成了强调“管理”的功效不如强调教学科研的多，实际上赴日培训的短期管理干部普遍反映培训促进了自己管理水平的提高。

肯定。

在人员研修与国际合作上表现突出的省区在赴日教师的选拔与考核上较为严谨，教师的生活费拨付及时，并通过各种渠道深入增进与日本高校、机构之间的合作，成效突出。典型案例如云南农业大学。学校通过层层遴选筛选出最优秀、最有潜力的教师赴日，并以日元贷款项目为契机派出党委书记在内的访问团赴日本高校进行访问，做了大量精心的准备工作，成果达到了预期，最终成功与京都府立大学、琉球大学、鹿儿岛大学、鹿屋体育大学等多所日本大学建立了正式或非正式的合作关系，签订了包括学生交流、科研合作等在内的多项合作协议，并通过日本媒体的报道宣传了学校。

（四）项目典型经验

中国作为世界上最大的发展中国家，经济及社会发展水平存在显著地区差距。中西部一些省区利用国际组织或外资贷款发展教育事业，是典型的借资引智。在对日元贷款项目进行的调研中，我们发现一些省区政府、地方高校有着较强的自主意识、合理的规划方案、有力的管理体系，相比其他省区和高校在项目中取得了更大的成绩。总结它们的经验和做法，有利于分析在类似国际合作项目中把握主动权、获取最大收益的有效途径，为未来我国进行深度国际高等教育合作提供建议。

1. 湖南省

湖南省是项目管理经验丰富，省项目办和项目高校团结一致、协调沟通、共同推进的典型案例。

湖南省人才培养项目三个子项目的资金分配为：土建项目总投资 35714 万元，其中日元贷款 12850 万元，占贷款总额的 51.61%；教学仪器设备购置总投资 24280 万元，其中日元贷款 12050 万元，占贷款总额的 48.39%，主要用于基础实验室和部分重点实验室建设。学校作为本项目的投资主体，省级财政和中央国债资金对土建项目适当配置，学校按照 1 ∶ 1 的比例对教学仪器设备项目进行资金配套。①

监理调查组根据在湖南省教育厅外资办收集到的档案数据，制作了《湖南省设备采购项目管理大事记》图表（见图 14–3），用于说明湖南省在项目管理上的经验，并为其他省份设备采购项目管理的评估提供一个参照。

① 引自 2000 年 11 月 30 日湖南省教育厅贷款办文件《湖南省申请日元贷款“人才培养”项目的报告》。

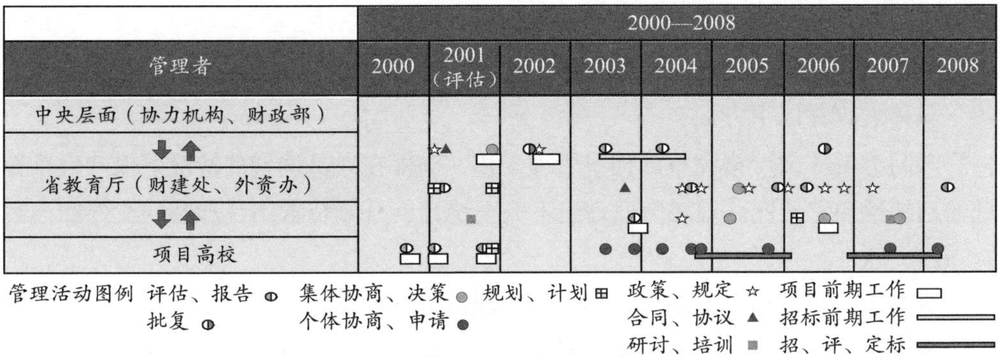

图 14–3　湖南省设备采购项目管理大事记

湖南省项目管理经验可以总结为以下几个方面：

（1）项目论证充分，前期工作细致到位

中国国际工程咨询公司于 2001 年 10 月组织专家赴湖南对《湖南省利用日本国际协力银行日元贷款“中西部人才培养项目”可行性研究报告》进行了评估，对建设内容、规模与方案，设备购置的安排与调整，人才培养，投资估算与资金筹措，财务评价等问题进行了评估并提出了改进意见。专家组将设备仪器购置数量从 1003 台（套）减少到 367 台（套），减少非重点购置，并加大了对重点学科的支持力度；并根据教育项目的特点以及其他五省市的做法，建议湖南省财政在本省日元贷款项目中适当投入一部分资金，“以减少项目院校落实配套资金的压力”。专家组还提出，“对大型精密分析测试仪器的合理配置、专管、共用强调不够，预计使用效益（教育部规定有效使用机时＞ 800 小时 / 年）、风险分析（有效机时＜ 800 小时 / 年）或造成闲置以及效益风险责任基本未予考虑”①。我们认为，从项目实施的经验来看，这些建议都很中肯，对项目实施过程中可能出现的一些风险提出了防范意见。

（2）领导高度重视，各部门相互配合，沟通顺畅

针对项目实施过程中存在的问题，湖南省项目领导小组多次召开会议进行协调；在土建项目实施过程中，“领导小组召集财政、计委、建委等部门召开专题会议，要求各部门做到特事特办，急事急办，为土建项目的立项、报建等提供方便”。项目实施过程中项目办和相关职能部门相互尊重、密切联系、互通有无、共同管理、资源共享。上级部门下发的文件和规定在部门之间相互传阅，重大的措施和规定出

① 引自 2001 年 11 月 6 日中国国际工程咨询公司文件《关于湖南省利用日本国际协力银行日元贷款“中西部人才培养项目”可行性研究报告的评估报告》。

台前进行协商，取得一致。①

（3）省教育厅外资办管理经验丰富，措施得力

具体表现在以下方面：

项目办有非常严格完整的档案管理工作，确保在人员调动的情况下保持项目管理的延续性和完整性。据协力监理组不完全统计，日元贷款项目涉及的文件和档案有 40 盒 500 件。

外资办有丰富的外资项目管理经验，如世行贷款等。

湖南省在项目实施过程中充分利用专家意见，把握项目实施的主动权。协力监理组发现，湖南省项目办方面对和中仪公司签订的代理协议进行了多番修订，保证甲方的利益，一定程度上对招标代理公司进行了约束。设备采购的商务谈判阶段，项目办制定了详尽的签约谈判工作流程图，对谈判人员进行了分工：专业组负责技术问题的讨论；顾问组提供技术咨询，组建谈判签约小组，确定主谈人；综合组负责后勤和备案；签约领导小组审核谈判结果。

根据项目实施进程制定规章办法。从前面的管理大事记中可以看到，在招标过程中项目办及时总结项目进展，积极组织集体协商项目实施过程中遇到的问题，及时响应需求，出台政策、规则以推动项目进程。将设备采购清单论证、分包方案、招标和供货过程中的各种问题和解决方案及时以文件的形式传达给项目院校。

（4）配套资金比例高，充分调动了以财务部门为核心的行政系统人员的积极性

根据湖南省教育厅外资办的说法，湖南省希望利用这次机会由省里给院校配套拨款。各个项目院校的项目管理办公室以财务处为核心，学校反映“财务处能更方便地协调方方面面的事情”。这是湖南省项目进展顺利的重要原因。

（5）项目高校责任主体意识强烈，团结一致，有效协商

从管理大事记可以看出，项目院校除了参与省里组织的集体协商决策，还多次以个体申请的方式解决个例问题，推进了项目进展。如在省厅项目办的委托和支持下，湘潭大学的总会计师牵头组织研究制定了《会计核算办法》，并在全省推广实施。

2. 贵州省

贵州省日元贷款项目由日本国际协力银行提供贷款资金共 45.93 亿日元（约折合 3.1 亿元人民币），国内配套资金 1.5 亿元人民币，总投资约 4.6 亿元人民币，

---

① 引自 2003 年 9 月湖南省教育厅外资利用管理办公室文件《日元贷款湖南省高等教育项目实施情况汇报提纲》。

用于加快高等教育的发展和高素质创新人才的培养。贵州省日元贷款项目院校为：贵州大学、贵州工业大学、贵州师范大学、贵阳医学院、遵义医学院、贵阳中医学院、贵州财经学院、贵州民族学院八所省直院校。

在全国同期项目省中，贵州省率先完成了仪器设备国家招标采购工作。设备到货和投入使用后，终端用户满意度基本达到 100%（来源于贵州省日元贷款项目办公室提供的信息）。日元贷款项目帮助省属高校拥有了一大批具有国际先进水平的教学科研仪器设备。

另外，按照国际惯例完成了 11 个土建工程项目的新建工作，合同金额 23.95 亿日元，合人民币 1.6 亿元，建筑面积 15.3 万平方米。这些具有现代化特征的建筑物，形成了贵州省高校一道亮丽的风景线。

贵州省项目人员赴日研修派遣工作也比较顺利。截至 2010 年 6 月，该省已有 312 人赴日研修，达到计划的 170%。地处西部、高等教育在全国范围欠发达的贵州省，之所以能开展好日元贷款项目，经验总结如下：

（1）组织领导有力，省教育厅和财政厅通力合作

领导组织有力是项目执行成功的关键。从领导层面来说，贵州省日元贷款人才培养项目领导小组由主管教育的副省长任组长，省计委、省财政厅和省教育厅相关领导为成员，负责领导和协调项目执行管理工作，领导小组下设办公室在省教育厅贷款办公室，作为领导小组的执行机构，负责管理本项目的日常事务和具体组织项目的实施及对外联络工作。贵州省计划与发展规划委员会、省财政厅和省教育厅共同协调和监督项目的准备工作和实施过程。省财政厅负责项目的财务管理及贷款资金的提取及支付，负责贷款本息的向上偿还工作。建设、规划、环保、商检、海关、人防、消防等有关部门为项目的执行开“绿灯”，提供便利，优先审批该项目，确保项目的顺利实施。审计部门根据审计署授权，对项目资金筹集、使用情况和项目实施情况履行审计监督、公证职能。由于日元贷款涉及国际招标、采购清单制作等技术环节，因此贵州省还成立了由 9—11 名有关专家组成的省项目专家组，负责对项目有关技术问题进行专门的指导和帮助。贵州省教育厅根据颁发的《贵州省教育厅关于建立日元贷款贵州省人才培养项目院校执行机构的通知》（黔教贷发〔2003〕2 号），要求各项目院校成立日元贷款人才培养项目办公室，由分管项目的院（校）长任组长，配备财务、土建、设备、人员培养等方面的专业技术人员，负责本单位项目的协调、管理和具体实施。

（2）落实国家发改委、财政部和协力机构的日元贷款相关文件，结合省情及

时出台相关管理办法

为了切实做好贵州省日元贷款项目的执行管理工作，保证项目的顺利实施，根据中日政府签署的贷款协议、项目备忘录，国家发改委批准的项目可行性研究报告以及财政部下发的《日元贷款人才培养项目工作规程》，贵州省于 2003 年 11 月 11 日制定了《日元贷款贵州省人才培养项目实施管理办法》，指导项目开展。

为了保证土建工程及仪器设备采购工作顺利进行，做到符合规程、保证质量、节约资金、提高效益，结合贵州省实际情况，贵州省日元贷款项目办公室制定了《日元贷款贵州省人才培养项目土建工程及仪器设备招标采购实施管理办法》。此办法中，详细列出了土建工程招标采购程序、仪器设备招标采购程序和设备采购清单技术参数格式。为了切实做好赴日留学进修培训工作，他们制定了《日元贷款贵州省人才培养项目人员培训实施管理办法》。贵州省的日元贷款协议于 2003 年 7 月 28 日签订。教育厅日元贷款项目办公室在签订协议后的 3 个月即出台了针对土建工程、仪器设备和人员研修的管理办法，并详细注明了招标流程和技术参数格式，显示出较高的工作效率、较大的管理力度与较强的专业技能。行动果决，执行有力，这使得贵州省能较好地利用日元贷款时机，缓解高校规模扩张、办学资源紧张的局面。

（3）建立贷款偿还的财政激励机制

在贵州省日元贷款项目中，项目院校贷款额的 80% 由省财政厅偿还。贵州省日元贷款资金总额为 3800 万美元。省财政厅负责偿还 3000 万美元的本息，各项目院校负责偿还其余贷款资金的本息和筹集配套资金。从这点来看，贵州省财政厅对日元贷款项目院校给予高度的财政补贴，也是贵州省政府增加对本省高等教育投入的一种独特的方式。因此，贵州省项目院校的贷款偿还压力较小，它们以日元贷款的形式得到了省级政府的财政投入，极大地调动了院校实施日元贷款项目的积极性。

（4）日元贷款管理队伍稳定、持久、专业

外资贷款工作是政策性、业务性、连续性非常强的工作，人员变动频繁不利于项目的执行与管理。贵州省日元贷款工作取得如此好的成果的一个重要原因在于有一支精明能干、持续稳定的队伍。贵州省日元贷款项目办公室成员来自贵州省教育贷款与教育工程项目办公室。办公室工作人员敬业、专注，长期从事教育贷款和教育工程项目的领导管理工作，积累了丰富经验，善于研究和学习外资贷款这一新生事物，及时转化为政策文件和管理办法，供全省项目院校和其他兄弟省市学习。

（5）重视项目档案的建立以及资料收集、整理、制作、保管工作

日元贷款项目一般持续 3—7 年，周期较长，涉及各级政府层面颁发的文件、

票据、资料繁多，且不时需要迎接来自日本协力机构、财政部、审计署等的检查，需要保存翔实的资料以应对各种需要。同时，资料的保全也为日后分析外资贷款项目、省属高校发展状况积累了宝贵的经验和财富。更重要的是，如果日元贷款项目办公室成员发生变动，后来接手的工作人员可以凭借档案资料深入了解日元贷款项目，顺利开展相关工作。

贵州省日元贷款项目办公室非常重视项目档案资料的管理。他们还要求项目院校建立文件资料与档案，并妥善保管，在项目支付完毕后 3 年内，保留所有证明开支的记录（如合同、发票、账单、收据、图片、音像和其他文件），防止文件资料丢失。

（6）重视项目中后期的管理工作

贵州省已完成日元贷款项目，他们坚持“三分建，七分管”，千方百计地做好项目的中后期管理工作，使项目发挥持续的效益。

贵州省日元贷款项目办公室要求项目单位结合本单位的实际情况制定设备使用管理维护制度和分级管理责任制、校舍使用和维护制度，做到“制度上墙”，并将责任落实到人，使校舍建后管理，仪器设备的使用、管理等有章可循。

3. 重庆市

（1）及时制定管理办法，做到日元贷款项目有章可循

重庆市结合实际，制定了《日元贷款重庆市高等教育项目工作规程》（渝教财〔2003〕2 号）、《日元贷款重庆市高等教育项目赴日留学、进修人员选拔简章》（渝教财〔2003〕3 号）、《利用日本政府贷款高等教育项目财务管理办法》（渝财外〔2003〕59 号）等文件，降低了项目实施过程中的随意性，加强了项目实施的风险防范，为项目的顺利实施提供了制度保障。

（2）将现代技术引入日元贷款项目管理，提高管理效率

重庆市委托重庆理工大学开发了项目管理软件系统，以科学、合理的工作流程规范操作内容，以真实、客观的数据分析监控工程进度，用数据量化考核项目实施各环节的建设质量。这项工作得到了财政部、商务部、日本国际协力银行以及供货商和项目院校的一致好评，并已在贵州、新疆、内蒙古和吉林等省区推广。

（3）仪器设备共享，提高日元贷款设备的利用率

重庆市将部分利用日元贷款资金购买的大型精密仪器设备加入重庆市科委大型仪器资源共享平台，改变了大型仪器资源分散、信息闭塞、使用效率低下的状况，优化了科技资源配置，有效提高了仪器设备的使用率和使用效益。

（4）针对重要环节开展培训，培养和锻炼外资贷款管理干部

日元贷款项目对我国中西部省份来说是一项新生事物。利用日元贷款的机会，培养一批懂管理、能力强的高素质外资贷款管理人员是我国政府决定对中西部省份院校开展日元贷款项目的目的之一。日元贷款项目的可行性报告拟定、采购清单制定、标书编制、招标评标组织、仪器设备验收、项目变更申请、设备管理等各个环节均区别于一般贷款项目，这就要求项目省份能根据需要及时建立学习机制。重庆市在这方面先行一步，自编培训教材，用于指导物资采购（含仪器设备和土建“三材”）标书编写、评标、合同签约等日元贷款工作涉及的主要环节和工作流程。他们还选派部分项目管理人员赴日研修，学习先进的管理经验，提升管理理念。另外，重庆在影响项目建设的标书编制、评标、合同签约阶段，对相关人员实行集中封闭式培训和指导，确保日元贷款项目执行的高效无误。

4. 内蒙古自治区

内蒙古自治区日元贷款人才培养项目于2005年实施，共申请贷款50.73亿日元，其中，土建21.597亿日元，设备采购27.34亿日元。截至2010年9月，内蒙古自治区已经基本完成了日元贷款项目，且大部分设备于2008—2009年到货，项目实施周期相对其他2003年和2004年实施的省份较短。

身处祖国边疆、少数民族聚集的内蒙古自治区，卓有成效地探索了分批招标采购设备的模式，堪称一大典范。表14–5展示了内蒙古自治区分批招标采购设备的时间表。招标采购设备的程序可以分为九个步骤，其中院校提交设备清单和日方批准采购清单分包方案是前期准备阶段。内蒙古自治区在2004年和2005年完成了这两道程序，三批可以同时进行这两道程序，不延误时间。调研组了解到，分批次有助于“边干边学”。就设备标书文件出售到商务合同签约耗费的时间来看，第一批和第二批分别耗时14个月和18个月，第三批耗时降低到4个月，前期的尝试习得的经验为随后的招标工作积累了经验，节省了时间。就国际竞争性招标而言，及早准备分批次招标，补救因质疑、流标、废标、供货不及时等造成的时间损失，是一个好的尝试。对于项目院校而言，它们也可以根据设备到货的轻重缓急来确定何时进行招标。

表14–5 内蒙古自治区分批招标采购设备时间表

序号	程序	第一批时间	第二批时间	第三批时间
1	院校提交设备清单	2004年	2004年	2004年
2	日方批准采购清单分包方案	2005年9月	2005年9月	2005年9月

续表

序号	程序	第一批时间	第二批时间	第三批时间
3	商务部批准招标文件	—	—	—
4	设备标书文件出售	2006 年 9 月	2007 年 9 月	2008 年 6 月
5	设备采购招标开标	2006 年 11 月	2007 年 11 月	2008 年 8 月
6	设备评标结果网上公布	2007 年 1 月	2008 年 3 月	2008 年 10 月
7	评标结果确认	2006 年 11 月	2008 年 11 月	2008 年 8 月
8	商务合同签约	2007 年 11 月	2009 年 4 月	2008 年 10 月
9	设备大批量供货	2008—2009 年	2009—2010 年	2009 年
4—8 耗时		14 个月	18 个月	4 个月

数据来源：内蒙古自治区日元贷款项目办公室。

（五）项目实施中存在的问题

日元贷款人才培养项目是以财政部担保，中西部高等院校向日本国际协力银行申请借贷的用于建设校舍、购买设备和派出教师赴日研修的外资贷款项目。

外资贷款项目的特殊性、国内政府部门和地方院校对外资贷款项目实施的不熟悉，使得日元贷款项目在实际运行中存在一些不尽如人意的地方，集中反映在实施周期、管理体制、技术流程、设备效率、研修成效等方面，受到一些省区和高校的诟病。具体而言，有如下方面：

1. 项目涉及主体广泛，考验实施效率

日元贷款项目始于我国高等教育规模扩张和高校迎接本科教学评估的资金紧张时期。在调研中我们了解到，项目省份和院校普遍对日元贷款期望较高，希望项目启动后 1—2 年内迅速为本省或本校发展补充校舍、设备资源。比如 2004 年签约的湖北省，将扩招中急需建设的实验楼、教学楼等列入日元贷款土建项目，期待 2005—2006 年能将土建项目付诸使用。然而，土建项目直至 2006 年仍未能招标，项目院校不得不利用其他渠道资金进行校舍建设。我国财政部和日本协力机构就日元贷款的洽谈沟通始于 1999 年，项目从 2002 年到 2006 年分批次进行。据调研中获得的信息，80% 左右的设备于 2008 年到校，项目从论证申请到资金支付平均周期为 4—5 年，大大超出项目省份和院校的两年预期。

为深入分析设备采购到货慢的根本原因，监理调查组制作了设备采购的过程模型（图 14-4），描述了日元贷款项目设备采购的三大过程（财政 / 拨款过程，商务 / 采购过程，供货 / 维持过程），归纳设备采购项目进展缓慢和效益耗损的原因，以及潜在的风险。

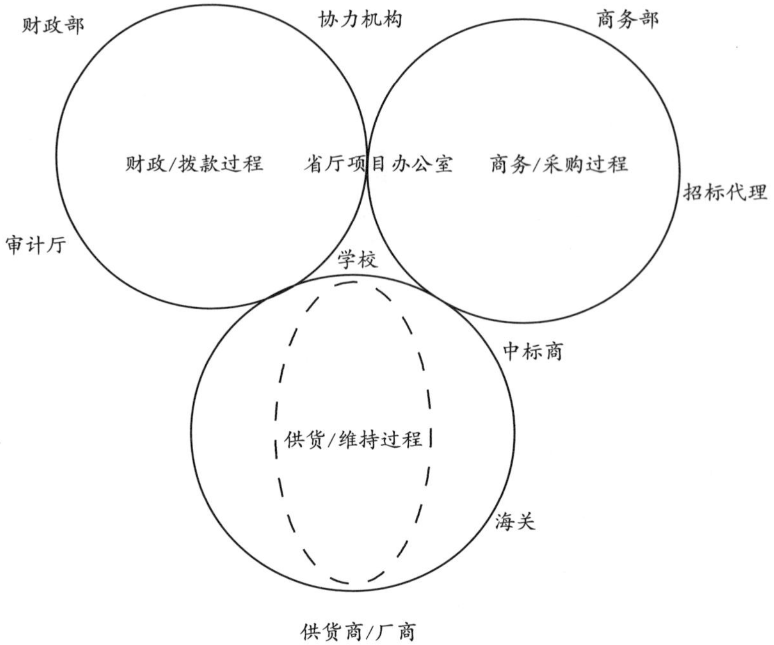

图 14–4　日元贷款设备采购的三大过程

第一，财政/拨款过程，由贷款双方共同确定资金的用途、融资计划、拨款流程、审计流程。由于项目实施耗时过长，设备更新换代很快，采购计划变更的情况不可避免，贷款双方需要持续协商。同时，项目实施耗时很长等各种因素造成了项目效益的损耗，而对外（日方）和对内（财政部）的审计规程和重点不同，造成省厅项目办公室和高校承受较大的审计压力。

第二，商务/采购过程，设备采购采用国际竞争性招标方式进行，这样的资金规模和招标方式在高等教育机构设备采购实践中尚属首次，没有经验可借鉴。这一过程的顺利与否极大地依赖于招标代理的专业水平和招投标市场的规范程度。遗憾的是，这两个条件都不成熟，省厅项目办公室承担了大量的工作，包括组织标书制作、组织招评标、协调变更、组织商务谈判和签订合同等。还有一些需要突破原有刚性结构的探索性工作也依赖于省厅项目办公室和项目高校的能力。同时，商务部13 号令《机电产品国际招标投标实施办法》不适用于高校设备招标，也给招投标工作带来了困扰。

第三，供货/维持过程，这一过程是商务/采购过程的后期，但涉及厂商、海关等相关主体。这一过程中的风险是有些中标商履约能力不强、用户与招标代理对中标商缺乏约束，造成供货迟缓、验收困难、维护不力等问题。同时，高校原有的设备采购市场生态（高校与有长期合作的设备厂家的关系）受到了一定的冲击。

可以看到，从中方到日方，该国际项目涉及从高校到地方政府、中央政府，到出入境机构，再到日方机构、日本中央政府等重重“关卡”，涉及面广，时间耗费长，考验及压力大，即时成效损耗在所难免，而中间由于涉及地方发改委、财政厅、教育厅、银行与中央发改委、财政部、商务部、教育部、中国银行总行、海关总署等各教育、财政、金融、海关等机构，非常考验各机构间制度规定的协调性、工作分工的配合度等。政府机构间的分工协调也是进行国际项目必须面对的一大重要课题。

不过，从历史的角度应该看到，日元贷款项目实施的时期是中国各地区省属高校迅猛发展的重要时期：在校生规模增长迅速，研究生规模增大非常引人瞩目，科研水平逐步提高，教学设备需求成倍增长，科研设备采购与管理更是从未遇到的挑战与新课题——高校设备采购和设备管理经验不足、制度正在建设当中。对各省区教育管理部门而言，这一历史时期是高等教育体制改革带来的行业院校地方化的时期，对省属高校的管理经验也在积累之中。日元贷款项目为这一双重进程提供了宝贵经验与可贵探索，高校采购、设备管理、人员培训等管理经验作为潜在的项目效益，应该加以总结、积累、推广。

2. 项目要求与管理程序复杂，中方往往处于相对被动地位

日元贷款项目从前期的论证、评估，中间的实施，到后期效果评估，都要求贷款方中方提供大量的资料、数据、信息，提供全方位的自我陈述、报告，并开展频繁多样的过程性评估和终结性评估，不少高校，省教育厅、财政厅等对此表示“苦不堪言”，提供给日方的一些数据资料甚至可能有“泄密”之风险，但由于高校作为借贷方处于被动地位，需要严格遵从日方的各项管理规定，因而有时会由于沟通、协商而影响项目执行效率供货。这对我国其他国际合作项目来说是必要的警醒。

锻炼和培养一批外资贷款管理干部是财政部决定利用日元贷款的另一目的。然而，省厅和院校日元贷款项目办公室的管理人员对日元贷款工作没有任何已有经验的指导，加之土建、设备采购招标流程复杂，报批程序繁杂，管理人员奔波在中介公司、供货商和设备使用教师之间，疲于沟通、开会、解决纠纷。陷入事务性工作中的他们难以从宏观层面把握外资贷款的特殊性，难以从招标文件制作、招投标方式等技术环节上得到真正指导，积累的外资贷款管理经验比较有限。项目省份和院校管理人员在执行程序中有时处于信息真空，他们在回应设备使用部门和赴日研修基层教师的困惑和问题时感到无助、无奈。

与该项目类似，国际合作项目普遍有着相似的严格、科学的程序与流程管理规定，我国高校长期以来的较为粗放的管理方式导致各相关单位对此有相当程度的不适应。因此，我国高校在进行相关国际项目时，应该加强对相关项目实施流程的培训，帮助管理人员从心理上提升认识，从技术上提升业务能力。

3. 执行环节缺乏指导，消耗成本较高

在我们调研的21个省份中，不足三分之一的省份日元贷款项目办公室领导曾经负责过学生贷款或者世界银行贷款，具备一定的经验。对于初次接受外资贷款工作的日元贷款项目办公室工作人员来说，日元贷款环节中的招标文件起草、英文标书翻译、招投标中平衡院校利益、教学仪器设备分包原则与询价、还款期长的日元贷款项目的会计核算，均是较大挑战。实施批次较早的省份，通常在摸索中前进，严重影响进程。招标文件制作、招投标方式、会计核算制度等关键技术环节没有现成的指导手册供参考，从头摸索耗费了管理人员很多的时间和精力。我们了解到安徽省为了起草招标文件，聘请了专门的招标专家，且组织项目院校召开了5—6次多达150人参与的大型会议。由于经验不足，标书经过反复修改才获得商务部通过。另外，调研中我们了解到，省厅和院校层面的日元贷款项目办公室大多挂靠在其他部门，如发展规划处、财务处，人事处、校办等，项目管理人员每天有许多其他部门范围内的职责和事务需处理，精力有限。由于日元贷款项目在关键技术上前期没有可供遵循的规范，摸索阶段耗费了项目管理人员不少时间和精力。

4. 设备使用效率有待进一步提高，共享程度有待进一步加强

日元贷款项目设备采购量大、种类多、价格昂贵，一些从教学型向科研型转型的大学期待利用这次采购的设备进行科研平台建设。由于实施周期长，提交设备清单距离设备到货时间较长，使得一些设备，尤其是电子类设备尚未付诸使用便即将被淘汰。比如2009年到货的纯平显示器台式电脑不受学生欢迎。有些用来进行基因测序的生物类仪器需要有专人进行维护，单次开机使用成本甚至高于由校外专业性企业测序的成本，故使用率不高。为了提高设备利用率，发挥日元贷款设备的效益，有必要建立跨院校的省内大型科研仪器设备共享平台。

针对此问题，有必要反思：此类耗时长、使用复杂的国际合作项目的资金最佳利用点究竟应该放在哪里？通过国际合作获得的某些“奢侈品”的利用率能否得到保障？花大力气进行的合作项目如果不能使最广大的师生从中获益，那么进行国际合作项目的合法性就将受到质疑。

5. 受外汇等相关政策影响大，项目抗风险能力弱

日元贷款资金的使用涉及外汇汇率兑换、进口设备的购买，故实施受到相关政策影响。日本协力机构支付给中标商的是日元，采购设备或者研修人员派出均需支付人民币。当日元兑换人民币汇率较低时，同等金额的日元所能采购的实际设备量减少，中标商和项目院校均会遭受损失。在安徽，省厅日元贷款项目办公室一致决定风险由高校和中标商各付一半。在有的省份，因高校和中标商无法达成一致，甚至在关账日到来之际，设备依然无法按期到货，致使申请设备的院校相当被动。外汇汇率兑换政策的变化也会影响到外汇的兑换进度，进而影响日元贷款研修资金的报账。2009 年，国家外汇管理局颁发了《关于改进中国进出口银行外债转贷款外汇管理方式的通知》。通知规定，转贷款债务人按照与进出口银行约定的汇率在进出口银行申请结汇，进出口银行将结汇人民币支付给转贷款债务人，转贷款债务人不再另外向当地外汇局申请办理结汇手续。根据这一政策，先前由教育厅或者财政厅申请办理结汇手续的做法将由进出口银行来办理，新旧方式过渡需要一定时间，这延缓了后期执行研修项目省份的报账进程，很多省份的这一工作因此受到影响。

这是国际项目实施中不可避免的问题，转汇与换汇风险使得利益随时处于变动的损益状态之下，可能的应对之道是提高效率，转移风险，尽可能规避和减小损失。

6. 研修有限制，费用偏低，教师联系高校困难

在调研中我们了解到，每个赴日研修的教师每月的平均贷款额为 12 万—14 万日元。教师们普遍觉得额度较低，除掉必要的生活开支，难以有额外经费参与学术交流活动。

另外，此项目由于是日本项目，在目标院校上有限制，要求教师外出研修必须前往日本高校，这就带来语言、院校选择面窄等诸多问题。此外，有些地处偏僻的地方院校教师海外联系较少，与日本院校没有开展过学术交流和合作，在联系日方合作导师和访学院校时有一定难度。一个极端的例子是，一所处于非省会城市的院校的所有教师均赴日本同一所大学访学。

除日元贷款项目外，联合国教科文组织、世界银行等国际组织的对华援助项目也经常采用外派教师出国培训的方式。这些项目在教师外出的规定、教师研修费用支出等方面面临着类似的问题，在实施时必须加以考虑。

三、国际借资引智促进区域高等教育发展总结

从以上分析可知，我国地方高校在 20 世纪 90 年代以来的全国高等教育大变革中承受了转型的压力，通过利用中央专项补贴、地方政府扶持、国际项目援助等，

建立起多元筹资的发展渠道，逐步恢复了发展的动力，同时在此过程中找到了与地方经济社会的结合点，不少高校由此达到了筹资和服务区域的双赢。

站在我国地方高校的立场，总结其与国际组织合作的轨迹，反射我国高等教育发展的这一特殊历史片段，可以从以下三个方面来分析：一是地方高校当时面临（部分地区至今仍面临）的发展困境；二是它们在国际援助项目中付出的努力、经历的困难；三是它们利用从地方政府、国际组织等处取得的各类软硬件资源，充分发挥后续效益，积极参与区域互动，促成了我国高等院校与区域联动的新局面。

（一）中国欠发达地区高等教育的发展困境

“地方财政投入不足，巨额的银行欠贷，优秀人才难以引进……”[①] 是我国中西部地区很多高校面临的问题。这一问题在20世纪90年代中后期达到高峰，至今仍有不少高校没有解决或没有完全解决这一问题。

地方高校是我国高等教育大众化的主力军，在我国高等教育发展和实现全民教育目标中发挥着主要作用。在我国高等教育大众化的历程中，大众化的主要任务是由地方本科院校、专科院校来完成的。本研究从教育部提供的数据获知，从1998年开始，我国“有研究生院高校”的本专科学生数增幅相对较小，从1998年到2002年增长幅度为100.9%，之后增幅减缓，“十一五”期间基本处于稳定状态，五年内仅增长1.1%；而“其他本科院校”从1998年至今一直是扩招的“主力”，1998年到2002年增长率为163.1%，且此后一直处于高速增长状态，“十一五”期间增长率达到50.3%；“专科院校”在扩招之初表现不俗，从1998年到2002年增长156.5%，2002年到2006年也有很大增长，“十一五”期间趋于稳定。

地方院校在扩招初期面临师资补给压力。1998—2010年，我国三类院校教师数量的增长趋势与各自类型院校学生数的增长趋势基本相符；但在三个时期，三类院校专任教师数与学生数的增速间并不完全匹配：“有研究生院高校”教师的增长速度与学生数的扩张速度基本同步，在2002年以后教师数的增长速度甚至超过了学生数的增长速度；“其他本科院校”1998—2006年学生数的增长速度显著高于教师数的增长速度，从2006年之后教师数的增长速度才开始赶上（从图14-5的斜率可明显看出），近些年来才开始有较大程度的教师数增加；而“专科院校”在

① 杨晨光，蔡继乐．两会聚焦：欠发达地区地方高校如何走出发展困境[N]．中国教育报，2010-03-15.

1998—2002 年学生数的增长速度较快时，教师数的增长速度也与之相当，2002—2006 年时教师数的增速度稍跟不上学生数的增长速度，近年来有改善。

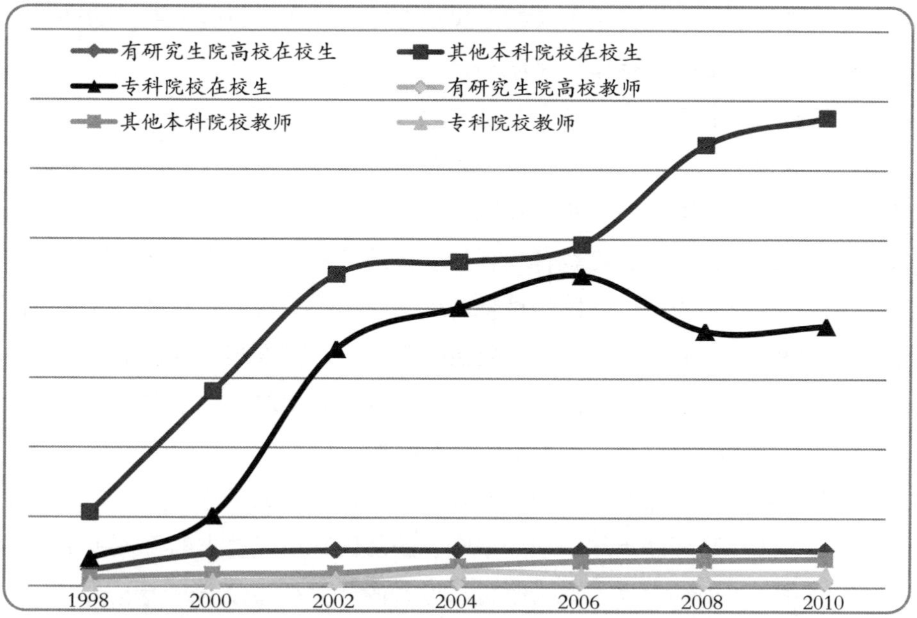

图 14-5 1998—2010 年我国三类院校在校生数与专任教师数变化情况

注：数据来自教育部公布的统计数据，为显示清楚，每隔一年统计。

1999 年到 2006 年的学生数高速增长期，大部分地方高校都曾面临教室、食堂、宿舍不敷使用，课程安排受限，实验室、设备等短缺老旧，教师、辅导员、行政人员超额工作等各方面压力，而由于高等教育转制和权力下放，大部分高校都划归财力有限的地方政府管辖，高校所需的大量办学经费所得无门。同时开展的本科教学水平评估工作中对基础设施、基本办学条件的硬性要求，也进一步要求加大财力投入。种种情况都导致地方高校在这一时期将主要精力投在了“找钱”上，而地方政府由于经费难以支撑辖区内的高等院校，也采取种种措施（如拨地、税收优惠、支持学校参与日元贷款等类似的国际援助项目等）帮助地方高校获取发展资源。

（二）欠发达区域参与高等教育国际项目的利弊

在上述背景下，不少地方高等院校（特别是中西部欠发达地区的高等院校）在这一时期参加了世界银行、日本国际协力机构等国际组织开展的对华教育援助、优惠贷款项目。通过参与这些项目，地方院校从中获取了急需的资金，添置了校舍、设备等硬件物资，并通过贷款项目的人员培训活动提升了所在院校的师资水平，同时拓宽了国际视野，总体收益是多方面的。

但是，正如有学者指出的那样，此类国际项目，特别是贷款项目，与发展中国家的合作始终是不平等且充满争议的。我国地方高校在参与国际项目的过程中也遭遇了这些问题，总结起来有如下几点：

（1）教育控制权问题

对在国际组织的全球化运动中保持教育主权和教育控制权的讨论一般集中在开放对外办学领域。如世界银行和世界贸易组织等奉行新自由主义和市场主义的国际组织正在引导全球各个国家将教育权逐步下放给市场竞争。我国 20 世纪 90 年代末的高等教育管理体制改革也受到这种全球思潮的影响。我们在与多边或双边国际组织达成合作协议的时候，往往默认了要接受其影响，允许其一定程度上干预一些事务（包括高等教育事务）。因此，掌控教育主权并非要对外部干涉完全说“不”，而要利用国际合作的收益为自己国家的利益服务。

日元贷款项目中，很多地方政府和地方高校都意识到了这一点。在向国际组织提供信息资料、接受国际组织的谈判规则、服从国际组织要求的管理规定、派遣人员接受他国教育培训等方面，作为受援、借贷的一方往往没有太大的选择权。如何在国家利益的立场下保持头脑清醒，完成既定任务，同时学习到先进的外部经验，是我国教育界进行国际合作面临的一大挑战。

（2）高校话语权问题

在国际合作项目中，直接受益、直接参与合作的一方是高等院校，来自国际组织的各项要求最终落在高校身上，来自中央政府和地方政府的政策因素直接作用于高校，国际汇率变化等带来的风险也常常由高校承担，但是中间项目具体实施的招投标、施工、银行借贷等环节却往往不由高校掌控，高等院校在国际项目中的话语权不大，承担的风险又常常没有相关部门予以保障。甚至一些地方政府有时也在此类国际项目中没有发言权，其尴尬处境进一步造成项目实施效率低下，办事人员缺乏动力，直接影响我国对外教育合作的成效与信心。

（3）合作主动权问题

从接受国际组织的教育援助活动来看，我们还比较缺乏在此类项目中的战略规划和主动考虑。国际组织往往会推广特定的理念与信息，为了获得经济资源和技术援助，我们常常需要努力配合它们提出的条件，在这一过程中，我们要保持清醒头脑，坚定立场，维护国家利益。从国际组织处购买的服务（如设备、培训的人员），有时也缺乏自我规划，如购买设备仅仅是因为在输出国流行，结果购买后闲置；人员培训时盲目依据输出国提供的名单随意选择学校，培训效果不佳等。

我们目前比较缺失的，或者说至少应该考虑的，是如何基于自身需求，在与这些国际组织合作时进行积极的战略规划，即更为前摄性地参与活动，扩大自己的影响力，战略性地利用国际组织，更多地实现自己国家的利益，同时履行国际责任。①

（三）中国地方高等院校的区域贡献

必须看到，即使面对自身资源严重短缺、发展瓶颈突出、国际合作受人掣肘的恶劣条件，我国地方高校仍在积极发挥自身优势，为所在区域的人才培养、社会服务贡献聪明才智。地方院校发展的区域专业特色、发挥的服务区域的功能、与区域联系的紧密程度、做出的经济社会贡献并不逊于中央部委所属院校，甚至在特定地区、特定程度上，要强于中央部委所属院校。这些在前文中有大量例证。

基于此，中央政府要积极扶持地方高校的发展，在政策和资源上为地方高校进行进一步的国际合作、地区合作、产业合作扫清障碍；地方政府要密切与所在辖区高等院校的联系，为其与区域内各个产业深度合作牵线搭桥，积极引进和扶持针对地方高校的国际项目，共同为地方高等院校创造舒适的发展空间，促进中国高等教育的整体改革与创新。

① Yang, R. International Organizations and Asian Higher Education: The Case of China [A]//Bassett, R. M., Maldonado, A. (ed). International Organizations and Higher Education Policy: Thinking Globally, Acting Locally?[C]. New York and London:Routledge, 2009:174-191.

15

高等教育资源区域分布及协调发展的评价指标体系研究

第15章

高等教育资源区域分布及协调发展的评价指标体系研究

研究高等教育资源的区域分布和协调发展问题，首先要明确这一问题的对象主体和价值。从个体层面来看，高等教育资源主要指的是接受高等教育的机会，区域高等教育资源的协调发展意味着同一区域内、不同区域间的人均（优质）教育资源的可获得性，这是公平指向的价值。从组织层面来看，高等教育资源主要是指高等教育机构的办学环境与条件，区域高等教育资源的协调发展意味着改善高等教育机构，特别是欠发达地区高等教育机构的办学条件。改善办学条件既可以依据效率的原则，也可以依据合法性的原则进行。从区域和国家层面来看，高等教育资源主要指对高等教育发展所需要的要素进行配置的政策。目前政府和市场是高等教育资源配置的两大主体，区域高等教育资源的协调发展意味着两大主体在区域高等教育资源的配置上形成合力或互补。在这一过程中，不同主体（中央政府、地方政府、市场）具有不同的资源配置原则。中央政府要通过政策调整市场或地方政府在区域高等教育资源配置上的缺陷，这是其干预高等教育所应该体现的价值。

高等教育资源的丰富程度与分布状况不仅关系到区域高等教育的发展，而且对高等教育公平和区域经济的发展都将产生巨大的影响。随着我国高等教育资源的不断丰富，资源分布不均衡问题日益凸显，尤其是优质高等教育资源的区域分配不公平严重制约着高等教育的全面发展。因此，有必要在分析研究高等教育资源分布现状的基础上，找出其存在的问题，并分析问题产生的原因，提出协调高等教育资源分布的建议，从而缩小区域间高等教育的发展差距。例如，通过协调区域教育与经济的发展来缩小地区高等教育资源分布的差距；通过合理地开发利用师资来解决欠发达地区高校师资不足问题；通过加大政府投入和高校自筹经费能力来解决教育资源分布不均的问题。

一、高等教育资源区域分布与协调发展评价方法

（一）评价指标体系设计

1. 概念界定与变量选择

“资源”是人类生存、活动和发展的基础。“教育资源”从广义上讲，是指人类从事教育活动所需要的条件，包括与教育相关的人力、物力、财力、信息、政策等投入和支撑教育发展的各种必要付出；而狭义的“教育资源”更多是在教育经济学和管理学范畴内使用，指教育的经济条件或人力、物力、财力基础。

本研究对“高等教育资源”采用广义理解，即从事高等教育活动所需要的条件，包括人力、物力、财力、信息、政策等投入和支撑教育发展的各种必要付出等，旨在对高等教育资源进行较为全面的分析和研究。为使研究问题更清楚，我们将用“外部获得性”与“内部生成性”来区分不同资源要素及其特性。（参见图 15–1）

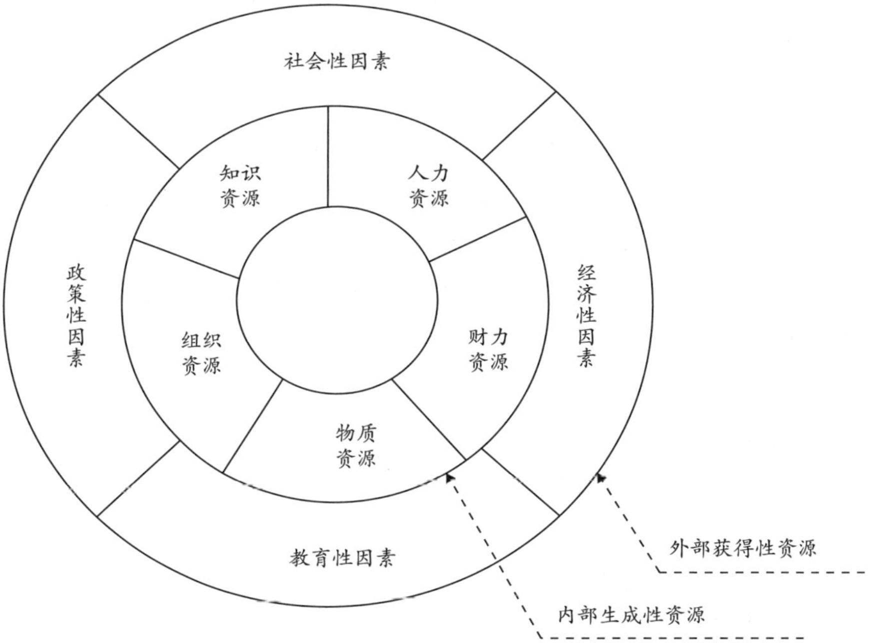

图 15–1　影响高等教育发展的不同资源要素

内外部环境分析方法借助战略分析中的 PEST 分析，外部环境分析的重点是识别和评价超出组织控制能力的外部发展趋势与事件。高等教育的外部环境因素可以认为是在高等教育机构和系统以外的，与机构和系统的生存发展关系密切且有直接影响的要素，如特定机构和系统所处的自然、社会环境条件，宏观政治、经济及人

口状况，整体文化与教育发展水平等。

我们将外部环境中对高等教育产生正面影响的要素称为“外部获得性资源”，这些要素经转换可以产生价值，满足教育供给与消费需求。“外部获得性资源”指外在于高等教育机构和系统，但与机构和系统的生存与发展关系密切、产生直接影响的要素，如特定机构和系统所处的自然、社会环境条件，宏观政治、经济及人口状况，整体文化与教育发展水平等。它们当然也可以被称为支撑高等教育发展的外部条件，我们在这里称它们为“资源”，是因为它们具有可以经转换、产生价值、满足教育供给与消费需求的特性。对高等教育机构和系统而言，这些要素不仅是其生存的宏观社会环境的直接表现，而且对其发展构成一种“宏观层面的作用力”。为研究的需要与方便，本课题将“外部获得性资源”要素具体化为：

（1）社会性因素：总人口、学校教育适龄人口总数、15—65 岁人口受教育程度、每万人口科技人员数等。

（2）经济性因素：GDP 总量、人均 GDP、产业结构（或城市化程度）等。

（3）教育性因素：三级学校学生总数、每万人中大学生数、教育经费总数等。

（4）政策性因素：国家及区域内涉及高等教育发展的重要文件、重大事件等。

“外部获得性资源”的各要素并不具有分类学意义上的规定性，相反一些要素的内涵有时相互关联，甚至重合。如社会性因素中的人口受教育程度与教育性因素中的每万人中大学生数等在表现高等教育资源的性质时并不能完全分开。

高等教育的内部环境因素是指高等教育机构和系统自身的组织结构、运行机制以及所拥有或可以生成与调配的资源。同样，本研究将高等教育内部环境中能对其发展产生积极影响的因素称为“内部生成性资源”。“内部生成性资源”指高等教育机构和系统自身所拥有或可生成与调配的资源，如学校的教师、学科、设备等。本课题将这部分资源划分为人力资源、财力资源、物质资源、组织资源、知识资源五类，其包含的具体内容为：

（1）人力资源（教师）：专任教师总数、高级职称教师总数、师生比等。

（2）财力资源（经费）：经费总投入、财政预算内拨款、生均经费等。

（3）物质资源（硬件）：总建筑面积、实验设备（图书）、年末学校固定资产总值等。

（4）组织资源（院校）：不同类型（公办、民办）的高等教育机构数量，部属院校、“211”大学、“985”大学数等。

（5）知识资源（学科）：一级学科下各学科培养单位在校生数（本科生、

研究生），硕士、博士学位授权学科、授予单位数，一级学科学位授予单位数，重点学科数等。

"内部生成性资源"的各要素并非完全由机构或系统自身决定，如现阶段的中国大学还存在由上级主管部门下达的指导性招生计划，各大学的学科发展也受到学科点布局、学位授权审核等控制，不能完全由大学决定，但大学对这类资源的生成与发展具有很强的自主性和影响力。目前中国正在进行的教育改革也在进一步明确和扩大高等教育机构在这些方面的自主权。

我们的基本假设是："外部获得性资源"要素在一定程度上反映了区域发展的总体水平和特征，与区域内高等教育资源的配置密切相关，对区域内高等教育的发展水平有制约性；"内部生成性资源"总体上会受到"外部获得性资源"的影响，但具有一定独立性。

2. 评价指标体系的设计

本章将"内部生成性资源"作为高等教育分布的评价内容，根据其内容设计高等教育资源分布评价指标体系。

表 15-1　我国高等教育资源区域分布评价指标体系

	一级指标	二级指标
高等教育资源区域分布评价指标	高等教育财力资源区域差异	高等学校教育经费总额
		教育经费占财政支出比重
		生均教育经费
		高校基本建设投资总额
	高等教育组织资源区域差异	"211"高校数
		"985"高校数
	高等教育人力资源区域差异	专任教师数
		专任教师中级以上职称率
		高级职称教师总数
		师生比
	高等教育物质资源区域差异	生均校舍面积
		生均图书藏量
		年末固定资产值
	高等教育知识资源区域差异	博士学位授权学科、授予单位数
		硕士学位授权学科、授予单位数
		一级学科学位授予单位数
		重点学科数

高等教育的财力资源反映了区域对高等教育的投入能力，是高等教育的重要基

础；高等教育的人力资源反映了区域高等教育的师资力量；高等教育的物质资源反映了区域高等教育的基础设施等存量资源；高等教育的组织资源反映了区域优质高校的数目；高等教育的知识资源反映了区域的学科和学术资源。

这些不同类型的高等教育资源之间高度相关，财力资源与物质资源直接相关，而高等教育的组织资源、人力资源和知识资源则有高度相关性。

（二）评价方法

从方法论的角度讲，对资源配置状况进行分析评价经常采用的方法是层次分析法（AHP），指通过建立一组分析评价指标体系，采用德尔菲法进行赋权，然后进行分析评价。这种方法尽管有很多优点，但是模型的构建、权重的确定涉及过多的主观因素，以致很难做到客观、科学和准确。

目前国内外学者提出和应用的评价方法还有很多种，如：多指标综合评价法（综合评分法、视图法、约束法、有序法），指数法和经济分析（指数法、费用—效益法、投入产出分析、价值工程），运筹学方法（多目标决策方法、数据包络分析法—DAE方法），数理统计方法（聚类分析、主成分分析、因子分析），模糊评价法（模糊综合评判、模糊聚类、模糊AHP、模糊距离模型），基于计算机技术的评估方法（人工神经网络、基于仿真技术的评价法——SwARM仿真、专家系统、决策支持）等。每一种评价方法都有其各自的理论优势和相应的适用范围，因此选择评价方法应视具体情况而定。对资源配置的评价要求必须做到定量化、客观化和精确化，区域高等教育资源和其他资源相比具有特殊性，对其配置状况进行分析评价，必须选择合适的方法。

高等教育资源是一个多要素的复杂系统，同时要素之间又具有复杂的相关性。根据研究对象的这一特点，本研究采用主成分分析法。主成分分析法作为多元数据的降维处理技术，其基本思想是：在众多变量中，寻找某种变换，生成少数代表性较好的综合指标。这些少数指标是原来众多指标的函数，它们彼此相互独立，同时又能继承原指标中的绝大多数信息，它们被称为主成分。主成分分析法利用降维的思想，旨在将多指标转换为少数几个综合指标。在应用中我们应首先明确判断数据降维的条件是否成立，所用数据是否适合做单独的主成分分析，选取的主成分对原始变量是否具有代表性。如果原始变量在本质上独立，降维很有可能失败，数据越相关，降维效果越好。降维后的主成分作为新的综合变量进行其他统计分析，就变得十分有效。主成分分析法的缺陷在于可能不能完全地表征所有指标的特征，对某些指标的特性不能完全表达，所以要采取分组主成分法，根据不同情况进行分组。主成分分析将多个实测变量转换为少数几个不相关的综合指标，这些直线综合指标往往不能直接观测到，但更能反映事物的本质，因此主成分分析法在医学、心理学、经济学等多个科学领域及社会生产中得到了广泛的应用。

研究高等教育资源区域分布与协调发展，我们会面对很多变量，这些变量中，有很多是相关的。我们希望找出它们的少数“代表”来对它们进行描述，这些“代表”是能够具体描述原来信息的综合变量，通过这些综合变量对高等教育资源的各个变量进行分析、排序、判别和分类。我们可以先假设研究变量只有两个，即研究是二维的，它们由横坐标和纵坐标所代表，因此每个观测值都有相应于这两个坐标轴的两个坐标值。如果这些数据形成一个椭圆形状的点阵（这在变量的二维正态的假定下是可能的），那么这个椭圆有一个长轴和一个短轴。在短轴方向上，数据变化很少；在极端的情况下，短轴如果退化成一点，那只有在长轴的方向才能够监视这些点的变化了，由二维到一维的降维就自然完成了。当坐标轴和椭圆的长轴平行，那么代表长轴的变量就描述了数据的主要变化，代表短轴的变量就描述了数据的次要变化。但是，坐标轴通常并不和椭圆的长短轴平行。因此，需要寻找椭圆的长短轴，并进行变化，使新变量和椭圆的长短轴平行。如果长轴变量代表了数据包含的大部分信息，就用改变量代替原先的两个变量（舍掉次要的一维），降维就完成了。椭圆（球）的长短轴相差越大，降维也越有道理。

如二维椭圆有两个主轴，三维椭球有三个主轴，有几个变量，就有几个主成分。选择越少的主成分，降维的效果就越好。选择多少个主成分应该依照被选的主成分所代表的主轴长度之和占主轴长度综合的大部分这一标准。有文献建议，所选主轴总长度占所有主轴长度之和的大约 85% 即可，这只是一个大体说法，具体选几个，也要看实际情况。

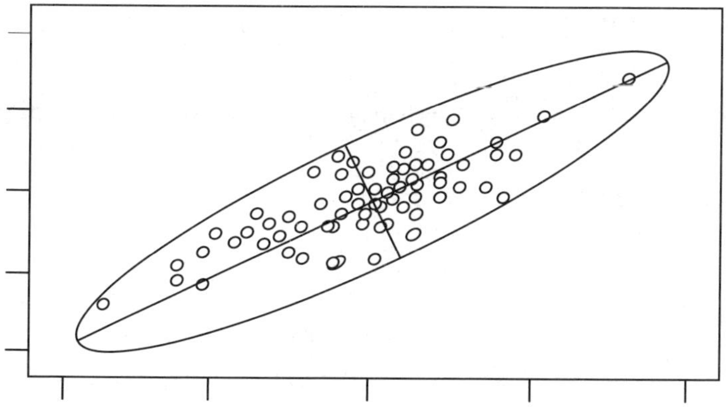

图 15-2　主成分分析法二维降维原理

二、高等教育资源总量区域分布与协调发展评价分析

（一）高等教育资源区域分布综合评价分析

高等教育资源的区域差异评价采用主成分分析法。这里暂取指标体系中的五个进行综合评价：生均教育经费、师生比、专任教师中级以上职称率、生均校舍面积、生均图书藏量。利用 SPSS（Statistical Product and Service Solution，统计产品与服务解决方案软件）软件，选择所有指标进行主成分分析，详见表 15–2、表 15–3 所示。

表 15–2　主成分分析法的各个特征参数

成分	初始特征值		
	合计（特征值）	方差的百分比	累积百分比
1	3.192	63.832	63.832
2	0.740	14.793	78.625
3	0.532	10.636	89.261
4	0.432	8.648	97.909
5	0.105	2.091	100.000

表 15–3　公因子方差

指标	初始	提取
生均教育经费	1.000	0.977
师生比	1.000	0.875
专任教师中级以上职称率	1.000	0.977
生均校舍面积	1.000	0.707
生均藏书量	1.000	0.926

从输出结果看，一共有 3 个主成分的特征根大于 0.5，提取这 3 个主成分可以获得原变量 89.26% 的信息，而且从每个变量中提取的信息都非常大，说明主成分分析效果比较好。

根据主成分法可以得到各个地区的主成分得分（见表 15–4），从而可以构造出综合评价函数$M=\frac{\sum_{n=1}^{3}(\lambda_n f_n)}{\sum_{n=1}^{3}\lambda_n}$，其中 f_n 为各主成分得分，λ_n 为特征根，M 为每个省（市、自治区）的综合评价值。

表 15-4　各省份 f_n 值

地区	f_1	f_2	f_3
北京	3.92076	0.48639	0.86138
天津	0.578880	−0.33242	−0.79929
河北	−0.8884	−0.03238	−0.53495
山西	−0.46687	−0.46071	0.56493
内蒙古	−0.74756	−0.55419	−0.18401
辽宁	0.11643	0.04969	−0.64124
吉林	0.04178	0.63272	−0.76827
黑龙江	0.06083	−0.12694	0.21025
上海	1.63392	1.63875	−0.62562
江苏	−0.28677	0.97451	−0.06351
浙江	−0.29328	3.51460	0.03807
安徽	−0.52682	−0.92395	0.44832
福建	−0.46857	−0.13115	1.47046
江西	−1.08250	−0.52518	0.61105
山东	−0.70555	0.37295	−0.37733
河南	−0.76179	−0.17532	0.00043
湖北	−0.25719	0.48674	−0.52441
湖南	−0.19953	−0.24289	−0.47742
广东	−0.27285	1.35182	0.35165
广西	−0.53953	−0.89045	0.06270
海南	−1.13675	−0.78961	1.66904
重庆	−0.04576	0.32228	−1.26577
四川	−0.64455	0.45851	−0.31111
贵州	−0.06270	−0.60927	−0.80312
云南	−0.04960	−0.4288	−0.06001
西藏	0.76464	−0.14594	3.86370
陕西	0.66627	−0.66998	0.20825
甘肃	−0.72913	0.39499	−0.55957
青海	1.75867	−2.29337	−1.35494
宁夏	0.10275	−0.35806	−0.14119
新疆	0.52077	−0.99333	−0.86847

为了便于分析，可将 M 换算到百分制，换算方法是将各省的平均评价值定为 70 分，当综合评价值等于 2 时，标准分为 100 分，那么百分制下各省的综合评价分数 $J = 70 + 15 \times M$。（见表 15-5）

表 15-5 各省资源主成分法分析法评分结果

地区	综合评价值 M	标准分 J	地区	综合评价值 M	标准分 J
北京	2.9868	114.8020	湖北	−0.1657	67.5145
上海	1.3654	90.4810	福建	−0.1816	67.2760
西藏	0.9830	84.7450	湖南	−0.2398	66.4030
青海	0.7159	80.7385	贵州	−0.2415	66.3775
陕西	0.3902	75.8530	山西	−0.3429	64.8565
浙江	0.3774	75.6610	四川	−0.4220	63.6700
天津	0.2636	73.9540	安徽	−0.4764	62.8540
新疆	0.1042	71.5630	山东	−0.4876	62.6860
广东	0.0709	71.0635	甘肃	−0.5226	62.1610
黑龙江	0.0475	70.7125	广西	−0.5259	62.1115
吉林	0.0432	70.6480	河南	−0.5737	61.3945
辽宁	0.0151	70.2265	内蒙古	−0.6483	60.2755
宁夏	−0.0027	69.9595	河北	−0.7044	59.4340
江苏	−0.0511	69.2335	海南	−0.7448	58.8280
云南	−0.1137	68.2945	江西	−0.7883	58.1755
重庆	−0.1301	68.0485			

根据以上所做评估可将高等教育资源分布分为四类：

第一类：评分在 90 分以上，包括北京和上海。这两个地区的学生享受优质教育资源的机会很大。北京和上海这两座城市在我国具有特殊性，北京是我国政治经济和文化中心，而上海是我国的经济中心，高等教育资源，尤其是优质高等教育资源在这两座城市高度集中。

第二类：评分在 70 至 90 分之间，包括西藏、青海、陕西、浙江、天津、新疆、广东、黑龙江、吉林和辽宁 10 个地区。这些地区虽然存在某种教育资源较差的情况，但其综合得分还是超过了全国平均水平。这些地区的学生享受较为优质的高等教育资源。这一分数段的区域较多，其高等教育资源集中方式不尽相同。西藏、青海、新疆是因为国家对边疆和少数民族地区的教育资源倾斜而得到了一定的教育资源，同时由于人口较少，因而一些人均指标较高，进而评价结果较为靠前。

第三类：评分在 60 至 70 分之间，包括宁夏、江苏、云南、重庆、湖北、福建、湖南、贵州、山西、四川、安徽、山东、甘肃、广西、河南和内蒙古 16 个地区。这些地区的高等教育资源相对全国水平较少，其学生享受优质高等教育资源的机会相对较少。需要注意的是，湖北、山东、江苏、四川、重庆等省份的教育资源可能被低估，因为此评价只考虑了少数因素，并未考虑高校数目和学科资源分布。而河南、安徽、云南等省份，经济能力一般，而人口较多，因此教育资源相对贫乏。

第四类：评分在 60 分以下，包括河北、海南、江西 3 个地区。这三个地区的评分较低，其学生享受优质高等教育的机会远远少于其他各个地区。江西成为得分最低的省份，主要原因可能在于江西处于我国中部地区，国家发展战略关注较少，经济发展优惠政策的缺乏导致相应的优质高等教育机会的缺乏。

（二）高等教育资源区域分布与协调发展综合评价分析

在知识经济和全球化的大背景下，高等教育机构和区域的协调发展表现为双方建立起以知识和人才为核心，在物质（财富）、文化（价值）等不同层面的积极互动关系。这种关系不但使双方受益，而且促进整个国家经济和社会的发展。

下面以上文所做的评价案例为基础，分析高等教育资源与区域经济社会发展的协调性。经济发展可以为高等教育提供经费、物质保障并解决就业，同时高等教育可以为经济发展提供高层次的人才、高水平的科技和现代服务。从美英日的历史发展经验可以看到，高等教育与经济发展应该是高度相关的，两者相辅相成，共同协调发展。高等教育的发达有利于区域内经济的内生发展，提高自主创新能力，从而有利于建设节约型和创新性国家。然而，如果区域内的高等教育与经济发展不平衡，将会造成经济发展与高等教育“两张皮”的现象。即一方面经济发达地区的高等教育滞后，经济发展缺乏高层次人才，高等教育无法为当地经济可持续发展注入新的活力与动力；另一方面，高等教育可能是过度超前的，无法得到经济的有效支持，从而不利于毕业生的教育与就业。总之，区域内的高等教育应该与经济发展相适应，促进高等教育资源在不同区域间的合理配置，从而实现高等教育对于区域发展的社会价值和意义。

在理想状态下，高等教育与经济发展完全匹配，在量上可以体现为与经济规模（通常用国内生产总值 GDP 代表）相适应，因此选取 GDP 作为衡量与经济发展协调性的一个指标。

高技术产业在研究与开发中的人员与资金投入较大，对高层次人才的需求大。而如果当地高等教育发达的话，则可为高技术产业输送更多的科技人员以及提供更强的技术支持。从宏观层面来看，高技术产业的知识科技含量较高，对于实现区域产业结构的升级和发展，转变经济发展方式都具有重要的战略意义。因此，高等教育与高技术产业的协调匹配程度，对于分析我国高等教育区域分布的合理性具有重要的参考意义，本研究选取高技术产业产值作为衡量与经济发展协调性的另外一个指标。

"科技是第一生产力"，一个地区的高等教育水平应该与其科技发展水平相适应。而区域的科技发展水平却较难衡量，这里选用技术市场成交合同金额、从事技术活动人员数量和专利授权量这三个指标，来代表一个地区的科技发展水平。其中，技术市场成交合同金额反映了科研开发的市场化、技术成果的商品化和高新技术产业化的水平。从事科技活动人员数量指直接从事科技活动或专门从事科技活动管理以及为科技活动提供直接服务，累计实际工作时间占全年制度工作时间 10% 及以上的人员数量，反映投入科技活动人力的规模。专利包括发明、实用新型和外观设计的授权量，反映拥有自主知识产权的科技和设计成果情况。

为了方便比较，将各地的上述几个指标的绝对量分别换算成其占全国的比重这一相对量，分析各个地区高等教育与其经济社会的协调性。之前的计算，选取的评价指标侧重于物质资源和人力资源，并不能全面地说明高等教育资源的分布状况，但将计算结果与区域的经济社会指标进行对比，能够得到一些有参考价值的结论。

表 15-6　区域高等教育资源与经济社会各项指标（2008 年）

地区	标准分 J	GDP 比重（%）	高技术产业产值占比（%）	高技术产业从业人员占比（%）	技术市场成交合同金额比重（%）	从事技术活动人员比重（%）	专利授权量比重（%）
北京	114.802	3.21	5.16	2.67	38.54	8.45	5.04
上海	90.4810	4.19	10.31	5.49	14.49	4.51	6.94
西藏	84.7450	0.12	0.01	0.01	0.00	0.07	0.03
青海	80.7385	0.29	0.02	0.05	0.29	0.22	0.06
陕西	75.8530	2.09	1.14	1.91	1.64	2.97	1.25
浙江	75.6610	6.57	4.85	5.93	2.21	8.32	15.03
天津	73.9540	1.94	3.36	2.01	3.25	2.5	1.93
新疆	71.5630	1.28	0.04	0.07	0.28	0.69	0.42
广东	71.0635	10.91	29.04	32.88	7.57	10.62	17.6
黑龙江	70.7125	2.54	0.5	0.79	1.55	2.33	1.3
吉林	70.6480	1.96	0.74	0.91	0.74	1.96	0.85
辽宁	70.2265	4.11	2.07	2.08	3.74	3.93	3.03
宁夏	69.9595	0.34	0.04	0.06	0.03	0.3	0.17
江苏	69.2335	9.26	20.89	20.91	3.53	10.3	12.61
云南	68.2945	1.74	0.22	0.26	0.19	1.28	0.57
重庆	68.0485	1.56	0.50	0.73	2.33	1.77	1.37

续表

地区	标准分 J	GDP 比重（%）	高技术产业产值占比（%）	高技术产业从业人员占比（%）	技术市场成交合同金额比重（%）	从事技术活动人员比重（%）	专利授权量比重（%）
湖北	67.5145	3.46	1.48	1.89	2.36	3.71	2.38
福建	67.2760	3.31	3.45	3.00	0.67	2.63	2.25
湖南	66.4030	3.41	0.93	1.24	1.79	2.97	1.74
贵州	66.3775	1.02	0.39	0.65	0.08	0.79	0.49
山西	64.8565	2.12	0.33	0.98	0.48	2.69	0.65
四川	63.6700	3.82	2.56	2.87	1.63	4.46	3.79
安徽	62.8540	2.71	0.64	1.08	1.22	3.00	1.23
山东	62.6860	9.50	6.90	5.08	2.48	7.32	7.57
甘肃	62.1610	0.97	0.10	0.28	1.12	1.09	0.30
广西	62.1115	2.19	0.40	0.66	0.10	1.36	0.63
河南	61.3945	5.63	1.51	1.98	0.95	4.16	2.59
内蒙古	60.2755	2.37	0.32	0.23	0.35	0.97	0.38
河北	59.4340	4.95	0.99	1.37	0.62	2.87	1.56
海南	58.8280	0.45	0.08	0.10	0.13	0.21	0.10
江西	58.1755	1.98	1.02	1.83	0.29	1.56	0.65

由于多种原因形成了一些我国高等教育的超前区域，这些区域包括北京、上海、天津、陕西、西藏、青海和新疆。其中北京、上海和天津作为我国的直辖市，存在由于政治历史原因得到的优势地位；而陕西则是我国三线建设的重大受益地区；西藏、青海和新疆高等教育资源的绝对质和量都称不上优秀，但是由于其人口稀少，区域经济社会发展水平还比较落后，而国家对其高等教育又给予了一系列优惠政策，其高等教育实际上已经超前于经济社会发展。因此在这些区域，下一步的工作重点不是教育资源的加大投入，而是进行结构调整，提升质量，全面服务于经济社会发展。

江西、河北、河南在教育资源排名上的落后则体现出了我国高等教育资源的中部塌陷。东部经济社会发展较快，经济实力较强，地方政府对高等教育的投入和支持力度较大；而西部的新疆、西藏等地区受到国家西部大开发、少数民族地区特殊政策等的支持，高等教育资源也较为充足；东北三省有振兴东北老工业基地战略的支持；而位于中部的江西、河北、河南等省份，既没有东部的经济实力，又没有受到国家专项政策、规划的重点支持，从而成为发展的弱点区域，未来我国的教育资源分配应该重点关注这些省份，使得我国高等教育资源与区域经济社会实现协调发展。

三、高等教育资源区域配置结构与协调发展评价分析

前面研究了高等教育资源的总量在我国不同区域的分布，及其与区域经济社会科技发展水平的协调性。然而同样总量的高等教育资源，由于其结构配置不同，则可能带来完全不同的效益。例如在经济较为发达，高等教育基础较好，基础设施较完善的地区，高等教育资源的投入就应该向师资、学科建设等方面投入，以取得更好的效果。下面将从我国各个区域内高等教育资源结构配置效率的角度出发，通过建立区域高等教育资源配置结构效益评价体系，对各省高等教育资源配置的效果和合理性进行评估，找出高等教育资源配置的不合理情况，并提出优化高等教育资源配置的方案。

（一）评价方法

区域高等教育资源优化配置是要达到在一定的时期、一定的空间范围内，以最少的投入，得到最多的产出，其实质是教育效率的提高。因此，可通过教育效率来分析区域教育资源的优化配置。

教育效率亦称教育资源利用效率，指教育资源消耗与教育直接产出成果的比较。用公式表示为：教育效率＝教育成果（产出）÷ 教育资源消耗（投入）。

教育过程要投入一定量化劳动和物化劳动，表现为一定量的人力、物质和财力资源，产出一定质量与数量的教育成果。设区域高等教育资源优化配置为 T，则 $T=f(X, Y)=f[(X_1, X_2, X_3), (Y_1, Y_2, Y_3)]$，如图 15–3。

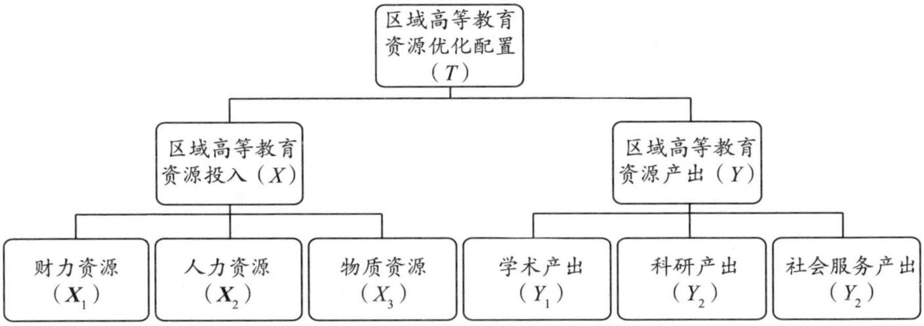

图 15–3　区域高等教育资源优化配置模型

本研究采取数据包络分析法（Data Envelopment Analysis，DEA）。DEA 是运筹学分支，特别适用于公共事业的评价，现在已经在我国棉纺织行业、冶炼行业、科协系统学会的管理评价中得到成功应用，在国外的许多行业，特别是公共事业的效

益评价中也得到广泛使用，而且这些研究都成为实际的经济和管理决策的重要依据，可以说是非常有前景的评价公共事业部门效率的模型方法。本文运用这种方法对我国高等教育资源配置进行评价。具体研究步骤如下：

（1）设有 n 个决策单元 U_j，j=1，2，…，n。每个决策单元的相对有效性分别用输入向量和输出向量表示，X_j 表示第 j 个决策单元的输入向量，Y_j 表示 j 个决策单元的输出向量。n 个决策单元 U_j 分别为全国 n 个省（自治区、直辖市）的高等教育配置情况，X_j 表示各个省份的高等教育投入指标，Y_j 表示各个省份的高等教育产出指标。

（2）选取相关评价指标并进行相关性分析，剔除对评价结果没有影响或者影响很小的指标。

（3）根据最终选取的指标采集各地区高等教育资源投入产出的相关数据。

（4）将数据带入 C^2R 模型，利用 Matlab 软件求出各个决策单元在 C^2R 模型下的解 a。确定 a=1 的有效生产前沿面的解集。

（5）资源配置过程中人们所关注的是资源投入—产出的效益和效率，而 DEA 技术所确定的效率系数 a 恰好是这种效率的反映，因此可以以 a 的大小为分类的依据，根据 a 的大小对 n 个地区进行归类。

（6）根据分类结果并结合原始数据分析我国的高等教育资源配置状况。

（二）评价指标体系

区域高等教育资源优化配置的指标体系是了解我国高等教育投资情况，衡量高等教育投资效益的重要手段。它的设计是一项十分复杂的系统工程，涉及经济学、教育学、统计学、社会学、会计学等诸多领域，要求高，难度大。为保证其科学性，在设计过程中必须遵循以下原则：

（1）科学性。要排除主观意志和个人偏见的干扰，客观真实地反映高等教育资源配置效益状况，有准确的数量。

（2）对比性。能够反映出投入与产出比较的结果，特别是要从价值上反映教育投入和教育产出的比较关系。

（3）综合性。不仅反映某一侧面，而且要全方面地反映资源配置效益状况。

（4）适用性。要符合我国国情，可在全国范围内通用。一是能够适用不同档次的高等教育（重点与非重点）；二是指标要清晰、直观，少而精，便于计算、比较，具有可操作性，经过适当分解，可以演变为其他考核指标。

（5）连续性。能在较长时间内有效，便于进行跟踪比较。

根据上述原则设计以下评价指标体系，从投入和产出两个方面来反映我国区域高等教育资源配置的状况。

表 15-7　我国高等教育资源区域配置结构评价指标体系

	一级指标	二级指标
区域高等教育资源投入水平指标	高等教育财力资源	高等学校教育经费总额
		财政性教育经费占财政支出比重
		高校基本建设投资总额
	高等教育人力资源区域差异	专任教师数
		专任教师中级以上职称率
		高级职称教师总数
		师生比
	高等教育物质资源区域差异	校舍面积
		图书藏量
		年末固定资产值
		实验室面积
		操场面积
		教学用房面积
		宿舍面积
		教学仪器设备总值
区域高等教育资源产出水平指标	人才产出	专科学生数
		本科学生数
		研究生数
	科研成果产出	高校发表论文数
		高校专利数目
		高校科研获奖数目
	社会服务产出	高校横向课题数目
		高校横向课题经费总额

（三）评价结果及分析

利用 DEA 模型对高等教育资源配置效率进行研究，在我国已经有了一定的研究基础。本研究利用傅毓维教授的具有偏好 DEA 模型研究结果，将它与前面第二部分的高等教育资源总量的分布评价相结合，找出我国高等教育资源分布的特点和规律。傅毓维教授的研究成果如下表所示：

表 15-8　我国 31 个省、区、市的区域高等教育资源配置结构效益分析

地区	V_{P0}	V_{P1}	结构效益 V_{P1}/V_{P0}	评语	无结构偏好下的输入、输出指标权重值					
					经费支出	固定资产	教职工	学生	社会服务	科研
北京	1.000	0.890	0.890	中度失衡	0.000	0.000	1.000	0.000	0.000	1.000
天津	1.000	0.984	0.984	轻度失衡	0.600	0.000	0.400	0.065	0.055	0.880
河北	0.980	0.950	0.969	轻度失衡	0.000	0.000	1.000	0.413	0.000	0.587
山西	0.982	0.962	0.980	轻度失衡	0.057	0.000	0.943	0.461	0.292	0.247
内蒙古	0.950	0.942	0.991	轻度失衡	0.033	0.022	0.946	0.702	0.298	0.000
辽宁	0.920	0.887	0.965	轻度失衡	1.000	0.000	0.000	0.119	0.448	0.433
吉林	0.798	0.718	0.899	中度失衡	0.006	0.000	0.994	0.480	0.040	0.480
黑龙江	1.000	0.881	0.882	中度失衡	1.000	0.000	0.000	0.114	0.455	0.432
上海	1.000	1.000	1.000	均衡	0.000	0.000	1.000	0.016	0.254	0.730
江苏	1.000	0.904	0.904	中度失衡	0.000	0.000	1.000	0.417	0.083	0.500
浙江	1.000	0.830	0.830	中度失衡	0.000	0.000	1.000	0.645	0.323	0.032
安徽	1.000	1.001	1.001	均衡	0.000	0.400	0.600	0.043	0.946	0.011
福建	1.000	0.765	0.765	严重失衡	0.000	0.000	1.000	1.000	0.000	0.000
江西	1.000	0.969	0.969	轻度失衡	0.013	0.000	0.987	0.818	0.045	0.136
山东	0.999	0.851	0.851	中度失衡	0.000	0.000	1.000	0.556	0.037	0.407
河南	1.000	0.905	0.905	中度失衡	0.000	0.000	1.000	0.913	0.000	0.087
湖北	0.981	0.917	0.935	中度失衡	0.000	0.000	1.000	0.300	0.000	0.700
湖南	1.000	1.000	1.000	均衡	0.500	0.000	0.500	0.090	0.025	0.885
广东	0.999	0.591	0.592	严重失衡	0.000	0.000	1.000	1.000	0.000	0.000
广西	1.000	0.976	0.976	轻度失衡	0.000	0.014	0.986	0.810	0.048	0.143
海南	0.926	0.809	0.874	中度失衡	0.000	0.000	1.000	0.962	0.038	0.000
重庆	0.944	0.754	0.799	严重失衡	0.000	0.000	1.000	0.774	0.000	0.226
四川	1.000	0.986	0.986	轻度失衡	0.053	0.000	0.947	0.090	0.010	0.900
贵州	1.000	1.000	1.000	均衡	0.048	0.238	0.714	0.478	0.043	0.478
云南	0.952	0.813	0.853	中度失衡	0.057	0.000	0.943	0.455	0.295	0.250
西藏	0.616	0.542	0.880	中度失衡	0.000	0.042	0.958	1.000	0.000	0.000
陕西	1.000	1.001	1.001	均衡	0.000	0.250	0.750	0.100	0.238	0.663
甘肃	0.997	0.790	0.792	严重失衡	0.002	0.000	0.998	0.571	0.000	0.429
青海	0.814	0.775	0.953	轻度失衡	0.000	1.000	0.000	0.654	0.346	0.000
宁夏	0.997	0.921	0.924	中度失衡	0.000	1.000	0.000	0.655	0.345	0.000

续表

地区	V_{P0}	V_{P1}	结构效益 V_{P1}/V_{P0}	评语	无结构偏好下的输入、输出指标权重值					
					经费支出	固定资产	教职工	学生	社会服务	科研
新疆	1.000	1.000	1.000	均衡	0.296	0.000	0.704	0.699	0.010	0.291
均值					0.118	0.096	0.786	0.497	0.151	0.353

注：V_{P0} 为无结构偏好 DEA 模型测度的决策单元相对效率值；V_{P1} 为有结构偏好 DEA 模型测度的决策单元相对效率值。

表 15-8 中，无结构偏好条件下的区域高等教育资源配置投入、产出权重值，反映了各省、区、市按照最有利于提高自身高等教育资源配置效率原则确定的权重，充分体现了各辖区高等教育资源配置结构方面的特点。对各省、区、市资源配置投入、产出权重值进行分析，能客观、科学地揭示出结构方面的特点及薄弱环节。下面结合傅教授的研究成果和前文成果对高等教育资源的配置进行综合分析。

（1）资源配置结构相对合理的是上海、安徽、湖南、陕西、贵州和新疆 6 个省、区、市。上海、湖南、陕西科研产出效益显著，在学生培养方面比例较小。上海物质和财力资源投入充足，使用效率相对较低。湖南物质资源相对于人力和财力资源投入多，使用效率低。陕西教育经费投入充足，使用效率相对较低。安徽社会服务效益显著，科研产出水平较低，人力和物质资源使用效率较高，教育经费投入比较充足，使用效率偏低。贵州和新疆在学生培养方面发挥了良好效益，而社会服务产出水平较低。贵州财力资源使用效率偏低。新疆物质资源使用效率偏低。

（2）资源配置结构轻度失衡的是天津、河北、山西、内蒙古、辽宁、江西、广西、四川、青海 9 个省、区、市。天津物质资源使用效率较低，产出偏重于科研，社会服务产出略低。河北财力资源和人力资源使用效率低，社会服务产出偏少。山西物质资源使用效率略低，产出结构保持全国平均水平。内蒙古投入结构基本合理，但科研产出较少。辽宁产出结构合理，但物质资源和人力资源使用偏低。江西物质资源使用效率低，产出过分依赖人才培养。广西教育经费使用效率低，科研和社会服务产出偏少。四川物质资源使用效率低，科研产出高。青海物质资源短缺，相对使用效率高，科研产出较少。

（3）资源配置结构中度失衡的是北京、吉林、黑龙江、江苏、浙江、山东、河南、湖北、海南、云南、西藏、宁夏 12 个省、区、市。北京教育资源禀赋良好，经济发展水平高，又是首都，在高等教育物质和财力方面投入充足，科研产出能力强，属于典型的科研大市。吉林物质和财力资源使用效率略低，社会服务产出略少。黑龙江教育经费支出偏少，相对使用效率高，产出结构合理。江苏、浙江两省地处中国东南沿海，经济发展水平高，在高等教育物质和财力方面投入充足，但经费和固定资产使用效率低；江苏社会服务产出略少，浙江科研产出略少。河南、海南和云南情况相似，教育产出主要依赖培养学生，产出结构较为单一，人力与物质和财力资源相比投入过少，这种资源配置结构长期保持下去，显然会影响教育系统培养人才的质量，不利于高等教育可持续发展。山东和湖北社会服务产出偏少，物质和财力资源使用效率低。西藏和宁夏地处中国西部，经济发展落后，在教育固定资产方面投入不足，教育产出中人才培养的比例较大。

（4）资源配置结构严重失衡的是福建、广东、重庆和甘肃 4 个省市。福建和广东两省地处中国东南沿海，经济发达，在高等教育物质和财力方面的投入充足，但经费和固定资产的使用效率偏低，高等教育产出都过分偏重于学生培养；重庆、甘肃物质和财力资源与人力资源相比使用效率低，社会服务产出能力不足。

表 15-9　各省、区、市高等教育资源总量及效率分析评分结果

地区	综合评价值 M	标准分 J	结构效益评价	地区	综合评价值 M	标准分 J	结构效益评价
北京	2.9868	114.8020	中度失衡	湖北	−0.1657	67.5145	中度失衡
上海	1.3654	90.4810	均衡	福建	−0.1816	67.2760	严重失衡
西藏	0.9830	84.7450	中度失衡	湖南	−0.2398	66.4030	均衡
青海	0.7159	80.7385	轻度失衡	贵州	−0.2415	66.3775	均衡
陕西	0.3902	75.8530	均衡	山西	−0.3429	64.8565	轻度失衡
浙江	0.3774	75.6610	中度失衡	四川	−0.4220	63.6700	轻度失衡
天津	0.2636	73.9540	轻度失衡	安徽	−0.4764	62.8540	均衡
新疆	0.1042	71.5630	均衡	山东	−0.4876	62.6860	中度失衡
广东	0.0709	71.0635	严重失衡	甘肃	−0.5226	62.1610	严重失衡
黑龙江	0.0475	70.7125	中度失衡	广西	−0.5259	62.1115	轻度失衡
吉林	0.0432	70.6480	中度失衡	河南	−0.5737	61.3945	中度失衡
辽宁	0.0151	70.2265	轻度失衡	内蒙古	−0.6483	60.2755	轻度失衡
宁夏	−0.0027	69.9595	中度失衡	河北	−0.7044	59.4340	轻度失衡
江苏	−0.0511	69.2335	中度失衡	海南	−0.7448	58.8280	中度失衡
云南	−0.1137	68.2945	中度失衡	江西	−0.7883	58.1755	轻度失衡
重庆	−0.1301	68.0485	严重失衡				

将各省的人均资源水平与结构效益评价进行综合比较研究，如表 15-9，可以看出：

人均资源最优的北京和上海在人力资源使用效率上非常高，科研产出比例很高，但北京与上海相比，高等教育的社会服务产出不足，北京应进一步加强高等教育服

务区域经济社会的能力。同时，北京和上海的财力和物质资源都非常充分，应该进一步提高物质和财力资源的利用效率。

西藏、陕西、新疆、青海和宁夏由于国家在高等教育资源方面对西部的倾斜、历史政策和学生总数不多的原因，生均资源在全国处于较优势地位。但除了陕西、新疆外，其他三省教育资源的结构效益都显示出一定程度的失衡。除陕西外的几省教育产出结构单一，以培养人才为主，科研能力和区域服务能力很弱。这些区域应该根据区域发展的特点，发展草原、畜牧等特色的科研项目，更好地服务区域经济社会发展。

浙江、江苏、广东是经济较为发达的东部省份，生均教育资源较多，但均有较严重的资源结构效益不均衡问题，都表现为教育经费和固定资产的使用效率较低，广东还表现出科研与社会服务产出能力不足。这些财力、物质资源较发达的省份面临的主要问题是提高资源利用的效率，更好地做好科研与社会服务工作。

从综合排名来看,山东以及后面的七省都是人均高等教育资源相对贫乏的省份。这一问题的原因包括人口较多或区域经济实力较弱、国家政策盲点等多种因素，而这些省份的资源结构效益也显示出不同程度的不均衡。因而，这些省份未来发展的目标是在加大对教育资源投入的基础上，合理调整资源配置结构，促进人力资源、财力资源和物质资源的合理配置，使得教育产出能够与区域经济社会发展相适应。

16

中国高等教育资源区域协调发展的对策

第16章

中国高等教育资源区域协调发展的对策

全面建成小康社会，加快改变经济发展方式，实现自然与社会的和谐的生态环境，需要高等教育资源区域协调发展。高等教育的发展，必须以推动社会经济发展为目标，必须适应区域社会经济发展的要求。更新观念，创新体制机制，构建系统完备、科学规范、运行有效的制度体系，是推动高等教育资源区域协调发展的根本途径。中国高等教育资源区域协调发展的体制机制，需要体现社会主义民主政治的制度化、规范化、程序化，需要扩大各参与主体平等有序的参与，实现各项工作的法制化。建立权责明确、产权清晰、市场导向和社会监管的高等教育资源区域协调发展的运行机制，是高等教育资源区域协调发展的制度保障。高等教育的学科建设、人才培养和高等教育人力资源的分配，都要以服务区域经济建设为中心，以加快转变经济发展方式为主线。高等教育必须发挥自身的功能和优势，为创新社会经济驱动发展新动力，构建现代产业发展新体系，培育开放型经济发展新优势做出贡献。区域高等教育必须为区域特色新型工业化、信息化、城镇化、农业现代化服务。

一、建立跨区域高等教育协作组织，健全组织载体

建立跨区域高等教育协作组织,是健全高等教育资源区域协调发展的组织载体。平等、协商、权责明确和人民监督的社会主义民主，是区域高等教育协作组织构建的组织基础。改善区域需求结构、优化区域产业结构、促进区域协调发展，是高校自主或政府主导推动跨区域高等教育协作组织构建的动力。要充分发挥各地区高等教育资源的比较优势，优先服务推进西部大开发战略，继续坚持对西部高等教育的对口支援。要坚持中国特色社会主义文化建设，维护社会主义核心价值体系，努力实现地方高校在国际援助项目中的主动权。

（一）跨区域高等教育协作组织的组织结构：平等的契约主体

建立跨区域高等教育协作组织的目的，是构建区域间高等教育协调发展的组织

平台，形成平等、权责明确的组织关系。构建跨区域高等教育协作组织，是区域社会经济协调发展在高等教育内部的体现。构建跨区域高等教育协作组织的组织结构，可以分解为以下两个方面。

1. 形成多元管理中心

中央和地方政府、社会组织与公民个体，都是高等教育事务管理的主体，各个主体均具有各自的管理优势，构建跨区域高等教育协作组织，是要改变目前政府独自主导高等教育资源配置的局面，使社会组织和公民个体能够参与到高等教育资源配置中来，形成各尽其责的多中心管理的局面。构建跨区域高等教育协作组织，形成多元化管理中心，是完善民主制度，丰富民主形式，进一步发挥人民积极性、主动性和创造性的必然要求。

2. 形成平等的契约组织结构

区域高等教育资源配置的主体——政府、社会组织、个人，通过订立平等的契约的方式，明确各自的职责范围，在权利与义务明确的框架下参与组织的事务。政府、社会组织和个人是建立在契约基础上的伙伴关系。政府行使行政管理权，高校行使办学权，社会组织和个人行使举办权和监督权。构建跨区域高等教育协作组织，形成平等的契约组织结构，要求加快推进区域高等教育管理制度化、规范化、程序化，在高等教育领域内扩大公民的有序参与权，实现区域高等教育管理的法治化。

（二）跨区域高等教育协作组织的制度目标：权责明确的协商机制

1. 建立平等协商的运行机制

建立平等协商跨区域高等教育的运行机制，是完善区域高等教育协商民主制度的根本要求，是推进区域高等教育民主协商制度化的体现。跨区域高等教育协作组织中的政府、社会组织和公民个体，是建立在契约关系上的管理主体，各个管理主体通过协商方式行使管理权。跨区域高等教育协作组织的各管理主体，在利益驱动和相互约束的情况下，平衡各方的利益，协商解决组织的事务。

2. 形成规范的政府管理机制

在高等教育资源配置的过程中，中央政府和地方政府的权力需要相互制衡，各级政府的管理方式需要加以规范，加强省级政府对本地区高等教育的统筹管理。建立跨区域高等教育协作组织，可以促进政府部门对高等教育的管理采用普遍性和间接性的服务管理方式。政府对高等教育资源的配置，可以通过制定政策法规、使用财政工具、完善市场机制、构建信息平台和监管调控等方式实现。

3. 建立产权明晰的高校法人决策机制

产权明晰的高校法人决策机制，是跨区域高等教育协作组织运行的基本方式。跨区域高等教育协作组织的建立，一方面在高校所有权层面上促进对高校产权的界定，确立谁投资谁所有的原则，界定教育投资的产权归属，以及不同投资者之间的责、权、利的关系；另一方面促进高校所有权的合理分割，明确和保护高校产权中的收益权，鼓励和规范非国有主体的教育投资，实现高校产权多元化。

4. 完善社会监管机制

建立跨区域高等教育协作组织，是为了完善社会对高等教育资源配置的监管，实现对高等教育实行专业化的管理。跨区域高等教育协作组织的运行，要确保决策权、执行权、监督权既相互制约又相互协调，确保国家机关按照法定权限和程序行使权力。跨区域高等教育协作组织可以改变政府既是投资人，又是经营人和监管人的局面。跨区域高等教育协作组织是服务于高等教育区域协调发展的综合体，其对区域高等教育进行有效治理。跨区域高等教育协作组织可以通过对区域高等教育的技术支撑和诊断性评估进行监管。

（三）跨区域高等教育协作组织的类型：按主导主体划分

1. 区域性民间主导型

区域性民间主导型是不同区域的高校，基于优势互补和共同发展的目标，自发形成的跨区域高等教育协作组织。区域性民间主导型的高等教育协作组织的形成，不同于按照“共建、调整、合作、合并”的方针对高校布局的调整。后者是政府主导下进行的院校合并，其实施范围是同城区域内，高校在此类调整中缺乏主动性。区域性民间主导型的高等教育协作组织，类似于美国都市圈内部大学联盟。它是同一经济区域内的不同高校，在自愿的基础上，按照平等互利的原则进行合作，搭建成的信息交流和资源共享的组织载体。它也是区域间高校合作面向社会的科技服务平台。区域性民间主导型的高等教育协作组织的目标，是整合区域间高等教育的资源，形成品牌效应，提高组织内高校的学术声誉，扩大组织内高校的综合产出效益，为区域社会经济发展服务。

2. 区域性官方主导型

区域性官方主导型的跨区域高等教育协作组织，是以政府为主导，利用政策杠杆和财政杠杆建立起来的高校合作组织。区域性官方主导型高等教育协作组织具有显著的社会效益导向，其直接目标是促进区域间高等教育的均衡发展，其终极目标是通过欠发达区域内人力资本的提高促进欠发达区域的经济发展。区域性官方主导型高等教育协作组织内的高校具有不同的资源禀赋，所在地区的经济发展水平不同。它根据欠发达区域城镇化建设的进程，以及其产业结构的特征，帮助欠发达区域培养适应本地区经济发展的高等教育人才。它利用欠发达地区内高等教育人才培养质量的提高和结构的改变，促进欠发达地区产业的升级和结构调整，提升欠发达地区的产业竞争力，从而促进高等教育更好地为区域经济社会发展服务。

（四）保障跨区域高等教育协作组织的措施：凸显区域主体需求

1. 制定跨区域高等教育协作的政策体系

跨区域高等教育协作的政策体系，要以推动区域经济与区域高等教育协调发展为最终目的，明确规范参与主体的权利和义务，平衡各参与主体的利益诉求，创造良性发展的组织生态环境。跨区域高等教育协作的政策体系，要充分考虑中国区域间经济发展的差距，要体现各区域间对高等教育人才需求的异质性，要满足不同区域高等教育的特殊需求。经济发达地区，其产业结构以优化为主导。对此类地区，跨区域高等教育协作的政策目标，是培养具有国际竞争力的创新人才和高级技能型人才。经济欠发达地区，其产业调整的目标是工业新型化、城镇化加快发展。此类地区的跨区域高等教育协作的政策目标，是培养适应产业结构升级，推动地区工业转型，促进农民向城市迁移的工程人才和高级技能型操作人才。经济落后地区，其产业以传统工业为主，城镇化速度快慢。此类地区的跨区域高等教育协作的政策目标，是以加强师范教育和技能应用型人才为主，培养能够传承和推广民族工艺的高级工艺人才。

2. 构建跨区域高等教育资源共享机制

实现跨区域高等教育协作组织有效运转，需要从制度层面保障高校开放办学，加强高等教育资源的共享。高等教育资源共享是高等教育的物质资源、教师资源、信息资源在区域间和校际共享。应该制定促进区域间、校际高等教育资源开放的共享制度。共享制度要确保拥有物质资源的高校得到利益补偿，使拥有物质资源的学校明确自己的责任和义务。教师资源的共享可以借助类似联合教授制度来进行。联合教授制度起源于英国，其特点是同一地区高校之间可以互相进行教授聘任，改变教师只属于某一高校的人事状况。应该利用现代信息技术，搭建高等教育信息资源共享平台，使高等教育信息资源在区域间和校际及时得到传播。高等教育信息资源共享平台有助于让不同区域和不同学校的学生共享优质的授课和学术讲座等，提高高等教育资源的收益面和使用效率。

3. 制定跨区域高等教育协作主体的利益保障政策

跨区域高等教育协作主体都有自己的利益诉求，各协作主体的利益应该取得平衡，组织的整体利益应该得到保障。应该制定保障跨区域高等教育协作主体利益的政策。同时，应该制定相应政策，引导组织内各利益主体向组织利益最大化的方向奋进。应构建组织内主体利益补偿政策，对于利益受损或者付出成本的主体，受益的一方应该给予补偿。利益补偿的实际操作过程，需建立在平等协商的基础上，其结果应该具备公正性和有效性。对于组织内主体之间自发地形成利益补偿的问题，由相关利益主体按照相应政策进行解决。对于关乎国家社会经济长远发展，具备很强的社会效益和有利于国家长远利益的补偿问题，由地方政府或者中央政府根据成本付出的大小，对付出方进行补偿。跨区域高等教育协作组织整体利益可以通过组织主体的自律、相应规章制度的约束、诱导性政策的引导来实现。针对区域高等教育协作中的不同项目，采用的激励和补偿措施也是不同的，这里没有统一的规律可循，各地要灵活机动地运用利益激励和补偿机制，引导区域高等教育合作顺利地展开。跨区域高等教育协作主体的利益保障政策的具体内容，应具有适宜性、灵活性和可操作性。

4. 继续坚持对西部地区高等教育的支援

目前，在政府的推动下，东中部地区的相关机构和高等学校，对西部地区的高等教育在物质资源、师资资源和智力资源等方面进行了支持，建立了政府主导的跨区域高等教育协作组织。对西部高等教育的支援开始于 20 世纪 50 年代，在 80 年代至 90 年代得到了进一步的发展。2000 年，国家开始实施西部大开发战略，对西部地区高等教育的支援，成为国家实施战略规划的具体内容。2000 年，对西部地区教育的支援主要包括“两个工程”，即“东部地区学校对口支援西部贫困地区学校工程”，以及“西部大中城市学校对口支援本省（自治区、直辖市）贫困地区学校工程”。2001 年，“对口支援西部地区高等学校计划”得以启动。在国家支援下，西部地区高等教育得到迅速发展，有力地支持了西部地区社会经济的发展。需要进一步加强对西部地区高等教育支援的跨区域高等教育协作，在吸收已有成功经验的基础上，进一步完善相关政策，构建长效机制。需要通过制度安排，有效地解决组织的运行经费，提高组织的运行效率，明确各个主体的权益。

5. 努力实现地方高校在国际援助项目中的双赢

国际援助项目是中国高等教育多元筹资的一种方式，能增加地方高校办学经费，提高地方高校办学的软实力，从而有助于地方高等教育为地方社会经济的发展服务。地方高校在接受国际援助项目的过程中，也面临着丧失教育控制权、话语权和合作主动权的困境。地方高校在开放对外办学的时候，在与国际组织达成合作协议的时候，有时难以避免地要允许其潜在地干预高校事务，接受其思想、理念。在国际合作项目中，高校在各项事务中处于执行层，其完成项目的结果需要满足国际组织的要求，其项目运作需要符合政府的规定，并且要承担相应的风险，其本身对项目的实施缺少话语权。一些地方高校在接受国际项目的时候，缺少主动进行战略规划的机会，只能接受国际组织项目的价值理念和项目行动计划，处于被动的局面。随着中国社会经济的发展和国际地位的提高，在今后的国际项目合作中，地方高校需要参与掌控项目的控制权，扩大话语权，积极主动地参与到项目的规划中去。通过控制权和话语权的扩大，地方高校在提升自身办学水平的同时，也能维护自身价值理念的基准，变被动为主动，实现双赢。

二、完善高等教育经费筹措机制，加强经费投入

区域高等教育投入是支撑区域社会经济长远发展的基础性和战略性投资，是区域高等教育的物质基础。使用区域高等教育经费必须提高效益，平衡好社会效益和市场效益。建立科学化、精细化预算管理机制，建立区域高等教育拨款委员会，完善区域高等教育经费的监管。要健全以政府投入为主、多渠道筹集区域高等教育经费的体制，大幅度增加区域高等教育投入。社会投入是区域高等教育投入的重要组成部分。要充分调动全社会办高等教育的积极性，完善高等教育培养成本分担机制，完善区域高等教育捐赠激励机制。

（一）强化拨款的导向功能，提高经费的使用效益

高等教育拨款要以促进高等教育发展，提高高等教育资源配置效益为导向。以高等教育拨款的导向促进高校的发展，其主旨是政府加强宏观指导，高校成为办学的主体，形成健康有序、充满活力的高等教育发展局面。高等教育拨款模式要充分体现高等教育拨款的导向功能，引导高校健康、有序、科学发展。为了提高高等教育拨款的透明度和针对性，最大限度地发挥教育资金的使用效率，高等教育拨款需要根据使用的目的分项进行，将用于高校日常运转的经费与提高高等教育水平的经费分开拨付。科研和专项基金的分配，要明确资金使用的最终效益产出，以确保教

育经费的使用效率和质量，提高高校的科研水平，促进高校的特色发展。高等教育拨款既要促进高校的竞争意识，又要形成健康有序的发展环境，引导和帮助高校提高自主性。高等教育拨款还要引导大学发挥社会服务功能，通过合同拨款形式，提高高校满足社会发展需求的意识和服务能力，促进政产学研合作，促进科技转化成现实的生产力。

（二）完善基于绩效的拨款模式，注重市场效益和社会效益的均衡

借鉴发达国家的相关经验，以及世界高等教育拨款模式的发展趋势，中国高等教育拨款应该以绩效为导向，增强高等教育财政的配置效率。同时，也要注重市场效益和社会效益的均衡。中国高等教育拨款模式的改革方向，应该是在完善高等教育质量评估机制和评价指标体系的基础之上，以高等教育质量评估结果为拨款依据，以此来评估高等学校使用财政拨款的效益、效率和质量。依据此评估的结果，决定对高等学校财政拨款的数量、使用方向和形式。以绩效为导向的高等教育拨款模式，应该坚持公平和公开的基本原则，在坚持公平的基础上，促进高等教育的创新和进步。高等教育拨款的依据要具备科学性，其程序要具备透明度，其最终目的是优化高等教育资源的配置效益。高等教育资源的配置效益是，使教育资源得到充分有效的应用，均衡市场效益和社会效益，促进高校之间有序竞争。高等教育绩效拨款的指标体系，要根据中国的实际情况，使高等教育系统焕发新的活力，创造公平合理的高等教育资源竞争环境，提高高等教育的整体水平，实现高等教育资源效益产出的最优化。

（三）构建高等教育拨款的中间平台，加强经费拨付的监管

为了提高高等教育经费拨款预算的目标性，增强高等教育拨款过程的透明度，优化高等教育经费的产出效益，可以构建独立于政府和高校的高等教育拨款委员会。高等教育拨款委员会由热爱和懂得高等教育运行的人士构成，具有专门的章程和运行机制。高等教育拨款委员会，主要负责高等教育经费的预算，履行对高校经费的拨款，监督高校对拨款的使用，审查高校预算外经费的需求。这样，就可以改变由各级财政直接划拨财政性教育经费的现状，搭建政府和高校之间信息传递的平台，增强政府和高校之间在财政性教育经费需求和供给上的相互了解。如此一来，不仅减少了政府和高校在财政性教育经费供给与需求实现平衡的成本，而且，能促进高等教育经费预算依据学校和社会的真正需求进行，提高财政性教育经费的使用效率。

同时，高等教育拨款委员会也对政府教育拨款起到监督的作用，约束政府财政拨款的行为，改变目前高等教育拨款缺乏社会监督的状况。高等教育拨款委员会的构建，改变了高等教育财政拨款中政府和高校的地位，形成了一个由政府、拨款委员会和高校组成的相互监督和约束的运行系统。

（四）完善多元化筹集机制，拓宽经费来源

高等教育经费筹集机制的目标，是形成以政府拨款为主的多元化高等教育经费来源渠道。政府、社会、家庭及个人，在高等教育经费中所承担的比例应该适宜。依据发达国家的经验，在中国高等教育经费中，政府财政性经费所占的比例较高，其他来源渠道的经费所占的比例较低。政府应该通过完善制度，拓宽高等教育经费的来源渠道。政府可以通过税收减免、精神鼓励等制度的建设，引导社会向高等教育捐赠。在市场经济逐步完善的情况下，推进面向社会筹集高等教育经费的方式中，教育基金就是一种比较好的方式。教育基金是由社会捐资设立，由专门机构进行投资运作，投资收益用于资助教育事业的新型基金。面向社会筹集高等教育经费，教育基金是未来的发展方向。其有利于推动高等教育经费筹集机制的深化改革。另外，依据中国目前国民收入差距加大的情况，可以依据家庭支付能力，确定个人支付的高等教育学费。这样，既可以增加富余家庭承担高等教育费用的比例，也可以增加贫困学生的高等教育入学机会。当然，这一制度的具体实施，尚需相关政策的配套。此外，对民办高校应该按营利性和非营利性进行分类。对于营利性民办高校，可以逐步放开价格管制，让其依据市场机制定价；对于非营利性民办高校，应对其学费进行严格管理，并对其进行财政补贴。

三、推进学科区域协调发展，明确目标

学科区域协调发展，是区域高等教育与区域社会经济协调发展的具体体现。推进区域主体功能区建设，推进区域经济结构战略性调整，加快转变区域经济发展方式，是区域高等教育学科建设的发展目标。区域的资源环境承载能力、现有开发强度和发展潜力、人口分布、经济布局、国土利用和城镇化格局，是确定区域高等教育学科建设发展的重要因素。在以市场需求为导向的情况下，学科区域全面协调发展，要实现政府宏观调控和高校自主管理，要凸显学科的区域辐射功能，体现省级政府的统筹权。

（一）推进学科区域协调发展的原则：自主适应与引领

1. 主动适应区域社会经济发展原则

高等教育学科发展要主动适应区域社会经济的发展，要以区域社会经济发展的需求为导向，主动满足并引领社会经济的发展。高等教育的学科建设，一方面要主动适应区域社会经济发展的现状；另一方面要在对区域社会经济发展进行预测的基础上，引领区域社会经济发展的方向。高等教育学科发展对区域经济社会发展的顺应性，是高等教育服务于社会经济发展的表象。高等教育学科的发展对区域社会经济发展的引领性，是高等教育服务于社会经济发展的本质要求。高等教育学科建设对区域社会经济建设的顺应性表现为，以区域社会经济的发展现状为基准，培养出与其相匹配的高级人才。高等教育学科的发展对区域社会经济发展的引领性表现为，高等教育学科建设发挥自身的主观能动性，对社会经济的发展进行判断和选择，通过人才培养和科学研究，引导区域社会经济沿科学的方向发展。高等教育学科发展对区域社会经济发展的引领性表现为学科自身的建设，即学科建设发展的方向，尤其是新兴学科和交叉学科的发展。

2. 全面协调发展原则

学科建设全面协调发展是指高等教育学科建设要在规模、质量、结构和布局上协调发展。高等教育学科的规模、质量、结构和布局的协调发展，是高等教育学科建设区域协调发展在高等教育学科自身发展指标上的体现。高等教育学科的规模要合理规划，规模发展的速度要以社会经济发展的需求为基准，可以适度超前，但要保持平衡。高等教育学科的质量，要以区域社会经济发展的需求为评判标准，要能满足区域产业升级和主体功能区建设的需要。高等教育学科的结构，要适应和引领区域产业结构和经济结构的发展。高等教育学科点的布局，要从社会经济发展的总体上考虑，既要体现学科建设自身的需要，又要能适应社会经济发展的区域布局。高等教育学科的规模、质量、结构和布局，要在适应和引领区域社会经济发展的基础上协调发展。高等教育学科的规模要以质量为基准。高等教育学科的结构要与布局相结合。高等教育学科规模的扩充，要建立在质量不受损害的基础上。高等教育学科质量的提高，要能推动高等教育学科规模的发展。高等教育学科的结构要能体现区域布局，高等教育学科区域布局要考虑学科结构。

3. 政府和学校双重调控原则

学科建设有自身的发展规律，这是学校对学科建设进行调控的依据。同时，学科建设又要以推动区域经济发展为己任，这是政府对学科建设进行宏观调控的依据。依据《中华人民共和国高等教育法》，高校有学科设置和调整的自主权。高校依据自身办学的规模、层次和发展方向，有权进行学科设置和调整。高校对学科的调控，是高等教育学科自身发展的需要，是高等教育专业管理的体现。随着我国经济体制向市场经济的转变，高校的办学自主权得到更充分的体现。高校在进行学科调控的过程中，区域经济发展是其考虑的重要因素。这有利于高等教育学科建设与区域社会经济协调发展。但是，由于高校是一个有自身利益诉求的社会主体，高校对自身学科的调控与社会经济总体发展之间会出现偏差，这需要政府的调控加以平衡和引导。随着社会主义市场经济体制改革的深入，要求政府转变对学科建设的调控方式。政府要以政策工具和财政工具为主要调节手段，引导和平衡高校学科建设的利益与区域社会经济发展的利益。政府对高校学科建设的调控，是以宏观调控为视野，以政策供给和财政支持为手段，以学科发展适应区域经济社会发展为终极目标。在宏观调控过程中，政府应尊重高校的利益诉求，不能伤害高校对学科调整的积极性。

（二）学科区域协调发展的机制：宏观调控与自主管理

1. 构建政府宏观调控与高校自主管理相结合的管理机制

学科区域协调发展的管理机制，应该以政府宏观主导以及高校自主决策为原则导向。政府应该根据社会经济发展的需求，从宏观层面对学科区域协调发展进行整体设计。当前，政府需要改变专业目录修订时间间隔太长的现状，进一步弱化专业目录刚性化要求，将指令性目录变为指导性目录或引导性目录。政府应该依据人才市场的需求和科学研究的需要，及时对专业目录进行修订。高校学科专业的设置，未来将逐渐由申报审批制度转变为高校自设、政府备案制度。高校对学科的设置，需要依据区域社会经济发展的需要、自身的办学条件、学科的发展进行。根据我国国情，高校学科设置自主化改革应该逐步推进，可以依据高校学科建设的层次逐步实现。政府对高校学科设置进行宏观管理的同时，应对社会效益大、涉及国计民生和国家安全的学科加强调控，通过财政补贴等方式，保证这类学科的发展。

2. 构建学科调控的市场导向机制

高校对学科调控的市场导向机制，是相对高校学科调控迎合政府的学科评估而言的。高校学科设置应主动面向市场，以市场的人才需求为导向，建立在对市场人才需求信息进行科学分析的基础之上，其目的是使高校的学科建设主动地为区域社会经济建设服务。高校学科设置是否合理，应以区域社会经济发展的需求为标准。

其具体的检验标准，是市场对人才规模和人才结构的需求。高等学校的学科设置与调控，需要研究区域经济发展对人才需求的规律，依据此规律对学科的规模和结构进行决策。高校应跟踪学生的就业以及就业以后职业的发展，对市场人才规模和结构的需求进行科学的决策分析。同时，高校还需要关注区域社会经济发展的宏观趋势对人才规模和结构的需求。要依据学生就业和职业发展的信息资料分析，结合对区域经济对人才需求的预测，自主地对学科规模和结构进行调控。高校对学科规模和结构的调控是一种动态的、以市场对人才的需求为中心的发展，其表现为适应和超前引领。

3. 构建高校学科发展区域辐射机制

高校学科的发展是高校自身建设的重要方面，高校学科的发展要具有区域辐射的功能。高校学科发展区域辐射的功能的具体含义可以分解为两个方面：一方面是指高校学科的建设和发展应该对区域间高等教育的发展具有辐射作用，另一方面是指高校学科的建设和发展对区域间经济发展服务作用的辐射功能。高校学科建设对区域间的高等教育要具有推动作用，特别是学术水平高的学科要具有区域引领作用，对区域间学科水平的建设起到示范和指导效应。高校学科的建设，应该充分发挥包容、自由和宽松的学术自由精神，营造区域间高等教育自由平等交流的气氛，推动区域间高等教育的共同发展。高校学科区域服务的辐射功能，要求高校在学科建设的方向、规模和结构方面，应具有区域的视野，推动区域间经济的发展。高校学科的发展，应着眼于区域产业的发展对人才的需求，从规模和结构上进行相应的决策。要实现高校学科发展的区域辐射功能，需要从制度上给予保障。政府和高校需要从各自的层面制定相关的政策，形成学科区域辐射的制度体系，推动高校学科区域协调发展。

4. 加强省级政府对高校学科区域协调发展的统筹权

加强省级政府对高校学科区域协调发展的统筹，是政府管理分权的要求，是学科区域协调发展实践需求的体现。高校学科区域协调发展的本质，是为区域社会经济发展提供人才服务和智力服务。对区域社会经济发展的人才需求，地方政府最为关心和了解。因此，省级政府应该对高校学科区域协调发展负有主要责任。政府对高校学科区域协调发展的宏观调控，主要由省级政府具体操作实行，中央政府应在更宏观的层面上实行调控。省级政府对高校学科区域协调发展的调控，应建立在对本地区社会经济发展对人才需求的掌握上。省级政府应通过制度供给和财政杠杆，对高校学科区域协调发展进行统筹。省级政府的权力，应仅仅停留在对学校学科建设的宏观指导层面，应充分尊重高校学科建设的自主权，不能直接干涉高校的学科建设。省级政府对高校学科区域协调发展的统筹，应逐步实行。依据当前现实，省级政府对高校学科协调发展的统筹，应依据学科建设的层次由低到高进行。我国目前省级政府对高校学科的协调发展的调控，主要是硕士层面的学科点的设置和调整，博士层面的学科点的设置和调整仍然由中央政府宏观调控。

四、重视区域高等教育过程性质量监控，提高质量

提高区域高等教育质量，推动高等教育内涵式发展，要重视区域高等教育过程性质量监控，重视地方高校在服务区域小康社会建设、主体功能建设和产业升级转型中的地位和作用。要增强对地方高等教育的投入，提高地方高校在区域产学研用结合，加快区域科技成果转化，弘扬区域优秀传统文化，积极参与区域决策咨询中的能力。提高优质高等教育地区之间的均衡性。要树立以人才培养为中心的区域高等教育质量观，重视大学生学习性投入和学生教育收获的主观感受。要加大教学投入，引导教师把教学作为职业发展的核心内容。并且要发挥高校的主体性，加强对学生的人文关怀，调动学生学习的积极性，激励学生刻苦学习，养成良好学风，提高学生“在校满意度”。

（一）区域高等教育过程性质量的监控：必备的政策理念

1. 大学生学习性投入是衡量区域高等教育质量的过程性指标

大学生学习性投入是以学习者为主体，以学习投入和学习行为与大学教育实践互动为关注点，重视教育效果增值的区域高等教育质量过程性监控指标。高等教育的区域分析，应关注高等教育过程质量。大学生学习性投入作为衡量区域高等教育质量的过程性指标，从理论上体现了以学生为中心的高等教育质量观，在实践中重视区域之间学生主体增值效果的差异。对大学生学习性投入的关注，体现了区域高等教育资源分析视角的革新，深化了区域高等教育的质量观。它将高等教育区域分析由注重资源性投入和成果产出，转化为注重学生学习性自我评价。本研究的实证研究表明，在区域与院校类型交互作用下，高等教育资源性投入与学生自我感受的收获和满意度，并不成线性关系。这从实践层面证明了资源性投入并不一定带来学生自我满意度的提高，也改变了传统上学校层次对学生自我满意度的认识，进一步说明大学生学习性投入是衡量区域高等教育质量的过程性指标。

2. 注重区域间高校大学生学习性投入的差异

实证研究表明，区域间高校大学生学习性投入在学校层次上并不具有一致性。这种不一致性的表象之一，是东部和中部与西部在五大可比指标上得分的差异。在西部地区，地方本科院校的得分表现非常突出。在东部和中部地区是“985”高校得分表现最优，“211”高校次之。其表象之二，是东部地区的“985”高校和“211”高校的得分表现出十分明显的优势，而地方本科院校的得分表现出明显的劣势。其表象之三，是教育收获和在校满意度的得分，东部和中部地区的“985”高校学生的得分最高，西部地区的地方本科院校的得分最高。其表象之四，是总体上，东部地区学生的得分显著低于西部和中部地区学生的得分。此趋势在“211”院校和地方本科院校中均存在。高校区域间大学生学习性投入上的不一致性应得到高度的重视。这说明，对学校提供的教育质量主观上的评价，区域间的学生存在差异。这种差异是区域间高等教育发展应采取不同策略的实证依据，也是区域间高等教育协调发展的事实基础。

3. 注重地方本科院校在过程性质量监测中表现的政策含义

在区域高等教育协调发展过程中，应注重区域间大学生学习性投入的研究结论所蕴含的政策含义。地方本科院校的学生在学习性投入中得分的表象，为制定区域高等教育政策提供了科学的依据。实证研究的结论中，部分地区地方本科院校得分的优异表现打破了以往对高校依据资源投入或成果产出进行分层的思维认识。这启迪我们，制定区域高等教育政策时，应多关注地方本科院校，重新审视它们在促进地方高等教育发展、服务地方社会经济发展中的地位和作用。据于此，我国高等教育的资源配置方式应以区域高等教育的发展为基准，改变依据高校层次进行配置的路径。高等教育资源的投入应逐步向地方高校倾斜，支持地方高校基础设施和软件建设。在资源投入的分项中，应在保持科研项目投入的基础上，加大对教学专项的投入。

4. 注重“985”高校在过程性质量监测中表现的政策含义

依据对资源投入和产出的评价，“985”高校是中国高等教育的重点关注群体，它代表了中国高等教育的一流水平。经过十多年的建设，“985”高校为推动中国高等教育的发展、人才强国建设贡献了不少的力量。实证研究结论表明，总体上，“985”高校学生自我报告的教育收获和在校满意度上的表现较优。这一方面为“985”工程的实施效果做了检测，另一方面也为中国高等教育重点建设指明了方向。本研究得出另一个实证研究结论，即东部、中部、西部之间，“985”高校的内部差异大于“211”高校和地方本科院校。其表象为，中部地区的“985”高校，不仅在五大可比指标上显著低于东部地区的“985”高校，而且在除“学业挑战度”以外的四项可比指标上的得分，显著低于西部的“985”院校。在学生教育收获和在校满意度上，中部地区的“985”高校的得分显著低于东部地区，而与西部地区不存在显著差异。中部地区的“985”高校在过程性监测中的表象与在学者对教育经费投入的研究结论中的表象相一致。这表明，中国一流高等教育的建设在地区之间存在着不平衡，中部地区的“985”高校的建设存在着较明显不足，应对此加以关注和协调改变。

（二）区域教育过程性质量主观效果的调控：高校主导

1. 高校应重视对影响教育过程性质量主观效果的因素进行调控

在计划经济体制下，高等教育服务的终端对象是国家。在市场经济条件下，公民对高等教育对个人带来的收益更为关注。学生在校的教育收获和在校满意度，是高等教育过程性质量监控的重要指标，也是高等教育个人收益的组成部分。实证研究结论表明，对教育过程性质量主观效果的影响因素是教育过程性因素，而非先天禀赋。这表明，高校应该对教育过程性质量因素加以控制，提高学生的教育收获和在校满意度。高校学生教育收获和在校满意度的提高，是推进高等教育服务区域社会经济发展的重要方面。高校应对校内资源进行优化配置，注重对教育过程的投入，注重校际、区域间的合作。高校应营造优良的学习氛围，培养学生的学习兴趣，促进学生有效地学习。高校应注重对学生的人文关怀，促进学生主动学习。高校应利用校际、区域间教育资源的优势互补，让学生在校际、区域间获得更多的学习机会。高校应及时对学生学习过程性的影响因素在校际、区域之间进行比较分析，并加以干预。

2. 高校对教育过程性质量主观效果的调控应具有针对性

不同区域、不同类型高校影响学生自我报告的教育收获的因素不同。高校对学生教育收获的主观感受的调控，应具有针对性，根据不同因素的作用程度，制定专门的调控政策。实证研究结论表明，总体上，课程的教育认知目标、课程要求的严格程度、课程学习行为、课程外拓展性学习、向学 / 厌学五个教育过程性因素，以及学生先赋因素，对学生教育收获的主观感受均没有强度作用。对区域、院校类型加以控制，结果则不同。同一区域或同一院校，对总体教育收获和能力收获具有显著影响的是课程学习行为因素。对东部地方本科院校、中西部“985”院校、西部“211”

院校等，向学/厌学对预测“知识收获”变化的影响作用最大。在相关院校中，要提升学生“知识收获”的主观评价，应针对性地提升他们的学习意义感和兴趣感。高校对学生相关因素的调控，一方面是院校自身资源和关注点的重新配置和调控，另一方面也是区域间和校际资源的共享和经验借鉴。高校一定要依据科学的研究结论，利用自身和区域间资源的共享平台，有针对性地调控相关因素，提高学生教育收获的主观效果。

3. 高校应通过注重校园环境建设提升学生的在校满意度

在校满意度是高等教育过程性主观感受的重要指标，是高等教育个人收益的重要方面。高校应该重视学生的在校满意度，制定相应的政策，采取有力的措施，对影响在校满意度的因素加以调控，提高学生的在校满意度。实证研究结论表明，在五大可比性指标中，校园环境对在校满意度的影响作用最大，且其作用程度最高。本研究结论的政策含义为，高校应该通过校园环境建设提升学生在校满意度。高校应该改善学校的绿化环境、学习环境和文化环境，来提升学生的在校满意度。对不同区域和不同层次的学生，改善校园环境的侧重点应该有所不同。高校应根据自身的区域特点和层次特点，有针对性地改善自身的校园环境。高校在改善校园环境的过程中，应注重区域资源的共享，注重区域文化价值对学生在校满意度的影响，通过不同区域学生的交流活动和高校资源的共享活动，达到学生价值观的增值，从而提升学生的在校满意度。不同区域的学生的交流活动，可以在学校的组织下，利用假期互访的形式进行。不同区域的高校，可以通过网络平台共享师资、图书资料和学术讲座等资源。

五、引导高校毕业生合理就业，增加收益

引导高校毕业生合理就业，增加高等教育的社会收益和个人收益，推动区域经济均衡发展的内在要求。区域高等教育人才的存量与区域经济的发展要具有协调性。推动高校毕业生实现更高质量的就业，是改善民生、推动小康社会建设和加快转变经济发展方式的基本内容。区域高等教育的存量与区域社会经济发展不协调的现状，是国家经济社会高速发展的结果，要加以调控。对高校毕业生迁移性就业区域布局的调整要具有针对性。中西部地区的地方政府，要通过加强薪酬杠杆的调控等加强事业发展对高等教育人才的吸引力。

（一）引导高校毕业生合理就业的内涵及现实意义：区域分布合理

1. 注重区域高等教育存量与区域社会经济协调发展

区域高等教育存量是推动社会经济发展的人力资本。高等教育规模是社会经济发展未来的人力资本存量。人力资本是推动社会经济发展的重要因素，区域人力资本与区域社会经济需要协调发展。实证研究结论表明：①部分区域高等教育规模或存量，与区域人口、经济与科技发展水平不匹配；②部分区域高等教育规模和存量，都滞后于区域社会经济的发展；③高等教育规模或存量与区域经济不协调的省份，大部分处于西部；④部分发达地区的高等教育规模或存量，也与区域社会经济发展不协调。依据本研究的结论，高等教育规模或存量与区域人口、经济与科技水平不协调的区域，应采取相应措施，促进其协调发展。对于西部地区，高等教育规模或存量与区域人口、经济与科技水平协调发展，需要中央政府和其他地区的支持。部分发达地区也应该关注区域高等教育规模和存量与区域社会经济的协调发展。发达地区可以通过加大对人才引进的投入，改变高等教育规模，来实现高等教育规模和存量与区域社会经济的协调发展。

2. 高等教育人才区域性集聚的必然性及应对

高等教育人才区域性集聚，是指高校的毕业生集中于部分地区寻求发展。高等教育人才区域性集聚，是中国社会经济发展不平衡性的表现，也是中国社会经济高速发展的必然。实证研究结论表明：①对高等教育人才迁移性就业最有吸引力的地区是北京、广东、上海和浙江；②山东等部分东部沿海的经济发达地区对高等教育人才迁移就业的吸引力并不大；③作为高等教育大省的湖北省，将高等教育人才转化成自身发展的人力资源的效果还不够明显；④自身高等教育并不发达的甘肃省，成为高等教育人才的净输出地。以上高等教育人才区域性分布的现状，是中国社会经济发展导致的，在一定时期内将持续下去。高等教育人才区域分布的不均衡，是地区社会经济发展不均衡的体现。这种不均衡，在区域高等教育与区域社会经济协调发展的调控中，也需要被重视。中央政府应在宏观层面利用相应的政策杠杆和财政杠杆，提升区域高等教育人才布局的合理性。中央政府应根据社会经济发展的宏观战略，适宜地调整高等教育人才在区域之间的分布。在高等教育人才迁移就业吸引力不大的地区，地方政府应采取积极的措施，吸引高等教育人才为本地区的发展做贡献。

（二）有效地引导高校毕业生合理就业：效益导向下的合理调控

1. 以增强高等教育收益为导向，调控高等教育人才迁移就业

高等教育收益分为高等教育社会收益和高等教育个人收益。高等教育社会收益是指高等教育对个人的溢出效应，是政府支持和调控高等教育发展的依据。高等教育个人收益是个人投资高等教育的依据。高等教育社会收益和个人收益是不同主体的收益，它们相互关联。本研究的实证研究结论表明，“跨学就业”和“既跨籍又跨学就业”不能给毕业生带来显著正向的收益，且在一定程度上还会使毕业生在就业中处于不利的地位。即过度的集聚性迁移就业无法给毕业生在起薪、学用匹配、教育层次匹配上带来显著的正向收益。这说明，过度的集聚性就业已经在一定程度上给高等教育的社会收益和个人收益带来不利影响。政府和高校需要采取一定的措施，对高等教育人才进行适当分流，避免过度集聚性就业，提高高等教育的社会收益和个人收益。政府和高校需要引导毕业生到社会经济发展最需要的地方去。政府应该为有志于去中小城市、边远山区的高等教育人才，在精神上加以鼓励，在经济上进行补贴。高校应该为大学生提供就业指导服务，帮助他们树立正确的择业观。

2. 有针对性地调控迁移性就业

对高等教育人才就业的调控，需要采取有针对性的措施。在市场经济条件下，毕业生的就业行为，是一种理性选择下的个人行为。对高等教育人才过度集聚的调控，其对象是毕业生就业的选择，其措施要依据毕业生就业选择的行为动机制定。实证研究结论表明，促进高等教育人才迁移性就业的主要因素是“单位所在地区/城市”与“家庭因素”等。这说明，毕业生在选择就业时，在经济收益无法保证的情况下，他们会转向非经济收益的最大化。本研究发现，对毕业生就业选择行为进行调控，需要对他们就业以后的经济收益和发展空间进行调控，或者提高他们的个人非经济收益。中国社会经济发展的不平衡性，城市之间的差距是重要的表现。城市之间在医疗、教育和公共设施方面存在着较大的差距。城市之间的差距需要长时间的发展才能解决。因此，在一定时间内，对毕业生迁移性就业的调控，主要是调控学生就业以后的经济收益和将来发展的空间。一般来说只有毕业生就业以后，在经济上和发展空间上占较大的优势，毕业生才会愿意放弃在大城市或发达地区获得的非经济收益，到中小城市和经济欠发达地区去就业 。

3. 重视高校毕业生迁移就业双重驱动的政策含义

高校毕业生迁移就业受到多方面因素的影响，对高校毕业生迁移就业的集聚程度的调控，需要依据多方面因素的作用机理和实际情况决定。本研究结论表明，

预期工资和保留工资对毕业生迁移就业具有显著的作用。上述实证研究结论说明，对高校毕业生集聚就业的调控，需要从预期工资和保留工资两方面进行。对于中西部地区，单纯提高高等教育人才的经济收入，不能有效地对高等教育人才进行分流。依据中西部地区经济发展的水平，只能为尖端型人才提供具有竞争力的经济报酬，很难为其他高等教育人才提供较优越的经济收入。即中西部地区只能为尖端型人才提供较高的预期工资，而难以为其他高等教育人才提供令其满意的保留工资。依据影响毕业生迁移就业影响因素的作用机理，以及中西部地区经济发展的现实水平，单纯依靠经济收益对高校毕业生就业进行调控，不太有现实可操作性。中西部地区对高等教育人才的吸引，应该着重于为其提供事业发展的空间和人文关怀。这样，中西部地区才具有对高等教育人才的吸引力，才能改善毕业生迁移就业集聚的现状。

六、小结

跨区域高等教育协作组织，以政府、高校、社会和个人为管理中心，具有平等的契约组织关系。其运行机制建立在平等协商、规范的政府管理、法人决策、社会监管的基础上。依据主导的主体，其可以分为区域性民间主导型和区域性官方主导型。要保证跨区域高等教育协作组织有序运行，需要制定资源共享、利益补偿和加强协作的政策体系，加强对西部高等教育的对口支援和地方高校在国际项目中的话语权。

高等教育经费的筹措，需要符合社会经济发展的水平。构建具有市场导向的高等教育经费筹措机制，是区域高等教育资源协调发展的重要推动力。高等教育财政需要强化拨款的导向功能，构建绩效拨款模式，搭建高等教育拨款的中间平台，完善多元化筹集高等教育经费的政策。

学科区域协调发展，需要坚持主动适应区域社会经济发展的原则、全面协调发展的原则、政府和学校双重调控的原则。学科区域协调发展，需要政府宏观调控与高校自主管理相结合，需要以市场为导向，需要具有区域辐射功能，需要加强省级政府的统筹权。

区域高等教育过程性质量监控，是推进高等教育资源协调发展的重要措施。大学生学习性投入是衡量区域高等教育质量的过程性指标。有关大学生学习性投入的实证研究结论表明，高等教育过程性质量在区域之间存在差异；地方高校应受到更大的关注；应关注一流大学建设的地区不平衡性。高校应该有针对性地调控学生教育收获的主观效果。

区域高等教育存量与区域社会经济需要协调发展。高等教育人才的区域性集聚具有必然性。要实现高校毕业生合理就业，需要进行有效的引导。对高等教育人才集聚性就业的调控，需要依据其影响因素和区域社会经济发展的水平进行。

尾声

全球化版图中的中国崛起与高等教育发展

尾声

全球化版图中的中国崛起与高等教育发展

国家崛起与高等教育发展密切相关。历史上，德国、日本、美国等都曾凭借高等教育的发展助推国家社会、经济、科技、文化的快速进步，同时又依靠国家经济实力实现大学的改革与创新，两者相辅相成，为维持国家强盛提供了重要基础。中国近现代社会和高等教育的发展轨迹也充分证明两者不可分割的密切关系。21 世纪被一些学者称为“全球化 3.0 时代”。在世界联系越来越紧密的今天，无论是中国还是世界范围，区域的概念必须放在全球化的版图下才能更好地被理解。

一、全球化时代中国的崛起

2017 年，无论是对中国，还是对世界而言，都是不平凡的一年。

随着美国战略性收缩，宣布“美国优先”的施政方针，世界各国的风向标发生了变化，踯躅在全球化抑或反全球化的交叉路口。就是在此时，中国国家主席习近平出席世界经济论坛时，在其开幕式上发表了题为“共担时代责任　共促全球发展”的主旨演讲。中国对全球化潮流的认知以及弄潮的勇气与信心，为中国角逐世界强国地位，打开了一扇全新的大门。而这是在中国惨痛的历史经验教训基础上形成的。

虽然学界仍缺乏对全球化较为一致的概念定义，但全球化作为一种不断加深、加宽和加速的世界性连接现象得到普遍认可，特别是由贸易、对外直接投资和金融的不断开放所带来的资本跨国性流动，弱化了民族国家通过制定政策回应其公民要求的能力。如果我们可以将全球化追溯为对以奢侈品（丝绸）为代表的货物的流通需求，那么 17 世纪以来人类所经历的全球化基本可以分为两个阶段：一个是以打通全球市场为驱使的自由贸易阶段，另一个则是我们正经历着的以制度趋同为核心的全球化新阶段[①]。这两次全球化，前者由英国主导，后者正由美国主导。比较人

① 例如各国生产过程中所产生的气体必须按照所达成的国际分配框架协议进行排放，以及各国货币的发放与流通必须遵循所达成的国际准则等。

类历史上这两次全球化的进程，我们可以发现以欧洲和英国为首的全球化，是建立在对全球市场和利润攫取的原始动机基础上的。而以美国为首的全球化，因为其理念和机制主要形成于和苏联对抗时期，为了避免盟友和中立国倒向苏联，美国主动选择了对世界进程的干预，并以对被干预国家进行价值注入为前提和最终的政治目标。

面对全球化，作为一个后发国家，在这两个全球化阶段，中国曾采取过不同的策略，并因此收获了不同的结果。19 世纪中叶，以英国为首的西方国家侵略中国，中国逐渐沦为半殖民地半封建社会，中国传统的高等教育制度也随之遭到巨大冲击。回顾这段历史可以发现，当时中国面对全球化的态度是抗拒的，并表现出强烈的被动卷入的特征。20 世纪 70 年代末，我国提出了主动寻求全球化的战略——改革开放。中国积极寻求进入全球秩序和体制，这主要表现为在政治上恢复联合国席位，与西方各国建交，在社会制度上加入人权公约，在经济上加入世界银行和国际货币基金组织等。历经漫长且艰巨的谈判之后，2001 年，中国正式加入了世界贸易组织，成为现有国际经济体制和秩序的重要部分。在巨大的内外需求推动下，我国经济获得了长足发展，2010 年，我国经济总量超过日本成为全球第二经济体，制造业生产总值超过美国，位居全球第一。

二、助力中国崛起的高等教育变革

我国大学体系的产生乃至此后不断发生的变革，都是和中国面对两次全球化进程所采取的策略和应对方式密切相关的。众所周知，我国大学先学日本，又学英国、美国，中华人民共和国成立后转而学习苏联，改革开放后重新学习欧美模式。百年之间，大学体系数度经历系统性变迁。

事实上，早在中国主动学习外来的高等教育机构制度并创建京师大学堂之前，西方教会组织便已在中国设立高等教育机构。以中华人民共和国成立前我国大学系统为例，210 所高等教育机构可以分为大学、独立学院、专科学校三个层次。其中，大学以通识教育为基础，培养国家精英；独立学院培养专门化人才，如师范、工科、法科等未来从业者；专科学校虽同是专门人才养成所，但修业年限比独立学院少。在 56 所大学中有 25 所是私立的，其中 13 所大学的兴办者是西方的教会组织，较著名的有燕京大学、辅仁大学、齐鲁大学、东吴大学、圣约翰大学、震旦大学、金陵大学、岭南大学等。这些大学从北到南覆盖了我国的沿海地区。这些收费昂贵的教会大学成为当时我国的重要人才培养机构。例如协和医学院作为首个设置八年制临床医学专业和护理专业的学府，成为中国现代医学的殿堂。

两次世界大战之后，以欧洲为首的全球化进程被打断，世界进入美国和苏联为首的意识形态对立的冷战时期。整个东亚，特别是中国成为美苏两家角力的重要场所。中华人民共和国成立后，加入了社会主义国家阵营，并收回教育主权，接管了境内所有的西方教会学校，随之启动了对大学系统的全面调整。仔细考察这轮调整，可以发现它主要进行了两个结构性变革：一是改变了过去国家精英供给的本土与西方二元供给的格局，使之统一在党的领导下；另一个重要转变是人才培养模式从通识教育转变为专门人才培养模式，即苏联和法国模式。人才的培养类型也从过去的注重文、法转为注重理、工学科。新的大学体系服务于新的政治、经济体制，大量的理、工科人才的供给，为新中国的工业化提供了持久的动力。

20 世纪 70 年代末，全球化进程迎来了一个新的阶段。我国领导人高瞻远瞩，确立了主动寻求全球化的战略。为了在全球竞争中胜出，中国需要大量优质的劳动力，以吸引全球资本。于是，在大举兴建并改善基础设施的同时，我国推行了高等教育扩张政策。为了使高等教育扩张能够持续，我国对大学体系进行了两个变革：第一个变革是改变大学的所属关系，除了少数对国家具有重要战略意义的重点院校仍由国家部委管理，大部分院校包括过去由不同中央部委所管辖的院校都下放给地方政府，由其所在的地方政府负责经营和管理。并改变大学财政的来源，中央财政主要负责其直接管辖的战略性重点院校，地方院校则主要由地方财政和学生的成本分担（学费）来支撑。为了提高办学效率，政府引导并推动了大学之间的合并重组，并鼓励地方政府使用土地和银行信贷等杠杆来支撑高等教育的扩张。变革后的地方大学成为我国高等教育大众化的主要承担者。另一个变革是，通识教育被一些重点院校重新引入其学生培养模式中，从北京大学的元培学院、复旦大学的复旦学院，到中山大学的博雅学院……通识教育在中国又一次风生水起。这一转变对中华人民共和国成立以来所确立的专门人才培养体系造成了较大冲击。

然而，虽然我国大学体系的变革每次都有清晰的目标和有效的政府驱动，但在历次变革中，各种制度残余复杂凌乱、盘根错节。例如，大学因其举办者、管理者、学科以及人才培养的规格类型等特质，被贴上不同标签并束缚于相互隔离的樊笼中。生产知识的高等教育机构（以发表的文章为主要衡量指标）被置于体系的顶端，并得到资源倾斜；以应用知识为使命的高等教育机构则大多被置于体系的底部，无视当代技术革命的趋势和巨大影响力。大学因此失去了选择定位、确定战略的自主性，也降低了对全球资本和市场做出灵活应对的可能。

中国大学必须进行变革——因应我国主动参与并引领全球化的宏观战略，对我国既有高等教育体系进行“指向创新”的变革！这正是我国推出“双一流”（世界一流大学和一流学科）建设战略的由来。

三、完善高等教育资源配置，促进“双一流”建设

我国推出的“双一流”建设战略与我国之前推出的“211 工程”与“985 工程”存在着本质的差异。事实上，我国的“211 工程”与“985 工程”究其本质是以“追求世界范围认可”为目标的大学组织建设。纵观这两项工程建设的历史，我们可以发现，其所谓建设的本质内涵主要是“资源集中”。通过堆土成山的方式，在原先的均衡性大学组织生态中，通过资源倾斜，从外部推动某些具有战略性地位的大学组织，快速实现规模扩张和学术生产力提升，在我国既往的高校平原上生生地拔出几座山峰。当然，通过举国家之力，这个目标确乎是实现了。在 2017 年的 QS 排行榜中，中国创纪录地有 12 所高校进入全球百强，其中内地 6 所，港澳台地区 6 所，中国进入百强的高校数量位居亚洲第一，超过日本（5 所）、韩国（5 所）和新加坡（2 所），俨然成为亚洲高等教育最强国。但是，这样的强，并没有为社会和国家带来太多具有实质意义的知识创造与应用创新。

与站在中国眺望世界式的“211 工程”与“985 工程”不同，我国 2015 年启动并推行的“双一流”建设战略，是站在世界的高度来展望中国高等教育体系的建设。其最根本的体现是：该战略的核心目标被清晰地界定为“中国特色、世界一流”，这就意味着“双一流”建设将不再是过去那种被动式的学习与追随。根据“双一流”的总体规划，我国“双一流”建设将分三步走，每一个阶段五年，到 2030 年最终完成，这一时间周期与联合国推出的“Post-2015 规划”具有实质上的同步性。即使是从其任务内涵来看，虽然我国“双一流”建设最终落在五个方面（师资、人才、科研、文化与成果转化），但其主旨是一致的，即实现这五个领域的创新，而这与世界未来发展的主旨也是一致的。在全球化导致南北贫富差距拉大，经济增长与人口、资源、环境的矛盾日益突出的今天，单纯依靠消耗自然资源和发挥廉价劳动力的比较优势来积累资本、换取技术、发展经济的做法缺乏可持续发展的动力。创新对经济发展的巨大推动作用已成为国际共识。联合国教科文组织与联合国开发计划署于 2013 年 11 月共同推出的《创意经济报告》指出，个人与群体两方面的创造力

和创新已成为各国在21世纪的真正财富。从“双一流”建设的五项改革任务来看，“加强党对高校的领导”与“推进国际交流合作”一头一尾地将高校组织内部的治理（特别是内部治理结构与社会参与机制）紧紧地包裹在其中。

除了上述目标定位上的差别，“双一流”战略与此前的“211工程”与“985工程”之根本不同还在于建设路径的差异。“211工程”与“985工程”的建设路径是简单直接的“堆土成山”策略，相比之下，“双一流”战略的建设思路则更具有协同创新的“体系化”特征。无论中央还是地方政府对高校的资金、政策和资源支持，都体现出鼓励和引导不同类型的高水平大学和学科差别化发展的多领域协调、多层次支撑的结构样态，推动高校综合改革走向深入。虽然“双一流”建设也强调资源配置效益，比如学科基础、绩效杠杆、动态考核等，但从其方案来看，它更强调公平竞争，扶优、扶强和扶特的政策思路，引导高校在进一步调整结构、优化布局的过程中，围绕产业链布局创新链，形成多学科多领域创新优势，形成“人无我有，人有我强，人强我优”的学科发展新布局，最终使得我国高端产业发展得到国际领先学科的支撑，实现学科和国家产业的高端优势相辅相成的全新格局。

在世界上人口最多的发展中国家推进高等教育普及，实现高等教育现代化是一项宏大而独特的教育实践，也是一场广泛而深刻的社会变革。完善高等教育资源配置，缓解、平衡效率与公平之间的矛盾是我们直接面对的挑战，也是需要逐步解决的难题。虽然本课题关于高等教育资源区域分布及协调发展的研究即将结束，但我们对这一问题的研究仍将继续。

参考文献

一、中文文献

1.“211 工程”部际协调小组办公室．“211 工程”发展报告（1995—2005 年）[M]. 北京：高等教育出版社，2007.

2.《中国教育年鉴》编辑部．中国教育年鉴（1949—1981）[M]. 北京：中国大百科全书出版社，1984.

3.《中国教育年鉴》编辑部．中国教育年鉴（1985—1986）[M]. 长沙：湖南教育出版社，1988.

4.《中国教育年鉴》编辑部．中国教育年鉴（1999）[M]. 北京：人民教育出版社，1999.

5.《中国教育年鉴》编辑部．中国教育年鉴（2000）[M]. 北京：人民教育出版社，2000.

6.《中国教育年鉴》编辑部．中国教育年鉴（2002）[M]. 北京：人民教育出版社，2002.

7.《中国教育年鉴》编辑部．中国教育年鉴（2006）[M]. 北京：人民教育出版社，2006.

8. E. 科恩，著．教育经济学 [M]. 王玉昆，译．上海：华东师范大学出版社，1989.

9. R. 麦克法夸尔，费正清，编．剑桥中华人民共和国史——革命的中国的兴起（1949—1965 年）[M]. 谢亮生，等，译．北京：中国社会科学出版社，1998.

10. 班金虹，梁志．我国适龄学生享有高等教育资源机会的不平等性及其对策 [J]. 法制与社会，2007(2).

11. 鲍威，刘艳辉．公平视角下我国高等教育资源配置的区域间差异 [J]. 教育发展研究，2009(23).

12. 贝晓曦．“211 工程”应避免的偏差及对策 [J]. 上海高教研究，1995(5).

13. 蔡克勇 .20 世纪的中国高等教育（体制卷）[M]. 北京：高等教育出版社，2003.

14. 曹妍，张瑞娟 . 我国一流大学的入学机会及其地区差异 :2008—2015[J]. 华东师范大学学报 (教育科学版), 2016(4).

15. 陈锦函 . 地方高校服务地方经济社会的理念与践行初探——基于文山学院的视角 [J]. 湖北函授大学学报 , 2011(11).

16. 陈小伟，谢作栩 . 三种资本对不同民族子女高等教育入学机会影响的差异分析 [J]. 教育与经济 , 2009(4).

17. 陈英 . 高等教育财政改革的国际经验与中国道路的选择 [J]. 中国电力教育，2010(24).

18. 崔玉平 . 中国高等教育对经济增长贡献率的估算 [J]. 北京师范大学学报 (社会科学版) , 2001(1).

19. 大卫・菲利普斯 . 比较教育与教育政策借鉴 [J]. 钟周，译 . 清华大学教育研究 , 2006(1).

20. 大塚丰，著 . 现代中国高等教育的形成 [M]. 黄福涛，译 . 北京 : 北京师范大学出版社 , 1998.

21. 丁邦平 . 国外比较教育研究述评 [J]. 外国教育研究 , 1991(1).

22. 丁仁船 . 家庭经济因素对城镇个人劳动供给决策的影响 [J]. 人口与经济，2009(4).

23. 丁小浩，李锋亮，孙毓泽 . 我国高等教育投资体制改革 30 年——成就与经验、挑战与完善 [J]. 中国高教研究 , 2008(6).

24. 丁小浩 . 对中国高等院校不同家庭收入学生群体的调查报告 [J]. 清华大学教育研究 , 2000(2).

25. 丁小浩 . 规模扩大与高等教育入学机会均等化 [J]. 北京大学教育评论，2006(2).

26. 丁兴富 . 我国远程教育的繁荣、发展和调整——中国远程教育的历史发展和分期 (2) [J]. 现代远距离教育 ,2001(2).

27. 杜汇良 . 清华大学学生管理工作 [Z]. 清华大学 , 2010-4-19.

28. 杜育红 . 地区间教育发展差异的实证分析 [D]. 北京 : 北京师范大学 , 1999.

29. 杜育红 . 我国地区间高等教育发展差异的实证分析 [J]. 高等教育研究，2000(3).

30. 范明 . 江苏省高等教育与经济协调发展研究 [D]. 南京 : 河海大学 , 2003.

31. 傅维利 . 论区域经济发展的不平衡与欠发达地区的教育抉择 [J]. 教育研究 , 1995(4).

32. 傅毓维 , 邵争艳 . 加强区域高等教育协作的思考 [J]. 科技与管理 , 2006(5).

33. 耿建 . 中国高等教育公共治理的模式选择——兼论高校管理体制改革的方向及途径 [J]. 江苏高教 , 2005(3).

34. 耿涓涓 . 西部省区基于提升竞争力的高等教育发展研究 [D]. 上海 : 华东师范大学 , 2002.

35. 顾明远 . 我国教师教育改革的反思 [J]. 教师教育研究 , 2006(11).

36. 顾小清 , 查冲平 . 国际远程教育论坛：UNESCO 的开放远程教育行动 [J]. 开放教育研究 , 2006(8).

37. 郭必裕 . 高校管理体制现状与合并模式初探 [J]. 煤炭高等教育 , 1998(4).

38. 郭春贵 . 统筹协调西部高等教育　重点建设中西部省部共建高校 [J]. 中国高等教育， 2009(4).

39. 郭芳芳 , 史静寰 . 全球化时代高等教育质量保障的特点和发展趋势——基于“全球化时代大学生学习与发展研究”国际研讨会的分析 [J]. 比较教育研究 , 2015(2).

40. 郝维谦 . 高等教育史 [M]. 海口：海南出版社 ,2000.

41. 郝瑜 . 论陕西高等教育大众化及其实现途径 [D]. 武汉 : 华中科技大学 ,2004.

42. 何东昌 . 当代中国教育 [M]. 北京：当代中国出版社 , 1996.

43. 何东昌 . 中华人民共和国教育史 [M]. 海口：海南出版社 , 2007.

44. 何莉娜 , 蔡国春 . 我国高师院校非师范专业发展的历史回顾 [J]. 湖南第一师范学报 , 2007(12).

45. 贺祖斌 . 高等教育系统的生态学阐释 [J]. 黑龙江高教研究 , 2012(12).

46. 贺祖斌 . 中国高等教育系统的生态学分析 [D]. 武汉 : 华中科技大学 , 2004.

47. 侯龙龙 . 中国高等教育中的范围经济 [D]. 北京 : 北京大学 ,2004.

48. 胡鞍钢 , 胡光宇. 援助及发展 [M]. 北京：清华大学出版社 , 2005.

49. 胡鞍钢 . 从“六普”看中国人力资源变化：从人口红利到人力资源红利 [J]. 清华大学教育研究 , 2011(5).

50. 胡鞍钢 . 地区与发展 : 西部开发新战略 [M]. 北京 : 中国计划出版社 , 2001.

51. 胡焕庸 . 中国人口的分布、区划和展望 [J]. 地理学报 , 1990(2).

52. 胡焕庸 . 中国人口之分布 [J]. 地理学报 , 1935(2).

53. 胡茂波 , 史静寰 . 中国高等教育规模与城镇化协调发展的进程及趋势 [J]. 教育与经济 , 2014(4).

54. 胡艳 . 我国教师教育体系当前形成路径与变革动因 [J]. 北京师范大学学报（社会科学版）, 2009(2).

55. 胡艳 . 迎接知识经济的挑战，深化改革我国的高等师范教育——面向 21 世纪高等师范教育国际研讨会综述 [J]. 高等师范教育研究 , 1998(6).

56. 黄栋 . 中国高等院校区位问题研究 [D]. 上海 : 上海师范大学 , 2005.

57. 黄裕钊 . 广东省高等教育与区域协调发展研究 [D]. 武汉 : 华中师范大学 , 2005.

58. 季平 . 求真务实，努力构建高等教育质量保障体系 [J]. 中国高等教育 , 2010(10).

59. 江苏省教育厅师资处调研组 . 发挥综合性大学优势，办好教师教育 [J]. 高等师范教育 , 2002(5).

60. 蒋鸣和 , 等 . 中国贫困县教育财政与初等教育成本——491 个国家级贫困县的分析 [J]. 教育与经济 , 1997(4).

61. 蒋致远 . 中国年鉴集成之中华民国教育年鉴（第一次第一册）[M]. 台北：宗青图书公司 , 1991.

62. 教育部发展规划司 . 中国教育年鉴（2000）[M]. 北京：人民教育出版社 , 2000.

63. 教育部发展规划司 . 中国教育统计年鉴（1999）[M]. 北京：人民教育出版社 , 1999.

64. 教育部发展规划司 . 中国教育统计年鉴（2006）[M]. 北京：人民教育出版社 , 2006.

65. 教育部发展规划司 . 中国教育统计年鉴（2007）[M]. 北京：人民教育出版社 , 2008.

66. 金子元久 , 窦心浩 . 高等教育大众化与机会均等——理论分析与中日比较 [A] //2006 年中国教育经济学年会会议论文 [C].

67. 经济合作与发展组织（OECD）. 高等教育与区域：立足本地、制胜全球 [M]. 钟周 , 冯李崟 , 等 , 译 . 北京：高等教育出版社 , 2011.

68. 琚四化 . 教育机会均等下的我国高考招生的地区差异 [J]. 青年研究 ,2005(1).

69. 康宁 . 当前我国高等教育体制改革与结构调整的理论基础 [J]. 教育研究 , 2000(10).

70. 康宁 . 转型期我国高等教育资源配置制度变迁的基本特征 [J]. 复旦教育论坛 , 2004(6).

71. 劳昕 , 薛澜 . 我国高等教育资源的空间分布及其对地区经济增长的影响 [J]. 高等教育研究 , 2016(6).

72. 雷虹， 李锋亮 . 国际间人才迁移的经济学 [J]. 清华大学教育研究 , 2008(3).

73. 李春玲. “80 后” 的教育经历与机会不平等——兼评《无声的革命》[J]. 中国社会科学 , 2014(4).

74. 李春玲 . 教育不平等的年代变化趋势（1940—2010）——对城乡教育机会不平等的再考察 [J]. 社会学研究 , 2014(2).

75. 李锋亮， 雷虹 . 论教育的非货币化收益和溢出效益 [J]. 清华大学教育研究 , 2007(6).

76. 李锋亮 , 刘帆 , 郭紫墨 . 对硕士毕业生迁移就业目的地的实证研究 [J]. 清华大学教育研究 , 2009(4).

77. 李锋亮 , 袁本涛 , 刘惠琴 . 中国研究生在校生规模中长期预测——国际比较的视角 [J]. 高等教育研究 , 2008(5).

78. 李冀 . 教育管理辞典 [M]. 海口 : 海南人民出版社 , 1989.

79. 李立峰 . 我国高校招生考试中的区域公平问题研究 [D]. 厦门 : 厦门大学 , 2007.

80. 李培春 . 西南民族地区高等医学教育发展研究 [D]. 武汉 : 华中科技大学 , 2004.

81. 李萍 . 高等教育与区域经济互动发展研究 [D]. 西安 : 西北大学 , 2006.

82. 李文利 . 高等教育私人支出、家庭贡献与资助需求分析 [J]. 教育与经济 , 2006(1).

83. 李文胜 , 黄潞 . 中国高等教育资源分布研究 [J]. 首都经济贸易大学学报 , 2002(4).

84. 李祥云 , 魏萍 . 地方高校生均支出地区差异及其原因的实证分析 [J]. 高等教育研究 , 2009 (7).

85. 李延成 . 对口支援 : 对帮助不发达地区发展教育的政策与制度安排 [J]. 教育发展研究 , 2002(10).

86. 李莹，牛健，丁霞．远程开放教育英语专业学生辍学现象追踪调查（二）——本科辍学生课程注册与学业成绩报告 [J]. 开放教育研究，2012(6).

87. 李勇刚，罗海艳，任志安．中国高校区域布局空间计量分析 [J]. 统计与决策，2016(9).

88. 梁振坤．传承嘉庚精神　重振集美学村——记集美大学的创办及其发展 [J]. 中国高等教育，2003(19).

89. 梁志，曾冬梅．从经济和人口的区域分布看我国高等教育的布局调整 [J]. 广西大学学报（哲学社会科学版），2000(5).

90. 林蕙青．高等学校学科专业结构调整研究 [D]. 厦门：厦门大学，2006.

91. 刘红垒．基于主体功能区理论的我国高等教育布局结构调整 [J]. 黑龙江高教研究，2017(5).

92. 刘华军，张权，杨骞．中国高等教育资源空间分布的非均衡与极化研究 [J]. 教育发展研究，2013(9).

93. 刘见芳．我国高等教育发展水平地区差异研究 [D]. 北京：清华大学，2004.

94. 刘捷．“高师改大运动”及其现代价值研究 [J]. 高等师范教育研究，2001(5).

95. 刘精明．扩招时期高等教育机会的地区差异研究 [J]. 北京大学教育评论，2007(4).

96. 刘宛晨，周伟．促进我国高等教育入学机会公平的财政政策研究——基于高等教育资源配置的角度 [J]. 财经理论与实践，2007(6).

97. 刘英杰．中国教育大事典（1949—1990）[M]. 杭州：浙江教育出版社，1993.

98. 罗守贵．我国高校毕业生跨区域流动的机制、影响及其对策 [J]. 软科学，2002(2).

99. 罗燕，海蒂·罗斯，岑逾豪．NSSE-China 工具的开发：文化适应性与信效度报告 [J]. 复旦教育论坛，2009(5).

100. 洛勤．我国教育支出的财政分析和对策选择 [J]. 财经论丛，2004(5).

101. 吕春辉．20 世纪 20 年代的高师转型及其借鉴 [J]. 现代教育科学，2007(3).

102. 孟大虎．风险条件下的个人选择与大学生就业 [J]. 复旦教育论坛，2005(1).

103.（民国）教育部．第一次中国教育年鉴 [M]. 上海：开明书局，1934.

104. 潘懋元，等．浙江万里学院——一种第三部门高等学校 [J]. 高等教育研究，2002(4).

105. 潘懋元 . 正确对待商品经济对高等教育的冲击 [J]. 高等教育研究 , 1989(3).

106. 钱永坤．农村劳动力异地转移行为研究 [J]．中国人口科学 , 2006,(5).

107. 乔锦忠 . 优质高等教育入学机会分布的区域差异 [J]. 北京师范大学学报 (社会科学版) , 2007(1).

108. 清华大学教育研究院“大学生学习性投入调查”课题组 . NSSE-China 问卷使用手册（2009、2010、2011）[Z].

109. 清华大学课题研究组 . 东西部高校对口支援的实践与经验 [J]. 清华大学教育研究 , 2007(2).

110. 邱均平 , 温芳芳 . 我国高等教育资源区域分布问题研究——基于 2010 年中国大学及学科专业评价结果的实证分析 [J]. 中国高教研究 , 2010(7).

111. 曲恒昌，曾晓东．西方教育经济学研究 [M]．北京：北京师范大学出版社，2000.

112. 单之蔷 . 中国的突变线——胡焕庸线 [J]. 中国国家地理 , 2009(10).

113. 上海交通大学对口支援宁夏大学全面推进资源整合 [N]. 中国教育报 ,2004-03-22.

114. 邵争艳 . 中国区域高等教育资源优化配置评价与对策研究 [D]. 哈尔滨 : 哈尔滨工程大学 , 2006.

115. 史静寰 , 胡茂波 . 高教资源区域协调发展的体制机制构建 [J]. 现代教育管理，2014(12).

116. 史静寰 , 叶之红 , 胡建华 , 徐小洲 , 杨颉 , 李立国 , 刘永贵 , 康凯 , 王小梅 , 高晓杰 , 许焘 , 瞿振元 . 走向 2030: 中国高等教育现代化建设之路 [J]. 中国高教研究 , 2017(5).

117. 史静寰 . 本科教育怎么样？ [N]. 光明日报 , 2012-06-19.

118. 史静寰 . 建设世界一流大学的国家战略面临新机遇 , 期待新突破 [J]. 清华大学教育研究 , 2011(3).

119. 史静寰 . 京津冀教育协同发展的共同体和契合点 [J]. 天津市教科院学报 , 2015(3).

120. 史静寰 . 现代大学制度建设需要“根”“魂”及“骨架”[J]. 中国高教研究 , 2014(4).

121. 史静寰 . 走向质量治理 : 中国大学生学情调查的现状与发展 [J]. 中国高教研究 , 2016(2).

122. 史静寰，等 . 基于学习过程的本科教育学情调查报告 [J]. 清华大学教育研究，2011(4).

123. 世界银行，联合国教科文组织“高等教育与社会特别工作组”. 发展中国家的高等教育：危机与出路 [M]. 蒋凯，译 . 北京：教育科学出版社，2001.

124. 宋争辉 . 中国优质高等教育资源区域分布非均衡化的历史演变与现实思考 [J]. 高等教育研究，2012(5).

125. 孙华 . 基于问题导向的我国高校对口支援政策分析 [J]. 上海交通大学学报（哲学社会科学版），2010(3).

126. 孙希波 . 黑龙江省高等教育与经济协调发展研究 [D]. 哈尔滨 : 哈尔滨工程大学，2006.

127. 谈松华，等 . 中国教育地图集 [M]. 上海 : 上海科学技术出版社，1995.

128. 谈松华 . 中国教育现代化的区域发展 [M]. 广州 : 广东教育出版社，2003.

129. 檀传宝，朱旭东，辛涛 . 关于北京师范大学师范教育体制改革的若干思考 [J]. 北京师范大学学报（人文社会科学版），2000(4).

130. 唐柳荷 . 医学教育国际标准的引入与中国高等医学人才培养模式改革研究 [D]. 长沙：中南大学，2003.

131. 田建国 .“211 工程”——跨世纪的奠基性工程 [J]. 临沂师专学报，1995(1).

132. 王德炳 . 中国高等医学教育管理体制改革的思考与建议 [J]. 医学教育，2005(4).

133. 王德文，吴要武，蔡昉. 迁移、失业与城市劳动力市场分割——为什么农村迁移者的失业率很低？ [J]. 世界经济文汇，2004(1).

134. 王凤玉 . 借鉴与创新——中国近现代高等教育的成长历程 [M]. 哈尔滨：黑龙江人民出版社，2002.

135. 王善迈，等 . 我国教育发展不平衡的实证分析 [J]. 教育研究，1998(6).

136. 王少义，杜育红 . 高等教育入学机会地域不公平研究 [J]. 国家教育行政学院学报，2013(5).

137. 王守法 . 高等教育对经济发展的贡献研究 [D]. 长沙 : 湖南大学，2005.

138. 王英杰，刘宝存 . 中国教育改革 30 年（高等教育卷）[M]. 北京：北京师范大学出版社，2009.

139. 王永杰，黄政，王振辉 . 我国高等教育与区域经济发展的协调性研究 [J]. 西南交通大学学报 (社会科学版)，2016(2).

140. 威廉・N. 邓恩，著 . 公共政策分析导论 [M]. 谢明 , 等 , 译 . 北京：中国人民大学出版社 , 2002.

141. 翁杰，周必彧．基于劳动力市场工资匹配的大学生失业问题研究 [J]．中国人口科学 , 2009(3).

142. 伍海泉 , 陈锋 . 政府间高等教育投资责任划分研究——教育收益区域性与外溢性的视角 [J]. 财务与金融 , 2009(1).

143. 谢维和 , 王孙禺 , 袁本涛 . 学位与研究生教育：战略与规划 [M]. 北京 : 教育科学出版社 , 2011.

144. 谢维和 , 文雯 . 中国高等教育的独立自主性——中国特色高等教育研究话语体系的意义分析 [J]. 中国高教研究 , 2015(8).

145. 谢维和 . "双一流" 建设与教育学的责任 [J]. 探索与争鸣 , 2016.

146. 谢维和 . 办学层次等于办学水平吗？ [N]. 中国教育报 , 2014-11-21.

147. 谢维和 . 高教改革也应 "往下看" [N]. 中国教育报 , 2013-04-08.

148. 谢维和 . 国内高水平大学科研的新阶段与新常态——关于高校科研工作的几点思考 [J]. 中国高校科技 , 2016(5).

149. 谢维和 . 中国教育改革发展新阶段及其主要特征 [N]. 中国教育报 , 2014-05-16.

150. 谢维和 . 中国教育公平的阶段性分析 [N]. 光明日报 , 2015-04-28(14).

151. 谢维和 . 中国教育公平发展的阶段性与拐点 [N]. 经济观察报 , 2015-04-13.

152. 谢维和 , 等 . 中国高等教育大众化进程中的结构分析——1998—2004 年的实证研究 [M]. 北京：教育科学出版社 , 2007.

153. 胥树成 , 肖庆顺 . 关于西部地区研究生教育发展战略的思考 [J]. 西南师范大学学报 ,2002(5).

154. 徐辉 . 战后国际教育援助的影响、问题与趋势 [J]. 外国教育研究 , 2000(1).

155. 许杰 . 论世界银行对中国市场取向大学自主政策的影响 [J]. 江苏高教 , 2006 (4).

156. 许美德 . 中国大学 1895—1995：一个文化冲突的世纪 [M]. 北京：教育科学出版社 , 2000.

157. 许甜 . 中国高等院校的地理变迁 :1862—1949 年 [J]. 河北师范大学学报（教育科学版）, 2011(3).

158. 许为民 , 等 . 区域经济与研究生教育布局——美、英、日、中四国现状比

较 [J]. 比较教育研究 , 2005(1).

159. 薛澜 , 侯龙龙 . 我国高等教育地区差距的实证分析 [A] //2006 年中国教育经济学年会会议论文集 [C].

160. 薛天祥 , 谢安邦 . 高等师范教育结构的调整和改革 [J]. 中国高等教育 ,1988(6).

161. 薛颖慧 , 薛澜 . 试析我国高等教育的空间分布特点 [J]. 高等教育研究 , 2002(4).

162. 闫超栋 , 马静 . 中国高等教育效率的区域差异及空间收敛性研究 [J]. 湖北社会科学 , 2017(4).

163. 严冰 , 李令群 . 用远程教育播种希望助推社会主义新农村建设——历史视野中的广播电视大学 (四)[J]. 中国高等教育 , 2011(11).

164. 颜莉冰 . 高等教育资源的区域公平性研究 [D]. 厦门 : 厦门大学 , 2005.

165. 杨晨光 , 蔡继乐 . 两会聚焦 : 欠发达地区地方高校如何走出发展困境 [N]. 中国教育报 , 2010–03–15.

166. 杨东平 . 从权利平等到机会均等——新中国教育公平的轨迹 [J]. 北京大学教育评论 ,2006(2).

167. 杨东平 . 中国教育公平的理想与现实 [M]. 北京 : 北京大学出版社 , 2006.

168. 杨会良 , 袁树军 , 陈宓 . 改革开放以来中国高等教育财政体制的演变、特征与发展对策 [J]. 河北大学学报（哲学社会科学版）, 2010(3).

169. 杨会良 . 当代中国教育财政发展史论纲 [M]. 北京：人民出版社 , 2006.

170. 杨锐 , 吴玫 . 国际组织与中国高等教育发展 [J]. 复旦教育论坛 ,2009 (2).

171. 杨永恒，胡鞍钢 , 张宁 . 中国人类发展的地区差距和不协调：历史视角下的“一个中国，四个世界”[J]. 经济学 , 2005(3).

172. 姚辉 , 温爱花 , 潘玉君 . 中国省域高等教育结构演进及其类型差异评价 [J]. 云南师范大学学报 (哲学社会科学版) , 2016(6).

173. 叶平 , 王蕊 . 中国教育现代化区域聚类与特征分析 [J]. 教育研究 , 2003(7).

174. 叶欣茹 . 中国高等教育社会投入需求预测 [D]. 武汉 : 华中科技大学 , 2006.

175. 伊继东 . 云南高等师范教育发展战略研究 [D]. 武汉 : 华中科技大学 , 2004.

176. 俞可平 . 当代西方政治理论的热点问题 (上)[N]. 学习时报 , 2002–12–16.

177. 俞可平 . 治理与善治 [M]. 北京 : 社会科学文献出版社 , 2000 .

178. 袁本涛 . 发展教育论 [M]. 南京 : 江苏教育出版社 , 2005.

179. 袁开运 . 改革高师教育的指针 [J]. 上海高教研究 , 1985(4).

180. 岳昌君 . 我国教育发展的省际差距比较 [J]. 华中师范大学学报 (人文社会科学版), 2008(1).

181. 岳昌君. 中国教育发展指数 [A]// 闵维方. 中国教育与人力资源发展报告（2005—2006）[C]. 北京：北京大学出版社 , 2006.

182. 张斌贤 . 论高等师范院校的转型 [J]. 教育研究 , 2007(5).

183. 张国兵，陈学飞 . 我国教育政策过程的内输入特征——基于对“211 工程”的实证研究 [J]. 黑龙江高教研究 , 2006(8).

184. 张万鹏 , 王千红 . 财政性教育投入与高等教育经费需求匹配特征分析 [J]. 复旦教育论坛 , 2009(4).

185. 张小萍 . 公共财政体制下中国高等教育财政投入优化研究 [M]. 北京：中国市场出版社 , 2009.

186. 张振助 . 高等教育与区域互动发展研究 [D]. 上海 : 华东师范大学 ,2001.

187. 赵春雷 . 区域经济视阈下高等教育资源非均衡性特征评析 [J]. 东北师大学报 (哲学社会科学版), 2011(6).

188. 赵宏斌 , 等 . 我国高校的区域分布研究 : 基于人口和 GDP 的视角 [J]. 高等教育研究 , 2007(1).

189. 赵琳 , 史静寰 , 王鹏 , 王文 , 许甜 . 高等教育质量的院校类型及区域差异分析——兼论我国高等教育资源配置格局与质量格局 [J]. 清华大学教育研究 , 2012(5).

190. 赵琳 , 王文 , 李一飞 , 纪洪超 , 史静寰 . 大学前教育经历对高等教育质量的影响机制研究——兼议教育领域综合改革 [J]. 清华大学教育研究 , 2014(3).

191. 赵庆典 , 等 . 高等学校办学模式研究 [M]. 北京：人民教育出版社 , 2007.

192. 中国教育成就（1949—1983）[M]. 北京 : 人民教育出版社 , 1985.

193. 中国大百科全书（教育）[M]. 北京 : 中国大百科全书出版社 , 1985.

194. 中华人民共和国教育部 . 共和国教育 50 年 [M]. 北京 : 北京师范大学出版社 , 1999.

195. 钟秉林 . 高等教育创新与教师教育和师范院校的转型 [J]. 中国大学教学 , 2004(1).

196. 钟宇平 , 雷万鹏 . 公平视野下中国基础教育财政政策 [J]. 教育与经济 , 2002(1).

197. 周建明 , 等 . 和谐社会构建——欧洲的经验与中国的探索 [M]. 北京 : 清华大学出版社, 2007.

198. 周远清. 关于我国高等教育改革与发展的几个问题 [J]. 吉林教育科学, 1997(7).

199. 周远清. 加速高教管理体制改革势在必行 [J]. 中国高等教育, 1998(2).

200. 周远清. 我国高等教育改革与发展的回顾与展望 [J]. 高等教育研究, 2001(1).

201. 周远清. 中国高等教育的改革与发展 [J]. 清华大学教育研究, 1997(1).

202. 朱雪文. 中国高等教育区域分布研究 [D]. 上海 : 华东师范大学 ,2002.

203. 朱耘婵, 王银梅. 财政教育投入对地区经济增长的贡献分析——基于 2003—2013 年省际经验数据 [J]. 湖北社会科学 ,2017(4).

204. 朱祖林, 毕磊, 齐新安, 李莹, 陈彦彦, 宋阳. 现代远程教育辍学率的挖掘分析——基于安徽地区 1999—2009 年数据 [J]. 远程教育杂志, 2011(4).

205. 钟云华. 高等教育入学机会城乡差异分析 [J]. 大学 (研究与评价), 2008(Z1).

206. 邹斌. 高师院校增设非师范专业刍议 [J]. 高等师范教育研究, 1995(5).

二、英文文献

1. African National Congress. A Policy Framework for Education and Training[R]. Capetown, South Africa: Education Department, 1994, January.

2. Barro, R.J. Human Capital and Growth. American Economic Review, 2001, 91(2).

3. Barro, R. J., Lee, J. W. International Comparisons of Educational Attainment[J]. Journal of Monetary Economics, 1993, 32(3).

4. Baumol, W. J., Panzar, J. C., Willig, R. D. Contestable Markets and the Theory of Industry Structure[M]. New York: Harcourt Brace Jovanovich, 1982.

5. Becker, G. S. Nobel Lecture: The Economic Way of Looking at Behavior[J]. Journal of Political Economy, 1993, 101(3).

6. Becker, G. S. Human Capital: A Theoretical and Empirical Analysis, with Special Reference to Education[M]. Chicago: The University of Chicago Press, 1994.

7. Bils, M., Klenow, P. J. Does Schooling Cause Growth?[Z] National Bureau of Economic Research Working Paper,1998, No. 6393.

8. Blanden, J., Machin, S. Educational Inequality and the Expansion of UK Higher Education[J]. Scottish Journal of Political Economy, 2004, 51(2).

9. Blossfeld, H. P., Shavit, Y.(ed.). Persistent Inequality: Changing Educational Attainment in Thirteen Countries[M]. Boulder: Westview Press, 1993.

10. Boheim, R. The Association between Reported and Calculated Reservation Wages. Institute for Social and Economic Research[Z]. University of Essex Working Paper, 2007.

11. Bok, D. Our Underachieving Colleges[J]. Princeton University Press, 2008.

12. Bonander, C., Jakobsson, N., Podestà, F., et al. Universities as Engines for Regional Growth? Using the Synthetic Control Method to Analyze the Effects of Research Universities[J]. Regional Science and Urban Economics, 2016(60).

13. Borjas, G. J. The Economics of Immigration[J]. Journal of Economic Literature, 1994, 32(4).

14. Bramble, W.J., Panda, S.K. Economics of Distance and Online Learning: Theory, Practice and Research[M]. New York: Routledge, 2008.

15. Bratti, M., Checchi, D., DeBlasio, G. Does the Expansion of Higher Education Increase the Equality of Educational Opportunities? Evidence from Italy[J]. Labour, 2008(22).

16. Burt, M. E., Namgi, P. Education Inequality in the Republic of Korea: Measurement and Causes[M]. Dordrecht: Springer, 2009.

17. Campbell, P. B., Storo, J. Reducing the Distance: Equity Issues in Distance Learning in Public Education[J]. Journal of Science Education and Technology, 1996, 5(4).

18. Carnoy, M. International Encyclopedia of Economics of Education[M]. Oxford: Pergamon Press and Elsevier Science, 1995.

19. Charles, D.R., Benneworth, P. Evaluating the Regional Contribution of an HEI: A Benchmarking Approach[R]. HEFCE & Bristol, 2000.

20. Cohn, E., Rhine, S. L. W., Santos, M. C. Institutions of Higher Education as Multi-product Firms: Economies of Scale and Scope[J]. Review of Economics and Statistics, 1989(2).

21. Conway, C., Humphrey, L., Benneworth, P., Charles, D., Younger, P. Characterising Modes of University Engagement with Wider Society: A Literature Review and Survey of Best Practice [R], 2009.

22. Crouch, L.A., Gustafsson, M., Lavado, P. Measuring Educational Inequality in South Africa and Perú[M]. Dordrecht: Springer, 2009.

23. CVCP （Committee of Vice Chancellor and Principals of the Universities of the UK）. Universities and Communities: A Report by the Centre for Urban and Regional Development Studies[R]. London, 1994.

24. Dahllöf, U., Goddard, J., Huttunen, J., et al. Towards the Responsive University: The Regional Role of Eastern Finland Universities[J]. Publications of Higher Education Evaluation Council, 1998(8).

25. Dundar, H., Lewis, D. R. Costs and Economies of Scale in Turkey's Postsecondary Vocational Schools[J]. Higher Education, 1995, 30(4).

26. Garlick, S. Creative Associations in Special Places: Enhancing the Partnership Role of Universities in Building Competitive Regional Economies[R]. Evaluations and Investigations Programme, Higher Education Division, 1998.

27. Garlick, S. Engaging Universities and Regions: Knowledge Contribution to Regional

Economic Development in Australia[R]. Evaluations and Investigations Programme, Higher Education Division, 2000.

28. Gibbons, M., Limoges, C., et al. The New Production of Knowledge: The Dynamics of Science and Research in Contemporary Societies[M]. London: Sage,1994.

29. Gottlieb, P. D., Joseph, G. College to Work Migration of Technology Graduates and Holders of Doctorates within the United States[J]. Journal of Regional Science, 2006, 46(4).

30. Grant, E. K., Vanderkamp, J. The Effects of Migration on Income: A Micro Study with Canadian Data 1965–1971[J]. Canadian Journal of Economics, 1980(1).

31. Greenwood, M. J. Migration and Economic Growth in the United States: National, Regional, and Metropolitan Perspectives[M]. NewYork: Academic Press, 1981(1).

32. Harter, J. F. R., Wade, J. A., Watkins, T. G. An Examination of Costs at Four-year Public Colleges and Universities between 1989 and 1998[J]. The Review of Higher Education, 2005, 28(3).

33. Hashimoto, K., Cohn, E. Economies of Scale and Scope in Japanese Private Universities[J]. Education Economics, 1997, 5(2).

34. Holsinger, D. B., Collins, J. M., Rew, W. J. Education Attainment Inequality in Viet Nam: Measurement Issues and Policy Implications[A]//Comparative and International Education Society Annual Conference[C]. Salt Lake City, Utah, 2003.

35. Holtta, S., Malkki, P. Response of Finnish Higher Education Institutions to the National Information Society Programme[J]. Higher Education Policy, 2000, 13(3).

36. Hou, L., Li, F., and Min, W. Multi-product Total Cost Functions for Higher Education: The Case of Chinese Research Universities[J]. Economics of Education Review, 2009, 29(4).

37. Hudson, C. The University and Regional Reciprocity: Umeå University, Sweden [Z] CERUM Working Paper, 2000, No. 18.

38. Izadi, H., Johnes, G., Oskrochi, R., Crouchley, R. Stochastic Frontier Estimation of a CES Cost Function: The Case of Higher Education in Britain[J]. Economics of Education Review, 2002, 21(1).

39. Johnes, G. Costs and Industrial Structure in Contemporary British Higher Education[J].Economic Journal,1997, 107.

40. Johnes, G., Johnes, J., Thanassoulis, E. An Analysis of Costs in Institutions of

Higher Education in England[J]. Studies in Higher Education,2008, 33(5).

41. Kane, T. J. College Entry by Blacks Since 1970: The Role of College Costs, Family Background, and the Returns to Education [J]. Journal of Political Economy, 1994,102 (5).

42. Kodrzycki, Y. Migration of Recent College Graduates: Evidence from the National Longitudinal Survey of Youth[J]. New England Economic Review, 2001(1).

43. Koshal, R. K., Koshal, M. Economies of Scale and Scope in Higher Education: A Case of Comprehensive Universities[J]. Economics of Education Review, 1999,18 (2).

44. Koshal, R. K., Koshal, M. Do Liberal Arts Colleges Exhibit Economies of Scale and Scope? [J]. Education Economics, 2000, 8(3).

45. Koshal, R. K., Koshal, M., Gupta, A. Multi-product Total Cost Function for Higher Education: A Case of Bible Colleges[J]. Economics of Education Review,2001, 20(3).

46. Kraske, G. International Organizations in Higher Education: A Survey of Their Library, Documentation and Information Services[J]. Higher Education, 1979, 8(3).

47. Krugman, P., Venabals, A. J. Integration Specialization and Adjustment[J]. European Economic Review,1996(9).

48. Kuh, G.D. Assessing What Really Matters to Student Learning: Inside the National Survey of Student Engagement[J]. Change: The Magazine of Higher Education, 2001,33(3).

49. Laband, D. N., Lentz, B. F. New Estimates of Economies of Scale and Scope in Higher Education[J]. Southern Economic Journal, 2003,70(1).

50. Lewis, D. R., Dundar, H. Economics of Scale and Scope in Turkish Universities[J]. Education Economics, 1995,3(2).

51. Li, F. L., Zhao, Y.D, Tian, Y. P. Job Search and Over-education: Evidence from China's Labour Market for Postgraduates[J]. Perspectives in Education,2010, 28(2).

52. Lopez, M. R. Equality of Opportunities in Spanish Higher Education[J]. Higher Education, 2009, 58(9).

53. Lucas, R.E. On the Mechanics of Economic Development[J]. Journal of Monetary Economics, 1988, 22(1).

54. Mabogunje, A. L. The Development Process: A Spatial Perspective[M]. London: Routledqe, 2015.

55. Marshall, A. Principles of Economics（8th Ed）[M]. London: Macmillan, 1920.

56. Montgomery, J. D. Job Search and Network Composition: Implications of the

Strength of Weak Ties Hypothesis[J]. American Sociological Review,1992(57).

57. National Survey of Student Engagement. The NSSE 2000 Report: National Benchmarks of Effective Educational Practice [R]. Indiana University Center for Postsecondary Research. Bloomington, 2000.

58. Nelson, R., Hevert, K. T. Effect of Class Size on Economies of Scale and Marginal Costs in Higher Education[J]. Applied Economics, 1992, 24(5).

59. Nelson, R., Phelps, E. Investment in Humans, Technological Diffusion, and Economic Growth[J]. American Economic Review,1966(56).

60. OECD. The Response of Higher Education Institutions to Regional Needs: A Report to the Centre for Educational Research and Innovation Programme on Institutional Management in Higher Education[R].OECD,Paris, 2000.

61. OECD. Higher Education and Region: Globally Competitive and Locally Engaged[R]. OECD,Paris, 2007.

62. Oppedisano, V. The (adverse) Effects of Expanding Higher Education: Evidence from Italy[J]. Economics of Education Review, 2011(30).

63. Panzar, J. C., Willig, R. D. Economies of Scope[J]. American Economic Review, 1981(71).

64. Pinheiro, R., Benneworth, P., Jones, G. A., eds. Universities and Regional Development: A Critical Assessment of Tensions and Contradictions[C]. New York: Routledge, 2012.

65. Postiglione, G. China's Educational Inequality, in Education and Social Change in China: Inequality in a Market Economy[M]. New York: M.E. Sharpe, 2006.

66. Psacharopoulos, G., Patrinos, H. A. Returns to Investment in Education: A Further Update[J]. Education Economics, 2004,12(2).

67. Qian, X., Smyth, R. Measuring Regional Inequality of Education in China: Widening Coast-Inland Gap or Widening Rural-Urban Gap?[J]. Journal of International Development: The Journal of the Development Studies Association, 2008, 20(2).

68. Rew, W. J. Provincial, Ethnic, and Gender Disparities in Education: A Descriptive Study of Vietnam[A] // Inequality in Education[C]. Dordrecht: Springer, 2008.

69. Romer, P. M. Increasing Returns and Long-run Growth[J]. Journal of Political Economy, 1986, 94(5).

70. Romer, P.M. Endogenous Technological Change[J]. Journal of Political Economy,1990,98(5).

71. Sav, G. T. Higher Education Costs and Scale and Scope Economies[J]. Applied Economics, 2004,36(6).

72. Schultz, T. W. Investment in Human Capital[J]. American Economic Review, 1961(51).

73. Schultz, T. W. Investment in Human Capital: The Role of Education and of Research[M]. NewYork: Free Press, 1971.

74. Sjaastad, L. A. The Costs and Returns of Human Migration[J]. Journal of Political Economy, 1962, 70(5).

75. Solow, R.M. A Contribution to the Theory of Economic Growth[J]. Quarterly Journal of Economics, 1956, 70(1).

76. Stevens, P.A. A Stochastic Frontier Analysis of English and Welsh Universities[J]. Education Economics, 2005,13(4).

77. Thomas, V., Wang, Y., Fan, X. Measuring Education Inequality: Gini Coefficients of Education[R]. World Bank, 1999.

78. Thomas, V., Wang, Y., Fan, X. A New Dataset on Inequality in Education: Gini and Theil Indices of Schooling for 140 Countries, 1960–2000[R]. World Bank, 2002.

79. Todaro, M. P. A Model of Labor Migration and Urban Unemployment in Less Development Countries[J]. American Economic Review ,1969(69).

80. Toutkoushian, R. K. The Value of Cost Functions for Policymaking and Institutional Research[J]. Research in Higher Education, 1999, 40(1).

81. Toutkoushian, R. K., Porter, S. R., Danielson, C., et al. Using Publications Counts to Measure an Institution's Research Productivity[J]. Research in Higher Education, 2003, 44(2).

82. Trow, M. Problems in the Transition from Elite to Mass Higher Education[R]. Policies for Higher Education. OECD, 1973.

83. United Nations Economic and Social Commission for Asia and the Pacific (ESCAP): What Is Good Governance? [EB/OL].www.unescap.org/pdd/prs/ProjectActivities/Ongoing/gg/governance.asp.

84. Universities UK & HEFCE. The Regional Contribution of Higher Education[R].

London: HEFCE, 2003.

85. Wolfe, B. L. External Benefits of Education[A] //Carnoy, M. In International Encyclopedia of Economics of Education(2nd ed)[C]. Pergamon: Cambrige University Press, 1995.

86. Worthington, A. C., Higgs, H. Economies of Scale and Scope in Australian Higher Education[J]. Higher Education, 2011, 61(4).

87. Yogev, A. The Stratification of Students in Israeli Universities: Persistent Outcomes of an Educational Expansion Policy[J]. Higher Education, 2007, 54(5).

88. Zhao, Y. Labor Migration and Earnings Differences: The Case of Rural China[J]. Economic Development and Cultural Change, 1999, 47(4).

图书在版编目（CIP）数据

效率与公平 ：高等教育资源区域分布与协调发展研究 / 谢维和等著. -- 杭州 ：浙江教育出版社，2018.12
ISBN 978-7-5536-8382-9

Ⅰ. ①效… Ⅱ. ①谢… Ⅲ. ①高等教育－资源分布－研究－中国②高等教育－协调发展－研究－中国 Ⅳ. ①G649.2

中国版本图书馆CIP数据核字(2018)第298529号

责任编辑 王凤珠　王　华　　**责任校对** 余晓克
美术编辑 韩　波　　**责任印务** 陈　沁
封面设计 顾　页

效率与公平——高等教育资源区域分布与协调发展研究

XIAOLÜ YU GONGPING —— GAODENG JIAOYU ZIYUAN QUYU FENBU YU XIETIAO FAZHAN YANJIU

谢维和　史静寰　李锋亮　钟周　罗燕　王晓阳　等著

出版发行 浙江教育出版社
（杭州市天目山路 40 号　邮编：310013）
图文制作 杭州林智广告有限公司
印刷装订 浙江海虹彩色印务有限公司
开　　本 710mm×1000mm　1/16
印　　张 39.75
插　　页 4
字　　数 720 000
版　　次 2018 年 12 月第 1 版
印　　次 2018 年 12 月第 1 次印刷
标准书号 ISBN 978-7-5536-8382-9
定　　价 98.00 元

联系电话： 0571-85170300-80928
网　　址： www.zjeph.com